国家级精品资源共享课程教材
国家精品在线开放课程教材
高等学校法学教学系列教材

SIFA JIANDING GAILUN

司法鉴定概论

第四版

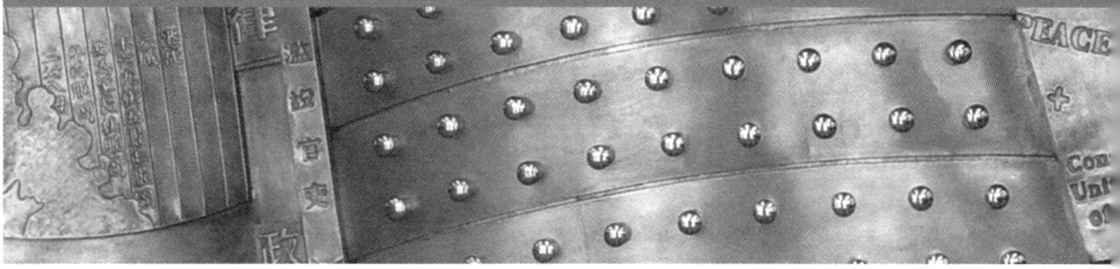

主编／杜志淳　副主编／郭　华　孙大明

法律出版社
LAW PRESS·CHINA
北京

图书在版编目（CIP）数据

司法鉴定概论 / 杜志淳主编. -- 4 版. -- 北京 ：法律出版社, 2025. -- ISBN 978 - 7 - 5197 - 9431 - 6

Ⅰ. D918.9

中国国家版本馆 CIP 数据核字第 20248KG689 号

司法鉴定概论(第四版)
SIFA JIANDING GAILUN (DI-SI BAN)

杜志淳　主　编
郭　华　孙大明　副主编

策划编辑 沈小英
责任编辑 常　锋　毛镜澄
装帧设计 汪奇峰　臧晓飞

出版发行 法律出版社
编辑统筹 法治与经济出版分社
责任校对 王晓萍
责任印制 吕亚莉
经　　销 新华书店

开本 710 毫米 × 1000 毫米　1/16
印张 34.75　　**字数** 767 千
版本 2025 年 6 月第 4 版
印次 2025 年 6 月第 1 次印刷
印刷 三河市龙大印装有限公司

地址：北京市丰台区莲花池西里 7 号（100073）
网址：www.lawpress.com.cn
投稿邮箱：info@lawpress.com.cn
举报盗版邮箱：jbwq@lawpress.com.cn
销售电话：010 - 83938349
客服电话：010 - 83938350
咨询电话：010 - 63939796

书号：ISBN 978 - 7 - 5197 - 9431 - 6
定价：99.00 元

凡购买本社图书，如有印装错误，我社负责退换。电话：010 - 83938349

主编简介

杜志淳

华东政法大学教授、博士生导师，博士后合作导师。1996年10月至2003年6月任司法部司法鉴定科学技术研究所党委书记、所长，司法部司法鉴定中心主任；2003年6月至2006年3月任华东政法学院党委书记、司法部司法鉴定科学研究所党委书记；2006年3月至2015年6月任华东政法大学党委书记。兼任国家社会科学基金项目评审专家、教育部“马工程”学科组评审专家、中国合格评定国家认可委员会实验室认可委员会法庭科学专家委员会顾问、教育部实验教学评审委员会评审专家、全国遴选国家级司法鉴定机构委员会专家评审组组长、《中国司法鉴定》杂志主编、国家中医药管理局咨询专家、中国教育发展战略学会教育法治专业委员会副理事长、国家司法鉴定专家库成员、上海市司法鉴定协会会长、上海市司法鉴定理论研究会会长、上海市法学法律专家顾问团成员等。

研究方向为司法制度、司法鉴定制度与管理研究。在《中国司法鉴定》《法学》《华东政法大学学报》《思想理论教育》等发表学术论文近百篇；出版著作《中国司法鉴定制度研究》《司法鉴定法立法研究》《司法鉴定质量监控》等10余部，主编《司法鉴定概论》《司法鉴定实验教程》等教材10余部；主持完成“中国罪犯DNA数据库模式库”“司法鉴定制度的若干问题研究”等国家社科基金项目、国家重点科技攻关项目、教育部哲学社会科学研究重大项目以及多项省部级重点科研项目。

荣获上海市科技进步奖二等奖（两次）、国家教学成果奖二等奖、上海市教学成果奖一等奖、上海市哲学社会科学优秀成果奖著作类一等奖、上海普通高校优秀教材奖一等奖、司法部全国法学教材与法学优秀科研成果奖一等奖。获评2001年全国司法行政系统先进工作者、2009年全国司法鉴定先进个人、2010年上海市领军人才、2022年华东政法大学功勋教授称号等。

副主编简介

郭　华

中央财经大学法学院教授、博士生导师，金融学博士后合作导师，法学院学术、学位委员会委员，法学博士，中国社会科学院法学所博士后。兼任中国刑事诉讼法学研究会常务理事、《中国司法鉴定》副主编。

在《法学研究》《中国法学》等发表学术论文150余篇。出版个人专著12部，主编及参编著作、教材80余部，司法鉴定领域的专著有《鉴定结论论》《鉴定意见证明论：司法鉴定人出庭作证规则研究》《鉴定意见争议解决机制研究》《专家辅助人制度的中国模式》《司法鉴定制度改革与审视》。主持科技部、教育部、司法部、公安部、最高人民法院、最高人民检察院等课题 14项 。

孙大明

主任法医师，华东政法大学卫生健康法和司法鉴定专业硕士生导师，法学博士（司法鉴定专业）。兼任上海市司法鉴定协会副会长（2014~2021年）、上海市司法鉴定理论研究会秘书长（2015年-）、中国合格评定国家认可委员会认可评审员、上海市司法鉴定专家委员会委员、上海市和长三角司法鉴定专家库成员、中国法医学会理事、*Journal of Forensic Science and Medicine*杂志编委等。长期从事法医学鉴定实务和司法鉴定质量管理工作。

在《中国司法鉴定》《犯罪研究》《法医学杂志》《医学与法学》《中南大学学报》等发表学术论文30余篇；独著、合著、参编专著、教材16部；主持、参与完成国家级、省部级、校级等课题6项。荣获司法部、上海市和华东政法大学各级教学、科研和社会服务荣誉称号9项。主要为本科生和研究生讲授“法医学”“司法鉴定概论”“司法精神医学”“司法鉴定名案研习”“医疗损害鉴定实务”“大学生健康教育”等课程。

曾受邀为复旦大学、上海政法学院本科生讲授“医疗纠纷案例研习”“司法鉴定概论”，为上海市等多个地区司法鉴定人转岗培训、岗前培训、继续教育专题授课，为援藏、援疆培训班授课，为有关医疗机构执业医师继续教育授课。

第四版说明

《司法鉴定概论》自出版以来历经了三次修订。本教材第三版作为国家级精品资源共享课程教材、国家级精品在线开放课程教材出版后，不仅作为华东政法大学必修课程教材，还被部分院校选为教材，多次加印。基于教学需要，我们邀请了从事司法鉴定教学、科研和司法鉴定实务的专家学者进行了第三次修订，形成了呈现给读者的《司法鉴定概论（第四版）》。

2017 年，中共中央办公厅、国务院办公厅转发了中央深化改革领导小组审议通过的《关于健全统一司法鉴定管理体制的实施意见》，将司法鉴定制度作为司法保障制度。2019 年，中共中央办公厅、国务院办公厅印发《关于加快推进公共法律服务体系建设的意见》，将司法鉴定纳入公共法律服务的范围。2023 年，中共中央办公厅、国务院办公厅印发《关于加强新时代法学教育和法学理论研究的意见》，要求“推进法学和经济学、社会学、政治学、心理学、统计学、管理学、人类学、网络工程以及自然科学等学科交叉融合发展，培养高质量复合型法治人才”。2023 年，教育部将“司法鉴定学”（030110TK）作为法学类本科专业予以设立，并作为法学类独立的专业。十四届全国人大常委会将《司法鉴定法》纳入第二类项目立法规划。近年来，我国《刑事诉讼法》《民事诉讼法》《行政诉讼法》陆续进行了修订；《民法典》《监察法》《精神卫生法》《监察法实施条例》等一系列法律法规先后颁布；最高人民法院、最高人民检察院、公安部、国家安全部、司法部发布了《人体损伤程度鉴定标准》；司法部发布了《法医类司法鉴定执业分类规定》《物证类司法鉴定执业分类规定》《声像资料司法鉴定执业分类规定》；最高人民法院发布了《关于民事诉讼证据的若干规定》，并对环境损害、知识产权等进行了司法解释；2025 年 4 月 7 日，公安部发布了《公安机关资金分析鉴定工作程序规定（试行）》。与此同时，司法鉴定领域也出现了不同程度的新情况、新问题。因此，更新本教材的内容和完善本教材结构体系，成为新时代司法鉴定教材建设的重要任务。为此，本教材根据法律法规、相关规范性文件的规定、司法鉴定实践中出现的新情况，以及最新研究成果，对《司法鉴定概论（第三版）》进行全面、细致的修订。本教材具有以下特点：一是在对原有内容进行修改的基础上，将视听资料司法鉴定拆分为录音司法鉴定和图像司法鉴定，并新增了建设工程司法鉴定、知识产权司法鉴定，使本教材体系更完善；二是结合新时代的特点和司法鉴定实践的发展，增添了一些鉴定的新方法、新技术，使本教材结构更完整、内容更丰富；三是根据鉴定立法规范性要求，在文字表述上更加规范，表述更准确,使之充分体现高校教材的科学性、时代性和创新性,旨在使本教材无论是作为法学本科教材,还是作为司法、执法、监察、仲裁、调解培训教材,均具有较强的实用性和前沿性。

本教材作者的分工如下:

杜志淳:第一章,第四章第一节,第五章第一、二节,第六章;

孙大明:第二章、第三章、第四章第二节、第五章第三节、第十三章、第十六章;

罗良忠、杜志淳:第七章;

杜志淳、沈臻懿:第八章;

郭　华:第九章、第十一章;

樊静平:第十章;

张纯兵:第十二章;

赖红梅:第十四章、第十五章;

许爱东:第十七章、第二十章;

敖日其冷:第十八章;

李丽莉:第十九章;

王永全、王　弈:第二十一章;

王永全、程　燕:第二十二章;

王永全、廖根为:第二十三章;

马　栋:第二十四章;

顾陆忠:第二十五章;

黄鹏飞:第二十六章;

熊玉莲:第二十七章。

本教材在修订过程中得到了同行支持和帮助,在此表示感谢!由于水平有限,《司法鉴定概论(第四版)》虽经细致修改,难免存在遗漏和不当之处,敬请读者提出宝贵意见。

杜志淳

2025 年 6 月 15 日

第三版说明

距2010年版《司法鉴定概论》教材出版至今,已将近第十个年头。本教材历经第一版、第二版,目前已是第三版修订。教材在长期使用过程中,获得了使用学生、兄弟院校、实务部门以及社会各界的较高评价。同时,本教材也是国家级精品资源共享课程《司法鉴定概论》的专用教材,以及国家精品在线开放课程《开启疑案之门的金钥匙——司法鉴定》的参考教材之一。

司法鉴定学是一门法学与自然科学交叉的综合性学科,涉及专业范围广,其学科领域涵盖法学、医学、化学、工学、理学、生物学、农学、人类学、会计学等多门学科。同时,司法鉴定学课程是我校全日制学生及成人教育学生的必修和选修课程,也是我校司法鉴定专业博士研究生、硕士研究生的学位课程。为此,本书编写组在2012年《司法鉴定概论(第二版)》的基础上,组织了华东政法大学刑事司法学院、商学院、信息科学与技术系、司法鉴定中心以及中央财经大学法学院、环境保护部环境规划院等院校、部门长期从事司法鉴定教学、科研,并有鉴定实践经验的专业教师、研究人员与鉴定人员,贯彻中办、国办《关于健全统一司法鉴定管理体制的实施意见》的精神,并引入近年来司法鉴定领域内有关"环境损害司法鉴定纳入统一登记管理范围"、"建立司法鉴定管理与使用衔接机制"、"司法鉴定严格准入、严格监管"以及现行司法部《司法鉴定程序通则》、公安部《公安机关鉴定规则》等新内容精心修订。教材编写组坚持以马克思列宁主义、毛泽东思想、邓小平理论、"三个代表"重要思想、科学发展观、习近平新时代中国特色社会主义思想为指导,力求全面、系统、准确地阐述、诠释司法鉴定学及相关分支学科的基本理论、基本知识,努力使教材实现科学性、知识性与实践性的有机统一。

本书在体例上分为司法鉴定的基本理论与各相关分支学科的专业知识两部分,基本理论部分主要介绍了司法鉴定概述、司法鉴定历史发展、司法鉴定基本理论、司法鉴定原则与分类、司法鉴定管理制度、司法鉴定实施制度、司法鉴定质量监控制度、司法鉴定文书规范、司法鉴定人出庭制度、司法鉴定意见的审核及司法鉴定责任制度等内容;各相关分支学科主要介绍有法医病理司法鉴定、法医临床司法鉴定、法医物证司法鉴定、法医毒物司法鉴定、精神疾病司法鉴定、文书司法鉴定、痕迹物证司法鉴定、微量物证司法鉴定、声像资料司法鉴定、环境损害司法鉴定、计算机司法鉴定、会计司法鉴定等内容。本书主要适用于法学专业学生,也适合政法工作者及司法鉴定人员学习、参考使用。

本书撰写人员及分工如下,按章节顺序排列:

杜志淳:第一章,第四章第一节,第五章第一、二节,第六章;

孙大明:第二、三、十六章;

闵银龙:第四章第二节、第五章第三节、第十三章;

罗良忠、杜志淳:第七章;

杜志淳、沈臻懿:第八章;

郭　华:第九、十一章;

樊静平:第十章;

张纯兵:第十二章;

赖红梅:第十四、十五章;

许爱东:第十七、十九章;

敖日其冷:第十八章;

王永全、王　弈:第二十章;

於　方:第二十一章;

王永全、廖根为:第二十二章;

景　莉:第二十三章。

本教材在修订过程中,参阅了大量相关资料、教材、文献、著作及论著,谨向原作者表示诚挚的谢意。同时,本书修订工作也得到了张敏博士、叶靖博士、王连昭博士、王晓宾博士以及郭媛媛硕士的帮助,在此一并致谢。由于修订时间较为仓促,而教材内容又涉及众多鉴定领域和学科,限于作者水平,书中若有不妥之处,敬请读者批评指正。

杜志淳

2018 年 4 月 12 日

目　　录

第一章　司法鉴定概述 …………………………………………………………（1）

第一节　司法鉴定的概念 ……………………………………………………（1）

一、司法鉴定的相关术语 ……………………………………………………（1）

二、司法鉴定的概念 …………………………………………………………（2）

第二节　司法鉴定的性质与基本属性 ………………………………………（5）

一、司法鉴定的性质 …………………………………………………………（5）

二、司法鉴定的基本属性 ……………………………………………………（6）

第三节　司法鉴定的功能、作用与任务 ……………………………………（9）

一、司法鉴定的功能 …………………………………………………………（9）

二、司法鉴定的作用 …………………………………………………………（11）

三、司法鉴定的任务 …………………………………………………………（12）

第四节　司法鉴定研究对象及学科体系 ……………………………………（14）

一、司法鉴定的研究对象 ……………………………………………………（14）

二、司法鉴定学的学科体系 …………………………………………………（16）

三、司法鉴定学与相邻学科的关系 …………………………………………（18）

第二章　司法鉴定历史发展 ……………………………………………………（21）

第一节　外国司法鉴定历史发展 ……………………………………………（21）

一、大陆法系国家司法鉴定发展简史 ………………………………………（21）

二、英美法系国家司法鉴定发展简史 ………………………………………（24）

第二节　我国司法鉴定历史发展 ……………………………………………（26）

一、我国古代司法鉴定发展简史 ……………………………………………（26）

二、我国近、现代司法鉴定发展简史 ………………………………………（32）

第三节　司法鉴定发展的基本趋势 …………………………………………（33）

一、司法鉴定机构趋于中立化 ………………………………………………（34）

二、司法鉴定实施程序趋于透明化 …………………………………………（34）

三、司法鉴定内容趋于多元化 ………………………………………………（34）

四、司法鉴定标准化体系初步形成 …………………………………………（34）

五、司法鉴定人的权利和义务更加明晰 ……………………………………（35）

六、司法鉴定行业自律管理得到强化 ………………………………………（35）

第三章　司法鉴定基本理论 ……………………………………………………（36）

第一节　鉴定理论概述 ………………………………………………………（36）

一、基础概念 …………………………………………………………… (36)
二、司法鉴定的常见概念 …………………………………………………… (36)
三、司法鉴定方法的科学依据 ……………………………………………… (37)
第二节 同一认定理论 ……………………………………………………… (40)
一、概念 ……………………………………………………………………… (40)
二、同一认定的分类 ………………………………………………………… (41)
三、同一认定的原则和方法 ………………………………………………… (42)
四、同一认定的基本形式与步骤 …………………………………………… (43)
第三节 种属认定理论 ……………………………………………………… (46)
一、种属认定的概念 ………………………………………………………… (46)
二、种属认定的作用 ………………………………………………………… (47)
三、种属认定的主体和客体 ………………………………………………… (48)
四、种属认定的分类 ………………………………………………………… (48)
五、种属认定的原则和方法 ………………………………………………… (48)
六、种属认定的步骤 ………………………………………………………… (49)
七、种属认定和同一认定的区别与联系 …………………………………… (50)
第四节 物质转移理论 ……………………………………………………… (51)
一、物质转移的概念 ………………………………………………………… (51)
二、物质转移理论在鉴定中的意义 ………………………………………… (53)
第四章 司法鉴定原则与分类 ………………………………………… (55)
第一节 司法鉴定的基本原则 ……………………………………………… (55)
一、依法鉴定原则 …………………………………………………………… (55)
二、尊重科学原则 …………………………………………………………… (56)
三、独立鉴定原则 …………………………………………………………… (56)
四、鉴定公开原则 …………………………………………………………… (56)
五、鉴定公正原则 …………………………………………………………… (56)
六、遵守规范、标准原则 …………………………………………………… (57)
第二节 司法鉴定的主要分类 ……………………………………………… (57)
一、按鉴定学科分类 ………………………………………………………… (57)
二、按鉴定执业范围分类 …………………………………………………… (60)
三、按鉴定客体分类 ………………………………………………………… (63)
四、按鉴定所处的程序分类 ………………………………………………… (67)
第五章 司法鉴定管理制度 ……………………………………………… (70)
第一节 司法鉴定管理体制 ………………………………………………… (70)
一、司法鉴定管理 …………………………………………………………… (70)
二、司法鉴定行政管理 ……………………………………………………… (71)

三、司法鉴定行业管理 …………………………………………………… (74)
四、司法鉴定技术管理 …………………………………………………… (75)
五、司法鉴定收费管理制度 ……………………………………………… (76)
第二节　司法鉴定机构管理 ……………………………………………… (77)
一、司法鉴定机构的概念及性质 ………………………………………… (77)
二、我国司法鉴定机构的设置 …………………………………………… (78)
三、司法鉴定机构的管理 ………………………………………………… (80)
四、司法鉴定机构的义务和法律责任 …………………………………… (82)
第三节　司法鉴定人管理 ………………………………………………… (83)
一、鉴定人概述 …………………………………………………………… (83)
二、鉴定人的条件与鉴定人资格的取得 ………………………………… (84)
三、鉴定人的诉讼地位 …………………………………………………… (87)
四、鉴定人的权利与义务 ………………………………………………… (88)
第六章　司法鉴定的实施制度 ………………………………………… (90)
第一节　司法鉴定的启动 ………………………………………………… (90)
一、司法鉴定的申请 ……………………………………………………… (90)
二、司法鉴定的决定 ……………………………………………………… (93)
三、司法鉴定的委托 ……………………………………………………… (94)
第二节　司法鉴定的受理 ………………………………………………… (97)
一、司法鉴定受理的范围 ………………………………………………… (97)
二、司法鉴定受理的条件 ………………………………………………… (98)
三、司法鉴定受理的程序 ………………………………………………… (99)
第三节　司法鉴定的实施 ………………………………………………… (99)
一、司法鉴定实施的基本条件 …………………………………………… (99)
二、司法鉴定实施的基本程序 …………………………………………… (100)
三、司法鉴定文书的制作 ………………………………………………… (115)
四、司法鉴定文书的出具 ………………………………………………… (115)
五、司法鉴定时限制度与终止鉴定 ……………………………………… (116)
第四节　补充鉴定和重新鉴定 …………………………………………… (117)
一、补充鉴定 ……………………………………………………………… (117)
二、重新鉴定 ……………………………………………………………… (117)
三、补充鉴定与重新鉴定的联系与区别 ………………………………… (118)
第七章　司法鉴定质量监控制度 ……………………………………… (119)
第一节　司法鉴定质量监控概述 ………………………………………… (119)
一、司法鉴定质量监控的含义 …………………………………………… (119)
二、影响司法鉴定质量的主要因素 ……………………………………… (121)

三、加强司法鉴定质量监控的必要性 …………………………………………… (123)
第二节 司法鉴定的质量监控 …………………………………………………… (124)
一、资质认定和认可 ……………………………………………………………… (124)
二、司法鉴定实验室的能力验证 ………………………………………………… (125)
三、司法鉴定机构质量保证体系 ………………………………………………… (127)
第三节 司法鉴定材料的监控 …………………………………………………… (128)
一、司法鉴定材料收集的规范化 ………………………………………………… (128)
二、司法鉴定材料保全的规范化 ………………………………………………… (129)
第八章 司法鉴定文书规范 ……………………………………………………… (132)
第一节 司法鉴定文书的概念和特征 …………………………………………… (132)
一、司法鉴定文书的概念 ………………………………………………………… (132)
二、司法鉴定文书的特征 ………………………………………………………… (132)
第二节 司法鉴定文书的分类 …………………………………………………… (132)
第三节 司法鉴定文书的制作要求 ……………………………………………… (133)
一、司法鉴定文书制作的基本原则 ……………………………………………… (133)
二、司法鉴定文书制作的基本要求 ……………………………………………… (134)
第四节 司法鉴定文书的格式 …………………………………………………… (134)
一、内容要求 ……………………………………………………………………… (134)
二、格式、数量、签章要求 ……………………………………………………… (135)
三、文字要求 ……………………………………………………………………… (136)
四、程序要求 ……………………………………………………………………… (136)
第五节 公安机关关于鉴定文书的规定 ………………………………………… (136)
一、公安机关鉴定文书分类 ……………………………………………………… (136)
二、公安机关鉴定文书要求 ……………………………………………………… (136)
第九章 司法鉴定人出庭制度 …………………………………………………… (138)
第一节 司法鉴定人出庭要求和意义 …………………………………………… (138)
一、司法鉴定人出庭的法律要求 ………………………………………………… (138)
二、司法鉴定人出庭的意义 ……………………………………………………… (139)
第二节 司法鉴定人出庭的地位 ………………………………………………… (141)
一、司法鉴定人的诉讼地位 ……………………………………………………… (141)
二、我国鉴定人出庭的诉讼地位 ………………………………………………… (141)
第三节 司法鉴定人出庭作证的权利义务 ……………………………………… (142)
一、司法鉴定人出庭作证的权利 ………………………………………………… (142)
二、司法鉴定人出庭作证的义务 ………………………………………………… (144)
第四节 司法鉴定人出庭作证程序 ……………………………………………… (146)
一、司法鉴定人出庭作证的程序条件 …………………………………………… (146)

二、司法鉴定人出庭作证的程序 …………………………………………………（147）
三、司法鉴定人出庭后的身份核实程序 …………………………………………（148）
四、司法鉴定人出庭作证结束程序 ………………………………………………（148）
第十章　司法鉴定意见的审查评判 ……………………………………………（149）
第一节　司法鉴定意见的属性 ……………………………………………………（149）
一、司法鉴定意见的性质 ……………………………………………………（149）
二、司法鉴定意见的证据能力的审核 ………………………………………（149）
三、司法鉴定意见的证明力的审核 …………………………………………（151）
第二节　司法鉴定意见的审核 ……………………………………………………（153）
一、司法鉴定意见的审查 ……………………………………………………（153）
二、司法鉴定意见的评判 ……………………………………………………（154）
第三节　司法鉴定意见的质证 ……………………………………………………（157）
一、鉴定意见质证概述 ………………………………………………………（157）
二、鉴定意见质证的程序 ……………………………………………………（158）
三、鉴定意见质证的内容 ……………………………………………………（159）
第四节　司法鉴定意见的认证 ……………………………………………………（160）
一、鉴定意见认证的概念及特点 ……………………………………………（160）
二、鉴定意见的采纳 …………………………………………………………（160）
三、鉴定意见的采信 …………………………………………………………（161）
第十一章　司法鉴定责任制度 …………………………………………………（163）
第一节　司法鉴定责任概述 ………………………………………………………（163）
一、司法鉴定责任的概念 ……………………………………………………（163）
二、司法鉴定责任的意义 ……………………………………………………（165）
第二节　司法鉴定的执业责任 ……………………………………………………（166）
一、司法鉴定的职业道德责任 ………………………………………………（166）
二、司法鉴定的执业纪律责任 ………………………………………………（168）
第三节　司法鉴定的法律责任 ……………………………………………………（171）
一、司法鉴定法律责任概述 …………………………………………………（171）
二、司法鉴定法律责任的承担 ………………………………………………（172）
第十二章　法医病理司法鉴定 …………………………………………………（179）
第一节　概述 ………………………………………………………………………（179）
一、法医病理司法鉴定的概念 ………………………………………………（179）
二、法医病理司法鉴定的目的及依据 ………………………………………（179）
三、法医病理司法鉴定的任务 ………………………………………………（179）
四、检材的提取与管理 ………………………………………………………（180）
五、鉴定档案的管理 …………………………………………………………（181）

第二节　鉴定基本内容 …………………………………………………………(181)
一、死亡概念 ………………………………………………………………(181)
二、死亡分类 ………………………………………………………………(181)
三、死亡过程 ………………………………………………………………(182)
四、死亡时间推断 …………………………………………………………(182)
五、死亡原因分析 …………………………………………………………(183)
六、判定死亡性质 …………………………………………………………(184)
第三节　常见死亡原因 …………………………………………………………(186)
一、机械性损伤 ……………………………………………………………(186)
二、机械性窒息 ……………………………………………………………(191)
三、烧死、冻死与电击死 …………………………………………………(193)
四、猝死 ……………………………………………………………………(194)
五、杀婴及虐待儿童死亡 …………………………………………………(195)
第四节　法医病理鉴定评判 ……………………………………………………(195)
一、尸体检验存在的问题 …………………………………………………(195)
二、死因分析用语混乱及概念不清 ………………………………………(197)
三、鉴定工作与案件现场情况脱节 ………………………………………(197)
四、尸体解剖率不高 ………………………………………………………(197)
第十三章　法医临床司法鉴定 ………………………………………………(199)
第一节　概述 ……………………………………………………………………(199)
一、法医临床司法鉴定概念 ………………………………………………(199)
二、法医临床司法鉴定中的损伤检验 ……………………………………(199)
三、损伤形成分类 …………………………………………………………(200)
四、法医临床司法鉴定的任务 ……………………………………………(200)
五、法医临床司法鉴定的意义 ……………………………………………(201)
第二节　鉴定基本内容 …………………………………………………………(201)
一、人体损伤形态 …………………………………………………………(202)
二、致伤物推断 ……………………………………………………………(207)
三、损伤时间推断 …………………………………………………………(208)
四、因果关系 ………………………………………………………………(208)
五、劳动能力鉴定 …………………………………………………………(209)
六、生理状态及功能评定 …………………………………………………(209)
七、诈伤或造作伤的识别 …………………………………………………(209)
八、医疗损害鉴定 …………………………………………………………(209)
九、三期评定 ………………………………………………………………(210)
第三节　常见损伤及其鉴定 ……………………………………………………(210)

一、颅骨损伤的类型 …………………………………………………………………… (211)
二、颅骨损伤在鉴定中的价值 ………………………………………………………… (211)
三、脑损伤 ……………………………………………………………………………… (211)
四、脊髓损伤 …………………………………………………………………………… (213)
五、周围神经损伤 ……………………………………………………………………… (214)
六、眼损伤 ……………………………………………………………………………… (214)
七、耳、鼻、咽喉损伤 …………………………………………………………………… (215)
八、口腔颌面部损伤 …………………………………………………………………… (217)
九、四肢骨、脊柱损伤 …………………………………………………………………… (217)
十、胸腹部损伤 ………………………………………………………………………… (218)
十一、泌尿和生殖器官损伤 …………………………………………………………… (219)
十二、性功能障碍 ……………………………………………………………………… (219)
第四节　法医临床鉴定评判 …………………………………………………………… (220)
一、与鉴定事件性质相关的标准适用 ………………………………………………… (220)
二、与被检人身份相应的标准适用 …………………………………………………… (220)
三、人身伤害案件的标准适用 ………………………………………………………… (220)
四、劳动能力丧失 ……………………………………………………………………… (221)
五、劳动能力障碍 ……………………………………………………………………… (221)
六、伤残评定时机 ……………………………………………………………………… (221)
第十四章　法医物证司法鉴定 ………………………………………………………… (223)
第一节　概述 …………………………………………………………………………… (223)
一、法医物证司法鉴定概念 …………………………………………………………… (223)
二、法医物证司法鉴定范围 …………………………………………………………… (223)
三、法医物证司法鉴定任务 …………………………………………………………… (223)
四、法医物证司法鉴定方法 …………………………………………………………… (224)
第二节　鉴定基本内容 ………………………………………………………………… (225)
一、血液和血痕检验 …………………………………………………………………… (225)
二、精斑检验 …………………………………………………………………………… (227)
三、唾液(斑)的鉴定 …………………………………………………………………… (228)
四、尿液(斑)检验 ……………………………………………………………………… (228)
五、毛发检验 …………………………………………………………………………… (228)
六、骨骼与牙齿的个人识别 …………………………………………………………… (229)
七、人体物质的 DNA 检验 …………………………………………………………… (229)
第三节　法医物证鉴定意见 …………………………………………………………… (232)
一、鉴定意见 …………………………………………………………………………… (232)
二、个体识别意见的表述 ……………………………………………………………… (232)

三、亲权鉴定意见的表述 …………………………………………………… (232)
第四节 法医物证鉴定的评估 …………………………………………… (233)
一、个体识别中DNA检测结果的评估 …………………………………… (233)
二、亲权鉴定意见的评价 …………………………………………………… (234)
第十五章 法医毒物司法鉴定 ………………………………………………… (236)
第一节 概述 ………………………………………………………………… (236)
一、毒物的概念与分类 ……………………………………………………… (236)
二、中毒 ……………………………………………………………………… (237)
第二节 影响毒物作用的因素 …………………………………………… (237)
一、毒物的物理特性 ………………………………………………………… (237)
二、毒物的量 ………………………………………………………………… (238)
三、毒物进入机体的途径 …………………………………………………… (238)
四、毒物进入机体的速度 …………………………………………………… (238)
五、机体状况 ………………………………………………………………… (238)
六、习惯与过敏 ……………………………………………………………… (239)
第三节 常见毒物中毒 …………………………………………………… (239)
一、砷中毒 …………………………………………………………………… (239)
二、氰酸及氰化物中毒 ……………………………………………………… (240)
三、有机磷类中毒 …………………………………………………………… (241)
四、氨基甲酸酯类农药中毒 ………………………………………………… (244)
五、一氧化碳中毒 …………………………………………………………… (245)
六、乙醇中毒 ………………………………………………………………… (246)
七、安眠镇静类药中毒 ……………………………………………………… (248)
八、强酸中毒 ………………………………………………………………… (250)
九、强碱中毒 ………………………………………………………………… (251)
十、毒品中毒 ………………………………………………………………… (251)
第四节 法医毒物司法鉴定的评判 ……………………………………… (256)
一、案情调查 ………………………………………………………………… (257)
二、症状分析 ………………………………………………………………… (257)
三、现场勘验 ………………………………………………………………… (258)
四、尸体检验 ………………………………………………………………… (258)
五、毒物分析 ………………………………………………………………… (258)
六、检验结果的评价 ………………………………………………………… (259)
第十六章 司法精神医学鉴定 ………………………………………………… (261)
第一节 概述 ………………………………………………………………… (261)
一、司法精神医学鉴定概念 ………………………………………………… (261)

二、司法精神医学鉴定的法律依据 ……（262）
三、司法精神医学鉴定的任务 ……（263）
四、司法精神医学鉴定的方式 ……（264）
第二节　精神医学基础 ……（264）
一、精神疾病原因与分类 ……（264）
二、常见的精神疾病 ……（265）
第三节　司法精神医学鉴定程序 ……（270）
一、司法精神医学鉴定的提出 ……（270）
二、送检人提请鉴定的准备 ……（271）
三、鉴定调查 ……（271）
四、鉴定人的鉴定前准备 ……（272）
五、精神检查 ……（272）
六、鉴定讨论与鉴定意见 ……（273）
第四节　鉴定基本内容 ……（273）
一、刑事责任能力 ……（274）
二、民事行为能力 ……（275）
三、受审能力 ……（277）
四、服刑能力 ……（278）
五、受处罚能力 ……（279）
六、作证能力 ……（279）
七、性自我防卫能力 ……（279）
八、精神损伤 ……（280）
九、精神伤残、精神残疾 ……（280）
十、因果关系（原因力） ……（281）
十一、精神科医疗损害鉴定 ……（281）
第五节　司法精神医学鉴定的评判 ……（281）
一、形式规范性 ……（281）
二、程序合法性 ……（281）
三、实体真实性 ……（282）
第十七章　文书司法鉴定 ……（283）
第一节　概述 ……（283）
一、文书及其分类 ……（283）
二、文书司法鉴定 ……（284）
第二节　鉴定方法 ……（286）
一、同一认定方法 ……（286）
二、种属认定方法 ……（288）

三、系统鉴定方法 …………………………………………………………… (289)
第三节 鉴定基本内容 …………………………………………………… (289)
一、笔迹鉴定 ……………………………………………………………… (289)
二、印章印文鉴定 ………………………………………………………… (291)
三、文书文字与印文形成先后次序的鉴定 …………………………… (293)
四、印刷文书鉴定 ………………………………………………………… (294)
五、文书制作时间鉴定 …………………………………………………… (295)
第四节 文书鉴定的评判 ……………………………………………… (295)
一、鉴定意见的审查 ……………………………………………………… (295)
二、鉴定意见证明效力的评断 …………………………………………… (296)
第十八章 痕迹司法鉴定 …………………………………………… (298)
第一节 概述 ……………………………………………………………… (298)
一、痕迹的概念 …………………………………………………………… (298)
二、痕迹的形成 …………………………………………………………… (298)
三、痕迹的种类 …………………………………………………………… (299)
四、现场痕迹的勘验 ……………………………………………………… (300)
五、痕迹司法鉴定 ………………………………………………………… (301)
第二节 痕迹鉴定基本内容 …………………………………………… (302)
一、手印鉴定 ……………………………………………………………… (302)
二、足迹鉴定 ……………………………………………………………… (308)
三、工具痕迹鉴定 ………………………………………………………… (311)
四、枪弹痕迹鉴定 ………………………………………………………… (316)
五、车辆痕迹鉴定 ………………………………………………………… (322)
第三节 痕迹鉴定程序 ………………………………………………… (325)
一、痕迹鉴定的委托与受理 ……………………………………………… (325)
二、痕迹鉴定的一般步骤 ………………………………………………… (326)
第四节 痕迹鉴定意见的审查评价 …………………………………… (330)
一、对鉴定主体资格的审查 ……………………………………………… (330)
二、鉴定过程的审查 ……………………………………………………… (330)
三、鉴定意见书的审查 …………………………………………………… (331)
四、鉴定意见与其他证据关系的审查 ………………………………… (331)
第十九章 交通事故痕迹物证鉴定 ………………………………… (332)
第一节 概述 ……………………………………………………………… (332)
一、道路交通事故 ………………………………………………………… (332)
二、交通事故痕迹物证 …………………………………………………… (333)
三、交通事故痕迹物证勘查 ……………………………………………… (334)

四、交通事故痕迹物证鉴定 …………………………………………… (339)
第二节　鉴定基本内容 …………………………………………… (340)
一、车辆安全技术状况鉴定 …………………………………………… (340)
二、交通设施安全技术状况鉴定 …………………………………………… (347)
三、交通事故痕迹鉴定 …………………………………………… (349)
四、车辆速度鉴定 …………………………………………… (354)
五、交通事故痕迹物证综合鉴定 …………………………………………… (361)
第三节　鉴定程序 …………………………………………… (379)
一、鉴定受理程序 …………………………………………… (379)
二、检验鉴定程序 …………………………………………… (381)
三、检验原则和鉴定方法 …………………………………………… (382)
第四节　交通事故痕迹物证鉴定的审查判断 …………………………………………… (383)
一、鉴定程序合法性审查 …………………………………………… (383)
二、鉴定记录规范性审查 …………………………………………… (383)
三、鉴定方法科学性审查 …………………………………………… (384)
第二十章　微量物证司法鉴定 …………………………………………… (386)
第一节　概述 …………………………………………… (386)
一、微量物证的概念及特点 …………………………………………… (386)
二、微量物证的作用与分类 …………………………………………… (387)
三、微量物证的发现、提取、包装与保存 …………………………………………… (389)
第二节　微量物证鉴定方法 …………………………………………… (392)
一、微量物证鉴定概念 …………………………………………… (392)
二、检验方法 …………………………………………… (393)
第三节　鉴定基本内容 …………………………………………… (398)
一、纤维鉴定 …………………………………………… (398)
二、塑料鉴定 …………………………………………… (400)
三、橡胶鉴定 …………………………………………… (402)
四、涂料鉴定 …………………………………………… (404)
五、金属鉴定 …………………………………………… (406)
第四节　微量物证鉴定的评判 …………………………………………… (407)
一、审查司法鉴定意见的科学可靠性 …………………………………………… (407)
二、评断鉴定意见的证据意义 …………………………………………… (408)
第二十一章　录音司法鉴定 …………………………………………… (410)
第一节　概述 …………………………………………… (410)
一、录音司法鉴定概念 …………………………………………… (410)
二、录音资料的特点 …………………………………………… (411)

第二节 录音司法鉴定基本内容 …… (412)
一、录音处理 …… (413)
二、录音真实性鉴定 …… (413)
三、录音同一性鉴定 …… (414)
四、录音内容分析 …… (415)
五、录音作品相似性鉴定 …… (415)
六、录音采集设备的审查 …… (416)
第三节 录音司法鉴定审查评判 …… (416)
一、录音资料的频率范围过窄 …… (416)
二、录音资料噪声特别大,语音特征反映不明显 …… (416)
三、录音资料时长特别短,或者有效语音数量不足 …… (417)
四、待检录音资料的语音有严重的伪装 …… (417)
第二十二章 图像司法鉴定 …… (418)
第一节 概述 …… (418)
一、图像的概念 …… (418)
二、图像的分类 …… (418)
三、图像的特点 …… (420)
四、图像鉴定的概念 …… (421)
第二节 鉴定基本内容 …… (421)
一、图像真实性鉴定 …… (421)
二、图像同一性鉴定 …… (422)
三、图像处理 …… (423)
四、图像内容分析 …… (423)
第三节 图像司法鉴定的方法 …… (423)
一、图像采集与备份 …… (424)
二、图像属性/元数据分析 …… (424)
三、图像信号分析 …… (424)
四、处理痕迹分析 …… (425)
五、图像画质处理 …… (426)
第四节 图像司法鉴定审查评判 …… (427)
一、图像司法鉴定审查评判的意义 …… (427)
二、图像司法鉴定的审查评判 …… (427)
第二十三章 电子数据司法鉴定 …… (430)
第一节 概述 …… (430)
一、电子数据及其特征 …… (430)
二、电子数据司法鉴定 …… (433)

三、电子数据司法鉴定环境与规范 …………………………………… (436)
第二节　电子数据司法鉴定基本内容 …………………………………… (438)
一、电子数据存在性鉴定 …………………………………………………… (438)
二、电子数据真实性鉴定 …………………………………………………… (439)
三、电子数据功能性鉴定 …………………………………………………… (440)
四、电子数据相似性鉴定 …………………………………………………… (441)
第三节　电子数据司法鉴定方法 ………………………………………… (442)
一、电子数据司法鉴定程序 ………………………………………………… (442)
二、电子数据司法鉴定的主要方法 ………………………………………… (443)
第四节　电子数据司法鉴定审查评判 …………………………………… (444)
一、电子数据司法鉴定审查评判的意义 …………………………………… (444)
二、电子数据司法鉴定内容审查评判 ……………………………………… (444)
第二十四章　环境损害司法鉴定 ………………………………………… (447)
第一节　概述 ……………………………………………………………… (447)
一、环境损害概念与特征 …………………………………………………… (447)
二、环境损害司法鉴定的属性 ……………………………………………… (449)
第二节　环境损害鉴定的主要内容和程序 ……………………………… (449)
一、环境损害司法鉴定执业分类 …………………………………………… (449)
二、环境损害司法鉴定程序 ………………………………………………… (450)
第三节　环境损害鉴定的技术方法 ……………………………………… (452)
一、方案制定 ………………………………………………………………… (452)
二、采样检测 ………………………………………………………………… (454)
三、数据分析(因果关系分析) ……………………………………………… (461)
第四节　环境损害鉴定可采性 …………………………………………… (469)
一、环境损害司法鉴定意见可采性框架 …………………………………… (469)
二、环境损害司法鉴定意见的评断 ………………………………………… (470)
第二十五章　建设工程司法鉴定 ………………………………………… (472)
第一节　概述 ……………………………………………………………… (472)
一、建设工程司法鉴定的依据 ……………………………………………… (472)
二、建设工程司法鉴定的主要内容 ………………………………………… (472)
三、建设工程司法鉴定的特点 ……………………………………………… (473)
四、建设工程司法鉴定的基本要求 ………………………………………… (474)
第二节　鉴定基本内容 …………………………………………………… (477)
一、建设工程基本概念 ……………………………………………………… (477)
二、建筑工程施工质量鉴定 ………………………………………………… (480)
三、装配式建筑工程质量鉴定 ……………………………………………… (482)

四、地基基础质量鉴定 …………………………………………………… (483)
五、装修工程质量鉴定 …………………………………………………… (484)
六、既有房屋质量鉴定 …………………………………………………… (485)
七、材料质量及其他工程质量鉴定 ………………………………………… (486)
八、工程质量缺陷及成因分析 …………………………………………… (487)
第三节　建设工程质量事故鉴定 ………………………………………… (493)
一、建设工程质量事故鉴定 ……………………………………………… (494)
二、建设工程灾损鉴定 …………………………………………………… (494)
三、建设工程施工安全事故鉴定 ………………………………………… (495)
四、建设工程重大安全事故等级评定 …………………………………… (496)
第四节　建设工程造价鉴定 ……………………………………………… (496)
一、概念及相关法律规定 ………………………………………………… (496)
二、建设工程造价鉴定的类型和特点 …………………………………… (499)
三、建设工程造价鉴定原则 ……………………………………………… (500)
四、建设工程造价司法鉴定方法与步骤 ………………………………… (501)
五、施工合同司法鉴定 …………………………………………………… (502)
六、计量与计价争议司法鉴定 …………………………………………… (503)
七、工期与费用索赔争议司法鉴定 ……………………………………… (504)
八、工程签证争议及证据欠缺司法鉴定 ………………………………… (506)
九、建设工程结算的鉴定 ………………………………………………… (507)
第五节　建设工程鉴定的评价 …………………………………………… (508)
一、鉴定意见书审查主体 ………………………………………………… (508)
二、鉴定意见书审查的内容 ……………………………………………… (508)
三、鉴定意见书技术要点及补正 ………………………………………… (508)
第二十六章　知识产权司法鉴定 …………………………………………… (510)
第一节　概述 ……………………………………………………………… (510)
一、术语和定义 …………………………………………………………… (510)
二、知识产权司法鉴定的相关规范 ……………………………………… (510)
第二节　知识产权鉴定的标准 …………………………………………… (511)
一、国家推荐性标准 ……………………………………………………… (512)
二、行业标准 ……………………………………………………………… (512)
三、地方标准 ……………………………………………………………… (512)
四、团体标准 ……………………………………………………………… (512)
第三节　知识产权鉴定基本内容 ………………………………………… (513)
一、鉴定机构 ……………………………………………………………… (513)
二、鉴定实施 ……………………………………………………………… (513)

第四节　知识产权鉴定的类型 …………………………………………… (515)
一、专利鉴定 ………………………………………………………………… (515)
二、商标鉴定 ………………………………………………………………… (517)
第五节　知识产权鉴定评价 ………………………………………………… (518)
第二十七章　会计司法鉴定 ……………………………………………… (520)
第一节　概述 ………………………………………………………………… (520)
一、会计司法鉴定的概念 …………………………………………………… (520)
二、会计司法鉴定的事项 …………………………………………………… (521)
三、会计司法鉴定的类别 …………………………………………………… (521)
四、会计司法鉴定材料 ……………………………………………………… (522)
第二节　财务会计资料检验 ………………………………………………… (522)
一、原始凭证的检验 ………………………………………………………… (522)
二、记账凭证及其检验 ……………………………………………………… (524)
第三节　会计鉴定方法 ……………………………………………………… (528)
一、会计司法鉴定基本方法 ………………………………………………… (528)
二、会计司法鉴定辅助方法 ………………………………………………… (531)
第四节　会计鉴定审查评价 ………………………………………………… (533)
一、鉴定主体和鉴定事项审查 ……………………………………………… (533)
二、鉴定材料审查 …………………………………………………………… (533)
三、分析论证审查 …………………………………………………………… (534)
四、鉴定意见审查 …………………………………………………………… (534)

第一章　司法鉴定概述

本章概要　本章主要介绍了司法鉴定及相关概念，司法鉴定的性质、基本属性、功能、作用、任务，阐述了司法鉴定的研究对象与学科体系。

通过本章的学习，应当掌握司法鉴定的概念、性质、属性以及学科地位等内容，了解司法鉴定的功能、任务以及该学科的重要作用。

关键词　司法鉴定；司法鉴定属性；司法鉴定功能；司法鉴定学科体系

第一节　司法鉴定的概念

一、司法鉴定的相关术语

“司法鉴定”作为专业术语存在与之相近的若干词语。厘清这些相关词语的内涵与外延，明晰其与司法鉴定的区别与联系，对科学、准确、深刻地认识、理解和把握司法鉴定的概念具有重要的作用。

1. 鉴定，即辨别并确定真伪优劣。“鉴”为仔细审视、察验、鉴别；“定”为认定或判定。是指具有专门知识及技能的人通过一定程序和科学实验对特定客体的本质特征及其外部关系所作的识别与判定。

2. 技术鉴定，是指具有专门技术和专门经验的人对特定法律事实或客体的性质、状态或质量等所进行的识别与判定。

3. 物证技术鉴定，是指对物质、物品、物体和文书等有形物及其反映形象的鉴定。就鉴定对象而言，是对可能成为证据的物质性材料所作的鉴定。

4. 刑事技术鉴定，是指公安司法机关依照《中华人民共和国刑事诉讼法》（以下简称《刑事诉讼法》）的规定，指定或聘请具有相关专门知识和技能的人，运用自然科学和社会科学的相关原理和方法，发现、记录、提取、识别和鉴定与犯罪有关的物证，揭露、证实犯罪的技术方法。

5. 检察技术鉴定，是指我国检察机关所属鉴定部门从事的专门性技术鉴定活动，并非严格意义上的根据科学分类或法律规定划分类别。

6. 法庭科学鉴定，特指运用自然科学理论与技术为法律工作服务的系列学科。亦有学者将“法庭科学”（Forensic Science）译为法科学。该术语诞生于20世纪40年代末期的欧美国家，时至今日，已成为欧美国家诉讼法律体系中，对解决案件中专门性问题的科学实证活动的特定称谓。法科学鉴定、法庭科学鉴定与我国司法鉴定的概念基本一致。因司法机关的聘请或法官的命令或当事人的委托(英美法系国家主要是当事人的委托)进行的法庭科学(法科学)鉴定与我国的司法鉴定没有本质的区别。但法庭科学(法科学)鉴定的范围与我国司法鉴定的范围有一定的差别。

7. 医疗事故技术鉴定,是指对医疗机构及其医务人员在医疗活动中违反医疗卫生管理法律、行政法规、部门规章和诊疗护理规范、常规过失造成患者人身损害所作的鉴别、评定。

8. 道路交通事故鉴定,是指对在特定道路通行过程中由于当事人违反交通法则和通行法则过失造成他人人身伤亡和财产损失所作的鉴别和评定。

二、司法鉴定的概念

(一)司法鉴定的源起

"司法鉴定"一词在中文语境中存在的历史相对较短,是20世纪50年代中期我国从俄语中翻译并引入的。该词最早来源于1955~1956年苏联专家楚贡诺夫编写的"司法鉴定"讲义。[1] "司法鉴定"一词作为舶来品对我国相关教材以及学科名称产生了深刻的影响。在此期间,苏联专家马阔廖夫、柯尔金等人分别在上海、北京等地举办了数期司法鉴定培训班,并普遍使用了以"司法鉴定"为名称的培训讲义。在这一阶段,我国建立的一些鉴定机构也开始以"司法鉴定"命名。如1955年7月"最高人民法院华东分院法医研究所"更名为"中央司法部法医研究所"的同时,成立了"司法鉴定科学研究所",承担法医学和刑事技术鉴定工作。[2] 司法鉴定作为规范术语不仅得到了学界的认可,在相关领域被广泛使用,2005年全国人民代表大会常务委员会通过的《关于司法鉴定管理问题的决定》(以下简称《决定》)也将其作为法定术语。我国教育部于2023年将"司法鉴定学"(030110TK)设为法学类本科专业。可以说,"司法鉴定"从专业领域的习惯表述上升为国家层面的法律用语,并催生了法学类独立的司法鉴定专业。

(二)司法鉴定的不同定义

对司法鉴定的概念,由于观察角度不同,其表述也不统一。有的侧重司法鉴定应用范围、决定机关、任务目的、鉴定主体等方面将其定义为:"在诉讼中,有法定司法鉴定决定权的机关和部门,依其职权,或自己决定,或应犯罪嫌疑人、被告人的请求,或应任何一方当事人的请求,委派具有专门知识、技能或特别经验的人,对案件涉及的某些专门问题进行鉴别、判断的活动。"[3]有的从鉴定意见作为司法活动的专门术语的视角将其定义为:"在诉讼活动中,对于案件中的某些专门性问题,按诉讼法的规定,经当事人申请,司法机关决定,或司法机关主动决定,指派、聘请具有专门知识的鉴定人,运用科学技术手段,对专门性问题作出判断结论的一种核实证据的活动。简单地说,司法鉴定就是在侦查、起诉、审判等诉讼活动中依法进行鉴定。"[4]还有人认为:"司法鉴定是指

---

[1] 参见徐立根:《对我国鉴定制度中几个问题的研究》,载《刑事技术》2005年第4期。

[2] 参见郭华:《司法鉴定理论研究的五十年历程回顾与评价》,载《中国司法》2008年第8期。

[3] 张玉镶:《司法鉴定学基本概念研究》,载《中国司法鉴定》2001年第1期。

[4] 邹明理:《我国现行司法鉴定制度研究》,法律出版社2001年版,第2页。

司法鉴定人接受司法机关、仲裁机构或当事人的委托,依照法律规定的条件和程序,运用专门知识或技能对诉讼仲裁活动中所涉及的某些专门性问题进行鉴别和判定的活动。”[1]除上述表述外,还有其他不同的表述,归纳起来可分为两类,即广义的司法鉴定和狭义的司法鉴定。

广义的司法鉴定,是指在争议解决过程中,鉴定人运用科学技术或者专门知识对争议解决中涉及的专门性问题进行鉴别和判断并提供鉴定意见的活动。这种表述的核心是将司法鉴定的服务范围界定为诉讼活动与准司法活动,即对解决争议过程中涉及的专门性问题进行鉴定,包括为诉讼、仲裁、调解、行政执法、监察等提供科学实证活动。如《中华人民共和国监察法》(以下简称《监察法》)第29条规定,监察机关在调查过程中,对于案件中的专门性问题,可以指派、聘请有专门知识的人进行鉴定。鉴定人进行鉴定后,应当出具鉴定意见,并且签名。

狭义的司法鉴定,是指在诉讼活动中,鉴定人运用科学技术或者专门知识对涉及的专门性问题进行鉴别和判断并提供鉴定意见的活动。这一定义仅限于诉讼程序中的鉴定活动。

狭义的司法鉴定与广义的司法鉴定的共同点是均包含司法鉴定的实施主体、司法鉴定的具体任务、司法鉴定的基本手段以及司法鉴定的服务领域这些基本要素。其不同点在于司法鉴定服务领域的宽窄,狭义的司法鉴定中服务的领域仅限于诉讼活动。

(三)司法鉴定的立法定义

《决定》第1条规定:“司法鉴定是指在诉讼活动中鉴定人运用科学技术或者专门知识对诉讼涉及的专门性问题进行鉴别和判断并提供鉴定意见的活动。”本条规定的司法鉴定是狭义的司法鉴定。按照定义的基本要素分析,其含义主要包括以下方面:

1. 从司法鉴定服务的领域看,司法鉴定主要是为诉讼服务的,是在诉讼活动中进行的,是一项涉及诉讼的活动。诉讼过程中鉴定之所以称为“司法鉴定”,并不是因为鉴定活动本身具有司法职能,而是因为鉴定是在诉讼活动中进行的。在现实生活和工作中,需要运用科学技术或者专门知识进行鉴别和判断的事项有很多,但这类活动并不都属于《决定》所指的司法鉴定。只有在诉讼活动中对案件的某些专门性问题进行鉴别和判断的活动,才属于《决定》调整的司法鉴定。

我国刑事诉讼、民事诉讼、行政诉讼中发生的鉴定都属于《决定》所指的司法鉴定。从《决定》所界定的司法鉴定的内涵看,凡涉及诉讼的专门性问题就应进行司法鉴定。对诉讼的理解不应仅仅局限于案件正式提起诉讼后的审判阶段,还包括刑事诉讼、民事诉讼、行政诉讼的诉前准备、诉中和诉后的执行等各个阶段。

2. 从司法鉴定的实施主体看,其实施主体是鉴定人。《决定》规定的“鉴定人”是指在诉讼活动中依法接受委托对诉讼涉及的专门性问题进行鉴别和判断并提供鉴定意见的人。鉴定人不属于司法人员,而是一种特殊的证人。普通法系国家将鉴定人称为

---

〔1〕 孙秉晨:《建立科学规范的司法鉴定管理体制势在必行》,载《中国司法鉴定》2001年第2期。

“专家证人”。大陆法系国家将鉴定人定为“诉讼参与人”。我国将鉴定人定性为“诉讼参与人”,在法条中称为“鉴定人”或者“有专门知识的人”。司法鉴定人作为特殊证人必须具有解决相关诉讼涉及的专门性问题所必需的科学技术或者专门知识,负有依法提供鉴定意见并就鉴定意见出庭作证的义务。《刑事诉讼法》第 192 条第 3 款规定,公诉人、当事人或者辩护人、诉讼代理人对鉴定意见有异议,人民法院认为鉴定人有必要出庭的,鉴定人应当出庭作证。经人民法院通知,鉴定人拒不出庭作证的,鉴定意见不得作为定案的根据。《中华人民共和国民事诉讼法》(以下简称《民事诉讼法》)第 81 条规定,当事人对鉴定意见有异议或者人民法院认为鉴定人有必要出庭的,鉴定人应当出庭作证。经人民法院通知,鉴定人拒不出庭作证的,鉴定意见不得作为认定事实的根据;支付鉴定费用的当事人可以要求返还鉴定费用。实践中应当注意的是,不能把鉴定机构等同于鉴定人。鉴定机构是由一定数量的鉴定人组成的组织。《决定》规定接受鉴定委托的是鉴定机构,鉴定机构接受委托后应当指派鉴定人进行鉴定,鉴定意见应由具体从事鉴定工作的人员署名。

3. 从司法鉴定的具体任务看,司法鉴定的目的是解决诉讼涉及的专门性问题。《刑事诉讼法》第 146 条规定,为了查明案情,需要解决案件中某些专门性问题的时候,应当指派、聘请有专门知识的人进行鉴定。《民事诉讼法》第 79 条规定,当事人可以就查明事实的专门性问题向人民法院申请鉴定。当事人申请鉴定的,由双方当事人协商确定具备资格的鉴定人;协商不成的,由人民法院指定。当事人未申请鉴定,人民法院对专门性问题认为需要鉴定的,应当委托具备资格的鉴定人进行鉴定。《决定》中规定的“诉讼涉及的专门性问题”,主要是指在刑事诉讼、民事诉讼、行政诉讼中属于案件证明对象的事项,如个体识别、血缘关系的确定、精神疾病的认定等。这些仅凭侦查人员、检察人员、审判人员以及当事人的直观、直觉或者逻辑推理无法作出肯定或是否定的判断,必须依法运用科学技术手段或者专门知识进行鉴别和判断才能得出正确结论的问题,都属于诉讼涉及的专门性问题。诉讼涉及的专门性问题是一个外延很广泛的概念,对于哪些事项属于诉讼涉及的专门性问题,应当视案件的具体情况而定。

4. 从司法鉴定的基本手段看,司法鉴定是运用科学技术或者专门知识进行鉴别和判断。司法鉴定是诉讼活动中一项重要的调查取证活动,在诉讼中有些问题人们通过五官感知或逻辑推理是无法直接认识和判断的,必须借助于科学技术或专门知识进行鉴别和判断。人们在利用自然和改造自然过程中,经过日积月累,形成了反映自然、社会、思维等客观规律的知识体系,这就是通常所称的“科学技术”。人们在生产劳动实践中,在某个领域、某个方面积累了一些知识经验,也即通常所称的“专门知识”。运用科学技术和专门知识是司法鉴定解决诉讼涉及的专门性问题的基本手段与方法。

5. 从司法鉴定结果表现形式看,鉴定人鉴定后应当提供鉴定意见。鉴定人在完成鉴定工作后应当依照法律规定及与委托方的协议约定,向委托人提供由鉴定人本人签名的书面鉴定意见。司法鉴定结果表现形式之所以由原先的“鉴定结论”改为“鉴定意见”,主要原因在于,“鉴定意见”这一表述比“鉴定结论”更能科学、准确地体现言词证据所包含的判断或者推断的性质,也为鉴定人出庭作证接受询问奠定了基础。

鉴定意见作为鉴定人个人的认识和判断,表达的只是鉴定人个人的意见。对整个案件来说,鉴定意见是诸多证据中的一种,有争议的鉴定意见在法庭审理中应当接受质证,审判人员应当结合整个案件的全部证据加以审查,综合判断其能否作为认定案件事实的依据。司法实践中,由于对鉴定意见本质特征缺乏深刻的认识,有些审判人员在审理案件中疏于对鉴定意见分析判断,导致审判过于依赖甚至受制于鉴定意见,"打官司"变成了"打鉴定"。特别是在一个案件中对某一事项有多种不同鉴定意见的情况下,审判人员往往以鉴定人员的学历高低、资历深浅或者鉴定机构的级别来决定对鉴定意见的取舍,而忽视通过质证,进而审查其鉴定意见的科学性、可靠性,从中选择正确的鉴定意见。[1]

第二节　司法鉴定的性质与基本属性

一、司法鉴定的性质

司法鉴定既不是行政行为,也不是司法行为和一般的科学技术行为。司法鉴定是一种运用科学技术、专门知识、职业技能和执业经验为诉讼活动,尤其是审判活动提供技术保障和专业服务的证明活动,具有科学性与法律性有机统一的性质。这一性质反映在司法鉴定的多个方面:

1. 司法鉴定活动的双重性。司法鉴定活动既是一种科学实证活动,具有相关的专业特点,也是一种诉讼参与活动,属于诉讼活动的一部分。

2. 调整司法鉴定规范的双重性。司法鉴定活动既要受诉讼法等法律规范的调整,也要遵循行政管理规范和技术规范。

3. 司法鉴定权力配置的双重性。司法鉴定既涉及司法权的配置问题,又涉及行政权的配置问题。司法鉴定的启动、决定,鉴定意见的质证、认证、采信等属于司法权的调整范围,而对司法鉴定的管理、司法鉴定实施的规范等则属于司法行政权的调整范畴。

4. 司法鉴定制度的双重性。司法鉴定制度涉及司法制度,如司法鉴定的启动制度,鉴定意见的举证、质证、认证等制度都由诉讼法、证据法等调整。而司法鉴定职业准入管理,鉴定机构的设立、授权、资质管理等属于司法行政管理,这种管理也包括鉴定技术、鉴定标准的行业管理。

5. 司法鉴定意见功能的双重性。鉴定意见作为诉讼中的一种证据,一方面,其作为定案的依据,与其他证据具有共性;另一方面,司法鉴定作为判断其他证据的真伪、证明

---

〔1〕 参见全国人大常委会法制工作委员会刑法室编著:《全国人民代表大会常务委员会关于司法鉴定管理问题的决定释义》,法律出版社2005年版,第1~4页。

力等的手段,实际上扮演着“证据的证据”的角色,鉴定意见属于诉讼中一种特殊的证据。[1]

司法鉴定的性质决定了其具有双重性的特点,该特点在实践活动中有着重要的意义。

第一,司法鉴定活动的双重性特点决定了司法鉴定作为法律性与科学性相统一的特殊科学鉴定,与普通的技术鉴定和行业鉴定具有明显的区别。这一区别决定了司法鉴定机构与普通的技术鉴定机构和行业鉴定机构之间的差异。

第二,司法鉴定活动的双重性特点决定了司法鉴定活动不同于侦查活动、检察活动以及审判活动,司法鉴定是一种对诉讼涉及的专门性问题进行鉴别和判断并提供鉴定意见的专门活动。

第三,司法鉴定活动的双重性特点决定了相关领域的专业技术职务任职条件不得替代司法鉴定人的职业资格。同时,未经有关部门的批准、登记,不享有司法鉴定权。

第四,司法鉴定活动的双重性特点决定了司法鉴定的管理模式是一种行政管理,是兼具了直接管理与间接管理的专门管理模式。

第五,司法鉴定活动的双重性特点决定了司法鉴定制度的改革与发展方向。司法鉴定与诉讼制度的关系极为密切,司法鉴定制度应当适应以及配合诉讼制度的改革要求与改革方向。在一定意义上,司法鉴定主要是为诉讼服务的,旨在为裁判者在诉讼中正确理解证据和认定案件事实提供可靠的证据方法。诉讼制度是司法鉴定存在的前提,司法鉴定作为诉讼制度的重要组成部分,其科学与否是衡量诉讼立法完备程度的重要标志之一。[2] 此外,司法鉴定制度的改革与发展也要适应科学技术发展的要求,做到法律规范、行政规范和技术规范的协调和统一。[3]

二、司法鉴定的基本属性

司法鉴定的性质决定了其基本属性。鉴定意见作为一种法定证据,除了应当符合证据的一般要求外,还有着区别于其他证据的属性,即法定性(法律性)、中立性(独立性)和客观性(真实性)的统一。

(一)法定性(法律性)

司法鉴定的法定性,是指司法鉴定活动是诉讼参与活动,不仅实施司法鉴定的主体需要有法定资格,而且从启动条件、鉴定实施、鉴定意见出具到出庭作证和鉴定意见的质证、采信都有明确的法律规范:一是启动鉴定程序要严格遵守诉讼法的规定,如在刑事诉讼中,鉴定只能在诉讼过程中提起并由承办案件的办案机关决定,司法鉴定不能因个人意愿自由启动和实施。二是司法鉴定机构必须经过国家司法鉴定主管部门的批准

---

〔1〕 参见王敏远、李嘉:《司法鉴定法律的二元结构分析》,载《中国司法鉴定》2024年第1期。

〔2〕 参见杜志淳等:《司法鉴定法立法研究》,法律出版社2011年版,第1~2页。

〔3〕 参见杜志淳、霍宪丹主编:《中国司法鉴定制度研究》,中国法制出版社2002年版,第6页。

和授权或经司法机关临时指定和聘请。[1] 三是鉴定客体(对象)仅限于案件中经过法律或法定程序确认的专门性问题。四是鉴定主体必须是取得司法鉴定许可证的鉴定机构和具有司法鉴定人执业资格的自然人,而不是科技机构或业务部门、行业组织及其专业技术人员。鉴定人作为诉讼活动的参与人,应当依法出庭作证并接受询问。五是鉴定活动属于以科学技术手段核实证据的诉讼参与活动。六是鉴定意见是法定的证据种类之一。由此可见,司法鉴定主要是为司法审判服务的,司法鉴定活动是司法活动的组成部分;同时司法鉴定的改革必须与司法制度的改革、诉讼模式的改革,尤其是审判方式的改革同步配套,司法鉴定制度的发展与完善也有赖于法治环境的改善。

(二)中立性(独立性)

司法鉴定的中立性是司法鉴定活动的内在要求,只有中立,才能公正;只有公正,才有权威。司法鉴定机构和鉴定人在诉讼活动中保持中立地位、依法独立执业是保障司法鉴定活动客观公正的内在要求,同时鉴定人也应实行回避制度。一是在司法证明活动中,保持中立地位是程序公正的要求。二是在进行科学技术活动时,排除人为因素的干扰、保持中立性和独立性既是科学精神的体现和要求,也是保障结果客观真实的前提条件。三是根据程序正义关于"任何人都不能成为自己的法官"的要求,司法机关不能既当"裁判员"又当"运动员"。四是司法鉴定作为一种证明和评价活动,在当事的第一方和第二方之间保持中立地位是权威性的基本保障。在技术检测和检验活动中,由于第一方评价(当事人为自己证明或作出评价,但因其直接的利害关系可信度最低)和第二方评价(由使用者进行证明或作出评价,但也存在间接的利害关系甚至利益驱动)难以被对方接受,往往造成多次证明或评价。因第三方评价(由无利害关系的第三方权威机构作出证明或评价)具有中立性,从而具有较高的证明力和权威性,具备被普遍接受和采用的基础,能够"一个证明,多方使用"。[2]

基于诉讼中的中立地位和独立执业的要求,司法鉴定机构和鉴定人在实施鉴定活动时,既不对司法机关负责,也不对当事人负责,而应当对法律负责,对科学负责,对所委托的鉴定事项负责,最终是对案件事实负责。因此,中立性是司法鉴定的基本属性,也是鉴定公正的前提和保障。就诉讼参与活动而言,中立性或独立性是司法鉴定机构和鉴定人执业活动的基础。它对鉴定机构和鉴定人提出的基本要求(也包括按预设的中立程序开展司法鉴定等要求),又以机构和人员的相对独立为基础。实现司法鉴定

---

〔1〕 国务院2004年第412号令《国务院对确需保留的行政审批项目设定行政许可的决定》将司法部关于鉴定机构和鉴定人的设立审批纳入500项确需保留的行政许可事项内容;2008年在国务院统一开展的清理行政审批事项活动中,又依据《决定》再次予以确认。根据2019年4月23日修改的《中华人民共和国行政许可法》的规定,司法鉴定机构的设立和从事司法鉴定活动资格的取得均属于需要行政许可的事项。

〔2〕 如英国在司法鉴定机构全部实现社会化、中立化之后,在民事诉讼中要求双方当事人共同选聘同一个鉴定人。从2006年开始,根据英国控方、辩方和鉴定方共同签署的三方协议,这种方法也开始在刑事诉讼中推广使用。参见司法部司法鉴定考察团:《英国司法鉴定专题考察报告》,载司法部司法鉴定管理局编:《两大法系司法鉴定制度的观察与借鉴》,中国政法大学出版社2008年版,第1页。

的客观公正,首先有赖于司法鉴定机构和鉴定人在诉讼活动中的中立地位,由此才能实现鉴定职能的独立。

(三)客观性(真实性)

司法鉴定的客观性是科学规律和科学定理在司法鉴定领域的体现。司法鉴定的客观性主要取决于三个方面:一是科学性。司法鉴定是科学认识证据的重要方法和手段,司法鉴定是以科学技术为生命的。司法鉴定的实施过程就是一个科学认识的过程。有些鉴定意见就是依据科学认识得出的结论。人类社会经过上千年的实验和探索,发展、归纳和总结出的科学规律、科学定理、科学理论、科学知识,构成司法鉴定的基本理论、基础知识、基本技能和基本方法。这正是建立在人类社会公认的科学规律、科学定理和科学结论基础上的鉴定意见与证人证言之间的根本区别。二是专业性。鉴定意见的可靠性取决于它产生的过程和方式,更取决于司法鉴定的专业化、职业化程度和专业技术水平。司法鉴定的专业性,主要体现在专业技术机构的专业技术人员根据专业技术理论、知识和方法,采用专业技术设备和手段,按照专业技术程序规范和技术规范的要求,对专门性问题进行识别、比较和认定、评断,并得出专业性结论。三是统一性。不仅自然规律、科学原理和技术方法、技术标准具有统一性,而且鉴定程序和鉴定人的资质要求也应当具有统一性,以此保障鉴定意见的可检验性。

除以上基本属性外,司法鉴定还有其他一些属性。这些属性主要有:

1. 公共性。诉讼法的公法性质和诉讼活动的复杂性决定了司法鉴定成为诉讼活动顺利进行的重要保障手段。司法鉴定活动不仅涉及当事人的权利,而且也涉及公共利益和社会其他利益的调整,具有很强的公共属性,《决定》赋予司法行政机关设立行政许可的职权,在实践中将其纳入公共法律服务的范围。

2. 社会性。司法鉴定是为诉讼服务的。从服务对象看,司法鉴定不仅要为司法机关正确履行职责提供帮助,而且也为当事人提供权利保障服务;从诉讼范围看,司法鉴定不仅为刑事诉讼服务,同时也为民事诉讼、行政诉讼以及其他社会矛盾的解决服务。

3. 综合性。司法鉴定既是一项多学科交叉的技术科学实证活动,又是诉讼参与活动,在一些重大疑难和特别复杂案件以及突发重大公共事件中,司法鉴定往往需要综合运用自然科学、社会科学和工程技术三大领域的理论、知识、方法和技术。

当然,鉴定意见也有主观性的一面(这是产生重复鉴定的客观原因之一)。这一属性是由客体的多样性和社会科技发展水平以及主体认识水平的不同而决定的,如采用的设备和技术标准不统一、检测比对的标准体系不统一、鉴定人的认识水平和鉴定方法不同。鉴定对象的多样化(如生物体、精神状况的鉴定与物体鉴定就有很大差异)和时间上的差异等因素,会使鉴定人对同一鉴定对象提出不尽相同的意见。尽管如此,鉴定意见与其他言词证据(证人证言、当事人陈述等)相比较而言,它的客观性因素还是大大超过其主观性因素,可靠性更强,更为可信。

现代社会公认的发现真相的最有效手段是鉴定,鉴定意见又是借助科技手段鉴定的结果,一般情况下,裁判者会直接将其作为认定事实的根据,而鲜有对其提出质疑的情况。由于诉讼可能运用的鉴定人专业知识及经验种类繁多,对如何排除假的鉴定结果,如何审核鉴定结果的范围,怎样确定跨领域鉴定结果的效力等问题,需要法官进行决断。鉴定人在确认事实之前,须先对事实进行判断,这种判断虽然是依据鉴定活动所获得的意见,但仍然无法避免不同的鉴定人出具不同的意见,尤其是鉴定人的专业知识、经验存在差异,采用的科技手段也会有所不同。随着科技不断进步,鉴定的实施在诉讼程序上的衍生问题也越来越多。这些均需要通过完善司法鉴定制度获得保障。[1]

第三节　司法鉴定的功能、作用与任务

一、司法鉴定的功能

(一)弥补法官在专门性问题上的认识不足

现代社会的高速发展以及科学技术的不断更新,使司法实践中案件事实涉及的信息量有时远远超出了一般的生活经验范围以及普通人的认识程度。此时,法官因缺乏相关知识的可靠支撑,需要专业人士的介入与帮助。毋庸置疑,法官是法律方面的专家,理解并熟练运用法律是法官职业化的基本要求与必备素质,但社会分工的不断细化以及知识结构的复杂程度,使法官不可能成为各个领域的专业人士。与此同时,法官并不能仅以诉讼中需要判断的事实超出其认识能力范围而拒绝作出裁判。法官对诉诸法院的争议问题作出判决是其应承担的一种责任。[2] 法官不得拒绝裁判的义务与其认知能力的欠缺之间的矛盾,迫使法律不得不寻求解决机制以弥补法官在专门性问题认知能力上的短板。而当今世界科学技术的突飞猛进,像汹涌的浪潮冲击着人类社会的各个领域,深刻地影响和改变着自然界的面貌和人类的命运,也给各行各业带来了新的机遇和挑战。[3] 无疑,在诉讼活动中引入现代科学技术,运用科技手段为裁判者解读专门性问题已成为必然之选择。司法实践中,鉴定人的任务是将案件中的专门信息与知识向法官进行传达,其效用往往决定着某一案件的最终导向。[4] 因此,司法鉴定的重要功能之一是利用超出一般人认知范围的专门知识,对专门性问题作出鉴别与判断,从而弥补法官在专门性问题认识上的欠缺。这也使司法鉴定在诉讼活动中拥有了重要的地位,成为辅助法官认定案件事实的一项制度性保障措施。

值得注意的是,科技的发达尤其是人工智能的出现以及社会分工的日趋精细,使法官在面对专门性问题时,往往将自身拥有的判断权部分让渡给鉴定人,这不仅造成了鉴

---

〔1〕 参见霍宪丹主编:《司法鉴定通论》(第2版),法律出版社2013年版,第17~22页。

〔2〕 参见霍宪丹主编:《司法鉴定学》(第2版),中国政法大学出版社2016年版,第14页。

〔3〕 参见陈学权:《科技证据论——以刑事诉讼为视角》,中国政法大学出版社2007年版,第129页。

〔4〕 See Harold A. Feder & Max M. Houck, *Feder's Succeeding as an Expert Witness*, CRC Press, 2008, p. 11.

定权的越位,更使鉴定人成为了判断专门性问题的"法官"。为了防止判断权的让渡以及鉴定权对于审判权的越位,有必要对司法鉴定的运用进行一定的限制,通过明确科学技术在诉讼活动中的边界,防止科学技术对诉讼活动造成负面影响,避免法官在审理案件时对鉴定意见过度依赖。首先,司法鉴定仅针对诉讼案件中的事实问题,对法律问题不得进行判断和发表意见。其次,司法鉴定只能限定于诉讼中的专门性问题,鉴定人基于其技术与知识,在专门性问题上具有比普通人更高的认知能力,而对于普通常识性问题,鉴定人的认知能力并不必然具有优势。因此,鉴定人不得干预事实裁判者行使职权。为了防止"打官司"演变成"打鉴定",我国三大诉讼法均明确规定了包括鉴定意见在内的所有证据种类,必须经过查证属实后,才能作为定案的依据。

(二)扩充法官的认识对象

法官审理案件的过程就是其运用逻辑能力认识具体案件的过程。在司法逻辑的指引下,法官须遵循三段论的逻辑模式来处理案件。法官在适用法律处理案件时,以法律规范作为大前提,在此之前,法官则需通过一系列的审理,对案件事实形成某种程度上的内心确信。三段论中的小前提则是对案件事实的客观认知与把握,而这一过程在整个司法活动中具有极为重要的地位。案件事实均属于已成为过去的事件,鉴定人即使通过科学技术与专门手段进行鉴别、判断,也只能最大限度地接近案件事实,却不能完全替代或重现已发生的相关事实。案件一旦发生,案件事实便转化为不依赖于人的主观意志的客观存在,成为司法活动的认识对象。法官对案件事实的认识,应当在尽量保证符合其本来面目的情况下进行,唯有如此,司法才能在最大限度上获得客观性,才能对案件作出最符合客观实际的评价。[1] 在司法活动中,法官对于案件事实的认知,往往基于相关证据所反映出的各项信息。因此,只有具备客观属性的证据,才能满足法官认识案件事实的要求。

司法鉴定在现代诉讼中的运用,是通过科学技术手段,获取鉴定对象中与案件事实相关的客观信息。鉴定人在实施鉴定后向法官提供的结论性意见,是其利用自身的知识结构、专门技能以及执业经验等,对于诉讼所涉专门性问题形成的专业判断。鉴定人作出的上述判断,是其通过专门知识对相关事实的具体解读,该意见有助于扩大法官认识对象的范围。司法鉴定活动介入之前,与案件相关的某些事实往往因各类因素的限制而无法为法官所认知,法官的认识对象往往只能限于根据逻辑或经验能够从证据中获取的内容。而鉴定意见的形成与提交,使法官的认识对象不仅包括了诉讼双方所提供的认识对象以及法官自身在审理过程中获取的其他认识对象,还包括了法官从鉴定意见中吸收、获取的有价值的各类信息。司法鉴定利用技术手段对于案件中被掩盖信息的解读与揭示,深化了普通人对证据的认识能力,从而进一步为法官提供了更多可供认识的具体对象。可以说,司法鉴定在一定程度上帮助法官理解了某些专门性问题,从而扩展了法官认识对象的范畴。

---

〔1〕 参见汪建成:《司法鉴定基础理论研究》,载《法学家》2009年第4期。

（三）对其他证据的证明力进行印证与补强

司法鉴定不同于一般意义上的科学技术活动，而是司法活动与科学技术活动的有机融合。司法鉴定除具有科学技术活动的特性外，还是一种极为重要的证据调查与诉讼证明活动。司法鉴定工作中运用的科学技术手段，使原本隐藏在物证、书证、视听资料、电子数据等证据材料中的相关事实信息得以暴露与确认。此类案件事实信息通过鉴定意见加以展示后，能够为法庭查明案件事实提供重要依据。鉴定意见作为法定证据种类之一，有着印证与补强其他证据证明力的重要功能。在司法实践中，鉴定对象有时是作为证据材料的物证、书证、视听资料、电子数据等，通过鉴定，这些证据材料中的证据价值将得以揭示。通常而言，物证往往以其外观、形态以及所处位置等物理状态来进行证明，而书证则是以其内容来证明案件的真实情况。但在特定情况下，此类证据只有通过具备专门知识与技能的专业人员的鉴别与判断才能确定其证明力，并真正发挥其在诉讼活动中的证明作用。在某些情形下，通过司法鉴定还可明确某一证据材料究竟属于物证还是书证。例如，作为书证的文书，是以其文字内容证明案件情况的，没有任何可疑情况，自然就无须利用专门技术进行检验，如果文书有可疑情况（如签名可疑），那就需要利用专门技术进行鉴定，通过鉴定证明签名是真的，那就是书证，否则就是揭露诉讼一方伪造证据的物证。[1] 除上述功能外，司法鉴定还能为诉讼活动中的部分实体性以及程序性主张提供意见与支撑。诉讼双方在庭审过程中，为了追求胜诉，往往会不断提出各类实体性或者程序性主张。《中华人民共和国刑法》（以下简称《刑法》）第18条第1款规定，精神病人在不能辨认或者不能控制自己行为的时候造成危害结果，经法定程序鉴定确认的，不负刑事责任，但是应当责令他的家属或者监护人严加看管和医疗；在必要的时候，由政府强制医疗。当诉讼各方提出的诉讼主张涉及特定人员的刑事责任能力时，为了有效查明事实，就需要依据法律规定对相关专门性问题进行司法鉴定。此时，司法鉴定的功能就在于从专业角度为诉讼双方提出的某些主张提供意见与支撑。此外，对于特定领域的一些规则、惯例以及专业术语等，普通人往往难以理解，而通过司法鉴定进行解释与说明，有利于帮助诉讼参与方更好地判断、理解各方面的意见。

二、司法鉴定的作用

鉴定意见在诉讼以及执法、仲裁、调解、监察等活动中起着至关重要的作用，主要有：

1. 为侦查机关开展侦查活动提供线索。对涉嫌犯罪的案件，往往需要通过司法鉴定确定案（事）件是否达到刑事案件的立案标准，锁定或排查犯罪嫌疑人等。

2. 为检察机关审查起诉提供科学证据。必要时，检察机关可以通过司法鉴定意见审查核实案情和有关证据，确定批捕和提起公诉的依据。

3. 为审判机关依法审理和判决提供科学证据。鉴定意见是审判机关认定法律事实

[1] 参见徐立根主编：《物证技术学》（第2版），中国人民大学出版社1999年版，第9页。

的重要依据,是审查核实案内其他证据的重要依据,也是审判人员进行科学、公正判决的重要依据。

4. 鉴定意见还可以为监狱部门以及其他判决执行部门正确有效地执行司法判决提供依据。在刑罚执行中,经常需要对服刑人员的服刑能力以及是否符合保外就医条件等专门性问题进行鉴定。

5. 为执法、仲裁、调解、监察活动提供科学证据。例如,在办理人身伤害、妨碍公务、寻衅滋事等案件中往往需要对涉案的专门性问题进行鉴定。司法鉴定能为执法、仲裁、调解、监察活动提供专业意见,为发现案件事实提供科学依据。

三、司法鉴定的任务

(一)基本任务

司法鉴定的基本任务是鉴定人运用科学技术或专门知识对诉讼涉及的专门性问题进行鉴别和判断并提供鉴定意见,为诉讼活动和相关执法、仲裁、调解、监察等活动提供科学证据。

(二)具体任务

诉讼中涉及的司法鉴定事项的范围是非常广泛的,各种科学现象都可能成为司法鉴定事项,并且随着科学技术的发展,司法鉴定的范围也会不断扩大。目前,我国法律统一管理的司法鉴定的学科类别以及在诉讼中出现频率较高的专门性问题所涉及的鉴定种类及其主要解决的问题如下。

1. 法医类鉴定

(1)法医病理鉴定

主要解决的问题:涉案个体死亡原因的鉴定、死亡方式的判断、死亡时间推断、致伤(死)物认定、生前伤与死后伤鉴别、死后个体识别等。

(2)法医临床鉴定

主要解决的问题:涉案活体人身损伤程度鉴定、损伤与疾病关系分析、道路交通事故受伤人员伤残等级评定、职工工伤与职业病致残程度评定、劳动能力评定、活体年龄鉴定、性功能状态鉴定、是否诈病(伤)及造作病(伤)鉴定、致伤物和致伤方式推断等。

近年来,医疗纠纷的司法鉴定数量呈现上升趋势,医疗纠纷司法鉴定,主要解决涉案的医疗行为是否存在过错、被鉴定人是否存在损害后果以及医疗过错和损害后果之间是否存在因果关系等专门性问题。

(3)法医物证鉴定

主要解决的问题:涉案活体或尸体的身份识别、亲权关系鉴定、性别鉴定、种族和种属认定等。

(4)法医精神病鉴定(或称司法精神医学鉴定)

主要解决的问题:有关人员(包括犯罪嫌疑人、被害人、有关证人等)的精神状态、法定能力(如刑事责任能力、受审能力、服刑能力、民事行为能力、监护能力、自我防卫能力、作证能力等)、精神损伤程度、智能障碍等的鉴定。

(5)法医毒物鉴定

主要解决的问题:案件(事件)中的有关人员是否中毒、是否系中毒死亡,以及中毒时间、中毒途径、中毒方式、中毒原因和毒物种类的分析与推断。

2.物证类鉴定

(1)文书鉴定

主要解决的问题:分析文书制作人(书写人)的特点;认定文书书写人、制作人;确定文书真伪,判明文书伪造、变造方法;查明文书涂污、损毁的方法,显示或恢复文书内容或原貌;显现不清晰的文书字迹,判读其真实内容;鉴定文书物质材料的种类、成分;确定文书制作机具,认定文书制作机具的异同;判定文书制作时间范围;研究伪造、变造文书的规律特点等。

(2)痕迹鉴定

主要解决的问题:对有关人体、物体形成痕迹的同一性及分离痕迹与原整体相关性等问题进行鉴定;对涉案枪弹及射击后残留物、残留物形成的痕迹、自制枪支和弹药及杀伤力进行鉴定等。

(3)微量物证鉴定

主要解决的问题:通过对与案件有关的物质材料的成分、结构进行定性、定量分析,对检材的种类、检材和嫌疑样本的同类性和同一性进行鉴定等。

3.声像资料鉴定

(1)录音鉴定

主要解决的问题:录音处理、录音真实性鉴定、录音同一性鉴定、录音内容分析、录音作品相似性鉴定等。

(2)图像鉴定

主要解决的问题:图像处理、图像真实性鉴定、图像同一性鉴定、图像内容分析、图像作品相似性鉴定、特种照相检验等。

(3)电子数据鉴定

主要解决的问题:电子数据存在性鉴定、电子数据真实性鉴定、电子数据功能性鉴定、电子数据相似性鉴定等。

4.环境损害鉴定

主要解决的问题:污染物性质鉴定、空气污染环境损害鉴定、地表水与沉积物环境损害鉴定、土壤与地下水环境损害鉴定、近岸海洋与海岸带环境损害鉴定、生态系统环境损害鉴定和其他环境损害鉴定等。

5.其他类司法鉴定

(1)建设工程鉴定

主要解决的问题:建筑工程质量评定、工程质量事故鉴定、工程造价鉴定等。

(2)知识产权鉴定

主要解决的问题:对案件涉及的可能被侵权的技术和相关技术的特征是否相同或

者等同进行认定;对技术转让合同标的是否成熟、实用,是否符合合同约定标准进行认定;对技术开发合同履行失败是否属于风险责任进行认定;对技术咨询、技术服务合同以及其他各种技术合同履行结果是否符合合同约定或者有关法定标准进行认定;对技术秘密是否构成法定技术条件进行认定;对其他知识产权诉讼中的技术争议进行鉴定等。

(3)会计鉴定

主要解决的问题:对财会证据中反映的会计处理方法及核算结果,包括会计分录的制作是否正确和合理,账户余额的计算、列示是否正确,会计要素的确认、计量方法是否正确,会计报表项目的数据是否正确等问题进行鉴定;对财会错误的状况及影响后果等问题进行鉴定;对现金、存货、固定资产等资产差异的确认;对资金流向、账户发生额的形成原因、小金库的资金来源与使用等其他财会问题进行鉴定;对贪污贿赂、偷逃税款、证券欺诈、反倾销、洗钱等经济案件中的涉案金额和犯罪事实的认定等。

(4)事故鉴定

主要解决的问题:对交通事故、火灾事故等的责任以及专门性问题的认定。

第四节 司法鉴定研究对象及学科体系

一、司法鉴定的研究对象

任何一门学科都有其区别于其他学科而独立存在的研究对象。司法鉴定作为自然科学与法学相结合而形成的交叉性学科,不仅具有专门的学科体系、研究范畴、基本原理以及基本制度,也有着特定的研究对象以及专门的研究方法。司法鉴定的研究对象主要包含司法鉴定法律规范、司法鉴定制度与理论以及司法鉴定实践与技术。本书侧重于探讨我国现行司法鉴定法律规范、司法鉴定制度与技术等内容,但就一门学科的完整性而言,还应涵盖古今中外有关鉴定的历史与发展。

(一)司法鉴定法律规范

司法鉴定作为一门应用性极强的综合性法学学科,自然需要以司法鉴定法律规范作为研究对象。“司法鉴定法”已被我国最高立法机关于2023年列入立法规划,司法鉴定理论界曾拟定了《中华人民共和国司法鉴定法(专家建议稿及说明)》。[1] 当下,《决定》在司法鉴定管理中处于“基本法”的地位。根据《决定》,司法鉴定的主管部门以及相关部门和地方政府,以法规、规章等规范性文件的形式对统一司法鉴定管理问题予以规定。除《决定》外,与司法鉴定有关的法律还有《刑法》、《刑事诉讼法》、《民事诉讼法》、《行政诉讼法》、《中华人民共和国监狱法》、《中华人民共和国仲裁法》(以下简

[1] 有关司法鉴定法立法的研究内容可参见杜志淳等:《司法鉴定法立法研究》,法律出版社2011年版,第289页。

称《仲裁法》)、《中华人民共和国行政许可法》(以下简称《行政许可法》)、《中华人民共和国行政处罚法》(以下简称《行政处罚法》)、《监察法》、《中华人民共和国人民调解法》(以下简称《人民调解法》)等。

除法律外,有关司法鉴定的规章、解释、批复等亦属司法鉴定学科研究的范畴。此类规范性文件主要包括:《司法鉴定机构登记管理办法》《司法鉴定人登记管理办法》《司法鉴定程序通则》《司法鉴定执业活动投诉处理办法》,最高人民法院《关于民事诉讼证据的若干规定》《关于行政诉讼证据若干问题的规定》《关于人民法院民事诉讼中委托鉴定审查工作若干问题的规定》《关于诉前调解中委托鉴定工作规程(试行)》,以及最高人民法院、最高人民检察院、公安部、国家安全部、司法部《关于办理死刑案件审查判断证据若干问题的规定》,国家知识产权局《关于加强知识产权鉴定工作的指导意见》等。此外,最高人民检察院《关于 CPS 多道心理测试鉴定结论能否作为诉讼证据使用问题的批复》《关于"骨龄鉴定"能否作为确定刑事责任年龄证据使用的批复》等也属于司法鉴定学科的研究对象。法律规范作为司法鉴定学科的研究对象不仅可以为依法鉴定提供依据,更能为完善司法鉴定立法提供理论支撑,在推动司法鉴定法治化进程中具有极为重要的作用。

(二)司法鉴定制度与理论

司法鉴定的基本范畴、理论、原则及制度,不仅是司法鉴定学科研究的基础,更是其作为一门独立的学科所应具备的最基本内容。司法鉴定制度与理论研究的主要对象为司法鉴定的基本构成要素,即司法鉴定主体、司法鉴定客体、司法鉴定行为以及司法鉴定运作的机理,基本涵盖了司法鉴定学科的基本范畴、司法鉴定基本原则与基本原理、中外司法鉴定发展史、司法鉴定伦理准则与职业道德规范、司法鉴定体制、司法鉴定启动制度、司法鉴定机构与鉴定人管理制度、司法鉴定技术管理制度、司法鉴定行业管理制度、鉴定意见适用及质证制度、司法鉴定程序、司法鉴定质量监控、司法鉴定文书规范、司法鉴定技术标准化等问题。其中,司法鉴定主体主要由司法鉴定的管理主体、启动主体、实施主体以及监督主体等构成;司法鉴定的客体则是司法鉴定主体在司法鉴定活动中具体指向的对象;司法鉴定行为则涵盖了司法鉴定的启动、实施,鉴定意见的质证、认证以及对司法鉴定的救济等行为。

司法鉴定作为一门独立的法学本科专业,其研究对象除司法鉴定活动的规律外,还包括司法鉴定在诉讼活动中借助专门知识与技术手段进行证据调查活动的规律。在以往的学科分类中,司法鉴定长期被作为诉讼法学的一门分支学科。从司法鉴定实践角度来看,司法鉴定确实是服务并保障诉讼活动的重要学科,司法鉴定意见也是诉讼证据的一个种类。由于司法鉴定学科的研究内容非常独特,其学科理论基础与诉讼法学理论基础并不相同,诉讼法学虽然存在对其研究对象和研究方法的程序制约,但二者并非理论上的包含关系或等同关系,司法鉴定在理论及制度上与诉讼法学各有自身的学科特色。

(三)司法鉴定实践与技术

司法鉴定是一门实践性、交叉性、专业性极强的应用性法学学科,在从事具体司法鉴定活动时离不开实践工作与应用。尤其是某些鉴定领域对于实验室条件有着高度的依赖性,实验室的技术与检测数据往往还是得出鉴定意见的主要依据。科学技术的高速发展以及专门知识的丰富与积累,推动了司法鉴定实践活动所采用技术手段的持续革新,极大地促进了司法鉴定专门技术的更新换代。如现代 DNA 分型技术在个体识别与认定领域中的成熟运用,替代了早期的人类 ABO 血型种属认定技术。此外,司法鉴定制度的建设与完善也在不断要求、督促司法鉴定实践与技术的现代化。例如,司法鉴定机构资质认定、司法鉴定机构实验室与检查机构认证认可、司法鉴定技术准入制度建构等。社会科学与自然科学相互交融的特性,决定了司法鉴定作为一门应用性较强的学科,无论在理论探索、教学科研,抑或检案工作中,均离不开一定的实践操作与专门技术。此外,定期对司法鉴定实践中出现的典型案例进行剖析、归纳与总结,发布指导性鉴定案例,不仅有利于揭示当前司法鉴定基础理论、程序规范以及专门技术等方面存在的不足,更能为司法鉴定制度的建构与完备提供现实依据。

二、司法鉴定学的学科体系

(一)司法鉴定学科的独立地位

新中国成立后的较长一段时间内,司法鉴定学科在传统法学教育领域中并无自身独立的地位。随着法治化建设的不断深入,公民法律意识逐渐提升,加之科学技术的突飞猛进,刑事、民事、行政诉讼以及争议解决过程中涉及专门性问题鉴定的案件数量不断攀升,司法鉴定已受到了广泛重视。20 世纪 80 年代初期,我国部分高等院校以及科研机构已开始专门研究司法鉴定理论与技术,部分政法院校以及法学院在教学体系中增加了有关司法鉴定的专业课程。由于司法鉴定长期以来被简单地定位于服务诉讼实践的手段或侦查手段,致使其往往被划归于诉讼法学或侦查学,并作为下属的法学三级学科。

司法鉴定的目的在于为诉讼活动服务,其服务手段是针对诉讼涉及的专门性问题进行鉴定,其服务形式是为诉讼活动提供作为证据的鉴定意见。随着社会主义法治的不断完善,司法鉴定作为保障司法公正目标实现的重要手段,其作用日益凸显。鉴定意见往往会直接关系案件事实的认定和法律的适用,特别是在刑事诉讼中,鉴定意见往往直接决定案件性质、量刑等,对案件事实的认定与法律的适用具有重要的乃至决定性的影响。无论是在刑事案件、民事案件还是行政案件的审理中,司法鉴定在"验证案情、明辨是非、识别真伪、确定性质、依法明断"方面均具有无可替代的作用。

随着《决定》的实施,司法鉴定及其相关学科专业作为法学教育领域一个新的分支学科已经初步形成,并逐步确立了自身独立的地位。在本科教育层次,除公安类高等院校外,国内许多普通高等院校已开设司法鉴定类专业课程。在研究生教育层次,教育部在科研与教材等方面已将司法鉴定作为法学的二级学科,司法鉴定专业也作为目录外专业招收、培养硕士和博士研究生。如华东政法大学是全国范围内首所拥有司法鉴定博士、硕士点以及博士后流动站的高等院校。[1] 司法鉴定作为现代法学学科不可或缺的组成部分,已作为法学二级学科被列入高等教育学科目录,并在“国家标准学科分类与代码(GB/T 13745-2009)”中拥有独立的法学学科代码——820.3065。教育部2023年发布的《普通高等学校本科专业目录》将“司法鉴定学”(030110TK)列入法学本科专业目录。司法鉴定作为一门学科已经形成了自己的知识结构体系,初步建立起相对完善的学科体系和具有中国特色的教材体系。

(二)司法鉴定学科的体系建构

司法鉴定作为一门独立的法学学科,其体系主要包括学科理论体系以及学科内容体系两大部分。

1. 司法鉴定学科理论体系。司法鉴定学科理论体系主要包括理论基础、基本理论以及应用理论等方面。理论基础是任何一门学科独立存在的理论依据。而司法鉴定基本理论则是该学科研究的基准,主要涵盖了学科的本质特征、研究对象、研究方法,以及学科发展规律等方面。司法鉴定应用理论则包括司法鉴定的基本原则、制度以及相关规则等内容。司法鉴定学科理论体系对于其内容体系具有必然的指导作用,在研究司法鉴定活动时,首先应研究具有指导意义的基础理论以及将司法鉴定各要素予以衔接的司法鉴定制度。

2. 司法鉴定学科内容体系。司法鉴定学科内容具体可以分为司法鉴定总论与司法鉴定分论。总论部分主要包含司法鉴定基础理论、司法鉴定制度与管理以及司法鉴定的历史沿革。司法鉴定基础理论不仅包括了研究较为成熟的同一认定理论、种属认定理论以及物质转移理论,更涉及统计学、概率论、方法论、系统论等内容。司法鉴定制度与管理除包括司法鉴定管理制度、司法鉴定机构管理制度、司法鉴定人管理制度、司法鉴定实施制度、司法鉴定质量监控制度、鉴定意见质证制度、鉴定人出庭作证制度、司法鉴定认证制度等方面,还包括司法鉴定立法等相关内容。司法鉴定历史沿革主要由中外司法鉴定历史、变化规律以及发展前景等内容组成。司法鉴定分论因涉及不同的客体及技术,进而被划分为不同的分支学科,主要包括法医病理司法鉴定、法医临床司法鉴定、法医物证司法鉴定、法医毒物司法鉴定、司法精神医学鉴定、文书司法鉴定、痕迹司法鉴定、微量物证司法鉴定、声像资料司法鉴定、计算机司法鉴定、环境类司法鉴定、知识产权司法鉴定、建设工程司法鉴定、会计司法鉴定等。

3. 体系间的相互联系。司法鉴定体系间的相互联系主要包括理论和实践、总论与分论之间的互动关系。司法鉴定理论与总论对鉴定实践与分论内容进行指导与规范,

---

[1] 目前我国部分院校经教育部批准(如华东政法大学、甘肃政法大学、山东政法学院、新疆政法学院、广西警察学院)设立司法鉴定学本科专业。在此之前,设置司法鉴定(公安技术、法庭科学、物证技术)研究方向,并招收硕士研究生的高校还主要包括中国人民大学、西南政法大学、西北政法大学、中南财经政法大学、中国刑警学院、甘肃政法学院;设置司法鉴定(公安技术、法庭科学、物证技术)研究方向,并同时招收博士、硕士研究生的高校还有中国政法大学、中国人民公安大学、北京大学;设置博士后流动站的高校和科研单位有中国人民公安大学、司法鉴定科学研究院。

而司法鉴定实践与分论则反作用于理论与总论,从而促进司法鉴定理论与总论进一步发展。

三、司法鉴定学与相邻学科的关系

(一)司法鉴定学与侦查学的关系

司法鉴定学与侦查学作为两门独立的学科,有其各自的研究对象。侦查学主要研究在刑事案件发生以后,如何依法运用各类公开和秘密的专门调查方法实现查明案情、收集证据以及揭露和证实犯罪行为人。早期的侦查学论著中,往往包含了司法鉴定技术以及侦查方法的相关内容。部分国家亦采用此类“大侦查学体系”,如苏联即将司法鉴定的相关技术作为侦查教材的组成部分之一。然而,随着司法鉴定的不断发展,越来越多的国家将司法鉴定独立为一门与侦查学相区分的专门学科。譬如,美国就采用“小侦查学体系”,即将司法鉴定(法庭科学)的相关内容独立为一门专门学科。从学科发展的历史角度来看,司法鉴定学与侦查学这两门学科之间有着极为密切的联系。此类联系完全是由鉴定客体在案件侦查中的重要地位所决定的,司法鉴定学需要研究,侦查学同样需要研究,但两者研究的角度不尽相同。侦查学主要研究在案件查明过程中如何利用鉴定意见。侦查活动中遇到涉及某项专门知识的技术性问题时,如签名字迹的真伪、微量物质的种类、射击枪支是否同一等,就必须委托专人进行司法鉴定。值得注意的是,刑事案件中的专门性问题只是司法鉴定学研究对象的一部分,除此之外,司法鉴定学的研究对象还包括民事案件、行政案件中的专门性问题的鉴定工作。

司法鉴定学首先出现在刑事领域。长期以来,司法鉴定学往往被认为隶属于侦查学,并为其服务。然而,科学技术的突飞猛进使司法鉴定学的内容日益丰富与完善,不仅刑事诉讼需要依赖司法鉴定学对相关专门性问题进行研究,民事、行政诉讼也越来越倚重司法鉴定。

(二)司法鉴定学与部门法学的关系

1. 司法鉴定学与实体法学的关系。实体法学是主要研究公民或法人的权利、义务等行为规范的综合性法学学科,包括刑法学、民法学、行政法学、经济法学等。司法鉴定学与实体法学的联系主要体现在各类诉讼活动中。司法实践中,往往是在通过司法鉴定对案件事实进行客观判断认定的基础上,才能准确地适用法律条文。这一特点在刑法学领域体现得尤为明显。当前,犯罪行为涉及的社会领域不断扩大,犯罪分子的作案手段日趋专业化,在此种情况下,刑法学与司法鉴定学的关系也越发紧密。例如,《刑法》中规定的故意伤害、爆炸、投放危险物质、伪造金融票证等罪名,都必须运用司法鉴定来解决案件中某些重要的专门技术问题,从而为认定具体犯罪事实提供科学证据。在传统观念中,人们时常忽略司法鉴定学与民法学的关系。但随着经济社会的不断发展,社会生活中各类民事案件日益增多。在民事案件中,为了确定某种因果关系,或认定当事人是否实施了某个行为,或某一法律事实是否发生,也需要司法鉴定提供帮助。司法实践证明,通过鉴定技术手段对法律事实的“复原”,往往可以为准确、及时地处理民事案件提供有效保障。以现代科学技术为基础进行专业研究的司法鉴定学无疑已成为能够保障各实体法有效实施,实现实体法立法目的的交叉性、应用性法学学科。

2. 司法鉴定学与程序法学的关系。程序法学是主要研究落实实体法学相关内容的诉讼程序的法学学科,主要包括刑事诉讼法学、民事诉讼法学、行政诉讼法学等。三大诉讼法学的共同特点即在于其均研究诉讼原则、诉讼制度以及诉讼程序等有关诉讼的基本法律问题。《刑事诉讼法》第一编第五章证据、第二编第二章第七节鉴定,《民事诉讼法》第一编第六章证据,《行政诉讼法》第五章证据等规定不仅是全面贯彻、落实实体法的重要保障,也是研究司法鉴定时必须遵循的法律依据。司法鉴定同样也是诉讼法学研究内容的重要组成部分,其重点包括鉴定的启动、鉴定的决定、鉴定的委托程序、鉴定委托主体、鉴定人资格、鉴定实施制度以及鉴定意见作为法定证据的特点、鉴定人出庭作证等问题。此外,诉讼法中规定的某些程序,还是各类物品、物质、痕迹、文书得以成为证据的法律依据。而司法鉴定学则是在研究相关制度与原理的同时,侧重以现代科学技术及其最新成果为基础,研究鉴定技术的具体操作与运用。司法鉴定学是将现代科学技术知识以及专门技术手段引入诉讼领域,用于对诉讼涉及的各类专门性问题进行评断与检验的法律学科,是社会科学与自然科学紧密结合的交叉性学科。司法鉴定学必须以程序法学作为其行为规范,而程序法学又需依赖司法鉴定的研究成果而不断丰富证据种类及其内涵。

(三)司法鉴定学与自然科学的关系

司法鉴定学系医学、物理学、化学、生物学、昆虫学等自然科学与法学相结合而形成的一门交叉性学科。这一特殊性质决定了司法鉴定学不仅与法学存在密切联系,而且和自然科学之间亦有着紧密的联系。客观来说,当代自然科学的飞速发展无疑是司法鉴定方法发展与成熟的根本动力。当前,在司法活动中占据重要地位的 DNA 个体识别认定的技术,只有在分子生物学、免疫学等学科充分掌握人类遗传密码的前提下才能成为现实;痕迹学中的微观检验与鉴定有赖于物理学的进步,其中显微镜的发明与运用显然起到了决定性作用。自然科学的发展对司法鉴定中各专门技术的进步起着决定性的作用;反之,司法鉴定的进步及其研究成果又进一步推动了相关自然科学的发展。具体而言,司法鉴定学与自然科学的联系主要体现在以下方面:

1. 自然科学技术在司法鉴定中的直接运用。随着自然科学技术的迅猛发展以及公民法治意识的不断增强,司法鉴定在当前诉讼活动中的地位日益凸显。司法鉴定学作为法学与自然科学交叉的应用法学学科,其在实践过程中必然需要应用各类自然科学技术作为检案的手段与方法。诉讼涉及的专门性问题,如被害人的死亡原因、DNA 的个体识别、文书的真伪、物质的成分等,已远远超出普通人的经验范畴。为了有效揭示此类鉴定材料背后蕴涵的重要信息及证据价值,必须借助于医学、分子生物学、物理学、化学等自然科学技术手段以及专门仪器设备予以准确鉴别。

2. 自然科学技术在司法鉴定中的创造性运用。司法鉴定活动中运用的自然科学技术,是用以解决诉讼过程中存在的各类专门性问题的重要技术手段。这些技术手段不仅为法律服务,更是当前诉讼活动的重要保障之一。司法鉴定的这一特殊属性决定了其不同于一般意义上的科学技术活动。这就要求司法鉴定在直接运用科学技术的基础上,创造性地利用自然科学原理与方法,研究出适合解决各类专门性问题的专门技术。司法鉴定学与自然科学的密切联系揭示出,各项专门鉴定技术的发展,一方面有赖于自然科学技术的发展,另一方面则需要依靠司法鉴定工作人员在实践中进行创造性的研究,利用现代科技来促进司法鉴定技术方法的不断创新。

思考习题

1. 如何理解司法鉴定的概念?
2. 司法鉴定的双重性表现在哪些方面?
3. 如何理解司法鉴定的性质与基本属性?
4. 如何理解司法鉴定的基本任务与具体任务?
5. 司法鉴定学的研究对象主要包括哪些?
6. 如何理解司法鉴定学与相邻学科间的关系?

拓展阅读书目

1. 杜志淳等:《司法鉴定法立法研究》,法律出版社 2011 年版。
2. 郭华:《鉴定结论论》,中国人民公安大学出版社 2007 年版。
3. 邹明理主编:《我国现行司法鉴定制度研究》,法律出版社 2001 年版。

第二章　司法鉴定历史发展

本章概要　纵观中外法医学与法庭科学的发展历史，我国称得上是世界法医学的故乡或发源地。我国的法医学实践和理论以及制度，曾经在相当长的时间内居于世界领先地位。我国古代法医学极为珍贵的文字记载是《封诊式》。《洗冤集录》是世界上现存第一部系统的法医学专著。

通过本章的学习，熟悉两大法系司法鉴定制度的特点及发展趋势，掌握我国古代司法鉴定领域的辉煌成就，了解司法鉴定制度的现状及司法鉴定的改革与发展趋势。

关键词　司法鉴定；专家证人；科技史；《洗冤集录》

第一节　外国司法鉴定历史发展

一、大陆法系国家司法鉴定发展简史

（一）大陆法系国家古代司法鉴定

大陆法系国家的司法鉴定与刑事审判制度几乎同时存在。据考证，司法鉴定大致可追溯至古希腊时代。公元前400年，古罗马的《十二铜表法》载有亲子鉴定的内容。公元前44年，古罗马恺撒大帝遇刺身亡，医师安提斯底验尸，并提出身体23处被刺，其中胸部受致命伤的意见。可以说，这是诉讼史上最早使用法医鉴定的实例。公元6世纪，东罗马帝国的《查士丁尼法典》存在关于司法鉴定的规定，这是最早的有关司法鉴定的立法。因此，罗马法被认为是西方司法鉴定制度的起源。

1532年，德国共有219条的《加洛林法典》中有关鉴定的规定达40条。如该法典第147条规定，证明伤害与死亡的因果关系，可以由外科医师作为证人，并要求他进行鉴定。[1]“德国普通法中，初则以鉴定人与证人同一视之，且以鉴定人为理论方面之证人，而以证人为事实方面之证人；厥后始有鉴定人与证人之区别。”[2]15世纪后，伴随资产阶级革命的发生，欧洲生物学、物理学、化学、数学得到空前的发展，对法医学发展起到了推动作用，对维护社会秩序的诉讼制度也提出了新的要求，特别是对通过科技手段等证明案件事实产生了重大的影响。

1562年，法国医生巴雷第一次进行了汞中毒的法医学鉴定。1575年他撰写的《外

---

[1] 贾静涛：《世界法医与法科学史》，科学出版社2000年版，第113页。

[2] [日]松冈义正：《民事证据论》（上、下册），张知本译，中国政法大学出版社2004年版，第206页。

科手术学》对损伤、杀婴、机械性窒息、电击死等非正常死亡以及活体损伤等提出了一些鉴定方法。1598年,意大利的菲特利斯教授撰写了第一部系统的医学专著《医师报告》。这些医学著作为法医学的发展奠定了基础,也为法医学鉴定的发展提供了条件。1606年,法国国王亨利四世曾通过许可状的方式授权外科医生让·德拉里维尔对被伤害或者谋杀的人进行检验。17世纪后期,法国国王路易十四颁布的《刑事条例》规定,受伤者应受愿意宣誓提供诚实报告的内科医生与外科医生的检验。检验报告可以作为证明案件事实的证据。法官可以命令经正式指定的内、外科医生再次进行检验。这些规定主要涉及鉴定宣誓、鉴定人资格等内容,是法国现代司法鉴定制度的雏形。1622年,意大利的巴迪尔编写了世界上第一部笔迹学著作——《怎样根据字迹判断写作者性格和气质》。1813年、1815年,西班牙的医学博士马蒂厄·约瑟夫·博纳旺蒂尔·奥菲拉先后出版了《毒物与普通毒物学》(上、下),其中有关砷的研究对毒物检验产生了重大影响。他在1840年的玛丽·拉法格被指控毒死丈夫一案中,鉴定出查尔斯·拉法格尸体内有砷,并排除了砷来自检验所使用的试剂以及来自死者棺材周围泥土的可能性,使他在毒物研究和检验鉴定方面获得了欧洲“毒物学鼻祖”的美名。1850年,比利时的化学教授让·塞尔维斯·斯塔斯在古斯托夫被杀案中,鉴定出死者的肝脏中含有大量的尼古丁毒物,形成了斯塔斯检验毒物生物碱的方法。1850年,法国人马里·德维热出版了《法医学:理论与实践》。1872年,法国人米尚出版了《笔迹学的体系》和《笔相学的方法》。1883年,法国的贝蒂隆发明了“人体测量法”,将其应用于刑事犯罪档案的建立,并创建了世界上第一个鉴定机构——刑事鉴定局。鉴定机构的建立对大陆法系国家产生了重大的影响,以至于大陆法系国家纷纷效仿,在享有侦查权的机关内设立鉴定机构,形成了后来的警察机关和行使侦查职能的机关内设鉴定机构的传统。

1877年的《德意志刑事诉讼法典》有关鉴定的规定,保留了法官指定鉴定人以及鉴定人属于法官协助人的传统,至19世纪末,鉴定人与法官仍然维持着此种密切关系。在法定证据主义下,法官没有自由判断及评价证据的权力,因此,鉴定人基于鉴定提出的意见,法官必须遵从。

(二)大陆法系国家现代司法鉴定

随着诉讼模式的演进、证据制度的变化、科学技术的发展以及人们对鉴定问题认识的深化,大陆法系国家将鉴定意见作为独立的证据种类,并通过实体法和程序法对鉴定作出相应规定。

在法国刑法中,“所有的证据方法——书证、人证、供述、搜查、扣押、现场查证、勘验、鉴定、事实上的推定、痕迹等,只要运用这些证据方法所取得的证据是按照一定的形式并遵守特定的规则进行查找与提出,并提交法庭辩论与对席争论,便都许可”〔1〕。《法国民法典》明确“鉴定”的证据种类;《法国刑事诉讼法典》设立“鉴定”专节,共用14

〔1〕［法］卡斯东·斯特法尼等:《法国刑事诉讼法精义》,罗结珍译,中国政法大学出版社1999年版,第42页。

个条款规定了鉴定的程序规则;《法国民事诉讼法典》也规定了鉴定的程序规则。1910年,著名的法国侦查学家埃得蒙德·洛卡德在里昂建立了欧洲第一所警察侦查实验室。法国的警察系统设有鉴定机构,隶属于内政部的国家司法警察局下设的司法鉴定中心,主要在现场勘查、物证检验、人身识别等方面向各地警察机构提供服务。巴黎警察局设有中心实验室和毒物学实验室。法国国家宪兵总局设立技术处,主要负责现场勘查和鉴定工作。法国将鉴定资格授予个人和单位,委托鉴定"专家应从最高法院制作的全国专家名册中所列的自然人和法人中选择,或从各上诉法院与总检察长商定的名册中选取"(1975年8月6日第75-701号法律)。[1]。

德国"法律规定的证据有勘验、证人、专家鉴定、文书、询问当事人。法律列举并没有穷尽,其他查证的方法也可以考虑,如广泛询问"[2]。取证方法主要包括询问当事人、询问证人、调取书证、勘验和鉴定等。1901年,德国学者保罗·乌伦豪特在意大利学者罗格托·马格纳尼研究的利用干血痕区别人血和动物血的方法的基础上,研究出了利用血清将人血、马血和牛血的干血痕区别开的方法,为血痕鉴定做出了贡献。随之,出现了ABO血型的鉴定方法。

《德国刑事诉讼法典》《德国民事诉讼法典》均对鉴定作出了相关规定。德国的警察系统设有司法鉴定机构,分属于联邦和州警察局,它们之间互不隶属。联邦警察局设有七个部门,信息鉴定处负责鉴定工作,法医学鉴定均在各医学院校的法医研究所。德国司法鉴定机构的管理机关为工商协会和手工业协会,各医学院校的法医研究所这类鉴定机构一般通过法医协会等行业协会进行自我管理。法院与检察机关不设立鉴定机构。德国将鉴定资格授予个人和机构。

有观点认为,俄国早期时将鉴定人作为科学结论的法官,曾一度出现视鉴定人的意见为科学结论的判决。在近代,这一观点受到了批评。苏联法学家克列曼认为,证据种类应包括证人的陈述、书证、物证、当事人本人的答辩、勘验笔录和鉴定人的意见等。现行《俄罗斯联邦刑事诉讼法典》在苏联1985年修正的《苏俄刑事诉讼法典》的基础上历经多次修改后,在"鉴定人的结论"外,又新增加了"专家"的规定,并在"鉴定人的结论"的基础上增加了"鉴定人的陈述",以此明确"结论"与"陈述"的区别。《俄罗斯联邦民事诉讼法典》规定了"鉴定人的结论和陈述",并将"鉴定结论"作为独立的证据种类。

大陆法系国家由于受职权主义诉讼模式的影响,鉴定人的鉴定资格一般由有关法律或有权机关明确规定或者授予。鉴定机构和鉴定人具有中立性,设有鉴定人的回避制度。法院视鉴定人为法官的助手,法官借助于鉴定人的专门知识和鉴定意见"弥补其知识的不足"或"掩饰其常识的缺陷",鉴定程序一般由法官启动。侦查机关和检察机关一般不具有司法鉴定的直接决定权,在侦查活动中发现案件确有专门性问题需要

---

〔1〕 余叔通、谢朝华:《法国刑事诉讼法典》,中国政法大学出版社1990年版,第78页。

〔2〕 Deutschesrechtslexikon, band Ⅰ, S. 739.

鉴定时,一般请求法官作出决定。

大陆法系国家的司法鉴定制度强调法官对鉴定启动的控制、鉴定人的中立,更多的是追求实质公正和效率,忽视了对诉讼当事人在司法鉴定程序方面的权利保障,法官也存在过分依赖鉴定结论的危险。近年来,这些缺陷已经成为大陆法系国家进行鉴定制度改革的主要对象。

二、英美法系国家司法鉴定发展简史

(一)英美法系国家专家证人制度的起源

英美法系国家的专家证人制度是在审判实践中逐渐成长起来的,早期作为某一领域具有经验的人组成陪审团参与案件的审判。例如,英国审理出售变质食物案件的"厨师和鱼贩子"陪审团、[1]审理妇女怀孕案件的"已婚妇女"陪审团等。[2]

在公元5世纪至9世纪英国一些官员代表国王支持地方对尸体的勘验和证据调查,形成了验尸官制度。随着陪审团制度的改革,14世纪的英国出现了利用专门知识帮助法庭解决疑难问题的"法庭顾问"。1345年,审理有关当事人伤口是否为新近形成的案件时,法官聘请了外科医生作为顾问。他们以自己的专门知识出现在法庭上,涉及的主要是医学问题。

1532年,英国法律规定,法庭对因暴力致死案件应当传唤医学专家提供专业意见。18世纪以前的英国,传唤专家证人的程序启动权并非由当事人(控辩)双方享有,而是由法院垄断,与大陆法系国家基本相同,其具有专门知识的人也被称为"skilled witness"。在盎格鲁-撒克逊时期存在"验尸官",主要职责是查明死因,医生作为协助人。

科学技术的发展引起了鉴定技术和方法的改变。1684年,英国科学家格雷博士利用显微镜出具了最早的研究指纹的报告。19世纪初,英国的爱丁堡大学首先开设法医学课程。1892年,英国的弗朗西斯·高尔顿出版了《指纹》一书,为指纹鉴定奠定了理论基础,从而扩大了鉴定的范围。英国的国家安全受刑事犯罪问题的困扰,为了保障打击犯罪的效率,建立了由警方管理的鉴定机构,即刑事科学服务局。在苏格兰,警方设有四所鉴定实验室。

18世纪后期,因英国的这种职权式的专家证人启动程序与主流的当事人诉讼文化不相融,特别是随着普通法的不断规范,专家出庭逐渐被固定在证人席上。[3] 在司法实践中,法庭一般不再指定专家证人,专家证人由当事人双方委托,出现了当事人双方聘请专家证人的情况,专家证人成为当事人的协助人。"这一程序的优点就在于把调

---

〔1〕 参见侯学宾:《英美法中的专家证人》,载《方圆》2015(9)。

〔2〕 See James C. Oldham, *The Origins of the Special Jury*, 50 U. Chicargo Law Review 137(1983).

〔3〕 See Lloyd Rosenthal, *The Development of the Use of Expert Testimony*, 2 L. & Contemp. Probs. 403, 406(1935).

查的责任赋予那些最有调查积极性的人来完成。”[1]

美国法承继了英国法的传统。在 1851 年美国判例中出现了专家证人(expert witness)。19 世纪初期,美国现代诉讼制度中的专家证人制度基本形成。

(二)英美法系国家专家证人制度的发展

随着科学技术的不断发展,英美法系国家的鉴定技术有了重大的发展变化。19 世纪,因涉及枪杀案件的增多,英国一些法院逐渐接受了枪弹检验结论作为证据。1902 年,美国马萨诸塞州最高法院首次将枪弹鉴定结论采纳为证据。1910 年,英国的罗伯特·丘吉尔首次以枪弹专家的身份出庭作证。1913 年,美国开始有笔迹专家出庭作证。1921 年,美国加利福尼亚州的伯克利警察局第一次将测谎技术应用于诉讼过程中,并逐渐有私人测谎机构出现。1923 年,美国洛杉矶市警察局局长奥古斯特·沃尔默在其警区内创立了第一个犯罪侦查实验室。在美国,鉴定机构被称为法庭科学实验室,分属于不同的部门,法院和检察院没有鉴定机构,只有侦查机关设有鉴定机构,这些机构互相不隶属。这些鉴定机构既有政府投资的,也有私人设立的。政府投资设立的鉴定机构属于非营利性机构,具有中立性。1925 年,美国查尔斯·怀特在比较显微镜下开始了枪支的同一鉴定,并成为近代枪弹痕迹鉴定的先驱。1985 年,英国学者杰佛利发明了 DNA 指纹法,开创了 DNA 亲子鉴定的先河,该技术逐渐在其他国家得到普遍应用。

英美法系国家的鉴定人作为协助当事人的专家,未能像大陆法系国家的鉴定人那样具有法定资格,其资格一般由法官在法庭上判断。美国形成了颇具特色的专家证言及科学技术的可采性判断规则。1923 年,美国华盛顿哥伦比亚特区(D. C)联邦法院审理的弗赖伊诉合众国(Frye v. United States)案中,形成了专家证言可采性的“普遍接受标准”。该标准要求专家证言来自科技领域,并明确专家证言的科学性原理、领域和范围;专家证言所依据的科学原理以及技术方法已经获得该领域中的专家同行的普遍接纳或者认同。1993 年,在达伯特诉麦热里·杜制药公司(Daubert v. Merrell Dow Pharmaceuticals, Inc.)案中,美国联邦最高法院推翻了第九巡回法院根据“普遍接受标准”所作的判决,确立了“综合观察标准”或称达伯特法则(Daubert Rule)。法庭认为,应从以下四个方面来检验专家证言是否具有可采性:一是该科学理论是否得到了实验检验;二是作为专家证言基础的理论或技术是否已发表且经受了同行的严格复查;三是作为专家证言基础的研究方法或技术的出错概率为多少;四是作为专家证言基础的技术、方法和理论在某个特定的科学领域中有多少学者认同和接受。

科技进步不仅拓宽了鉴定的领域,而且导致了鉴定制度的变化。20 世纪 90 年代,英国进行了一系列的鉴定制度改革,将英格兰的两大鉴定机构[刑事科学服务局和工业贸易部设立的政府化学实验室(LGC)]从政府部门中分离出去,成为独立的采用公司治理模式的市场服务机构。1995 年 4 月,英国对鉴定机构又进行了一系列的改革,

---

[1] Richard O. Lempert, *A Mordern Approach to Evidence*, West Group, 2000, p. 1013.

将全国七个大型法庭科学实验室收归内政部管理,建立了相对统一的鉴定管理模式。司法鉴定统一管理机构是由内政部、检察机关、警察机构共同成立的法庭科学管理委员会,该委员会设在内政部,独立于检察机关和警察机构。苏格兰也效仿英格兰的做法,于 2007 年 4 月将四个警方实验室变更为社会化的中立的科学服务机构。

在英国,当事人在诉讼中需要鉴定可以自行启动,法院对其启动鉴定一般不予限制。美国继承了英国的专家证人传统,当事人对鉴定程序的启动拥有完全的自主权,对鉴定事项的决定和专家证人的选任,拥有同等的权利。“在许多情况下,当事人及其律师从大量的专家中选任专家证人的能力是不平衡的,他们会根据其证言可能的内容来选任专家出庭作证。”[1]专家证人和普通证人一样,都承担着出庭作证的义务,接受选任方和对方的询问,陈述鉴定所依据的原理、材料的来源、方法和设备的采用,并回答双方的询问和质证,解释专家证言中存在的疑点或矛盾的地方。

英美法系国家专家证人制度具有充分的保障当事人诉讼权利的功能,然而,这种与当事人主义相联系的专家证人在诉讼中扮演着“具有专门知识的辩护人”的角色,使法庭成为“专家争斗的战场”。在某些时候,那些不是最优秀的科学家和专家反而成了最优秀的“专家证人”,其结果必然是降低诉讼效率和影响案件事实真相的发现。

第二节　我国司法鉴定历史发展

一、我国古代司法鉴定发展简史

(一)司法检验的起源

1. 法医学与医学、法学的起源

我们的祖先在和自然环境及疾病作斗争的过程中,不断总结经验,形成了医学。医学的历史比法学要早得多。法医学产生在医学、法学出现以后。法医学是法学与医学的交叉学科,是为法律实践服务的,其发展历史与法学发展历史具有某种内在关联性,其发展水平也反映出某个历史阶段特定地区法治建设的水平。

2. 司法鉴定实践的最早文字记载

《礼记·月令·孟秋之月》记载:“命理瞻伤、察创、视折、审断,决狱讼,必端平。”《吕氏春秋》的《十二纪》中也有同样的记载。以上是公认最早的关于法医检验实践的文字记载。东汉蔡邕对此解释道:“皮曰伤,肉曰创,骨曰折,骨肉皆绝曰断。”很明显,这是检验损伤程度,瞻、察、视、审则是验伤的方法。“理”是周代前的治狱、审判刑事案件的法官。春秋战国(公元前 770 ~ 公元前 221 年)时期已有成文法。1975 年 12 月湖北省云梦县睡虎地发掘出的 12 座战国末期至秦代的墓葬中出土了大量秦代竹简,定名为“云梦秦简”,其中《法律问答》《封诊式》是我国古代有关法医学的极为珍贵的文字

[1] Richard O. Lempert, *A Mordern Approach to Evidence*, West Group, 2000, p. 1014.

记载。《法律问答》中有关于杀伤、杀婴、麻风病等的检验和处理的内容,杀伤部分规定了不同方式、不同工具的成伤,不同部位、不同程度的损伤,处罚不同;杀婴案件经检验确定不是先天畸形而被杀死者,根据情节处以刑罚;被怀疑是麻风病者经检验确定,根据不同情况给予不同处理。《法律问答》对凶杀、自杀(尤其是缢死)的现场勘查、验尸都有详细记载,如勘验缢死现场时要检查悬挂点、颈部索沟特征、全身情况。《封诊式》中对诊察、勘验、检验有大量记载,包括活体检验、尸体检验、首级检验、现场检验、兽齿检验、外伤性流产检验等。这些检验由"令史"负责。以上内容说明,这个时期,法医学检验从内容、方法到分工都已具雏形。

3. 先秦时期检验制度的萌芽

秦简没有明确记载秦时有关检验组织的规定,从《封诊式》的内容可以发现,秦时已出现检验制度的萌芽。

(1)检验的程序制度。每个案件"爰书"的开头,都有一段作为检验前提的报案,有基层人员如"里典""求盗"到县里报告的,也有被害人控告的。县令命令令吏率领隶臣等前去勘验。检验时允许家属和有关人员参加,共同观看,甚至允许左右邻居一同观看。检验后由令吏写出检验报告书。报案加上检验报告书就成为县令或县丞处理该案的依据。

(2)检验人员有明确的分工。主要包括:①令吏:负责进行活体、尸体检验和现场勘验;②医生:参加与疾病有关的活体检查,如麻风病的鉴定;③隶妾:活体检验,主要负责检查妇女下部;④隶臣:检验时帮助搬运尸体、脱衣服,协助测量尺度等,相当于现代的鉴定助手。

(3)检验报告具有固定的格式。秦时的检验报告由以下几部分构成:①报案因由:简述何人因何原因前来报案。②检验记录:详细记录检验的经过、检验所见,并说明检验人的姓名、身份。③结论:根据检验结果得出结论,要求简明扼要。

4. 汉代法医学检验水平达到一定高度

汉代法医学检验又有新的发展,在损伤的分类和检验方法上都有提高,且已使用动物实验(类似侦查实验)的方法进行鉴定。《疑狱集》记载,三国时期,吴国句章县令张举处理一起某女子涉嫌杀夫后纵火讼案时,将死猪和活猪同时火烧,剖视两猪呼吸道有无烟灰炭末,以判断死者系生前烧或死后烧,圆满解决了讼案,这就是有名的"张举烧猪"。直到现今,检查呼吸道有无烟灰炭末仍然是鉴别生前烧还是死后烧的要点之一,但在检验方法上有了新的进步。《汉书·刑法志》记载,司刺掌三刺(讯群臣、讯群吏、讯万民)、三宥(宽宥不识、过失、遗忘)、三赦(赦免幼弱、老耄、蠢愚)之法,其中"蠢愚"之人的认定便属于现代法医精神病鉴定的范畴。

(二)唐代司法检验的制度化发展

1.《唐律》规定了法医检验人员的法律责任

在秦代法律基础上,汉唐法律进一步促进了我国古代法医检验的制度化发展。《唐律》在汉朝《九章律》的基础上发展为十二篇,于唐太宗贞观十一年(公元637年)颁布。后唐高宗又命长孙无忌对律文逐条解释,成律疏三十卷,通称《唐律疏议》,于永徽四年(公元653年)颁布。《唐律》是我国现存最完整、最早的一部封建法典,其后历代封建法律基本上都沿袭《唐律》,其地位如欧洲的罗马法一样。《唐律》中存在大量有关法医鉴定的条文,并明文规定了鉴定人违法鉴定的法律责任,如"诸诈病及死、伤,受使检验不实者,各依所欺减一等,若实病、死伤不以实验者,以故入人罪论"。

2.《唐律》规定了法医检验的对象、损伤的定义和分类

《唐律》记载,当时法医检验对象已经包括尸体、受伤者及诈病者。为了运用刑法解决斗讼问题,《唐律》将损伤定义为:"见血为伤"[1],主要包括伤后有血液流出或肉眼可见皮下出血两方面含义,并且着眼于生前伤。这个定义一直沿用至元代,到了明清,法律改为"青赤肿为伤",这个定义虽然突出地说明了皮下出血的特点,却没有把"创"的含义包括在内,所以不如"见血为伤"确切。《唐律》将成伤物体分为三大类:手足、他物与兵刃。手足是以手足为例,用头击之类也包括在内,其所形成的损伤称为手足殴伤。他物指的是"非手足者其余皆为他物,即兵不用刃亦是",这个概念和当下所说的锐器不用刃是钝器是一样的。他物所形成的损伤称为他物殴伤。兵刃所形成的损伤称为刃伤。"刃谓金铁,无大小之限,堪以杀人者。"[2]手足、他物、兵刃三者论情节,以手足为最轻,他物次之,兵刃最重。手足殴伤和他物殴伤属于现在的钝器伤;刃伤属于现在的锐器伤。以上划分是非常精细并符合科学原理的,也折射出当时鉴定的高水平。

3.《唐律》规定了杀伤案件的类型及相应的刑罚

《唐律》中有对杀人及伤害案件因不同致伤物、不同后果分别处以不同刑罚的规定。《唐律》对于非致命性损伤分类很细,并由轻至重规定了不同程度的刑罚。刑罚轻重取决于两个要素:一是损伤后果的轻重,二是致伤物的性质。两者结合起来决定刑罚的轻重(见表2-1)。[3]

表2-1 《唐律》对不同致伤物造成各种程度的损伤的刑罚规定

损伤程度与致伤物类型	刑罚
斗殴手足殴人无伤	笞40
斗殴手足殴人有伤(见血为伤);以他物殴人无伤;以汤火未伤人;拔发不满方寸;①鼻头出血	各杖60
以他物殴人有伤;拔发方寸以上至髡发不尽仍堪为髻者	各杖80
耳目出血;内损吐血;痢血	以手足者杖80,以他物者杖100

〔1〕《唐律疏议·斗讼》第302条。

〔2〕《唐律疏议·斗讼》第304条。

〔3〕参见(唐)长孙无忌等撰:《唐律疏议·斗讼》,刘俊文点校,中华书局1983年版(下版本同前)。

续表

损伤程度与致伤物类型	刑罚
兵刃砍射人着者	杖 100
折齿;毁损口鼻耳眼;眇②一目;折手足指;破骨;汤火伤人	徒 1 年
折二齿、二指以上;③髡发	徒 1 年半
刃伤;折人肋;眇二目;堕人胎(母辜限内子死)	各徒 2 年
折肢;骨移位;瞎一目④等辜限内平服者⑤	各徒 2 年
折肢;骨移位;瞎一目等辜限内未平服者	各徒 3 年
瞎二目;十指并折;折二肢;断舌;⑥毁败阴阳⑦等为笃疾,及因旧患令至笃疾⑧	流放 3000 里
以手足他物斗殴杀人者	绞
刃杀人及故杀人者	斩

《唐律疏议》原注疏:①方寸者,谓量拔发无毛之所,纵横径各满一寸以上者,若方斜不等,围绕四寸为方寸。②眇,谓亏损其明而尤见物。③若折二指、二齿以上,称以上者,虽折更多亦不加罪。④瞎一目,谓一目丧明全不见物。⑤辜限内平服者,谓折跌人肢体及瞎一目,于立辜限内骨节平服,及目得见物。⑥断舌,谓全不得语(若可解,则从伤科)。⑦毁败阴阳,谓孕嗣废绝(若不绝孕嗣者,从伤科)。⑧因旧患令至笃疾,假有旧瞎一目为残疾,更瞎一目为笃疾;或先折一脚为废疾,更折一脚为笃疾。

由表 2－1 可见,刑罚最轻的是“斗殴手足殴人无伤”,《唐律》规定:相争为斗,相击为殴。以手足击人,虽未损伤,下手即获罪。这个规定对一般斗殴来说是相当严酷的。

4.《唐律》出现了评判损伤程度的法医学标准

《唐律》对损伤程度的划分与现代法医学的标准不同,没有像今天这样将非致命性损伤划分成轻微伤、轻伤与重伤。其中提到的残疾、废疾、笃疾实际上属于不同程度的重伤,与将重伤分为三等相似。《唐律》对于不同程度的损伤提出了明确的法医学鉴定标准,特别是《唐律疏议》原注所划定的标准已相当明确。根据这些标准可以较准确客观地作出法医学鉴定意见,同时决定判处何种刑罚。如《唐律疏议》记载:“《疏议》曰:即损二事以上者,谓殴人一目瞎,及折一肢之类。‘及因旧患令至笃疾’,假有旧瞎一目为残疾,更瞎一目为笃疾,或先折一脚为废疾,更折一脚为笃疾;‘若断舌’,谓全不得语;毁败阴阳,谓孕嗣废绝者,各流三千里。断舌,语尤可解,毁败阴阳不绝孕嗣者,并从伤科。”〔1〕这些规定说明唐代的法医学活体检查是相当盛行的,并且取得了相当高的成就,在世界法医学史上是一项重大的贡献。

5. 独具特色的保辜制度在唐朝得到完善

秦汉以来,古代的司法鉴定官吏积累了大量活体损伤检查的经验,其中的一条重要

〔1〕《唐律疏议·斗讼》第 305 条。

经验就是保辜。古人认识到,受伤当时貌似不重,或虽重当时未死,可是由于损伤的进一步变化可能致死。为了确定受伤一定时间后的死亡与损伤的因果关系,实践中设置了保辜制度。“保辜”一词,从字面上解释,“保”是保养,“辜”是罪。受伤后,根据法律规定,针对不同类型的伤势立定辜限,随后即由加害人负责寻医调治,如果治疗无效,受伤者在辜限内死亡,则依杀人罪论处。若在辜限外死亡或虽在辜限内死亡但是由于他故(与损伤无关的疾病)而死,则各依相应的殴伤法治罪。保辜制度约始于西汉,史游的《急就篇》记载:“保辜者,各随其状(伤情)轻重,令殴者以日数保之,限内至死,则坐重辜也。”唐代对受伤后保辜的时限有更为明确的规定:“诸保辜者,手足殴伤人限十日;以他物殴伤人者二十日;以刃及汤火伤人者三十日;折跌肢体及破骨者五十日。限内死者各依杀人论;其在限外及虽在限内以他故死者,各依本殴伤法。”〔1〕从司法鉴定学及医学的发展来看,保辜制度的提出有其历史必然性。在当时的科学水平下,伤后经过若干时日死亡,仅仅依靠尸体外表鉴定,是不可能对损伤行为与死亡结果之间的因果关系作出科学判断的。我国古代没有仅仅凭借司法官吏的主观判断定案,而是创设了以法律规定的形式判断有无因果关系的保辜制度。可以认为,保辜制度是依靠尸体外表鉴定判断死亡原因的必不可少的补充手段,也是中国古代慎刑思想在法医鉴定领域的表现之一。另外,保辜制度还具备充分及时保护受害人身体健康权的功能。保辜制度的存在促使加害者千方百计地为被害人寻医调治。因为伤害行为及医疗救治行为的最终后果会直接影响对犯罪嫌疑人的罪名确定和处罚轻重。保辜制度在中国存续两千多年,并对中国周边国家的法律制度产生过重要影响,如日本、朝鲜、越南法律都继承和沿袭了这一制度。〔2〕

(三)宋代司法鉴定领域的辉煌成就

1. 法医检验制度不断健全

我国的法医检验制度在宋代得到迅速发展且不断完善。《宋刑统》有关于检验制度的法律条文,同时又颁布了单行法规。如《宋会要·检验》对检验的官吏、初检、复检及检验时间、格目都作了相当具体的规定。宋代对报检也作了严格的规定,杀人案不报官,要按法究治,而把病死诬告为殴死,按诬告治罪。宋代对免检条件亦作了明确规定。宋代对官员参加法医检验有严格规定。北宋有“今后杀伤公事,在县委尉,在州委司理、县差尉,以次差丞、簿、监当,差皆缺,则须县令自行”的规定。尤其要强调的是,宋代法律对检验人员不及时检验,检验不细以致失误,受贿枉法、徇私舞弊等,以违法犯罪论处,处罚很严,如“诸尸应验而不验,或受差过两时不发,或不亲临视,或不定要害致死之因,或定而不当(谓非理性为病死,因头伤为胁伤之类),各以违制论”,如确因“其事状难明定而失当者杖一百,吏人行人(仵作)一等科罪”。宋代对验尸报告的格式也

---

〔1〕《唐律疏议·斗讼》第307条。

〔2〕参见陶涛:《中国古代保辜制度探析》,载《淮北煤炭师范学院学报(哲学社会科学版)》2003年第5期。

有明文规定。以上规定,时至今日仍有借鉴意义。

2. 以《洗冤集录》为代表的大量具有法医学性质的著作问世

五代后晋年间(公元936~947年),和凝与其子著《疑狱集》,总结性地介绍了检验处理疑难案件的经验,是一部具有法医学性质的著作。在此基础上,宋代的法医学著作亦有超时代的发展,一系列重要法医学著作相继问世。

宋代主要的法医学检验文件与法医学专著有:《验状》[1],南宋提刑郑兴裔(约公元1124~1197年)的《验尸格目》,徐似道(约公元1141~1204年)的《检验正背人形图》,郑克(公元1131~1163年)的《折狱龟鉴》,桂万荣(约公元1154年生,卒年不详)的《棠阴比事》。还有《内恕录》《检验法》等。

世界第一部法医学专著诞生在宋代,它就是宋慈所著的《洗冤集录》。[2] 这是一部系统的法医学专著,有较完整的理论体系,分概论和条令,内容涉及四时变动(尸变)、机械性损伤、机械性窒息、电伤、高温伤、生物性损伤、中毒、性问题、堕胎、急死、尸体检验、尸骨检验、个人识别、现场勘验、案情调查、急救等,全书共53篇。该书内容广泛,理论性强,案例丰富,实用性强。书中所述检验方法之精辟,令人赞叹不已。对生前伤还是死后伤,生前落水溺死还是死后抛尸于水中,烧死还是焚尸,急病死还是暴力死,自杀、他杀还是意外,致伤物的判断等专门性问题的判定方法都有述及,科学实用,易于推广,时至今日仍有借鉴价值。书中还强调检验官必须认真负责,谨慎从事,亲临现场,躬身视检。宋慈在自序中说:"狱事莫重于大辟,大辟莫重于初情,初情莫重于检验。""慈四叨臬寄,他无寸长,独于狱案,审之又审,不敢萌一毫慢易心。""每念狱情之失,多起于发端之差;定验之误,皆原于历试之浅。遂博采近世所传诸书,自《内恕录》以下凡数家,会而粹之,厘而正之,增以己见,总为一编,名曰《洗冤集录》。"可见,宋慈著《洗冤集录》的目的是公正治狱。

《洗冤集录》于南宋淳祐七年(1247年)问世,比国外最早的法医学著作早了350多年。该书一问世即被视为官书,刊布实行,很快流传至国外,先后有19种译本,如朝鲜、日本、法国、荷兰、德国、俄国、英国、美国等都有译本。

(四)元代后司法鉴定的发展

《洗冤集录》问世后,陆续有各种版本的法医学著作问世,但其均以《洗冤集录》为蓝本。到了元代,公元1297年颁布了《结案式》,规定法医检验内容,增加了物证检验部分,形成了尸体、活体、毒物、物证四大检验。公元1694年,清朝政府又以官书形式颁布《律例馆校正洗冤录》,[3]供全国官吏使用。元代到清代均未能从尸表检查跃上解

---

〔1〕 五代时已出现,宋代重申且以官方文件形式下发。

〔2〕 宋慈,字惠父(公元1186~1249年),我国古代伟大的法医学家、法学家,历任主簿、知县、枢密使幕客、通判、知州、摄郡、朝散大夫、司农寺丞、除直秘阁、提点刑狱官、大使行府参议官、经略安抚使,曾奉四路,司刑狱事。他于1245年开始收集资料,1247年任除直秘阁提点湖南刑狱期间,完成了《洗冤集录》,这是世界公认的第一部法医学巨著。

〔3〕 该书又称《洗冤录》,区别于《洗冤集录》。

剖的新台阶。同时,尸体一直由仵作操验,但担任者往往不学无术,难以胜任复杂的检验工作。

清末总体上仍沿袭唐宋尸表检验制度,同时也受到了国外先进司法鉴定制度的影响。光绪十年(1884年)7月16日,济远船水手李荣被日本警察打伤致死,地方官请了西医布百布卧作尸体解剖,中日双方均派官员在旁观看,此为我国第一例司法解剖案例。光绪二十五年(1899年),江南制造局出版《法律医学》,[1]该书是我国最早介绍国外法医鉴定的书籍。光绪三十四年(1908年),王佑、杨鸿通二人合译日本石川贞吉所著《实用法医学》,后改名为《东西各国刑、民事检验鉴定讲义》。这段时间,在有些外国人兴办的西医学堂中,法医学已列入教学课程。国外法医学知识在我国的传播,使一些司法界人士认识到应用医学知识进行法医鉴定的重要性。清末整顿司法时,刑部饬令各省审判厅设"检验学习班",讲授法医学知识。

清代不断纂修条例对司法鉴定制度予以补充和完善,乾隆时期律学家吴坛所著的《大清律例通考》中关于检验制度的条例有19条,每条都对检验制度作了更加具体的规定和补充,说明清代的司法鉴定制度较以前更为完善,但也存在不合理、不实用之处。在清代,我国司法鉴定制度已经悄然发生了一些变化。我国现代法医学的奠基人林几(1897~1951年)教授提出,光绪、宣统年间,清政府已着手整顿司法和"改良检验"。魏立功认为:"前清末光宣之际,吾国法界人士鉴于各国法院法医之成效卓著,对于检验乃亦引用西法。"孙逵芳指出,"清末是现代法医学输入期"。[2] 总体而言,清代的司法鉴定制度仍然没有超出尸体外表检查鉴定制度的框架,虽出现了近代法医鉴定制度的萌芽,依然显得不充分,法医专业人员数量少,专业水平低。宋元以后,我国法医学发展缓慢,其原因可能有两个方面:一方面,我国法医学未能及时吸取医学特别是西洋医学的新理论、新技术、新方法,仅停留在尸表检查。另一方面,法医检验制度相对落后。我国的古代法医检验制度从根本上说是维护尸表完整的制度,数千年的文化观念、伦理纲常不允许为了打官司而对死者的尸体进行解剖。

二、我国近、现代司法鉴定发展简史

(一)民国时期司法鉴定立法

辛亥革命后,1912年颁布刑事诉讼法,规定了挖墓检验、解剖尸体;1913年颁布的《解剖规则》规定,警官及检察官对于尸体非解剖不能确知其致命之由者,指派医士执行解剖。这是我国现代司法鉴定崛起的象征。1915年,北京及浙江的医学专门学校设置了裁判医学课程(日本名称)。1930年,林几教授在北平大学医学院建立法医学科,他又于1932年在上海建立了我国首所法医学研究所,1933年开始招收法医研究人员,1934年创办中国第一部法医学术刊物——《法医月刊》。但是,民国时期因政治不稳定,战事纷纷,司法工作混乱,司法鉴定处于被遗忘、可有可无的状态,故发展很缓慢。

---

[1] 该书为英国盖惠连与弗里爱同撰,由英国傅兰雅口译,徐寿笔述,赵元益校录。

[2] 参见黄瑞亭:《法医青天——林几法医生涯录》,世界图书出版公司1995年版,第170页。

(二)新中国成立后司法鉴定事业曲折发展

新中国成立后,中央政法、卫生领导机关采取了恢复、发展司法鉴定的一些措施,法医学检验与刑事技术发展迅速,如建立了法医研究所,开展了专职法医、法医师资的培训,医学及政法院校相继建立了法医教研室,开设法医学课程。前南京大学医学院和中国医科大学举办了法医师资培训班,司法部法医研究所举办了法医培训班。在后来的"左"倾错误的影响下,法医事业遭到破坏,法医研究所被撤销,专职法医纷纷改行或被下放,检验基本停止,大部分法医离开政法机关。

(三)改革开放以来司法鉴定事业长足发展

党的十一届三中全会后,我国司法鉴定事业复苏。公安部率先成立了刑事技术(包括法医)研究所,各地公安机关也迅速联络并启用了已改行或下放"劳改"的法医。1979 年 7 月 1 日全国人大通过《刑法》《刑事诉讼法》,为加强法治,司法鉴定工作全面发展,卫生、政法高等院校建立了法医检验、教学、科研机构,司法部司法鉴定科学技术研究所恢复,培养高级专门人才。

1999 年 7 月,司法部向全国公告面向社会服务的 8 家司法鉴定机构,即司法部司法鉴定科学技术研究所、华东政法学院司法鉴定中心、西南政法大学司法鉴定中心、中国政法大学司法鉴定中心、中国人民大学物证技术鉴定中心、北京大学司法鉴定室、西北政法学院司法鉴定中心、北京华夏物证鉴定中心。2005 年《决定》作为我国司法鉴定领域首部专门法律起到了"基本法"的作用,对于改革和完善我国的司法鉴定管理以及理顺司法鉴定机构设置和管理等方面的关系发挥了重要作用。为了加强和适应司法鉴定管理工作的需要,经有关部门同意,2006 年 10 月司法部专门成立了司法鉴定管理局,具体负责全国司法鉴定管理工作。全国各地的司法行政机关、大学、学术机构等组织大量的专业技术人员、高级管理人员到境外学习、培训和研讨。全国的有关专家学者潜心进行司法鉴定理论、制度建设方面的研究,推动技术研发等领域的学术研究和交流活动,在司法鉴定学术研究领域也取得了突出的成就,出版了一大批司法鉴定学术专著、大学专业教材、鉴定人专业培训资料,完成了一批重大研究报告,有力地推动了司法鉴定人才培养和技术研究工作。

当前,司法鉴定领域正进行着司法鉴定机构资质认定、司法鉴定实验室和检查机构认可等工作,其目的是不断改善和提高司法鉴定工作质量,为法治建设提供重要的技术保障。

第三节　司法鉴定发展的基本趋势

根据上述司法鉴定国际和国内发展历史,结合我国当前司法鉴定改革发展动向,可以预见我国司法鉴定行业发展的几个总体趋势。

一、司法鉴定机构趋于中立化

2005年《决定》颁行前,我国的司法鉴定机构主要以司法机关内设机构为主体。《决定》实施后,人民法院不再设立和保留司法鉴定机构。全国公安机关、检察机关为履行侦查职能设立的鉴定机构,不再受理与侦查职能无关的鉴定事项。如公安机关的鉴定机构不再受理民事案件中的交通事故鉴定,检察机关的鉴定机构也不再受理一般经济和民事案件中的技术鉴定。近些年,高等院校、科研院所的司法鉴定机构在鉴定人才、大型设备、资金投入、内部管理、业务量、科研成果等方面均得到了长足的发展,并逐步发挥司法鉴定行业主力军的作用。

二、司法鉴定实施程序趋于透明化

随着当事人的诉讼权利得到我国立法和司法的重视和保护,诉讼当事人依法享有的有关鉴定的程序权利得到了充分保障,如参与选择鉴定机构、鉴定人、鉴定方法、鉴定标准,确认鉴定检材和样本,见证鉴定操作,要求鉴定人、会诊专家回避,申请鉴定人出庭,要求鉴定人回答与鉴定意见有关的问题,要求鉴定机构披露鉴定机构的基本信息(执业范围、技术能力、收费标准等)等。上述权利的实现常常影响到鉴定意见的作出以及诉讼当事人对鉴定意见的认可度。因此,无论是司法鉴定机构、鉴定人还是司法人员、司法鉴定管理人员都应努力在工作中保障诉讼当事人的鉴定权利。同时诉讼当事人的鉴定权利也需要通过制定、完善法律、法规、行政规章、内部操作规程等进行制度保障。

三、司法鉴定内容趋于多元化

随着社会生活的日益复杂化、多样化,犯罪的网络化、高科技化,经济生活的多元化、多层次化,司法活动对司法鉴定的需求也呈现出多样化的格局,如电子数据和声像资料等电子领域的鉴定需求凸显。随着我国精神卫生领域立法进程的加快,对于涉案人的精神能力的司法鉴定也将体现出更多的需求。随着环境意识、环境法治建设的加强,环境侵权、环境犯罪、环境行政执法和管理活动中环境事件的原因、后果、因果关系、治理方案、经济损失以及对人类健康的影响等诸多技术问题需要进行司法鉴定。如对于大气污染、土壤污染、水源污染的原因、程度、后果等的鉴定,职业环境中毒事件的鉴定,家庭装饰环境污染、汽车环境污染的鉴定,都可能成为司法鉴定项目。在知识产权领域,办理知识产权案件也离不开对涉案知识产权的新颖性、创造性、实用性的认定、比较,对侵权标的、相似度的认定等。随着职务违法和职务犯罪手段的复杂化、智能化、隐蔽化,各种新情况、新问题不断出现,纪检监察调查中需要运用鉴定措施收集证据的情形也越来越多。

四、司法鉴定标准化体系初步形成

我国目前未设立全国性的司法鉴定标准化委员会。司法鉴定领域现有技术标准的制定大多数由公安部牵头,在国家标准化管理委员会下设立全国刑事技术标准化技术委员会,主要由公安系统的技术专家完成。这些技术标准的适用领域主要是公安机关内部,也有一些标准如《道路交通事故受伤人员伤残评定》(GB 18667－2002)曾被列为国家强制性标准,2017 年该标准已废止。司法部作为我国司法鉴定行业的行政管理机关,近年来牵头制定了不少行业标准,对于完善司法鉴定的技术标准体系起到了重要的作用,从长远来看,我国应尽快建立司法鉴定行业的专门性标准化组织,并在各专业领域分设专业委员会,以承担制定、修改、废除各专业领域技术标准、技术方法的重任,制定标准需要国家在科研领域的投入。另外,我国在司法鉴定标准制定过程中不能闭门造车,而应放眼全球,关注国外先进的司法鉴定方法、技术标准,在必要的情形下,可以采用国际标准,借鉴国外先进标准。

五、司法鉴定人的权利和义务更加明晰

司法鉴定作为为诉讼提供技术保障的活动必将受到司法机关、诉讼当事人等多方的监督,其执业要求将不断提高,司法鉴定执业风险也会相应加大。当然,司法鉴定行业组织的不断健全、司法鉴定管理立法的完善也将促进司法鉴定人的权利得到进一步保障,其义务得以进一步明晰。

六、司法鉴定行业自律管理得到强化

司法鉴定管理应在行政管理与行业管理相结合的模式下,逐步发展、壮大行业管理的力量,扩大管理范围。今后司法鉴定人执业资格的认定可能会与德国等国家的做法类似,首先由行业协会通过某种方式认定,体现出行业自律性。2023 年十四届全国人大常委会立法规划将“司法鉴定法”纳入第二类项目。通过制定司法鉴定领域的综合性法律,以达到依法行政、依法管理,促进司法鉴定行业长期稳定发展的目的。

思考习题

1. 两大法系司法鉴定制度发展的历史及特点是什么?
2. 简述我国古代司法鉴定领域的辉煌成就。
3. 简述我国司法鉴定制度的发展趋势。

拓展阅读书目

1. 贾静涛:《中国古代法医学史》,群众出版社 1984 年版。
2. [日]上野正吉、兼头吉市、庭山英雄:《刑事鉴定的理论和实践》,徐益初等译校,群众出版社 1986 年版。
3. 贾静涛:《世界法医学与法科学史》,科学出版社 2000 年版。

第三章　司法鉴定基本理论

本章概要　本章是关于司法鉴定基本理论的内容，主要包括司法鉴定基本概念，司法鉴定的同一认定、种属认定和物质转移等原理。

通过本章的学习，需要掌握与司法鉴定原理有关的基本概念，掌握司法鉴定中同一认定、种属认定的区别与联系，掌握物质转移原理的内容。

关键词　客体；检材；样本；同一认定；种属认定；物质转移原理

第一节　鉴定理论概述

一、基础概念

1. 客体。客体是指在司法鉴定的过程中要运用专门的知识和技术进行鉴定的物体、事实和现象。这类物体、事实和现象必须要满足两个条件：一是与案件的事实有关；二是具有证明案件情况的作用。

2. 客体的特征反映体。客体的特征反映体是指物体或物体的一部分在一定的条件下在某物或某地所形成的痕迹，在某些情况下还包括物体自身的复制，例如对财务账目的复印。

3. 被寻找客体。被寻找客体是指与案件有关的物体。这类物体是鉴定工作的对象，也是鉴定的客体。例如，文书鉴定中对文书书写笔迹进行鉴定是为了确定书写人，此时，该书写人就是该案件中的被寻找客体。

4. 受审查客体。受审查客体是指在鉴定过程中由于其与案件关系密切而被认为可疑的物体，这种可疑很可能是一种暂时的假设。受审查客体在司法鉴定中作为一种比较对象而存在，当通过鉴定对某一受审查客体作出了同一的结论，即达到鉴定的目的，其他受审查客体也就彻底排除了与被寻找客体之间的关系。

5. 检材、样本。检材是指被寻找客体所产生或留下的反映形象或者其自身的一部分。样本是指受审查客体所产生的反映形象或其自身的一部分。检材与样本是两个互相对应的概念，两者都是一种反映形象或者客体自身的一部分，只不过检材是被寻找客体的反映形象或自身的一部分，样本是受审查客体的反映形象或自身的一部分。

二、司法鉴定的常见概念

（一）确定物的同一

确定物的同一，是指通过对案件中有关物品、物质、物体的鉴定，确定其与另外一物的关系,以便确定物与物之间的同一。如印章印文的鉴定,就是确定某一痕迹或物品是否为某一物所形成。

(二)认定客体的种属范围或种属异同

对物质、物品的鉴定大多要根据案件中的痕迹、物质、物体以及某种现象或事实来确定其种属范围,或者确定其与样品在种属类别上的异同以及种属类型。例如,对文书字迹制作材料的鉴定,就是确定该材料是何类何种物质的鉴定。

(三)确定事件因果

通过对物质现象和有形痕迹的鉴定,可以查明某一现象或者某一事件的形成原因。例如,司法会计鉴定中对涂改会计凭证的鉴定也包含了对这一事件形成原因的调查和鉴定。

(四)确定事实的有无和真伪

通过对某些客体的鉴定,可以确定被怀疑的某种事实是否存在。例如,通过司法会计鉴定,可以确定账目的真伪,文字、数字是否经过了消除、添改等。

(五)查明证据的来源、出处

根据对被鉴定客体的鉴定,寻找其最初来源地,以便确定和缩小查找范围,这是在种属认定基础上的进一步深化。如对纸张、墨水的鉴定,对各种物质来源地的鉴定等。

(六)鉴定事实程度

案内存在某些事实,但这些事实的大小、多少以及程度的高低等常需要经技术鉴定才能确定,如对物体损坏程度的鉴定等。

三、司法鉴定方法的科学依据

(一)同一认定的基础条件

1. 客体特征的特定性

客体特征的特定性是指一个客体区别于其他任何客体的特殊性。世界上的每一事物都有自身的特殊性,每一事物之间都不可避免地存在一定的差异,完全相同的事物不可能存在。正是因为鉴定的客体具备了只能与自身相同的基本属性,鉴定才成为可能。事物存在特定性的原因主要有:第一,客体本身属性不同。任何事物的形成过程、环境都是不同的,且在形成过程中由于事物自身的内部因素的多样性必然导致各种不同的事物有着自己独有的特殊本质。第二,客体在形成过程或加工过程中具有特殊性。在客体的生产加工过程中,由于各种客观条件的差异,必然造成客体各自产生明显的特定性。第三,客体使用过程中所新增的属性也会使客体的特定性更加明显。

作为鉴定对象的客体所具有的特征组合将会影响到客体在鉴定过程中所发挥的实际意义。对客体进行个体识别,需要把某客体与其他客体区分开来,就要求形成一个具有高度特定性的特征组合,以方便鉴定活动的展开和顺利进行。特定性的高低是各方面的因素所造成的,在各种因素中具有决定意义的是特征的数量、特征的质量、同类客体的数量、特征形成条件。

(1)特征的数量。考察客体特征的数量,实质上是要分析检材实际反映出来的可供鉴定利用的特征与客体自身特征的数量的比例。一般情况下,客体特征的数量与客体的特征组合的特定性成正比,即特征的数量越多,特征的组合的特定性就越强,在鉴定活动中与其他客体重复的概率就越低。

(2)特征的质量。任何特征在质上都有一定的规定性,这种质的规定性是一个特征区别于其他特征的重要根据。对同一认定来说,特征组合中的各个不同特征的特定性价值取决于每个特征在质量上的差异,质量高的特征特定性价值就高;反之,质量低的特征特定性价值就低。当特征组合的特定性表现为一个不变的定量时,该组合中每个特征的质量越高,该组合所要求的特征数量就越低。特征的特定性价值是由该种特征在客体上的出现率所决定的。一般来说,出现率越高,价值就越低;出现率越低,价值就越高。由此可知,特征的质量与其特定性价值成正比;在特征组合的特定性不变的情况下,特征的质量与特征数量成反比;特征的特定性价值是由其出现率所决定的,而且与其出现率成反比。〔1〕

(3)同类客体的数量。同一认定所要求的特定性与特征组合可能出现重复的范围有着密切的关系。特征组合出现重复的范围是与鉴定活动的客体相同类别的物体、物品的总体数量。例如,某种碟片花纹特征组合出现重复的范围就是这种碟片的生产总量。一般来说,特征组合出现重复的范围越大,同一认定过程中所要求的客体的特征数量和质量就越大;特征组合出现重复的范围越小,同一认定过程中所要求的客体的特征数量和质量就越小。

(4)特征形成条件。在各种客体特征的形成过程中,不同的形成条件,将会使特征对于特征组合的特定性的意义不同。也就是说,有的客体特征是在正常的状态下(标准状态下)形成的,有的客体特征是在偶然或者特殊的条件下形成的。在正常状态下形成的特征其反映特征组合的特定性的意义就大得多。反之,在偶然或是特殊条件下才能形成的特征对于特征组合的特定性就没有太大的意义。因为这种特征的形成并不具有普遍性、经常性,只有在某些具体化、特殊化的范围内才能使用。可以说,判断特征的形成条件应该看其是否具有一般化、包含性强、适应面广的特性。

2. 客体特征的稳定性

辩证唯物主义认为,世界上没有不运动的物质,也没有无物质的运动。物质世界的运动虽然是绝对的,但也存在相对的静止,即相对的稳定性。物质在一定的阶段具有质的稳定性,在这个阶段和这个时期,它的基本性质不变。这为同一认定提供了必要的条件。客体的相对稳定性是同一认定的基础,只有被鉴定客体的特性处在一个稳定的状态,客体的特性才有可能被反映出来,也只有客体处在稳定的状态,才能发现其特性。把握这些特性,才能根据以前留下的反映形象发现供鉴定的客体,鉴定人才能根据对检材与样本的比较,确认客体同一与否。如果客体不具备相对稳定的属性,在同一认定中

---

〔1〕 参见孙言文主编:《物证技术学》,中国人民大学出版社 2000 年版,第 19 页。

就不可能把握其具体形态,更不可能区别具体的客体。

3. 客体特征的反映性

反映性是物质的另一基本属性。根据这一属性,客体的特征可以借助一定的条件,以不同的外在形式表现出来,并且能够被人们所捕获、感知。客体特征的反映性不仅是遗留痕迹、微量物质的必要条件,也是根据这些痕迹、微量物质确定客体自身同一的必要条件。客体特征的反映性可分为两种:一种是直接反映。客体特征是以直接的方式反映出来而被作为物证的,如各种分离物、断裂物等。另一种是间接反映。客体特征通过在其他客体上反映形象或以其他方式表现出来,而不直接以自身为表现形式,如笔迹、指纹等。

4. 同一认定的主观条件

同一认定的主观条件,是指同一认定的主体所必须具有的认识能力。同一认定作为一种认识和判断活动,客体在这一过程中决定着认识的性质和内容,主体的认识能力同样可以把握和反映客体的现象以及客体的内在规律和本质,所以,主体的认识能力也是同一认定不可缺少的条件之一。如果在同一认定的过程中只有客观条件的存在而不具有主观方面的因素,将无法认识到客观是什么样的一种状况,更不能去把握规律和本质,确定客体自身的同一。主体的认识能力决定了在何种条件下才能使同一认定的可能性转化为现实性。

(二)种属认定的科学依据

种属认定作为鉴定工作的重要方法之一,是鉴定人利用专门知识及检验手段,依据反映形象或客体表现的特征认定客体种属的检验与评断方法。种属认定在司法实践中比较多见,如对印章、印文的鉴定,对笔迹签名的鉴定等。在鉴定过程中,种属认定往往是同一认定的必经阶段。

种属认定的科学依据,首先来源于对鉴定客体的种类相似性的分析,不同种类的物证之间都存在差异,但是在同种类物证之间存在一定的共同性和相似性的特征。为了更好地认识物质世界,根据这些共同性人们往往把物质客体分为若干不同的种类,这为种属认定提供了理论基础。如果物证之间不存在共性,实际鉴定工作就无法分辨物证的种类,这必然会导致鉴定工作无法进行。种属认定的另外的科学依据是物证的种类差异性,即不同种类的物证之间都存在差异。不同的物证是各不相同的,同一种类的物证又可以随着差异性特征的增加而进一步划分为更具体的种类。只有物证之间具有一定的差异,才能区分物证,才能把不同的物证归属于各自的种类。如果种类之间不存在差异,所有的物证都归属于一个大类,对物证进行种属认定将不可能实现。正是这种差异性为准确认定物证种类提供了依据。所以说,物证的种类差异性和同类物证之间的相似性是开展种属认定的客观依据。

第二节 同一认定理论

一、概念

同一认定是一种对鉴定客体所作出的判断。这种判断是关于客体同一问题的判断,是由鉴定人针对鉴定客体作出的。同一认定是动态的、综合的活动。

同一认定具备以下特征:第一,同一认定的主体必须是具有专门知识的鉴定人;第二,同一认定的客体只能是与案件有关联的人或物;第三,同一认定的目的是解决客体自身是否同一的问题;第四,同一认定的方法必须以对客体特征的比较为基础;第五,同一认定属于判断型的认识活动。

通过对同一认定概念的分析,可以看出"同一"属于同一认定理论的一个核心问题,在整个同一认定的概念中占据重要地位。正确地理解"同一"的概念,对于全面掌握同一认定的理论和方法以及深入理解同一认定理论具有重要的意义。因此,理解和把握同一认定理论应先行确定"同一"的概念以及该概念与其他相关概念的关系。

(一)"同一"的含义

1. "同一"的概念

司法鉴定中的同一,是指司法鉴定客体的自身同一。这种同一只能是鉴定客体自身的同一,而不是两个客体甚至是多个客体之间的同一。同一在司法鉴定中所起到的作用就是判断出现顺序不同的客体是否为同一客体。例如,在笔迹鉴定过程中,如果被鉴定笔迹和某人的笔迹样本字迹特征相同,这就说明被鉴定笔迹和样本笔迹是同一书写习惯体系的反映。在司法鉴定的过程中,确定客体自身的同一是主要任务。由于鉴定工作是一个回溯推理的过程,只能通过现有的已经发生的事实,所遗留的痕迹、物品等去寻找证实这些事实、痕迹、物品的客体自身,并鉴定它们之间是否具有同一的关系。从一定意义上说,同一认定就是通过司法鉴定发现确认客体自身的过程。在以同一认定为目的的鉴定中,通过对检材与样本的比较判断两者的特征体系是否相同,即证明检材和样本是否是同一客体所形成,此时,同一是作为鉴定所追求的目标和标准而存在的。

2. "同一"与"相同""相似"的区别

同一认定理论的"同一"是自身与自身的"同一",是指同一个客体。"相同"与"相似",是指两个或两个以上的客体之间的关系。另外,"同一"和"相同""相似"的判断标准也是不同的。"同一"要求检材与样本所反映出来的种属特征和特殊特征所构成的特性等同,即两者是同一客体的反映。"相同"与"相似"的判断标准是检材与样本之间具有相同的种属特征,或者种属特征和一部分特殊特征相同,其差异点比例较高。客体在相同或者相似的范围内,有可能发生同一,但在未找到充分依据之前,不能把相似当作同一看待。[1]

（二）同一认定的主体和客体

同一认定的主体，是指在司法鉴定中负责解决同一认定问题，对客体自身是否同一作出判断的具有专业知识和鉴定资格或者了解客体特征的人。同一认定的主体有两种：一是具有专门知识和鉴定资格的人，即鉴定人；二是了解客体特征的人，如侦查人员、证人等。

同一认定的客体，是指与案件有关的人或物（本书中同一认定的客体只指物），而且这些客体至少已先后出现两次。第一次出现的客体是所要查找的客体，称为“被寻找的客体”，如犯罪现场留下的各种痕迹。第二次出现的客体是鉴定所要审查的客体，称为“受审查客体”，如在犯罪现场留下痕迹的物品、物质等。在司法鉴定过程中，物体是主要的同一认定的客体，这类客体通常情况下是指具有一定外形结构和用途的物体或物品。对该类客体进行同一认定，就是对物进行同一认定。一般情况下，这种同一认定是利用物体所留下的形象痕迹或者利用分离物的自身属性以及表面附加特征进行的。

二、同一认定的分类

就整个同一认定而言，理论上可用不同的标准从不同的角度对其进行分类。合理、科学的分类可以深化同一认定理论研究，提高鉴定实务的效率。因此，掌握同一认定的理论具有重要意义。

（一）以同一认定的主体为依据，同一认定可分为鉴定型同一认定和非鉴定型同一认定

鉴定型同一认定必须由具有专门知识并且有鉴定资格的人进行，其鉴定范围主要包括物证技术鉴定中的各种同一认定。这种类型的同一认定所要解决的同一问题的复杂程度比较高，客体的种类繁多而且特征各异，要求鉴定人必须掌握一定的技术和方法。该类同一认定的结论在我国属于法定证据。

非鉴定型同一认定是指物证技术鉴定以外的各种同一认定。这种同一认定以具体的人的观察、记忆、分析等个体认识活动为基础，个人经验与能力往往起决定性的作用。因此，其主体必须是了解所要认定是否同一的那个客体的特征的人，并且应在识别与分析该类特征方面具备足够的经验与能力。[2] 由于该种同一认定可能包含着大量的个人经验和记忆、分析的成分，其结论可能是一种法定证据，也有可能只是采取其他措施的根据，不能上升到法定证据的地位。

（二）以同一认定的客体为依据，同一认定可分为人身同一认定、物体同一认定、分离物同一认定

本书着重探讨物体同一认定和分离物同一认定。

---

〔1〕 参见金光正主编：《司法鉴定学》，中国政法大学出版社2001年版，第56～57页。

〔2〕 参见何家弘：《同一认定——犯罪侦查方法的奥秘》，中国人民大学出版社1989年版，第143页。

物体同一认定,是以判断先后出现的物体是否同一为目的的同一认定。这类同一认定的客体是具体的物品和物体,涉及范围很广,主要是各种痕迹的鉴定。在物体同一认定的过程中主要依据物体的各种特征来判断其是否同一。例如,印文的鉴定就是根据印文的特征来判断其与原印章是不是同一。

分离物同一认定,是指为解决先后发现的两个或若干部分是否属于同一整体的问题而进行的同一认定。一般情况下,此类同一认定的客体是无生命的客体。分离物的同一认定实际上属于物体的同一认定,由于其自身所存在的特殊性,所以专门列出。其相对于人身同一认定和物体同一认定的特殊性表现在以下两点:第一,非分离物同一认定的客体既可能是人体,也可能是物体,分离物同一认定的客体却只能是无生命的客体。第二,非分离物同一认定所依据的特征反映体是客体留下的物质性反映形象,分离物同一认定所依据的特征反映体是分离物本身。一个整体被分离后,分离物能反映整体的各种特征。[1]

(三)以同一认定结论为依据,同一认定可分为确定的同一认定和不确定的同一认定

在司法鉴定的实践中,同一认定的结论可以是肯定的,也可以是否定的,还可以是确定性的或者非确定性的。确定的同一认定分为肯定性同一认定、否定性同一认定。肯定性同一认定可以确定客体与案件事实之间的联系,否定性同一认定则恰恰相反,它可以排除客体与案件事实之间的联系。确定性同一认定和非确定性同一认定是根据同一认定结论的确定性程度所划分的。一般而言,某一同一认定所依据的特征特定性强、稳定性高、与其他客体差异明显,则可作出确定性同一认定;反之,则是非确定性同一认定。

(四)以同一认定所依据的客体特征为依据,同一认定可分为依据客体形象特征进行的同一认定、依据客体物质成分或结构特征进行的同一认定和依据客体运动习惯特征进行的同一认定

在司法鉴定中,同一认定所依据的客体特征主要有三大类,即客体的形象特征、客体的物质成分或结构特征和客体的运动习惯特征,以此为标准,可以将同一认定分为:依据客体形象特征进行的同一认定,如工具痕迹同一认定等;依据客体物质成分或结构特征进行的同一认定;依据客体运动习惯特征进行的同一认定,如笔迹同一认定等。但是,这种分类不是绝对的,因为在具体的同一认定过程中,所依据的可能同时包括上述两种甚至三种特征。[2]

三、同一认定的原则和方法

(一)同一认定的原则

同一认定是一种主观见之于客观的认识活动,鉴定人作为主观的一方受其认识水平、认识深度、认识条件等的限制,在认识的过程中时常会出现偏差。为了保证同一认

---

〔1〕 参见徐立根主编:《物证技术学》(第2版),中国人民大学出版社1999年版,第34页。

〔2〕 参见孙言文主编:《物证技术学》,中国人民大学出版社2000年版,第23页。

定的顺利开展,需要将实际鉴定与客观事物自身的规律性结合起来,遵循一定的原则,以减少同一认定主体在认识过程中的失误。

同一认定中最重要的原则就是区分客体原则。区分客体是指必须区分各种客体在同一认定中的地位和作用,明确它们之间的相互关系。客体可以分为被认定同一客体、供认定同一客体、被寻找客体、受审查客体,区分客体主要是对上述四种客体进行区分。首先,在同一认定的过程中要区分被认定客体和供认定客体,这样有助于正确地评价在同一认定的过程中所发现的客体的特征相同点和差异点,分析客体特征异同点产生的原因,看它们究竟是本质上就存在不同还是仅存在非本质的差别。其次,要区分被寻找客体和受审查客体,只有对这两者进行区分,才能在同一认定的过程中客观地比较它们之间的特征,全面寻找相同点和差异点。如果不作这种区分,就会导致在同一认定的过程中受先入为主思想的影响,仅仅片面地寻找相同点而忽视了差异点,进而最终影响到同一认定结论的准确性和科学性。基于这一原则,还要认识到被寻找客体与受审查客体在某些情况下仅仅是一种观念上的区分,是为了同一认定的继续进行而作出的。因为在同一认定开始前,鉴定人并不知道被寻找客体与受审查客体之间的关系。为了客观地对这两者进行评价,必须假设两者分别为两个不同的客体,只有当同一认定结束后,才能确定两者是一个客体还是两个客体。如果在开始时不把两者视作不同的客体,那同一认定也就没有必要进行了。

(二)同一认定的方法

作为一种对鉴定客体作出判断的活动,同一认定应如何对客体作出判断?怎样才能准确地判断客体自身是否同一?这就需要思考同一认定过程中所要采取的方法。同一认定的方法视检材和样本的属性不同而不同。由于同一认定的方法主要是依据同一认定存在的依据——客体特征和特性确定,其方法归纳起来主要有两种,即识别特征法和特征比较法。

识别特征是对特征进行检验的基础,与人们认识的能力以及科学发展水平有着密切的关系。人们对特征认识越深刻,技术手段越先进,识别的方法就越多。一般来说,对不同性质的客体特征要用不同的识别方法,而不同的识别方法往往又决定着对客体特征的识别程度。现阶段,根据客体的多样性和多特征性,常用的识别特征法有肉眼识别观察法、物理测量法、化学分析法、显微镜检验法、仪器分析法和照相识别法等。

特征比较法是通过比较客体的特征来判断客体是否同一的方法。由于同一认定必须以一定的特征组合为依据,此处所指的客体的特征其实是客体特征的组合。特征比较法是以识别特征为基础进一步分析客体特征组合的符合点和差异点的方法。由于不同种类的客体特征具有不同的特点,其方法也是多种多样的。归纳起来,可以分成三种:特征对照法、特征重叠法和特征接合法。这些方法将在后面的内容中介绍。

四、同一认定的基本形式与步骤

(一)同一认定的基本形式

同一认定的过程中需要证实检材与样本是否同一的问题是多种多样的,以至于同一认定呈现多种形式。就其总体而言,同一认定主要有三种基本形式。

1. 典型的同一认定

这种同一认定直接对作为检材的被鉴定客体的反映形象与作为样本的供鉴定客体的反映形象作出比较,并且通过检材和样本之间的特征联系来间接认识被鉴定客体与供鉴定客体之间的关系,最后得出被鉴定客体和供鉴定客体是否同一的结论。例如,笔迹鉴定中通过对检材和样本的比较,从而确定书写者的书写习惯,最后推出检材和样本具有同一性。又如,印文鉴定中通过对检材印文与受审查印文的特征比较,认定两者的同一。

2. 无客体反映形象的同一认定

这种形式的同一认定是分离物同一认定的基本形态。在这种形式中,只有受审查客体和被寻找客体的特征反映体,但是不具有受审查客体的特征反映体,只能通过对受审查客体和被寻找客体的特征反映体进行比较来间接认识被寻找客体和受审查客体的特性,以此来推断两者是否同一。这种形式的同一认定主要是比较整体和部分的特征体系是否相同。

3. 无供鉴定客体的同一认定

这种形式的同一认定是运用同一认定的原理和步骤进行的,整个认定过程比较的不仅仅是两个特征反映体。在实践中很多情况下是比较多个特征反映体,即这种形式的同一认定仅有检材,而无样本。同一认定的特征比较只是在检材之间进行。其比较的结果只能是确定检材是否为同一个被鉴定客体形成,而不能确定客体自身的同一。这种形式的鉴定意见不能作为证据使用,只能作为办案的参考。

(二)同一认定的步骤

同一认定作为一种认识活动与其他认识活动一样,也是一个渐进的过程,并有广义和狭义之分。广义的同一认定过程包括以下几个阶段:(1)寻找和选定受审查客体的阶段;(2)同一认定的准备阶段;(3)分别检验阶段;(4)比较检验阶段;(5)综合评断阶段。狭义的同一认定过程一般分为分别检验、比较检验和综合评断三个阶段。[1] 本书主要对狭义的同一认定过程进行探讨。狭义概念中的同一认定三个阶段不是互相分离的,它们是紧密联系、互为基础的。分别检验是比较检验的准备阶段,它和比较检验是为综合评断提供材料,是为综合评断服务的。而综合评断又是分别检验和比较检验的目标,即通过一定的方法和步骤得出客体是否同一的结论。没有分别检验和比较检验,综合评断就丧失了得出是否同一结论的基础。同样,没有综合评断阶段,前两个阶段的存在也就失去了实际价值。所以说,这三者是相辅相成、紧密相连的,不能把这三个阶段孤立起来看,而是要把它们看作一个整体。

1. 分别检验阶段

分别检验是分别寻找检材和样本中各自存在的特征,为下一步的比较检验做准备

---

〔1〕 参见何家弘:《同一认定——犯罪侦查方法的奥秘》,中国人民大学出版社1989年版,第249页。

的过程。具体而言，分别检验的目的就是分别考察和研究被寻找客体与受审查客体的特征反映体，并且认识它们的基本特征和特性。在分别检验中，首先要分析案件中可疑客体反映形象，然后从中找出能够充分反映可疑客体特性的反映形象特征，即在分别检验中要先检验被寻找客体的特征反映体，再检验受审查客体或其特征反映体。

2. 比较检验阶段

比较检验是通过比较被寻找客体和受审查客体的特征，确定两者的符合点和差异点的过程，是为肯定和否定客体自身同一提供依据的过程。为节省检验时间，提高检验效率，比较检验应该采取先一般特征、后细节特征的顺序。在比较检验的过程中，由于一般特征往往比较明显，比较容易识别，所以首先要检验客体的宏观特征或者一般性较高的特征。客体的细节特征是隐藏在客体内部的特征，一般情况下并不容易被获知，所以应当在对宏观特征进行检验之后再对其进行检验。在实际工作中，比较检验的方法按照其常用性可以分为以下三种：

（1）特征对照法。该方法是把检材和样本的特征分别抽取出来，逐个进行比对分析，找出符合点和差异点。这种方法是最常用也是最简单的方法，特征对照法通常用于检验静态痕迹、字迹等。[1]

（2）特征接合法。该方法是把检材和样本的特征制成等大的照片或图像，从特征最明显的地方裁开，左右相交拼接，观察两者特征是否吻合。[2] 这种方法主要用来检验动态痕迹。

（3）特征重叠法。该方法是把检材和样本需要比较的特征通过一定的方法重合起来，观察它们的重合性，从而判断特征异同。特征重合，可以通过幻灯、透明薄片或计算机进行。这种方法通常应用于检验形状相对固定的特征反映体，如印章、印文的鉴定。[3]

比较检验阶段应注意以下问题：首先，在比较被寻找客体和受审查客体的特征时，不仅可以通过比较被寻找客体和受审查客体的特征反映体进行，还可以通过直接比较被寻找客体的特征反映体和受审查客体本身来进行。同时，在比较的过程中要注意比较条件的变化，尽量保持总体比较条件一致，否则将会影响比较检验结果的准确性。其次，在比较检验的过程中不仅要着重比较特征质的方面的特性，而且还要注意比较特征与特征之间的关系。

3. 综合评断阶段

综合评断是指分析在比较检验阶段确定的特征符合点和差异点，确定其性质，并以此为基础作出客体是否同一的结论。

（1）对符合点的评断。所谓符合点，是指检材和样本之间特征相同之处。对特征

---

〔1〕 参见陈景丰、申金主编：《物证技术》，中国人民公安大学出版社 2002 年版，第 6 页。

〔2〕 参见陈景丰、申金主编：《物证技术》，中国人民公安大学出版社 2002 年版，第 6 页。

〔3〕 参见陈景丰、申金主编：《物证技术》，中国人民公安大学出版社 2002 年版，第 6 页。

符合点进行评断,主要是对每个符合点的价值进行评断,并且在此基础上评断特征组合中符合点的总和是否达到了特定化的程度。如果达到了特定化的程度,则该符合点就是本质性的符合;反之,则是非本质性的符合。

(2)对差异点的评断。所谓差异点,是指检材和样本之间特征不同之处。要对差异点进行深入的评断,必须厘清出现差异点的各种原因。鉴定中的客体自身可能因时间、外部条件的改变而形成差异点,这种差异点是外部环境造成的,是客体自身内部因为条件的改变而发生的变化,被称为"内差"。另一种产生差异点的原因是客体特征反映体之间存在差异,即某确定客体和其他客体之间存在差异。这种差异的产生与内部特征的不同有关,是客体和客体之间在外部表现出的不同,被称为"外差"。"外差"和"内差"之间最重要的区别就在于是否为本质方面的差异。

对差异点进行评断和对符合点进行评断一样,也要从检材和样本的特征入手,对差异点的价值以及是"内差"还是"外差"等各方面进行综合分析,并在此基础上看其差异点的总和是否达到了特定化的程度。

综合评断要求把客体特征的符合点和差异点综合起来进行评价,不能把两者割裂,有符合点也可能因为不是本质的符合而不同一;有差异点也不一定不同一。处理客体自身同一与否的问题的关键是判断"本质与非本质"。通过对检材和样本的特征组合的差异点和符合点的评断,如果客体特征的符合点是本质性的而其差异点是非本质性的,就可以证明客体自身的同一;如果客体特征的符合点是非本质性的而其差异点是本质性的,则可以得出客体自身并非同一的结论。

另外,同一认定的前两个步骤——寻找和选定受审查客体的阶段和同一认定的准备阶段对于整个同一认定的过程也具有重要的意义。这两者是同一认定的前提条件,它们的工作质量决定着同一认定工作的成败和效率。特别是准备阶段,该阶段可以了解有关具体案情、初步查验送检材料、明确具体任务、为下一步同一认定工作的开展创造必要条件等。因此,在同一认定的过程中不仅要对分别检验阶段、比较检验阶段以及综合评断阶段保持高度的关注,也要注意到确定受审查客体阶段和准备阶段对于同一认定的重要作用。

第三节 种属认定理论

一、种属认定的概念

种属认定,是指具有专门知识和专门检验手段的鉴定人,依据反映形象或客体特征对与案件有关的客体的种属或先后出现的客体的种类是否相同等问题所作出的检验和判断。它和同一认定一样,也是一种人们认识客观事物的基本方法。当人们无法确认某物品、物质是何种物品、物质时,必然要判断该物品、物质的属性,种属认定则是判断未知物属性的方法。种属认定往往是同一认定的必经过程,因为在一般情况下,对客体进行同一认定都要首先确定该客体或其反映形象的种属,不经过种属认定或者经过种属认定但是没有得出肯定的结论,同一认定是不可能进行下去的。

种属认定的实质就是分析某一客体的特征,根据分析结果把该客体限制在一定的范围内,所限定范围的大小与它所依据的特征的质量和数量有着密切的关系。一般而言,它们之间是一种反比关系。也就是说,特征的质量越高、数量越多,它所限定的范围就越小;特征的质量越低、数量越少,种属认定所限定的范围就越大。就限定范围和特征质量、数量的反比关系而言,如果特征质量无限高、数量无限多,所限定的范围就无限小,这个范围就可以缩小到只能有一个客体存在的地步,在这种情况下,种属认定就转化为同一认定。例如,通过对纸张的鉴定来判断某诈骗案件中的纸张与犯罪嫌疑人家中所用纸张是否一致时,首先可以根据纸张的纤维成分,添加的胶料、填料等判断出纸张的类型。然后,利用仪器分析的方法,检测纸纤维的精细结构和纸张的各种有机和无机成分,进一步鉴别纸张的生产厂家及批号,可以把纸张的原产地鉴别出来。在这一过程中,每增加一个特征,客体所属的种类范围就逐步减小,如果再附加一个该类型纸张的特殊标记,如该批纸张专供某单位使用,就可以发现,归属这个范围的客体数量已经缩小到一个,此时,可以说种属认定已转化为同一认定。

二、种属认定的作用

种属认定是同一认定的必经阶段,也是认识案件事实的重要手段,无论是在鉴定过程中还是在其他有关方面,种属认定都起到了不可替代的作用。

(一)确定和缩小客体范围

鉴定工作的目的之一是对案件事实所涉及的客体进行同一认定,所以在鉴定工作中一个首要的任务就是确定客体所处的范围并且尽量缩小。而种属认定作为同一认定的前提,就起到了这种作用,它可以通过对有关客体的种类所属的认定来确定和缩小鉴定客体的范围,不仅为鉴定工作指明了正确的方向,还提高了鉴定工作的效率。

(二)确定鉴定客体的双联性

所谓客体的双联性,是指案件中的各种物质性客体必须一方面与案件中的人、事、物、时、空确定联系,另一方面也与受审查的人、事、物、时、空确定联系。[1] 种属认定恰恰可以在鉴定的过程中起到这种作用,帮助证明在案件中的物质性客体具备这种双联性,从而可以帮助查明各种各样的案情。

(三)查明某些案件事实

虽然种属认定可以分为确定种属的种属认定和鉴别种属是否相同的种属认定,但是,无论是哪一种种属认定对于查明案件都是有意义的。首先,种属认定可以帮助确认案件的性质,有助于判断案件发生、发展的各种原因。其次,种属认定还可以将案件事实的某些细节揭露出来,有利于案件鉴定工作的顺利进行。

---

〔1〕 参见徐立根主编:《物证技术学》(第2版),中国人民大学出版社1999年版,第52页。

三、种属认定的主体和客体

种属认定作为司法鉴定方法具有很高的专业性和科学性,其主体必须具有相关专门知识,在某些情况下还要求主体必须具有鉴定人资格。种属认定的客体主要是指案件中与案件事实有密切关系可能具有证据意义的各种物质或物品。

四、种属认定的分类

根据种属认定的概念以及鉴定实践,种属认定可分为两大类:

第一类是确定种类所属的种属认定,也称单一型种属认定。这是司法鉴定实践中最为常见的一种类型,主要是通过检验来确定某一被鉴定客体属于物质的哪一种类型。例如,确认墨水属于什么类型、印章的材料属于哪一类型等。简言之,确定种类所属的种属鉴定就是对物质类型的认定。这类种属鉴定有助于确定鉴定以及侦查工作的方向和范围,有助于判断案件的性质。

第二类是判断种属异同的种属认定,也称比较型种属认定。这类种属认定的主要任务是检验先后出现的客体是否相同或者判断该客体的来源是否相同。例如,确定文件材料上的字迹是否为同一种墨水所写等。这类种属认定和第一类种属认定之间的主要区别在于后者是对两个以上的客体的种类是否相同所作出的判断。

五、种属认定的原则和方法

(一)种属认定的原则

种属认定与同一认定一样,均属于主观见之于客观的科学活动。为了避免主观因素以及其他因素对种属认定过程的干扰,种属认定应遵循一定的原则。因此,在进行种属认定前,要做好两个方面的准备工作:第一,提交检验的各种物质必须未被污染,否则将会影响检材的质量,最终导致种属认定的结论不正确甚至种属认定的失败。第二,从事种属认定的部门必须要有从事该工作所应具备的科学仪器和实验室。种属认定是一种对科学技术水平要求比较高的工作,要想准确地认定物质的属性及其种类所属,就必须具备一定的科学技术条件。种属认定应当遵循以下原则:

1. 优先适用无损检材的检验方法,后采用损耗检材的方法。在某些案件中,所能提取的检材较少,如果在种属认定的开始就采取有损检材的方法,很有可能破坏检材,最后导致检材耗尽,无法获得种属认定的结论。遵循此原则可以避免检材的浪费。

2. 采用化学检验方法时,以先定性后定量的方法进行检验。定性的检验方法是只确定物质的组成成分,不确定含量的化学检验方法。定量的检验方法不仅确定物质的组成成分,还确定其含量。先定性后定量的方法更符合科学认识的规律和步骤。

3. 优先采用公认的、标准的检验方法,并运用多种检验手段将取得的结果相互印证,以保证检验结论准确无误。公认的、标准的检验方法是经过实践证明并被人们所接受的方法,任何其他非公认的、非标准的方法都不应采用。因为非标准的方法很可能导致结果的不正确而不被人们所接受。使用多种检验手段能有效提高检验结果的正确率,防止单一手段可能导致的错误发生。

4. 节约检材。使用检材应留有余地，一般应留存总量的 1/2 或 1/3 供复检使用。[1]

（二）种属认定的方法

1. 种属认定的一般方法

种属认定的一般方法是特征比较法，是指通过比较客体的特征来判断客体是否同一。判断种属异同的种属认定是关于两个或两个以上的客体的认定，必然涉及客体特征的相互比较，特征比较法也就成为判断种属异同的种属认定的一般方法。对于确定种类所属的种属认定，从表面上看，这种认定是针对单个客体所作出的，其实质仍然存在特征的比较，只不过比对样本的特征已经被人们所知。

2. 种属认定的具体方法

按照物质的分类，种属认定的方法可分为三类：

（1）物理检验的方法。该方法是利用仪器检验物质的物理属性的方法。物理属性是物质的一个重要的属性，在比较检验两个或两个以上的物质是否同属一个类别时应当注意一定的情况下不同类物质的物理属性可能部分相同，所以，采用这种方法检验时要对被检物质进行多方面的物理属性检验，以避免错误的发生。

（2）化学检验的方法。该方法是利用化学反应的原理和器材对物质化学属性进行检验的方法。这一方法又分定性和定量两种。定性的方法是指只确定物质的组成成分，不确定含量的化学检验方法。定量的方法是指既确定物质的组成成分，又确定其含量的化学检验方法。常用的定性方法有：沉淀反应、显色反应、气体反应、显微结晶反应、燃烧反应等。[2]

（3）生物检验的方法。该方法是利用生物学的原理和器材检验物质生物属性的方法。这种方法又分为：生物化学方法、免疫学方法、遗传学方法。

六、种属认定的步骤

种属认定包括分别检验、比较检验和综合评断这三个阶段。判断种属异同的种属认定的形式与同一认定的形式相似，这类种属认定的鉴定步骤和同一认定的鉴定步骤基本相符。但确定客体的种类所属的种属认定的步骤与同一认定的步骤不完全相同，具体步骤如下。

（一）明确送检内容和要求

在检查检材和样本的基础上还要了解具体的案情，结合实际判断送检的内容和要求以及鉴定机构自身的条件是否符合种属认定所要求的条件。如果条件满足，可以接受该类检验；反之则不能接受，但应作出说明。

（二）实施检验

实施检验主要是指确定种类所属的种属认定的检验。对此类种属认定，在运用科

---

〔1〕 参见徐立根主编：《物证技术学》（第 2 版），中国人民大学出版社 1999 年版，第 47 页。

〔2〕 参见李苑、王萍主编：《物证技术学简明教程》，中国人民公安大学出版社 2001 年版，第 19 页。

学仪器和专门的技术方法进行检验之前,应当利用检材的有关特征,判断检验工作的大致方向,以便缩小检验范围,提高检验的效率。在此可以利用的有关特征主要包括:(1)检材的外观特征;(2)发现检材的地点和环境;(3)检材提取后可能发生的变化。[1]

(三)根据检验记录撰写鉴定意见

撰写鉴定意见是司法鉴定的最后一个环节。在此环节中要严格按照检验记录的内容进行鉴定意见的撰写,做到依据事实,鉴定意见的内容和鉴定得到的结果相符,防止用主观代替客观,确保鉴定意见实事求是。

七、种属认定和同一认定的区别与联系

(一)种属认定和同一认定的区别

1. 种属认定和同一认定解决的问题不同

种属认定和同一认定虽然都是为司法鉴定的最终结论服务,但在解决的问题上是不同的。同一认定所要解决的是客体自身是否同一的问题,是为了证实被寻找客体和受审查客体是否为同一实体。种属认定解决的是客体究竟归属哪个种类以及种类是否相同的问题。两者之间有着本质的区别。

2. 种属认定和同一认定对客体特征的要求不同

种属认定和同一认定关于客体特征的比较是不同的,主要体现在两者对特征的要求方面不一致。种属认定对客体特征数量和质量的要求比较低,只要求所存在的特征能把客体限制在某个范围之内,即种属认定只识别客体之间的种类差异。同一认定对客体特征数量和质量的要求比较高,不仅要求把客体限制在一定的范围之内,更重要的是能把客体特定化的特征组合,即同一认定要求完全排除特征组合在其他客体上出现的可能,直接识别客体之间的个体差异。这也是两者间的又一不同之处。

3. 种属认定和同一认定在鉴定活动中的地位不同

从认识能力的角度观察种属认定和同一认定,可以发现种属认定对客体的认识水平较低,而同一认定则属于认识水平较高阶段。就同类客体而言,种属认定所要求的认识水平要低于同一认定所要求的认识水平。种属认定是同一认定的初级阶段,很多同一认定都是从种属认定发展而来的;同一认定则是种属认定的发展目标,它不仅显示了认识从低级阶段到高级阶段的发展历程,而且反映了司法鉴定工作的进行过程。

4. 种属认定和同一认定的鉴定意见的证据价值不同

司法鉴定的主要任务是确定具体的物同案件事实的关系,要做到这一点只有通过同一认定才能实现,种属认定只能确定物的种类所属,不能确定具体的物。从鉴定意见看,同一认定的鉴定意见的证据价值要高于种属认定的鉴定意见的证据价值。在分析两者的证据价值的同时,还应注意以下问题:

(1)对两者的证据价值的比较是针对同一客体而言的。不同种类客体的同一认定

---

[1] 参见徐立根主编:《物证技术学》(第2版),中国人民大学出版社1999年版,第47页。

与种属认定不具备价值比较的条件，不存在可比性。

(2)对两者的证据价值的比较主要考虑鉴定意见的性质。种属认定和同一认定所得出的意见有两种：一种是肯定性意见；另一种是否定性意见。对这两种意见的价值比较要具体问题具体分析。肯定性意见中同一认定鉴定意见的证据价值要高于种属认定，但是在否定性意见中同一认定鉴定意见的证据价值并不高于种属认定，两者的证据价值是相同的。

(二)种属认定和同一认定的联系

种属认定和同一认定之间有着紧密的联系。对同一客体来说，人们总是从认识一般特征逐渐向认识细节特征过渡。种属认定不断向同一认定发展，是认识水平从低级向高级发展的过程。

同一认定是对客体特征组合进行比较的过程，在鉴定过程中，种属认定往往是同一认定的第一步，鉴定有种属划分的客体时，必须要先比较客体的种类所属是否相同，即同一认定要依据多个特征一步步地比较。一般来说，应先比较一般特征，再比较细节特征，而每一次特征的比较，都可以视为一次种属认定，直至把客体限定在单一个体的范围之内，即该范围内只有一个客体，这时，种属认定便转化为同一认定。[1] 同一认定的比较是从一般特征到细节特征的比较，可以说，每一个同一认定都包含着数个种属认定，只有代表着一般特征的种属认定逐步走向细化，同一认定才能作出。丧失了种属认定，同一认定也就失去了认定的基础。

在鉴定过程中，同一认定和种属认定是相对而言的，两者之间有区别又有联系，既相互对立，又在一定的条件下相互转化。

第四节 物质转移理论

一、物质转移的概念

物质是自然科学和社会科学领域中的一个常用概念，是指独立存在于人的意识之外的客观存在。物质包括有形的物质与无形的物质，一切客观存在都属于物质的范围。目前能够进行鉴定的物质对象可归纳为三类：

第一类是实物型物质。它是有形的、可以用肉眼和科学仪器观察到的物质实体。例如，毒物、毒品、爆炸物、金属微粒、泥土、粉尘、纤维、油渍、人体微细物质等，实物型物质是司法鉴定常见的对象。

第二类是痕迹型物质。它是实物型物质(含物品、物体)的外表形态结构或组成部分由于机械作用、理化作用或自然变化形成于载体物上的痕迹。例如，手印、足迹、工具痕迹、牙齿痕迹、碎裂痕迹、笔迹、图像、印刷字迹等，这些是司法鉴定最为多见的物质对

〔1〕 参见何家弘：《同一认定——犯罪侦查方法的奥秘》，中国人民大学出版社1989年版，第178页。

象。鉴定这类物质,主要不是确定其成分和理化结构特点、生物特性,而是寻找形成痕迹的“物”或“人”,或者判明痕迹形成的原因。

第三类是信息型物质。它是新的物质类型,如录音带和录像带、光碟、软件等储存的信息,计算机系统和网络系统有关部位留存的电磁痕迹及其内容。这类物质与前两类物质有许多不同,它是由光电转化、声电转化、光化学转化、电磁转化形成的转化物质痕迹,其中许多物质痕迹在一定条件下还可“复原”。这种转化物质痕迹作为新兴鉴定对象数量逐渐增多。

上述三类物质都与物质转移原理有密切关系,明确其转移的条件、过程及转移后的特点,对于选用鉴定方法和评断鉴定意见有着重要意义。

一般认为物质转移是指物体的物质或信息被其他客体物承载、交换、吸收、转化,而在其他客体物上存留一定的物质、信息的物质运动过程,包括物质实体的自身转移、物质实体外表结构形态的形象转移、信息物质的吸收或转化等转换形式。

鉴定中的证据信息是一种客观存在,其可以在不同客体间以不同的方式进行交换、转移、传递,并在其承载客体上留存相应信息,供获取和运用。物质转移虽然是物质间相互接触、相互作用时所产生的一种难以避免的现象,但这种转移也是有一定条件的。

第一个条件是转移客体的条件。物质转移一般需要在两个以上客体之间进行,如犯罪现场与犯罪行为有关的细微物质的黏附、脱落。无论是手印、足迹等传统物质痕迹的形成,还是转化痕迹、转化信息的遗留,都需要客体自身的条件,如行为人的语音转化为声纹首先须有行为人的说话声音,其次离不开储存声音信息的录音载体物。

第二个条件是外力作用,包括人的行为的作用、自然界相关因素的作用、参与转移的物质间的理化作用、机械作用等。外力作用的方式可以是接触、吸收、传递、化合、分解等。作用力与物质转移量在许多情况下是呈正相关的。物质转移必然导致参与转移的各方产生一定变化。例如,电子数据是基于人的行为产生的自动转移的结果,其数据图像或痕迹不仅留存于主动入侵的计算机与被侵入的计算机之中,同时还保留于登录所途经的网络站点之中。

20世纪初期,法国著名侦查学家、警察实验室鼻祖、物证技术学家埃蒙德·洛卡德提出了物质交换原理,即犯罪实施过程是一个物质交换过程,犯罪人作为一个物质实体,在实施犯罪的过程中,总是要与现场相关物质实体发生接触和交换,从而导致接触体之间的一些形态变化,或者黏附某种物质,或者某些物质被带走,致使接触体之间发生质或量的变化。洛卡德和他的同事们将犯罪过程中所产生的物质交换这一客观事实总结为物质交换原理。这一原理强调物质系统能量不变,在交换过程中客体间的物质总量不会增多或减少,只是出现了转移现象。

随着侦查学和现代痕迹学基础理论的发展,单凭物质交换原理不能解释多种痕迹形成机理和言词信息的交换规律,因为它们的形成并不能完全反映物质的能量守恒法则,而是以接触、复制等方式,或者是以感官、记忆等方式进行转移的。例如,目击证人看到犯罪行为发生过程的某一个片断,听到某些说话声或者物体发出的声响,其头脑中形成印象痕迹。这种转移现象超出了物质交换的范围。于是，侦查学家和物证技术学家又将物质交换原理扩展为物质转移原理。后者可以包容前者。物质转移既包括参与物质转移的各方的形态变化、物质量的增减，也包括物质体的信息被其他物质体所复制、吸收。这一原理对证据收集和物证鉴定有更重要的指导意义。

物质交换与物质转移原理主要是针对有形的物质性证据的形成机理进行解释的。由于电子技术的发展、网络技术的普及以及证据范围的扩展，其对于电子数据、意识信息证据的形成过程就难以作出恰如其分的解释。尤其是电子数据，其通常是自动转移或交换的，不为人们所直接感知，也不需要传统的转移条件。于是，在物质转移理论的框架内又衍生出了信息转移原理。从本质上讲，证据就是一种信息，信息是物质的一种表现，而物质同时又往往是信息的载体，因此信息转移是物质转移的一种方式。例如，网络信息转移、计算机信息转移，以及语音习惯通过录音载体物和声谱仪转化成声纹等。

二、物质转移理论在鉴定中的意义

（一）有利于及时全面地获取鉴定材料

鉴定材料主要是被鉴定的物质对象，包括供鉴定比较的样本或样品。这些材料都是客观存在的，是不可能完全被自然因素或人为因素消灭、掩盖、隐藏、破坏的。根据这一原理，办案人员和鉴定人要坚信案件中有关证据材料存在的必然性，要千方百计采取措施寻找、发现、提取证据材料。案件中的鉴定材料尤其是证据材料，多半不是原封不动地保存于相关场所和当事人处，而是分散、零星地分布在多个地方，这就需要办案人员或鉴定人根据物质转移原理的相关规律，运用相应的科学技术手段和方法，对有关处所、物体、人体进行反复勘验、检查，发现、固定、提取鉴定材料。尤其是刑事诉讼中的鉴定材料，主要来源于勘验、检查、搜查等活动，侦查技术人员和鉴定人如不掌握物质转移原理以及规律，就很难有效地获取证据材料。这一原理对民事、行政诉讼以及行政执法、纪检监察相关人员收集证据材料同样有指导意义。

（二）有利于对司法鉴定活动实行分类管理

司法鉴定执业分类的一个重要标准是鉴定对象的形成方式与性质。仅就鉴定领域而言，物质转移原理的核心问题就是鉴定材料的形成方式问题。物质的三种转移形式实质就是鉴定材料的不同形成方式。例如，物证鉴定类的鉴定材料大多是物质交换或物质“复制”形成的，声像资料和电子数据类鉴定材料多是根据信息转化（传递）原理形成的。

（三）有利于选择科学的鉴定方法

鉴定要求一般是由鉴定对象所属学科的科学原理和鉴定材料形成方式决定的，而鉴定方法又是根据鉴定要求产生的。司法机关和当事人只有了解物质转移的一般规律，才能科学地确定鉴定要求，鉴定人才能准确地选用鉴定方法。在一般情况下，由于物质交换形成的鉴定材料，多半会通过鉴定解决物质的定性、定量问题，鉴定方法多选用理化法、生化法等。由于物质复制转移形成的鉴定材料，主要是通过鉴定解决同一问题,鉴定方法多选用物理学比较法、电子学比较法和数学统计法。对信息转化(传递)形成的鉴定材料的鉴定主要是为达到恢复事实、显示事实、辨明事实真伪的目的,多采用电子学、物理学鉴定手段。

思考习题

1. 简述同一认定原理的主要内容。
2. 简述种属认定原理在司法鉴定中的作用。
3. 简述同一认定与种属认定的区别与联系。
4. 简述物质转移原理的意义。

拓展阅读书目

1. 何家弘:《同一认定——犯罪侦查方法的奥秘》,中国人民大学出版社 1989 年版。
2. 霍宪丹主编:《司法鉴定通论》(第 2 版),法律出版社 2013 年版。
3. 郭华主编:《司法鉴定术语词典》,法律出版社 2022 年版。

第四章　司法鉴定原则与分类

本章概要　本章介绍了司法鉴定的基本原则与分类。司法鉴定基本原则包括依法鉴定，尊重科学，独立鉴定，鉴定公开，鉴定公正，遵守规范、标准等；司法鉴定分类阐明了司法鉴定的学科分类、执业范围分类、客体分类以及所处程序分类。

通过本章的学习，应当掌握司法鉴定基本原则的内容，重点把握司法鉴定的执业范围分类和客体分类，了解司法鉴定涉及学科的内容，熟悉司法鉴定不同所处程序。

关键词　司法鉴定；基本原则；执业类别；客体分类

第一节　司法鉴定的基本原则

司法鉴定是一种依照法律规定开展的科学实证活动。司法鉴定的法律属性决定整个司法鉴定过程必须严格遵守刑事诉讼法、民事诉讼法、行政诉讼法、监察法、仲裁法、人民调解法等法律法规的规定；同时，作为一种科学实证活动，其又有自身的规律和特点，必须尊重科学，遵守鉴定技术操作规范。因此，司法鉴定的基本原则需要充分体现法律和科学的双重特征，既能反映司法鉴定的基本性质，又能指导司法鉴定的具体实施。司法鉴定主要应遵循以下基本原则。

一、依法鉴定原则

依法鉴定原则是指司法鉴定从程序到实体、从形式到内容、从技术手段到技术标准都必须遵守相关的法律、法规和技术规范的规定。依法鉴定原则要求鉴定主体，鉴定客体，鉴定程序，鉴定技术、手段、方法和鉴定标准都应符合相关法律、法规和技术规范的规定。司法鉴定的全部活动必须受到国家法律、法规以及技术规范的严格制约。作为鉴定主体，鉴定机构必须具备法律、法规规定的条件，并经法定机构审核、批准登记、公告；鉴定人按照规定必须具备鉴定人资格，经法定机关审核、批准登记、公告，并持有相应执业范围的鉴定人执业证书。鉴定机构受理案件后，在实施司法鉴定过程中，应按照法律规定的鉴定程序开展鉴定活动。受理鉴定、实施鉴定、出具鉴定意见以及补充鉴定、重新鉴定都应该按照有关规定进行。整个鉴定活动应该规范化、标准化。鉴定方法和鉴定标准也应得到法律的认可，或经国家有关部门的批准，或经行业协会（学会）的认可或推荐。同时，鉴定人在执业过程中还必须严格遵守职业道德和执业纪律并自觉接受监督，故意出具虚假鉴定意见或因鉴定失误而造成损失的，应追究其相应的行政责任、刑事责任或民事责任。

二、尊重科学原则

司法鉴定活动是法律规范下的科学实证活动,科学性是其本质特征。鉴定意见作为法定证据种类之一,其核心特性是能够客观真实地证明案件的事实。这就要求鉴定活动应坚持科学性原则。司法鉴定过程是科学重现和认识案件事实的过程,是以科学技术为手段、以科学性为本质特征的,这就要求司法鉴定程序和司法鉴定得出的结论都必须符合科学规律和原理。具体体现为:

1. 鉴定活动的程序应符合科学规律。鉴定人在鉴定活动中应依据科学的原理,借助科学技术,采用科学规范的方法和步骤,认真细致地对鉴定客体进行全面检查。

2. 鉴定人出具的鉴定意见应具有科学性。鉴定人要按照鉴定客体的本来面貌作出符合实际的分析判断和出具客观的鉴定意见,做到数据准确,推理严密合理,其判断意见不得违反科学规律、超越科学的限度,不得得出不符合科学的推断性结论。

三、独立鉴定原则

鉴定意见作为法定证据种类之一,实质上是一种鉴定人个人的判断意见,是鉴定人凭借其专门知识对专门性问题的一种认识,鉴定意见是否客观正确,取决于鉴定人自己的科学技术水平和判断能力,应当由鉴定人自己负责。为了保障鉴定人根据科学技术进行鉴定,必须防止权势、人情和金钱的干扰,保障鉴定人独立地进行鉴定。只有这样,才能切实保障鉴定意见的客观性、公正性。鉴定意见必须以鉴定人个人名义作出,即必须由鉴定人个人署名,并对鉴定意见负责。只有这样,才能增强鉴定人的责任感,使其按照科学规律和操作规范进行鉴定。多人共同鉴定的,仍应坚持独立进行鉴定的原则,鉴定中每个鉴定人都有提出自己鉴定意见的权利,任何人不能以年龄、职务、学历、职称、技术水平、工作经历等要求别人服从自己的意见。如果鉴定意见一致,每个鉴定人都应该在鉴定书上签名或盖章;有不同鉴定意见的,应当在鉴定书中对不同鉴定意见予以注明并由鉴定人签名或盖章,不能以少数服从多数为由否定少数人的鉴定意见。

四、鉴定公开原则

鉴定公开主要是对鉴定活动方式而言的,它包括鉴定项目公开,鉴定收费标准公开,鉴定方法、手段、标准公开,鉴定程序公开,鉴定人姓名公开等。鉴定公开可以使鉴定活动接受有效的监督,保证鉴定结果科学、客观、公正。在司法鉴定委托、受理,鉴定实施,鉴定文书出具等环节中,除涉及国家秘密、商业秘密以及个人隐私等方面外,都应当及时向委托人、当事人以及利害关系人公开,坚持以公开为原则,以不公开为例外。

只有坚持公开司法鉴定过程,才能有效防止暗箱操作以及利益驱使等问题的滋生。坚持鉴定公开:(1)有利于对鉴定程序合法性的监督;(2)有利于对鉴定活动方式客观性、公开性的监督;(3)有利于对鉴定活动规范性的监督;(4)有利于接受国家、社会、委托人、当事人的监督,可以最大限度地保证鉴定实施活动的合法、科学、客观、公正。

五、鉴定公正原则

鉴定公正是指鉴定实施主体在鉴定活动中应保持中立的地位,鉴定机构必须独立于办案机关,鉴定人应站在中立的立场,不偏袒任何一方。公正性原则还要求对不同的委托主体委托的鉴定一视同仁,不论是司法机关的委托还是企事业单位、社会团体、公民个人的委托甚至是当事人的委托,鉴定业务的委托主体是平等的,应平等地对待,客观地进行鉴定。

公正是人类所追求的价值目标。司法鉴定制度作为我国司法制度的重要组成部分,坚持鉴定公正不仅符合我国社会主义法治的价值理念,更是司法鉴定的本质要求。鉴定意见作为一项重要的科学证据,对于案件事实的认定起到了极为重要的作用。只有实现鉴定公正,才能保证鉴定意见的客观公正,进而推动司法公正的实现。可以说,司法鉴定的公信力直接来源于司法鉴定工作的公正性。司法鉴定的权威性来源于鉴定意见产生过程的客观性与科学性。只有不断巩固与提升司法鉴定的公信力,才能进一步强化鉴定工作的公正性。

六、遵守规范、标准原则

司法鉴定作为一项具有高度技术性的工作,不同的鉴定种类和鉴定项目有不同的技术操作规范、鉴定实施步骤和鉴定标准。技术操作规范、鉴定标准对于鉴定意见的准确性、科学性具有决定性作用,如果不严格遵守司法鉴定的技术操作规范和鉴定标准,就很难保证鉴定意见的准确性、科学性,从而影响案件裁决的正确性。在许多案件中,鉴定意见对诉讼的结果往往起到至关重要的作用,有时会直接影响到判决或裁定的实体内容。因此,应该严格规定鉴定机构和鉴定人在从事司法鉴定业务时应遵守的技术操作规范和鉴定标准,这是司法鉴定活动应坚持的一条基本原则。司法机关对于违反技术操作规范和鉴定标准,可能影响准确性的鉴定意见,应当不予采纳,在必要时可以启动重新鉴定程序。

第二节　司法鉴定的主要分类

一、按鉴定学科分类

司法鉴定学是研究诉讼活动中对各种专门性问题鉴定的理论及技术方法的学科,它是自然科学与社会科学相结合而发展产生的一门综合性学科。随着司法鉴定学的发展,司法鉴定学又分为法医学、物证技术学、司法会计学、法计算机学、法工程学等。

(一)法医学

法医学是以医学、生物学和物理学、化学等自然科学为基础,研究司法实践中有关人身伤亡和生理病理状况的学科,是法学与医学交叉的综合性学科。法医学现已发展出二十多门分支学科,主要包括法医病理学、法医临床学、法医精神病学等成熟学科,法医现场学、法医法学、法医微生物学等学科也逐步获得发展。

1. 法医病理学

法医病理学是研究人体死亡原因及判断死亡性质、死亡时间的一门学科。其分支学科包括死亡学、尸变征象学、损伤病理学(物理与化学因素)以及猝死病理学、法医虚拟解剖学等。

2. 法医临床学

法医临床学是研究外力(物理性)作用而造成人体组织结构完整性破坏及功能障碍,以及与法律有关的活体临床检验及判定的一门学科。主要研究领域涉及人体损伤形成机理、损伤形态、损伤经过、损伤工具、暴力来源、损伤时间等。其分支学科有机械性损伤学、机械性窒息学、电伤学,以及研究高低温伤害、异常气压伤害、射线伤害等学科。法医临床学与临床医学各学科有广泛的联系,如外科学、眼科学、神经医学、妇产科学等,充分运用临床医学各学科的检查方法和诊断技术。近年衍生出法医男科学、法医眼科学、性法医学、法医妇幼学、法医影像学等分支学科。

3. 法医毒物学

法医毒物学又称法医中毒学,是研究毒(药)物对人体作用引起中毒反应的一门学科。主要研究领域涉及毒物的性状、毒物的作用机理、毒物进入机体的途径、中毒症状、毒物在体内的代谢和排泄、中毒量、致死量、中毒的病理变化等。

4. 法医生物学

法医生物学是研究生物学特性与检验、识别等问题的一门学科。主要研究领域涉及人体及其他生物体的血液、体液、分泌物和组织器官的认定,种属来源鉴定,以及亲权关系、亲缘关系鉴定等。

5. 法医人类学

法医人类学是研究以体质人类学的理论及技术方法进行个体认定的一门学科。主要研究领域涉及检测骨骼和毛发作出种族、性别、年龄、身高、损伤及人体特征识别(人身的同一认定),其分支学科有法医骨科学、法医齿科学等。

6. 法医遗传学

法医遗传学是研究以人类遗传的理论对法律上有关专门性问题进行检验与判定的一门学科。主要的分支学科有法医血型遗传学、分子遗传学、表观遗传学等。

7. 法医赔偿学

法医赔偿学是研究人身伤害的各种经济赔偿问题的一门学科。主要研究领域涉及人身伤害赔偿问题、伤害赔偿标准、赔偿金额计算方法等。

8. 法医精神病学

法医精神病学又称司法精神医学或者司法精神病学,是研究与法律有关的精神疾病和精神卫生问题的一门学科。主要研究领域涉及违法或犯罪行为发生时行为人精神状态是否正常、被告人是否具有刑事责任能力、当事人有无民事行为能力、当事人是否需要指定监护人等。

(二)物证技术学

物证技术学是研究物证技术基本理论和基本方法的一门学科。主要研究领域涉及对物质、物体、物品、痕迹、文件等类有形体及其反映形象、映像等的鉴定问题,其分支学科包括痕迹学、笔迹学、司法化学、司法物理学等。

1. 痕迹学

痕迹学的主要研究对象有指纹（手印）、足迹、工具痕迹、枪弹痕迹、牙齿痕迹、车辆痕迹、整体断离痕迹等。其检验的基本方法是运用痕迹形成原理、变化规律等方面的理论知识，对发现、提取的痕迹进行检验、比对观察分析，为揭露犯罪、确认罪犯、确定罪证提供科学依据。痕迹学又可分为：

（1）指纹学，主要研究指端腹侧皮肤上的乳突花纹的特异性，对现场或某些物体遗留的乳突花纹进行提取、检验、比对识别，从而确定犯罪嫌疑人。指纹学研究内容包括指纹、指节纹、掌纹及汗孔等。

（2）足迹学，主要研究人体直立形成的压痕，鉴定的主要对象是赤脚印、穿袜脚印、鞋印（含鞋内底印）。经过鉴定，可以判断印痕人的体重、身高等，还可以辨明足迹与形成物之间的关系。

（3）工具痕迹学，工具痕迹又可分为形象痕迹与非形象痕迹，其研究范围十分广泛。工具痕迹鉴定的主要对象有致伤工具痕迹、破坏工具痕迹、交通工具痕迹、离断物痕迹等。致伤工具痕迹鉴定，如在刑事案件中，对他（杀）伤、自（杀）伤的凶器认定；破坏工具痕迹鉴定，如入室盗窃案中对撬门、锁等作案工具的判定；交通工具痕迹鉴定，如对机车、轮船、火车、汽车等交通运输工具留下的痕迹的鉴定；离断物痕迹鉴定，包括对物体与人体离断痕迹的判定。工具痕迹鉴定的任务是判断工具痕迹形成原因，或者确定形成痕迹的工具，并对其作出同一认定。

（4）枪弹痕迹学，主要研究射击弹头与弹壳等形成的痕迹，判明枪支类别，查清枪支状况，推断射击位置、方向、距离、时间等。

2. 笔迹学

笔迹是书写文字的表现形式，是人们书写习惯的反映。笔迹学主要研究领域涉及书写技能、书写习惯、书写语言、书写工具、书写时间、文字的结构以及笔迹特征等。

3. 司法化学

司法化学是研究与案件有关的物质的化学组成成分和特征的一门学科，其主要研究领域涉及各类毒物、毒品、爆炸物、油脂涂料、纤维分离的微细粉末、碎屑、药物、文书物质材料、矿物质等。

4. 司法物理学

司法物理学主要研究物质的物理属性，通过仪器分析确定物质的种类、成分、含量，具体方法包括应用光谱分析、中子活化分析等。

（三）司法会计学

司法会计学是以会计学、审计学、管理学和法学理论为基础，以司法会计为对象，研究与解决司法案件的会计事实问题的一门学科。主要研究领域涉及确认会计核算资料的真伪，确认特定经济行为发生的时间、方式和性质，确认经济损失金额或者争议金额等。

(四)法计算机学

法计算机学是研究利用计算机科学与技术解决诉讼涉及的专门性问题的一门学科。常见的鉴定项目有电子数据鉴定等。

(五)法工程学

法工程学是一门应用学科,是研究利用各类工程技术和专门知识解决诉讼涉及的专门性问题的学科。如涉及工程建设质量和事故原因的鉴定,加固方案和造价评估,以及其他涉及工程诉讼中的有关专门性问题等。常见的有建设工程质量鉴定、建设工程事故鉴定、建设工程加固方案鉴定等

二、按鉴定执业范围分类

《决定》《最高人民法院、最高人民检察院、司法部关于将环境损害司法鉴定纳入统一登记管理范围的通知》《司法部、环境保护部关于规范环境损害司法鉴定管理工作的通知》以及2020年司法部关于印发《法医类司法鉴定执业分类规定》《物证类司法鉴定执业分类规定》《声像资料司法鉴定执业分类规定》的通知等规定了不同的司法鉴定执业范围。

(一)法医类鉴定

1. 法医病理鉴定,是指鉴定人运用法医病理学的科学技术或者专门知识,对与法律问题有关的人身伤、残、病、死及死后变化等专门性问题进行鉴别和判断并提供鉴定意见的活动。

具体包括死亡原因鉴定、死亡方式判断、死亡时间推断、损伤时间推断、致伤物推断、成伤机制分析、医疗损害鉴定以及与死亡原因相关的其他法医病理鉴定等。

2. 法医临床鉴定,是指鉴定人运用法医临床学的科学技术或者专门知识,对与法律有关的人体损伤、残疾、生理功能、病理生理状况及其他医学问题进行鉴别和判断并提供鉴定意见的活动。

具体包括人体损伤程度鉴定,人体残疾等级鉴定,赔偿相关鉴定,人体功能评定,性侵犯与性别鉴定,诈伤、诈病、造作伤鉴定,医疗损害鉴定,骨龄鉴定以及与损伤相关的其他法医临床鉴定等。

3. 法医精神病鉴定,是指运用法医精神病学的科学技术或者专门知识,对涉及法律问题的被鉴定人的精神状态、行为/责任能力、精神损伤及精神伤残等专门性问题进行鉴别和判断并提供鉴定意见的活动。

具体包括精神状态鉴定、刑事责任能力鉴定、民事行为能力鉴定、其他类行为能力鉴定、精神损伤类鉴定、医疗损害鉴定、危险性评估、精神障碍医学鉴定以及与心理、精神相关的其他法医精神病鉴定等。

4. 法医物证鉴定,是指鉴定人运用法医物证学的科学技术或者专门知识,对各类生物检材进行鉴别和判断并提供鉴定意见的活动。

具体包括个体识别、三联体亲子关系鉴定、二联体亲子关系鉴定、亲缘关系鉴定、生物检材种属和组织来源鉴定、生物检材来源生物地理溯源、生物检材来源个体表型推

断、生物检材来源个体年龄推断以及与非人源生物检材相关的其他法医物证鉴定等。

5. 法医毒物鉴定，是指鉴定人运用法医毒物学的科学技术或者专门知识，对体内外药毒物、毒品及代谢物进行定性、定量分析并提供鉴定意见的活动。

具体包括气体毒物鉴定、挥发性毒物鉴定、合成药毒物鉴定、天然药毒物鉴定、毒品鉴定、易制毒化学品鉴定、杀虫剂鉴定、除草剂鉴定、杀鼠剂鉴定、金属毒物类鉴定、水溶性无机毒物类鉴定以及与毒物相关的其他法医毒物鉴定等。

（二）物证类鉴定

1. 文书司法鉴定，是指鉴定人运用文件检验学的理论、方法和专门知识，对可疑文件（检材）的书写人、制作工具、制作材料、制作方法、内容、性质、状态、形成过程、制作时间等问题进行检验检测、分析鉴别和判断并提供鉴定意见的活动。

具体包括笔迹鉴定、印章印文鉴定、印刷文件鉴定、篡改（污损）文件鉴定、文件形成方式鉴定、特种文件鉴定、朱墨时序鉴定、文件材料鉴定、基于痕迹特征的文件形成时间鉴定、基于材料特性的文件形成时间鉴定、文本内容鉴定等。

2. 痕迹司法鉴定，是指鉴定人运用痕迹检验学的理论、方法和专门知识，对痕迹物证进行勘验提取，并对其性质、状况及形成痕迹的同一性、形成原因、形成过程、相互关系等进行检验检测、分析鉴别和判断并提供鉴定意见的活动。

具体包括手印鉴定、潜在手印显现、足迹鉴定、工具痕迹鉴定、整体分离痕迹鉴定、枪弹痕迹鉴定、爆炸痕迹鉴定、火灾痕迹鉴定、人体特殊痕迹鉴定、日用物品损坏痕迹鉴定、交通事故痕迹物证鉴定等。

3. 微量物证鉴定，简称微量鉴定，是指鉴定人运用理化检验的原理、方法或专门知识，使用专门的分析仪器，对物质的物理性质、化学性质和成分组成进行检验检测和分析判断并提供鉴定意见的活动。其中，物理性质包括物质的外观、重量、密度、力学性质、热学性质、光学性质和电磁学性质等；化学性质包括物质的可燃性、助燃性、稳定性、不稳定性、热稳定性、酸性、碱性、氧化性和还原性等；成分组成包括物质中所含有机物、无机物的种类和含量等。

具体包括化工产品类鉴定、金属和矿物类鉴定、纺织品类鉴定、日用化学品类鉴定、文化用品类鉴定、食品类鉴定、易燃物质类鉴定、爆炸物类鉴定、射击残留物类鉴定、交通事故微量物证鉴定和火灾微量物证鉴定。

（三）声像资料鉴定

声像资料鉴定是指在诉讼活动中鉴定人运用物理学、语言学、信息科学与技术、同一认定理论等原理、方法和专门知识，对录音、图像、电子数据等涉及的专门性问题进行鉴别和判断并提供鉴定意见的活动。

声像资料鉴定包括录音鉴定、图像鉴定、电子数据鉴定。解决的专门性问题包括：录音和图像（录像/视频、照片/图片）的真实性、同一性、相似性、所反映的内容等；电子数据的存在性、真实性、功能性、相似性等。

1. 录音鉴定，是指鉴定人运用物理学、语言学、信息科学与技术、同一认定理论等原理、方法和专门知识,对检材录音的真实性、同一性、相似性及所反映的内容等问题进行检验、分析、鉴别和判断并提供鉴定意见的活动。

具体包括录音处理、录音真实性鉴定、录音同一性鉴定、录音内容分析、录音作品相似性鉴定等。

2. 图像鉴定,是指鉴定人运用物理学、信息科学与技术、同一认定理论等原理、方法和专门知识,对检材图像(录像/视频、照片/图片)的真实性、同一性、相似性及所反映的内容等专门性问题进行检验、分析、鉴别和判断并提供鉴定意见的活动。

具体包括图像处理、图像真实性鉴定、图像同一性鉴定、图像内容分析、图像作品相似性鉴定、特种照相检验等。

3. 电子数据鉴定,是指鉴定人运用信息科学与技术和专门知识,对电子数据的存在性、真实性、功能性、相似性等专门性问题进行检验、分析、鉴别和判断并提供鉴定意见的活动。

具体包括电子数据存在性鉴定、电子数据真实性鉴定、电子数据功能性鉴定、电子数据相似性鉴定等。

(四)环境损害鉴定

环境损害鉴定是指鉴定人运用环境科学的技术或专门知识,采用监测、检测、现场勘察、实验模拟或综合分析等技术方法,对环境污染或生态破坏诉讼涉及的专门性问题进行鉴别和判断并提供鉴定意见的活动。主要包括:

1. 污染物性质鉴定,主要包括危险废物鉴定、有毒物质鉴定,以及污染物其他物理、化学等性质的鉴定。

2. 地表水和沉积物环境损害鉴定,主要包括因环境污染或生态破坏造成河流、湖泊、水库等地表水资源和沉积物生态环境损害的鉴定。

3. 空气污染环境损害鉴定,主要包括因污染物质排放或泄漏造成环境空气或室内空气环境损害的鉴定。

4. 土壤与地下水环境损害鉴定,主要包括因环境污染或生态破坏造成农田、矿区、居住和工矿企业用地等土壤与地下水资源及生态环境损害的鉴定。

5. 近海海洋与海岸带环境损害鉴定,主要包括因近海海域环境污染或生态破坏造成海岸、潮间带、水下岸坡等近海海洋环境资源及生态环境损害的鉴定。

6. 生态系统环境损害鉴定,主要包括因生态破坏而造成的生物资源与生态系统功能损害的鉴定。

7. 其他环境损害鉴定,主要包括因噪声、振动、光、热、电磁辐射、核辐射等污染造成环境损害的鉴定。

(五)其他类鉴定

1. 司法会计鉴定,是指鉴定人运用司法会计学的原理和方法,通过检查、计算、验证等对会计凭证、会计账簿、会计报表和其他会计资料等进行的鉴定。

2. 建设工程司法鉴定,是指鉴定人运用建筑学理论和技术,对与建设工程相关的专门性问题进行的鉴定。主要包括建设工程质量评定、工程质量事故鉴定、工程造价纠纷鉴定等。

3. 知识产权司法鉴定,是指鉴定人根据技术专家对本领域公知技术及相关专业技术的了解,并运用必要的检测、化验、分析手段,对被侵权的技术和相关技术的特征是否相同或者等同进行认定;对技术转让合同标的是否成熟、实用,是否符合合同约定标准进行认定;对技术开发合同履行失败是否属于风险责任进行认定;对技术咨询合同、技术服务合同以及其他技术合同履行结果是否符合合同约定或者有关法定标准进行认定;对技术秘密是否构成法定技术条件进行认定;对其他知识产权诉讼中的技术争议进行鉴定。

4. 文物司法鉴定,是指涉案文物鉴定评估机构组织文物鉴定评估人员,运用专门知识或者科学技术对涉案文物的专门性问题进行鉴别、判断、评估并提供鉴定评估报告的活动。[1]

三、按鉴定客体分类

客体是司法鉴定的对象,包含检材和样本。充分认识司法鉴定客体的特性与特征,有利于提高司法鉴定意见的证据价值。

(一)活体(人体)鉴定

活体(人体)鉴定也称法医活体检验。《刑事诉讼法》第132条第1款规定,为了确定被害人、犯罪嫌疑人的某些特征、伤害情况或者生理状态,可以对人身进行检查,可以提取指纹信息,采集血液、尿液等生物样本。根据该规定,活体鉴定研究与解决的是法律上有关活体(人身)损伤的医学问题。鉴定的客体(对象)是人体的全身。活体鉴定的主要内容有:

1. 损伤程度、伤残等级的评定。例如,因斗殴、道路交通事故、工伤事故、医疗纠纷等造成人体组织结构完整性破坏,鉴定目的为判断损伤性质、致伤工具、致伤时间、致伤方式以及损伤的后遗功能障碍,从而确定损伤的程度或伤残等级,分清损伤与疾病之间的因果关系,判明医疗行为是否存在过错责任等。

2. 生理、心理状态检验。检验由损伤或疾病引起的生理机能障碍或心理改变,如性犯罪要判断性心理变态与疾病及损伤之间的关系等问题。

3. 个体特征检验。主要包括对人体外貌及人体可供辨认的其他外表特征、遗传特征等进行检验,如判断X摄片报告与受伤客体是否同一,父母与子女是否存在亲生关系(亲缘鉴定)等。活体鉴定需要借助X光检查,CT扫描,MRI检查,B超检查,脑干诱发电位检查,视觉电生理检查,血、尿常规检查等技术手段。

---

[1] 参见《涉案文物鉴定评估管理办法》。

(二)尸体鉴定

尸体鉴定是法医学鉴定的重要组成部分之一。[1] 尸体鉴定是查明死因、估计死亡时间、判断死亡性质、推断致伤工具、识别尸体身源等工作的基础。尸体鉴定包括尸体外表检验和尸体解剖检验。尸体鉴定的目的是:(1)确定死亡原因:主要是区分正常死亡还是非正常死亡,亦谓非暴力死亡与暴力死亡;(2)估计死亡时间:估计死亡时间或死亡经过时间;(3)判断死亡性质:判断是自杀、他杀抑或意外灾害事故致死;(4)推断认定凶器:推断暴力死的致伤工具;(5)识别尸体身源:对无名尸体或尸块、尸骨进行检验,提供尸源认定的依据。

查清死亡案(事)件真实情况必须经过全面的法医尸体检验及其他辅助性检验,取得充分的第一手资料,才能分析判断。要达到尸体检验的目的,仅凭检查尸表是远远不够的。体表的损伤不能代表体内伤情,皮肤明显损伤,深部软组织和内脏不一定有损伤;相反,皮肤没有明显损伤,深部软组织及内脏也可发生严重的损伤。怀疑中毒致死或因病致死等各种体表无明显征象的死亡的,更应全面检查,了解体内组织及各脏器的情况,综合判断分析,科学地作出死亡原因的认定。根据有关报道,仅凭尸表检验判断死因,鉴定错误率可达25%,判断死亡性质如自杀、他杀的错误率也比较高。因此,应尽可能进行尸体解剖,详细检验三大体腔内的各脏器,提取供实验室进一步检验的各种检材,全面掌握第一手材料,为鉴定提供可靠的依据。

1. 尸体外表检验。主要步骤包括:核对身份,衣着检查,一般检查,检查头面部、颈部、胸腹部、四肢等。

2. 尸体解剖检验。要全面检查颅腔、胸腔、腹腔,对所有脏器的位置关系是否正常、脏器大小是否正常、脏器表面有无出血、脏器是否光滑、脏器组织结构完整性有无被破坏、脏器有无病理改变征象等进行详细描述。除肉眼检查外,应进行组织病理学检查、毒物化验,以及其他必要的实验室检验。尸体解剖检验必须按技术规范全面进行,并做好各种记录。

目前,我国尸体解剖工作开展得尚不够普及,城市、农村均有一些暴力死或疑似暴力死的尸体未经尸体解剖甚至未经尸表检验就被火化或埋葬。例如,道路交通事故死亡者、工伤事故死亡者、被认为是自杀的死亡者、涉及医疗纠纷的死亡者、以表面征象或他人陈述而认定是因病突然死亡者等。如果没有进行尸体解剖,就难以对死因及案件性质得出令人信服的结论,会增加处理这类问题的难度。

(三)人体物质鉴定

凡对与案件有关的人体组织及体内物质进行专门性检查,查明其本质特异性,提供

---

[1] 1979年9月10日原卫生部重新颁布的《解剖尸体规则》将尸体解剖分为普通解剖、病理解剖、法医解剖三种,凡符合下列条件之一者应进行法医解剖:(1)涉及刑事案,必须经过尸体解剖始能判明死因的尸体和无名尸体需查明死因及性质者;(2)急死或突然死亡,有他杀或自杀嫌疑者;(3)因工、农业中毒或烈性传染病死亡涉及法律问题的尸体。《刑事诉讼法》第131条规定,对于死因不明的尸体,公安机关有权决定解剖,并且通知死者家属到场。

个体认定依据，明确其在证明案件真实情况、揭露犯罪、澄清是非等方面的作用，称人体物质鉴定，亦称法医物证鉴定。

人体物质鉴定的客体（种类）范围很广，主要有组织细胞类鉴定、体液类鉴定、分泌液类鉴定、排泄物类鉴定。鉴定的主要目的是查清物质的本质特性及个体特异性，为体源、尸源认定提供科学依据。人体物质鉴定运用的仪器设备多且较先进，检查手段多，技术成熟，检验结果可信度高。尤其是 DNA 检测，其结论的准确性可达到 100%。目前人体物质鉴定向高科技、微量化发展。

（四）肤纹类鉴定

肤纹包括人体皮肤乳突花纹和人体其他皮肤花纹两部分。人体皮肤乳突花纹包括指纹和脚纹。广义的指纹又包括指纹（手指最末一个指节的皮肤花纹）、指节纹、掌纹、汗孔。鉴定的对象通常是它们所形成的相应痕迹，即指印、指节印、掌印、汗孔印。人体皮肤其他花纹如唇纹、额纹、鼻纹、耳轮纹、膝盖纹等的印痕也可作为鉴定对象。

（五）声纹鉴定

声纹是通过电声学仪器显示出的携带言语信息的语音声波图谱的通称。声纹鉴定是科学家对人的声音进行深入研究后发明创造出的一种人身同一认定的科技鉴定方法，具体方法是应用声谱仪将讲话的声音转变成一种纹形的可见图形，比对被鉴定人的声音与嫌疑人声音是否同一。主要是利用讲话人声音的声调特征分析讲话人的出生地、年龄；利用各种物理的分析方法，获得声音的个人特征，从而比较这些特征对声音进行判别。

（六）运动习惯类鉴定

人的运动习惯是司法鉴定认定人身同一的重要方面。可以作为鉴定客体的运动习惯主要有书写运动习惯、语音习惯、行走运动习惯、工艺习惯四大类。

书写运动习惯是人在书写活动中表现出来的种种特点，这种技能习惯特点的表现即笔迹。笔迹类鉴定的对象包括书写文字、数字和符号，如汉字笔迹鉴定、拼音文字笔迹鉴定、阿拉伯数字笔迹鉴定等都是我国现已开展的鉴定项目。

说话人的语音活动反映在载体上并通过仪器所呈现的转化痕迹图纹即声纹，是说话人语音习惯的反映。语音习惯鉴定的对象便是声纹。声纹鉴定的检材资料多是录音带和录像带。

行走运动习惯主要表现为步法痕迹，能反映出行走人的一系列特点，可作为认定人身的一种依据。我国目前尚未将其列为法定司法鉴定对象。在人烟稀少的地带，步法鉴定往往可以为案件侦查提供重要线索。

工艺习惯包括雕刻习惯、打字习惯、缝纫裁剪习惯、修补习惯等，其中一部分已作为鉴定对象，如根据印章印文或打印文书认定印章制作人或文书打印人。

（七）物体表面形态及结构类鉴定

物体表面形态及结构类鉴定运用痕迹学的原理和方法，根据物体的外表结构、形态特征形成的痕迹进行鉴定。鉴定的主要对象有赤脚印、鞋印、袜脚印、工具痕迹、玻璃破碎痕迹、纺织物接触物痕迹、牲畜蹄迹等。

在科学技术高度发达的现代,这种传统的鉴定方式在鉴定中仍居于主要地位。这种鉴定大多数是通过比较客体的反映形象特征实现的,如指印鉴定、牙印鉴定、赤脚印鉴定、鞋印鉴定、工具痕迹鉴定、损伤痕迹鉴定、印文鉴定、人像照片鉴定等。客体物部分与客体物整体的鉴定是客体物外表形态特征鉴定的一种特殊类型。鉴定依据虽然是形态特征,但其不是通过反映形象表现出来的,该类鉴定以客体断离面的断离特征和完好表面形态的固有特征为综合依据,去认定客体的部分与整体的关系。鉴定的目的是确定检材的一个部分或几个部分是否为整体物的自身。

(八)枪弹类鉴定

枪弹痕迹包括弹头痕迹、弹壳痕迹、弹孔痕迹、弹着点痕迹、附着物痕迹及枪支发射后的特有痕迹。根据弹痕和火药痕迹可以判断射击的距离和方向。根据弹头、弹壳痕迹可以判断枪支种类和认定发射的枪支。根据射击痕迹和弹头、弹壳分布的位置,可以判断罪犯在作案现场的活动情况。枪弹痕迹学又称验枪学、司法弹道学,是运用痕迹检验的一般原理、技术方法以及枪支、枪弹、内外弹道等科学知识,对枪支发射后留在弹头、弹壳和目标物上的痕迹,射击残留物进行分析鉴定,一方面,可以判断发射枪种、枪支,从而去寻找持枪人;另一方面,可以确定射击距离,判明案件性质,从而达到揭露犯罪、证实犯罪的目的。

(九)文书资料、票券类鉴定

1. 文书资料鉴定

文书资料检验也称文件检验,是运用文件检验学的理论和方法,检验各种刑事、经济和民事案件中的文件物证,确定文件与案件事实、当事人或嫌疑人的关系的一种技术侦查和司法鉴定手段。

(1)笔迹鉴定是根据人的书写技能习惯特征、在书写的字迹与绘画中的反映鉴别书写人的专门技术。主要任务是通过笔迹的同一认定检验,证明文件物证上的笔迹是否为同一人的笔迹,证明文件物证上的笔迹是否为某嫌疑人的笔迹。笔迹鉴定不仅可以检验正常笔迹,也可以检验书写条件(包括书写姿势、书写工具、衬垫等)、变化笔迹、故意伪装笔迹(包括左手笔迹、尺划笔迹)、模仿笔迹和绘画笔迹。在同一人用同一支笔书写时,也可以用笔痕特征充实认定书写人的根据。

(2)印刷文件鉴定是根据检材或检材与样本承印物上反映出来的印刷特征,对检材的印刷工具、印刷方法、印版等的同一性进行检验和鉴别。

(3)印章印文鉴定、打印文件鉴定、誊写文件鉴定、复印文件鉴定、污损文件鉴定包括消退、擦刮、添改、补贴等变造文件的鉴定,涂抹、褪色、烧毁、书写压痕等模糊记载的显现,字迹与印文的形成时序的鉴别,文件制成时间的分析判断。

(4)文件材料鉴定包括纸张检验,墨水、油墨、印油、复写纸等字迹材料检验,胶水、糨糊等黏合剂检验。

(5)人相检验包括证件人相鉴定、通缉人相鉴定、无名尸体人相鉴定等。

2. 票券类鉴定

票券类鉴定主要应用文件检验的基本原理与方法，鉴定范围很广，主要对伪造货币、证券、商标等进行鉴定，判断伪造制作方法等问题。

(十)物品、物质类鉴定

与案件有关的物质、物品范围极广，主要有毒物毒品、药物、爆炸物、纤维、粉尘、金属物、矿物质、油脂斑渍、涂料、塑料、粘贴物、书写与印刷物质材料等。其中，物质成分鉴定属于司法鉴定中面广量大的一种常规鉴定。鉴定方法主要包括物理学方法、化学方法、生物学方法，其中仪器分析是重要的检测手段。鉴定所能解决的问题主要是确定物质的种类(属)及异同，少数的物质鉴定可以确定物质的自身同一。

(十一)情况类鉴定

情况类鉴定的客体多数不是具体的人或物，而表现为抽象的概念，因而一般无同一认定或种属认定意义上的可供鉴定的客体。情况类鉴定的目的是确定可能引起法律后果事件的真伪、事件或行为发生的原因。鉴定的范围主要包括：文书真伪的鉴定，爆炸、火灾、交通事故原因的鉴定，以及行为人实施不法侵害时实际精神状态的鉴定等。

(十二)对其他涉案客体的鉴定

1. 心理状态类鉴定

心理状态类鉴定根据生理学、心理学、语言学、逻辑学等学科的科学原理，借助科学仪器对受审查人的心理状态进行鉴定，测定其回答问题时的心理状态和说话的真实程度。这项鉴定习惯上称为测谎，现在更名为司法心理测定。科学实验证实，司法心理测定的科学依据无可置疑，但由于测定受到多种因素的影响与制约，测定结论的准确性有较大的局限，因此，至今多数国家未将其列为法定鉴定类型。

2. 精神心理状态类鉴定

精神心理状态类鉴定的鉴定对象是人。主要鉴定内容是精神心理活动状况，明确人的责任能力、行为能力、性自卫能力、婚姻能力、诉讼能力等。

3. 气味类鉴定

气味类鉴定的对象是嗅源，主要是指犯罪分子在作案过程中遗留在现场的气味载体。通常由警犬鉴别被鉴定物，警犬能从若干种不同气味(物品)中辨别出与嗅源气味相同的气味(物品)，并有明显的反应表示。它可以为侦查提供辅助和参考。

四、按鉴定所处的程序分类

按司法鉴定所处的程序其可以分为初次鉴定、补充鉴定、重新鉴定。

(一)初次鉴定

初次鉴定，古代称初鉴定，是指第一次鉴定。就一个具体的鉴定对象和鉴定要求而言，初次鉴定一般在案件或事件发生地区由办案机关委托该地鉴定机构进行鉴定。

(二)补充鉴定

经初次鉴定后，对其中的个别问题需要进行修订或补充，补充鉴定可使原鉴定意见更加完备。委托人增加新的鉴定要求,或鉴定委托事项有遗漏,或发现了新的检材,或有新的情况需要补充,或原鉴定文书措辞有误,或鉴定意见表述不确切,或鉴定文书对鉴定要求答复不完整,均可以进行补充鉴定。补充鉴定一般由原鉴定机构的鉴定人进行,或由原鉴定机构的其他鉴定人进行,补充鉴定是第一次鉴定的继续,是原鉴定的组成部分,不是重新鉴定。

(三)重新鉴定

对于经过鉴定的专门性问题,若鉴定程序、方法、结果存在某种缺陷或争议,诉讼当事人或委托机关有权按规定程序请求再次鉴定。重新鉴定不考虑原鉴定意见,而是重新进行检验、重新分析认定,因此鉴定机构与鉴定人必须具备一定条件。接受重新鉴定委托的鉴定机构的资质条件一般应高于原委托的鉴定机构;被指派或聘请重新鉴定的鉴定人需具备高级技术职称、专业能力强、鉴定经验丰富。重新鉴定人应为两人或两人以上,可跨地区跨机构聘请有经验的鉴定人进行联合(会诊)鉴定。重新鉴定过程中鉴定人意见不统一时,应将各种意见在鉴定文书中注明。

重新鉴定不同于鉴定机构的内部复核。内部复核是鉴定机构内部的程序,鉴定人完成鉴定后,鉴定机构应当指定具有相应资质的人员对鉴定程序和鉴定意见进行复核;对于涉及复杂、疑难、特殊技术问题或者重新鉴定的鉴定事项,可以组织3名以上的专家进行复核。复核人员完成复核后,应当提出复核意见并签名,存入鉴定档案。复核人主要承担对司法鉴定质量进行内部控制的职责,获得资质认定或实验室认可的司法鉴定机构,复核人可以由授权签发人兼任,但不可以由本案鉴定人进行复核。

另外,对于涉及重大案件或者特别复杂、疑难、特殊的技术问题或者多个鉴定类别的鉴定事项,办案机关可以委托司法鉴定行业协会组织协调多个司法鉴定机构进行鉴定。有一些地方立法规定,设立专门机构承担该项职责,如《上海市司法鉴定管理条例》第34条规定:"本市建立司法鉴定专家委员会咨询制度。司法鉴定专家委员会由相关专业领域内具有高级专业技术职称并熟悉相关司法鉴定业务,具有良好科学道德和职业操守、健康状况良好的人员组成。对于特别疑难、复杂、特殊的技术问题以及有较大争议的鉴定案件,办案机关可以委托司法鉴定专家委员会提供专家咨询意见。"该制度为满足重大疑难复杂案件的鉴定需求提供了一种良好的渠道和机制。

思考习题

1. 如何正确理解依法鉴定原则?
2. 如何准确把握独立鉴定原则?
3. 如何准确把握鉴定公开原则与鉴定公正原则之间的关系?
4. 为什么说司法鉴定是自然科学与社会科学相结合而产生的一门综合性学科?
5. 简述司法鉴定的执业分类。
6. 如何理解初次鉴定、补充鉴定、重新鉴定之间的关系?

拓展阅读书目

1. 北京大学法学百科全书编委会:《北京大学法学百科全书:民事诉讼法学·刑事诉讼法学·行政诉讼法学·司法鉴定学·刑事侦查学》,北京大学出版社2001年版。

2. 杜志淳主编:《司法鉴定实验教程》,北京大学出版社2009年版。

3. 霍宪丹主编:《司法鉴定通论》(第2版),法律出版社2013年版。

4. 郭华主编:《司法鉴定术语词典》,法律出版社2022年版。

第五章　司法鉴定管理制度

本章概要　本章主要阐述了司法鉴定管理的概念、特点以及鉴定机构的设置，介绍了司法鉴定管理体制、司法鉴定机构管理以及司法鉴定人管理等司法鉴定管理制度的内容。

通过本章的学习，应当了解司法鉴定行业管理和技术管理的内容、发展趋势及司法鉴定收费管理制度的变化过程，熟悉司法鉴定行政管理的法律依据、内容，掌握鉴定人资格的取得方式及程序，掌握鉴定机构的义务和法律责任。

关键词　司法鉴定管理；鉴定机构；法律责任；鉴定人；资格取得

第一节　司法鉴定管理体制

一、司法鉴定管理

（一）司法鉴定管理的概念

管理是指对特定系统（或组织、事物）拥有管辖权的主体，为使特定系统（或组织、事物）达到最佳状态及保持最佳状态以实现特定价值目标而进行的协调活动。[1] 司法鉴定管理是指拥有管辖权的主体就司法鉴定活动所涉及诸要素的协调活动。

司法鉴定管理模式主要是指以一国的司法鉴定机构、鉴定人、执业行为、鉴定程序、鉴定技术标准以及鉴定职业道德、执业纪律等内容为主的行政管理或者行业管理的体制以及司法鉴定活动的运行机制。司法鉴定管理模式由管理主体、管理客体、管理措施或手段、管理体制机制等要素构成。司法鉴定管理模式的形成通常与国家的行政权力作用领域、司法组织体系、诉讼模式、社会组织发展程度、司法鉴定的业务范围等方面相关联。它不仅反映了特定国家或地区特定时期司法鉴定活动的基本特征，也反映了特定国家或地区司法鉴定管理活动中的管理思想、管理价值取向、法治文化传统等内容。

（二）司法鉴定管理的特点

鉴于司法鉴定是法律性和科学性的统一，对司法鉴定进行管理，应根据其所具有的特征，制定有针对性的管理措施、方案和政策。我国司法鉴定管理具有以下特点：(1)统一性。《决定》作为我国司法鉴定管理的法律依据确立了我国统一的司法鉴定管理体制，明确了管理主体、管理客体，确立了统一的适用范围以及统一的行为规范等。

---

〔1〕 参见霍宪丹主编：《司法鉴定通论》（第2版），法律出版社2013年版，第110页。

(2)综合性。司法鉴定管理涉及法律规范、行政规范和技术规范,这就决定了它不能采用单一的行政管理手段,还需要进行诉讼管理、行业的技术管理,故司法鉴定管理具有综合性特点。(3)针对性。司法鉴定的管理是建立在行为管理的基础上的,而非建立在所有制关系的基础上,即履行国家司法鉴定管理职能的司法行政机关与司法鉴定机构、鉴定人之间不存在人、财、物上的隶属关系、依附关系。凡纳入法律规定的鉴定类别的鉴定机构和鉴定人无论其行政关系隶属于或依附于哪个主体,都属于司法鉴定管理的范围与对象。

目前,我国的司法鉴定管理以行政管理为主,以行业管理和诉讼管理为辅。要实现对司法鉴定的科学管理,应充分考虑司法鉴定领域行业管理的现状,应在行政管理的主导下,充分发挥司法鉴定行业技术管理及诉讼管理的作用,使各种管理机制相互配合,相得益彰。

(三)司法鉴定管理的意义

司法鉴定是诉讼活动的组成部分,提供的是一种公共产品,不仅涉及当事人利益和第三方利益,同时也涉及社会公共利益,具有公共属性。因此,鉴定人应对受委托的鉴定事项负责,对法律和科学负责,而不是只为当事人或委托机关服务,更不是为权力、利益、关系服务。基于司法鉴定管理公共管理和公共服务相统一的特点,必须按照建设法治政府、责任政府和服务政府的要求,加强对司法鉴定的管理,不断提高司法鉴定管理水平和司法鉴定服务诉讼的能力,增强司法鉴定的社会公信力。

二、司法鉴定行政管理

(一)司法鉴定行政管理的概念

行政是一定的社会组织在其活动过程中所进行的各种组织、控制、协调、监督等活动的总称。行政管理是指国家行政机关对社会公共事务的管理,又称公共行政。司法鉴定行政管理可以理解为法定的行政机关(国务院司法行政机关和省级人民政府司法行政机关)对司法鉴定领域所进行的组织、控制、协调、监督等活动。

(二)司法鉴定行政管理的依据

1. 司法鉴定行政管理的法律依据

我国司法鉴定管理的法律依据不限于全国人大及其常委会制定的法律,还包括行政法规、地方性法规以及部门规章等。

(1)法律。《决定》是专门调整司法鉴定管理的法律,目前在司法鉴定管理法律体系中具有基本法的地位。《决定》第2条规定:“国家对从事下列司法鉴定业务的鉴定人和鉴定机构实行登记管理制度:(一)法医类鉴定;(二)物证类鉴定;(三)声像资料鉴定;(四)根据诉讼需要由国务院司法行政部门商最高人民法院、最高人民检察院确定的其他应当对鉴定人和鉴定机构实行登记管理的鉴定事项。法律对前款规定事项的鉴定人和鉴定机构的管理另有规定的,从其规定。”其他有关司法鉴定的规定散见于《刑事诉讼法》《民事诉讼法》《行政诉讼法》《行政处罚法》《行政许可法》《监察法》《仲裁法》《中华人民共和国精神卫生法》(以下简称《精神卫生法》)等。这些法律也是司法鉴定管理的法律依据。上述法律在全国范围内均具有法律效力,行政法规、地方性法规、部门规章、司法解释均不得与之相抵触,否则无效。

(2)行政法规。行政法规是指国务院制定的有关司法鉴定管理活动的规范性文件。《国务院对确需保留的行政审批项目设定行政许可的决定》规定,保留司法行政机关司法鉴定人执业核准和司法鉴定机构审批的行政许可事项。

(3)地方性法规。省、自治区、直辖市的人民代表大会及其常务委员会根据本行政区域的具体情况和实际需要,在不同宪法、法律、行政法规相抵触的前提下,可以制定地方性法规。设区的市的人民代表大会及其常务委员会根据本市的具体情况和实际需要,在不同宪法、法律、行政法规和本省、自治区的地方性法规相抵触的前提下,可以对城乡建设与管理、生态文明建设、历史文化保护、基层治理等方面的事项制定地方性法规。

(4)部门规章。部门规章也称行政规章,是指国务院所属的各部门制定的规范性文件。关于司法鉴定管理的部门规章主要有司法部颁布的《司法鉴定机构登记管理办法》《司法鉴定人登记管理办法》《司法鉴定程序通则》等,公安部颁布的《公安机关鉴定人登记管理办法》《公安机关鉴定机构登记管理办法》,以及国家安全部有关鉴定机构和鉴定人登记管理的规定等。

(5)司法鉴定行政性管理的相关规定。司法鉴定行政管理的相关规定主要包括司法解释以及其他规范性文件。例如,1989 年 7 月 11 日最高人民法院、最高人民检察院、公安部、司法部、原卫生部联合发布的《精神疾病司法鉴定暂行规定》;2006 年 11 月 30 日最高人民检察院印发的《人民检察院鉴定人登记管理办法》和《人民检察院鉴定机构登记管理办法》;2022 年 11 月 22 日国家知识产权局、最高人民法院、最高人民检察院、公安部、国家市场监督管理总局联合印发的《关于加强知识产权鉴定工作衔接的意见》;2007 年《最高人民法院技术咨询、技术审核工作管理规定》和《最高人民法院对外委托鉴定、评估、拍卖等工作管理规定》,2016 年最高人民法院、司法部《关于建立司法鉴定管理与使用衔接机制的意见》,2020 年最高人民法院《关于人民法院民事诉讼中委托鉴定审查工作若干问题的规定》,2023 年最高人民法院《关于诉前调解中委托鉴定工作规程(试行)》以及相关批复。

另外,还有司法部颁布的《司法鉴定执业分类规定(试行)》《司法鉴定许可证管理规定》以及部分地方立法性文件和行业协会规范性文件等。

2. 司法鉴定行政管理法律和相关规定的适用

(1)《决定》与其他法律的适用问题。《决定》作为司法鉴定管理的基本法,规定了“在诉讼中,对本决定第二条所规定的鉴定事项发生争议,需要鉴定的,应当委托列入鉴定人名册的鉴定人进行鉴定”。其他法律规定与其不一致时,应当优先适用《决定》的规定。《决定》也对法律适用问题作出了规定。《决定》第 2 条第 2 款规定:“法律对前款规定事项的鉴定人和鉴定机构的管理另有规定的,从其规定。”“法律对前款规定事项的鉴定人和鉴定机构的管理另有规定的”仅仅限于全国人大及其常务委员会制定的法律,不包括行政法规、地方性法规和行政规章。

(2)司法鉴定管理行政规章的适用问题。司法鉴定管理过程中行政规章与《决定》规定不一致的,根据法的位阶,应当适用上位法;当下位法与上位法相抵触时,应按《决定》的规定执行。行政规章与《决定》的规定相抵触的,不具有效力。同时,行政规章也不能超越职权对法律没有规定的司法鉴定管理问题作出规定,否则无效。

(3)《司法鉴定程序通则》的适用。《司法鉴定程序通则》第3条规定:"本通则适用于司法鉴定机构和司法鉴定人从事各类司法鉴定业务的活动。"该条明确规定了《司法鉴定程序通则》的适用范围。

(三)司法鉴定行政管理的主体和模式

我国的司法鉴定主管部门是司法行政机关。《决定》第3条规定:"国务院司法行政部门主管全国鉴定人和鉴定机构的登记管理工作。省级人民政府司法行政部门依照本决定的规定,负责对鉴定人和鉴定机构的登记、名册编制和公告。"根据《决定》的规定,我国对鉴定机构和鉴定人实行两级管理制度,由国务院司法行政部门即司法部全面负责对鉴定人和鉴定机构进行登记管理。省级(包括省、自治区、直辖市)人民政府司法行政部门即司法厅(局)具体实施对鉴定人和鉴定机构的登记、名册编制和公告工作。国务院司法行政部门是国家司法行政管理的最高机关,负责全国范围内的司法鉴定行政管理工作。

根据《决定》《行政许可法》和司法部的有关规定,我国建立了国务院司法行政机关、省级人民政府司法行政部门二级管理为主的司法鉴定行政管理模式。各地根据《行政许可法》等的规定和工作需要,由省级人民政府司法行政部门委托地市一级司法行政机关承担一定管理职责和任务,在此基础上,最终建立起分级管理、分类指导的三级(全国、省、地)司法鉴定行政管理模式。

(四)司法鉴定行政管理的内容和路径

根据《决定》《行政许可法》及国务院的相关规定,司法部负责全国的司法鉴定管理工作,对司法鉴定机构、鉴定人实行准入管理、资质管理、执业管理、质量管理、监督管理和实施活动管理等。司法鉴定准入管理是司法行政机关依法对申请从事司法鉴定业务的法人、组织及自然人实行核准登记的一种行政管理活动;司法鉴定资质管理涉及鉴定机构资质评估、鉴定质量管理、鉴定人诚信等级评估和鉴定人教育培训等内容;司法鉴定执业管理是政府主管部门对司法鉴定机构及鉴定人获准执业后进行的司法鉴定活动及相关行为的管理;司法鉴定质量管理是司法鉴定管理工作的核心,是鉴定意见科学权威的保障,包括内部质量管理、外部质量监控和质量管理服务,涉及认证认可、标准化、信息化和科技研发与应用推广等工作;司法鉴定监督管理可分为各级国家机关的监督和社会监督,其中司法行政机关依法对鉴定机构、鉴定人及其执业活动进行监督是监督的主要形式;司法鉴定实施活动管理包括机构自身对鉴定活动的管理和外部对鉴定委托、受理、实施,出具鉴定意见,出庭作证等方面的管理。

司法鉴定行政管理的主要路径可以归纳为:(1)制定法规、规章、政策、规范性文件等对司法鉴定进行宏观调控、政策引导、法规约束和行业规范。(2)对鉴定机构、鉴定人依法进行准入管理,根据相关规定遴选具有国家级资质的鉴定机构等。(3)对鉴定机构、鉴定人进行执业管理、质量管理,其中包括推动鉴定机构的标准化管理和实行内部质量控制,对鉴定机构进行资质等级评定,对鉴定人执业中诚信情况的评估,以及鉴定知识更新与技能培训等。(4)对鉴定机构、鉴定人在执业中的违法行为依法进行处罚,包括资质降级、停止执业、撤销登记等。(5)根据诉讼需要,对实践中出现的实用性很广泛的鉴定种类,由国务院司法行政部门商最高人民法院、最高人民检察院,增加统一登记管理的鉴定类别。

三、司法鉴定行业管理

(一)司法鉴定行业管理的依据

1.法律依据

司法部在《决定》授权下制定颁布的《司法鉴定机构登记管理办法》第4条规定,司法鉴定管理实行行政管理与行业管理相结合的管理制度。司法行政机关对司法鉴定机构及其司法鉴定活动依法进行指导、管理和监督、检查。司法鉴定行业协会依法进行自律管理。与此同时,《司法鉴定人登记管理办法》第4条也规定,司法鉴定管理实行行政管理与行业管理相结合的管理制度。司法行政机关对司法鉴定人及其执业活动进行指导、管理和监督、检查,司法鉴定行业协会依法进行自律管理。《司法鉴定机构登记管理办法》《司法鉴定人登记管理办法》属于司法部颁布的行政规章。其适用的范围是全国所有经过审核登记的司法鉴定机构和司法鉴定人。

2.国际通行做法

各国的司法鉴定管理制度与其历史、文化、法律传统有着密切的关系。世界各国在司法鉴定管理中很少仅靠单一的行政管理来实现其管理目的。有的国家甚至不是主要依靠行政手段来进行管理,多数国家或多或少地依靠行业协会(学会、委员会)来实现对司法鉴定的管理。有些国家的行业协会(学会、委员会)是司法鉴定管理的主体。在英国,司法鉴定的管理机构是由内政部、检察院、警察局共同组成的法庭科学委员会,该委员会负责对全国司法鉴定工作进行指导。在美国,具有行业协会性质的犯罪实验室主任联席会议参与司法鉴定的管理工作。在澳大利亚和新西兰,司法鉴定行业协会的作用更为广泛,其包括澳新司法鉴定实验室高级管理委员会(SMANZFL)、澳新司法鉴定协会(ANZFSS),几乎全澳新的司法鉴定管理工作都由司法鉴定行业协会来负责。日本在司法鉴定领域无全国性的行政管理机构,对司法鉴定也是通过一些专业性的行业组织来协调管理,如日本设有法医学会、药学会、法中毒学会、赔偿科学会、DNA分型学会等,这些行业协会性质的组织管理指导着全国各类鉴定工作。

(二)司法鉴定行业管理的现状

自2003年黑龙江省成立全国第一个司法鉴定人行业协会起,全国目前已经有包括北京、天津、上海、河北、山西、内蒙古、河南、湖北、湖南、广东、辽宁、海南、贵州、云南、陕西、宁夏、江西、安徽、新疆、吉林等在内的近3/4的省、自治区、直辖市成立了司法鉴定行业协会，其名称有司法鉴定人协会、司法鉴定行业协会、司法鉴定协会等。这些司法鉴定行业的新兴民间组织已经对司法鉴定的专业化管理发挥了积极作用。

司法鉴定是一种法律规制下的科学技术活动，单靠国家的行政管理很难达到理想的效果。政府应当扮演好守门人的角色，体现在司法鉴定管理中即应履行好制定政策法规、做好行业发展规划等宏观管理职责。司法鉴定行业组织应当发挥积极性、主动性，充分发挥专业知识上的优势，通过制定技术标准、规范职业操守等举措实现行业的自律管理。司法鉴定行业管理可以弥补司法鉴定行政管理的内在不足。因为司法行政机关作为司法鉴定的主管部门，面对的是纷繁复杂的专门性问题及不同的鉴定机构，有必要将某些事项交与社会组织进行管理。司法鉴定行业协会作为鉴定机构和鉴定人的自律性社团组织参与司法鉴定的管理，可以发挥其科学性强、专业水平高的特点，同时也能调动鉴定机构和鉴定人的主动性和积极性，使司法鉴定管理更为顺畅有序。但行业协会毕竟不同于司法行政机关这样的公权力部门，组织结构较为松散，要发挥司法鉴定行业协会科学性强、专业水平高的特点，应对其准确定位、明确职能。目前我国司法鉴定行业管理尚处于起步阶段，面临的问题仍较多，但司法鉴定行业管理符合司法鉴定改革发展的方向。

（三）司法鉴定行业管理的内容

随着国内越来越多的省市建立了司法鉴定行业协会，需要组建全国司法鉴定行业协会。司法行政机关的部分行政管理职能转移到行业协会，将会对行政管理活动起到重要的协助和补充作用。司法鉴定行业管理的内容大致包括以下方面：(1)配合司法行政机关做好相关的带有行政管理职能的工作。(2)制定司法鉴定领域各专业的技术标准。与行政机关相比，行业组织制定技术标准具有专业优势。协会可组织各分专业委员会研究制定各专业领域的鉴定技术标准，并根据科学技术的发展，及时修订各类鉴定标准。(3)组织开展业务培训。科学技术不断发展，鉴定方法、手段也会不断进步，法律法规也常有更新，因此对鉴定人开展经常性的培训与指导也是行业协会的一项重要工作。(4)进行职业道德教育、执业纪律的约束。对鉴定人、鉴定机构的执业监管，对违规行为的惩戒等是行业协会的又一项工作。通过行业协会的工作，要形成鉴定机构、鉴定人自我约束、自我教育、自律执业的良好局面。(5)开展学术交流与技术合作。行业协会可以在国内外开展司法鉴定各专业、各层次的学术交流与技术合作，促进科技和学科的进步。(6)做好司法鉴定领域的科学研究，重大疑难复杂案件的鉴定协调、组织工作。(7)完成司法鉴定主管机关交办的其他工作。

四、司法鉴定技术管理

基于司法鉴定专业性、技术性强的特点，对司法鉴定的管理不能仅仅依靠单纯的行政管理手段，在司法鉴定管理中还应有技术管理，但现阶段司法鉴定技术管理应更多地集中在一些司法鉴定核心要素的管理方面，并由此带动司法鉴定技术管理的其他方面。就我国司法鉴定技术管理目前的状况而言，应从以下方面进行强化。

(一)建立司法鉴定技术标准体系

司法鉴定技术标准体系是由一系列涉及司法鉴定活动过程的、覆盖各主要鉴定专业的标准按其内在联系形成的科学有机整体。它是行业标准化工作的指导性文件,是各鉴定专业科学合理地制定技术标准的基本依据。国务院司法行政部门为司法鉴定行业的主管部门,建立司法鉴定技术标准体系是建立完善统一的司法鉴定管理体制的核心内容之一,是司法鉴定行业规范、协调、可持续发展的技术支撑,对于促进司法鉴定技术进步、司法鉴定技术创新和保障司法公正具有决定性意义。司法鉴定技术标准体系总体包括基本体系和推行体系两大部分。基本体系是整个司法鉴定技术标准体系的主体,涉及司法鉴定活动的所有要素,覆盖法医类、物证类、声像类等所有鉴定专业,具体分为强制性标准体系和推荐性标准体系。推行体系涉及与法律法规的协调配套问题,与强制性标准体系的衔接问题,与推荐性标准体系的有机结合问题,以及推行体系内部的管理体制、运行体制、监督体制和保障体制等。

(二)制定统一的司法鉴定实施程序

制定统一的司法鉴定实施程序在于通过规范司法鉴定的具体工作,实现司法鉴定工作的公正和效率目标。由于大陆法系国家与英美法系国家的诉讼制度、证据制度存在较大差异,司法鉴定的程序也存在不小的差异。但总体来说,司法鉴定程序的要素包括鉴定的申请、鉴定的决定、鉴定的委托、鉴定的受理、鉴定的实施、鉴定意见的出具、鉴定人出庭作证等。需要将司法部发布的《司法鉴定程序通则》进行修改与完善并提升为所有鉴定均应遵循的程序规范。

(三)制定各专业领域的鉴定技术操作规范

技术操作规范对于保证鉴定意见的科学性、准确性具有决定性作用。如果没有各专业领域的技术操作规范,就难以保证鉴定意见的科学性和准确性。而目前我国司法鉴定各专业领域的技术操作规范尚不健全,更不统一,各鉴定机构之间的技术操作规范有很大差异,有的机构还缺少相关专业领域的技术操作规范。因此,应尽快制定各相关专业领域的技术操作规范。

五、司法鉴定收费管理制度

《决定》第15条规定的“司法鉴定的收费项目和收费标准由国务院司法行政部门商国务院价格主管部门确定”于2015年4月24日被修改为“司法鉴定的收费标准由省、自治区、直辖市人民政府价格主管部门会同同级司法行政部门制定”。从2017年起我国出台了新的司法鉴定收费标准。〔1〕如2017年6月28日江苏省物价局、江苏省司法厅联合出台了《江苏省司法鉴定收费项目和试行标准表》(已失效)、《江苏省疑难复

〔1〕2016年国家发展改革委发布《关于废止教材价格和部分服务收费政策文件有关问题的通知》,规定“司法鉴定服务收费下放省级管理,由省级价格主管部门会同同级政府有关部门制定教材价格和相关服务收费标准”,并废止了《国家发展改革委、司法部关于印发〈司法鉴定收费管理办法〉的通知》(发改价格〔2009〕2264号)。

杂司法鉴定案件认定标准》(已失效)等,用以规范司法鉴定服务收费行为,促进司法鉴定行业健康有序发展。

将司法鉴定收费管理权限下放,可以使司法鉴定收费标准体现地区差异,更符合本地社会经济发展水平和群众支付能力水平,这也使价格调整更方便易行。各地新标准的出台,为保障诉讼的顺利进行、维护当事人合法权益提供了重要依据。司法部应当对新标准执行情况进行监测、评价,不断完善收费管理规定,及时、动态调整收费标准。同时应协调相关部门,治理鉴定机构、鉴定人违法违规收费行为。

第二节　司法鉴定机构管理

一、司法鉴定机构的概念及性质

(一)司法鉴定机构的概念

司法鉴定机构有广义与狭义之分。广义的司法鉴定机构包括司法机关根据法律和规章自行设立与管理的内设鉴定机构和具备《司法鉴定机构登记管理办法》规定的条件,经省级司法行政机关审核登记,取得《司法鉴定许可证》,在登记的司法鉴定业务范围内开展司法鉴定活动的法人或其他组织。狭义的司法鉴定机构仅指具备《司法鉴定机构登记管理办法》规定的条件,经省级司法行政机关审核登记,取得《司法鉴定许可证》,在登记的司法鉴定业务范围内开展司法鉴定活动的法人或其他组织。

(二)司法鉴定机构的性质

司法鉴定机构是为诉讼活动提供科学鉴定的组织,是鉴定人依法执业的场所。它的工作性质要求其在机构性质方面必须具备特殊的属性,借鉴一些法治国家的经验和制度,结合我国的社会制度和法治传统,我国司法鉴定机构应同时具备“四性”,即准司法性、公益性、中立性、事业性(非营利性)。

1. 准司法性

司法鉴定机构本身不是国家的司法机关,也不是国家的职能部门,它的工作是直接或间接地为国家司法工作服务,有时也直接参与国家司法机关的部分业务工作。这一工作特点决定了其与国家的司法活动有紧密的联系,有时还会与司法机关有密切的合作,其鉴定结论可成为司法机关定案的证据。因此,司法鉴定机构应具有准司法性。

2. 公益性

司法鉴定机构开展鉴定工作不以营利为目的,旨在为司法活动服务,为发现案件真相提供证据,维护社会正常的生产、生活秩序,促进司法公正。司法鉴定机构不能是以营利为目的的中介性质的机构,尽管它在为司法活动提供服务时可以收取费用,但该费用属于司法活动中为发现案件真相必须付出的代价。

3. 中立性

司法鉴定机构具有中立性。这就要求司法鉴定机构本身及其主管机关不直接参与诉讼,诉讼的结果与司法鉴定机构及其主管机关无利害关系,其完全处在超脱于诉讼过程和结果的中立位置(第三方地位)。这样可以使司法鉴定机构排除各种行政、人情等因素的干扰,用科学的、客观的态度去开展鉴定工作,尽可能地保证其鉴定意见的准确性、科学性、客观性,使鉴定意见有较高的公信力。

4. 事业性(非营利性)

司法鉴定机构属于公益性事业单位,国家应当给予足够的资金支持。这种性质可以使鉴定机构赢得社会的公信力,并可从机制上避免其因利益驱动作出有损于司法公正的事,防止出现司法鉴定腐败的情况。

二、我国司法鉴定机构的设置

根据《决定》的规定,全国应当建立统一的司法鉴定登记管理体制。

(一)侦查机关鉴定机构的设置

《决定》颁布前,我国各级侦查机关普遍设立了从事相关鉴定业务的鉴定机构,配备了大量的鉴定人员。侦查机关设立的鉴定机构既包括设在侦查机关内部的职能部门,如司法鉴定处、科、室等,也包括侦查机关所属的事业单位,如研究所等。还有的是"两块牌子,一套人马",既是职能机构,又是事业单位。侦查机关设立的鉴定机构,既承担了直接为所在部门的办案活动提供鉴定服务的职能,也为一定地域内的司法机关办案活动提供鉴定服务,还承担着相关鉴定业务的科学研究职能。这些鉴定机构由侦查机关设立,与侦查机关存在隶属关系。考虑到侦查机关所属的鉴定机构是专门为侦查活动提供技术支持的机构,作为侦查机关的一部分,不宜面向社会接受委托或从事经营性的、有偿的司法鉴定业务,以保持政府机构的廉洁性和公正形象。同时考虑到目前我国司法鉴定队伍的主干力量是在侦查机关工作的鉴定人,尤其是在诉讼中普遍运用的法医类、物证类和声像资料鉴定等方面,侦查机关内部,尤其是在公安机关设立的鉴定机构中,有一批优质的设备和业务精湛的鉴定人员,因此,在坚持不允许侦查机关设立的鉴定机构面向社会开展经营性的有偿服务原则的同时,还要充分利用这些鉴定机构所掌握的人员和设备等资源,保障各类诉讼活动的正常进行。为此,《决定》第 7 条第 1 款规定,侦查机关根据侦查工作的需要设立的鉴定机构,不得面向社会接受委托从事司法鉴定业务。这里所说的"侦查机关",是在刑事诉讼中对犯罪行为行使侦查权的机关,包括公安机关、检察机关侦查部门、办理危害国家安全刑事案件的国家安全机关等。"不得面向社会接受委托从事司法鉴定业务"是指侦查机关设立的鉴定机构不得接受社会上的企事业单位、其他组织和个人的委托就各类诉讼中涉及的专门性问题出具鉴定意见。

《决定》并不禁止侦查机关根据侦查工作需要设立鉴定机构,并不要求所有的侦查机关在每一级都普遍设立鉴定机构。是否设立鉴定机构,设立的鉴定机构中配备哪些鉴定事项的设备与人员,要根据侦查工作的实际需要决定,要防止重复设立和低水平设立鉴定机构,避免造成国家资源的浪费,影响鉴定质量。《决定》没有禁止侦查机关之间相互委托和接受其他司法机关委托从事司法鉴定业务。为了充分利用侦查机关已有的鉴定力量，避免资源浪费，防止侦查机关重复设立鉴定机构，同时考虑到《决定》实施后人民法院不再设立或保留自己的鉴定机构，侦查机关之间相互委托和接受其他司法机关委托从事司法鉴定业务是有必要的。

根据中共中央关于司法鉴定体制改革的精神和《决定》，按照中央政法委员会《关于进一步完善司法鉴定管理体制遴选国家级司法鉴定机构的意见》（政法〔2008〕2号）的要求，检察机关、公安机关、国家安全机关所属鉴定机构和鉴定人实行所属部门直接管理和司法行政机关备案登记相结合的管理模式。检察机关、公安机关、国家安全机关管理本系统所属鉴定机构和鉴定人，履行对本系统所属鉴定机构和鉴定人的资格审查、年度审验、资格延续与变更注销、颁发鉴定资格证书、系统内部名册编制、技术考核、业务指导管理、队伍建设和监督检查等职责；司法行政机关对经检察机关、公安机关、国家安全机关审查合格的所属鉴定机构和鉴定人进行备案登记，编制和更新国家鉴定机构、鉴定人的名册并公告。检察机关、公安机关、国家安全机关所属的鉴定机构、鉴定人经司法行政机关备案登记后发生新增、变更、注销、撤销等情形的，经主管的检察机关、公安机关、国家安全机关审核后，按照备案登记的程序，办理相关备案登记、编制名册和公告等手续。检察机关、公安机关、国家安全机关负责备案登记后所属鉴定机构、鉴定人的投诉查处工作。

（二）人民法院和司法行政部门不得设立鉴定机构

《决定》第7条第2款规定，人民法院和司法行政部门不得设立鉴定机构。根据这一规定，人民法院和司法行政部门不得再设立鉴定机构，也不能保留原来已经设立的鉴定机构。《决定》实施前，我国人民法院和司法行政部门往往设立隶属于自己的鉴定机构。这些鉴定机构对于满足诉讼需要，辅助人民法院及时处理案件发挥了一定的作用，但同时也产生一些问题。人民法院设立自己的鉴定机构，造成了在诉讼活动中人民法院“自审自鉴”的问题。人民法院在审判活动中，经常面对不一致的多份鉴定意见，如果其中有的鉴定意见是由人民法院设立的鉴定机构提供的，则很难保证人民法院在认定鉴定意见的过程中能够完全保持中立。在实践中，也出现过个别法院由于利益驱动，在没有必要的情况下，委托人民法院设立的鉴定机构进行重复鉴定，造成了不好的影响。同时，在人民法院内部设立鉴定机构，也难以保证鉴定机构和鉴定人从事司法鉴定业务的独立性。

《决定》将司法行政部门确定为鉴定人和鉴定机构的登记管理的主管部门，司法行政部门不宜再自己设立鉴定机构，也不宜保留自己已设立的鉴定机构。《决定》第6条规定，司法行政部门要对申请从事司法鉴定业务的个人、法人或者其他组织进行审核，对符合条件的予以登记，编入鉴定人和鉴定机构名册并公告。同时《决定》第13条还规定了由司法行政部门对有违反《决定》规定行为的鉴定人和鉴定机构予以处罚。如果司法行政部门仍然保留或者可以设立司法鉴定机构，不仅不利于司法行政部门对鉴定人和鉴定机构的登记管理工作，也会影响司法行政部门在登记管理工作的中立性和公正性。[1]

(三)鉴定机构的科学合理布局

基于我国幅员辽阔,地域间经济文化发展不平衡、科技水平和教育水平存在差异等实际情况,在鉴定机构的设置方面应当遵循科学合理布局的原则。具体应遵循如下原则:(1)坚持科学发展的原则。司法鉴定属于科学实证活动,要根据解决诉讼涉及的专门性问题的需要及现有资源的情况来设立鉴定机构。(2)坚持便于诉讼活动进行原则。司法鉴定机构的设置要便于诉讼当事人进行诉讼,便于司法机关及时履行司法职能。(3)坚持优化配置鉴定资源原则。要按统筹规划、合理布局、优化结构、有序发展、科学发展、可持续发展的要求配置司法鉴定资源,避免重复配置、多头配置、无序竞争。

对于具有国家级水平和区域级水平的鉴定机构,在设置时要有总体的规划,不能随意设置,重复、多头设置,造成经济、文化、教育较发达地区机构设置过于集中,而相对落后地区机构设置存在盲点。在司法鉴定机构设置中要坚持科学合理设置(布局)的原则,并推进国家司法鉴定中心、区域司法鉴定中心建设。

三、司法鉴定机构的管理

司法鉴定机构的管理,主要是指对司法鉴定机构的准入管理、资质管理、执业管理、质量管理、监督管理和实施活动的监控等。《决定》实施前,我国对司法鉴定机构的登记管理有两套系统:一套是司法行政部门的登记管理;另一套是法院系统的登记管理。这两套系统形成了司法行政部门和人民法院同时对司法鉴定机构进行登记管理的局面,导致了司法鉴定管理资源的浪费,加剧了司法鉴定管理工作长期存在条块分割、政出多门等问题,出现案件因鉴定工作不顺畅而久拖不决的情况。因此,《决定》第 3 条规定,对鉴定人和鉴定机构的登记管理工作由司法行政部门负责。根据《决定》的规定,对司法鉴定机构实行两级管理制度,国务院司法行政部门主管全国司法鉴定机构的登记管理工作,省级人民政府司法行政部门负责对司法鉴定机构的登记、名册编制和公告工作。国务院司法行政部门和省级人民政府司法行政部门的管理工作具体包括以下方面:

1. 国务院司法行政部门是国家司法行政管理的最高机关,负责全国范围内的司法行政管理工作。国务院司法行政部门负责对司法鉴定机构实行登记管理,便于其在全国范围内统一设定、规划管理的内容和管理方式,防止出现“条块分割,各自为政”的情况,切实保障鉴定机构独立、自主地开展鉴定活动。所谓“主管”,是指国务院司法行政部门并不负责具体的登记管理事务,而是对登记管理工作进行领导、规划和监督,通过制定规范性文件实现管理,促进司法鉴定工作的规范化和法治化。国务院司法行政部门根据需要会同有关部门制定有关司法鉴定登记管理工作的实施细则,从司法鉴定执业分类标准、实验室及鉴定仪器设备标准、鉴定文书标准、鉴定收费标准等方面具体规

---

〔1〕 参见全国人大常委会法制工作委员会刑法室编著:《全国人民代表大会常务委员会关于司法鉴定管理问题的决定释义》,法律出版社 2005 年版,第 22 页。

范司法鉴定管理工作。《决定》没有明确规定司法鉴定管理的具体办法,而是规定了对鉴定人和鉴定机构进行登记、名册编制和公告的具体办法,由国务院司法行政部门制定,报国务院批准。司法部颁布了《司法鉴定机构登记管理办法》。全国实行统一的司法鉴定机构及鉴定人审核登记、名册编制和名册公告制度。开展司法鉴定业务活动由司法鉴定机构统一接受委托,组织所属的司法鉴定人开展司法鉴定活动,遵守法律、法规和有关制度,执行统一的司法鉴定实施程序、技术标准和技术操作规范。司法部负责全国司法鉴定机构的登记管理工作,依法履行下列职责:(1)制定全国司法鉴定发展规划并指导实施;(2)指导和监督省级司法行政机关对司法鉴定机构的审核登记、名册编制和名册公告工作;(3)制定全国统一的司法鉴定机构资质管理评估制度和司法鉴定质量管理评估制度并指导实施;(4)组织制定全国统一的司法鉴定实施程序、技术标准和技术操作规范等司法鉴定技术管理制度并指导实施;(5)指导司法鉴定科学技术研究、开发、引进与推广,组织司法鉴定业务的中外交流与合作;(6)法律、法规规定的其他职责。司法行政机关负责监督指导司法鉴定行业协会及其专业委员会依法开展活动。

2.省级人民政府司法行政部门负责具体的登记、名册编制和公告工作,即由省级人民政府司法行政部门按照《决定》和司法部制定的规范性文件负责具体登记管理工作。省级以下(不含省级)各级人民政府司法行政部门不承担对鉴定机构的登记、名册编制和公告工作。根据《决定》,一个省(包括自治区、直辖市)应当有一个统一的鉴定机构名册。这是为了建立统一的鉴定机构准入制度,保证鉴定工作的质量和水平。同时有利于当事人选择和委托鉴定机构,方便当事人参与诉讼活动。所谓"登记",是指对符合《决定》第5条规定的条件的法人和其他组织,其向司法行政部门提出从事司法鉴定业务和设立鉴定机构的申请,由司法行政部门进行审核,对符合条件的予以登记注册。"名册编制"是指司法行政部门对经过登记注册的鉴定机构进行汇总、分类,编制成名册。"公告"是指司法行政部门利用媒体等形式向社会公布鉴定机构名册,以便社会公众了解鉴定机构的基本情况,方便当事人和司法机关在诉讼中进行司法鉴定的委托。

省级司法行政机关负责本行政区域内司法鉴定机构登记管理工作,依法履行下列职责:(1)制定本行政区域司法鉴定发展规划并组织实施;(2)负责司法鉴定机构的审核登记、名册编制和名册公告工作;(3)负责司法鉴定机构的资质管理评估和司法鉴定质量管理评估工作;(4)负责对司法鉴定机构进行监督、检查;(5)负责对司法鉴定机构违法违纪的执业行为进行调查处理;(6)组织司法鉴定科学技术开发、推广和应用;(7)法律、法规和规章规定的其他职责。省级司法行政机关可以委托下一级司法行政机关协助办理以上七个方面的工作。[1]

---

〔1〕 参见《司法鉴定机构登记管理办法》第10条、第11条。

四、司法鉴定机构的义务和法律责任

(一)司法鉴定机构的义务

为规范司法鉴定活动,保障诉讼活动顺利进行,规定鉴定机构的法定义务是非常必要的。根据诉讼法律的规定,鉴定意见是各类诉讼中重要的证据种类之一。鉴定意见作为证据对诉讼的结果往往起到至关重要的作用,会直接影响到判决的实体内容。因此,严格规定鉴定机构从事司法鉴定业务时应当履行的法定义务,对于保证鉴定机构为诉讼当事人提供高质量的鉴定服务,保护诉讼当事人的合法权益,保障诉讼活动的顺利进行具有重要的意义。《决定》对鉴定机构从事司法鉴定业务规定了法定的义务,司法部也明确了司法鉴定机构应承担的义务,归纳起来司法鉴定机构应承担以下法定义务:

1. 遵守法律、法规和规章。遵守法律、法规和规章是鉴定机构的首要义务,这主要是强调鉴定机构必须遵守与从事司法鉴定业务相关的法律、法规和规章。《刑法》《刑事诉讼法》《民事诉讼法》《行政诉讼法》《决定》以及司法部颁布的《司法鉴定机构登记管理办法》等,都对鉴定问题作了规定。鉴定机构应当严格遵守上述法律、法规和规章的相关规定。此外,最高人民法院、最高人民检察院就有关法律所作的司法解释中,对司法鉴定问题也有一些规定,这些规定对鉴定机构也具有约束力。

2. 遵守技术标准、技术操作规范和司法鉴定程序。司法鉴定是一项具有高度技术性的工作,不同的鉴定种类和鉴定项目有不同的技术标准、技术操作规范和操作程序。这些技术标准、技术操作规范和操作程序对于保证鉴定意见的准确性具有决定性的作用。如果不严格遵守司法鉴定的技术标准、技术操作规范和操作程序,就很难保证鉴定意见的科学性和准确性,从而影响案件裁决的正确性。因此,遵守技术标准、技术操作规范和司法鉴定程序是鉴定机构的一项重要义务。

3. 负责监管所属司法鉴定人的执业情况和遵守职业道德和执业纪律的情况。提高鉴定人的鉴定业务能力和道德水平,增强对鉴定人和鉴定机构的法律约束,加强鉴定人的职业荣誉感和鉴定机构的信誉度,对于司法鉴定行业的健康发展,保护当事人的合法权益,促进司法公正,提高社会的诚信度都具有重大意义。因此,对机构所属鉴定人的执业情况,遵守职业道德和执业纪律的情况的监管是鉴定机构的一项重要义务。

4. 尊重科学。鉴定机构在组织从事司法鉴定业务时必须尊重科学,不能主观臆断或者想当然进行鉴定,也不能屈从个别领导人或者部门对鉴定工作的干预而损害鉴定工作的科学性和客观性。

(二)司法鉴定机构的法律责任

法律责任与法定义务有着密切的关联性。司法鉴定机构如不履行法定义务,就会承担相应的法律责任。司法鉴定机构承担的法律责任主要有三个方面,即行政法律责任、民事法律责任和刑事法律责任。在现有的法律框架下,鉴定机构在日常工作中承担的主要是行政法律责任。

1. 行政法律责任方面。司法鉴定机构有下列情形之一的,由省级司法行政机关依法给予警告,并责令其改正:(1)超出登记的司法鉴定业务范围开展司法鉴定活动的;

(2)未经依法登记擅自设立分支机构的;(3)未依法办理变更登记的;(4)出借《司法鉴定许可证》的;(5)组织未取得《司法鉴定人执业证》的人员从事司法鉴定业务的;(6)无正当理由拒绝接受司法鉴定委托的;(7)违反司法鉴定收费管理办法的;(8)支付回扣、介绍费,进行虚假宣传等不正当行为的;(9)拒绝接受司法行政机关监督、检查或者向其提供虚假材料的;(10)法律、法规和规章规定的其他情形。司法鉴定机构有下列情形之一的,由省级司法行政机关依法给予停止从事司法鉴定业务 3 个月以上 1 年以下的处罚;情节严重的,撤销登记:(1)因严重不负责任给当事人合法权益造成重大损失的;(2)具有前述十种情形之一,并造成严重后果的;(3)提供虚假证明文件或采取其他欺诈手段,骗取登记的;(4)法律、法规规定的其他情形。

2. 民事法律责任方面。鉴定机构在开展司法鉴定活动时违反相关民事法律和存在过错行为的,应承担相应的民事法律责任。

3. 刑事法律责任方面。鉴定机构在开展司法鉴定活动时违反《刑法》的相关规定,构成犯罪的,鉴定机构的相关人员应承担刑事法律责任。

第三节 司法鉴定人管理

一、鉴定人概述

(一)域外鉴定人的概念

英美法系国家在司法实践中没有形成单独的鉴定人法律制度,法律也并未刻意地将鉴定人与证人区分开来,而只是在证据规则中加以阐述。《美国联邦证据规则》第 702 条规定:“如果科学、技术或其他专业知识将有助于审判者理解或确定争议事实,凭其知识、技能、经验、训练或教育有资格作为专家的证人可以用意见或其他方法作证。”其中“专家”一词在《布莱克法律词典》中的定义是:“经过该学科科学教育的人,或者掌握从实践经验中获得的特别或专有知识的人。”

大陆法系国家一般在法律中明确规定鉴定人法律制度,鉴定人的概念也在法典中予以体现。《德国刑事诉讼法典》将鉴定人定义为:“凭借其专门知识在判断某个证据问题上帮助法庭的人员。”《日本刑事诉讼法》将鉴定人定义为“有学识经验的人”。

(二)我国鉴定人的概念

我国现行法律中司法鉴定人的概念并不统一,《刑事诉讼法》将鉴定人定义为有专门知识的人。[1]《公安机关鉴定人登记管理办法》中的鉴定人是指“取得鉴定人资格证书并从事鉴定工作的专业技术人员”[2]。《人民检察院鉴定人登记管理办法》中的

---

〔1〕《刑事诉讼法》第 146 条规定:“为了查明案情,需要解决案件中某些专门性问题的时候,应当指派、聘请有专门知识的人进行鉴定。”

〔2〕《公安机关鉴定人登记管理办法》第 2 条。

鉴定人是指“依法取得鉴定人资格,在人民检察院鉴定机构中从事法医类、物证类、声像资料、司法会计鉴定以及心理测试等工作的专业技术人员”[1]。可以看出,在公安机关和检察机关,鉴定人被定义为有专业技术的人员。

《司法鉴定人登记管理办法》对鉴定人的概念作了规定,将其定义为“运用科学技术或者专门知识对诉讼涉及的专门性问题进行鉴别和判断并提出鉴定意见的人员”。鉴定人是司法鉴定活动的重要实施者,其实施的鉴定行为将科学技术直接应用于司法活动,具有科学性、中立性、独立性等特征。

(三)鉴定人的分类

按照鉴定人取得资格的模式的不同,可以将鉴定人分为职业资格型鉴定人和专聘资格型鉴定人。

1. 职业资格型鉴定人

职业资格型鉴定人,是指具有专门或特殊专业技能或专业技术资格或其他专业知识的自然人,在国家逐步实行司法鉴定人职业资格的领域内,依照法律法规明确的鉴定范围和专业类别,经国家主管机关审核后,由国家有关主管部门授予鉴定人职业资格的人员。职业资格型鉴定人不是通用型司法鉴定人才,其申请取得的司法鉴定人执业证书规定了其从事的鉴定范围。

职业资格型鉴定人根据不同的执业范围,以从事司法鉴定为主要任务。同时,也是我国司法鉴定人队伍的基本组成部分,为司法鉴定人执业队伍储备后续人才起到了重要的作用。

2. 专聘资格型鉴定人

专聘资格型鉴定人,是指在国家实行鉴定人职业资格的领域外,临时接受司法机关、监察机关、仲裁机构或其他组织委托,用自身技术就特定事项从事司法鉴定活动的人员。其必须为该领域内具有专门知识的专家,或者具有特定的科学技术手段及较为丰富的实践工作经验;所接受的司法鉴定任务具有临时性、特殊性,一般是一次性的任务。

专聘资格型鉴定人一事一聘,在完成所接受的司法鉴定任务后,其专聘鉴定人资格即行取消。

二、鉴定人的条件与鉴定人资格的取得

(一)鉴定人的条件

《决定》第4条对自然人申请从事司法鉴定业务规定了条件,司法部颁布的《司法鉴定人登记管理办法》进一步明确了个人申请从事司法鉴定业务所应具备的条件。

1. 鉴定实践能力条件。鉴定实践能力是指独立解决本学科范围内涉及诉讼的专门性问题的能力,这是鉴定人开展鉴定的基本条件。鉴定人进行鉴定是凭借其具有的专门知识和技能或特别经验,从专业的角度对专门性问题提出意见,这需要有一定的专业

[1] 《人民检察院鉴定人登记管理办法》第2条。

知识和实践能力，即鉴定人应当是所从事鉴定业务领域的专家。

2. 法学知识条件。鉴定人作为诉讼参加人，应当具备一定的法学基础知识。司法鉴定活动离不开诉讼活动，因此具备一定的法学知识能够使鉴定人更规范地从事司法鉴定工作，也能够避免鉴定人只懂技术不懂法律的情况，保证司法鉴定工作的正常秩序。

3. 专业技术资格条件。鉴定人需要以科学技术与专门知识解决诉讼涉及的专门性问题，因此必须具备较高的专业技术职称和特殊技能。具体来说，具备下列三个条件之一的，可以申请登记从事司法鉴定业务：(1)具有与所申请从事的司法鉴定业务相关的高级专业技术职称；(2)具有与所申请从事的司法鉴定业务相关的专业执业资格或者高等院校相关专业本科以上学历，从事相关工作5年以上；(3)具有与所申请从事的司法鉴定业务相关工作10年以上经历，具有较强的专业技能。

4. 思想道德条件。鉴定人应当拥护《宪法》，遵守法律、法规和社会公德。因故意犯罪或者职务过失犯罪受过刑事处罚的，受过开除公职处分的，以及被撤销鉴定人登记的人员，不得从事司法鉴定业务。

（二）鉴定人职业资格的取得

我国的鉴定人管理采用行政许可的登记管理制度。为了规范司法鉴定活动，促进司法公正和效率，保障当事人的诉讼权利，司法行政部门和侦查机关根据《决定》和其他相关法律、法规，制定有关鉴定人资格申请的登记管理办法。

1. 鉴定人资格申请的登记机关

我国的鉴定人资格申请的登记机关包括省级司法行政机关和侦查机关内设鉴定机构的鉴定人登记管理部门。

(1)司法行政机关。省级司法行政机关负责本行政区域内鉴定人的登记管理工作。申请从事司法鉴定业务的个人、法人或者其他组织，由省级人民政府司法行政部门审核，对符合条件的予以登记，编入鉴定人和鉴定机构名册并予以公告。省级人民政府司法行政部门应当根据鉴定人或者鉴定机构的增加和撤销登记情况，定期更新所编制的鉴定人和鉴定机构名册并公告。省级司法行政机关还应负责本行政区域内鉴定人的诚信等级评估工作；负责对鉴定人的监督、检查工作；负责对鉴定人违法违纪执业行为的调查处理工作；组织开展鉴定人专业技术职称评聘工作；组织鉴定人参加司法鉴定岗前培训和继续教育；履行法律、法规和规章规定的其他职责。

司法部负责全国鉴定人的登记管理工作，指导和监督省级司法行政机关对鉴定人的审核登记、名册编制和名册公告工作；制定鉴定人执业规则和职业道德、职业纪律规范；制定鉴定人诚信等级评估制度并指导实施；会同国务院有关部门制定鉴定人专业技术职称评聘标准和办法；制定和发布鉴定人继续教育规划并指导实施；履行法律、法规规定的其他职责。

(2)侦查机关内设鉴定机构的鉴定人登记管理部门。侦查机关内设鉴定机构的鉴定人登记管理主体不是司法行政机关。

①公安机关实行公安部和省、自治区、直辖市公安厅、局两级登记管理。公安部和各省、自治区、直辖市公安厅(局)设立或者指定统一的登记管理部门,负责审核登记、年审、变更、注销、复议、名册编制与公告、监督管理与处罚等。公安部登记管理部门负责各省、自治区、直辖市公安厅(局),以及部属科研机构、院校、专业技术协会的鉴定人的登记管理工作。

②人民检察院负责内设鉴定机构的鉴定人登记管理的具体部门是最高人民检察院检察信息技术部门和各省级人民检察院检察信息技术部门。

检察机关、公安机关、国家安全机关管理本系统所属鉴定人,履行资格审查、年度审验、资格延续与变更注销、颁发鉴定资格证书、系统内部名册编制、技术考核、业务指导管理、队伍建设和监督检查等职责;司法行政机关对经检察机关、公安机关、国家安全机关审查合格的所属鉴定人进行备案登记,编制和更新国家鉴定机构、鉴定人的名册并公告。

最高人民检察院、公安部和省级检察机关、公安机关分别向同级司法行政机关送交备案登记材料。最高人民检察院、公安部直接管理、审查合格的鉴定机构和鉴定人的相关材料统一送交司法部,由司法部分送鉴定机构、鉴定人执业区域的省级司法行政机关进行备案登记;省级检察机关、公安机关的鉴定机构和鉴定人的相关材料送交同级司法行政机关进行备案登记。

2. 鉴定人资格的取得程序

(1)申请人提交申请材料。个人申请从事司法鉴定业务,应当由拟执业的司法鉴定机构向司法行政机关提交下列材料:①申请表;②身份证、专业技术职称、行业执业资格、学历、符合特殊行业要求的相关资格、从事相关专业工作经历、专业技术水平评价及业务成果等证明材料;③应当提交的其他材料。个人兼职从事司法鉴定业务的,还应当提供所在单位同意其兼职从事司法鉴定业务的书面意见。申请公安机关或人民检察院等的内设鉴定机构鉴定人资格的,应遵循相应的法规、规章提交相关申请材料。

(2)司法行政机关审核登记。申请人有下列情形之一的,司法行政机关对其申请不予受理,并出具不予受理决定书:①申请人因故意犯罪或者职务过失犯罪受过刑事处罚的;②申请人受过开除公职处分的;③申请人曾被司法行政机关撤销司法鉴定人登记的;④申请人所在的司法鉴定机构受到停业处罚,处罚期未满的;⑤申请人无民事行为能力或者限制行为能力的;⑥申请人具有法律、法规和规章规定的其他不得申请从事司法鉴定业务的情形。

经审核符合条件的,司法行政机关应当作出准予执业的决定,并颁发给申请人《司法鉴定人执业证》;不符合条件的,作出不予登记的决定,书面通知申请人所在的鉴定机构并说明理由。

(3)司法行政机关公告鉴定人名册。司法鉴定行业实行鉴定人国家名册制度,申请登记的鉴定人通过审查后,由司法部统一编制名册予以公告。侦查机关登记的鉴定人应当到同级司法行政部门备案登记,并纳入司法部统一编制的全国鉴定人名册,由司法行政部门予以公告,从而取得司法鉴定人资格。

三、鉴定人的诉讼地位

(一)我国鉴定人的诉讼地位

我国的鉴定人与诉讼代理人、证人、辩护人及翻译人员一样,属于独立的诉讼参与人。鉴定人既不是法官的科学辅助人,也不是任何一方当事人的技术顾问、专家证人,而是帮助司法机关解决诉讼案件中的专门性问题的诉讼参与人。鉴定人受司法机关指聘、委托,解决诉讼案件中的专门性问题,为审理提供科学证据,独立参与诉讼活动。根据诉讼法的规定,鉴定人履行鉴定职责时适用诉讼法规定的回避制度。

(二)域外关于鉴定人诉讼地位的不同观点

1. 鉴定人是专家证人

在英美法系国家,与我国的鉴定人在职能上最接近的就是专家证人。这种将鉴定人归于证人范畴的做法,被称为并合式立法模式。[1] 英美法系国家将专家证人视为特殊的证人,其发表的意见被称为专家证言。英美法系国家的专家证人与一般证人并没有实质性的区别,专家证人和普通证人均由当事人提请作证,庭审中询问普通证人和询问专家证人的规则也相同。就实践而言,专家证人与普通证人在诉讼权利、诉讼义务以及证言证明力等方面存在一定差异。比如,在证人资格方面,作为一个合格的专家证人,应当具备相关的知识或经验,可以向法庭陈述自己的看法,并得出结论性的意见,同时还可以向法官和陪审团阐述得出结论的根据;而普通证人作证时只能陈述自己了解的案件事实,不能发表自己的意见,否则,根据传闻证据规则,该证言将被排除。

2. 鉴定人是法官辅助人

在一些大陆法系国家,鉴定人和证人都是独立的诉讼参与人,这种模式被称为分立式立法模式。在这种立法模式中,鉴定人的职责是弥补法官知识和经验的不足。这种职责决定了在诉讼中鉴定人的地位要高于一般证人,在有的国家,鉴定人甚至被定位为“科技法官”。有德国学者认为,鉴定人通常提供的是特别的知识和经验,在裁判作用上属于上位命题,而证人提供的则是具体的事实关系,在裁判作用上属于下位命题。有法国学者认为,鉴定人具有补充法官认识能力的功能,鉴定意见属于“对象之评价”,而证人仅为法官提供认识资料,证人证言属于“评价之对象”。[2]

根据鉴定人的概念和特征,结合我国法律传统,我国将鉴定人定位为具有专业知识的中立的诉讼参与人是有其科学性和合理性的。我国的鉴定人不享有优越于其他诉讼参与人的地位和权利,其鉴定意见也不具有“科学判决”的性质。我国的鉴定人的诉讼地位高于英美法系国家的专家证人,低于大陆法系国家的法官辅助人。

---

[1] 参见杜志淳、霍宪丹编著:《中国司法鉴定制度研究》,中国法制出版社2002年版,第28页。

[2] 参见宫万路:《鉴定人制度比较研究》,载何家弘主编:《证据学论坛》(第1卷),中国检察出版社2000年版。

四、鉴定人的权利与义务

(一)鉴定人的权利

1. 概念

鉴定人的权利是指法律赋予鉴定人的在执业时为一定行为的可能性,这种可能性经法律规定而成为鉴定人执业的权利保障。为了保障鉴定人正常开展司法鉴定工作,各国往往通过法律对鉴定人的权利作出具体规定。在我国,《决定》《司法鉴定人登记管理办法》《司法鉴定程序通则》都对鉴定人的权利作了规定。

2. 鉴定人权利的基本内容

根据《司法鉴定人登记管理办法》的规定,鉴定人执业,有下列权利:(1)了解、查阅与鉴定事项有关的情况和资料,询问与鉴定事项有关的当事人、证人等;(2)要求鉴定委托人无偿提供鉴定所需要的检材、样本;(3)进行鉴定所必需的检验、检查和模拟实验;(4)拒绝接受不合法、不具备鉴定条件或者超出登记的执业类别的鉴定委托;(5)拒绝解决、回答与鉴定无关的问题;(6)鉴定意见不一致时,保留不同意见;(7)接受岗前培训和继续教育;(8)获得合法报酬;(9)法律、法规规定的其他权利。

(二)鉴定人的义务

1. 概念

鉴定人的义务是指鉴定人在执业活动中应当履行的职责。鉴定人的义务与其权利相对应,是对鉴定人执业行为的约束和规范。

2. 鉴定人义务的基本内容

根据《司法鉴定人登记管理办法》的规定,鉴定人执业,应当履行下列义务:(1)受所在司法鉴定机构指派按照规定时限独立完成鉴定工作,并出具鉴定意见;(2)对鉴定意见负责;(3)依法回避;(4)妥善保管送检的检材、样本和资料;(5)保守在执业活动中知悉的国家秘密、商业秘密和个人隐私;(6)依法出庭作证,回答与鉴定有关的询问;(7)自觉接受司法行政机关的管理和监督、检查;(8)参加司法鉴定岗前培训和继续教育;(9)法律、法规规定的其他义务。

思考习题

1. 司法鉴定管理的特点是什么?
2. 司法鉴定行政管理的依据是什么?
3. 司法鉴定行业管理的现状如何?
4. 司法鉴定技术管理的现状如何?
5. 如何理解司法鉴定机构的中立性地位? 其意义如何?
6. 结合现行法律法规,如何理解我国司法鉴定机构的设置原则?
7. 为什么说规定司法鉴定机构的法定义务是非常必要的?
8. 简述职业资格型鉴定人与专聘资格型鉴定人的区别。
9. 如何理解鉴定人在我国的诉讼地位?
10. 如何理解社会鉴定机构的鉴定人与司法机关内设鉴定机构的鉴定人在资格取得以及管

理上的区别?

拓展阅读书目

1. 杜志淳、霍宪丹编著:《中国司法鉴定制度研究》,中国法制出版社 2002 年版。
2. 中国标准化研究院编著:《国内外标准化现状及发展趋势研究》,中国标准出版社 2007 年版。
3. 司法部司法鉴定管理局编:《两大法系司法鉴定制度的观察与借鉴》,中国政法大学出版社 2008 年版。
4. 王敏远、郭华:《司法鉴定与司法公正研究》,知识产权出版社 2009 年版。
5. 国家认证认可监督管理委员会、司法部司法鉴定管理局主编:《司法鉴定机构资质认定工作指南》,中国计量出版社 2009 年版。
6. 郭华:《司法鉴定制度改革与审视》,知识产权出版社 2022 年版。

第六章 司法鉴定的实施制度

本章概要 司法鉴定实施制度包括司法鉴定的申请、决定、委托、受理、实施,鉴定意见出具,鉴定人出庭等各项工作制度以及补充鉴定和重新鉴定制度。

通过本章的学习,应当掌握司法鉴定的启动程序、委托手续,熟悉司法鉴定实施的具体操作流程、技术方法及相关工作制度,掌握补充鉴定和重新鉴定的区别,了解鉴定人出庭作证制度及其意义。

关键词 启动程序;受理;实施;补充鉴定;重新鉴定

司法鉴定实施制度主要包括鉴定的申请、决定、委托、受理、实施,鉴定的时限,鉴定人的回避,鉴定质量控制与保障等制度。司法鉴定实施制度是司法鉴定管理制度中的核心制度,直接关系到司法鉴定工作的正常运行及质量;关系到司法鉴定工作程序是否合法、规范,鉴定的技术方法、手段是否科学、先进、可靠,鉴定所适用的标准是否正确、有效,鉴定意见所依据的数据是否准确、客观、科学等。司法鉴定实施制度会直接影响到司法公正、司法权威。

第一节 司法鉴定的启动

司法鉴定的启动包括司法鉴定的申请、决定和委托三个环节。

一、司法鉴定的申请

司法鉴定的申请,是指民事、行政案件的诉讼当事人,刑事案件的犯罪嫌疑人、被害人、附带民事诉讼原告以及其他诉讼参与人,为了保障自身的合法权益,向侦查机关、检察机关、审判机关以及其他机关提出的对案件中涉及的某些专门性问题进行司法鉴定的口头或书面的请求。按照申请鉴定的时间和诉讼阶段的不同,司法鉴定的申请可分为初次司法鉴定申请、补充司法鉴定申请、重新司法鉴定申请。按照案件性质的不同又可分为刑事诉讼案件司法鉴定申请、民事诉讼案件司法鉴定申请、行政诉讼案件司法鉴定申请以及其他案件司法鉴定申请。

(一)提出司法鉴定申请的法律依据

在民事诉讼和行政诉讼中,当事人及其代理人有权申请司法鉴定或申请补充鉴定、重新鉴定。《民事诉讼法》第79条第1款规定:"当事人可以就查明事实的专门性问题向人民法院申请鉴定。当事人申请鉴定的,由双方当事人协商确定具备资格的鉴定人;

协商不成的,由人民法院指定。”当事人申请鉴定,应当在法定期限内提出。在行政诉讼中,原告或者第三人有证据或者有正当理由表明被告据以认定案件事实的鉴定结论可能有错误,书面申请重新鉴定的,法院应予准许。《刑事诉讼法》未对犯罪嫌疑人、被害人或其法定代理人、近亲属、诉讼代理人提出初次鉴定申请进行规定,但在刑事诉讼相关规定中有申请为犯罪嫌疑人进行精神疾病初次司法鉴定的规定。[1] 对于补充鉴定和重新鉴定的申请,我国法律明确规定,侦查机关应当将用作证据的鉴定意见告知犯罪嫌疑人、被害人。如果犯罪嫌疑人、被害人提出申请,可以补充鉴定或者重新鉴定。[2]

需要说明的是,这里的司法鉴定申请不包括司法机关内部办案人员根据其办案经验和查明案情的实际需要向主管领导提出委托鉴定的内部审批或申请程序。这属于司法机关的内部工作程序,由相关机关自行制定其工作规范。

(二)提出司法鉴定申请的条件

在司法实践中,提出鉴定申请时,一般应具备以下条件:(1)案件已经进入侦查或诉讼阶段;提出鉴定申请的理由合理。(2)要求鉴定的事项有助于查明案件事实真相;申请人具有完全行为能力(如果申请人没有完全行为能力,可以通过法定代理人代为申请等方式办理)。(3)能如实提供鉴定用的相关资料和检材、样本。(4)民事诉讼、行政诉讼中申请鉴定所需费用已经落实。(5)所提出的鉴定申请事项属于目前司法鉴定领域可以解决的问题,或者涉及的相关技术已经比较成熟,并获得行业内的普遍公认。关于重新鉴定的申请条件,最高人民法院《关于民事诉讼证据的若干规定》第 40 条规定,当事人申请重新鉴定,存在下列情形之一的,人民法院应当准许:(1)鉴定人不具备相应资格的;(2)鉴定程序严重违法的;(3)鉴定意见明显依据不足的;(4)鉴定意见不能作为证据使用的其他情形。对鉴定意见的瑕疵,可以通过补正、补充鉴定、补充质证或者重新质证等方法解决的,不予重新鉴定。这些规定对于预防、控制不必要的重复鉴定有积极意义。

(三)提出司法鉴定申请的主体

在刑事诉讼中,犯罪嫌疑人、被害人,是补充鉴定或重新鉴定的申请主体;对于初次鉴定的申请主体目前法律还没有明确规定。在民事诉讼中,当事人可以提出司法鉴定申请,包括初次鉴定申请、补充鉴定申请和重新鉴定申请。当事人申请鉴定,应当在举证期限内提出。对需要鉴定的事项负有举证责任的当事人,在法院指定的期限内无正当理由不提出鉴定申请,或者不预交鉴定费用,或者拒不提供相关材料致使对案件争议的事实无法通过鉴定意见予以认定的,应当对该事实承担举证不能的法律后果。当事人在法庭上可以提出新的证据。当事人经法庭许可,可以向证人、鉴定人、勘验人发问。

---

〔1〕 参见《人民检察院刑事诉讼规则》第 221 条。

〔2〕 参见《刑事诉讼法》第 148 条,《公安机关办理刑事案件程序规定》第 254 条、第 255 条,《人民检察院刑事诉讼规则》第 220 条。

当事人要求重新进行调查、鉴定或者勘验的,是否准许,由人民法院决定。[1] 民事诉讼与行政诉讼中的相关规定大致相同,但民事诉讼又有特别规定,当事人对鉴定书的内容有异议的,应当在人民法院指定期间内以书面方式提出。对于当事人的异议,人民法院应当要求鉴定人作出解释、说明或者补充。人民法院认为有必要的,可以要求鉴定人对当事人未提出异议的内容进行解释、说明或者补充。[2]

目前的趋势,是越来越多的办案人员认可诉讼当事人的鉴定申请,并给予充分重视。例如,在故意伤害案件的办理过程中,因被害人伤势不明,导致案件性质不能确定,办案人员经常会告知或要求被害人书写一份伤势法医鉴定申请,由办案人员对外委托司法鉴定机构对其伤势进行鉴定。

(四)提出司法鉴定申请的程序

有权利申请鉴定的人可以在案件的整个诉讼阶段(包括二审、再审程序)提出司法鉴定的申请。民事案件、刑事自诉案件在起诉前,当事人可以自行委托对相关事项的鉴定。刑事诉讼、民事诉讼、行政诉讼中当事人及其代理人可向法院口头或书面提出司法鉴定申请。

(五)司法鉴定申请的内容

司法鉴定解决的是诉讼过程中涉及的专门性问题。专门性问题是指案件争议中的相关事实,对这个事实的确认仅靠生活常识和办案经验以及逻辑推理是无法解决的,必须用专门科学技术或专门知识或经验才能解决,同时这里的专门性问题也不是法律定性、法律适用方面的问题。

在通常情况下,司法鉴定申请的主要内容包括:申请鉴定的事项、申请鉴定的理由,有些申请中还包括当事人拟委托的鉴定机构名称。在刑事、民事、行政诉讼案件中涉及的常见鉴定项目有:(1)对案件涉及的人身状况进行鉴定(如损伤程度鉴定、死亡原因鉴定、亲权关系鉴定、个体识别鉴定、毒物鉴定等);(2)对诉讼当事人或参与人的法律能力、法律关系进行鉴定;(3)对涉及有关法律事实的文书资料的真实性进行鉴定;(4)对交通事故、工伤事故、医疗事故中涉及的伤残等级、因果关系、参与度等问题进行评定;(5)对有关物证、痕迹、毒物等进行检验;(6)对案件中涉及的声像资料、计算机、知识产权、会计资料、物损、工程造价及质量等进行鉴定。

在申请人对鉴定机构和鉴定人的选择上,实践中常常有申请人要求委托本行政区域以外的高等院校、科研院所的司法鉴定机构进行鉴定。对申请人对鉴定主体的选择权,司法机关应予以充分重视,并依法予以支持。

(六)司法鉴定申请权的救济

我国现行法律法规中还没有关于司法鉴定申请权救济的相关规定,以至于当事人的司法鉴定申请权难以得到法律的保障。随着司法改革的不断深入,诉讼程序正义的

---

[1] 参见《民事诉讼法》第142条。

[2] 参见最高人民法院《关于民事诉讼证据的若干规定》第37条第2款、第3款。

理念逐步确立，当事人的鉴定申请权应得到法律保障，要在相关的法律中设置当事人申请司法鉴定权的救济制度，并应在条文中规定：司法机关对当事人提出的鉴定申请应予以支持，如有正当理由不予以支持，应作出附理由的裁定，并允许申请人对裁定提出复议。

二、司法鉴定的决定

（一）司法鉴定的决定主体

司法鉴定的决定主体，是指在诉讼中对提出的司法鉴定申请有权作出是否准予鉴定的决定的办案机关。刑事公诉案件是否进行鉴定，在侦查阶段由公安机关或检察机关决定；在审查起诉阶段由检察机关决定；在审判阶段由法院决定。刑事自诉、民事诉讼、行政诉讼案件的鉴定由法院决定。抗诉案件的鉴定由检察机关或法院决定。

对非诉案件或准备起诉的案件，当事人及其代理人为了解决举证问题可以自行决定进行鉴定。

（二）司法鉴定决定的法律依据

民事诉讼中的当事人申请鉴定的，由双方当事人协商确定具备资格的鉴定人；协商不成的，由法院指定。当事人未申请鉴定，法院认为对专门性问题需要鉴定的，应当委托具备资格的鉴定人进行鉴定。行政诉讼过程中，法院认为对专门性问题需要鉴定的，应当交由法定鉴定部门鉴定；没有法定鉴定部门的，由法院指定的鉴定部门鉴定。

（三）司法鉴定决定的程序

对于司法鉴定申请，相关司法机关根据法律规定进行审核后，有权作出是否鉴定的决定。公安机关在办案过程中，当事人提出鉴定申请后，本级公安机关鉴定机构有鉴定能力的，应当委托该机构；超出本级公安机关鉴定机构鉴定项目或者鉴定能力范围的，应当逐级委托上级公安机关鉴定机构；特别重大案（事）件的鉴定或者疑难鉴定，可以委托有鉴定能力的公安机关鉴定机构。因技术能力等原因，需要委托公安机关以外的鉴定机构进行鉴定的，应当严格管理。各省级公安机关应当制定对外委托鉴定管理办法以及对外委托鉴定机构和鉴定人名册。检察机关、审判机关在办理案件时也可以根据案情需要，经过一定的程序，决定是否准予进行司法鉴定。

司法鉴定的决定既可以由办案机关基于犯罪嫌疑人、被害人、诉讼当事人或代理人提出的司法鉴定申请而作出，也可以根据办案需要直接作出。提出司法鉴定申请不是办案机关作出司法鉴定决定的必经程序。

（四）司法鉴定决定的内容和形式

司法机关根据办案人员提出的鉴定要求或相关诉讼当事人提出的司法鉴定申请，经审查后作出是否进行司法鉴定的决定。如同意进行司法鉴定，其决定的内容主要包括：决定进行司法鉴定的依据、鉴定对象、鉴定项目、鉴定要求（鉴定需要解决的问题）、鉴定适用的标准、拟委托的鉴定机构和鉴定人、鉴定的时间和地点，即根据什么作出鉴定决定，决定由谁在什么时间、地点对什么对象作何种鉴定，通过鉴定需要解决诉讼中的什么问题。

司法机关依法作出司法鉴定决定,主要以内部批文的形式反映并记录司法机关内部工作流程与审批的情况及鉴定决定的具体内容。记载司法鉴定决定过程和内容的公文应存放于案件的卷宗内,随案移送。

(五)不服决定的复议

我国目前没有关于不服司法鉴定决定的复议程序。随着我国民主法治建设的不断完善,司法改革的逐步深化,诉讼当事人、参与人的诉讼权利必将得到更好的保护。对此应当建立司法鉴定申请的救济制度,如可以制定相关条文规定司法机关在作出不予司法鉴定的决定后,应向鉴定申请人出具附理由的书面裁定,申请人对裁定不服的,可在一定期限内向原决定机关的上级机关提出复议。复议机关应在一定期限内作出附理由的维持或撤销原裁定的决定。建立司法鉴定申请的救济制度,有利于切实保障诉讼当事人的诉讼权利,有利于实现程序正义、维护司法公正。

三、司法鉴定的委托

(一)委托的法律依据

司法鉴定委托,是指司法鉴定的委托主体向司法鉴定的受理主体提出进行某项司法鉴定活动的要求。司法鉴定委托这一重要环节的相关规定散见于不同的法律、法规、规章中。例如,《决定》规定了侦查机关根据侦查工作的需要设立的鉴定机构,不得面向社会接受委托从事司法鉴定业务。鉴定机构接受委托从事司法鉴定业务,不受地域范围的限制。在诉讼中,对法医类、物证类、声像资料、环境损害四大类鉴定事项发生争议,需要鉴定的,应当委托列入鉴定人名册的鉴定人进行鉴定。鉴定人从事司法鉴定业务,由所在的鉴定机构统一接受委托。

检察机关的鉴定机构不得面向社会接受委托从事鉴定业务,鉴定人员不得参与面向社会服务的司法鉴定机构组织的司法鉴定活动。同时,检察机关鉴定机构可以受理的鉴定案件的类型包括检察机关业务工作所需的鉴定、有关部门交办的鉴定、其他司法机关委托的鉴定。检察机关内部委托的鉴定实行逐级受理制度,对其他机关委托的鉴定实行同级受理制度。[1] 检察机关各业务部门向上级人民检察院或者对外委托鉴定时,应当通过本院或者上级检察院检察信息技术部门统一协调办理。委托鉴定应当书面委托,客观反映案件基本情况、送检材料和鉴定要求等内容。鉴定机构受理鉴定时,应当制作委托受理登记表。

司法鉴定机构应当统一受理办案机关的司法鉴定委托。委托人委托鉴定的,应当向司法鉴定机构提供真实、完整、充分的鉴定材料,并对鉴定材料的真实性、合法性负责。司法鉴定机构应当核对并记录鉴定材料的名称、种类、数量、性状、保存状况、收到时间等。诉讼当事人对鉴定材料有异议的,应当向委托人提出。其中,鉴定材料包括生

---

〔1〕 参见最高人民检察院《关于贯彻〈全国人民代表大会常务委员会关于司法鉴定管理问题的决定〉有关工作的通知》。

物检材和非生物检材、比对样本材料以及其他与鉴定事项有关的鉴定资料。司法鉴定机构应当自收到委托之日起在规定的时间内作出是否受理的决定。对于复杂、疑难或者特殊鉴定事项的委托,司法鉴定机构可以与委托人协商决定受理的时间。司法鉴定机构应当对委托鉴定事项、鉴定材料等进行审查。

司法鉴定机构决定受理鉴定委托的,应当与委托人签订司法鉴定委托书。司法鉴定委托书应当载明委托人名称、司法鉴定机构名称、委托鉴定事项、是否属于重新鉴定、鉴定用途、与鉴定有关的基本案情、鉴定材料的提供和退还、鉴定风险,以及双方商定的鉴定时限、鉴定费用及收取方式、双方权利义务等其他需要载明的事项。司法鉴定机构决定不予受理鉴定委托的,应当向委托人说明理由,退还鉴定材料。

(二)委托的条件

委托司法鉴定需要具备的基本条件为:(1)诉讼当事人提出鉴定申请或者承办案件的司法机关根据办案实际需要进行鉴定;(2)案件解决过程中涉及专门性问题;(3)有明确的鉴定事项;(4)具备鉴定所需的检材和条件;(5)进行该项鉴定的技术已经比较成熟,获得公认,鉴定意见能对诉讼涉及的专门性问题作出鉴别和判断。

办理司法鉴定委托手续需提供下列有关材料:(1)鉴定委托书。(2)检材及样本资料清单。在委托时,必须准备符合鉴定数量、质量要求的检材和样本,并列出清单,对检材、样本及附送资料逐一登记,注明其名称、数量、性状、来源、收取及保全方法,以及应予鉴定的明确要求等。在送往鉴定部门的过程中,应根据检材与样本的条件、性状以及运送可能出现的破坏性因素,采取科学的方法进行包装、保存,并选择适合的运送方式。(3)案情介绍资料。(4)被鉴定人的基本情况。应注明被鉴定人的姓名、性别、年龄、职业等。(5)供鉴定使用的补充文书资料,如现场勘查记录、物证检验记录、侦查实验记录等文书的副本。有些鉴定还要求提供其他类别的补充文书资料,如轻重伤鉴定中的原始门诊或住院病历记录、X 光片、CT 片、心脑电图等,司法精神医学鉴定中的被鉴定人及其家庭情况、工作单位,知情人提供的有关被鉴定人精神状态的证言材料,医疗记录和相关检查结果等。(6)如果是重新鉴定或复核鉴定,除送交上述资料外,还必须送交前一次或前几次的鉴定书及其附件。

(三)委托的主体

一般来说,司法鉴定的决定主体承担了司法鉴定的委托职能,是司法鉴定的委托主体。司法鉴定的委托主体与受理主体(司法鉴定机构)通过委托司法鉴定而建立法律关系。

一般情况下,鉴定机构依法接受司法机关、行政机关、监察机关、仲裁机构、调解组织以及企事业单位、社会团体和个人的委托开展司法鉴定。但对于某些专业的鉴定项目(如精神疾病的司法鉴定、法医病理学鉴定中的尸体解剖、医疗纠纷司法鉴定、毒品鉴定、枪弹痕迹鉴定等),司法鉴定机构暂时仅受理司法机关的委托。

(四)委托的程序与形式、范围

1. 司法鉴定的委托程序

司法鉴定委托的程序,通常是司法鉴定的委托人携带鉴定所需的材料(如果是法医类鉴定,通常还需要带着被鉴定人)以及委托机关出具的鉴定委托书到鉴定机构当面委托。在特定情况下,也可以通过函件方式进行委托。例如,委托人与拟委托的司法鉴定机构之间相隔遥远,交通不便,被鉴定人身体条件或经济条件不允许等,但如果委托中涉及重要的鉴定资料等一般要求通过机要方式邮寄。通过函件方式委托的,鉴定机构经过审查后认为具备鉴定条件的,可视情况再行现场检验或出诊检验。

2. 司法鉴定的委托形式

司法鉴定一般要求通过书面形式进行委托,具体可以通过委托书、鉴定聘请书等方式进行委托。办案机关的鉴定委托书有多种格式,但一般应包括鉴定委托机关的名称、鉴定事由、提供参考的卷宗资料、送检文书资料和检材的名称和数量、具体委托承办人的联系方式、委托日期、鉴定委托机关公章、备注(注明抽血、检查等是否有公证人员、律师等陪同)。鉴定委托机关应与鉴定受理机构签订鉴定委托合同。个人委托的,当事人应按鉴定机构的要求,填写委托鉴定登记表,除上述一般内容外,还要填写当事人的身份证号码,委托人还应签字等。实践中也有使用介绍信进行委托鉴定的做法。

3. 司法鉴定的委托范围

司法鉴定的委托范围,除法律要求登记管理的法医类、物证类、声像资料以及环境损害鉴定外,可基于不同诉讼阶段或者不同执法领域,结合司法鉴定执业分类的规定确定。如最高人民法院《关于诉前调解中委托鉴定工作规程(试行)》第3条规定:“下列纠纷,人民法院可以根据当事人申请委托开展诉前鉴定:(一)机动车交通事故责任纠纷;(二)医疗损害责任纠纷;(三)财产损害赔偿纠纷;(四)建设工程合同纠纷;(五)劳务合同纠纷;(六)产品责任纠纷;(七)买卖合同纠纷;(八)生命权、身体权、健康权纠纷;(九)其他适宜进行诉前鉴定的纠纷。”最高人民法院《关于人民法院民事诉讼中委托鉴定审查工作若干问题的规定》规定,有下列情形之一的,人民法院不予委托鉴定:(1)通过生活常识、经验法则可以推定的事实;(2)与待证事实无关联的问题;(3)对证明待证事实无意义的问题;(4)应当由当事人举证的非专门性问题;(5)通过法庭调查、勘验等方法可以查明的事实;(6)对当事人责任划分的认定;(7)法律适用问题;(8)测谎;(9)其他不适宜委托鉴定的情形。另外,拟鉴定事项所涉鉴定技术和方法争议较大的,应当先对其鉴定技术和方法的科学可靠性进行审查。所涉鉴定技术和方法没有科学可靠性的,不予委托鉴定。

在司法实践中,时常存在一些案件涉及上述规定范围以外的专门性问题(属于事实方面的非以专门科学技术不能发现或查明的问题)的情况。从实践看,只要现有技术可以解决的,仍然可以委托鉴定。所以司法鉴定的委托范围应该是诉讼涉及的现有科技能解决的专门性问题。

(五)委托书的内容

委托书至少应包括以下信息:委托人的基本信息(名称、住所、联系人、联系方式)、被鉴定人(或物品)的基本信息(姓名、名称、住所、联系方式、物品编号、外观描述、数量、清单)、委托鉴定的具体项目、案情基本信息(案件的性质、所处的诉讼阶段,案件发生的时间、地点)、委托鉴定的用途、鉴定时间要求、以前有无经过鉴定及鉴定形成的意见(特别应告知诉讼当事人争议焦点)。如果是司法精神医学鉴定则需要提供被鉴定人的个人成长史、家族史等生活背景资料和既往病史资料。

(六)补充鉴定、重新鉴定的委托

补充鉴定是原鉴定的延续,是在原有鉴定的基础上,根据新补充的鉴定材料或变化了的伤情、病情等对原鉴定的事项进行修正,或因诉讼需要对原鉴定遗漏的事项进行补充,所以补充鉴定通常委托原鉴定机构,由原鉴定机构安排原鉴定人完成补充鉴定。

重新鉴定的委托主体可以与原鉴定的委托主体不同,如原鉴定是在侦查阶段进行的,到审查起诉阶段或者审判阶段,可以由检察机关或人民法院委托重新鉴定。委托重新鉴定时,可以选择原鉴定机构,也可以选择原鉴定机构以外的其他鉴定机构。通常选择原鉴定机构以外的其他鉴定机构更为妥当,更容易获得诉讼当事人的认可。在特殊情况下,可以选择委托原鉴定机构,同时要求受理重新鉴定的原鉴定机构指派原鉴定人之外的其他鉴定人进行重新鉴定。

(七)鉴定委托的变更与撤销

司法鉴定决定主体(通常也是委托主体)根据案件的实际情况可变更与撤销鉴定委托;无鉴定决定权的诉讼当事人可向鉴定决定主体提出申请,请求变更或撤销鉴定委托,但无权自主变更、撤销鉴定委托。鉴定机构和鉴定人也不可直接同意诉讼当事人对于司法鉴定委托的任何变更要求或撤销的请求。在鉴定实践中有时也会发生一些情况,使鉴定机构或鉴定人认为原鉴定委托事项难以得出明确鉴定意见,或按原鉴定要求鉴定难以继续实施,但可以通过变更鉴定委托事项继续进行鉴定,解决案件中涉及的专门性问题。此时,鉴定机构、鉴定人在变更鉴定委托事项前必须先与原委托人进行沟通并征得其书面同意,在更改原委托合同的相关事项后再行鉴定。

第二节　司法鉴定的受理

司法鉴定受理,是指鉴定机构或鉴定人对侦查机关、检察机关、法院、纪检监察机关、仲裁机构、调解组织以及诉讼当事人的鉴定委托事项经审查,对符合鉴定条件的委托予以接受并由双方签订鉴定委托协议的过程。司法鉴定受理是司法鉴定实施的前提。了解司法鉴定的受理范围、程序和条件有助于司法鉴定的合法、准确实施。

一、司法鉴定受理的范围

我国法律对司法鉴定的受理范围作出了具体的规定,包括受理的依据、受理的主体和受理的形式。

(一)受理的依据

《决定》第8条规定,“鉴定机构接受委托从事司法鉴定业务,不受地域范围的限制”。这是因为司法鉴定是一种科学技术活动,是鉴定人运用科学技术或者专门知识对诉讼涉及的专门性问题进行鉴别和判断并提供鉴定意见的活动。司法鉴定实行的是鉴定人负责制,鉴定人应当独立进行鉴定。因此,鉴定人与鉴定机构在进行司法鉴定提供鉴定意见时只服从科学,各鉴定人在科学面前是平等的,各鉴定机构之间也是平等的,没有任何隶属关系。同时,鉴定机构接受委托从事司法鉴定业务不受地域范围的限制,任何办案机关或者诉讼当事人遇到专门性问题需要进行鉴定的,可以依法委托我国境内任何地方的鉴定机构进行鉴定并提供鉴定意见。同样,任何鉴定机构在其业务范围内也可以依法接受位于我国境内的任何地方的司法机关或者诉讼当事人的委托从事司法鉴定业务。任何鉴定机构的鉴定人也可在全国所有人民法院出庭作证。任何单位或者个人无权限制任何鉴定机构从事司法鉴定业务的地域范围。此外,《司法鉴定程序通则》第二章专门对司法鉴定受理进行了规定,具体内容包括司法鉴定受理的程序、司法鉴定受理的条件、受理司法鉴定委托的法律文件签署等内容。

(二)受理的主体

《司法鉴定程序通则》第11条规定:“司法鉴定机构应当统一受理办案机关的司法鉴定委托。”鉴定人不得私下直接接受委托。办案机关或者诉讼当事人无论出于何种原因选择某个鉴定人提供鉴定意见,都必须通过该鉴定人所在的鉴定机构办理委托手续。鉴定机构受理鉴定业务应符合从业登记许可的要求,在管理机关核定的业务范围内,且应公示许可证、鉴定项目和收费标准。

(三)受理的形式

鉴定机构决定受理鉴定委托的,应当与委托人签订司法鉴定委托(确认)书。司法鉴定委托(确认)书应当载明委托人名称、司法鉴定机构名称、委托鉴定事项、是否属于重新鉴定、鉴定用途、与鉴定有关的基本案情、鉴定材料的提供和退还、鉴定风险,以及双方商定的鉴定时限、鉴定费用及收取方式、双方权利义务等其他需要载明的事项。因鉴定需要耗尽或者可能损坏检材的,或者在鉴定完成后无法完整退还检材的,鉴定机构应当事先向委托人讲明,征得其同意或者认可,并在司法鉴定委托(确认)书中载明。在司法鉴定进行过程中需要变更有关事项的,应当由协议双方协商确定。鉴定机构决定不予受理鉴定委托的,应当向委托人说明理由,退还鉴定材料。

二、司法鉴定受理的条件

鉴定机构应当对委托鉴定事项、鉴定材料等进行审查。对属于本机构司法鉴定业务范围,鉴定用途合法,提供的鉴定材料能够满足鉴定需要的,应当受理。对于鉴定材料不完整、不充分,不能满足鉴定需要的,司法鉴定机构可以要求委托人补充;经补充后能够满足鉴定需要的,应当受理。

具有下列情形之一的鉴定委托,司法鉴定机构不得受理:(1)委托鉴定事项超出本机构司法鉴定业务范围的;(2)发现鉴定材料不真实、不完整、不充分或者取得方式不合法的;(3)鉴定用途不合法或者违背社会公德的;(4)鉴定要求不符合司法鉴定执业规则或者相关鉴定技术规范的;(5)鉴定要求超出本机构技术条件或者鉴定能力的;

(6)委托人就同一鉴定事项同时委托其他司法鉴定机构进行鉴定的;(7)其他不符合法律、法规、规章规定的情形。对不予受理的鉴定委托,鉴定机构应当向委托人说明理由,退还其提供的鉴定材料。

三、司法鉴定受理的程序

鉴定机构在接受委托受理鉴定过程中,必须履行一定的手续,主要有:查验鉴定委托书,收取委托机关制作的案情介绍和有关鉴定要求的书面材料,查验检材和样本的名称、数量等,经审查视情况可要求委托机关修改鉴定要求或者补充检材和样本等并办理受理手续。

鉴定机构在接受委托受理鉴定时应审查委托机关的鉴定委托资格,严格按照法律规定接受侦查机关、检察机关、审判机关和其他机关的鉴定委托,并且要审核鉴定所解决的问题是否属于诉讼中的专门性问题。对属于本机构司法鉴定业务范围,委托事项及鉴定要求合法,提供的鉴定材料真实、完整、充分的鉴定委托,应当予以受理。同时还应审核所提供的文书资料是否完整,查验检材名称和数量,确定有无鉴定条件,并根据本鉴定机构的技术力量最后决定是否受理。

鉴定机构应当自收到委托之日起在规定的期限内作出是否受理的决定。对于复杂、疑难或者特殊鉴定事项的委托,鉴定机构可以与委托人协商决定受理的时间。按照质量管理体系的要求,在司法鉴定受理过程中应进行司法鉴定委托合同评审。主要要求是:(1)对委托方的鉴定要求及鉴定委托合同的有效性进行评审,确保鉴定机构能够完全理解并确实拥有满足委托方鉴定的能力和资源。(2)鉴定机构如需要利用委托方提供的外部信息资料,应对其完整性和可采用性进行核查。适当时,应对有重要影响的外部信息资料进行复检、验证或在报告中注明。

第三节　司法鉴定的实施

司法鉴定的实施,是指鉴定人具体进行司法鉴定的活动。司法鉴定的实施是司法鉴定程序的核心环节,是确保鉴定工作质量的关键。

一、司法鉴定实施的基本条件

(一)鉴定主体要求

鉴定机构统一受理委托人的委托后,在实施鉴定前,需要确定案件的鉴定人,一般以鉴定机构指定为主。委托人不得要求或者暗示司法鉴定机构、鉴定人按其意图或者特定目的提供鉴定意见。鉴定机构对同一鉴定事项,应当指定或者选择两名鉴定人共同进行鉴定;对复杂、疑难或者特殊的鉴定事项,可以指定或者选择多名鉴定人进行鉴定。

司法鉴定实施过程中其主体应严格遵循回避制度。鉴定人本人或者其近亲属与委托人、委托的鉴定事项或者与鉴定事项涉及的案件有利害关系,可能影响其独立、客观、公正地进行鉴定的,应当回避。鉴定人曾经参加过同一鉴定事项鉴定的,或者曾经作为专家提供过咨询意见的,或者曾被聘请为有专门知识的人参与过同一鉴定事项的法庭质证的,应当回避。在执行回避制度时,鉴定人自行提出回避的,由其所属的鉴定机构决定;委托人要求鉴定人回避的,委托人应当向该鉴定人所属的鉴定机构提出,由该鉴定机构决定。委托人对鉴定机构是否实行回避的决定有异议的,可以申请复议,对复议决定还有异议的,可以撤销鉴定委托。

(二)鉴定对象要求

司法鉴定对象是司法鉴定检验、检测、分析等实施活动所指向的目标。司法鉴定对象在种类、质量、数量上需要满足鉴定实施的要求。在种类方面,送检的鉴定对象必须是经过法律确认的人体、物体、事件过程、功能状态等,如人的身体,人体组织,各种体液、分泌物、排泄物,各种合同、文件、磁带、磁盘、光盘等,但如气味等物目前还未被法律确认为司法鉴定的对象。在司法实践中,对气味的检测结果往往只能作为确定侦查方向的参考依据,不能作为法定证据使用。在鉴定对象的质量方面,不同鉴定种类有不同要求。对鉴定对象质量与鉴定对象数量的要求一般也存在相关性。鉴定对象质量高的,其数量要求可以相对低些。随着鉴定科学技术的进步,对鉴定对象数量的要求也会有所下降。一般而言,在现有技术条件下,笔迹鉴定、印章鉴定、印文鉴定等文书类鉴定需要委托人提供鉴定检材原件和一定质量、数量的比对样本原件。在法医类鉴定中,涉及人体某些功能状态鉴定的,通常需要对被鉴定人进行直接检验。对鉴定对象是否符合鉴定要求的审查、判断工作从鉴定受理时便已经开始。必要时,需要先行接受部分或全部检材,进行前期检测,以判断鉴定对象是否具备鉴定条件。所以,对鉴定对象是否符合鉴定要求这一问题的判断是需要由具备专门知识和经验的鉴定人来进行的,开始于审查受理程序,并延续到实施环节。对鉴定对象鉴定条件的判断直接决定了案件能否受理、是否需要补充材料,受理后能否进行鉴定、是否需要补充材料,以及是否需要终止鉴定。这些工作都应由具备鉴定资格的鉴定人独立进行。

二、司法鉴定实施的基本程序

(一)司法鉴定实施的步骤

1. 指派鉴定人。这一环节很多时候在受理案件时已经确定,鉴定机构通常规定代表鉴定机构受理案件的人自然担任该案的鉴定人。但有些鉴定机构成立了专门的案件受理部门,如检案处、检案科、登记受理科等,在这种情况下,鉴定案件受理人就不一定是案件的鉴定人。另外,还有一些疑难、复杂、重大案件需要多人参加鉴定的,也需要鉴定机构的业务负责人选派适当的鉴定人承担鉴定工作。

2. 制定鉴定方案。鉴定方案是鉴定人实施鉴定的步骤和方法。鉴定人应在熟悉案情、鉴定资料、鉴定条件,明确鉴定要求的情况下,根据每个案件的实际情况确定相应的鉴定步骤和方法。鉴定人进行鉴定,应当依下列顺序遵守和采用该专业领域的技术标准、技术规范和技术方法:(1)国家标准;(2)行业标准和技术规范;(3)该专业领域多数专家认可的技术方法。有时,如果需要使用国内外最新科技手段解决某些特殊问题,其资料必须要有出处,必要时应附有参考文献。制定鉴定方案应以有利于保全证据,充分利用检材,确保鉴定方法科学,保证鉴定意见客观、准确为出发点。鉴定对象如为案内物证或书证,鉴定时则应尽可能首先采用无损鉴定方案,保持检材原状,鉴定完毕后交还委托方。确需破坏检材的,鉴定实施前须告知委托人并应获得其同意。

3. 提取、保存检材并对检材进行前期处理。鉴定人有权了解进行鉴定所需要的案件材料,可以查阅、复制相关资料,必要时可以询问诉讼当事人、证人。经委托人同意,鉴定机构可以派员到现场提取鉴定材料。现场提取鉴定材料应当由不少于 2 名鉴定机构的工作人员进行,其中至少 1 名应为该鉴定事项的鉴定人。现场提取鉴定材料时,应当有委托人指派或者委托的人员在场见证并在提取记录上签名。鉴定机构和鉴定人应当妥善保管检验材料。司法鉴定的对象为物质性检材时,鉴定机构对检材的管理应实行统一收样、统一保存、统一处理。

4. 准备合格的鉴定仪器、试剂、材料、用品等。这些工作可以由实验室专门人员完成。

5. 分别检验。分别检验的任务是发现和确定供鉴定客体各自的特征,为比较检验提供条件。未知客体称为检材,是唯一、不可变的;已知客体称为样本,可能有 1 个或数个,可以变更或变换。分别检验是采用直接观察法、显微观察法、理化显现法、模拟实验法等技术手段,分别对检材和样本进行检验、检测,从而发现、确定两客体特征的形状、数量、性质和客体有无变化及变化原因、程度等,正确认定两客体的一般特征和细节特征及其特征间内在的特定联系,从而认定两客体本质属性的异同。

6. 比较检验。比较检验是在分别检验的基础上,对检材和样本的细节特征或物质结构特征进行相互比较对照,从而确定两者本质属性异同的检验方法。比较方法主要有目力观察比较法、数学分析比较法、物理学比较法、化学比较法、生物学比较法以及物理化学比较法等。比较通常从一般特征开始,逐渐发展到对客体细节特征及其之间的联系的比较和对照,从而达到认识事物、掌握事物的发展规律的目的。

7. 综合评断。综合评断是对比较检验发现的相同点和差异点及其在同一认定中的作用进行全面的、综合的分析、研究和判断。在标准执行方面,司法鉴定应首先采用国家或行业标准;无国家或行业标准的,应采用法律认可的其他标准,如地方标准等。鉴定机构自行制定的标准和规范须经过专家论证并经应用检验后由鉴定机构以内部文件形式颁布执行。

8. 鉴定的记录与复核。鉴定人应当对鉴定过程进行实时记录并签名。记录可以采取笔记、录音、录像、拍照等方式。记录应当载明主要的鉴定方法和过程,检查、检验、检测结果,以及仪器设备使用情况等。记录的内容应当真实、客观、准确、完整、清晰,记录的文本资料、音像资料等应当存入鉴定档案。

(二)司法鉴定实施的工作制度

《决定》第 12 条规定:“鉴定人和鉴定机构从事司法鉴定业务,应当遵守法律、法规,遵守职业道德和职业纪律,尊重科学,遵守技术操作规范。”为保证司法鉴定的质量,司法鉴定实行以下基本工作制度:

1. 鉴定人、复核人/签发人二级审核制度。司法鉴定应由2名以上(含2名)鉴定人实施,疑难、复杂或者特殊的鉴定事项,可以由多名鉴定人进行鉴定。司法鉴定实行第一鉴定人负责制,第一鉴定人对鉴定意见承担主要责任,其他鉴定人承担次要责任;司法鉴定意见通常应由具有本专业高级专业技术职务任职资格的鉴定人复核或签发,复核人或签发人对鉴定意见承担连带责任;司法鉴定文书由本机构内主管业务的负责人或其指定的人员签发。已经建立并实施司法鉴定质量管理体系,获得认可的司法鉴定机构的授权签发人同时需要获得中国合格评定国家认可委员会的审核备案,才能行使签发权。

2. 疑难案例会鉴制度。鉴定中如遇复杂、疑难、特殊的技术问题或对鉴定意见有重大分歧,应由鉴定机构主管业务的负责人主持会检,或在听取有关专家意见后再出具鉴定意见,不同意见应当记录在案。鉴定意见应由本机构的鉴定人出具。

3. 专家聘请制度。对于复杂的、涉及多学科知识和技术手段的专门性问题的检验、鉴定,如果受主观或客观条件限制不能单独作出检验、鉴定,鉴定机构可以聘请外单位有关专家协助鉴定,外聘专家鉴定实行一案一聘制度。专家如与本案鉴定有利害关系,应当回避。鉴定人应充分听取专家意见,对专家的意见鉴定人有最终采纳与否的决定权。专家意见应详细记录在案,有鉴定人资格的专家应当在司法鉴定文书上签名。

另外,在实施司法鉴定检查过程中,针对特殊事项的检查需要遵循专门规定。在鉴定过程中,需要对无民事行为能力人或者限制民事行为能力人进行身体检查的,应当通知其监护人或者近亲属到场见证;必要时,可以通知委托人到场见证。对被鉴定人进行司法精神医学鉴定的,应当通知委托人或者被鉴定人的近亲属或者监护人到场见证。需要进行尸体解剖的,应当通知委托人或者死者的近亲属或者监护人到场见证。到场见证人员应当在鉴定记录上签名。见证人员未到场的,鉴定人不得开展相关鉴定活动,延误时间不计入鉴定时限。在鉴定过程中,需要对被鉴定人身体进行法医临床检查的,应当采取必要措施保护其隐私。

(三)司法鉴定实施的技术操作规范

我国司法鉴定领域的技术操作规范,主要涉及国家标准、行业标准,以及部分地方标准和团体标准,另外,还包括司法鉴定技术规范以及法医类鉴定中适用的《人体损伤程度鉴定标准》和《人体损伤致残程度分级》等。

1. 司法鉴定有关的国家标准。司法鉴定领域中的国家标准,多数为推荐性标准,但也有车辆安全技术状况鉴定等部分司法鉴定项目中涉及强制性国家标准。譬如:GB/T 43640-2024《听觉功能障碍法医临床鉴定技术规范》、GB/T 43639-2024《视觉功能障碍法医临床鉴定技术规范》、GB/T 43638-2024《周围神经功能障碍法医临床鉴定技术规范》、GB/T 44893-2024《人身保险伤残评定及代码》、GB/T 37237-2018《男性性功能障碍法医学鉴定》、GB/T 43641-2024《生物学全同胞关系鉴定技术规范》、GB/T 41021-2021《法庭科学 DNA 鉴定文书内容及格式》、GB/T 37223-2018《亲权鉴定技术规范》、GB/T 42430-2023《血液、尿液中乙醇、甲醇、正丙醇、丙酮、异丙醇和正丁醇检验》、GB/T 29637－2023《疑似毒品中氯胺酮检验》、GB/T 29636－2023《疑似毒品中甲基苯丙胺检验》、GB/T 39885－2021《疑似毒品中三唑仑检验　气相色谱和气相色谱－质谱法》、GB/T 39879－2021《疑似毒品中鸦片五种成分检验　气相色谱和气相色谱－质谱法》、GB/T 37231－2018《印章印文鉴定技术规范》、GB/T 37232－2018《印刷文件鉴定技术规范》、GB/T 37233－2018《文件制作时间鉴定技术规范》、GB/T 37234－2018《文件鉴定通用规范》、GB/T 37235－2018《文件材料鉴定技术规范》、GB/T 37236－2018《特种文件鉴定技术规范》、GB/T 37238－2018《篡改（污损）文件鉴定技术规范》、GB/T 37239－2018《笔迹鉴定技术规范》、GB/T 34919－2017《法庭科学打印文件检验技术规程》、GB 38900－2020《机动车安全技术检验项目和方法》、GB 7258－2017《机动车运行安全技术条件》、GB/T 16840.8－2021《电气火灾痕迹物证技术鉴定方法　第8部分：热分析法》、GB/T 16840.7－2021《电气火灾痕迹物证技术鉴定方法　第7部分：EDS成分分析法》、GB/T 16840.4－2021《电气火灾痕迹物证技术鉴定方法　第4部分：金相分析法》、GB/T 16840.3－2021《电气火灾痕迹物证技术鉴定方法　第3部分：俄歇分析法》、GB/T 16840.2－2021《电气火灾痕迹物证技术鉴定方法　第2部分：剩磁检测法》、GB/T 41846－2022《法庭科学　火工品鉴定规程》、GB/T 41845－2022《法庭科学　火炸药鉴定规程》、GB/T 41776－2022《法庭科学　弹药鉴定方法》、GB/T 41775－2022《法庭科学　爆炸物鉴定术语》、GB/T 35048－2018《法庭科学语音及音频检验术语》、GB/T 29362－2023《法庭科学　电子数据搜索检验规程》、GB/T 29361－2023《法庭科学　电子数据文件一致性检验规程》、GB/T 39791.3－2024《生态环境损害鉴定评估技术指南　总纲和关键环节　第3部分：恢复效果评估》、GB/T 39791.4－2024《生态环境损害鉴定评估技术指南　总纲和关键环节　第4部分：土壤生态环境基线调查与确定》、GB/T 43871.1－2024《生态环境损害鉴定评估技术指南　生态系统　第1部分：农田生态系统》、GB/T 39793.2－2020《生态环境损害鉴定评估技术指南　基础方法　第2部分：水污染虚拟治理成本法》、GB/T 39793.1－2020《生态环境损害鉴定评估技术指南　基础方法　第1部分：大气污染虚拟治理成本法》、GB/T 39792.2－2020《生态环境损害鉴定评估技术指南　环境要素　第2部分：地表水和沉积物》、GB/T 39792.1－2020《生态环境损害鉴定评估技术指南　环境要素　第1部分：土壤和地下水》、GB/T 39791.2－2020《生态环境损害鉴定评估技术指南　总纲和关键环节　第2部分：损害调查》、GB/T 39791.1－2020《生态环境损害鉴定评估技术指南　总纲和关键环节　第1部分：总纲》等。

2.司法鉴定有关的行业标准和技术规范。司法鉴定领域中的行业标准，主要为司法行政行业标准和公共安全行业标准。根据《司法鉴定程序通则》第23条第2项规定，“司法鉴定人进行鉴定，应当依下列顺序遵守和采用该专业领域的技术标准、技术规范和技术方法……（二）行业标准和技术规范”。根据前述规定，司法鉴定领域中的技术规范，主要由司法部原司法鉴定管理局发布，现由司法部公共法律服务管理局发布的司法鉴定技术规范（见表6－1及表6－2）。

表6-1 现行司法行政行业标准

序号	名称	编号	生效日期
1	司法鉴定行业标准体系	SF/T 0061-2020	2020年5月29日
2	司法鉴定技术规范编写规则	SF/T 0062-2020	2020年5月29日
3	法医毒物分析方法验证通则	SF/T 0063-2020	2020年5月29日
4	血液中188种毒(药)物的气相色谱-高分辨质谱检验方法	SF/T 0064-2020	2020年5月29日
5	毛发中二甲基色胺等16种色胺类新精神活性物质及其代谢物的液相色谱-串联质谱检验方法	SF/T 0065-2020	2020年5月29日
6	生物检材中芬太尼等31种芬太尼类新精神活性物质及其代谢物的液相色谱-串联质谱检验方法	SF/T 0066-2020	2020年5月29日
7	尸体多层螺旋计算机体层成像(MSCT)血管造影操作规程	SF/T 0067-2020	2020年5月29日
8	环境损害致人身伤害司法鉴定技术导则	SF/T 0068-2020	2020年5月29日
9	法医物证鉴定实验室管理规范	SF/T 0069-2020	2020年5月29日
10	染色体遗传标记高通量测序与法医学应用规范	SF/T 0070-2020	2020年5月29日
11	精神障碍者性自我防卫能力评定指南	SF/T 0071-2020	2020年5月29日
12	道路交通事故痕迹物证鉴定通用规范	SF/T 0072-2020	2020年5月29日
13	基于视频图像的道路交通事故信号灯状态鉴定规范	SF/T 0073-2020	2020年5月29日
14	耕地和林地破坏司法鉴定技术规范	SF/T 0074-2020	2020年5月29日
15	网络文学作品相似性检验技术规范	SF/T 0075-2020	2020年5月29日
16	电子数据存证技术规范	SF/T 0076-2020	2020年5月29日
17	汽车电子数据检验技术规范	SF/T 0077-2020	2020年5月29日
18	数字图像元数据检验技术规范	SF/T 0078-2020	2020年5月29日
19	墨迹实时直接分析-高分辨质谱检验技术规范	SF/T 0079-2020	2020年5月29日

续表

序号	名称	编号	生效日期
20	单根纤维的比对检验 激光显微拉曼光谱法	SF/T 0080－2020	2020 年 5 月 29 日
21	血液中扑草净等 20 种除草剂的液相色谱－串联质谱检验方法	SF/T 0092－2021	2021 年 11 月 17 日
22	血液中卡西酮等 37 种卡西酮类新精神活性物质及其代谢物的液相色谱－串联质谱检验方法	SF/T 0093－2021	2021 年 11 月 17 日
23	毛发中 5F－MDMB－PICA 等 7 种合成大麻素类新精神活性物质的液相色谱－串联质谱检验方法	SF/T 0094－2021	2021 年 11 月 17 日
24	人身损害与疾病因果关系判定指南	SF/T 0095－2021	2021 年 11 月 17 日
25	肢体运动功能评定	SF/T 0096－2021	2021 年 11 月 17 日
26	医疗损害司法鉴定指南	SF/T 0097－2021	2021 年 11 月 17 日
27	大麻的法医学 STR 遗传标记分型检验要求	SF/T 0098－2021	2021 年 11 月 17 日
28	道路交通设施安全技术状况鉴定规范	SF/T 0099－2021	2021 年 11 月 17 日
29	车辆火灾痕迹物证鉴定技术规范	SF/T 0100－2021	2021 年 11 月 17 日
30	精神障碍者诉讼能力评定	SF/T 0101－2021	2021 年 11 月 17 日
31	文件上可见指印形成过程鉴定技术规范	SF/T 0102－2021	2021 年 11 月 17 日
32	文件相似性鉴定技术规范	SF/T 0103－2021	2021 年 11 月 17 日
33	银行卡侧录器鉴定技术规范	SF/T 0104－2021	2021 年 11 月 17 日
34	存储介质数据镜像技术规程	SF/T 0105－2021	2021 年 11 月 17 日
35	人像鉴定中人脸识别技术检验规范	SF/T 0106－2021	2021 年 11 月 17 日
36	塑料物证鉴定规范	SF/T 0107－2021	2021 年 11 月 17 日
37	油漆检验 裂解－气相色谱/质谱法	SF/T 0108－2021	2021 年 11 月 17 日
38	环境损害司法鉴定中居住环境噪声的测量与评价	SF/T 0109－2021	2021 年 11 月 17 日
39	司法鉴定标准化工作指南	SF/T 0110－2021	2021 年 11 月 17 日

续表

序号	名称	编号	生效日期
40	法医临床检验规范	SF/T 0111－2021	2021年11月17日
41	法医临床影像学检验实施规范	SF/T 0112－2021	2021年11月17日
42	血液中氰化物的气相色谱－质谱和气相色谱检验方法	SF/T 0113－2021	2021年11月17日
43	生物检材中吗啡、O6－单乙酰吗啡和可待因的检验方法	SF/T 0114－2021	2021年11月17日
44	血液中45种有毒生物碱的液相色谱－串联质谱检验方法	SF/T 0115－2021	2021年11月17日
45	血液、尿液中苯丙胺类兴奋剂、哌替啶和氯胺酮的检验方法	SF/T 0116－2021	2021年11月17日
46	生物学全同胞关系鉴定技术规范	SF/T 0117－2021	2021年11月17日
47	油漆物证鉴定规范	SF/T 0118－2021	2021年11月17日
48	声像资料鉴定通用规范	SF/T 0119－2021	2021年11月17日
49	录音真实性鉴定技术规范	SF/T 0120－2021	2021年11月17日
50	录音内容辨听技术规范	SF/T 0121－2021	2021年11月17日
51	语音同一性鉴定技术规范	SF/T 0122－2021	2021年11月17日
52	录像真实性鉴定技术规范	SF/T 0123－2021	2021年11月17日
53	录像过程分析技术规范	SF/T 0124－2021	2021年11月17日
54	人像鉴定技术规范	SF/T 0125－2021	2021年11月17日
55	物像鉴定技术规范	SF/T 0126－2021	2021年11月17日
56	法医物证实验室污染防控技术规范	SF/T 0129－2023	2023年12月1日
57	同卵双生子个体识别技术规范	SF/T 0130－2023	2023年12月1日
58	生物学半同胞关系鉴定技术规范	SF/T 0131－2023	2023年12月1日
59	法医 InDel 分型与应用技术规范	SF/T 0132－2023	2023年12月1日
60	HRM 用于致幻蘑菇古巴光盖伞种属鉴定技术规范	SF/T 0133－2023	2023年12月1日
61	法医学生物检材核酸提取技术规范	SF/T 0134－2023	2023年12月1日

续表

序号	名称	编号	生效日期
62	法医微单倍型遗传标记分型与应用技术规范	SF/T 0135－2023	2023 年 12 月 1 日
63	法医学非人源生物检材种属鉴定技术规范	SF/T 0136－2023	2023 年 12 月 1 日
64	亲子鉴定文书规范	SF/T 0137－2023	2023 年 12 月 1 日
65	手写电子签名笔迹鉴定技术规范	SF/T 0138－2023	2023 年 12 月 1 日
66	泥土检验 扫描电子显微镜/X 射线能谱法	SF/T 0139－2023	2023 年 12 月 1 日
67	彩色激光打印/复印文件暗记特征检验技术规范	SF/T 0140－2023	2023 年 12 月 1 日
68	文件上可见指印一次性捺印鉴定技术规范	SF/T 0141－2023	2023 年 12 月 1 日
69	文件上可见指印鉴定技术规范	SF/T 0142－2023	2023 年 12 月 1 日
70	移动终端数据鉴定设备技术要求和测试评价方法	SF/T 0143－2023	2023 年 12 月 1 日
71	民用无人机电子数据鉴定技术规范	SF/T 0144－2023	2023 年 12 月 1 日
72	智能移动终端应用程序功能鉴定技术规范	SF/T 0145－2023	2023 年 12 月 1 日
73	文件恢复工具技术要求和测试评价方法	SF/T 0146－2023	2023 年 12 月 1 日
74	录音作品相似性鉴定技术规范	SF/T 0147－2023	2023 年 12 月 1 日
75	合成人脸图像鉴定技术规范	SF/T 0148－2023	2023 年 12 月 1 日
76	音像制品同源性鉴定技术规范	SF/T 0149－2023	2023 年 12 月 1 日
77	录音设备鉴定技术规范	SF/T 0150－2023	2023 年 12 月 1 日
78	录音处理技术规范	SF/T 0151－2023	2023 年 12 月 1 日
79	图像处理技术规范	SF/T 0152－2023	2023 年 12 月 1 日
80	图片真实性鉴定技术规范	SF/T 0153－2023	2023 年 12 月 1 日
81	照相设备鉴定技术规范	SF/T 0154－2023	2023 年 12 月 1 日
82	录像设备鉴定技术规范	SF/T 0155－2023	2023 年 12 月 1 日

续表

序号	名称	编号	生效日期
83	电子邮件鉴定技术规范	SF/T 0156－2023	2023年12月1日
84	移动终端电子数据鉴定技术规范	SF/T 0157－2023	2023年12月1日
85	软件相似性鉴定技术规范	SF/T 0158－2023	2023年12月1日
86	道路交通事故非机动车制动系统检验鉴定规范	SF/T 0159－2023	2023年12月1日
87	基于图像的道路交通事故重建技术规范	SF/T 0160－2023	2023年12月1日
88	道路交通事故汽车行车制动性能路试检验鉴定技术规范	SF/T 0161－2023	2023年12月1日
89	道路交通事故涉案者交通行为方式鉴定规范	SF/T 0162－2023	2023年12月1日

表6－2　现行司法鉴定技术规范

序号	名称	编号	生效日期
1	听力障碍法医学鉴定规范	SF/Z JD0103001－2010	2010年4月7日
2	血液、尿液中毒鼠强测定 气相色谱法	SF/Z JD0107003－2010	2010年4月7日
3	生物检材中巴比妥类药物的测定液相色谱－串联质谱法	SF/Z JD0107008－2010	2010年4月7日
4	生物检材中乌头碱、新乌头碱和次乌头碱的测定 液相色谱－串联质谱法	SF/Z JD0107009－2010	2010年4月7日
5	精神障碍者司法鉴定精神检查规范	SF/Z JD0104001－2011	2011年3月17日
6	血液中碳氧血红蛋白饱和度的测定 分光光度法	SF/Z JD0107010－2011	2011年3月17日
7	生物检材中河豚毒素的测定 液相色谱－串联质谱法	SF/Z JD0107011－2011	2011年3月17日
8	血液中铬、镉、砷、铊和铅的测定 电感耦合等离子体质谱法	SF/Z JD0107012－2011	2011年3月17日
9	外伤性癫痫鉴定实施规范	SF/Z JD0103007－2014	2014年3月17日

续表

序号	名称	编号	生效日期
10	道路交通事故受伤人员精神伤残评定规范	SF/Z JD0104004－2014	2014年3月17日
11	气相色谱－质谱联用法测定硫化氢中毒血液中的硫化物实施规范	SF/Z JD0107013－2014	2014年3月17日
12	藏文笔迹鉴定实施规范 第1部分;第2部分;第3部分;第4部分;第5部分	SF/Z JD0201009－2014	2014年3月17日
13	电子数据司法鉴定通用实施规范	SF/Z JD0400001－2014	2014年3月17日
14	电子数据复制设备鉴定实施规范	SF/Z JD0401001－2014	2014年3月17日
15	农业环境污染事故司法鉴定经济损失估算实施规范	SF/Z JD0601001－2014	2014年3月17日
16	法医学虚拟解剖操作规程	SF/Z JD0101003－2015	2015年11月20日
17	法医学尸体解剖规范	SF/Z JD0101002－2015	2015年11月20日
18	生物学祖孙关系鉴定规范	SF/Z JD0105005－2015	2015年11月20日
19	法医SNP分型与应用规范	SF/Z JD0105003－2015	2015年11月20日
20	人身损害后续诊疗项目评定指南	SF/Z JD0103008－2015	2015年11月20日
21	血液和尿液中108种毒(药)物的气相色谱－质谱检验方法	SF/Z JD0107014－2015	2015年11月20日
22	毛发中可卡因及其代谢物苯甲酰爱康宁的液相色谱－串联质谱检验方法	SF/Z JD0107016－2015	2015年11月20日
23	生物检材中32种元素的测定电感耦合等离子体质谱法	SF/Z JD0107017－2015	2015年11月20日
24	激光显微拉曼光谱法检验墨水	SF/Z JD0203002－2015	2015年11月20日
25	多光谱视频文件检验仪检验规程	SF/Z JD0201014－2015	2015年11月20日
26	数据库数据真实性鉴定规范	SF/Z JD0402002－2015	2015年11月20日
27	破坏性程序检验操作规范	SF/Z JD0403002－2015	2015年11月20日
28	即时通讯记录检验操作规范	SF/Z JD0402003－2015	2015年11月20日
29	电子数据证据现场获取通用规范	SF/Z JD0400002－2015	2015年11月20日

续表

序号	名称	编号	生效日期
30	计算机系统用户操作行为检验规范	SF/Z JD0403003 - 2015	2015 年 11 月 20 日
31	血液、尿液中 238 种毒药物的检测 液相色谱 - 串联质谱法	SF/Z JD0107005 - 2016	2016 年 9 月 22 日
32	精神障碍者刑事责任能力评定指南	SF/Z JD0104002 - 2016	2016 年 9 月 22 日
33	精神障碍者服刑能力评定指南	SF/Z JD0104003 - 2016	2016 年 9 月 22 日
34	人体前庭、平衡功能检查评定规范	SF/Z JD0103009 - 2018	2019 年 1 月 1 日
35	法医临床学视觉电生理检查规范	SF/Z JD0103010 - 2018	2019 年 1 月 1 日
36	男性生育功能障碍法医学鉴定	SF/Z JD0103011 - 2018	2019 年 1 月 1 日
37	嗅觉障碍的法医学评定	SF/Z JD0103012 - 2018	2019 年 1 月 1 日
38	精神障碍者民事行为能力评定指南	SF/Z JD0104004 - 2018	2019 年 1 月 1 日
39	精神障碍者受审能力评定指南	SF/Z JD0104005 - 2018	2019 年 1 月 1 日
40	法医物证鉴定 X - STR 检验规范	SF/Z JD0105006 - 2018	2019 年 1 月 1 日
41	法医物证鉴定 Y - STR 检验规范	SF/Z JD0105007 - 2018	2019 年 1 月 1 日
42	法医物证鉴定线粒体 DNA 检验规范	SF/Z JD0105008 - 2018	2019 年 1 月 1 日
43	法医物证鉴定标准品 DNA 使用与管理规范	SF/Z JD0105009 - 2018	2019 年 1 月 1 日
44	常染色体 STR 基因座的法医学参数计算规范	SF/Z JD0105010 - 2018	2019 年 1 月 1 日
45	法医学 STR 基因座命名规范	SF/Z JD0105011 - 2018	2019 年 1 月 1 日
46	个体识别技术规范	SF/Z JD0105012 - 2018	2019 年 1 月 1 日
47	血液中溴敌隆等 13 种抗凝血类杀鼠药的液相色谱 - 串联质谱检验方法	SF/Z JD0107018 - 2018	2019 年 1 月 1 日
48	法医毒物有机质谱定性分析通则	SF/Z JD0107019 - 2018	2019 年 1 月 1 日
49	血液中磷化氢及其代谢物的顶空气相色谱 - 质谱检验方法	SF/Z JD0107020 - 2018	2019 年 1 月 1 日
50	生物检材中钩吻素子、钩吻素甲和钩吻素己的液相色谱 - 串联质谱检验方法	SF/Z JD0107021 - 2018	2019 年 1 月 1 日

续表

序号	名称	编号	生效日期
51	毛发中△9－四氢大麻酚、大麻二酚、大麻酚的液相色谱－串联质谱检验方法	SF/Z JD0107022－2018	2019年1月1日
52	生物检材中雷公藤甲素和雷公藤酯甲的液相色谱－串联质谱检验方法	SF/Z JD0107023－2018	2019年1月1日
53	尿液、毛发中S(+)－甲基苯丙胺、R(－)－甲基苯丙胺、S(+)－苯丙胺和R(－)－苯丙胺的液相色谱－串联质谱检验方法	SF/Z JD0107024－2018	2019年1月1日
54	毛发中15种毒品及代谢物的液相色谱－串联质谱检验方法	SF/Z JD0107025－2018	2019年1月1日
55	红外光谱法检验墨粉	SF/Z JD0203003－2018	2019年1月1日
56	书写墨迹中9种挥发性溶剂的检测 气相色谱－质谱法	SF/Z JD0203004－2018	2019年1月1日
57	书写墨迹中9种染料的检测 液相色谱－高分辨质谱法	SF/Z JD0203005－2018	2019年1月1日
58	微量物证鉴定通用规范	SF/Z JD0203006－2018	2019年1月1日
59	纤维物证鉴定规范	SF/Z JD0203007－2018	2019年1月1日
60	玻璃物证鉴定规范	SF/Z JD0203008－2018	2019年1月1日
61	数字图像修复技术规范	SF/Z JD0302003－2018	2019年1月1日
62	数字声像资料提取与固定技术规范	SF/Z JD0300002－2018	2019年1月1日
63	电子文档真实性鉴定技术规范	SF/Z JD0402004－2018	2019年1月1日
64	软件功能鉴定技术规范	SF/Z JD0403004－2018	2019年1月1日
65	伪基站检验操作规范	SF/Z JD0404001－2018	2019年1月1日
66	农业环境污染损害司法鉴定操作技术规范	SF/Z JD0606001－2018	2019年1月1日
67	农作物污染司法鉴定调查技术规范	SF/Z JD0606002－2018	2019年1月1日

3. 司法鉴定有关的地方标准。譬如：DB32/T 4548－2023《微量物证司法鉴定程序

规范》、DB34/T 4340－2022《法医物证鉴定 线粒体 DNA 种属鉴定技术规范》、DB34/T 4339－2022《法医临床鉴定服务规范》、DB3206/T 1014.1－2021《司法鉴定机构基本建设规范 第1部分:法医类鉴定机构》、DB32/T 3941－2020《建筑工程物证司法鉴定技术规程》、DB31/T 1076－2018《法医临床司法鉴定服务规范》、DB37/T 3545.4－2019《司法鉴定服务 第4部分:对外服务规范》、DB37/T 3545.3－2019《司法鉴定服务 第3部分:服务提供规范》、DB37/T 3545.2－2019《司法鉴定服务 第2部分:服务保障规范》、DB37/T 3545.1－2019《司法鉴定服务 第1部分:标识规范》、DB31/T 875－2015《人身损害受伤人员休息期、营养期、护理期评定准则》等。

4.司法鉴定有关的团体标准。当前,司法鉴定领域中对于团体标准日益重视。部分司法鉴定地方立法中已明确对团体标准作出专门规定。《上海市司法鉴定管理条例》第26条规定,司法鉴定人进行司法鉴定,有国家标准、行业标准和技术规范的,适用国家标准、行业标准和技术规范;没有国家标准、行业标准和技术规范的,适用团体标准或者该专业领域多数专家认可的技术方法。《四川省司法鉴定管理条例》第31条规定,司法鉴定人进行鉴定,应当依照下列顺序遵守和采用该专业领域的技术标准、技术规范和技术方法:(1)国家标准;(2)行业标准和技术规范;(3)团体标准或者该专业领域多数专家认可的技术方法。诸如 T/SHSFJD 0001－2024《毛发和尿液中依托咪酯及依托咪酯酸的液相色谱－质谱检验方法》、T/SHSFJD 1001－2023《环境损害司法鉴定质量评价标准》、T/SHSFJD 0001－2023《法医精神病鉴定远程精神检查规范》、T/SHSFJD 1101－2021《建筑工程质量司法鉴定标准》、T/SHSFJD 0002－2021《人体高压电损伤的法医学鉴定指南》、T/SHSFJD 0001－2021《生活污水采样及常见毒品检测技术规范》、T/SHSFJD 0002－2020《电子文档相似性检验技术规范》、T/SHSFJD 0001－2020《基于区块链技术的电子数据存证规范》、T/SHSFJD 0002－2019《电子游戏主机检验技术方法》、T/SHSFJD 0001－2019《耕地和林地破坏司法鉴定技术规范》、T/SHSFJD 0001－2018《法医精神病学行为能力评定规范》等,均属于团体标准范畴。

5.此外,最高人民法院、最高人民检察院、公安部、国家安全部、司法部发布的《人体损伤程度鉴定标准》和《人体损伤致残程度分级》,亦是法医类鉴定中不可或缺的重要依据。

以上这些鉴定技术标准和规范,对相关类别的司法鉴定实践具有重要价值,对于在全国范围内保证司法鉴定质量和鉴定意见的可比性有不可替代的作用。从法治建设角度看,我国司法鉴定工作目前的标准化建设仍存在一些问题,主要表现在我国目前尚未建立完善的国家层面的司法鉴定标准体系。司法鉴定各专业在鉴定技术标准化方面发展得也很不平衡,其中毒物分析分技术委员会的工作做得相对比较好,而有些专业的分技术委员会工作相对起步较慢。上述标准中方法标准与结论标准的发展也不平衡。

司法鉴定技术标准体系的建立是一项需要长期努力的系统工程,新的鉴定标准需要建立,旧的鉴定标准又需要不断修订和完善。因此,必须加强对司法鉴定技术标准化工作的领导和政策扶持。针对司法鉴定各分支学科的不同情况,可以区别对待,相互借鉴。有条件的可先行制定团体标准、行业标准、推荐性标准，待条件成熟后再制定国家标准、强制性标准。

（四）司法鉴定的技术方法

司法鉴定这一学科是由多个学科组成的学科群，其各分支学科涉及医学、生物学、化学、物理学、会计学等基础学科的原理、方法和技术，在具体的鉴定中往往是通过多学科、多技术的综合应用来完成对专门性问题的检验和鉴定的。

1. 医学方法。主要包括尸体剖验、临床医学检查、精神医学检查、动物实验等。

尸体剖验是法医鉴定的一项基本方法。通过尸体剖验，可以查明死因、判断死亡性质、推断死亡时间和地点、分析及认定致伤工具。尸体剖验有三项基本步骤：尸表检查、尸体解剖、组织病理学检查。

临床医学检查是法医学对活体的损伤进行鉴定的主要方法，包括临床常规检查和运用影像学、电生理学及实验诊断学等医学检测技术的检查。医学仪器检查包括：超声检查、X 射线检查、CT 检查、磁共振成像（MRI）检查、肌电图检查、脑电图检查、诱发电位检查。

精神医学检查是精神医学司法鉴定的主要方法。通过精神医学检查，可以了解被鉴定人的精神状态，获得鉴定意见的依据。另外，必要时可进行脑 CT、脑电图、智力测验等检查。

动物实验也是常用的医学技术方法之一。常见的有诱发性疾病模型、急性毒性试验、毒效试验、实验毒理学研究。

2. 生物学方法。包括免疫学方法、遗传学方法、生物化学方法、分子生物学方法。

免疫学方法是法医物证鉴定中应用最广的一种方法。血型血清学就是用免疫学的理论和方法来研究血型的。

遗传学的理论和技术是判断父母和子女之间是否存在亲权关系的基本依据和方法，在法医物证学中占据着特殊的地位。

司法鉴定中最常用的生物化学方法是各种电泳技术。电泳技术是分离生物大分子的一种手段，它的原理是带电粒子在电场中向自身所带电荷的相反电极方向移动，如将两个静电荷不同的分子置于电场内同一起点上，它们将因迁移速度不同而被分开。

DNA 分析在司法鉴定中的应用，使以往只能检测基因编码的酶或蛋白质水平飞跃到直接检测基因的分子水平。DNA 分析技术有 DNA 分子杂交（DNA 指纹）技术、DNA 多聚酶链反应（PCR）技术、DNA 序列测定技术三大类。其中 PCR 技术在司法鉴定中的应用非常广泛。

3. 化学方法。科学技术的发展使化学和物理学密切结合，形成了新的方法和技术。仪器分析就是利用光学原理和物理化学原理建立的新的分析技术。化学分析方法已从原有的化学反应分析方法扩展到涵盖经典的化学反应分析方法和仪器分析方法。

化学分析本质上是一种化学反应分析，是运用无机化学、分析化学、有机化学、物理化学中的理论成果和各种实验手段，使化学试剂与被检验物质发生化学反应，通过观察现象分析检材的种类、组成、结构、性质及相关物质的含量等。化学分析法常用的化学反应有显色反应、沉淀反应、焰色反应等。

仪器分析法是利用能反映物质某些固有理化性质的仪器对被检物的成分和结构进行分析的方法。化学分析仪器的类别很多,各有不同用途。

司法鉴定中常用的仪器分析法主要有紫外吸收光谱法、红外吸收光谱法、荧光分析法、原子吸收分光光度法(AAS)、等离子发射光谱法、薄层色谱法(TLC)、气相色谱法(GC)、高效液相色谱法(HPLC)、质谱法及其联用技术(MS,GC/MS,LC/MS)、X射线法、中子活化分析法。

4.物理学方法。包括摄影技术、显微技术、声纹技术等。

摄影技术是利用摄影装置将物体在光线照射下反映出的现象记录在感光材料上的方法。采用摄影技术可以客观迅速地记录客体的形象,借助不同的光源、不同的感光器材,还可观察和记录肉眼不能见的客体形象。司法鉴定对摄影技术的基本要求是客观真实地反映被摄客体的本来面貌,不允许进行任何艺术加工、修饰或夸张。例如,在取景、构图、配光上要求主题突出、画面完整、内容简练、对称均匀、物体清晰、不变形态、层次分明、制作规范等。司法摄影按其任务可分为现场摄影、检验摄影、辨认摄影。其使用的技术包括常规摄影技术和非常规摄影技术(红外线摄影、紫外线摄影、显微摄影、激光摄影等)。

显微镜可提高人们的视觉能力,是司法鉴定中进行观察的主要工具。利用显微镜对物体在各种光线照射下放大反映出的形态及结构等特征进行观察和比较,可以确定被检物体的异同和属性。显微镜主要有普通显微镜、体视显微镜、比较显微镜、偏振显微镜、金相显微镜、荧光显微镜、电子显微镜等。

司法鉴定中的声像技术是基于摄影、录音、录像技术的用于声音和图像鉴定的一种技术方法。声纹是指借助声谱仪(语图仪)记录下来的人的声音的频谱。声纹能客观地反映出表征人的声音的声学特征的物理量,如频率分布、振幅、时长等。这些表征人的声音的声学特征的物理量是声纹鉴定的依据。语图仪是一种动态的音频频谱分析仪,主要由三部分构成:信号记录器、频谱分析器、频谱显示器。它能把人的声音信号转变为可视图谱——声纹,鉴定人可以通过图谱来观察分析声音信号的频率、幅度、时间等物理参量及相互间的动态关系,从而了解被检测声音信号的声学特征。声纹鉴定就是将与案件事实有关的声音资料反映的语音特征(声纹特征)同供认定客体的语音特征(声纹特征)进行比较识别,从而确定是否为同一人的声音。

5.会计学方法。是指办案机关在诉讼过程中为了查明案情,依法定程序,指派或聘请具有专门知识的人,运用审计学原理和会计学知识,对与案情有关的财务事实进行的审核、检查和验证。而会计司法鉴定技术是以会计学和审计学的一般原理、会计核算和审计的技术与方法为基础的,在会计司法鉴定过程中所形成和发展起来的一整套理论与业务体系、鉴定技术。因此,会计司法鉴定技术是与会计司法鉴定相互依存的,共同构成会计司法鉴定学的基本内容。

6. 其他技术方法。以上列举了司法鉴定实施过程中常用的几种技术方法。随着司法鉴定的领域不断拓宽，其所应用的技术方法也不断增多，如在司法鉴定的新兴领域中，计算机司法鉴定、声像资料鉴定、法医人类学鉴定中的许多鉴定项目需要依赖计算机技术和网络技术进行鉴定。

三、司法鉴定文书的制作〔1〕

司法鉴定文书一般由封面、正文和附件组成。司法鉴定文书正文应当符合相应规范和要求，具体内容参见第八章第三节。

司法鉴定文书附件应当包括与鉴定意见、检验报告有关的关键图表、照片以及有关音像资料、参考文献等的目录。附件是司法鉴定文书的组成部分，应当附在司法鉴定文书的正文之后。

鉴定机构出具的司法鉴定文书一般为一式四份，三份交委托人收执，一份由鉴定机构存档。在实践中，经常会遇到委托人，特别是在案件审理过程中涉及的诉讼当事人、参与人比较多的情形下，可能会向鉴定机构提出需要增加司法鉴定文书的副本数。鉴定机构一般会应要求增加副本数量。但司法鉴定文书的正本只能有一份。

司法鉴定文书的制作应实行鉴定人、复核人和/或签发人各负其责的内部审核制度。所有的鉴定文书（底稿及打印件）上均应有鉴定人签名，存档的鉴定文书稿上应有复核人或签发人签名。

四、司法鉴定文书的出具

鉴定机构和鉴定人应当按照统一规定的文本格式制作司法鉴定文书。司法鉴定文书应当一式四份，三份交委托人收执，一份由鉴定机构存档。鉴定机构应当按照有关规定或者与委托人约定的方式，向委托人发送司法鉴定文书。委托人对鉴定过程、鉴定意见提出询问的，鉴定机构和鉴定人应当给予解释或者说明。司法鉴定文书出具后，发现有下列情形之一的，鉴定机构可以进行补正：（1）图像、谱图、表格不清晰的；（2）签名、盖章或者编号不符合制作要求的；（3）文字表述有瑕疵或者错别字，但不影响司法鉴定意见的。补正应当在原司法鉴定文书上进行，由至少一名鉴定人在补正处签名。必要时，可以出具补正书。对司法鉴定文书进行补正，不得改变司法鉴定意见的原意。鉴定机构应当按照规定将司法鉴定文书以及有关资料整理立卷、归档保管。〔2〕

司法鉴定文书的送达可以按照约定或者规定的方式进行。实践中司法鉴定文书的送达方式主要有委托人或代理人领取和函件发送两种。但对有重要的鉴定原件材料需要一并退还的案件，为防止重要的鉴定材料遗失，鉴定机构一般要求委托人或其代理人亲自领取。鉴定人负有对出具的鉴定文书进行解释、说明的义务。例如，最高人民法院《关于民事诉讼证据的若干规定》第 37 条第 3 款规定："对于当事人的异议，人民法院应当要求鉴定人作出解释、说明或者补充。人民法院认为有必要的，可以要求鉴定人对

---

〔1〕 司法鉴定文书制作的具体内容，详见本教材第八章"司法鉴定文书规范"。

〔2〕 参见《司法鉴定程序通则》第 36 ~ 42 条。

当事人未提出异议的内容进行解释、说明或者补充。”

由于鉴定意见在案件审理过程中具有重要作用,有些案件甚至在结案后数年、数十年,仍然需要查询鉴定时的有关情况,如鉴定意见的依据、鉴定时取得的原始数据、鉴定文书的原始底稿、内部审核、签发过程等均是经常需要查询的信息。因此,鉴定机构完成委托的鉴定事项后,应当将司法鉴定文书以及在鉴定过程中形成的有关材料整理立卷,归档保管。另外,结合司法鉴定实践,非常有必要将司法鉴定过程中形成的影像资料、电子数据等也及时归档管理,长期保存,以备核查。与此同时,司法鉴定文书档案资料对于开展司法鉴定相关问题研究也有很高的学术价值。

五、司法鉴定时限制度与终止鉴定

(一)司法鉴定时限制度

司法鉴定时限,是指从受理鉴定之日起,到实施,完成鉴定,出具司法鉴定意见所限定的时间范围。规定鉴定时限是实现鉴定活动高效和确保诉讼活动顺利进行的重要措施。

司法鉴定发生于诉讼过程中,司法鉴定需要适当的时间来完成,但这个时间受到诉讼法律法规的制约。根据《司法鉴定程序通则》第 28 条的规定,司法鉴定机构应当自司法鉴定委托书生效之日起 30 个工作日内完成鉴定。鉴定事项涉及复杂、疑难、特殊技术问题或者鉴定过程需要较长时间的,经本机构负责人批准,完成鉴定的时限可以延长,延长时限一般不得超过 30 个工作日。鉴定时限延长的,应当及时告知委托人。鉴定机构与委托人对鉴定时限另有约定的,从其约定。在鉴定过程中补充或者重新提取鉴定材料所需的时间,不计入鉴定时限。

在实践中,即使是司法精神医学鉴定等需要进行走访调查的案件,30 个工作日一般也能够满足鉴定需要,实践中需要延长鉴定时间的案件并不多见,偶见于医疗纠纷司法鉴定等事项。如果鉴定案件本身比较复杂、疑难或需要使用特殊技术,或邀请专家会诊,在办理委托手续时,鉴定机构的受理人员可以及时告知并与委托人协商约定鉴定时限。在鉴定实践中,鉴定机构和鉴定人遇到的关于鉴定时限的主要问题是,一些刑事案件的委托人无法接受 30 个工作日的鉴定时限。《刑事诉讼法》《公安机关办理刑事案件程序规定》等对检察机关、公安机关、审判机关的办案期限,以及犯罪嫌疑人的羁押期限都有明确规定。无合法理由不能超期办案,更不能超期羁押。现行的法律法规中规定的办案期限几乎都没有考虑扣除司法鉴定的期限。只有《刑事诉讼法》规定了对犯罪嫌疑人进行精神病鉴定的期间不计入办案期限。该问题只能在法律法规修订时一并考虑作调整。

(二)终止司法鉴定

在实践中,由于各种原因,司法鉴定机构、鉴定人常会遇到不得不终止鉴定的情况。《司法鉴定程序通则》规定,鉴定机构在鉴定过程中,有下列情形之一的,可以终止鉴定:(1)发现有该通则第 15 条第 2 项至第 7 项规定情形的;(2)鉴定材料发生耗损,委托人不能补充提供的;(3)委托人拒不履行司法鉴定委托书规定的义务、被鉴定人拒不配合或者鉴定活动受到严重干扰,致使鉴定无法继续进行的;(4)委托人主动撤销鉴定委托,或者委托人、诉讼当事人拒绝支付鉴定费用的;(5)因不可抗力致使鉴定无法继续进行的;(6)其他需要终止鉴定的情形。终止鉴定的,鉴定机构应当书面通知委托人,说明理由并退还鉴定材料。与此同时,鉴定机构应当根据终止的原因、责任以及鉴定的进程,酌情退还部分鉴定费用。

第四节　补充鉴定和重新鉴定

一、补充鉴定

补充鉴定,是指在原鉴定的基础上对其中的个别问题进行复查、修正、补充或解释,以使原鉴定意见更加完备而进行的鉴定。《司法鉴定程序通则》第30条规定,有下列情形之一的,鉴定机构可以根据委托人的要求进行补充鉴定:(1)原委托鉴定事项有遗漏的;(2)委托人就原委托鉴定事项提供新的鉴定材料的;(3)其他需要补充鉴定的情形。补充鉴定是原委托鉴定的组成部分,应当由原司法鉴定人进行。前面已经述及我国法律规定诉讼当事人有提出补充鉴定申请的权利,司法机关可以根据申请人的补充鉴定申请决定进行补充鉴定。当然,补充鉴定申请本身不是补充鉴定决定和委托的必经程序。司法机关可以根据办理案件的实际需要直接启动补充鉴定。补充鉴定是原委托鉴定的组成部分,应当由原鉴定人进行。例如,侦查阶段进行了损伤程度鉴定,到了法院审理阶段,诉讼当事人提出补充鉴定申请的,法院经审核同意后也可以委托原鉴定机构的原鉴定人对案件涉及的某些问题进行补充鉴定。补充鉴定是原委托鉴定的组成部分,所以在审查应用鉴定意见时应把原鉴定文书和补充鉴定文书结合使用。

二、重新鉴定

重新鉴定,是指委托人经审查后认为初次鉴定的鉴定意见不可靠而委托原鉴定机构或其他鉴定机构就同一鉴定事项再次进行的鉴定。《司法鉴定程序通则》第31条规定,有下列情形之一的,鉴定机构可以接受办案机关委托进行重新鉴定:(1)原鉴定人不具有从事委托鉴定事项执业资格的;(2)原鉴定机构超出登记的业务范围组织鉴定的;(3)原鉴定人应当回避没有回避的;(4)办案机关认为需要重新鉴定的;(5)法律规定的其他情形。

在对重新鉴定所委托的鉴定机构、鉴定人的选择上,需要注意以下情况:重新鉴定应当委托原鉴定机构以外的其他鉴定机构进行;因特殊原因,委托人也可以委托原鉴定机构进行,但原鉴定机构应当指定原鉴定人以外的其他符合条件的鉴定人进行。接受重新鉴定委托的鉴定机构的资质条件应当不低于原鉴定机构,进行重新鉴定的鉴定人中应当至少有一名具有相关专业高级专业技术职称。

需要注意的是,在比较和评价初次鉴定和重新鉴定意见的科学性、客观性、规范性、合法性等证明能力要素时,需要有一个基准点。这个基准点就是两次鉴定所依据的材料相同、鉴定项目相同。只有这样进行比较才有价值,如果鉴定意见所依据的材料已经发生变化,鉴定项目也有所不同,机械地比较两次鉴定意见、评价其科学性,显得不够严谨,因为那已经不属于真正意义上的重新鉴定了。

补充鉴定、重新鉴定的其他事项与初次鉴定相同。

三、补充鉴定与重新鉴定的联系与区别

补充鉴定与重新鉴定都是在进行了初次鉴定,原鉴定机构的鉴定人已出具了鉴定意见之后进行的鉴定,补充鉴定和重新鉴定本身都属于司法鉴定。只是两者在适用情形、委托对象选择、前后鉴定意见之间的关系等方面存在明显区别。经过初次鉴定后,有证据证明原鉴定意见有瑕疵或遗漏,但主要内容科学、客观,可以通过补充鉴定解决问题的,一般不批准当事人的重新鉴定申请。考虑原鉴定机构的原鉴定人已经进行过初次鉴定,对案件本身情况比较熟悉,所以补充鉴定一般委托原鉴定机构的原鉴定人进行。而重新鉴定是诉讼当事人对原鉴定意见持根本否定的态度,向享有鉴定决定权的机关提出申请获得批准并由其委托而进行的鉴定。在诉讼过程中,相关司法机关通过对初次鉴定的程序和实体进行审查发现原鉴定程序严重违法、鉴定方法存在严重错误、鉴定意见与案内其他证据明显不符等情形,也可以直接决定委托重新鉴定。

思考习题

1. 我国刑事诉讼中司法鉴定启动程序的现状与存在的问题是什么?
2. 司法鉴定回避制度主要有哪些规定?
3. 司法鉴定文书制作有哪些要求?
4. 鉴定机构在哪些情况下可以终止鉴定?
5. 简述重新鉴定与补充鉴定的联系与区别。

拓展阅读书目

1. 张军主编:《中国司法鉴定制度改革与完善研究》,中国政法大学出版社 2008 年版。
2. 国家认证认可监督管理委员会、司法部司法鉴定管理局主编:《司法鉴定机构资质认定工作指南》,中国计量出版社 2009 年版。
3. 杜志淳等:《司法鉴定法立法研究》,法律出版社 2011 年版。
4. 霍宪丹、郭华:《中国司法鉴定制度改革与发展范式研究》,法律出版社 2011 年版。
5. 司法部公共法律服务管理局组编:《〈司法鉴定程序通则〉释义》,中国政法大学出版社 2020 年版。

第七章　司法鉴定质量监控制度

本章概要　本章主要介绍了司法鉴定质量监控的概念和意义，探讨了司法鉴定质量监控的途径和方法，分析了司法鉴定材料的质量监控问题。

通过本章的学习，应当掌握司法鉴定质量监控的含义、影响因素和必要性，了解司法鉴定认证认可、能力验证以及司法鉴定机构质量保证体系，充分认识司法鉴定材料的收集和保全控制的规范化。

关键词　司法鉴定；鉴定质量；质量监控

第一节　司法鉴定质量监控概述

一、司法鉴定质量监控的含义

（一）质量的概念

质量的内容十分丰富。随着科学技术和经济社会的发展，质量的内涵在不断充实、完善和深化。人们对质量这一概念的认识经历了一个不断发展和深化的历史过程。

1. 基于判断的标准（Judgemental Criteria）。质量的英文是 quality，其最常用的意义与消费者有关，是等级（superiority）或卓越（excellence）的同义语。《美国传统词典》将 quality 解释为：degree or grade of excellence，意指“出色的程度或等级”。《韦氏新世界词典》（第二版）将 quality 解释为：the degree of excellence of a thing。这被称为 quality 的卓越定义（transcendent definition），但缺乏实用价值，不能提供衡量或评估质量的手段或方法。

2. 基于产品的标准（Product-Based Criteria）。质量是特定、可测的变量的函数，质量的差异可以反映某种产品特性的差异。这种观点常常导致产品的质量与价格挂钩——高质高价。这一定义的缺点是不依赖外在的标准，评估产品特性的时候差异很大。

3. 基于用户的标准（User-Based Criteria）。由于用户需要不同，就必须有不同的质量标准，由此引出质量的第三个定义：fitness for intended use。美国著名的质量管理专家朱兰（J. M. Juran）博士就持这样的观点，提出了产品质量就是产品的适用性，即产品在使用时能成功地满足用户需要的程度。

4. 基于价值的标准（Value-Based Criteria）。这种标准主要关注产品适用性或价值与价格的相符程度。这种观点认为，优质产品与竞争性产品的适用性一样好，故以更低的价格或具有比较优势的价格销售;如果一般产品与名牌产品的功能差不多,消费者就会购买价格低的一般产品。

5. 基于制造的标准(Manufacturing-Based Criteria)。这种观点将质量定义为“工程与制造实践的合意的或达到与规定(specifications)一致的结果”。这里的“规定”是指由产品和服务的设计者确定的目标和公差。但是,若规定不能反映产品的特性,它就毫无意义。

6. 客户驱动的质量(Customer-driven Quality)。国际标准化组织的ISO 8402“质量术语”将质量定义为:反映实体满足明确或隐含需要能力的特性总和。ISO 9000:2000将质量定义为:一组固有特性满足要求的程度。这一定义可以从五个方面来理解:(1)质量是相对于ISO 8402的术语,更能直接地表述质量的属性,由于未对质量的载体作出界定,说明质量可以存在于不同领域或任何事物中;(2)特性是指事物所特有的性质,固有特性是事物本来就有的,它是通过产品、过程或体系设计和开发及其后之实现过程形成的属性;(3)满足要求就是应满足明示的、或隐含的(或由法律法规、行业规则规定的)需要和期望;(4)顾客和其他相关方对产品、体系或过程的质量要求是动态的、发展的和相对的;(5)质量一词可用形容词如差、好或优秀等来修饰,表示产品或工作的优劣程度。

(二)司法鉴定质量监控的含义与类型

1. 司法鉴定质量的含义

从质量的定义看,质量不仅包括产品质量,也包括服务质量。司法鉴定是鉴定人向委托人提供鉴定意见的一种服务。[1] 委托人将“检材、样本或被鉴定人的精神、心理状态及损伤程度等”提供给鉴定人,鉴定人进行分析判断,得出鉴定意见,交给委托人。这是一种提供服务的过程。服务过程也要讲究质量,对服务过程的质量必须进行监控。[2]

司法鉴定质量监控包括质量监督与控制,是指通过对司法鉴定过程的持续监督、定期收集有关司法鉴定和效果方面的信息,根据收集的信息发现可能存在的问题,对司法鉴定过程进行调节,促使其沿着预定的方向进行,使鉴定意见符合质量控制标准的过程。

司法鉴定质量监控体系主要由鉴定质量和监控两部分组成。其中鉴定质量由鉴定人和鉴定机构的资质、能力、鉴定结果(结论)的可信度等组成;监控部分则由评价、反馈、纠偏与激励等组成。

---

〔1〕 参见《全国人大内司委负责同志答记者问　落实“三个代表”重要思想　把司法鉴定管理纳入法制化轨道　司法鉴定机构应当是独立享有权利和承担义务的社会服务性组织》,载《中国司法鉴定》2003年第1期。

〔2〕 参见蒋丽华:《刑事鉴定质量控制法律制度研究》,中国检察出版社2007年版,第19页。

2. 司法鉴定质量监控的类型及其机制

司法鉴定质量监控的过程，实际上就是政府、鉴定机构、鉴定人将司法鉴定活动的结果（或结论）与司法鉴定标准（或规范）进行比较，采取行动来纠正偏差或不适当的标准（或规范）的过程。司法鉴定质量监控分为三个类型：事前监控、事中监控和事后监控。

（1）司法鉴定质量之事前监控，是指事先采取确保司法鉴定结果高质量的一些制度性或管理性措施。制度性措施包括成立中国司法鉴定监督管理委员会、出台“司法鉴定法”、颁布司法鉴定的国家标准等；管理性措施包括把好鉴定人的资格及其选任关，做好司法鉴定资质认定和认可、司法鉴定实验室的能力验证等。

（2）司法鉴定质量之事中监控，是指在司法鉴定活动进行之中由鉴定机构和鉴定人所采取的控制措施，如建立鉴定机构内部质量保证体系、鉴定材料收集和保存的规范化、对鉴定意见的审查判断等。

（3）司法鉴定质量之事后监控，是指司法鉴定活动完成后，司法行政机关等对鉴定机构所进行的检查、质量评估活动，若发现问题，就采取纠正措施。

司法鉴定质量监控的内容是全面的，不仅事后要检查、处理、改进，事中要把关、控制，更重要的是事前要进行预防。质量监控更多的是通过系统、全面的事前预防与控制来实现对司法鉴定质量的最终控制。在质量监控的过程中，事后的检查、评估把关是基础，事中的过程监控是关键，事前的预防是必然。质量监控的重心就是通过事前的有效控制达到对结果的控制。

二、影响司法鉴定质量的主要因素

影响司法鉴定质量的因素有很多，有可控的，也有不可控的。其中，可控的、具有普遍性的因素大致可以分为制度性因素和技术人文因素。

（一）制度性因素

制度性因素是影响司法鉴定质量的间接因素，它通过对司法鉴定机构、鉴定人、鉴定秩序、鉴定程序、鉴定标准的管理，对司法鉴定质量施加影响。制度性因素的可调控性强，调控见效快，但难度大，涉及政策层面较多。

1. 法律规定产生的影响

按照我国现行的诉讼法，案件鉴定的委托权掌控在司法机关手中，导致鉴定机构的鉴定意见在某种程度上体现了司法机关的意志，使其独立性大打折扣，影响了鉴定机构的中立性，影响了司法鉴定的公平、公正。例如，在实践中为尽快结案，“案源”掌控者要求鉴定机构在不具备鉴定条件的情况下出具鉴定意见。又如，为减少工作量和麻烦，要求鉴定机构在鉴定意见中明确不属于鉴定业务范围的赔偿数额和周期；甚至因为金钱、关系等因素，要求鉴定机构按照其意志出具不公正或虚假的鉴定意见等。

2. 管理体制的影响

公安机关、检察机关、国家安全机关、司法行政机关分别制定了管理鉴定机构和人员的登记管理办法，形成了四个管理权互相独立，管理范围互相交叉的管理体制。这种多头管理的体制对司法鉴定质量影响极大:一方面,鉴定人和鉴定机构按照不同管理体制确定的不同条件取得司法鉴定资格,设施、水平参差不齐,甚至有的不具备从事司法鉴定的基本条件。鉴定人和鉴定机构可以在不同管理体制的空隙间生存,管理部门无法做到有效监管,也就无法有效控制司法鉴定质量。另一方面,鉴定人和鉴定机构遵循不同的鉴定程序和规则,对鉴定标准的理解和认知也无法统一,不同管理体制下的鉴定人对同一事实作出不同鉴定意见,司法机关采信时却无法判断对错。

3. 司法鉴定的程序、操作规则的影响

司法鉴定是一种科学实证活动,无论是现场勘验、实验室检测还是鉴定人主观判断,一套全面、规范、科学、严格的程序和操作规则是控制司法鉴定质量的有效手段。当前,鉴定人和鉴定机构对程序和操作规则的掌握还处于初级阶段,尚不能完全对司法鉴定质量加以有效控制。

4. 司法鉴定标准的影响

司法鉴定标准的模糊和缺失,对司法鉴定质量影响很大。《司法鉴定程序通则》规定了司法鉴定应当遵守和采用技术标准的顺序,有国家或者行业标准的,应当采用国家或者行业标准。而在实践中,许多鉴定领域还没有统一的司法鉴定标准,仅仅依靠鉴定人和实验室自己确定的方法和经验进行鉴定,对同一案件的同一事实,不同的人和机构可能会得出不同的甚至相反的结论。

(二)技术人文因素

技术人文因素是影响司法鉴定质量的直接因素,主要包括鉴定行业、鉴定人和鉴定机构自身性质、能力、水平等方面的因素。技术人文因素可调控性差,调控周期长,但很少涉及政策层面,可操作性较强。

1. 技术水平

在审判实践中,法官对司法鉴定质量的最大顾虑,其实是司法鉴定技术水平问题。因为对于一起案件来说,不论鉴定意见有几个,正确与否,总归是有明确意见,法官只要从多个鉴定意见中挑出一个采信,案件审判就能继续进行。可如果鉴定人和鉴定机构无法得出明确的鉴定意见,则审判将难以进行,判决也缺乏依据,容易出现错案。这种无法得出明确结论的情况,往往与司法鉴定技术水平不高有很大关系。

2. 人员素质

鉴定人是司法鉴定活动的主体,其鉴定能力决定着鉴定质量。我国目前的司法鉴定管理制度对鉴定人的准入要求较低,从《决定》第 4 条的规定可以看出对鉴定人没有品行、诚信度等方面的要求,在鉴定人资源缺乏和片面追求发展速度的情况下,有的司法行政机关把关不严,使一些业务、职业道德水平不高的人混入鉴定机构,导致鉴定质量难以保障,由此造成的冤案错案时有发生。

3. 机构逐利性

《决定》确定的司法鉴定体制,重点是规范社会的司法鉴定机构。这些社会的司法鉴定机构中,有的为了自身的生存和发展,往往表现出逐利性。但是,这种逐利性必须由鉴定管理部门采取有效措施,控制在一定限度内;如果失去控制,鉴定机构受利益驱动,以降低司法鉴定质量换取经济利益的现象就会出现。

4. 道德水平

当前,社会上存在各种潜规则,托人办事之风盛行,司法鉴定领域也不例外。一些当事人为谋取非法利益,贿赂鉴定人;还有一些当事人则认为,不找关系鉴定意见肯定不会公正,从而导致当事人想方设法通过人情、关系、金钱等手段拉拢鉴定人按照当事人的意愿进行鉴定,如出具虚假或不实鉴定意见、故意延长鉴定时间、故意损毁鉴定材料、不受理重新鉴定请求等。鉴定人办"人情案、关系案、金钱案",严重影响司法鉴定质量,损害司法公正。[1]

三、加强司法鉴定质量监控的必要性

司法鉴定质量的高低直接关系到诉讼中案件事实的认定,关系到司法公正的实现和公民合法权益的保护。对司法鉴定的质量进行监控,可以促使鉴定机构建立质量管理体系,对影响鉴定质量的所有因素进行全过程、全方位的有效控制和管理,确保司法鉴定"行为公正、程序规范、方法科学、数据准确、结论可靠",为司法活动的顺利进行提供技术保障和专业化服务。

(一)司法鉴定行业性质的需要

鉴定意见在诉讼、仲裁以及行政执法活动中的证据性质,决定了司法鉴定的程序规范要求和司法鉴定意见的质量保证要求。因此,司法行政机关必须对司法鉴定的质量进行严密的监控。此外,鉴定机构必须加强规范化建设,建立质量监控体系,对鉴定人的能力、鉴定方法和程序、鉴定环境和设施进行全面管理,对影响鉴定质量的所有因素进行有效控制,确保鉴定机构和鉴定人以公正的行为、规范的程序、科学的方法、正确的结论为审判和仲裁等实践活动提供优质高效的鉴定服务。

(二)国内外形势发展的需要

随着我国民主法治建设的不断完善,社会对司法鉴定机构的管理水平和鉴定技术能力提出更高的要求。对外开放对司法鉴定领域的技术标准、程序规范和质量保证也提出了严峻的挑战,特别是涉外诉讼、仲裁案件涉及鉴定意见的科学性、可信度以及国际相互认可等问题。因此,我国的鉴定机构应按照国际考核标准的要求,建立与国际接轨的鉴定质量管理体系,使鉴定意见能在世界各地得到认可并具有国际公信力。

(三)司法鉴定机构自身建设的需要

鉴定机构建立鉴定质量监控体系,不仅是为了获得权威机构认证/认可,而且是为了自身的规范化建设。我国在鉴定机构建设和设备投入上有了较大的进展,但司法鉴定质量管理体系建设仍然十分滞后,造成了"硬件硬,软件软"的现象,导致诉讼双方在鉴定意见的证明力上常常发生分歧。司法鉴定机构要做到"行为公正、程序规范、方法

---

〔1〕 参见刘根林:《浅谈影响司法鉴定质量的原因与对策》,载《萍乡高等专科学校学报》2008 年第 1 期。

科学、数据准确、结论可靠",仅有人力、装备等资源是不够的,还必须按照鉴定活动的客观规律建立完善的质量管理体系,使一切鉴定活动有章可循,有据可查。这是提升司法鉴定机构服务质量,实现司法鉴定行业规范、协调、可持续发展的内在要求。[1]

第二节　司法鉴定的质量监控

一、资质认定和认可

(一)资质认定

资质认定,是指国家认证认可监督管理委员会(以下简称国家认监委)和各省、自治区、直辖市人民政府质量技术监督部门对检查机构和实验室的基本条件和能力是否符合法律、行政法规规定以及相关技术规范或标准实施的评价和承认活动。

《中华人民共和国认证认可条例》第15条规定:"向社会出具具有证明作用的数据和结果的检查机构、实验室,应当具备有关法律、行政法规规定的基本条件和能力,并依法经认定后,方可从事相应活动,认定结果由国务院认证认可监督管理部门公布。"资质认定的形式包括计量认证和审查认可/验收。

计量认证,是指国家认监委和地方质检部门依据有关法律、法规之规定,对向社会提供公证数据产品质量检验机构的计量检定、测试设备的工作性能、工作环境、人员操作技能,以及保证量值统一、准确的措施及监测数据公正可靠的质量体系能力进行的考核。

审查认可,是指国家认监委和地方质检部门依据有关法律、法规之规定,对承担产品是否符合标准的检验任务和承担其他标准实施监督检验任务的检验机构的监测能力以及质量体系进行的审查。

资质认定活动的依据有:《中华人民共和国计量法》、《中华人民共和国标准化法》、《中华人民共和国产品质量法》(以下简称《产品质量法》)、《认证认可条例》等有关法律和行政法规,国家认监委颁布的《实验室资质认定评审准则》等。

(二)实验室和检查机构认可

认可是权威机构依据相关的准则并遵循一定的程序,通过注册评审员和技术专家全面而系统的评价,对检测实验室或检查机构的技术能力和管理水平所作的一种正式承认。经评审合格的,权威机构予以认可,即正式承认实验室或检查机构具备相应的能力和资格。

认可分为实验室认可和检查机构认可。对检测实验室的认可采用的标准是国际通行的《检测和校准实验室能力的通用要求》[CNAS/CL01:2006(ISO/IEC17025:2005)]

---

[1] 参见沈敏、杜志淳:《论司法鉴定机构质量管理体系的建立和运行》,载《中国司法鉴定》2004年第4期。

及相关应用说明。对检查机构的认可采用的国际标准是《各类检查机构能力的通用要求》[CNAS/CI01:2006(ISO/IEC17020:1998)]及相关应用说明。

中国实验室和检查机构的认可:中国合格评定国家认可委员会(CNAS)是由国家认监委批准设立并授权的国家认可机构,统一负责对认证机构、实验室、检查机构等的认可工作。〔1〕

二、司法鉴定实验室的能力验证

(一)能力验证的概念

按照《检测和校准实验室能力的通用要求》(ISO/IEC 17025)等国际标准的规定,对各行业实验室/机构技术能力的评定,通常可采用两种方法:一是国家实验室/机构认可的现场评审,由权威机构对该组织或个人是否有能力执行特定任务作出评价;二是通过能力验证活动,持续监控实验室/机构的技术能力。这是两种互为补充的评定技术。司法鉴定机构获得国家认可后,认可机构主要通过能力验证活动来持续监控司法鉴定机构的技术能力。

鉴定能力验证活动已成为世界各国评价和保障实验室/机构能力所采用的重要手段。国际司法鉴定领域也早在20世纪90年代就开始推行质量体系认可制度,并有专门的机构(Collaborative Testing Services)组织相关能力验证活动。司法鉴定机构在能力验证活动中的表现不仅用于认可组织对该机构的评价,也是行业主管部门评价鉴定机构的能力和水平,实施行业管理,控制鉴定质量的有效手段。

能力验证也称水平测试,是指通过实验室间的比对确定实验室的校准/检测能力或检查机构的检测能力,也是认可机构加入和维持国际相互承认协议(MRA)的必要条件之一。能力验证与认可的关系是:认可机构要求分析实验室参加恰当的能力验证项目而能力验证只是认可众多要求中的一个。

对于司法鉴定行业而言,能力验证就是按照预先制订的能力验证计划,组织多个司法鉴定机构对统一制作的检材或案件进行检验/鉴定,然后将司法鉴定机构的检验/鉴定结果与所有参加机构的公议结果或行业权威专家所得出的结果进行比对,以评定司法鉴定机构对于特定项目的检验/鉴定能力。能力验证活动是一个总称,包括能力验证计划、实验室间比对和测量审核。

能力验证计划,是指为保证实验室在特定检测、测量或校准领域的能力而设计和运行的实验室间比对计划。

实验室间比对,是指按照预先规定的条件,由两个或多个实验室对相同或类似被测物品进行校准/检测的组织、实施和评价。实验室间比对一般适用于下列情形:(1)确定某个实验室/机构对特定试验或测量的能力,并监控其持续能力;(2)识别实验室的问题并采取纠正措施,这可能与人员的能力或仪器的校准有关;(3)确定新方法和监控

---

〔1〕 参见沈敏、吴何坚、方建新编著:《司法鉴定机构质量管理与认证认可指南》,科学出版社2009年版,第1~7页。

已建立方法的有效性和可比性;(4)向客户提供更高的可信度;(5)鉴别实验室间的差异;(6)确定一种方法的能力特性,通常称为共同试验;(7)给标准物质赋值,并评价其适用性。

测量审核,是指实验室对被测物品(材料或制品)进行实际测试,将测试结果与参考值进行比较的活动。

(二)能力验证的类型

能力验证的方式因检验对象的性质、使用的方法和参加实验室/机构的数目而变化,但其共同特征是将一个实验室/机构所得的结果与其他一个或多个实验室/机构所得的结果进行比对。能力验证一般包括以下类型:

1. 量值比对方案。将待测物品按照拟定的顺序在各参加实验室间进行传递,各实验室在规定时间内完成测量工作。组织者将各测量结果与参考值进行比较来评价各参加实验室的能力。量值比对方案具有如下特征:(1)目的在于评价实验室达到其认可的测量准确度的能力;(2)参加实验室数目不限,其中一个实验室可能作为参考实验室;(3)顺序测量,可采用大循环或分段循环的方式;(4)不破坏被测样品;(5)以参考值作为指定值;(6)检测周期较长;(7)适用于电机、电子、量具、标准件等检测项目。

2. 检测比对方案。由组织者从待测物品中随机抽取若干样品,同时分发给各参加实验室进行检测。组织者从所有检测结果中获得公议值,再与各检测结果进行比较来评价各参加实验室的能力。其主要特征为:(1)目的在于评价实验室对检测项目的测定能力;(2)要求一定数量的实验室参加(以保障统计结果的有效性);(3)同时测量,破坏检测样品;(4)以公议值为指定值,采用Z比分数来评定结果;(5)适用于化学、生物、力学等检测项目。

3. 分样检测方案。将检测样品分割成若干份,交由有限数量的实验室进行检测,其中一个参加实验室可作为参考实验室,其检测结果将作为评价的参考值。其主要特征为:(1)目的在于识别不良的复现性和重复性;(2)有限数量的实验室参加(经常是两个实验室);(3)以较高水平实验室的检测结果为参考值;(4)适用于商业交易中供方和需方实验室的产品或材料的分样检测。

4. 定性认定方案。定性认定方案是为评价实验室/机构对特定物品某一特性的识别能力而设计的方案。其主要特征为:(1)目的在于评价实验室/机构的特定识别能力;(2)可有较少实验室/机构参加;(3)检验样品为专门制备或特性已知的;(4)适用于实验室的定性认定和检查机构的检查项目。

5. 已知值方案。制备已知量值的被测物品,通过将实验室的检测结果与指定值进行比较来评价实验室的能力。已知值方案之目的与适用范围同检测比对方案。由于检测样品的量值是已知的,无须多个实验室参加。

6. 部分过程方案。适用于评价实验室/机构对检测全过程的一部分或若干部分的执行能力,该方案也无须多个实验室参加。

在以上的能力验证类型中,目前较为成熟、应用较多的是适合检测实验室参加的量值比对和检测比对方案。司法鉴定能力验证类型的选择取决于各专业活动的特点,具有检测实验室特征的法医毒物学、法医物证学、微量物证学专业一般可按照检测比对和定性认定来设计能力验证方案。而对于文件检验学、法医病理学、法医临床学、司法精神病学等经验型的、具有检查机构特征的专业,可采用定性认定方案和部分过程方案。

(三)能力验证计划的组织和实施

能力验证计划可由实验室认可机构(包括国际上互认的实验室认可机构和实验室认可机构的合作组织)、能力验证计划提供者、政府管理部门或其他具有资质的机构来运作。应按 ISO/IEC 指南 43:1997 第一部分的要求建立和运行能力验证计划,并按照其第二部分的要求使用能力验证的结果。

组织实施能力验证计划通常包括以下步骤:组织和设计→制样→分发→反馈结果→数据处理能力评定→报告→与实验室/机构沟通→采取纠正措施→确认。

(四)能力验证结果的使用

CNAS 在认可评定过程中,将能力验证结果作为作出认可决定的重要依据之一。能力验证结果分为满意、可疑、不满意三种情况,每种情况的处理如下:

(1)结果满意。当实验室/机构的能力验证结果稳定满意时,CNAS 在监督(或复评)时,可简化相关项目的技术能力确认。

(2)结果可疑。当实验室/机构的能力验证结果可疑时,CNAS 将向其提供技术咨询,并建议实验室采取相应的纠正措施。

(3)结果不满意。当认可实验室/机构的能力验证结果被判为不满意时,CNAS 将要求其采取有效的纠正措施。若其不满意结果超出相应认可项目所依据标准或方法的允差范围,应停止在证书/报告上使用认可标志。只有完成纠正活动并经 CNAS 确认有效后,方可恢复使用认可标志。

三、司法鉴定机构质量保证体系

司法鉴定机构具有独立于诉讼当事人的中立地位和社会公益性质,依法独立实施鉴定活动,不受行政、经济和其他因素的干扰,这对于保证鉴定意见的权威性和社会公信力是非常必要的。但是仅仅做到这些还是不够的,司法鉴定机构不仅要保证鉴定活动的合法性和公正性,还要确保其科学性和客观性。司法鉴定机构的组织性质、管理水平、技术能力才是保证鉴定意见合法、公正、客观以及证明效力的充分要素。

CNAS 进行的实验室/检查机构认可提供了对各行业机构是否达到国际标准的权威评价机制。实验室/检查机构认可是 CNAS 按照科学、公正的原则,根据国际实验室/检查机构认可准则的要求,对被审核的实验室/检查机构的管理水平和技术能力的正式承认(认可)。而建立质量管理体系是实验室/检查机构管理的核心内容,是实验室/检查机构认可的前提和基础。

司法鉴定机构可按照《检测和校准实验室能力的通用要求》或《各类检查机构能力的通用要求》,结合具体开展的司法鉴定业务的性质、活动特点以及内部资源等情况,建立质量管理体系。建立质量管理体系一般包括以下步骤:质量管理体系的策划与准备、质量管理体系文件的编制、质量管理体系的运行与完善。

(一)质量管理体系的策划与准备

这一阶段的工作由以下几方面内容组成:(1)领导决策,统一思想;(2)建立班子,制订计划;(3)分层培训,理解标准;(4)确定质量方针和质量目标;(5)过程分析;(6)评价质量管理体系要求。

(二)质量管理体系文件的编制

要建立有效的质量管理体系,首先应使所有工作要求文件化。质量管理体系文件是质量管理体系存在的基础。质量管理体系是一个系统工程,其文件由多层次相关文件集合而成。质量管理体系文件一般包含质量手册、程序文件、作业文件、记录文件。

(三)质量管理体系的运行与完善

完善的质量管理体系文件是司法鉴定机构具有良好素质的基本条件,但至关重要的不仅仅是文件本身,还有其全面有效的运行。质量管理体系的运行就是执行质量管理体系文件,实现质量方针和质量目标,使质量管理体系持续有效和不断完善的过程。在这个过程中,主要依靠充实资源、人员培训、组织协调、质量监督、信息反馈和体系审核与评审来保持质量管理体系的有效运行。[1]

第三节　司法鉴定材料的监控

司法鉴定材料的收集、传递、保全是影响鉴定质量的重要环节。因此,司法鉴定过程中应当妥善保管送检材料,并依鉴定程序逐项建立档案;鉴定时需耗尽检材或损坏原物的,应当商请委托人同意;鉴定结束后,应将鉴定书连同剩余的检材一并发还送检单位;有研究价值,需要留作标本的,应征得送检单位的同意,并商定留用的时限和保管、销毁的责任。

根据《司法鉴定程序通则》第22条的规定,鉴定机构应当建立鉴定材料管理制度,严格监控鉴定材料的接收、保管、使用和退还。鉴定机构和鉴定人在鉴定过程中应当严格依照技术规范保管和使用鉴定材料,因严重不负责任造成鉴定材料损毁、遗失的,应当依法承担责任。

一、司法鉴定材料收集的规范化

鉴定材料是司法鉴定的前提和基础。材料收集是否规范,与材料是否符合鉴定要求,是否满足合法性、客观性、关联性的要求密切相关。鉴定材料收集是否规范,一是关系到能否得出以及得出何种程度的鉴定意见,二是关系到对于违反法律收集到的物证、书证及其鉴定意见的排除。

---

〔1〕 参见杜志淳、沈敏主编:《司法鉴定机构质量体系文件》,法律出版社2004年版,第1~300页。沈敏、杜志淳:《论司法鉴定机构质量管理体系的建立和运行》,载《中国司法鉴定》2004年第4期。

(一)鉴定材料必须符合鉴定要求

对鉴定材料的要求主要表现在质和量两个方面:从质的方面看,检材要能够较为清晰地反映出被寻找客体的某一部分的重要特征。对不同种类的检材,质量要求不同。若检材不符合质量要求,则缺乏鉴定条件。从数量方面看,检材必须在国家规定的技术检验标准范围之内。若检材数量过少,则视为不合格。不同时期对检材数量的要求不同,科学技术越发达,鉴定技术水平越高,需要的检材数量越少。

(二)鉴定材料必须具有合法性

检材的合法性是指检材必须按照程序法的规定取得,包括按照程序法的原则性规定和程序法的具体规定。不符合程序法的具体规定的情况主要包括主体不合法、形式不合法、程序不合法。

(三)鉴定材料必须具有客观性

鉴定材料的本质是以物证或书证的形式表现出来的一种证据材料。鉴定材料客观性的实质就是证据的客观性。鉴定材料的客观性具有两层含义:(1)材料的内容必须客观,是对客观事物的反映;(2)材料必须具备客观存在的形式,使人们可以通过某种方式感知。

(四)鉴定材料必须具有关联性

检材是否具有关联性,一要看检材能否证明案件事实,二要看检材能否对案件事实的查明和证明起到作用。查明和证明的含义不同,后者以前者为基础。有些检材对案件事实的查明很有帮助,但对案件事实的证明也许毫无作用。[1]

(五)样本的取得必须符合技术要求

技术要求包括:样本数量要充分;样本具备较好的可比条件;样本来源真实;样本的取得必须考虑检材的特点。样本的数量必须以能够反映客体的特性为最低限度;样本数量越多,特性反映越充分;样本数量充分的另一个好处是可采用不同的技术方法进行实验,以确定何种方法最为有效。样本的质量必须高于检材的质量,与受审查客体的特征无太大差异,在形成机理、种类、性状上必须与检材一致。样本来源真实可靠是指其来自何人、何物、何地、何部分必须得到明确的证实。

二、司法鉴定材料保全的规范化

(一)鉴定材料保全的含义和作用

1. 鉴定材料保全的含义

鉴定材料保全,是指采用适当的方式与手段将已发现或提取的物证固定下来,加以妥善保管,以供鉴定人进行初次、重新或补充鉴定。从这个定义看,鉴定材料保全包括鉴定材料的固定和保管两个方面。鉴定材料无论是空间上还是时间上,从提取到实施鉴定,从初次鉴定到重新鉴定或补充鉴定,都有一定的时空跨度。若保全不当使提取的

[1] 参见蒋丽华:《刑事鉴定(结论)质量控制体系构建研究》,载《犯罪研究》2007 年第 3 期。

鉴定材料受损、灭失或无法识别,鉴定材料的收集就失去了意义。鉴定材料保管链的断裂可能导致鉴定无法实施或鉴定意见无效。

2. 鉴定材料保全的作用

鉴定材料保全的作用主要体现在三个方面:(1)鉴定材料尤其是检材的特定价值。鉴定材料具有特定性或不可替代性,一旦损坏或灭失,不能由其他东西替代。要保全鉴定材料的特定价值,必须采取有效的措施防止其变质、灭失、遗失、被污染和替换。(2)鉴定材料的鉴定价值。同样的鉴定材料,有时候鉴定要求会不同,虽然鉴定材料没有遗失或被替换,若鉴定所需要的条件发生了变化,鉴定也就无从谈起。因此,必须采用恰当的科学方法和技术,保证鉴定材料的鉴定条件不会发生影响鉴定价值的变化。(3)鉴定材料的法律价值。鉴定材料的法律价值是指在法律上得到认可的证明效力。一个物证即使没有遗失或被替换,也没有变质、损坏或被污染,它也不一定能够成为被法庭认可的证据材料,由此得出的鉴定意见同样不一定能够成为被法庭采纳的证据。

(二)鉴定材料保全的方法和程序

鉴定材料保全的方法分为原物保全、复制保全、照相保全和封存保全。原物保全主要用于体积较小的鉴定材料;复制保全是采用复制和制作模型的方法保全各种痕迹物证;照相保全用于不宜提取原物或不能长期保存的物证;对那些容易转移、灭失的大宗材料或与案件有关的金钱、淫秽物品则宜采取封存的方法保全。鉴定材料的保全,要做到以下两点:

1. 标记和记录要准确。对每一种鉴定材料都要制作不会损坏鉴定材料的标签。标签上要注明五项内容:(1)案件的性质及编号;(2)提取的日期、场所;(3)鉴定材料的编号;(4)提取人姓名;(5)鉴定材料的基本特征或主要特征。[1]

2. 完善管理登记制度。(1)建立严格监控鉴定材料的接收、传递、检验、保存和处置的管理制度;(2)认真填写司法鉴定材料收领单;(3)对所收集的材料标明来源,并加盖鉴定机构专用印章;(4)在鉴定机构开出的送检单上加盖鉴定机构专用印章;(5)鉴定材料传递有交接记录。

思考习题

1. 如何理解司法鉴定质量监控的含义、影响因素和必要性?
2. 资质认定和认可的主要内容是什么?
3. 司法鉴定能力验证的主要内容有哪些?
4. 司法鉴定机构为什么要建立质量保证体系,如何建立?
5. 司法鉴定材料在收集和保全过程中,如何做到规范化运作?

拓展阅读书目

1. 杜志淳、沈敏主编:《司法鉴定机构质量体系文件》,法律出版社 2004 年版。

---

[1] 参见蒋丽华:《刑事鉴定质量控制法律制度研究》,中国检察出版社 2007 年版,第 113 ~ 157 页。

2. 王苏明主编:《实验室能力验证实践》,中国标准出版社 2006 年版。
3. 蒋丽华:《刑事鉴定质量控制法律制度研究》,中国检察出版社 2007 年版。
4. 沈敏、吴何坚、方建新编著:《司法鉴定机构质量管理与认证认可指南》,科学出版社 2009 年版。
5. 杜志淳、罗良忠、孙大明:《司法鉴定质量监控研究》,法律出版社 2013 年版。

第八章　司法鉴定文书规范

本章概要　本章主要介绍司法鉴定文书规范，对司法鉴定文书的概念、特征，司法鉴定文书的分类，司法鉴定文书的制作要求，以及司法鉴定文书的格式作了概述。

通过本章的学习，应当掌握司法鉴定文书的基本规范，掌握制作各类司法鉴定文书的基本要求。

关键词　司法鉴定文书；文书规范；文书要求；文书格式

第一节　司法鉴定文书的概念和特征

一、司法鉴定文书的概念

司法鉴定文书是鉴定机构和鉴定人依照法定的条件和程序，运用科学技术或者专门知识对诉讼涉及的专门性问题进行分析、鉴别和判断后出具的记录和反映司法鉴定过程和司法鉴定意见的文书。

二、司法鉴定文书的特征

鉴定人完成司法鉴定后，必须以书面形式出具鉴定结果。司法鉴定文书即是反映鉴定委托、鉴定过程、鉴定方法和鉴定结果的一种具有法律意义的文书。司法鉴定文书具有下列特征：

1. 制作主体的特定性。司法鉴定文书必须由具有相应执业资格的鉴定人制作。

2. 制作程序的合法性。司法鉴定文书的产生过程必须符合法律、法规与司法鉴定程序的规定。

3. 内容的科学性。司法鉴定文书阐明的是自然科学现象，是对客观事物本质属性的真实记载。

4. 形式的规范性。司法鉴定文书必须按照统一的格式规范制作，使用国家标准计量单位、符号和文字，纸张、打印和版面都符合规定的要求。

第二节　司法鉴定文书的分类

根据文书在司法鉴定程序中不同的用途，可以把司法鉴定文书分成不同的种类，包括鉴定委托书、司法鉴定意见书、延长鉴定时限告知书、终止鉴定告知书、司法鉴定复核意见、鉴定意见补正书、司法鉴定告知书等。

司法鉴定委托书包括委托人基本信息、委托的鉴定机构的基本信息、明确的委托鉴定事项、是否属于重新鉴定、鉴定用途、基本案情、鉴定材料、预计费用及收取方式、司法鉴定文书发送方法、约定事项、鉴定风险提示、其他需要说明的事项、委托人签名或盖章、鉴定机构签章等内容。

司法鉴定意见书是指鉴定机构和鉴定人对委托人提供的鉴定材料进行检验、鉴别后出具的记录鉴定人专业判断意见的文书。一般包括标题、编号、基本情况、基本案情、资料摘要、鉴定过程、分析说明、鉴定意见、附件、落款等内容。

延长鉴定时限告知书:鉴定机构已经受理相关案件并开展了相关鉴定工作,由于与鉴定相关的原因无法在规定的时限内完成该鉴定,经过鉴定机构负责人的批准,可以延长鉴定时限,一般不超过 30 个工作日,此时应出具延长鉴定时限告知书。

终止鉴定告知书:鉴定机构已经受理相关案件并开展了相关鉴定工作,因特殊原因致使鉴定工作无法继续进行的,鉴定机构可决定终止鉴定工作,出具终止鉴定告知书。

司法鉴定复核意见:包括司法鉴定基本情况,即司法鉴定案件编号、司法鉴定人、司法鉴定意见等,还包括复核意见,即鉴定程序复核和关于鉴定意见的复核。

鉴定意见补正书:鉴定机构已经完成了鉴定并出具了司法鉴定书,鉴定机构发现该司法鉴定书存在不影响鉴定意见原意的瑕疵性问题时,需予以补正并出具鉴定意见补正书。补正书中应载明需补正的具体位置、补正理由及补正结果,以及附件,如补正后的图像、谱图、表格等。

司法鉴定告知书:包括委托人和受托人的义务、鉴定可能存在的风险、鉴定需要注意的事项、异议处理方式、可以终止鉴定的情形等内容。

第三节　司法鉴定文书的制作要求

一、司法鉴定文书制作的基本原则

(一)合法原则

司法鉴定文书的制作主体由法律规定,不符合法律规定的主体制作的司法鉴定文书不具有合法性;司法鉴定文书所依据的法律、法规和技术标准必须有效,依据无效的法律、法规和技术标准制作的司法鉴定文书不具有合法性;司法鉴定文书必须按照司法鉴定程序制作,未按照司法鉴定程序制作的司法鉴定文书不具有合法性。

(二)规范原则

司法鉴定文书的内容以有序规范为原则,包括叙述事实要素化、援引法律条款和技术标准规范化、列举事实的组合排列链条化、鉴定意见的表述标准化;司法鉴定文书以使用统一规定的格式为原则,包括结构规范、所列的事项规范和界定术语规范等;司法鉴定文书使用的语言文字、标点符号、专业术语、计量单位应符合国家标准,使用的词语和句子应准确、精练、严谨,应符合公文语体规范和语法规范等。

(三)及时完备原则

及时完备是制作司法鉴定文书的准则。司法鉴定文书应在法律、法规规定的时间内制作完成;司法鉴定文书所依据的相关资料和鉴定手续等应当完备,卷宗应及时归档。

二、司法鉴定文书制作的基本要求

司法鉴定文书是一种法律文件,其制作必须尊重客观事实和符合诉讼法的规定。司法鉴定文书的制作是司法鉴定的一个重要环节,其质量直接影响到司法公正,其制作的基本要求是:(1)基本概念清楚,使用统一规范的专业术语和法律用语。(2)文字简练,用词准确,语句通顺,描述确切清晰,论证符合逻辑。(3)使用规范的国家标准计量单位、符号和国家标准简体汉字。(4)内容系统全面,客观反映检验所见,分析说明要符合科学原理,逻辑性强。文体结构层次分明,证据可靠充分,结论准确无误,不使用有歧义的字句,不使用文言、方言、土语。使用少数民族语言文字的,应符合少数民族语言文字规范。(5)鉴定文书的格式符合规范要求,必要时应附有相关图表、照片、参考文献等说明性附件,所附照片必须真实、清楚。

第四节　司法鉴定文书的格式

不同专业和不同种类的司法鉴定文书格式上有所差异,但就司法鉴定文书的基本格式而言,是有其基本要素的。司法鉴定文书一般由封面、正文和附件组成。《司法部关于印发司法鉴定文书格式的通知》(司发通〔2016〕112号)对此也有相应规定。司法鉴定文书一般应包括标题、编号、基本情况、基本案情、资料摘要、鉴定过程、分析说明、鉴定意见、附件、落款等内容。

一、内容要求

司法鉴定文书正文应当符合下列规范和要求:

(1)标题:应写明司法鉴定机构的名称和委托鉴定事项;

(2)编号:写明司法鉴定机构缩略名、年份、专业缩略语、文书性质缩略语及序号;

(3)文书赋码:应符合相关省市司法行政主管部门相关规定的要求(适用时);

(4)基本情况:应当简要说明委托人、委托事项、受理日期、鉴定材料等情况;

(5)资料摘要:应当摘录与鉴定事项有关的鉴定资料,如法医临床鉴定涉及的被鉴定人病史摘要等;

(6)鉴定过程:应当客观、翔实、有条理地描述鉴定活动发生的过程,包括人员、时间、地点、内容、方法,鉴定材料的选取、使用,采用的技术标准、技术规范或者技术方法,检查、检验、检测所使用的仪器设备、方法和主要结果等;

(7)分析说明:应当详细阐明鉴定人根据有关科学理论知识,通过对鉴定材料,检查、检验、检测结果，鉴定标准，专家意见等进行鉴别、判断、综合分析、逻辑推理，得出鉴定意见的过程。要求有良好的科学性、逻辑性；

（8）鉴定意见：应当明确、具体、规范、具有针对性和可适用性；

（9）落款：由鉴定人签名或者盖章，并写明鉴定人的执业证号，同时加盖司法鉴定机构的司法鉴定专用章，并注明文书制作日期等；

司法鉴定文书各页之间应当加盖司法鉴定专用章红印，作为骑缝章。司法鉴定专用章制作规格为：直径4厘米，中央刊五角星，五角星上方刊司法鉴定机构名称，自左向右呈环行；五角星下方刊司法鉴定专用章字样，自左向右横排。印文中的汉字应当使用国务院公布的简化字，字体为宋体。民族自治地区司法鉴定机构的司法鉴定专用章印文应当并列刊汉字和当地通用的少数民族文字。司法鉴定机构的司法鉴定专用章应当经登记管理机关备案后启用。

司法鉴定文书应使用A4纸，文内字体为4号仿宋，两端对齐，段首空两格，行间距一般为1.5倍。

司法鉴定文书格式内容可以根据不同专业的特点制定具体的格式，司法鉴定机构也可以根据实际情况作合理增减。

司法鉴定文书附件应当包括与鉴定意见、检验报告有关的关键图表、照片等，以及有关音像资料、参考文献等的目录。附件是司法鉴定文书的组成部分，应当附在鉴定文书的正文之后。

司法鉴定文书的内容要系统全面，实事求是，分析说明应逻辑性强，文体结构应层次分明，论据要可靠充分，鉴定意见应客观、科学，是分析论证的结果。

二、格式、数量、签章要求

司法鉴定文书的制作应当符合下列格式要求：（1）使用A4规格纸张，打印制作；（2）在正文每页页眉的右上角注明正文共几页，同时注明本页是第几页；（3）落款应当与正文同页，不得使用“此页无正文”字样；（4）不得有涂改。

《司法鉴定程序通则》对司法鉴定意见书的制作数量，作出了专门规定。根据《司法鉴定程序通则》第39条，“司法鉴定意见书应当一式四份，三份交委托人收执，一份由司法鉴定机构存档。”实践中，经常也会遇到委托人，特别是人民法院在审理过程中涉及的诉讼当事人、参与人比较多，可能会向司法鉴定机构提出需要增加司法鉴定意见书的数量。司法鉴定机构一般会应要求增加制作司法鉴定意见书的数量。

对于司法鉴定文书的签章相关规章也有专门的规定，鉴定人应当在司法鉴定文书上签名或者盖章；多人参加司法鉴定，对鉴定意见有不同意见的，应当注明。司法鉴定文书经过复核的，复核人应当在鉴定机构内部复核单上签名。司法鉴定文书应当同时加盖鉴定机构的司法鉴定专用章红印和钢印两种印模。司法鉴定文书正文标题下方编号处应当加盖鉴定机构的司法鉴定专用章钢印；司法鉴定文书各页之间应当加盖鉴定机构的司法鉴定专用章红印，作为骑缝章；司法鉴定文书制作日期处应当加盖鉴定机构的司法鉴定专用章红印。鉴定机构的司法鉴定专用章红印和钢印为圆形，制作规格应当为直径4厘米,中央刊五角星,五角星上方刊司法鉴定机构名称,自左而右环行;五角星下方刊司法鉴定专用章字样,自左而右横排。鉴定机构的司法鉴定专用章红印和钢印印文中的汉字,应当使用国务院公布的简化字,字体为宋体。民族自治地方的鉴定机构的司法鉴定专用章红印和钢印印文应当并列刊汉字和当地通用的少数民族文字,自左而右环行。

三、文字要求

司法鉴定文书的语言表述应当符合下列规范和要求:(1)使用符合国家通用语言文字规范、通用专业术语规范和法律规范的用语;(2)使用国家标准计量单位和符号;(3)使用少数民族语言文字的,应当符合少数民族语言文字规范;(4)文字精练,用词准确,语句通顺,描述客观、清晰。

司法鉴定文书中应用的基本概念应当清楚,使用统一的专业术语。不允许使用有歧义的字、词、句。

四、程序要求

司法鉴定文书的制作应实行鉴定人、复核人、签发人三级审核制度。所有的鉴定文书(底稿及打印件)上均应有鉴定人签名,存档的鉴定文书底稿上应有复核人和签发人签名。多人参加的司法鉴定,对司法鉴定意见有不同意见的,应当在鉴定文书中注明。司法鉴定文书经过复核的,复核人应当在司法鉴定机构内部复核单上签名。

根据《司法部关于印发司法鉴定文书格式的通知》,司法鉴定意见书的封面应当写明司法鉴定机构的名称,“司法鉴定意见书”字样,以及司法鉴定机构的统一社会信用代码;封二应当写明声明、司法鉴定机构的地址和联系电话。

第五节　公安机关关于鉴定文书的规定

一、公安机关鉴定文书分类

根据《公安机关鉴定规则》以及《公安部关于发布〈公安机关鉴定规则〉和鉴定文书式样的通知》,公安机关的鉴定文书有《鉴定书》和《检验报告》两种格式。客观反映鉴定的由来、鉴定过程,经过检验、论证得出鉴定意见的,出具《鉴定书》;客观反映鉴定的由来、鉴定过程,经过检验直接得出检验结果的,出具《检验报告》。

二、公安机关鉴定文书要求

公安机关鉴定文书应当包括:(1)标题;(2)鉴定文书的唯一性编号和每一页的标识;(3)委托鉴定单位名称、送检人姓名;(4)鉴定机构受理鉴定委托的日期;(5)案件名称或者与鉴定有关的案(事)件情况摘要;(6)检材和样本的描述;(7)鉴定要求;(8)鉴定开始日期和实施鉴定的地点;(9)鉴定使用的方法;(10)鉴定过程;(11)《鉴定书》中应当写明必要的论证和鉴定意见,《检验报告》中应当写明检验结果;(12)鉴定人的姓名、专业技术资格或者职称、签名;(13)完成鉴定文书的日期;(14)鉴定文书必要的附件;(15)鉴定机构必要的声明。

鉴定文书的制作应当符合以下要求:(1)鉴定文书格式规范、文字简练、图片清晰、资料齐全、卷面整洁、论证充分、表述准确;使用规范的文字和计量单位。(2)鉴定文书正文使用打印文稿,并在首页唯一性编号和末页成文日期上加盖鉴定专用章。鉴定文书内页纸张两页以上的,应当在内页纸张正面右侧边缘中部骑缝加盖鉴定专用章。(3)根据《公安机关鉴定规则》第47条第3项规定,鉴定文书制作正本、副本各一份。正本交委托鉴定单位,副本由鉴定机构存档。(4)鉴定文书存档文件包括:鉴定文书副本、审批稿、检材和样本照片或者检材和样本复制件、检验记录、检验图表、实验记录、鉴定委托书、鉴定事项确认书、鉴定文书审批表等资料。(5)补充鉴定或者重新鉴定的,应当单独制作鉴定文书。

思考习题

1. 司法鉴定文书的分类包括哪些?
2. 如何理解司法鉴定文书制作的合法原则?
3. 司法鉴定文书制作的基本要求是什么?

拓展阅读书目

1. 周伟编著:《司法鉴定实用知识解答》,中国检察出版社2007年版。
2. 杜志淳主编:《司法鉴定论丛[Ⅰ]》,北京大学出版社2009年版。

第九章　司法鉴定人出庭制度

本章概要　本章介绍了鉴定人出庭的基础知识与基本要求，主要包括鉴定人出庭的意义、鉴定人的诉讼地位、鉴定人出庭的权利义务以及出庭程序。阐释了鉴定人依法出庭作证并接受质证和询问，对提供的鉴定意见作出解释或者说明的规则。公安司法机关负有保障出庭鉴定人合法权利不受侵犯的职责。

通过本章的学习，了解鉴定人出庭作证制度，掌握鉴定人出庭作证的权利义务，熟悉鉴定人出庭作证的程序规则和基本要求。

关键词　鉴定人出庭；诉讼地位；权利义务；出庭程序

第一节　司法鉴定人出庭要求和意义

鉴定人出庭是当事人（控辩）质证权的基本要求，也是保障当事人质证权实现的基本途径，还是鉴定意见作为定案根据及其获得可信性的程序保障。鉴定意见作为言词证据，依照直接言词的审判原则，当事人对鉴定意见有异议要求鉴定人出庭或者法院依法通知鉴定人出庭的，鉴定人应当出庭对鉴定意见作出说明、解释并接受质证或者询问，针对质疑或者询问积极答疑解惑，增强庭审举证的效果。《刑事诉讼法》《民事诉讼法》《行政诉讼法》《决定》等相关法律均对鉴定人出庭作证作了规定。鉴定人出庭作证制度是司法鉴定制度的重要内容，也是诉讼制度的重要内容，还是证据制度的重要组成部分，更是判断鉴定意见能否作为定案根据的关键环节，意义重大。

一、司法鉴定人出庭的法律要求

鉴定意见作为证据应当经过法定程序查证属实，才能作为定案根据。鉴定人出庭对有异议或者存在疑问的鉴定问题接受质证、询问并予以解答，对其作出的鉴定意见接受当事人的质疑与法庭的审查，使得鉴定意见的科学性充分展示，其可能存在的差错或者瑕疵经过质证被发现，确保作为定案根据的鉴定意见能够揭示专门性问题的本质，以免错误的鉴定意见作为定案根据，酿成冤假错案。鉴于此，法律对鉴定人出庭作证作出了明确的规定与要求，并将鉴定人出庭作证确定为法定义务。如《刑事诉讼法》第 192 条第 3 款规定："公诉人、当事人或者辩护人、诉讼代理人对鉴定意见有异议，人民法院认为鉴定人有必要出庭的，鉴定人应当出庭作证。经人民法院通知，鉴定人拒不出庭作证的，鉴定意见不得作为定案的根据。"《民事诉讼法》第 81 条规定："当事人对鉴定意见有异议或者人民法院认为鉴定人有必要出庭的，鉴定人应当出庭作证。经人民法院通知，鉴定人拒不出庭作证的，鉴定意见不得作为认定事实的根据通知,鉴定人拒不出庭作证的,鉴定意见不得作为认定事实的根据;支付鉴定费用的当事人可以要求返还鉴定费用。”2020年司法部专门出台了《关于进一步规范和完善司法鉴定人出庭作证活动的指导意见》(司规〔2020〕2号),旨在规范和指导司法行政机关登记管理的鉴定人出庭作证活动,保障诉讼活动的顺利进行。

法律对鉴定人出庭的要求对法庭审查判断与采纳鉴定意见作为证据,具有特别重要的意义。由于法官缺乏专门知识难以对专门性问题作出判断,诉讼制度赋予其依法聘请或者委托鉴定人进行鉴定的权力,以至于实践中将鉴定人视为“科学的法官”。然因法官对鉴定意见进行书面审查时常存在疑问或者当事人提出异议需要解释和说明,只有鉴定人出庭面对面答疑解惑,才具有实质意义。因为鉴定意见在认定案件事实中属于关键性证据,如果将存在疑问的鉴定意见或者错误的鉴定意见作为定案根据,就会作出错误裁判。“鉴定错了,裁判就会发生错误”,“而他们的错误将带来严重后果”〔1〕。实质上,鉴定意见不是科学的判决,作为鉴定人的意见存在偏差或者错误的可能性,特别是存在异议的鉴定意见未经鉴定人出庭作证接受质证难以判断真伪,无论是直接排除适用或者将其作为定案根据均会给案件事实的准确认定带来风险。《民事诉讼法》规定了鉴定人经通知出庭作证而不出庭作证的,不仅鉴定意见不能作为定案的根据,而且鉴定人因此获得的鉴定费用还应当返还。因鉴定意见不明确或者有瑕疵需要鉴定人出庭的,鉴定人需要自行负担出庭费用。对故意进行虚假鉴定的,则会追究刑事责任。国外也存在类似的要求。如《德国刑事诉讼法典》第77条规定:“负有鉴定义务的鉴定人如果应传不到或者拒绝作鉴定者,要承担由此产生的费用。对他同时还要科处秩序罚款。如果再次不服从命令的,除了要求承担费用外,还可以对他再次科处秩序罚款。”从上述规定来看,法律不仅强调鉴定人出庭作证,还规定了一定的处罚措施促使鉴定人依法及时出庭,借此来保障鉴定人能够按时出庭,保证当事人对鉴定意见进行质证的权利和鉴定意见作为定案根据的科学性和可靠性。

二、司法鉴定人出庭的意义

鉴定意见具有一定科技含量或者专门知识。普通人对这些鉴定意见难免在阅读、理解和认识上产生疑问,这些疑问需要有专门知识的鉴定人出庭进行说明、解释。如果当事人对鉴定意见存在异议,也只有通过鉴定人出庭解答,才能澄清疑问和回应异议。如果鉴定人不出庭作证就使这些问题得不到很好的解决,极易引发重新鉴定的诉求或者造成迟延裁判。这样,既浪费鉴定和司法的资源,也影响了诉讼效率。鉴于此,鉴定人出庭作证对及时澄清对鉴定意见的异议和促进法庭尽快查明事实具有特别重要的意义。

(一)鉴定人出庭作证符合鉴定意见的证据本质

鉴定意见无论是形成过程还是最终的结论表达往往充满了专门知识,而这些专门知识通常超出了法官的认知范围。当存在疑问时特别需要具有专门知识的鉴定人出庭

---

〔1〕［法］勒内·弗洛里奥:《错案》,赵淑美、张洪竹译,法律出版社2013年版,第137页。

作证说明情况,辅助法庭认识和理解专门性问题,这也契合鉴定意见作为言词证据需经过查证的本质。

鉴定意见属于鉴定人个人的独立分析和判断意见,作为证据理应经过当事人的质证,进而增强法庭对其审查判断的实质性。同时,通过鉴定人出庭作证可以发现鉴定意见是否存在偏见或者瑕疵甚至错误,排除外在因素的干扰和影响,有利于提升鉴定意见的证据效力。

(二)鉴定人出庭作证属于正当程序的内在要求

鉴定意见作为法定证据的一种,除接受法庭审查外,还需要经过当事人质证,这也是保障当事人诉讼权利的正当法律程序的必然要求。鉴定人不出庭作证,当事人就无法对鉴定意见进行有效质证,不仅会使当事人享有的质证权落空,也妨碍法庭有效发现案件事实目标的实现,而且还影响裁判的正当性,程序正当性也会因此受损。况且,鉴定人不出庭作证,法庭就只能对鉴定意见进行有限的书面审查。这种审查难免会使一些存在瑕疵甚至错误的鉴定意见成了定案的根据,难以发挥鉴定意见发现案件事实的目的。

(三)鉴定人出庭作证可以提升鉴定的公信力

鉴定人出庭对存在异议的鉴定意见作出解释,不仅可以消除当事人对鉴定意见的疑虑,还能使法庭对鉴定意见有一个较为准确的认识,进而提高依据鉴定意见认定案件事实的可接受性。如果鉴定人不出庭作证,当事人难以在法庭上对鉴定意见进行质证,对鉴定意见的疑问就难以消除,在一定程度上容易加深当事人对鉴定人的公正性和鉴定意见的科学性的怀疑,从而对鉴定意见作为定案根据带来消极影响,最终影响鉴定的公信力。

(四)鉴定人出庭作证是发现错误的有效途径

鉴定人出庭作证可以使鉴定意见得到正当程序的检验。鉴定意见是鉴定人对检材作出的鉴别、判断,其结论不可避免地带有一定的主观性或者片面性。鉴定人不出庭作证,鉴定意见就无法通过正当程序予以检验,法庭则会根据自己的意愿决定鉴定意见的取舍,即使鉴定意见存在错误,也难以及时发现和有效纠正,在一定程度上减少了发现鉴定意见错误的有效途径。如果在庭审中鉴定意见能够经得起当事人的质证,鉴定人对于存在异议的鉴定意见接受法官的询问,鉴定意见经过质证过滤后作为定案根据,可为法庭采信鉴定意见提供有效途径,为发现案件事实提供有效渠道。

鉴定人出庭作证有助于揭示鉴定意见的科学性、鉴定程序的合法性和鉴定技术方法的可靠性,有利于有效解决鉴定争议,发挥司法鉴定制度的功能,促进法庭履行裁判职责,提高诉讼效率,提升司法鉴定的权威,促进司法公正。

第二节　司法鉴定人出庭的地位

鉴定人是具有“科学技术或者专门知识”或者“专业技术”的人,在诉讼中被称为诉讼参与人。这种诉讼参与人与普通证人的诉讼地位不完全相同,与其他诉讼参与人也存在差异,在诉讼中具有特殊的诉讼地位。

一、司法鉴定人的诉讼地位

鉴定人在不同诉讼模式下的诉讼地位存在差别。职权主义诉讼模式中鉴定人一般被视为法官的辅助人。鉴定人在专业领域上补充了法官专门知识及经验的不足,且帮助法官处理了专门性问题。也就是说,鉴定人具有特殊的诉讼地位。鉴定人是法官的辅助人,用来补充法官所欠缺的专业知识,法官是否需要这个帮助,应该由法官自行决定。鉴定人作为法官的辅助人,必然导致法官享有鉴定的决定权。这种法官的辅助人时常成为主宰事实的人,演变为“穿着白衣的法官”。[1] 法官如果依其生活经验及知识能够发现真相,就没有必要在诉讼程序中聘请或者委托鉴定人。鉴定人作为法官的辅助人,仅限于对专门性问题提出自己的专业意见,对涉及法律评价的领域无权提出意见。

在当事人主义诉讼模式中鉴定人被称为专家证人,由双方当事人聘请或者委托,为当事人提供鉴定服务,其角色为当事人的证人。专家证人相当于当事人的“具有专门知识的证人”,与普通证人具有相同的诉讼地位。专家证人资格的审查、证言的真伪均需要接受当事人双方的质证,与普通证人无本质差别,其诉讼权利和义务基本与普通证人相同。但是,专家证人和普通证人之间存在的细微差别是在适用法律上存在不同。专家证人要求具备相关的专门知识或特殊经验,可以向法庭陈述自己的看法或见解,并得出结论性的意见,同时还可向法官和陪审团阐述得出结论的根据。普通证人作证时只能陈述自己了解的案件事实,不能发表自己根据这些事实得出的结论或意见,否则适用意见证据规则。

随着大陆法系国家和英美法系国家在诉讼制度上的相互借鉴以及现代诉讼模式与诉讼理念的融合,基于直接言词原则的要求和交叉询问的程序设计,立法和实践上存在将鉴定人由辅助人逐渐向证据方法过渡的趋势。大陆法系国家中鉴定人的法官辅助人色彩不断淡化,出现鉴定人在诉讼中的地位与其他“人证”趋于等同的情况,具有独立于当事人和法官的诉讼参与人的诉讼地位。

二、我国鉴定人出庭的诉讼地位

我国鉴定人的诉讼地位不同于当事人主义国家的专家证人,也与典型的职权主义

---

〔1〕 参见郭华:《鉴定意见证明论:司法鉴定人出庭作证规则研究》,人民法院出版社 2008 年版,第 44 页。

国家的鉴定人不尽相同。我国对鉴定人实行资格准入制度,还规定了回避制度,在立法层面具有高于证人的“中立的诉讼参与人”的独立诉讼地位。

我国诉讼程序中启动鉴定以及聘请或者委托鉴定人均属于办案机关的权力,鉴定人的选择和出庭作证也不例外。鉴定因职权启动,鉴定人必然服务于职权,实践中极易成为办案机关的辅助人。“以鉴定人为证据方法,非为审判之辅助机关,否则,即不能将鉴定载于调查证据之规定中;且鉴定人之意见,系依法院自由之心证,判断其价值,若以鉴定人为补充审判官知识不足之辅助机关,则法院即不能有此自由判断之权限;再就证人言之,既谓证人因使审判官确定真正之事实,亦为审判官之辅助人,然而同时又谓证人为证据方法,而谓鉴定人非证据方法系审判之辅助人,是则此种见解,已属自相矛盾矣。”〔1〕这“主要是因理论与实际无法配合所致。因为重视现行法理念的支持者以为,法官应扮演裁判的主导者;反之,重视司法实际的反对者以为,鉴定人事实上是扮演裁判的主导者。

我国刑事诉讼中没有赋予当事人启动鉴定的权利,但存在服务于当事人的有专门知识的专家辅助人。民事诉讼不仅允许当事人申请法院通知有专门知识的人出庭就鉴定人作出的鉴定意见或者专业问题提出意见,也承认自行委托专业机构出具专业意见的权利,对其自行委托的鉴定形成的意见,允许对方反驳。这种当事人专家辅助人制度在立法上的出现,增强鉴定人的证人属性,尤其是民事诉讼允许当事人协商选择鉴定人,〔2〕在一定程度上淡化了鉴定人法官辅助人的色彩,改变了鉴定人纯粹作为法官辅助人的诉讼地位,体现了鉴定人作为特殊证人的诉讼地位。

第三节 司法鉴定人出庭作证的权利义务

鉴定人作为特殊的诉讼参与人提供的鉴定意见常常对证明案件事实起着关键作用,其出庭作证应当履行法定的义务,也享有相应的诉讼权利。当其权利受到侵害或者威胁时,需要受到法律的专门保护。

一、司法鉴定人出庭作证的权利

根据法律的规定和鉴定人作证实践的需要,鉴定人出庭作证享有以下权利。

(一)鉴定人出庭作证对鉴定意见的独立表达权

鉴定人不仅享有出庭作证的权利,还享有自愿主动要求出庭的权利,并享有在法庭上充分表达根据专门知识得出的独立鉴定意见的权利,表达意见不受无理打断或者无端干扰。鉴定人依据专门知识有权对鉴定依据、鉴定步骤、鉴定方法、鉴定使用的技术规范和标准、鉴定形成的结论及其可靠程度等进行解释和说明;在共同鉴定中,鉴定人

---

〔1〕 [日]松冈义正:《民事证据论》(上、下册),张知本译,中国政法大学出版社2004年版,第209页。

〔2〕 参见《民事诉讼法》第79条。

有权表达与其他鉴定人不同的意见。对于不能到庭的,鉴定人可以通过远程视频作证方式表达意见。对于出庭作证可能面临危险的,鉴定人可以通过不公开信息以及遮蔽容貌等方式作证。鉴定人对与鉴定事项无关的问题,有拒绝回答的权利。这种拒绝回答也是行使表达权的一种方式,法庭对此依法应当尊重。

(二)鉴定人出庭作证的经济补偿权

鉴定人出庭作证作为一项法定义务,其履行必然会影响鉴定人的正常生活、工作,为之付出一定代价和丧失一定利益,影响到自身的权利,其对因出庭作证带来的损失享有补偿权。《刑事诉讼法》第 65 条第 1 款规定:“证人因履行作证义务而支出的交通、住宿、就餐等费用,应当给予补助。证人作证的补助列入司法机关业务经费,由同级政府财政予以保障。”最高人民法院《关于民事诉讼证据的若干规定》第 39 条第 1 款第 1 句规定:“鉴定人出庭费用按照证人出庭作证费用的标准计算,由败诉的当事人负担。”国外对此也有相应的规定。如《美国联邦证据规则》第 706 条(b)规定,指定的专家证人有权在法庭允许的数额内获得补偿。根据《德国刑事诉讼法典》第 71 条的规定,对鉴定人要依照《证人、鉴定人补偿法》予以补偿。《日本刑事诉讼法》第 173 条也规定了鉴定人可以请求交通费、日津贴费、住宿费等经济补偿。

鉴定人出庭作证是向国家履行义务,主要目的是帮助法庭查明案件事实,准确地发现事实真相,实现司法的实体公正。鉴定人出庭作证虽然在客观上有利于当事人或者控方或辩方,扮演了当事人或者控方或辩方证人的角色,在一定意义上维护了他们各自的利益,但最终的目的是维护司法公正,保障国家正确行使裁判权。对鉴定人出庭作证费用的补偿一般应由申请出庭作证方支付。当事人申请鉴定人作证的,由该当事人先行垫付;当事人没有申请,法院通知鉴定人作证的,由法院先行垫付。但因鉴定意见不明确或者有瑕疵需要鉴定人出庭的,或者鉴定人出庭作虚假陈述的,不予补偿;已经给付的鉴定费用,鉴定人应当返还。

鉴定人出庭作证的费用应当限定在实际支出的范围内,包括直接费用和因出庭而减少的收入,体现补偿的性质,不宜扩大范围。因为法律不鼓励鉴定人为了获取经济利益去出庭作证,鉴定人出庭作证的费用仅仅表现为经济补偿,而不是因出庭作证而获得的报酬。在特定条件下,可以比照有专门知识的人出庭的费用予以确定。

(三)鉴定人出庭作证的人身保护权利

鉴定意见不可能对双方当事人都有利,一旦鉴定意见对当事人一方不利,该当事人为阻止鉴定人作证有可能采取阻碍、威胁、恐吓等手段危及鉴定人及其近亲属的人身安全或者财产安全,致使鉴定人以及近亲属的生活安宁受到影响。对于影响、威胁鉴定人及其近亲属人身安全和生活安宁的行为,鉴定人享有请求办案机关保障其合法权益不受侵犯的权利,办案机关负有采取特别措施保障鉴定人及其近亲属的人身安全的职责。如《刑事诉讼法》第 64 条规定:“对于危害国家安全犯罪、恐怖活动犯罪、黑社会性质的组织犯罪、毒品犯罪等案件,证人、鉴定人、被害人因在诉讼中作证,本人或者其近亲属的人身安全面临危险的,人民法院、人民检察院和公安机关应当采取以下一项或者多项保护措施:(一)不公开真实姓名、住址和工作单位等个人信息;(二)采取不暴露外貌、真实声音等出庭作证措施;(三)禁止特定的人员接触证人、鉴定人、被害人及其近亲属;(四)对人身和住宅采取专门性保护措施;(五)其他必要的保护措施。证人、鉴定人、被害人认为因在诉讼中作证,本人或者其近亲属的人身安全面临危险的,可以向人民法院、人民检察院、公安机关请求予以保护。人民法院、人民检察院、公安机关依法采取保护措施,有关单位和个人应当配合。”对上述四类以外案件的鉴定人及其近亲属,确有保护必要的,办案机关也应及时采取有效的保护措施。

对鉴定人出庭作证进行司法的特殊保护时,应从以下方面进行考虑:(1)在保护对象上,不仅要保护鉴定人本人,还要保护鉴定人的近亲属乃至其他利害关系人。(2)在保护范围上,不仅要保护鉴定人的人身权、财产权不受侵犯,还要保护鉴定人的名誉权、荣誉权及人格尊严不受侵犯。(3)在保护形态上,不仅需要对特殊案件的鉴定人及其近亲属的人身安全“面临危险”予以保护,对威胁、侮辱、殴打或者打击报复鉴定人,使其具有“现实危险”的也应予以特别保护。(4)在保护机关上,在侦查阶段由侦查机关负责保护,在审查起诉阶段由检察机关负责保护,在审判阶段由审判机关负责保护,案件终审后,若需继续保护,鉴定人所在地区的公安机关仍负有保护职责。(5)在保护方法上,不仅要依法保护鉴定人合法权益,对于打击报复鉴定人的,对以言语或者行为侮辱、诽谤鉴定人的,需要及时制止并依法予以制裁。如最高人民法院《关于民事诉讼证据的若干规定》第98条规定,对证人、鉴定人、勘验人打击报复的,依照《民事诉讼法》第110条、第111条的规定进行处罚。

(四)鉴定人对侵犯其诉讼权利行为的控告权

鉴定人作为中立的诉讼参与人,在出庭作证过程中合法权利受到侵害,尤其是受到办案机关的侵害时,有权向检察机关或者其他机关提出控告。对于鉴定人提出的控告,检察机关应当依法受理并予以监督。鉴定人准备出庭作证受到阻挠的,有权向办案机关提出控告。此外,鉴定人行使保障自己以及近亲属的人身安全的请求权,办案机关没有及时予以保障的,鉴定人依法享有对保护失职的办案机关提出控告的权利。

另外,鉴定人在委托人或者办案机关提供虚假材料或拒不提供鉴定所需的材料时,有权拒绝鉴定,并向有关机关控告。

二、司法鉴定人出庭作证的义务

法庭通知鉴定人出庭作证时,应告知其有关的责任。鉴定人负有积极出庭作证、出庭应当作证且不得作伪证的义务,否则,要承担不利的法律后果。鉴定人无正当理由,经依法通知而不到庭的,应当承担因此造成的费用;鉴定人不出庭有正当理由的,不承担费用,也不得对其处罚。

(一)鉴定人出庭的义务

《刑事诉讼法》第192条第3款规定:“公诉人、当事人或者辩护人、诉讼代理人对鉴定意见有异议,人民法院认为鉴定人有必要出庭的,鉴定人应当出庭作证。经人民法院通知,鉴定人拒不出庭作证的,鉴定意见不得作为定案的根据。”鉴定人出庭作证既是法庭查明事实的需要,也是当事人质证权实现的必然要求。当事人对鉴定意见存在异议,且该意见对案件事实的认定存在一定影响或者起关键性作用的,鉴定人应当出庭,否则,所提交的书面鉴定意见不具有证据能力,也不能作为认定案件事实的根据。民事诉讼不同于刑事诉讼,当事人对鉴定意见有异议与法庭认为鉴定人有必要出庭并列为鉴定人出庭的条件。但相关司法解释又规定了鉴定人以书面方式作出解释、说明或者补充的义务,旨在消化部分原本不需要鉴定人出庭的简单的对鉴定意见的异议,有利于节约出庭成本和提高诉讼效率。

由于客观原因或者其他因素影响,如法庭未按照法定时限通知到庭;因健康原因不能到庭;路途特别遥远,交通不便难以到庭;因自然灾害等不可抗力不能到庭;以及有其他正当理由不能到庭的,鉴定人可向法庭提交不到庭的书面申请。经法庭同意,鉴定人可以提交书面答复或者说明,或者使用视频传输等技术作证。

(二)鉴定人出庭作证的义务

鉴定人经过法庭通知出庭后,不仅应及时依法出庭,还应当履行解释、说明以及回答质疑、询问的义务。这种义务是鉴定义务的组成部分,也是基于鉴定活动而产生的附随义务,属于一种无须协议或者合同约定的法定义务。作为一方当事人、办案机关委托、指派或聘请的鉴定人,应当出庭作证,说明鉴定依据和鉴定材料的客观性、鉴定原理的科学性、鉴定技术方法的科学性、适用鉴定标准的正确性以及得出鉴定结论的逻辑性和当然性,尤其是结论是否具有确定性。但是鉴定人不出庭或者出庭而不履行对提供的鉴定意见的说明与解释义务的,应当承担罚款等法律责任,但不得强制其出庭。

(三)鉴定人出庭如实作证的义务

鉴定人不仅应当出庭作证,还应当如实作证和如实回答质询,否则,应承担相应的法律后果。鉴定人作虚假鉴定,在法庭上不如实回答质询或者故意作虚假回答造成损害的,应当承担赔偿责任;情节严重的,应依法追究刑事责任。

鉴定人出庭作证时,要如实回答涉及下列内容的问题:与本人及其所执业鉴定机构执业资格和执业范围有关的问题;与鉴定活动及鉴定意见有关的问题;其他依法应当回答的问题。法庭质证中,鉴定人无法当庭回答质询或者提问的,经法庭同意,可以在庭后提交书面意见。鉴定人出庭如实作证是鉴定功能发挥以及诉讼活动得以顺利进行的必要条件。

鉴定人出庭作证属于法定义务,鉴定人不履行义务,不完全履行义务,不正确履行义务或履行义务有瑕疵的,应当承担不利的法律后果,并追究其相应责任。鉴定人在刑事诉讼中故意作虚假鉴定,意图陷害他人或者隐匿罪证且虚假鉴定意见属于证明案件事实的关键性证据或者与案件有重要关系的,构成伪证罪。这种追究刑事责任的规定,对于减少和消除鉴定人作虚假鉴定的现象具有积极意义。

另外,鉴定人还负有依法主动回避的义务,保守在执业活动中知悉的国家秘密、商业秘密和个人隐私的义务,以及法律、法规规定的其他义务。

第四节　司法鉴定人出庭作证程序

鉴定人出庭作证是鉴定工作的继续和延伸,是其以诉讼参与人的身份参加案件审理活动的需要,也是法庭质证、认证以及当事人(控辩)双方行使质证权的必然要求。鉴定人应当按照出庭程序的要求,依法及时出庭作证。

一、司法鉴定人出庭作证的程序条件

鉴定意见往往对认定案件事实起着关键性的作用,其本身是否科学、可靠,普通人由于缺乏相关专门知识往往难以判断,需要鉴定人出庭对其提供的意见予以说明与解释,并接受当事人(控辩)双方的质疑和法庭的询问。鉴定人对鉴定的案件一律出庭虽然能够满足法庭审查证据的需要,却不经济,实践中往往也没有必要。为此,法律仅对鉴定意见有异议或者法庭认为有必要的情形作出应出庭的规定。如《民事诉讼法》第81条规定,“当事人对鉴定意见有异议或者人民法院认为鉴定人有必要出庭的,鉴定人应当出庭作证”。鉴定人出庭作证的程序条件可作以下理解:

1. 当事人(控辩)双方或者当事人一方对作为证据的鉴定意见存在异议,认为鉴定意见存在错误、鉴定方法不科学、鉴定程序有瑕疵或者鉴定人需要回避等,鉴定人在此种情形下经法庭依法通知,应当出庭作证。鉴定人应在法庭上对自己作出的鉴定意见从科学依据、鉴定步骤、鉴定方法、鉴定程序以及提供意见的可靠性等方面予以解释和说明,并在法庭上接受质疑,当面回答询问。这样,可以使法庭更好地审查鉴定意见的可靠程度,或者对几个不同鉴定意见进行比较分析,或者将鉴定意见与其他证据综合判断,从中采信科学的鉴定意见,或者排除不适当、有瑕疵、有错误的鉴定意见。需要重新鉴定的,进行重新鉴定。同时,这有利于当事人(控辩)双方进一步了解鉴定意见,消除疑虑,修正错误的观念,服从法庭的选择和判决。

2. 即使当事人没有申请或检察机关没有提出要求,法庭根据案件情况认为鉴定人有必要出庭的,特别是存在多个不同的鉴定意见时,法庭也有权通知鉴定人出庭,要求鉴定人对鉴定的科学依据、鉴定步骤、鉴定方法、鉴定程序等进行说明,以免法院不当采信鉴定意见,损害判决的公正性。法庭对于必要性的判断仅仅属于程序上的判断,只要当事人对鉴定意见存在异议,其异议是针对鉴定意见的内容且具有合理的理由,就应当认为有必要性,不应要求其对鉴定意见异议提出充分的理由。

3. 鉴定人出庭作证属于一项法定义务,经法院依法通知出庭的,鉴定人应当出庭作证。因为鉴定意见作为证据不仅涉及其本身的科学性,即使是DNA鉴定,其鉴定意见也不是完全客观的,它只是鉴定人借助于科学仪器检测对专门性问题的认识,是从科学技术或者经验知识方面对专门性问题的判断,带有一定的主观性。同时,鉴定人出庭作证还牵扯到当事人质证权能否实现的问题。只有明确规定在法定情形下鉴定人应当出庭作证,才能保障鉴定意见的质量和当事人的质证权。

4. 鉴定人经法院依法通知，应当按时出庭作证。鉴定人无正当理由，未经法庭许可，不得拒绝出庭作证。以下情形除外：庭前当事人（控辩）双方对鉴定意见没有争议的；仅对鉴定材料、鉴定程序或者鉴定机构、鉴定人的资质等非鉴定内容有异议的；鉴定人基于法庭要求作出书面解释、说明或者补充，而异议无理由和相关根据的鉴定意见对案件不起直接决定作用的；已经决定补充鉴定或者重新鉴定的。具有以上情形的，鉴定人可以提出不出庭作证。

二、司法鉴定人出庭作证的程序

鉴定人是否出庭应当以法庭的出庭通知书为依据，法庭的通知书是鉴定人出庭作证的法律凭证，也是衍生鉴定人出庭作证义务的法律文书。委托人或者当事人的要求不是鉴定人出庭作证的依据。法庭根据案件情况的需要应当依法履行通知鉴定人出庭作证的职责。

（一）法庭通知鉴定人出庭作证的程序

当事人（控辩）双方对鉴定人出庭作证提出申请或者法庭根据案件情况认为需要鉴定人出庭作证的，如法官在对鉴定意见进行审查时发现了疑点或瑕疵，或者对某个专门性问题存在多份鉴定意见，或者鉴定人的意见互相矛盾，法官可以直接向司法辅助部门的司法技术人员提出咨询或者要求进行技术审核，并参考司法辅助部门或者有关专家的意见决定是否通知鉴定人出庭作证。

法庭决定通知鉴定人出庭的，应当依法通知鉴定人。通知书至迟应在开庭 3 日以前送达。法院按照普通程序审理的案件，鉴定人在外地的，应当考虑必要的在途时间。出庭通知应当采用书面形式，并注明开庭的时间、地点以及应注意的事项。鉴定人无正当理由不愿意出庭或者拒绝出庭的，办案机关应当予以协调。如《中华人民共和国监察法实施条例》第 148 条第 2 款规定："监察机关对于法庭审理中依法决定鉴定人出庭作证的，应当予以协调。"

（二）鉴定人接受法庭出庭通知的程序

鉴定人接到法庭通知其出庭的通知书时，应当在出庭通知书的送达回证上签字。逾期送达的，鉴定人可在送达回证上说明，也可以要求法庭变更开庭日期。鉴定人签收出庭通知书后，应当积极准备出庭。出庭前要做好如下准备工作：了解、查阅与鉴定事项有关的情况和资料；了解出庭的相关信息和质证的争议焦点；准备需要携带的有助于说明鉴定意见的辅助器材和设备；以及完成其他需要准备的工作。鉴定人应按照法院通知的时间、地点出庭作证，不得迟到或者拖延。

法院的出庭通知已指定出庭作证的鉴定人的，要由被指定的鉴定人出庭作证；未指定出庭作证的鉴定人的，由鉴定机构指定一名或多名在鉴定意见书上签名的鉴定人出庭作证。鉴定机构要为鉴定人出庭作证提供必要条件。

鉴定人认为符合不出庭作证的情形的，应当写出书面申请，及时提交法庭，由法院决定是否出庭；法院准许不出庭的，鉴定人可以以书面的形式答复当事人的质询，可以通过远程视频、声音传送等方式进行作证。法庭也可以到鉴定人所在的场所进行询问，但应当在合理的期间内通知检察机关,当事人及其辩护人、诉讼代理人到场。鉴定人不得无故不出庭,否则应当承担相应的法律责任。

三、司法鉴定人出庭后的身份核实程序

鉴定人到庭后,法庭应当先核实鉴定人的身份、与当事人及本案的关系,告知鉴定人应当如实地提供鉴定意见和有意作虚假鉴定要负的法律责任。一般说来,核实出庭的鉴定人的身份主要核实以下内容:一是鉴定人的自然身份,包括姓名、民族、出生年月日、文化程度、职业、住址等;二是出庭的鉴定人是否是作出该鉴定意见的鉴定人;三是鉴定人的资质,查明鉴定人是否具有对该专业所涉及问题的鉴定能力,是否取得了该专业的鉴定人执业证书以及是否在核定的鉴定人名册中;四是鉴定人与案件当事人之间是否具有亲属、朋友关系或者其他特殊关系;五是鉴定人与案件是否有其他利害或者利益关系。

鉴定人出庭作证时,审判长在核实其身份、鉴定资格、鉴定的业务范围、所在的鉴定机构以及与当事人、案件之间的关系后,应告知其负有如实作证的义务。作证前,鉴定人应当在如实作证的保证书上签名。

核实鉴定人身份的程序具有以下作用:一是核实鉴定人的身份可以确定鉴定人是否是法庭通知的应当出庭的鉴定人,以避免出庭作证的鉴定人名实不符;二是核实鉴定人的身份对于确定鉴定意见的证据能力和证明力具有决定性意义;三是核实鉴定人的身份是国际上通行的做法,也是程序公正的必然要求。

四、司法鉴定人出庭作证结束程序

鉴定人出庭作证完毕退庭后,要对法庭笔录中关于对鉴定意见质证的内容进行确认。经确认无误的,应当签名;发现记录有差错的,可以要求补充或者改正。出庭结束后,鉴定机构要将鉴定人出庭作证相关材料归档。

思考习题

1. 鉴定人为何要出庭作证?
2. 鉴定人在出庭作证时的权利义务有哪些?
3. 鉴定人在何种情形下可以不出庭?
4. 鉴定人出庭应当遵循哪些程序?

拓展阅读书目

1. 郭华:《鉴定意见证明论:司法鉴定人出庭作证规则研究》,人民法院出版社 2008 年版。
2. 杜志淳等:《司法鉴定法立法研究》,法律出版社 2011 年版。
3. 霍宪丹主编:《司法鉴定人出庭作证指南》,法律出版社 2021 年版。
4. 郭华:《司法鉴定制度改革与审视》,知识产权出版社 2022 年版。

第十章　司法鉴定意见的审查评判

本章概要　本章主要阐述鉴定意见的证据属性、审查评判以及法庭质证与认证等内容。鉴定意见在认定案件事实中有较高的证明效力，甚至直接影响审判结果。在诉讼过程中案件当事人、承办人都会对鉴定意见的证据资格和证明力进行审查与评判。鉴定意见作为证据应当经过查证属实才能作为定案的根据。对鉴定意见的质证以及审查、评判、认定至关重要。

通过本章学习，应该掌握鉴定意见属于言词证据，对鉴定意见的证据能力以及证明力应当进行审查评判。掌握鉴定人出庭作证制度和鉴定意见质证的程序、方式，理解法庭认证中鉴定意见的采纳与采信。

关键词　鉴定意见；证明效力；质证程序；认证方式

第一节　司法鉴定意见的属性

一、司法鉴定意见的性质

司法鉴定意见是鉴定人在对被鉴定客体进行检验后产生了感性认识，然后根据其拥有的专门知识和经验，将对客体的认识从感性层面上升到理性层面并作出主观判断后出具的个人判断。鉴定意见并不是凭借鉴定人的臆想而生，而是源于其对被鉴定客体的认识过程。鉴定意见一般是鉴定人以书面形式对诉讼中涉及的专门性问题发表的观点和意见。鉴定意见具有言词属性，被纳入言词证据的范畴。由于鉴定意见在形成的过程中具有客观性和科学性，又属于一种特殊的言词证据，此证据同其他证据一样，需经过质证被法庭采信后才能成为定案的根据。鉴定意见作为重要的定案证据，鉴定人出庭对鉴定意见作出解释，可以帮助法官在比较各种相关证据的基础上确认其证明力的大小，通过质证，才能决定是否采信鉴定意见作为定案证据。

二、司法鉴定意见的证据能力的审核

（一）鉴定意见证据能力的概念及特征

鉴定意见的证据能力，即鉴定意见的证据资格，系指其在庭审过程中被允许作为证据加以调查并得以采纳的资格或能力。鉴定意见具有特定的证据能力，是我国法定的证据类型之一。一般而言，鉴定意见的证据能力具有如下特征。

1. 鉴定意见的证据能力由法律明确规定。法律对哪些证据具备证据能力作出明确规定，鉴定意见应具备证据能力才能成为证据，目的在于确保证据的客观真实性。我国

法律主要对无证据能力或限制证据能力的情形进行了规定。如测谎鉴定意见在我国刑事诉讼中就不具备证据能力,因为许多因素都会影响检测者和被检测者,使最终的测试结果(鉴定意见)不准确。在我国进行测谎鉴定初期,存在对测谎鉴定的结论理解不全面,盲目相信的问题,单纯地依靠测谎鉴定意见作为判决的依据,以致出现了错误的判决结果。有鉴于此,最高人民检察院在批复中指出:测谎鉴定意见与《刑事诉讼法》规定的鉴定意见不同,不属于《刑事诉讼法》规定的证据种类。人民检察院办理案件,可以使用 CPS 多道心理测试鉴定意见帮助审查、判断证据,但不能将 CPS 多道心理测试鉴定意见作为证据使用。〔1〕

原本不能实施的鉴定项目,随着科学技术的发展,需进行法律上的认可。如最高人民法院也曾以批复的形式答复上海市高级人民法院:"关于人民法院在审判工作中能否采用人类白细胞抗原(HLA)作亲子关系鉴定的问题,根据近几年来审判实践中试用此项技术的经验,参考卫生部及上海市中心血站所提供的意见,同意你院采用此项技术进行亲子关系的鉴定……对亲子鉴定结论,仅作为鉴别亲子关系的证据之一,一定要与本案其他证据相印证,综合分析,作出正确的判断。"〔2〕

2. 鉴定意见的证据能力是合法性的反映。鉴定意见的取得必须符合法定的要件,也就是鉴定意见一定要合法。鉴定意见是法律与科学的有机结合,鉴定的启动、实施和完成都应当依法进行。如果违反了合法性的要求,鉴定意见就不具备证据能力,不能作为证据使用。鉴定意见的合法性主要体现在:鉴定机构和鉴定人具备法定的资格;鉴定客体(对象)仅限于诉讼活动中涉及的专门性问题;鉴定资料的来源合法;鉴定程序符合法定要求等。鉴定意见的合法性决定了司法鉴定工作是为司法工作服务的,司法鉴定活动是司法活动的有机组成部分,只有在符合法律规定的条件下作出的鉴定意见才具备证据能力。

3. 鉴定意见的证据能力受多种外界因素的限制。鉴定意见的证据能力受到科学技术、知识经验是否成熟、可靠,设备仪器是否先进、准确,鉴定程序是否严格、规范,以及鉴定人是否具有法定资格等多种外界因素的影响。如果在司法鉴定实施的过程中受到了此类外界因素的干扰,如由无鉴定资格的人员实施鉴定,最终得出的鉴定意见就不具备证据资格,不能作为证据使用。

(二)鉴定意见具备证据能力的条件

1. 司法鉴定具有必要性。司法鉴定的必要性,是指鉴定事项属于诉讼中涉及的专门性问题且有进行鉴定之必要。如最高人民法院《关于人民法院民事诉讼中委托鉴定审查工作若干问题的规定》规定:"严格审查拟鉴定事项是否属于查明案件事实的专门

---

〔1〕 参见 1999 年 9 月最高人民检察院《关于 CPS 多道心理测试鉴定结论能否作为诉讼证据使用问题的批复》。

〔2〕 1987 年最高人民法院《关于人民法院在审判工作中能否采用人类白细胞抗原作亲子鉴定问题的批复》(法[研]复〔1987〕20 号)(已失效)。

性问题，有下列情形之一的，人民法院不予委托鉴定：(1)通过生活常识、经验法则可以推定的事实；(2)与待证事实无关联的问题；(3)对证明待证事实无意义的问题；(4)应当由当事人举证的非专门性问题；(5)通过法庭调查、勘验等方法可以查明的事实；(6)对当事人责任划分的认定；(7)法律适用问题；(8)测谎；(9)其他不适宜委托鉴定的情形。”“拟鉴定事项所涉鉴定技术和方法争议较大的，应当先对其鉴定技术和方法的科学可靠性进行审查。所涉鉴定技术和方法没有科学可靠性的，不予委托鉴定。”又如最高人民法院《关于审理建设工程施工合同纠纷案件适用法律问题的解释》(已失效)规定：“当事人约定按照固定价结算工程价款，一方当事人请求对建设工程造价进行鉴定的，不予支持。”由此可见，司法鉴定具有必要性是司法机关决定启动鉴定的前置条件。

2. 鉴定机构和鉴定人具有合法性。根据《刑事诉讼法》《民事诉讼法》《行政诉讼法》《决定》等有关法律规定，对诉讼中的专门性问题进行鉴定，应当委托具有相应资质的鉴定机构进行。司法鉴定人的合法性要求鉴定人保持公正、中立，独立实施鉴定，完全依据科学技术和专门知识进行鉴定，在鉴定过程中不受任何人干涉或影响。此外，鉴定意见的证据能力要求鉴定人在实施鉴定过程中必须严格执行回避制度。司法鉴定人本人或者其近亲属与委托人、委托的鉴定事项或者鉴定事项涉及的案件有利害关系，可能影响其独立、客观、公正进行鉴定的，应当回避。如果具有法定回避事项而没有回避，与案件有利害关系的鉴定人出具的鉴定意见必然不具备证据能力。

3. 鉴定过程具有正当性。鉴定过程是否具有正当性，是判断鉴定意见是否具备证据能力的又一项重要内容。鉴定过程的正当性一般包括鉴定材料来源的合法性和鉴定手段的正当性两方面。鉴定材料来源的合法性，是指鉴定材料具有真实性、完整性和充分性，作为鉴定材料的物证、书证及其他证据不能通过非法的、违背公序良俗的手段取得。鉴定手段的正当性要求鉴定人在实施鉴定的过程中，应当选择符合法律规定的程序和手段，任何有悖于公序良俗和社会伦理道德的手段均不得使用，否则形成的鉴定意见不具有证据能力，不能作为证据使用。

4. 司法鉴定文书具有形式法定性。鉴定意见具备证据能力还要求司法鉴定文书必须符合形式要求。不符合司法鉴定文书形式要求的鉴定意见需要补正，否则不具备证据资格。

三、司法鉴定意见的证明力的审核

(一)鉴定意见证明力的概念及特性

鉴定意见的证明力是指具备证据能力的鉴定意见对案件事实的存在或不存在所具有的证明效果。[1] 司法鉴定意见的证明力反映了其客观性与关联性。

1. 鉴定意见的证明力反映的是鉴定意见的客观性。鉴定意见的证明力要求鉴定人运用专门知识或科学技术对鉴定材料中所蕴含的客观信息进行鉴别和判断，对特定材

---

〔1〕 参见霍宪丹主编：《司法鉴定通论》(第2版)，法律出版社2013年版，第129页。

料分析加工之后所反映的内容应当符合科学的客观真实性。理论上要求鉴定意见应真实、完整地反映鉴定客体的本来面貌,不因鉴定人的态度、认识而产生虚假和歪曲,鉴定人不因鉴定的客观条件的差异而对鉴定对象的认识产生偏颇,也不受司法人员或其他人员的影响而改变鉴定意见的性质和内容。[1]

2. 鉴定意见的证明力反映的是鉴定意见的关联性。鉴定意见的关联性是客观性的动态反映。鉴定意见的证明力除了具有客观性之外,还应当具有关联性。首先,关联性要求鉴定意见所依据的鉴定材料来源于案件事实,在形式上与案件存在一定的联系。任何具有证明力的鉴定意见都不可能凭空产生,都必须来源于案件中的客观事实。如对于文书司法鉴定中的笔迹鉴定意见,案件的待证事实中必须有相关的书写字迹存在。其次,鉴定意见的关联性还体现在从鉴定材料中发现和提炼的信息,足以对案件中的待证事实起到证明的作用。例如在涉及是否为他人摹仿签名的笔迹鉴定中,关联性体现在签名字迹为本人书写或他人摹仿,鉴定意见所揭示的内容与案件的待证事实之间存在关联。

(二)影响鉴定意见证明力的因素

1. 鉴定人的专业性、独立性。鉴定人专业水平的高低是衡量鉴定意见证明力的重要因素之一。在某一专业领域具有较高造诣的鉴定人,其作出的鉴定意见应当具有较高的证明力。鉴定意见是鉴定人经客观检验后,根据其专业知识对专门性问题提出的一种个人意见,鉴定意见对于待证事实的证明效力,与鉴定人的自身素质和专业水准相关联。在判断鉴定人的知识、水平时,应当从专业性的角度出发,如从司法鉴定人执业的年限、专业技术职称、在本学科领域内的科研能力、解决实际问题的能力以及法院对鉴定人的鉴定意见的采信率等方面进行综合考虑。

鉴定人应当独立进行鉴定,防止"人情鉴定"对正常鉴定工作的干扰,确保鉴定意见的客观性和公正性。如果鉴定人在工作中受外界干扰而影响到鉴定意见的形成,即使法律仍承认其证据能力,但也会极大地削弱鉴定意见的证明力。

2. 鉴定材料的可靠性。鉴定材料是形成鉴定意见的基础,鉴定材料的可靠性直接决定了鉴定意见的证明力。即使鉴定材料是合法、真实的,但鉴定材料的不充分、不完整仍会削弱其自身的可靠性,据此而形成的鉴定意见在证明力上也将受到较大的影响。

3. 鉴定手段的先进性。鉴定中往往需要运用相关仪器设备进行检验、测定等工作。在法医物证、法医毒物以及微量物证等主要依靠仪器设备进行检验的鉴定项目中,使用的仪器设备和检测手段是否先进是衡量鉴定意见证明力的又一大因素。一般而言,运用先进的科学技术手段形成的鉴定意见具有较高的证明力。

---

〔1〕 参见郭金霞:《鉴定结论适用中的问题与对策研究》,中国政法大学出版社 2009 年版,第 40 页。

第二节　司法鉴定意见的审核

一、司法鉴定意见的审查

鉴定意见是一种独立的证据类型，与其他类型的证据一样，其证据效力有待司法机关确认。由于司法鉴定中专门问题的多样性、鉴定人水平的差异性，鉴定过程会受到各种主客观因素的影响，因而鉴定意见可能存在偏差甚至错误。鉴定意见是否真实可靠、能否成为认定案件事实的根据，未经审查是无法确定的。因此，在鉴定意见被采信前，须对鉴定意见进行审查。

（一）审查鉴定机构和鉴定人的资格

《决定》第7条第1款规定："侦查机关根据侦查工作的需要设立的鉴定机构，不得面向社会接受委托从事司法鉴定业务。"第9条第2款规定："鉴定人和鉴定机构应当在鉴定人和鉴定机构名册注明的业务范围内从事司法鉴定业务。"鉴定人是实施鉴定工作的主体，必须具备解决诉讼中某一专门性问题所需要的专门知识。例如，不具备痕迹学专业知识和技术的人员，仅凭目测判断检材与样本上的指印是否同一，得出的意见显然缺乏可靠性。对鉴定人的专业知识及解决问题的能力要进行审查，确定鉴定机构所委派的鉴定人具备解决专门性问题的专业知识和经验。即使鉴定机构对某一专门性问题有鉴定能力，但有些鉴定机构的鉴定类别不止一个，不同的鉴定人有不同的鉴定执业类别。因此，还应审查鉴定人的执业类别，特别是审查鉴定人对某一专门性问题是否具有相应的鉴定资格。

（二）审查鉴定材料来源是否真实可靠以及是否符合鉴定条件

真实可靠的鉴定材料是开展鉴定工作的前提条件，也是作出准确鉴定意见的基础。不仅需要对送检材料的真实性予以审查，还应当对检材的提取和保存方法是否得当、检材的包装和运送是否符合要求、送交的检材是否有遗漏缺失、检材有无与其他检材混淆等进行审查。鉴定人对专门性问题进行鉴定，只有依据充分、可靠的鉴定材料，才有可能得出科学的意见。鉴定材料不充分、不可靠，则难以形成鉴定意见，或形成的鉴定意见不准确。而依据不真实的鉴定材料形成的鉴定意见也只能是错误的。一般而言，对鉴定材料的审查应注意以下几点：(1)审查鉴定材料的真实性、可靠性；(2)将鉴定材料与鉴定意见中对鉴定材料的记载进行比对，审查两者是否一致；(3)审查自提取鉴定材料至形成鉴定意见的时间里，鉴定材料是否发生了实质性变化。

（三）审查鉴定程序是否合法以及鉴定方法是否科学

鉴定程序的合法性直接影响到鉴定意见的证明效力。鉴定程序的合法性贯穿于鉴定的全过程，包括司法鉴定的委托和受理、鉴定的实施和鉴定文书的出具等环节。应审查鉴定步骤是否符合法律规定，是否对鉴定客体进行了检验，鉴定是否在法定期限内完成等。

鉴定方法直接影响着鉴定意见的准确可靠性。司法鉴定应制定相应的标准和规范,目前我国已建立了相关的司法鉴定标准和规范,某些标准和规范正在建立和完善过程中。在审查中应了解所采用的鉴定方法是否科学、是否符合相关标准;鉴定过程是否全面、细致;是否采取了重复或其他方法进行验证;所用的鉴定方法是否为业界所公认。

(四)审查鉴定人是否受外界影响以及是否存在应当回避的情形

鉴定人在从事鉴定工作中是否受到他人威胁、利诱或社会舆论的不当影响等,对鉴定意见的准确性和可靠性会产生极大的影响。此外,鉴定人的工作态度是否认真,责任心是否强,也会影响到鉴定意见的可靠性,对此也必须予以审查。

鉴定人还应当与案件无利害关系,这是其作出客观、公正的鉴定意见的必要保证。应当回避而没有回避的鉴定人所出具的鉴定意见不具有法律效力,不能作为认定案件事实的根据。

(五)审查鉴定文书的内容和形式

司法鉴定文书是鉴定意见的载体,应当全面地反映出鉴定意见产生的整个过程,因此必须对鉴定文书的内容和形式进行严格审查。审查鉴定文书的内容应着重抓住三个环节:(1)事实是否清楚,也即鉴定结论对客观事实的反映是否清晰;(2)分析说明是否根据检验所见阐明道理,不作猜测,不作可能性推理;(3)鉴定意见是否是分析说明的必然结果。

审查鉴定文书的形式时应该注意:鉴定文书中鉴定机构、鉴定人的盖章、签名及日期;多页鉴定文书是否加盖骑缝章;鉴定文书的文字是否有涂改现象;鉴定文书如果附有照片、音像资料、图表及有关目录等,对这些内容也应该进行仔细审查。

(六)审查鉴定意见与其他证据的关系

同一案件,证据与证据之间存在内在的联系,对鉴定意见的审查,不能简单孤立地进行,而是要与其他证据及案件事实进行综合比较分析,审查各种证据是否协调,相互间能否印证。鉴定意见与其他证据有矛盾的,应具体分析矛盾产生的原因,进一步调查核实,判定各项证据的真伪,必要时可申请补充鉴定或重新鉴定,以进一步查明鉴定意见的真实性和可靠性。

二、司法鉴定意见的评判

案件当事人及办案机关不仅需要审查鉴定意见的真实可靠性,还需要解决鉴定意见所确定的事实与案件的联系,鉴定意见在案件中具有的证明作用等问题。由于各类鉴定意见的证据价值不完全相同,所以需要进一步对鉴定意见的证据价值作出评判,[1]使鉴定意见得以在诉讼活动中合理使用。

(一)同一认定型鉴定意见的评判

同一认定型鉴定意见包括认定“人身同一”型鉴定意见和认定“物的同一”型鉴定

---

〔1〕 参见闵银龙主编:《司法鉴定》,中国法制出版社2004年版,第105页。

意见两类。

1. 认定人身同一

我国司法鉴定中的人身同一型鉴定意见主要有：手印鉴定意见、赤脚印鉴定意见、牙印鉴定意见、笔迹鉴定意见、声纹鉴定意见、人像照片（颅像重叠）鉴定意见、DNA 鉴定意见等。此类鉴定意见有的可以直接表明被认定同一的人是否就是犯罪行为人，或者是否为民事法律关系的当事人。但在多数情况下，人身同一型鉴定意见只能表明所认定的人在时间、空间上与案件事实存在某种联系，并不能直接肯定其为刑事案件中的犯罪行为人或民事案件中的当事人；或者表明被认定同一的人与案件现场的某个物有联系，但不能据此直接证明其与案件事实有联系。在这种间接证明的情况下，人与案件的联系仍需综合其他证据加以认定。

2. 认定物的同一

物的同一认定就是确认受审查客体是否即为被寻找客体。在司法鉴定中，物的同一型鉴定意见主要是对鞋印、工具痕迹、枪弹痕迹、印章印文、整体分离痕迹、车辆痕迹等的同一认定鉴定意见。评判物的同一就是要确定物的同一认定鉴定意见与案件事实的联系及其证明力的大小。物及物的遗留痕迹可以成为人与案件事实相联系的纽带和线索，所以评判物的同一认定鉴定意见应从物与痕迹、物与案件的事实、物与人的联系方面进行系统分析，判明其证据价值。以刑事案件为例，物的同一型鉴定意见一般有以下四种情况，分别具有不同的证明作用：（1）鉴定意见表明，被认定同一的物就是犯罪工具或凶器，这类鉴定意见具有较强的证明力。（2）鉴定意见表明，被认定同一的物是犯罪嫌疑人在实施犯罪行为时遗留的。这可以说明被认定同一的物与犯罪事实的关系，但要注意排除伪装。（3）鉴定意见表明，被认定同一的物曾在犯罪地点使用过。这可以对认定犯罪事实起到间接证明作用。（4）鉴定意见表明，被认定同一的物所形成的痕迹曾被犯罪嫌疑人带到现场，该物与犯罪现场无时间、空间的内在联系，但与犯罪现场有偶然联系。在这种情况下，鉴定意见只能为侦查提供线索，从而寻找物的出处，确定犯罪嫌疑人的范围。

上述两类同一认定型鉴定意见，否定性的结论可靠程度大，一般可以直接使用。对肯定性结论则要进行认真分析，并与案件全部材料进行分析和比较。

（二）种属认定型鉴定意见的评判

司法鉴定的目的是得到明确可靠而唯一的意见，由于科学技术水平及鉴定材料的限制，有时不能得出同一认定的意见，而只能作出认定某一种类或属类的鉴定意见。血型鉴定、亲子鉴定（只检查红细胞血型时）、致伤物判断等鉴定都属于种属认定。种属认定型鉴定意见只表明受审查客体与被寻找客体种类所属相同，或者只能确定受审查客体的种类范畴，但不能直接肯定或否定受审查客体与被寻找客体的关系。

种属鉴定的否定意见可以排除某种事实。如在 ABO 血型系统的遗传规律中，父母只要有一方血型是 AB 型，就不可能生出血型为 O 型的子女。如果有 O 型的子女，则这个子女肯定不是这对夫妻所生。这种方法证明作用大，可直接否定某种事实，在种属鉴定中具有重要意义。种属鉴定的肯定意见只能表明案件中的某种事实有可能存在,并不能直接证明某种事实一定存在,需要与其他证据联系起来形成证据链条。因为这类鉴定意见具有不特定的特点,不能肯定或否定受审查客体与被寻找客体的关系,所以一般不能单独使用,必须与其他证据相互印证,共同构成证据链进行证明。

(三)阴、阳结果型鉴定意见的评判

阳性、阴性属于确定"有""无"的定性鉴定意见。如化学检验、物理学检验、生物学检验中阳性和阴性结果,只能提示鉴定所确定的事实可能存在或可能不存在,还需要通过定量鉴定进一步查明物质含量的高低。

阳性结果的鉴定意见并不一定能确认某种事实的存在,而阴性结果的鉴定意见也并不能直接否定某种事实的存在。由于检验受到诸多主客观因素影响,例如,检材腐败霉烂、分解挥发、取材不当、人为污染等,会导致假阳性和假阴性等情况的发生,这些情况在人体物质检验、毒物化验中已屡见不鲜。例如,毒物化验表明存在某种有毒物质,但却没有中毒的事实;毒物化验否定某种物质存在,而客观上恰恰就是这种物质导致中毒;阴道内容物化验精液呈阴性,而客观上却有精液存在。所以此类意见有时只能揭示某种事实可能存在或可能不存在,在评判时需要根据案件实际情况进行具体分析。

(四)认定事实型鉴定意见的评判

司法鉴定中大部分的鉴定事项属于认定事实的范畴。认定事实型鉴定意见又可以分为认定因果关系、认定事实程度、认定事实真伪以及显示或恢复事实等鉴定意见。

1. 认定因果关系的鉴定意见。作为司法鉴定意见的一种常见类型,此类鉴定意见主要对案件中造成某种事实的结果或者引发某种事实的原因进行分析和判断,如死亡原因、起火原因等。这类鉴定意见只能证明案件中某种事实发生的原因,至于其他问题仍需进行调查核实。对此类鉴定意见的评判,主要看检验方法是否恰当,检验是否详细,各种征象是否都已检验到,根据检验到的征象分析认定的因果关系是否符合科学规律,意见与检验结果的内在联系是否直接等。评判时还应注意有无掩盖事实或以点带面的虚假现象。

2. 认定事实程度的鉴定意见。此类意见多见于活体检验与鉴定中,这类鉴定能够确定相关事实的严重程度和行为人的责任能力或行为能力的大小。如人体损伤程度(重、轻、轻微伤)、伤残等级、责任能力有无、智力障碍的程度等的鉴定意见,都属于认定事实程度的鉴定意见。对此类鉴定意见的评判,主要看两条:一是事实是否清楚,二是应用法定标准是否恰当。

3. 认定事实真伪的鉴定意见。这类鉴定意见所认定的事实只限于受审查的事实是真是假的问题,如货币、文书、商标、商品的真伪。在评判时应当注意,确认鉴定客体是假的鉴定意见可以直接证明该种伪造事实存在;而否定鉴定客体是假的鉴定意见可以直接证明该种伪造事实不存在。

4. 显示或恢复事实的鉴定意见。文书鉴定、痕迹鉴定、法医鉴定均可得出此类鉴定意见。这类鉴定的肯定意见可以起到肯定事实的证明作用,但否定意见却不具有否定事实的证明作用。评判此类鉴定意见时应当注意,通过鉴定未能显示或未能恢复鉴定所要求确定的事实,并不能完全排除被怀疑的、待证实的事实一定不存在。可能存在三种情况:一是在被怀疑的物品上根本不存在要求鉴定的那种事实;二是虽然存在,但检验难度大难以恢复或显示;三是被怀疑的事实确实存在,但由于检验方法不当未能显示或恢复。如污损文书鉴定中,对于文书中被消退的字迹,可以通过技术手段予以显示、恢复和辨读,从而对案件待证事实起到证明作用。

第三节 司法鉴定意见的质证

一、鉴定意见质证概述

根据诉讼法律对于证据的相关规定,证据需经质证后才能成为定案的根据。鉴定意见作为鉴定人的认识和判断,表达的是鉴定人个人的观点和意见。这种观点和意见应该客观、科学地反映诉讼中的专门性问题,由于鉴定过程中鉴定人受到各种主客观因素的限制和影响,有时会出现有瑕疵甚至是错误的鉴定意见。因此鉴定意见同其他种类的证据一样,也需进行质证,以确定其证明效力。

(一)质证的概念和特点

质证,是指在庭审活动中,当事人对其提供的证据材料和法院依职权调取的证据材料通过出示、辨认、质询、解释、说明等方式方法查明证明效力的专门性活动。

鉴定意见的质证,是指案件双方在庭审中对鉴定意见进行出示、质疑及辩论的过程。当事人对鉴定意见有异议时,法院应当通知鉴定人出庭,由鉴定人对鉴定意见作出说明、解释和补充。在现代诉讼制度中,鉴定意见的质证具有以下特点:

1. 鉴定意见的质证是当事人的一项重要的诉讼权利,我国相关法律明确规定了当事人对鉴定意见享有质证权。在诉讼活动中,与案件有利害关系的当事人(刑事诉讼中的被告人、民事诉讼中的当事人、行政诉讼中的原告),以及基于法律规定、具有诉讼职能的行政机关(作为行政诉讼中的被告)和公诉机关,均十分重视鉴定意见。司法鉴定意见作为诉讼中的重要证据种类,同其他类型的诉讼证据相比往往具有较高的证明效力,对诉讼结果往往起到至关重要的作用。因此,案件双方都需对鉴定意见进行质证,以实现自身追求胜诉之目的。

2. 鉴定意见的质证是程序公正的要求。质证活动要求鉴定人就鉴定意见接受双方当事人的质询。通过质证程序,当事人不仅质疑鉴定意见的内容,也包括作出鉴定意见的鉴定人的专业背景资料等信息,有利于增强审判过程的透明度,确保审判的公正性。

3. 鉴定意见的质证有助于法官准确认定相关事实。证据是认定案件事实的重要依据。鉴定意见的采用与否、证明力大小的判断,直接决定着案件事实的认定并影响到最终的裁判。质证活动不仅有利于揭示鉴定意见的价值或缺陷,还能够帮助法官准确评判鉴定意见、认定案件事实。因此,充分发挥庭审的质证功能,有利于更全面地理解司法鉴定意见,帮助法官去伪存真,客观公正地认定相关事实、准确作出裁判。

(二)鉴定人出庭是法定义务

鉴定意见作为法定证据种类相比其他的证据并不必然具有较强的证明力,但实践中存在不经质证法官直接采信的情形。同时也存在过鉴定意见同其他证据矛盾,或不同的鉴定意见存在矛盾的情况。鉴定人出庭(或书面)对鉴定中的专门性问题进行解释,能够帮助法官更好地把握证据,公正判案。因此,依法出庭作证,回答与鉴定有关的询问便成为鉴定人的法定义务。当事人为维护自己的合法权益,针对鉴定意见这一证据有权利要求鉴定人出庭,并向鉴定人发问。

二、鉴定意见质证的程序

为了确保鉴定意见质证的有序进行,应当遵循法定程序对鉴定意见进行质证。鉴定意见质证程序按诉讼活动的先后顺序,可分为庭审前的鉴定意见审查和庭审中的鉴定意见质证。

(一)庭审前的鉴定意见审查

根据刑事诉讼、民事诉讼法的有关规定,法院通知鉴定人出庭的通知书至迟应在开庭3日以前送达。审前程序中,法院一般根据审判工作的需要决定是否通知鉴定人出庭。双方当事人对鉴定意见有异议的,可以向法庭申请要求鉴定人出庭,经法庭同意后由法院依法通知鉴定人出庭作证。

(二)庭审中的鉴定意见质证

由于鉴定意见涉及专门性问题,诉讼双方和审判人员对专门性问题都缺乏相关知识,诉讼双方较难就鉴定意见中的相关内容提出问题,采用书面质证难以保障质量。鉴定人出庭是鉴定意见质证的必要途径和重要形式,当法庭认为案件中鉴定意见对判决有重要影响,鉴定人有必要出庭时,应当通知鉴定人出庭。为了避免庭审对鉴定人产生影响,一般只有在质证开始时才会通知鉴定人入庭。

当事人双方经审判长准许后,才能对鉴定人进行质询。一般由要求鉴定人出庭的一方先进行发问,对方当事人经审判长许可后,可以对鉴定人进行发问,对不同的问题进行交叉询问。向鉴定人发问的内容应当与案件的事实相关;不得以诱导方式向鉴定人提问;不得威胁鉴定人;不得损害鉴定人的人格尊严。当事人向鉴定人发问的内容与本案无关或者发问的方式不当的,审判长应当制止。审判人员认为有必要时,可以询问鉴定人。向鉴定人发问应当分别进行。鉴定人回答当事人和审判人员的询问后,审判长应当告知其退庭。鉴定人不得旁听本案的庭审。

鉴定人因特殊情况未能按照法院通知的时间出庭,经法院准许,可以书面答复当事人的质询。

(三)具有专门知识的人对鉴定意见质证

案件审理过程中,法官一般只是法律问题的专家,对诉讼涉及的专门性问题往往囿于知识和经验不足,对有些鉴定意见难以评判,只能依赖于鉴定人。而诉讼双方及其辩护人、诉讼代理人同样因为缺乏专门知识而难以对鉴定人进行有效的质疑。为此,《民事诉讼法》第82条规定:“当事人可以申请人民法院通知有专门知识的人出庭,就鉴定人作出的鉴定意见或者专业问题提出意见。”《刑事诉讼法》第197条第2款规定:“公诉人、当事人和辩护人、诉讼代理人可以申请法庭通知有专门知识的人出庭,就鉴定人作出的鉴定意见提出意见。”当事人可以向人民法院申请由1名至2名具有专门知识的人员出庭就案件的专门性问题进行说明;具有专门知识的人员可以对鉴定人进行询问;鉴定人应当对具有专门知识的人提出的有关司法鉴定的问题进行回答、说明和补充。

具有专门知识的人协助当事人对鉴定人进行询问,不仅有利于保护当事人的合法权益,而且对鉴定工作也是一种监督。

为了有效地对鉴定意见进行审查和评判,有必要在质证活动中引入具有专门知识的人协助当事人对鉴定人进行质证。这项措施不但可以更好地帮助法官理解鉴定意见,减轻法官采纳证据的压力,也会使当事人对法庭的证据采纳方法更了解,对判决更信服。目前多数法院对鉴定意见仍停留在书面审查阶段,鉴定人出庭并未成为一种经常性的制度,需要改善此种状况。

三、鉴定意见质证的内容

鉴定人在出庭作证时应当就与鉴定意见有关的问题作出相应的说明和解释,其履行的作证义务仅包括对鉴定范围内的内容进行解释,对与鉴定内容不相关的问题可以拒绝回答;在对鉴定人资格进行质疑时,可涉及个人品行与鉴定信誉等问题,但不得损害鉴定人的人格尊严。质询过程中不得使用诱导、威胁的方式对鉴定人进行提问。

诉讼双方应主要就鉴定书的内容,围绕着鉴定意见的合法性、客观性和关联性等问题进行说明、质疑、辩驳质疑和论证。目的是同意或反驳鉴定意见,或指出鉴定意见的不足之处。

在对鉴定意见的合法性进行质证时,应主要围绕鉴定意见的产生是否符合法律规范。例如,鉴定主体是否合法,即鉴定人是否持有某一项目的执业资格,是否存在法定回避情形;鉴定材料的接收、传递、检验、保存和处置方法是否合法等。对鉴定意见客观真实性的质证主要集中在鉴定材料是否充分、客观;检材是否受到污染;检材数量和质量是否达到鉴定的要求;鉴定方法、步骤、程序等是否符合标准,可靠程度如何。在对鉴定意见的关联性进行质证时,应当围绕鉴定意见是否有助于查明案件中的相关事实、鉴定意见是否能解决诉讼中的专门性问题、鉴定意见对于案件中的待证事实是否具有证明效力、鉴定意见证明力的大小等问题进行。鉴定人在法庭上就鉴定意见所作出的解释应视为对鉴定意见的补充。通过质询,法官能更好地对鉴定意见的可信度进行评判。如果经过法庭质证,鉴定人不能使法官确信其鉴定意见的正确性,则法官可以决定重新进行鉴定。[1]

---

〔1〕 参见全国人大常委会法制工作委员会刑法室编著:《全国人民代表大会常务委员会关于司法鉴定管理问题的决定释义》,法律出版社2005年版,第30页。

第四节 司法鉴定意见的认证

一、鉴定意见认证的概念及特点

认证是指法官在审判过程中对诉讼双方提供的证据和法院调查收集的证据,经双方质证后,经过分析、判断,确认其证据能力和证明力的活动。鉴定意见的认证分为采纳与采信两方面。采纳指的是具有合法性、客观性、关联性的鉴定意见能被纳为证据,进入诉讼程序中;采信指的是进入诉讼程序中的鉴定意见具有证明价值和证明力。鉴定意见认证作为诉讼活动中不可或缺的证明环节,具有如下特点。

(一)鉴定意见认证的主体是审判人员

认证是法官行使裁判权的一种法定职权行为,是具有特定法律效力的一种司法行为。因此,鉴定意见认证的主体只能是从事审判工作的法官,其他诉讼参与人虽然也可以对鉴定意见进行审查判断,但诉讼参与人对鉴定意见进行审查判断的结果不具有认证的效力。

(二)鉴定意见认证的前提是提出证据

审判人员只有在证明主体提出鉴定意见的基础上,才能对鉴定意见进行审查、评判,对鉴定意见是否具有证据资格、有无证明力以及证明力的大小进行确认。鉴定意见的提出是对其进行认证的前提条件,如果没有证明主体提出鉴定意见,审判人员对鉴定意见的认证就无法进行。

(三)鉴定意见认证的依据是审判权

审判人员依法行使法律赋予的审判权,确定鉴定意见能否作为认定案件事实的根据。鉴定意见认证是审判人员的专属权力,当然,权力的行使必须在法定的范围内进行。此外,审判人员必须具备相应的法律专业知识和一定的自然科学知识,才能对鉴定意见作出准确的判断。

(四)认证效力对案件裁判具有拘束力

证据必须查证属实,才能作为认定事实的根据。认证是对证据的认定,不是对案件事实的认定。审判人员对鉴定意见的证据能力和证明力进行审核并认定后,该鉴定意见即对裁判产生拘束力,鉴定意见作为定案的根据,只能在认证的范围内作出。

二、鉴定意见的采纳

鉴定意见作为一种法定的证据,只有其合法性、客观性和关联性被认证认可后,才能被纳入诉讼程序。

(一)鉴定意见的合法性认证

作为一项法定证据类型,鉴定意见的合法性主要包括三个方面的内容:(1)鉴定意见应当符合法定形式;(2)实施司法鉴定的主体必须适格;(3)司法鉴定必须符合法定的程序和方式。由于鉴定意见是在物证、书证等其他证据的基础上通过再认识而派生出来的,其合法性与其他证据形式相比有其特殊之处:其一,鉴定意见在强调形式合法与获取程序合法的同时,还必须保证其依据的鉴定材料的取得、提供、保存和处置都符合法定要求。其二,鉴定手段不得违背公序良俗,鉴定人不能为了鉴定而不择手段。如果鉴定手段违反人类社会基本的道德标准和伦理标准,不论其结果是否正确,也应当排除所获得的鉴定意见作为证据的资格。

(二)鉴定意见的客观性认证

客观性是指鉴定意见不是鉴定人主观臆断或凭空捏造的,而是客观、真实的,是符合科学规律的。由于鉴定意见具有较强的专业性,难以直接审查其客观性,而较为可行的办法是通过审查鉴定意见的可靠性来确定其客观性。具体而言,可靠性就是指在获取鉴定意见的过程中,鉴定技术方法、鉴定标准等方面的先进性、科学性都满足处理诉讼中所涉及的专门性问题的基本要求。

(三)鉴定意见的关联性认证

一般而言,关联性即是证据客观性的动态表现,指作为证据的事实材料与待证事实之间存在内在的联系,能够证明待证事实的全部或者一部分内容。鉴定意见的关联性主要包括以下几个方面的内容:第一,鉴定意见的关联性不仅要求其内容与诉讼中的专门性问题相关联,而且要求鉴定人所从事的专业领域与案件待证事实中争议的问题相关联。第二,鉴定意见所要证明的必须是事实问题,当鉴定意见超出事实问题的范围,对法律问题发表意见时,则不具有任何证据效力。第三,鉴定意见所要证明的事实问题只有借助于专门知识或技能才能认定,如果鉴定意见包含不借助专门知识或技能便可进行事实认定的部分,则该部分不具有证据效力。

三、鉴定意见的采信

鉴定意见证明力的认证也可以称为鉴定意见的采信。证据的证明力,是指证据材料对案件事实的证明作用和作用大小。证据的证明力属于事实认定的范围,法律一般不作规定,而交由法官或陪审员依自由心证原则加以判断。

(一)鉴定意见是否具有证明力的认证

有学者认为,鉴定意见对法官应该具有约束力,法官在认定案件事实时应当运用司法鉴定意见,而不得拒绝运用或排除。但具体考察域外法律规定可以发现,各国法律均否定鉴定意见具有预定的证明力。各国对鉴定意见证明力的立法体例分为两种:(1)鉴定意见对法官没有约束力,是否作为定案的根据,由法官自由决定。(2)鉴定意见对法官应该有一定的约束力,但无绝对约束力。法官在认定案件事实时一般应当运用鉴定意见;如果不予运用,则应通过书面形式说明不予运用的理由。鉴定意见并不具有预定的证明力。因此,法官在对鉴定意见进行认证时,不得仅仅因为鉴定意见证明的内容是其他证据所不能够证明的而直接将其作为定案的根据。法官必须对鉴定意见的证明力加以判断,确定其对案件事实是否有证明作用。

(二)鉴定意见证明力大小的认证

由于鉴定人在司法鉴定相关专业领域内相对于普通人具有知识上的优势,而且有时鉴定意见确实能够证明其他证据形式不易或不能证明的涉及专门性问题的案件事实。这使人们往往认为鉴定意见具有较高的权威性和高于其他证据形式的证明力。然而,在本质上,鉴定意见仍然是一种意见证据,是鉴定人针对诉讼中涉及的专门性问题所作出的一种个人判断。它虽然大都建立在一定的科学知识的基础上,但科学是不断发展的,人的认识也永远达不到绝对真理的程度。只凭借司法鉴定意见往往只能解决案件的部分事实认定问题,对案件事实的整体认定还有赖于大量其他形式的证据。因此,法官在对鉴定意见进行认证时,不应当认为鉴定意见自然就具有高于其他证据形式的证明力。在具体运用鉴定意见认定案件事实时,应当结合其他证据对其可信性进行审查,并综合全案对其证明力大小作出判断。

思考习题

1. 如何理解鉴定意见的证据资格与证明力?
2. 鉴定意见应当从哪些方面进行审查?
3. 鉴定意见质证中如何运用交叉询问规则?
4. 如何正确理解鉴定人出庭作证的义务?
5. 法官应当从哪些方面对鉴定意见进行认证?

拓展阅读书目

1. 杜志淳、霍宪丹主编:《中国司法鉴定制度研究》,中国法制出版社 2002 年版。
2. 闵银龙主编:《司法鉴定》,中国法制出版社 2004 年版。
3. 霍宪丹主编:《司法鉴定通论》(第 2 版),法律出版社 2013 年版。
4. 何家弘:《从应然到实然——证据法学探究》,中国法制出版社 2008 年版。
5. 郭华:《鉴定意见证明论:司法鉴定人出庭作证规则研究》,人民法院出版社 2008 年版。

第十一章　司法鉴定责任制度

本章概要　本章介绍了鉴定机构、鉴定人和鉴定管理部门在实施和管理鉴定活动中违反鉴定纪律、法律法规应承担的不利后果。主要包括执业道德责任、纪律责任和法律责任。这些不同层级的责任构成了司法鉴定责任体系，其中司法鉴定的法律责任是司法鉴定责任体系的核心内容。

通过本章的学习，需要了解司法鉴定责任制度的意义，理解司法鉴定责任体系，把握司法鉴定责任中的执业道德责任、纪律责任和法律责任，厘清虚假鉴定的含义及其责任形式。

关键词　鉴定责任；纪律责任；民事责任；行政责任；刑事责任

第一节　司法鉴定责任概述

鉴定责任是司法鉴定制度的重要内容之一，是维护司法鉴定公正的重要保障，也是维护鉴定有关人员和鉴定机构自律性以及严格遵守法律规定的重要措施，对于纯洁司法鉴定行为、保障鉴定客观公正和树立司法鉴定权威具有特别重要的意义。

责任一般特指对“分内应做的事”或者“对特定事项的发生、发展、变化及其成果负有积极的助长义务”。这种义务外在表现为因未做好分内的事或者未履行助长义务应当承担的不利后果或者强制性制裁。现实中的责任具有多重意义和多样化的形式，而司法鉴定责任主要限定在司法鉴定领域，该领域内又存在鉴定的实施活动和司法鉴定管理、使用等活动，以至于形成了不同的责任形式。“法律责任是与法律义务相关的概念，一个人在法律上要对一定行为负责任，或者他为此承担法律责任，意思说，他做相反行为时，他应受制裁。”[1] 由于司法鉴定责任涉及的责任主体不同，而不同主体受不同的规范约束，所以形成了司法鉴定责任的各种样态。

一、司法鉴定责任的概念

司法鉴定责任有广义和狭义之分。广义的司法鉴定责任，是指涉及司法鉴定的人员和鉴定机构在实施、管理与使用司法鉴定活动中违反有关法律、纪律和道德规范所应承担的不利后果。狭义的司法鉴定责任，专指司法鉴定的法律责任，是指涉及司法鉴定的人员和鉴定机构在实施、管理与使用司法鉴定活动中，违反有关法律、法规、规章的规

---

〔1〕［奥］凯尔森：《法与国家的一般理论》，沈宗灵译，中国大百科全书出版社1996年版，第73页。

定应承担的不利法律后果。司法鉴定的法律责任包括司法鉴定的民事责任、行政责任和刑事责任。为了与司法鉴定法律责任相区分,本章将司法鉴定的道德、纪律责任称为司法鉴定的职业责任。司法鉴定责任不同于司法鉴定的法律责任,司法鉴定责任的外延大于司法鉴定的法律责任,其中还包括司法鉴定道德责任、纪律责任等职业责任,即本章所说的司法鉴定责任属于广义的司法鉴定责任。

司法鉴定责任具有以下特征:

1. 司法鉴定责任的主体是实施司法鉴定活动或者管理、使用司法鉴定的有关人员和机构。其主体主要包括实施司法鉴定行为的鉴定人和开展司法鉴定业务活动的鉴定机构以及从事司法鉴定管理、使用活动的司法鉴定管理部门以及司法机关的人员。在特定情况下,也包括其他涉及司法鉴定的人员和组织。这些主体虽然不是鉴定机构或者不具有鉴定人资格,在承担责任时,也是司法鉴定责任的承担主体。从严格意义上讲,这些主体与本章强调的司法鉴定责任主体仍存在一些不同。

2. 司法鉴定责任的承担以司法鉴定的法律规范、纪律规则和道德规范为依据,也包括聘请、指派鉴定的有关机关或者委托鉴定的当事人与鉴定机构之间的协议约定。鉴定人、鉴定机构和管理、使用司法鉴定的人员承担责任的前提是存在有关的义务性或者禁止性规定,因其未履行义务、履行义务不符合约定或者怠于行使职权、滥用职权而根据有关规定应当承担责任。尽管承担责任的原因可能是多种多样的,但其承担责任必须有依据。承担的责任也应当在规定的范围之内,不得超出规定范围进行处罚或者制裁。

3. 存在违反有关司法鉴定法律法规规章、道德和纪律规范的行为以及合同约定是司法鉴定责任产生的基础。因为责任产生取决于行为及其后果符合责任构成要件,责任构成要件又以法律法规规章以及相关规定或合同约定作为基础。司法鉴定责任主体具有复杂性,既有司法鉴定管理主体,也有实施主体,甚至还包括使用鉴定的主体;责任主体既包括管理司法鉴定的司法行政部门、侦查机关、使用司法鉴定的机关等国家机关和国家工作人员,也有司法鉴定机构以及具体实施司法鉴定活动的鉴定人。司法鉴定责任主体的复杂性决定了责任形式的多样性,责任来源既有职业道德、执业纪律上要求,也有法律对此的专门性规定。无论司法鉴定责任如何多样,责任的产生均应当有根据,其根据应具有正当性和合理性。

4. 司法鉴定责任是在实施、管理和使用司法鉴定活动中产生的责任。有关司法鉴定法律法规规章、规范性文件以及相关规定所规定的法律责任、道德和纪律责任等,仅仅是责任产生的基础或者前提,并非存在违反相关规定的行为就应当承担责任,只有行为本身具有可责性,行为人才需承担责任。也就是说,只有当鉴定人、鉴定机构和主管鉴定的人员在司法鉴定活动中存在故意或者重大过失,才承担责任;他们的行为超出司法鉴定活动特定领域违反了其他法律法规规章的,所承担的责任则不属于司法鉴定责任,即鉴定人、鉴定机构和鉴定主管机关的工作人员以及司法人员在非执业或者管理活动中所应承担的责任,不属于司法鉴定责任的范围。

5. 司法鉴定责任是严格依照程序进行追究的责任。司法鉴定责任导致鉴定人、鉴定机构和主管鉴定的人员承担某种不利的后果，使其受到一定的制裁或者指责。这种责任的承担会影响到他们的良好声誉和行为的效果，其责任追究应严格依法进行，体现责任追究的法定性与程序性。责任的追究应由法律法规规章规定的主体严格按照程序进行，不得超越法律法规规章的规定擅自增加责任形式，也不得违反程序进行责任追究，否则，追究责任的行为无效。

二、司法鉴定责任的意义

司法鉴定责任是司法鉴定制度与规范的重要组成部分，是司法鉴定活动依法实施和司法鉴定管理依法、有序进行的重要保障，旨在使司法鉴定管理主体正确地履行职责，保障司法鉴定具有良好的秩序，从而促进鉴定人、鉴定机构的公正性、客观性、准确性，依照鉴定程序实施鉴定行为，保障鉴定的质量，实现司法鉴定公正的目标，为案件事实认定提供坚实的证据基础。建立和完善司法鉴定责任制度具有以下意义。

（一）有利于保障鉴定的质量

现代社会涉及专门性问题的诉讼案件不断增多，司法鉴定人“在现代诉讼中扮演着无可比拟的角色。伤害案件运用医生与经济学家；产品责任案件运用设计和安全专家；建筑案件运用结构工程师与建筑师；刑事案件运用指纹与 DNA 专家……”[1]鉴定实践中，有的鉴定人实施鉴定不负责任，因利益关系提供虚假鉴定意见，导致案件事实认定出现错误，影响了司法公正。有的鉴定人借科学技术的有限性，故意偏袒一方当事人，甚至在鉴定中收受贿赂，作出不公正的鉴定。有的鉴定机构管理混乱，导致鉴定人不能独立、客观地提出鉴定意见，影响了司法鉴定的质量。有的鉴定主管部门和鉴定使用部门干预鉴定，致使有些鉴定出现偏向性，影响司法公正。为了促进鉴定人客观、公正和科学地依法进行鉴定，需要建立完善的司法鉴定责任制度和责任体系，并通过严格追究违反法定义务、道德规范和执业纪律的鉴定管理人员、鉴定机构和鉴定人的责任，强化他们的工作责任心和道德责任感，借助于道义、良心谴责和法律制裁的威慑力减少违法违纪现象，从而保障鉴定的质量，维护司法公正。

（二）有助于促进司法鉴定制度持续健康发展

司法鉴定制度作为司法制度的重要组成部分，与诉讼制度、证据制度密切关联，只有建立科学、合理的责任制度，通过责任的承担和责任的追究，才能保障司法鉴定制度健康地发展，促使鉴定活动正常有序地进行。司法鉴定责任制度的核心在于建立一个体系完善的责任追究机制，以此来确保司法鉴定的各个环节能够依法有序地进行；同时，司法鉴定责任的确立使机关主体明确是否要承担责任、承担何种责任以及如何承担责任，从而保证职责分明和权利义务明确。特别是通过建立责任制度，强化鉴定的监管力度，从而为司法鉴定活动创造一个良好的外部环境，避免司法鉴定出现不正当的竞

---

〔1〕［美］汤玛斯·摩伊特：《诉讼技巧》，蔡秋明、方佳俊译，商周出版社 2002 年版，第 396 页。

争。可以说,司法鉴定责任制度对维护正常的司法鉴定秩序、保障鉴定客观独立具有特别重要的意义。

(三)有利于当事人对因错误鉴定造成的损害获得有效救济

司法鉴定责任不仅可以促进司法鉴定客观、公正地进行,保障司法鉴定的质量,同时也为因错误鉴定受到损害的当事人获得赔偿提供了依据。在实践中,由于鉴定机构和鉴定人虚假鉴定、错误鉴定造成当事人的人身和财产损失的赔偿和救济问题一般很难得到完全解决,根据"谁管理谁负责""谁鉴定谁负责"的司法鉴定责任原则,有利于相关主体对自己的不当或者违法行为根据过错的大小承担相应的法律责任。因此,建立科学、合理的司法鉴定管理人员、鉴定机构和鉴定人责任制度,建立健全鉴定责任的追究机制,能够及时地使当事人的救济权利得到实现,其合法权益得到有效维护;同时,也为司法鉴定责任主体及时承担责任提供了依据,从而可以避免其在承担责任上相互推诿,影响司法鉴定的权威性和公信力。

第二节　司法鉴定的执业责任

司法鉴定作为为诉讼提供证据和维护司法公正的一项法律制度,其实施主体是一种特殊的职业群体。由于其实施专门性活动的特殊性,更需要这一特殊职业群体尊重科学,遵守技术规范,具有高于一般职业群体的良好职业道德、执业操守以及对鉴定事业的笃诚。这一特殊职业,要求司法鉴定机构、鉴定人具有良好的道德职业操守、严格的执业纪律,特别需要司法鉴定执业责任制度予以保障。司法鉴定的执业责任主要是职业道德责任和执业纪律责任。

一、司法鉴定的职业道德责任

(一)司法鉴定职业道德责任的概念

司法鉴定职业道德责任是指从事司法鉴定的人员在司法鉴定业务活动中违反应当遵守的职业道德要求或者职业道德操守所应承担的责任。

司法鉴定职业道德责任主要有三个特点:

1. 司法鉴定职业道德责任具有自觉性。司法鉴定职业道德责任需要司法鉴定人的自觉意识,并通过内心驱动对其进行的鉴定行为和出具的鉴定意见具有责任自觉,属于内化于心的良心责任。

2. 司法鉴定职业道德责任具有广泛性。司法鉴定职业道德责任与其他责任相比范围更为广泛。它不仅表现为鉴定人外在行为的可谴责性,而且包括内在良知的可谴责性,主要表现为一种道义责任。

3. 司法鉴定职业道德责任具有预防性。司法鉴定职业道德责任不仅具有自律的性质,对于形成特定的动机、意图、目的等主观性问题具有一定内在约束力,在一定程度上能够促使司法鉴定人在司法鉴定活动中更加模范地遵守职业道德规范。

职业道德责任是伦理学中一个非常重要的范畴,它涉及道德领域中的许多根本性的理论问题。它是人们对自己的过失行为及其所产生的不良后果在道义上应承担的责任。在社会生活中,这种责任基于人们对自己的行为具有一定的选择自由而产生。职业道德责任有时与"道德义务"在同一个意义上使用。因此,职业道德责任也是人们在一定的社会关系中所应该选择的道德行为和对社会或他人所承担的道德义务。然而,司法鉴定职业道德责任不同于司法鉴定职业道德义务。司法鉴定职业道德责任强调外在的道德理性,司法鉴定道德义务强调把这种外在的道德理性内化。自觉遵守和履行在鉴定活动中所承担的职业道德责任,是每个从事鉴定职业的人应具有的良好品质。这种职业道德责任的履行需要鉴定人的内心信念和高度的道德责任感。这种道德责任感需要鉴定人具有道德责任意识,并使其超越"他律性质的责任感"逐渐成为更高一级的"自律性质的责任感",进而成为促使鉴定人自觉履行其应当履行的职业道德责任的原动力。

司法鉴定是运用专门性知识为诉讼活动提供证据的活动,是一种特殊的"专家"执业活动,承担着维护司法公正的特殊任务,其活动本身具有不同于其他职业的道德要求。一方面,司法鉴定是保障和服务诉讼的一项活动,鉴定人作出的鉴定意见对于案件事实认定起着关键性的作用,有些鉴定意见关系到诉讼成败,在刑事诉讼中决定着被告人的刑罚,如精神疾病的司法鉴定意见,其活动本身具有严肃性和高标准性。这就要求从事司法鉴定活动的鉴定人应当尊重科学,实施鉴定活动应当客观、公正,鉴定人具有良知。另一方面,鉴定人又属于某一专门领域内的专家,人们对其具有较大的信赖,其本身的权威性对其提出了高于其他职业群体的道德标准。所以,法律对鉴定人和鉴定机构均存在有关道德的规定,强调"遵守职业道德"的重要性。

(二)司法鉴定职业道德责任承担的形式

鉴定人在实施鉴定活动过程中应当严格遵守职业道德,积极履行司法鉴定职责,为诉讼活动提供可靠的鉴定意见,进而维护司法公正,保证法律得以正确实施。司法鉴定道德责任是进行道德评价的前提,它以道德规范为基础。职业道德规范是调整司法鉴定职业关系的一种行为规范。

1. 司法鉴定职业道德规范的内容

根据司法鉴定的职业特点和司法鉴定活动的本质要求,司法鉴定职业道德规范主要包括以下内容:(1)鉴定人应当忠于宪法和法律,忠于职守,坚持客观、科学、独立的鉴定原则,严格按照司法鉴定程序开展鉴定业务工作,不受其他任何单位、组织和个人的干预,维护国家法治和社会公平正义;(2)鉴定人应当热情勤勉、诚实守信,尽职尽责地为委托人提供鉴定服务,客观、科学、独立、公正地出具鉴定意见;(3)鉴定人应当敬业勤勉,努力钻研业务,掌握执业所应具备的专业知识、法律知识和服务技能,注重提升品德和职业修养,自觉维护司法鉴定人的职业声誉;(4)鉴定人应当严守国家秘密,保守委托人的商业秘密及委托人的隐私;(5)鉴定人应当尊重同行,同业互助,公平竞争,共同提高执业水平;(6)鉴定人应当注重社会效益,积极参加社会公益活动,积极为确有经济困难的当事人提供减免费用的鉴定服务。

2. 司法鉴定职业道德责任承担的形式

鉴定人违反司法鉴定职业道德规范应当承担相应的责任,这种责任表现为不同形式的不利后果。各种不利后果又是通过具体的责任形式体现出来的。

(1)司法鉴定职业道德责任的构成要件。鉴定人承担司法鉴定职业道德责任应当符合其构成要件。其基本要件为:第一,司法鉴定职业道德责任应当是鉴定人职业范围内的事情,鉴定人应当履行法定或者约定义务而没有履行、未能完全履行或者履行不符合要求。第二,鉴定行为在客观上具有期待可能性。承担职业道德责任要求鉴定人有履行能力,且在当时的条件和环境下能够履行;对于客观上鉴定人根本不可能履行或者无法履行的,不能要求鉴定人承担职业道德责任。第三,鉴定人具有主观上的过错。鉴定人有过错才能承担职业道德责任,一般不适用严格责任原则。

(2)司法鉴定职业道德责任承担的形式。司法鉴定职业道德责任承担的形式主要有教育警示、劝告批评等。

(3)司法鉴定职业道德责任承担的程序。鉴定人违反司法鉴定职业道德规范的,一般由司法鉴定协会或者相关专业组织根据情况给予道德谴责。情节轻微的,给予教育警示;情节较重的,给予劝告批评。鉴定人违反司法鉴定职业道德规范,情节严重的,由省级司法行政部门根据法律法规规章追究相应的法律责任。

鉴定人对承担的司法鉴定职业道德责任有异议的,有权向司法鉴定协会或者省级司法行政部门申诉;司法鉴定协会或者省级司法行政部门对于申诉应当及时予以答复,并说明理由。

二、司法鉴定的执业纪律责任

(一)司法鉴定执业纪律责任的概念

司法鉴定执业纪律责任是司法鉴定主体违反法律法规规章以及有关专业组织的规范而应当承担的执业责任。司法鉴定执业纪律责任的范围比较广泛,既包括违反法律法规规章以及一般规范性文件应当承担的责任,也包括违反道德规范以及行业协会的有关规定应当承担的责任。前者在本章第三节进行专门论述;后者属于司法鉴定的职业责任,包括道德责任和纪律责任。司法鉴定的纪律责任是对特定职业群体——鉴定人作出的执业要求。它与司法鉴定的职业道德责任常常同时规定,但两者之间存在不同。

司法鉴定执业纪律责任是指鉴定人和鉴定机构在实施和管理司法鉴定活动中违反执业纪律应当承担的不利后果。司法鉴定执业纪律责任具有以下特点:

1. 司法鉴定执业纪律责任基于鉴定人和鉴定机构违反内部执业纪律规范而产生。这些内部的纪律规范既有司法鉴定主管部门制定的规范司法鉴定的纪律规范,也包括司法鉴定协会制定的内部纪律规范。追究执业纪律责任的主体一般为司法鉴定的管理机关和司法鉴定协会,特殊条件下还包括鉴定机构;责任承担主体主要为鉴定机构和鉴定人,特殊情况下还包括鉴定管理人员。

2. 司法鉴定执业纪律责任具有一定强制性。有些司法鉴定纪律规范虽然是由司法鉴定协会制定的进行自我管理、自主管理的自律性规范，但它对于从事司法鉴定的人或者机构仍有一定强制性。

3. 司法鉴定执业纪律责任体现了制裁性。司法鉴定执业纪律责任具有一定的强制性，鉴定人或者鉴定机构一旦违反，执业纪律责任则会外化为一种强制力，由鉴定主管部门、司法鉴定协会或者鉴定机构给予相应的纪律处分。

司法鉴定执业纪律规范是司法鉴定主体在管理和从事司法鉴定活动中应当遵循的执业规范，是司法鉴定管理部门以及行业协会或者专业组织等依照司法鉴定的特殊要求而制定的执业规范，旨在通过纪律惩戒来促使司法鉴定职业道德有效落实。

(二)司法鉴定执业纪律规范的内容

司法鉴定执业纪律主要涉及司法鉴定登记管理的纪律；从事鉴定活动的纪律；处理与委托人关系的纪律；处理与其他司法鉴定人关系的纪律；鉴定人出庭作证方面的纪律；司法鉴定管理人员与被管理人员之间的纪律；等等。

司法鉴定执业纪律规范的主要调整对象是鉴定人。鉴定人的执业纪律主要包括：

1. 从事鉴定活动的纪律。(1)鉴定人在司法鉴定业务活动中应当忠于事实、尊重科学，积极探求事实真相；(2)坚持独立原则，鉴定人应当依法独立开展鉴定活动，不受任何单位和个人的干预；(3)鉴定人在执业活动中应当自觉回避；(4)鉴定人在鉴定活动中应当严格遵守司法鉴定程序和相关行业的技术标准和规范。

2. 鉴定人与其他鉴定人之间的纪律。鉴定人在鉴定执业活动中应当相互尊重，公开、公平竞争，开展同业互助，共同提高执业水平。鉴定人不得采取不正当手段损害其他鉴定人的威信和名誉。

3. 处理与委托人关系的纪律。(1)鉴定人在执业活动中应当诚实守信，勤勉尽责地为委托机关和当事人服务，按时、按质完成委托的鉴定业务；(2)鉴定人应严守执业过程中获知的国家秘密、商业秘密、个人隐私以及其他委托人不愿公开的事项；(3)鉴定人不得与对方当事人或对方当事人委托的鉴定人合谋从事损害当事人的活动等。

4. 出庭作证等方面的纪律。鉴定人应当遵守诉讼活动和仲裁活动的相关规定，不得损害司法机关和仲裁机关的威信，不得违反审判庭和仲裁庭的纪律。

5. 在监督管理活动中的纪律。鉴定人在执业活动中应当自觉接受和服从国家鉴定主管机关和鉴定人协会的检查、监督和管理。不得以隐瞒事实、弄虚作假、消极抵制等手段妨碍鉴定主管部门和司法鉴定人协会的执业监管活动。

6. 受理案件和业务收费方面的纪律。鉴定人在业务活动中应当廉洁自律，严格遵守各项财务管理规定。鉴定人不得私自接受当事人的委托，应按照规定收取和使用鉴定费用，不得私自截留、非法挪用、私分和侵占鉴定费用，不得以任何理由和方式向当事人或其他利害关系人索要或收受财物。

(三)司法鉴定执业纪律责任的承担方式

司法鉴定执业纪律责任的承担应当依照有关规定进行。这些规定主要有：《决定》、司法鉴定主管部门制定的规章和规范性文件以及鉴定协会或者专业组织制定的鉴定人执业纪律规范。

1. 司法鉴定执业纪律责任的追究主体

司法鉴定执业纪律责任的追究主体主要为司法鉴定主管部门、司法鉴定协会或者专业组织以及鉴定机构。

由于我国鉴定人准入的门槛不高,在实践中存在鉴定人员素质良莠不齐以及能力水平参差不齐的现象,鉴定机构发展不平衡,鉴定人自律自治的行业协会尚未充分发挥作用,特别需要监管部门加强司法鉴定执业纪律方面的监督。随着司法鉴定行业的发展与成熟,司法鉴定主管部门的管理应逐步弱化,实行司法鉴定的行业管理,这种管理主要依靠执业纪律的监督,应当由司法鉴定协会或者专业组织负责。司法鉴定行业实行自律、自治,对违反鉴定纪律的行为也应由其设置的惩戒委员会进行惩戒。

2. 司法鉴定执业纪律责任的追究程序

司法鉴定主管部门、司法鉴定协会或者专业组织以及鉴定机构对于违反司法鉴定执业纪律的主体,根据有关司法鉴定执业纪律规范,结合违反执业纪律的实际情况,依照程序分别给予通报批评、公布不良记录等纪律处分或者给予惩戒。

(1)司法鉴定执业纪律的责任形式

司法鉴定执业纪律的责任形式主要有通报批评、公布不良记录等。通报批评是由“通报”与“批评”形成的复合概念,是指对缺点和错误提出意见并公布于众。这种责任形式主要不在于“批评”,而在于“通报”。它是通过影响鉴定人、鉴定机构的声誉或者名誉的方式进行惩戒,是通过社会影响和社会压力达到制裁目的的。对于鉴定人、鉴定机构的通报批评不仅应当直接向违反者提出,而且还应在一定范围内公开,必要时应当向社会公开。公布不良记录是指对于存在不良记录的鉴定机构或者鉴定人因其再次违反司法鉴定纪律而对社会公布其不良记录的惩戒。最高人民法院《关于人民法院民事诉讼中委托鉴定审查工作若干问题的规定》第 14 条规定:“鉴定机构、鉴定人超范围鉴定、虚假鉴定、无正当理由拖延鉴定、拒不出庭作证、违规收费以及有其他违法违规情形的,人民法院可以根据情节轻重,对鉴定机构、鉴定人予以暂停委托、责令退还鉴定费用、从人民法院委托鉴定专业机构、专业人员备选名单中除名等惩戒,并向行政主管部门或者行业协会发出司法建议。鉴定机构、鉴定人存在违法犯罪情形的,人民法院应当将有关线索材料移送公安、检察机关处理。人民法院建立鉴定人黑名单制度。鉴定机构、鉴定人有前款情形的,可列入鉴定人黑名单。鉴定机构、鉴定人被列入黑名单期间,不得进入人民法院委托鉴定专业机构、专业人员备选名单和相关信息平台。”

(2)司法鉴定执业纪律责任的追究程序

因通报批评、公布不良记录涉及鉴定机构和鉴定人的声誉,且是通过社会评价体现的,其适用一旦出现错误,负面影响难以挽回。因此,司法鉴定主管部门、司法鉴定协会或者专业组织以及鉴定机构适用此种执业纪律责任应当严格遵循程序,慎重适用。其主要程序为:拟作出纪律惩戒的,司法鉴定主管部门、司法鉴定协会或者专业组织以及鉴定机构应当先告知被追究执业纪律责任的主体。被追究执业纪律责任的主体接到告知书后，有申请听证的权利。司法鉴定主管部门、司法鉴定协会或者专业组织以及鉴定机构应当组织听证；听证后，认为被追究执业纪律责任的主体提出的理由不足的，应当制作纪律处分决定书，送达被追究执业纪律责任的主体后，再向社会公布。

第三节　司法鉴定的法律责任

一、司法鉴定法律责任概述

（一）司法鉴定法律责任的概念

司法鉴定法律责任，主要是指鉴定机构、鉴定人和司法鉴定主管部门以及司法机关工作人员在执业或者管理、使用司法鉴定活动中违反有关司法鉴定法律法规规章的禁止性规定或者不履行法定义务所应承担的不利法律后果。

对司法鉴定法律责任可作以下理解：

1. 司法鉴定法律责任承担主体多元化。司法鉴定法律责任承担主体既包括鉴定机构、鉴定人和鉴定主管部门工作人员，也包括没有鉴定人、鉴定机构法定资格而从事司法鉴定活动的人。

2. 司法鉴定法律责任承担的依据分属于不同的法律部门。其法律依据既有专门调整司法鉴定活动的法律法规规章等特别法，如《决定》；也有一些涉及司法鉴定活动的一般法，如《刑法》、《中华人民共和国民法典》（以下简称《民法典》）、《刑事诉讼法》、《民事诉讼法》、《精神卫生法》等。

3. 司法鉴定法律责任以违法法定义务或者约定义务为基础，责任形式具有多样性，既有公法上的责任，也有私法上的责任。公法上的责任是指刑事责任、行政责任，也存在国家赔偿责任；私法上的责任则有侵权责任和违约责任之分。

4. 司法鉴定法律责任主要为过错责任。因鉴定涉及科学技术的不确定性，主要以故意或重大过失作为承担责任的要件，轻过失行为一般不承担责任，也不承担公平责任。

5. 司法鉴定法律责任的形式具有体系性。司法鉴定法律责任不仅有民事责任、行政责任，而且还存在严厉的刑事责任。但是，司法鉴定协会或者专业组织的有关规定不得设定有关法律责任的内容。

（二）司法鉴定法律责任的类型

依据不同的标准，司法鉴定法律责任具有不同的类型。司法鉴定法律责任主要有以下几种类型：

1. 根据法律调整的利益不同，司法鉴定法律责任可分为公法上的责任和私法上的责任。公法是指规范国家和公民个人之间关系的法律，法律适用主体是公权力机关。司法鉴定法律责任在公法上主要表现为行政法律责任、诉讼法律责任、刑事法律责任和国家赔偿责任。

私法是指调整平等的民事主体之间关系的法律规范。司法鉴定法律责任在私法上主要表现为鉴定人、鉴定机构与当事人之间的民事侵权或者违约责任。

2. 根据承担责任主体的不同,司法鉴定法律责任可分为单位法律责任和个人法律责任。单位法律责任主要是指鉴定机构的法律责任。这种责任是鉴定机构作为一个整体,违反法定义务后所承担的法律责任。

个人法律责任包括司法鉴定人个人的法律责任和司法鉴定主管部门工作人员的法律责任。鉴定人个人的法律责任是指鉴定人个人在鉴定活动中违反法定义务所承担的法律责任;司法鉴定主管部门工作人员的法律责任是指其违反登记管理规范应承担的法律责任。

3. 根据法律责任的性质不同,司法鉴定法律责任可以分为刑事责任、民事责任、行政责任以及国家赔偿责任。

刑事责任,是指鉴定人和司法鉴定主管部门工作人员依据《刑法》的规定所承担的责任。这种责任主要包括《刑法》规定的伪证、渎职等刑事法律责任。

民事责任,是指鉴定机构和鉴定人在鉴定活动中或者其鉴定结果给当事人造成损失而承担的民事赔偿责任。

行政责任则,是指主管司法鉴定活动的行政机关对违规的鉴定机构和鉴定人实施的行政处罚以及司法鉴定主管部门工作人员违反登记管理规定而承担的行政处分。

国家赔偿责任,是指办案机关的鉴定人出具错误鉴定导致冤假错案而由国家承担的赔偿责任。由于鉴定意见属于鉴定人的判断,其判断难免出现差错,对于故意作出虚假鉴定或者严重不负责任作出虚假鉴定的予以追责。即使是追究责任也应当以鉴定管理法律规范作为判断依据,以行政法作为刑法适用的前置法,而不能罔顾前置法而根据刑法的一般解释定罪,构成共同犯罪的例外。同时对于民事责任的配置,应从诉讼法律关系的角度考虑,不宜照搬民法上责任承担的有关规定,按照侵权责任或者违约责任来追究。鉴定人作为诉讼参与人参与诉讼活动时,不履行诉讼法所规定的义务,如不出庭、不按时出庭等,妨碍法庭审判活动顺利进行的,法庭应当依法给予一定制裁。这种责任属于诉讼法上的责任。

二、司法鉴定法律责任的承担

司法鉴定法律责任的承担是指责任主体依法承受不利法律后果的方式。这些承担法律责任的主体包括鉴定人、鉴定机构和司法鉴定主管部门的工作人员以及司法人员。根据司法鉴定责任承担主体的不同,本节将司法鉴定法律责任分为鉴定人的法律责任、鉴定机构的法律责任、鉴定主管部门及其工作人员的法律责任以及国家赔偿责任。

(一)鉴定人的法律责任

鉴定人的法律责任是指鉴定人在鉴定执业活动中因为故意或重大过失,违反有关司法鉴定的法律法规规章的规定或约定的义务,应当承担的不利法律后果。

鉴定人作为具有专门知识的专家,经过司法鉴定主管部门许可或者授权取得鉴定人资格,其从事的司法鉴定活动不同于一般的科学研究意义上的鉴别活动,是为诉讼提供证据和为认定案件事实提供依据的活动。这种活动的结果涉及公民、法人或者其他组织的合法权益,甚至决定当事人的生死,鉴定人责任重大。因此,法律要求鉴定人应当科学、客观、独立、公正地从事司法鉴定活动,严格遵守法律、法规的规定,遵守职业道德和执业纪律,遵守司法鉴定管理规范,并对自己作出的鉴定意见负责。同时,基于当事人和公众对鉴定人专家身份的信赖,鉴定人也应当承担高于一般人的注意义务。鉴定人在执业活动中违反《司法鉴定人登记管理办法》《公安机关鉴定人登记管理办法》《人民检察院鉴定人登记管理办法》等规定的,应当承担相应的法律责任;鉴定人违反法庭规则的,由法院按照《中华人民共和国人民法院法庭规则》处理。

鉴定人的法律责任有最完整的责任体系,包括民事责任、行政责任和刑事责任。

1. 鉴定人的民事责任

鉴定人在执业活动中,因故意或者重大过失给当事人造成损失的,应由其所在的鉴定机构直接向当事人承担责任,鉴定人不向当事人承担民事赔偿责任,鉴定机构承担民事赔偿责任后可向鉴定人追偿。如《民事诉讼法》规定了"支付鉴定费用的当事人可以要求返还鉴定费用"的退还责任。鉴定人作虚假鉴定,无故不出庭作证或者出庭作证不如实回答质询,造成当事人损害的,鉴定机构在承担损害赔偿责任后,可向鉴定人追偿,鉴定人应当承担相应的民事责任。

我国诉讼属于职权主义,鉴定与否不取决于当事人,鉴定人和国外的专家证人不同,其承担责任的形式也应当有所区别。且诉讼中的委托均属办案机关的职权行为,当事人没有直接委托鉴定的权利。这种基于职权的委托不同于一般的民事委托。办案机关委托鉴定机构鉴定,鉴定机构与办案机关之间形成了委托关系,但因费用由当事人承担,故不同于民事委托。如果因鉴定人的故意行为给当事人造成损害,因当事人与鉴定人不具有委托合同关系,鉴定人也就不应当承担民事责任。此外,鉴定人因故意或者重大过失进行虚假鉴定或者错误鉴定导致裁判错误,办案机关也应承担相应的责任,此时将相应责任纳入国家赔偿更为适宜,应当豁免鉴定人的民事责任。

2. 鉴定人的行政责任

鉴定人的行政责任,是指司法鉴定人违反有关行政管理法律规定或者不履行行政法义务所承担的法律责任。司法鉴定属于行政许可的范畴,对于违反司法鉴定有关行政法律法规规章的鉴定人,省级司法鉴定主管部门有权依法给予行政处罚。根据《决定》和《司法鉴定人登记管理办法》,鉴定人承担行政责任的形式主要包括:

(1)警告。警告是对鉴定人最经常、最普遍适用的行政处罚形式。鉴定人有下列情形之一的,由省级司法行政机关依法给予警告,并责令其改正:①同时在两个以上鉴定机构执业的;②超出登记的执业类别执业的;③私自接受司法鉴定委托的;④违反保密和回避规定的;⑤拒绝接受司法行政机关监督、检查或者向其提供虚假材料的;⑥法律、法规和规章规定的其他情形。

(2)停止执业。停止执业是直接限制鉴定人鉴定活动的一种处罚形式。这种处罚形式要求鉴定人不得行使司法鉴定权利,在停止执业期间,鉴定人仍具有从事司法鉴定活动的资格,但不得实施司法鉴定行为。鉴定人有下列情形之一的,由省级司法行政机关给予停止执业3个月以上1年以下的处罚:①因严重不负责任给当事人合法权益造成重大损失的;②同时在两个以上鉴定机构执业的,超出登记的执业类别执业的,私自接受司法鉴定委托的,违反保密和回避规定的,拒绝接受司法行政机关监督、检查或者向其提供虚假材料等法律、法规和规章规定的其他情形,并造成严重后果的;③提供虚假证明文件或者采取其他欺诈手段,骗取登记的;④经人民法院依法通知,非法定事由拒绝出庭作证的;⑤故意做虚假鉴定的;⑥法律、法规规定的其他情形。

(3)撤销登记。撤销登记是授予鉴定人执业资格的鉴定主管部门撤销鉴定人的司法鉴定执业资格,并使其不再享有司法鉴定权利的处罚形式。鉴定人有下列情形之一,情节严重的,由省级司法行政机关给予撤销登记:①因严重不负责任给当事人合法权益造成重大损失的;②同时在两个以上鉴定机构执业的,超出登记的执业类别执业的,私自接受司法鉴定委托的,违反保密和回避规定的,拒绝接受司法行政机关监督、检查或者向其提供虚假材料等法律、法规和规章规定的其他情形,并造成严重后果的;③提供虚假证明文件或者采取其他欺诈手段,骗取登记的;④经人民法院依法通知,非法定事由拒绝出庭作证的;⑤故意做虚假鉴定的;⑥法律、法规规定的其他情形。

鉴定人的行政责任应当由授予鉴定人执业资格的司法鉴定主管部门予以追究。司法鉴定主管部门追究鉴定人的行政责任时,应采用书面形式,并向当事人宣布及送达。被行政处罚的鉴定人对承担行政责任不服的,有权依法申请复议。

3. 鉴定人的刑事责任

我国存在职能部门的鉴定人和社会鉴定机构的鉴定人,由于这两种鉴定人基于不同职责来实施鉴定活动,在刑法上承担的刑事责任存在不同。

(1)社会鉴定机构鉴定人的伪证罪

鉴定人在刑事诉讼中故意进行虚假鉴定,意图陷害他人或者隐匿罪证且虚假鉴定意见属于证明案件的关键性证据或者与案件有重要关系的,构成伪证罪。该罪侵犯的客体是国家正常的司法秩序,它属于抽象危险犯,既不要求现实上发生侵害国家正常的司法秩序的结果,也不要求有发生这种结果的具体的危险。鉴定人在刑事诉讼活动中故意进行虚假鉴定构成犯罪的,应当依法按照《刑法》规定的伪证罪追究刑事责任。《刑法》第305条规定,在刑事诉讼中,证人、鉴定人、记录人、翻译人对与案件有重要关系的情节,故意作虚假证明、鉴定、记录、翻译,意图陷害他人或者隐匿罪证的,处3年以下有期徒刑或者拘役;情节严重的,处3年以上7年以下有期徒刑。在刑事诉讼中,司法鉴定人故意作虚假鉴定,意图陷害他人或者隐匿罪证且虚假鉴定意见属于证明案件的关键性证据或者与案件有重要关系的,应当负相应的刑事责任。

在民事诉讼、行政诉讼中进行虚假鉴定的,鉴定人则不负刑事责任,一般通过侵权责任或者行政制裁予以惩罚。

(2)侦查机关鉴定人的玩忽职守罪

侦查机关的鉴定人故意进行虚假鉴定构成犯罪的,应当依照《刑法》规定的玩忽职守罪追究刑事责任,《刑法》第 397 条规定,国家机关工作人员滥用职权或者玩忽职守,致使公共财产、国家和人民利益遭受重大损失的,处 3 年以下有期徒刑或者拘役;情节特别严重的,处 3 年以上 7 年以下有期徒刑。

侦查机关的鉴定人与社会鉴定机构的鉴定人在刑事诉讼中故意进行虚假鉴定虽然构成罪名不同,但其法定刑相同。《刑法》第 198 条第 4 款也规定:“保险事故的鉴定人、证明人、财产评估人故意提供虚假的证明文件,为他人诈骗提供条件的,以保险诈骗的共犯论处。”一般而言,侦查机关的鉴定人因履行国家追诉职能,其承担的社会责任应当高于社会鉴定机构的鉴定人,同为虚假鉴定,其承担的刑事责任应当重于社会鉴定机构的鉴定人。

基于法律法规对虚假鉴定责任承担的相关规定,结合鉴定科学的要求,对虚假鉴定的认定可作以下考虑:①以主观故意作为判断的主要标准。虚假鉴定的鉴定人必须出于主观故意弄虚作假,明知自己出具的鉴定意见违背科学而故意歪曲事实作出错误的鉴定意见。②以客观错误作为判断的辅助标准。虚假鉴定得出的鉴定意见必然是错误的,而非基于主观故意出具的错误鉴定意见虽然本质是虚假的,但这种错误鉴定并非虚假鉴定意义上的。认定虚假鉴定不能以结果论,也不应扩大故意进行虚假鉴定的法律责任。

(二)鉴定机构的法律责任

1. 鉴定机构的民事责任

鉴定机构的民事责任是指鉴定机构违反约定义务或者法定义务而应当承担的民事赔偿责任。鉴定机构在鉴定活动中应当遵守法律法规规章,自觉履行与委托人签订的委托合同,违反法律法规规章规定、未按约定履行义务或者在履行义务过程中侵犯他人合法权益的,应当承担相应的不利法律后果。这种不利的法律后果主要表现为民事赔偿责任。

鉴定机构的民事责任具有以下特点:

(1)鉴定机构的民事责任的双重性。鉴定机构的民事责任既包括因隶属于本机构的鉴定人的故意或重大过失行为带来的民事赔偿责任,也包括鉴定机构因违反法定义务或者委托合同约定的义务而单独承担的民事责任。鉴定机构在司法鉴定活动中因违法和过错行为应当承担民事责任的,按照民事法律的有关规定执行。如鉴定机构保管不善,将委托人的重要送鉴材料损坏或丢失等,应当承担赔偿责任。

(2)鉴定机构承担民事责任行为要件的双重性。鉴定机构承担民事责任既可能因鉴定机构的违法行为或者过错行为,也可能因隶属于自己的鉴定人在鉴定活动中的违法行为或者重大过错行为。只要鉴定机构或者鉴定人的违法或者过错行为给当事人的合法权益造成了损害,就应当承担赔偿责任。鉴定机构承担的责任既具有违约责任的性质,又具有侵权责任的性质,甚至会出现责任的竞合。

(3)鉴定机构承担民事责任形式的单一性。司法鉴定赔偿责任是鉴定机构以及隶属于其的鉴定人在司法鉴定过程中,由于违法或者过错行为所引起的不利法律后果。这种法律后果仅仅表现为民事赔偿责任。

(4)鉴定机构承担民事赔偿责任的优先性。鉴定人进行执业必须由鉴定机构统一接受委托,以鉴定机构的名义同当事人签订委托合同和收取费用。鉴定机构接受委托或者与当事人签订委托合同之后,才能根据案件的情况或当事人的要求,委派某一个或两个鉴定人具体实施鉴定活动。鉴定人在鉴定活动中因故意或者重大过失行为给当事人造成损失的,鉴定机构应当先行承担赔偿责任。依法承担赔偿责任后,鉴定机构可以向有过错的鉴定人追偿。

这种赔偿责任的优先性规定有利于督促鉴定机构加强对本机构的鉴定人的管理和教育,最大限度地减少因鉴定人在执业过程中实施违法行为而引发的民事赔偿责任。

2. 鉴定机构的行政责任

鉴定机构承担的行政责任主要包括:

(1)警告。鉴定机构有下列情形之一的,由省级司法行政机关依法给予警告,并责令其改正:①超出登记的司法鉴定业务范围开展司法鉴定活动的;②未经依法登记擅自设立分支机构的;③未依法办理变更登记的;④出借《司法鉴定许可证》的;⑤组织未取得《司法鉴定人执业证》的人员从事司法鉴定业务的;⑥无正当理由拒绝接受司法鉴定委托的;⑦违反司法鉴定收费管理办法的;⑧支付回扣、介绍费,进行虚假宣传等不正当行为的;⑨拒绝接受司法行政机关监督、检查或者向其提供虚假材料的;⑩法律、法规和规章规定的其他情形。

(2)停止从事司法鉴定业务。鉴定机构有下列情形之一的,由省级司法行政机关依法给予停止从事司法鉴定业务3个月以上1年以下的处罚:①因严重不负责任给当事人合法权益造成重大损失的;②具有处以警告的情形之一,并造成严重后果的;③提供虚假证明文件或采取其他欺诈手段,骗取登记的;④法律、法规规定的其他情形。

(3)撤销登记。鉴定机构有下列情形之一,情节严重的,由省级司法行政机关依法给予撤销登记:①因严重不负责任给当事人合法权益造成重大损失的;②具有处以警告的情形之一,并造成严重后果的;③提供虚假证明文件或采取其他欺诈手段,骗取登记的;④法律、法规规定的其他情形。

鉴定机构的行政责任应当由授予鉴定机构许可证的司法鉴定主管部门予以追究。司法鉴定主管部门追究鉴定机构的行政责任时,应采用书面形式,并向鉴定机构宣布及送达。被行政处罚的鉴定机构对承担行政责任不服的,有权依法申请复议。

(三)司法鉴定主管部门及其工作人员的法律责任

1. 司法鉴定主管部门及其工作人员法律责任的概念

司法鉴定主管部门及其工作人员法律责任是指司法鉴定主管部门及其工作人员违反管理规范应当承担的法律责任。这种法律责任包括鉴定登记管理部门的行政责任及其工作人员的行政责任和刑事责任。

司法鉴定主管部门法律责任的承担主体一般为司法鉴定主管部门从事司法鉴定管理工作的人员。我国从事司法鉴定具体管理工作的主体为省级司法行政机关,其中,地市司法行政部门也在协助管理司法鉴定工作,其性质属于行政委托,在行使委托职权时违反司法鉴定管理法律规定的,也应当承担法律责任;国务院司法行政部门主管司法鉴定登记管理工作,主要是通过制定规范性文件实现管理活动,一般不存在法律责任问题,但是滥用职权也可能承担相应的法律责任。

司法鉴定主管部门的法律责任主要体现在司法鉴定管理工作人员的行政责任和刑事责任上。

司法鉴定是为正确认定案件事实提供证据支持的专门性活动。其作为一项司法制度既需要司法鉴定的实施,也需要对此进行必要的登记管理。这就要求司法行政机关及其工作人员在司法鉴定的管理工作中积极推进司法鉴定规范化、法治化,严格依法履行职责,通过科学有效的登记管理活动来保障鉴定意见的公正性、客观性、可靠性和可信性,为诉讼活动提供优质服务。在履行职责过程中怠于管理、玩忽职守或者违反规定滥用职权的,应当承担相应的法律责任。

2. 司法鉴定管理人员的行政责任

司法鉴定管理人员的行政责任是指司法鉴定主管部门的工作人员在司法鉴定的管理工作中滥用职权、玩忽职守造成严重后果,但尚未构成犯罪而应当承担的行政法上的责任。

司法鉴定主管部门的行政责任主要由直接责任人来承担。在司法鉴定的管理工作中滥用职权、玩忽职守造成严重后果,这种严重后果存在程度上的差异,未使公共财产、国家和人民利益遭受重大损失,没有达到刑法规定条件的,相关责任人员应当根据情节的轻重、后果的严重程度分别承担行政处分。

司法鉴定管理工作中的滥用职权、玩忽职守行为表现为:(1)违反规定对不具备法定条件的鉴定机构和鉴定人进行登记管理,对具备法定条件的鉴定机构和鉴定人不予登记管理等滥用职权的行为;(2)违反司法鉴定监管规定,疏于管理或者应当给予鉴定机构和鉴定人处罚而没有处罚造成严重后果的行为;(3)非法收费或者超出收费标准收费以及实施摊派的行为;(4)在司法鉴定的管理工作中利用职务上的便利、本人职权或者地位形成的便利条件,索取或者收受鉴定机构或者鉴定人财物,情节较轻的行为;(5)其他违反规定应当受到行政处分的行为。

司法鉴定主管部门及其工作人员在司法鉴定的管理工作中有上述情形之一的,根据情节的轻重,直接责任人应当承担警告、记过、记大过、降级、撤职和开除的处分。

3. 司法鉴定主管部门工作人员的刑事责任

司法鉴定主管部门工作人员的刑事责任,是指在司法鉴定的管理工作中滥用职权、玩忽职守导致错误鉴定、虚假鉴定,致使公共财产、国家和人民利益遭受重大损失的,依照刑法规定应当承担的刑事责任。

(1)司法鉴定主管部门工作人员在司法鉴定的管理工作中违反法律规定的权限和

程序,滥用职权或者超越职权行事,致使公共财产、国家和人民利益遭受重大损失,构成滥用职权罪的,处3年以下有期徒刑或者拘役;情节特别严重的,处3年以上7年以下有期徒刑。徇私舞弊,构成滥用职权罪的,处5年以下有期徒刑或者拘役;情节特别严重的,处5年以上10年以下有期徒刑。

(2)司法鉴定主管部门工作人员在司法鉴定的管理工作中不履行、不正确履行或者放弃履行登记管理职责,致使公共财产、国家和人民利益遭受重大损失,构成玩忽职守罪的,处3年以下有期徒刑或者拘役;情节特别严重的,处3年以上7年以下有期徒刑。徇私舞弊,构成玩忽职守罪的,处5年以下有期徒刑或者拘役;情节特别严重的,处5年以上10年以下有期徒刑。

(3)司法鉴定主管部门工作人员在司法鉴定的管理工作中利用职务上的便利、本人职权或者地位形成的便利条件,索取或者非法收受鉴定机构或者鉴定人财物,构成受贿罪的,根据受贿的数额和情节,处拘役、1年以上有期徒刑直至死刑,并处罚金或者没收财产。

司法鉴定的法律责任还包括司法鉴定的国家赔偿责任。侦查机关的鉴定人因滥用职权或者玩忽职守提供错误鉴定意见,导致错拘、错捕和错判的,根据《国家赔偿法》的规定,应当由国家进行赔偿。国家赔偿后,有权向存在重大过错的鉴定人追偿。因国家赔偿与社会鉴定机构的民事赔偿的性质不同,同为鉴定人的故意或者重大过失因其隶属的鉴定机构不同,承担责任的轻重程度可能存在不同,对受害人的赔偿数额也会不同,这种差异存在着法律上的不公平问题,需要立法与司法予以考虑与平衡。

另外,办案机关委托鉴定或者使用鉴定意见过程中技术辅助人员或者司法人员徇私枉法或者玩忽职守的,也应当承担相应的法律责任。

思考习题

1. 简述司法鉴定责任的概念和特点。
2. 鉴定人道德纪律责任包括哪些方面?
3. 司法鉴定机构和鉴定人如何承担因鉴定人过错导致的民事责任?
4. 侦查机关的鉴定人与社会鉴定机构的鉴定人在责任承担上有什么不同?

拓展阅读书目

1. 杜志淳等:《司法鉴定法立法研究》,法律出版社2011年版。
2. 王进喜主编:《司法鉴定职业行为规则建议稿与释义》,中国法制出版社2016年版。
3. [美]爱德华·J.伊姆温克尔里德:《科学证据的秘密与审查》,王进喜等译,中国人民大学出版社2020年版。
4. 郭华:《司法鉴定制度改革与审视》,知识产权出版社2022年版。

第十二章　法医病理司法鉴定

本章概要　本章主要介绍法医病理司法鉴定的概念、研究对象、研究范围、任务以及鉴定的主要内容(如死亡原因、死亡性质、死亡时间等)、法医病理鉴定的工作程序和方法等。

通过本章的学习,需要掌握法医病理司法鉴定的概念、研究对象、研究范围、主要任务、鉴定程序和方法;熟悉鉴定的主要内容,如死亡原因、死亡性质、死亡时间等;了解检材提取及保存的要求。

关键词　法医病理;司法鉴定;死亡原因;死亡性质;机械性损伤;机械性窒息

第一节　概　　述

一、法医病理司法鉴定的概念

法医病理司法鉴定是鉴定人运用组织学、病理学及其他医学、自然科学等理论与技术,对诉讼中有关死亡原因、性质、时间、经过、体姿等进行检验分析,并出具科学意见的过程。

二、法医病理司法鉴定的目的及依据

(一)鉴定的目的

法医病理司法鉴定的目的是通过对尸体和人体组织器官的研究获取相关证据,常需要与现场勘查、法医毒理鉴定相结合,以排除或确定是否中毒死亡。

(二)鉴定的依据

《刑事诉讼法》规定,侦查人员对于与犯罪有关的场所、物品、人身、尸体应当进行勘验或者检查;对于死因不明的尸体,公安机关有权决定解剖,并通知死者家属到场。《公安机关办理刑事案件程序规定》规定,为了确定死因,经县级以上公安机关负责人批准,可以解剖尸体,并且通知死者家属到场,让其在解剖尸体通知书上签名。死者家属无正当理由拒不到场或者拒绝签名的,侦查人员应当在解剖尸体通知书上注明。对身份不明的尸体,无法通知死者家属的,应当在笔录中注明。尸体解剖应按照《法医学尸体解剖规范》进行,对特殊类型的尸体,应按照相关规定进行。

三、法医病理司法鉴定的任务

(一)确认死亡

检查现场的“死者”是否真正死亡,对未死亡者积极进行抢救,但应尽量不破坏现

场。若为抢救生命必须破坏现场,应先拍照、录像,对现场情况固定后再实施抢救。

(二)分析死亡原因

研究各种暴力所引起的损伤或窒息的形态学改变及其特征,区别暴力性死亡与非暴力性死亡;判定绝对致命伤、相对致命伤;判断死亡与暴力、疾病等的因果关系。

(三)判断死亡性质

死亡性质即死亡方式,包括自杀、他杀、意外死亡、安乐死等。判断死亡性质是法医病理司法鉴定工作的任务之一,是确定刑事侦查方向、判定罪与非罪的重要依据,对民事调解、灾害赔偿同样也具有重要意义。有时对死亡性质的判断不是单独靠法医尸体检验所能解决的,必须结合案情调查和现场勘查资料综合分析才能确定。

(四)推断死亡时间

死亡时间是人死亡以后至尸体检验的时间,也称为死后经过时间。推断的死亡时间是刑事案件确定侦查范围的重要依据之一。由于人死亡后尸体受外界因素的影响,推断死亡时间又是一项十分困难的工作。至今法医学界仍无绝对准确且行之有效的方法。

(五)推断和认定致伤物

致伤物的种类和使用方法有时与案犯的职业或身份有一定关系,所以致伤物推断是从物到人取证的重要依据。推断和认定致伤物,判明不同凶器致伤的程度,通常可根据损伤的形态特征,严重程度,结合创腔内残留物检测结果,推断致伤物(凶器)的种类。

(六)个体识别和尸源认定

对无名尸体、碎尸块或尸骨,经检验后运用个体识别的原理和方法,可以判明死者的性别、年龄、身高、生理状况、病理特征以及个体的职业、生活习惯等,为查找死者提供线索和依据。对高度腐败的尸体和白骨化尸体,还可以采用容貌复原、颅像重合、DNA检验等技术手段,帮助解决辨认死者的问题。

(七)分析死亡经过

死亡经过是指人体在死亡过程中出现的各种症状和表现,及致死因素作用于人体的方式、先后、次数、程度等。一方面为确定死因提供资料;另一方面为判断死亡性质提供客观依据。死亡经过须通过现场勘验、尸体检验、人体有关物质检验等进行综合分析。

四、检材的提取与管理

法医病理司法鉴定的检材包括器官大体标本、石蜡组织块、组织切片、电子显微镜标本等。作为证据的检材必须妥善保管,不能毁坏或丢失。法医病理学检材的提取、固定、包装及送检应严格按照《法医学病理检材的提取、固定、取材及保存规范》(GA/T 148－2019)执行。

(一)器官大体标本

凡经病理解剖或法医解剖的尸体,可以留取部分组织或器官供诊断及研究之用,但应以尽量保持外形完整为原则。如有损坏外形的必要,应征得死者家属或死者生前所在单位的同意。尸体解剖后应保留必要的标本,以备有要求时出示或重新鉴定。大体标本由于体积较大,除某些特殊案例必须留作证据外,多在解剖后放回尸体体腔内,与尸体一起处理。

(二)石蜡组织块

每个器官保留一小块组织块,用福尔马林固定,固定保存组织块的器皿要清洁,石蜡组织块应保存到诉讼结束或保留5年。

(三)组织切片

组织切片体积较小,可以大量长期保存。尸体解剖后不得将不同尸体的器官混放,尸体器官要有唯一性标识。这在存在他杀嫌疑或者存在纠纷的案件中尤为重要。

五、鉴定档案的管理

法医病理司法鉴定的档案包括委托书、现场勘验记录、尸体解剖记录、法医病理司法鉴定书、照片、底片、声像资料等,必要时应附上案情调查记录、预审笔录、病史及其他有关材料。随着科学技术的发展,对法医病理司法鉴定档案的管理使用数据库,并利用摄像机、照相机或扫描仪,将照片和病理切片图像等输入电子计算机保存。

第二节　鉴定基本内容

一、死亡概念

人体生命以新陈代谢为基础,新陈代谢停止,也就意味着生命活动终止,即死亡。维持人体生命有赖于呼吸、心跳。呼吸运动吸入氧气并排出二氧化碳,血液循环将氧输送至全身并将二氧化碳带到肺排出体外。传统的死亡概念是指心跳停止、呼吸停止,并以心跳停止的时间作为一个人的死亡时间。对一个人宣告死亡的意义在于:可以合法地撤除一切抢救措施;对其身体(尸体)可以进行医学的或法医学的解剖检验,可以火化或安葬;有用的器官和组织可以用作移植;死者的一切刑事责任解除;可以开始对其财产进行继承。

二、死亡分类

(一)呼吸性死亡

医学上将呼吸先停而后心跳停止的死亡过程称为呼吸性死亡(肺死亡)。广义的呼吸性死亡,是指内呼吸障碍和外呼吸障碍所引起的人体死亡。狭义的呼吸性死亡,是指外呼吸障碍即肺呼吸障碍所致的人体死亡,又称肺死亡。呼吸性死亡的呼吸停止是原发性的,心跳停止是继发性的。主要原因是呼吸道阻塞,包括口鼻堵塞,呼吸道内堵塞,以及肺出血、肺水肿、休克肺、肺炎、肺栓塞、气胸、胸腔积液以及呼吸肌麻痹等。

(二)心性死亡

心性死亡,是指心跳停止先于呼吸停止所引起的个体死亡。原发性心跳停止是指心脏突然停止有效搏动。主要表现为心室纤维颤动(室颤)、心脏停搏和室性濒死节律。上述心跳停止表现的共同点是,心脏不能将血液有效地搏出以供应脑及全身各脏器的需要。临床表现为突然意识丧失和大动脉搏动消失。主要原因包括:原发性心脏病变、功能障碍以及暴力损伤,如心包、心肌、心内膜、心脏冠状动脉系统和传导系统的各种病变,心脏的直接外伤和中毒等。

(三)脑死亡

1968 年美国哈佛大学的研究人员对死亡的定义和标准提出了新的观点,将脑功能不可逆转的丧失作为人体死亡的标志,由此产生了脑死亡的新概念。脑死亡是指大脑、小脑、脑干等全部脑功能不可逆转的丧失和停止。而脑死亡与植物人并非同一概念,植物人是指脑中枢高级部位(脑的外围部位),如大脑皮质功能丧失,病人呈意识障碍或永久性昏迷状态,而脑中枢的中心部位(皮质下核和脑干)所司呼吸、体温调节、消化吸收、分泌排泄、新陈代谢以及心跳循环等自主功能依然存在。

三、死亡过程

人体生命活动停止有一个渐进过程。按其表现及程度,这一过程可分为三期。

(一)濒死期

濒死期又称临终期,是临床死亡前主要生命器官功能极度衰弱,逐渐趋向停止的时期。主要表现为意识障碍、呼吸障碍、心跳减弱、血压下降、代谢障碍。

(二)临床死亡期

临床死亡是人的个体死亡,是临床上判断死亡的标准。此期各生命中枢器官功能丧失,脑功能丧失,呼吸、心跳停止。但全身各器官、组织的细胞并未全部死亡,以后逐渐发展为生物学死亡。

(三)生物学死亡期

生物学死亡期是死亡过程的最后阶段,由临床死亡期发展而来。生物学死亡意味着脑、心、肺、肝、肾等脏器功能永久性停止而不可逆转,但对缺血缺氧耐受性强的个别组织、器官如皮肤、肌肉等在人体死亡后数小时还有生命功能,并对刺激发生反应,即超生反应。超生反应在判定死亡时间上很有价值,超生反应的存在说明人体死亡不久,处于生物学死亡期的早期。生物学死亡晚期机体内所有的器官、组织都已死亡,细胞在分子水平上也已经死亡或正经历着死亡的过程,又称分子死亡或细胞死亡。

四、死亡时间推断

死亡时间,是指确定全脑机能或心肺机能不可逆停止的时刻。由于死亡是一个逐渐发展的过程,所以死亡时间确定在绝大多数情况下只能是相对准确的。

死亡时间推断又称死后经过时间推断,是法医病理司法鉴定实际工作中常遇到的重要问题及任务,死亡时间推断有利于提供侦查线索、缩小侦查范围、判断死亡性质,对划定侦查范围、确定凶犯和排除犯罪嫌疑人有重要意义。

(一)根据尸体现象推测死亡时间

1. 尸冷。在死后 1 ~ 10 小时,尸温平均每小时约下降 1 度;10 小时以后平均每小时下降 0.5～1 度(直肠温度)。死亡 1～2 小时后,颜面手足部有冷却感;4～5 小时后,着衣部分皮肤有冷却感。

2. 尸斑。死后循环停止,血管内的血液因自身重力而坠积于尸体低下部位的组织血管中,并使之扩张,血液向周围浸润,在皮肤上显示紫红或暗红色的尸斑。一般死亡约 2 小时出现尸斑,呈小块或条纹状;尸斑经 3～6 小时融合成片,颜色加深呈紫红色;6～12 小时后尸体低下部未受压处可完全形成尸斑,此时指压可褪色,如移动尸体可重新形成尸斑;死后 12～14 小时,尸斑色泽加深,呈暗紫红色大片状,指压尸斑局部颜色不能完全消褪;死亡 24 小时以后,尸斑固定。

3. 尸僵。死者各肌群发生僵硬将关节固定,使尸体呈强直状态即为尸僵。一般死后 1～3 小时开始出现尸僵,在下颌等小关节、颈部关节最容易检出;4～6 小时全身各大关节可检出,此时如尸僵被破坏,不久可重新发生;6～8 小时后破坏的尸僵不易再形成;24 小时左右尸僵最强硬;2～3 天后尸僵开始缓解,完全缓解多发生在死后 3～7 天。

4. 角膜混浊。角膜混浊程度与其粘多糖和水的含量有关,死后 5～6 小时角膜上先出现白色小点;6～12 小时呈轻度混浊,可透视瞳孔;12～24 小时角膜中度混浊,呈云雾状,半透明,尚可透视瞳孔;48 小时或更长时间,角膜高度混浊,不能透视瞳孔。

5. 瞳孔变化。正常人的眼压在死后 10 分钟即开始降低;死后 2 小时依色林滴眼瞳孔可缩小;死后 4～6 小时阿托品滴眼瞳孔可扩大。

6. 精子活动。精囊内精子死亡时间为 2～4 天。

7. 尸体分解征象与死亡时间的关系。死后 2 天左右,右下腹部呈现青绿色,皮肤出现轻度的腐败静脉网;2～3 天,体表出现腐败气泡;3～6 个月,成人四肢尸蜡化,约 4 年或更长时间全身尸蜡化形成;3 个月或以上,尸体可呈木乃伊状。尸体在地面上时,新生儿几周、成人几个月到 1 年可形成白骨化。土中尸体 3～5 年软组织可消失,呈白骨化;5 年或以上,土中尸体软骨和韧带消失;5～10 年,骨骼的脂肪消失;10～15 年,骨骼开始风化;数十年,骨组织毁坏脆弱。

(二)根据尸体上的蝇蛆推断死亡时间

死后 10 小时,眼、鼻、口出现蝇蛆;1～2 周,蝇蛆变成蛹;夏季 1 周,春秋季 2 周,蝇蛆脱壳变成苍蝇。

(三)根据胃内容物推断死亡时间

食后不久死亡,胃内充满未消化食物;食后 1 小时死亡,胃内食物软化;食后 2～3 小时死亡,胃内食物开始糜化,逐渐排入十二指肠;食后 4～5 小时死亡,胃、十二指肠内有少量已消化的食物及其残渣;食后 6 小时死亡,胃及十二指肠排空。

(四)根据膀胱内容物推断死亡时间

根据人们生活习惯,多数人睡前要排尿,尸体膀胱内的尿量少,可大致推测为就寝后 2～3 小时内死亡;尿量多时,可大致推测为早晨死亡。

五、死亡原因分析

死亡原因是指直接或间接促进死亡的疾病或损伤,即导致死亡发生的疾病、暴力或衰老等因素。死因分析、鉴定是法医病理司法鉴定的核心,关系到死者或犯罪嫌疑人的名誉,甚至罪与非罪。死亡原因可分为根本死因、直接死因、辅助死因、诱因及联合死因等。

根本死因是指引起死亡的原发性自然性疾病或暴力性损伤,如晚期恶性肿瘤致死、冠心病心肌梗死致死等。

直接死因是指直接引起死亡的原因。根本死因不经过中间环节直接引起死亡的,此死因既是根本死因,又是直接死因,也是唯一死因;若根本死因没有立即致死,而是由其继发的后果或合并症致死,则后者为直接死因。在法医病理司法鉴定中常见的直接死因有感染、出血、栓塞、中毒、全身衰竭等。

辅助死因是根本死因以外的自然性疾病或暴力性损伤。这些疾病或损伤本身不足以致命,但在死亡过程中起到辅助作用,如严重脂肪肝患者因酒精中毒死亡,则酒精中毒为根本死因而脂肪肝为辅助死因。

诱因是诱发身体原有潜在疾病恶化而引起死亡的因素,包括各种精神因素、劳累、吸烟、外伤、大量饮酒、性交、饱食、饥饿、寒冷等,这些因素对健康人一般不会致命,对某些重要器官有潜在性病变的人,能诱发疾病恶化而引起死亡。

联合死因又称合并死因,是两种或两种以上在同一案例中联合作用共同引起死亡的因素,包括病与病联合致死、病与暴力联合致死、暴力与暴力联合致死等。

六、判定死亡性质

判定死亡性质是法医病理司法鉴定的主要任务之一,关系到查清事实、判明真伪、保护公民、公平执法等问题,是刑事侦查确定工作方向、司法裁判认定罪与非罪的重要依据,同时对民事调解、灾难赔偿也有重要意义。判定死亡性质必须根据全面检验结果,结合案情调查及现场勘验,对取得的客观材料进行综合分析,才能得出比较客观的意见。

准确判定死亡性质,主要依赖于对死亡方式的鉴定,根本死因或主要死因致死的方式称死亡方式。死亡方式的鉴定主要根据法医学尸体检验,包括必要的辅助检查,死因分析和死亡机制确定是死亡方式鉴定的必要前提。此外还应参考有关案情,结合现场勘查情况综合分析。

死亡方式包括自然死亡(非暴力性死亡)和非自然死亡(暴力性死亡)。

(一)自然死亡(非暴力性死亡)

自然死亡是指符合生命和疾病自然发展规律,没有暴力干预而发生的死亡。

1. 生理性死亡(衰老死亡),指由于机体自然衰老,体内各器官组织生理功能逐渐衰竭,尤其是脑、心、肺功能自然衰竭导致的死亡。

2. 病理性死亡,是指疾病的发展、恶化而引起的死亡。有明确的病因、病史及诊治过程死亡的,一般不会提出法医病理司法鉴定。在某些情况下,家属及单位对死亡原因有怀疑的,可向有关部门提出,这就涉及死因分析。通过全面系统的尸体检验,结合病变情况,死前症状、体征,并排除其他可能死因后,才可确定为因某种疾病死亡。

（二）非自然死亡（暴力性死亡）

非自然死亡是由于生命或疾病自然发展规律以外的因素干预而发生的死亡。非自然死亡分为以下四种：

1. 自杀，自己用某种暴力手段伤害自己，终结自己生命的行为称自杀。

（1）案情：生前多有自杀的思想动向；有反常表现，有的曾对亲友、同事暴露悲观厌世态度，并交代后事；常有遗书、遗言；还可能与邪教或迷信活动有关。

（2）现场：自杀现场多为原始现场，多在室内或室外偏僻处，一般较整齐，无挣扎、抵抗痕迹；门窗紧闭并反插，无被撬痕迹；尸体附近常有致伤物，多为自己日常用品，其上多留有死者的指纹；现场发现遗书。

（3）尸体检验：死者衣着较整齐，衣服上一般无破痕；头面部、颈部、胸部、衣服及体表上多有自上而下的血流痕，手掌、手背、袖口上可见喷溅血滴或倒流的血痕；损伤在自己所能达到的部位。采用高坠、卧轨等自杀方式者，损伤是全身多发性的；自杀时体位多无改变，致伤动作多无变化，往往重复同一动作，损伤形态、大小、深浅程度较一致；自杀者除枪创外，多用锐器，可能有试切伤，致命伤多为一处且本人能够形成；损伤密集，分布范围小，排列整齐，常呈平行状，间距短小；身上无防卫伤和抵抗伤。

上述各点仅仅是一般征象，自杀者实施自杀行为时，自我矛盾已发展到只有死亡才能解脱的境地，心理处于变异状态，常有极端复杂的心理活动，常采取一些怪异行为，现场留下让正常人难以理解的征象。

2. 他杀，被他人施加暴力导致死亡的方式称他杀。

（1）案情：一般有他杀的社会关系或社会条件，常有明确的目的或动机。在谋杀中奸情、盗窃、抢劫、强奸、报复是最常见的原因；伤害杀人多为一时冲动，发生于纠纷之时；某些仇恨社会者或“杀人狂”往往滥杀无辜，其犯罪动机和被害人之间通常并无直接关系。

（2）现场：可发生在任何场所，一般较紊乱；他杀现场常因犯罪目的不同而有差异，通常有挣扎搏斗现象，血迹分布零乱或有拖擦迹象；现场常发现伤者不能完成的动作，可遗留有外人的物品或犯罪痕迹，致伤物多被带走；有时死者手中抓有非本人的毛发、衣扣等。

（3）尸体检验：尸体有被移动过程；损伤可发生在任何部位，损伤排列零乱，方向不一，分布范围广，可发生在死者本人不能形成的部位；一般重伤多，轻伤少，打击伤、砍伤、刺伤多见，切伤较少，损伤数目多少不一，可有两处以上立即致命伤，还可有死后损伤，无试切伤；损伤大小、形态、深浅及轻重程度不一致；常见抵抗伤或防卫伤，衣着常不整齐，衣服上有与人体相同的损伤。

他杀伤一般较容易判断，特别是手段残忍的恶性他杀。然而，有的他杀伤痕与自杀伤痕并没有明显的区别，尤其高坠、交通工具损伤等，他杀与意外事故相对较难鉴别，需要仔细检查损伤，分析外力作用形式及其他情况。

3. 意外死亡（灾害、事故），指意料之外、非故意的行为所造成的死亡。

(1)案情:绝大多数意外死亡案情清楚,大的灾难一般具有地区性,多为人所共知,如地震、海啸、爆炸、矿难等。

(2)现场:此类损伤案一般有特定的现场、明确的案情;生产事故、灾害事故及交通事故多有目击证人,此类现场常有人力所不能达到的现象,家庭生活中的意外多为电击、火灾、坠落。

(3)尸体检验:在大的灾难事故中,损伤广泛而严重;灾害性损伤少见切割伤及刺伤,多为压砸伤、撞击伤;现场情况与损伤相符合,没有人为的改变,每处损伤可用现场情况解释。

4. 安乐死,即用人为方法使受不治之症痛苦折磨的病人安详无痛苦地死亡。

实施安乐死,前提必须是病人所患疾病是现代医学知识和技术绝对不能治疗的,而且病人已濒临死亡;疾病给病人带来的痛苦在任何人看来都是极难忍受的;病人的唯一目的是解除疾病的痛苦;病人意识清楚,能表明自己的意图,委托和承诺都来自其本人的真实意图;安乐死必须由医生实施;致死方法必须符合伦理要求。

安乐死是一个涉及医学、伦理学、社会学、法学等学科的综合性社会问题,目前,国内对安乐死的认识逐步提高,要求实施安乐死的人开始增多。目前,安乐死在我国还没有合法化。

第三节　常见死亡原因

一、机械性损伤

机械性损伤,是指机体受到机械性暴力作用使组织和器官的结构被破坏或功能产生障碍。机械性损伤常涉及违法犯罪活动或疑有违法犯罪行为,发生率和死亡率皆高,是法医病理司法鉴定最基本、最重要的内容之一。

(一)机械性损伤分类

1. 按致伤物可分为:钝器伤、锐器伤、火器伤和交通损伤。

2. 按损伤形态、部位可分为:表皮剥脱、皮下出血、挫伤、创伤、骨折脱臼、内脏损伤、肢体离断等。

3. 按人体伤害性质可分为:自杀伤、他杀伤、意外事故致伤。

4. 按损伤对生命及健康的影响程度可分为:

(1)致命伤:泛指引起死亡的损伤。根据损伤与死亡的关系分为直接致命伤、间接致命伤。

①直接致命伤:因伤而死,中间无其他因素参与作用。伤与死存在直接因果关系,这种死亡可在伤后即时或延期发生。发生在任何人身上均导致死亡的为绝对致命伤;受体质、抢救是否及时等因素影响死亡与否的为相对致命伤。

②间接致命伤:损伤本身不会直接致死,因其他因素参与作用而致死,如损伤导致

原发病恶化、伤后并发症等。损伤与死亡中间有其他致命因素参与作用，伤与死系间接因果关系。

(2)非致命伤：未引起死亡的损伤，包括损伤当时虽有生命危险，但经抢救转危为安的损伤，根据伤的程度在司法实践中分为重伤、轻伤、轻微伤。

(3)精神损伤：没有明显的组织形态改变，但有痛苦的体验、精神(心理)损害。

(二)机械性损伤基本形态

1.钝器伤。根据损伤程度、形态及部位的不同，一般把钝器伤分成表皮剥脱、皮下出血、挫伤、挫创、裂创、挫裂创、骨折脱臼、内脏损伤、身体离断。

(1)表皮剥脱。致伤物与皮肤挫擦，致表皮脱离真皮的损伤。一般有点状、条状、片状及其他各种几何形状。在法医病理司法鉴定中的意义为：指示致伤物接触的部位；判断致伤物接触面的形状；分析作用力方向，有助于判定体位关系及是自伤还是他伤；表皮剥脱的部位有助于分析施加暴力的意图；可为认定致伤物及作案人提供检材；帮助分析施加外力者与表皮剥脱处的位置关系及体位变化；帮助分析损伤经过时间。

(2)皮下出血。外力作用致真皮及皮下组织层血管破裂或血管壁通透性增加，血液流(溢)出血管积聚。皮下出血呈多样性，一般有点状、斑疹状、条状、块状、片状及其他各种几何形态，如中空性皮下出血。皮下出血是机械性损伤的基本征象，其颜色变化可供判断伤后经过时间，亦可反映致伤物接触面的形态，如圆棒、方棒、圆锤、方锤等种类。但皮下出血不是生前伤所特有的，有皮下出血的部位不一定是损伤部位，皮下出血量的大小一般也不能证明作用力的大小。

(3)挫伤。挫伤，是指机械力作用导致皮肤全层未断裂成创的损伤，常伴有表皮剥脱、软组织出血。挫伤可发生在任何部位，没有特定的形态；一般有外轻内重的特点，大范围挫伤、严重的瘀血可致失血性休克、栓塞或并发挤压综合征致死。

(4)挫创。致伤物钝面接触点的皮肤断裂成口即为挫创。挫创由创缘、创角、创口、创壁、创腔、创底构成。挫创创缘不齐；创角钝，往往是多个钝角；创口不规则，常有组织缺损，不能合拢复原；创壁组织纤维不是断在一个断面上，参差不齐；创腔形状不一，往往比创口大，有组织间桥；创底高低不平，深浅不一；创周有挫伤带。

(5)裂创。致伤物非直接作用，力传导扩散致组织受牵拉撕裂称裂创。裂创的创缘较整齐，多为条状，亦有不规则形、星芒状等；创口无组织缺损，可以合拢复原，创角尖锐，创壁不平，创腔无组织碎块，无异物嵌入，有组织间桥，创角处组织间桥更明显；创底较平，创周无挫伤带。

(6)挫裂创。挫创与裂创组合成的创称挫裂创，是钝器伤最常见的一种创，兼有挫创及裂创的形态特征，裂创在外周，常与创角相连，故挫裂创的创角一般比较尖细。

(7)骨折脱臼。外力作用致骨质的完整性、连续性遭破坏，称骨折或骨损伤。骨折会刺压邻近部位的血管、神经、脏器，常出现严重的后果，甚至很快死亡。

脱臼指直接或间接暴力作用致关节结构脱离正常位置，并出现功能障碍。常见的脱臼有肩关节、肘关节、髋关节、踝关节脱位，关节脱位后有外形改变，活动明显障碍，射线检查易诊断。一般经复位治疗,愈后较为满意。但有的伴有韧带损伤,要经较长时间治疗,且有后遗障碍。鉴定时要查明功能,判断成伤经过,根据脱臼的位置及方向可以分析作用力的方向及角度。

(8)内脏损伤。外力作用引起脏器结构破坏或功能障碍,称内脏损伤,如肝脾挫伤、破裂,脑挫裂,肠穿孔,脑震荡等。各脏器具有特殊功能,神经血管又很丰富,一旦损伤,就会出现功能障碍,并会出现大出血及神经反射致全身出现功能障碍或休克。因此,内脏损伤后果往往较严重。胸腹腔内脏器及颅内器官破裂或严重挫伤,常有生命危险,可当即死亡,有的迁延数日甚至数月死亡,有的出现并发症致死。

(9)身体离断。指巨大外力作用使肢体甚至躯体断离成段甚至粉碎。对这类损伤进行检验时首先要查清死因,即身体断离发生在生前因而致死,还是发生在死后或濒死阶段。要警惕身体断离的巨大损伤掩盖了另一种暴力作用的征象;要追踪觅迹,寻找尸块,并仔细拼接复原,查明死者身份;要全面检查每一处损伤的特征,分析成伤的过程,判断成伤的工具;要根据检验结果结合现场判断死亡性质。

2. 锐器伤。锐器伤指致伤物的锐利刃口或/和锋利尖端作用于人体上所形成的损伤。一般将锐器创分为切割创、砍切创、刺创、刺切创、剪创、刺剪创等基本类型。锐器创与钝器创一样,有创缘、创角、创口、创壁、创腔、创底。基本特点为:创缘整齐;创角尖锐;创口裂开明显;创壁平滑,创壁之间无组织间桥;创腔较深;创底平坦;创缘不伴有或仅有很轻的擦伤;创口出血明显等。大多数锐器创的创口形状呈梭形或长梭形。

(1)切割创。切割创是典型的锐器创,其特点是:创口长度超过接触刃口的长度;切割创的深度多从创角向中心逐渐加深,呈舟状;创缘无表皮剥脱,来回牵动的创缘有瓣状切迹,或呈分支现象;创角浅而尖锐,来回切割的创角有分叉,在收刀角有拖刀痕,多次牵动者可呈鱼尾状痕;伤及硬骨者较少,即使伤及也呈表浅线状划伤;轻切割时,皮肤未全层断开,形成划伤。切割创多见于自杀,亦见于他杀,切割创的部位多在颈部,其次为腹部、手腕、腹股沟处等。

(2)砍切创。砍切创的部位多在头面部,其次为颈部、背部及上肢,胸腹部较少。砍切创的特点有:伤重;创口豁开明显;创缘可有钝面擦伤;创长≤刃长;创角多变;骨质伤(骨折)明显。

(3)刺创。尖端挤开或中断组织,刺器体部位按纵轴深入组织,形成创口小于创深,有刺创道,有的还有刺出口,这种伤称刺创。单纯刺器形成的刺创的特点有:创口小;创周有皮肤擦伤;创道较小;创深比刺入部分的刺器长度大;创底尖细;扁骨可被刺穿。

(4)刺切创。有尖端及刃口的利器成伤,薄而小的尖端中断组织,刀体跟进,刃口切割组织,形成有明显创道的刺切创。刺切创的一般特点有:刺入口形态与刺器横断面形态基本一致,创口裂开呈梭形或菱形,创缘一般无表皮剥脱;单刃刺器的刺口,创角一端锐另一端钝,切线穿刺于皮肤褶皱深处,可形成两个刺入口,贯通刺创的刺出口与刺入口形态一致。

(5)剪创及刺剪创。剪刀既可在体表夹剪,又可二叶分开刺入夹剪,也有单叶刺切及双叶合拢作单纯刺器。剪刀叶一般内侧面平,外侧面斜,似瓜子,背较厚,有的有棱边。剪刀可被用作自杀、自伤、凶杀工具,但较少见;偶尔还被用作分尸工具。

3. 火器伤。火药燃烧产生高压气体,推动物体杀伤人身,形成的损伤称火器伤。火器伤包括枪弹伤和爆炸伤,是法医病理司法鉴定的重要研究内容之一。

枪弹伤是由枪支发射的弹头或其他投射物所致的身体损伤。典型的枪弹伤为贯通伤,有射入口、枪创道和射出口。射入口的形态特征随发射枪支、弹头特性、射击距离、击中部位等的不同而不同,主要特征有创口中心部位存在皮肤缺损、擦拭轮、挫伤轮、射击残留物、烟晕、烧灼伤、炸裂等征象。射出口形态多样,一般比射入口大,无明显的组织缺损。枪创道有连续型和截断型,连续型枪创道射入口与射出口呈一条直线。截断型枪创道因软组织和被伤脏器的移位而不连续,断成数段。其他还有盲管枪伤、弯形创道性枪伤、切线沟形枪伤、无创枪伤和散弹伤等。

爆炸伤是指可爆物质爆炸时释放能量所造成的人体损伤,主要有炸碎伤、炸裂伤、烧伤、弹片伤、冲击波伤。爆炸伤多为复合伤。

4. 交通损伤。交通损伤是在交通运输过程中发生的各种损伤的总称,主要发生在交通事故中,因碰撞、碾轧、刮擦或拖擦、抛掷或摔跌、挤压、砸压、爆炸、燃烧等致伤;其中一些典型性损伤有:驾驶员的方向盘损伤、安全带损伤、挥鞭样损伤,行人的保险杠损伤,自行车骑车人的骑跨伤等。交通事故损伤法医病理司法鉴定的任务为:(1)明确死亡原因,是交通工具造成致命伤,还是其他暴力因素、疾病发作、醉酒或中毒致死;(2)判定死亡方式,是交通事故意外造成还是自杀或他杀;(3)确定生前或死后损伤;(4)交通事故现场重建;(5)收集法医学证据,提供肇事车辆的特征,为对逃逸车辆的侦查提供线索;(6)对死者进行身份认定,如区分驾驶员、乘客、行人等;(7)无名尸身份的确定。

(三)机械性损伤致死原因

机械性损伤致死原因很复杂,主要包括:

1. 内脏破裂。生命重要器官,如脑、心、肺发生破裂、广泛性毁坏、粉碎,以及脑干、脊髓高位损伤可直接致死。

2. 生命重要器官受压迫。颅内出血致脑干、延髓受压致死,心包填塞、心脏运动受限致死,血气胸双肺受压、呼吸抑制致死等。

3. 急性大出血。损伤致大出血,有效循环血容量急剧下降,器官组织的氧气供应急性减少,致主要脏器功能急性衰竭死亡。

4. 休克。休克是指某种因素引起微血管循环障碍,心脏灌流量急剧减少,导致全身循环衰竭、代谢紊乱、功能障碍的综合征。主要分为过敏性休克、低血容量休克(失血性休克)、心源性休克、神经源性休克和感染性休克。

5. 窒息。压迫颈部血管及呼吸道、呼吸道堵塞、呼吸运动受限窒息致死。

6. 栓塞。例如,血栓、空气、脂肪、羊水等栓子导致心、肺、脑栓塞致死。

7. 感染。例如,菌血症、败血症等重症感染导致全身多器官衰竭致死。

8. 其他。例如,损伤诱发心、脑血管病发作或并发其他疾病致死。

(四)机械性损伤时间推断

损伤时间推断是运用形态学或其他检测技术推测损伤形成的时间,是法医病理司法鉴定的重要内容之一,包括生前伤、死后伤的鉴别和伤后存活时间推断。

1. 生前伤、死后伤的鉴别

机体受暴力作用后在损伤局部及全身均可出现一系列的生活反应。这些生活反应通过肉眼、显微镜或其他实验室检查方法均可窥见,是诊断生前伤的基础。

(1)生前伤的肉眼所见

出血:活的机体由于血液在一定压力下循环流动,组织损伤后血管破裂,血液流出血管外即出血。出血是组织损伤的重要生活反应,生前损伤出血为活动性出血,出血量一般较多,流出的血液既可流出体外,也可聚集于损伤局部组织或沿组织间隙流注到远处疏松组织;死后损伤出血量一般较小,常限于局部,很少向周围组织流注,也无凝血块形成。

组织收缩:活体组织有一定的紧张度,当活体组织形成创口时,创缘的结缔组织、肌肉、血管等均可收缩,使创口裂开明显。

肿胀:局部组织损伤后,出现炎症性充血和血管通透性增高,液体成分渗出,表现为局部组织肿胀,一般严重的钝性损伤肿胀出现较早。

痂皮形成:损伤局部出现表皮剥脱和创伤时,渗出的体液或流出的血液可凝固而形成痂皮。

创口感染:化脓性细菌随致伤物进入损伤组织,受损部位发生变性坏死,出现化脓性炎症,表现为不同程度的组织坏死和脓液形成。

异物移动:吞咽、吸入异物是确定生前伤的依据之一,口鼻腔、呼吸道出血,被吸入支气管、肺泡,形成血岛现象;口、鼻、咽部出血可被吞咽到胃,并在消化道移动,甚至排入肠腔。

(2)生前伤组织学改变

局部淋巴结被膜下淋巴窦红细胞聚集:生前组织损伤出血后,红细胞可随淋巴液经淋巴管进入局部淋巴结的被膜下淋巴窦,光镜下淋巴窦内可见红细胞;死后淋巴循环停止,局部淋巴窦内无红细胞。

血栓形成:局部血管损伤后,血管内皮下胶原纤维裸露,血小板黏附于胶原纤维,产生纤维蛋白,血小板逐渐聚集,形成附壁血栓,包括白色血栓、红色血栓、混合血栓和透明血栓。

栓塞:不溶于血液的异物出现或进入循环血液中随血液流动,并阻塞血管管腔即栓塞。栓塞是一种重要的生活反应,常见的栓子包括血栓、脂肪栓、空气栓、羊水栓等。生前损伤可引起血栓,以及空气、脂肪或羊水栓塞,死后不会形成栓塞。

炎症反应:炎症是具有血管的活体组织对损伤发生的防御反应。炎症的基本病理变化包括局部组织的变质、渗出和增生。一般受伤 15～20 分钟后局部有白细胞浸润，经组织病理检验或纤维蛋白特殊染色，能准确判定损伤的炎症反应；死后伤局部无炎症反应。

创口愈合：创口愈合是机体对局部损伤进行的修补恢复过程，包括组织再生、肉芽组织增生、瘢痕形成等过程。局部组织有愈合过程是生前伤的重要标志之一。

2. 伤后存活时间推断

伤后存活时间推断，同样是根据损伤局部和全身的生活反应进行估计，主要依据为组织学改变。伤后存活 6～8 小时，不能从组织学上区别生前伤或死后伤；伤后存活 8～12 小时，可以观察到局部白细胞浸润；伤后存活 12～24 小时，局部白细胞聚集成带；伤后存活 24～72 小时，48 小时白细胞浸润达到高峰，72 小时纤维细胞开始出现，毛细血管开始增生；伤后存活 3～6 天，胶原纤维开始形成，巨噬细胞出现。

生前损伤后存活时间较短，上述损伤形态学改变不明显，生前伤诊断难以确定。随着组织化学技术的广泛应用，生化检验技术的发展和荧光、酶标、组织免疫、电子扫描显微镜等新技术在法医病理司法鉴定领域的推广，对损伤经过时间的研究取得了可喜进展，方法主要包括炎症介质的检测、血液生物化学指标的检测等，从而可准确认定生前伤、死后伤。

二、机械性窒息

呼吸过程受阻或异常，导致全身各器官组织缺氧、二氧化碳潴留，从而引起组织细胞代谢障碍、功能紊乱和形态结构损害的过程称为窒息。

根据窒息的发生原因、机制和病理过程，窒息一般分为机械性窒息、电性窒息、中毒性窒息、空气中缺氧性窒息和病理性窒息。

机械性窒息是指机械性暴力作用引起呼吸障碍所致的窒息，在法医病理司法鉴定中最常见。根据机械性暴力作用方式和部位的不同，分为压迫颈部、压迫胸腹部、闭塞呼吸道口、异物阻塞呼吸道内部、液体吸入呼吸道等所致的窒息。

（一）机械性窒息尸体征象

机械性窒息死亡者的尸表和内部征象大多较为显著。

1. 尸表征象。颜面部瘀血发绀、肿胀；颜面部和眼睑结膜、球结膜淤点性出血；尸斑出现早而显著，分布广泛；尸冷缓慢；牙齿出血（玫瑰齿）；大小便失禁；眼球突出；舌咬痕等改变。

2. 内部器官改变。内部器官瘀血；器官被膜下及黏膜淤点性出血（塔雕氏斑）；肺气肿、肺水肿；脾贫血；脑、心、肺、肝等内部器官组织细胞的缺氧性改变。

3. 组织学改变。大脑锥体细胞、小脑浦肯野细胞肿胀变圆，尼氏小体溶解消失、胞浆液化、脂肪变性或空泡形成，核偏位、核仁消失，有的发生核固缩、核破碎，脑细胞和血管周围间隙扩大，小血管和毛细血管扩张充血，并可见出血灶；电镜下早期神经细胞染色质凝集在核膜下，以后线粒体、内质网、高尔基复合体、核蛋白体等细胞器出现不同程度的退行性改变。

心肌细胞混浊肿胀,核内和胞浆内有空泡形成,核细长固缩,有时因水样变性而肿大,心肌内膜和心肌间小血管周围结缔组织疏松肿胀,小血管扩张充血,毛细血管内皮细胞肿胀;电镜下心肌细胞肿胀,染色质凝聚在核膜下,细胞互相离散,胞浆中糖原颗粒消失,毛细血管内皮肿胀,周围心肌细胞坏死,线粒体基质密度降低,结构不清。

肺小静脉扩张瘀血,肺泡壁毛细血管充血,肺泡内有大量水肿液,间质可见出血灶。

肝细胞胞浆和胞核周围出现空泡,周界清楚,散在分布;电镜下肝细胞空泡变性,其中含有脂肪滴,线粒体、内质网膨胀,糖原消失,细胞膜破裂。

肾组织瘀血,间质水肿,近曲小管上皮细胞空泡变性;电镜下肾小球血管袢内皮细胞空泡变性。

(二)机械性窒息分类

1.缢死。利用全部或部分自身体重,使绳索或其他物件压迫颈项部引起窒息死亡称缢死。

缢死多系自杀,其发生机制为呼吸道闭塞、颈部血管受压致脑供血障碍,颈部神经受压致反射性心跳停止,脊椎和脊髓损伤。

缢死者可有窒息的一般征象,颜面青紫肿胀、眼结膜有出血点、颈动脉内膜横断、舌骨和甲状软骨骨折,悬位时可在手、足处形成明显的尸斑。缢沟提空而不闭锁,可在颈部任何部位,在颈上部为多,数目多少不一;缢沟宽度一般与缢绳粗细相仿,边缘有水泡形成,缢沟皮肤可见出血、肿胀等生活反应,皮肤损伤处可有皮革样化。颈深部组织器官改变为肌肉组织出血、颈动脉内膜损伤、舌骨大角及喉头软骨骨折。

光镜下可见缢沟皮肤角质层缺损,其余各层变薄,细胞致密,于表面平行排列;真皮组织致密、贫血,乳头变平。生前缢沟皮肤弹力纤维粗短,排列紊乱,断端呈钝圆或团块状;死后缢沟弹力纤维呈直线状或网状,排列规则,断端无上述改变。判断是否为缢死,主要依据为缢沟皮肤有无生活反应。

2.勒死。以绳索缠绕颈项部,用手或用某种机械力使绳索绞勒颈项部导致窒息而死称勒死。

勒死多系他杀,常有抵抗伤,其死亡机制与缢死相同,但勒颈自杀也有发生。勒死者索沟常位于甲状软骨以下部位,呈水平走向,一般闭锁无提空,索沟深度较均匀;颜面紫绀、肿胀、点状出血等征象均较缢死者明显;在外力作用强时,甲状软骨、环状软骨和舌骨大角可发生骨折,颈椎棘突亦可发生骨折。

3.扼死。单手或双手压迫颈部发生窒息死亡称扼死,俗称掐死。

扼死只见于他杀,可有窒息的一般征象。扼痕多为圆形、类圆形、椭圆形或不规则形的皮下出血,伴有新月形或短线状的表皮剥脱;扼痕的皮下出血由红色逐渐变为暗红色,经 12~24 小时形成局部暗红褐色的皮革样斑痕;扼颈致死时舌骨大角及甲状软骨上角骨折多见;颈部软组织和肌肉出血也较勒死、缢死常见,颈部血管损伤少见。

4.溺死。水或其他液体堵塞呼吸道致呼吸障碍发生的窒息死亡称溺死。

溺死多属意外或自杀,他杀溺死多伴有其他性质的损伤。口鼻部蕈状泡沫、水性肺气肿(溺死肺)、皮肤收缩、呼吸道溺液、左右心内血血红蛋白浓度左淡右浓是溺死的主要特征。心、肺、肝、肾、脾、骨髓、牙齿等检出硅藻是确定生前溺水的可靠标志。

5. 捂死。捂死是以柔软物体同时压闭口腔、鼻孔,妨碍呼吸运动,影响气体交换以致迅速丧失意识而发生的窒息死。

捂死多见于他杀,捂死者全身缺氧反应很明显,颜面、十指紫绀,尸斑呈暗紫红色。内脏瘀血,尤以肺瘀血水肿最严重,胸腹腔脏器包膜下出血小点明显。口鼻周围及黏膜常有暴力作用痕迹,如表皮剥脱、皮肤出血,唇黏膜破裂常见。

6. 哽死。哽死是异物堵塞呼吸道致气体交换障碍导致的窒息死亡。

哽死多见于意外,他杀及自杀者罕见。哽死者死亡迅速,全身窒息征象不很明显,堵塞的部位多见于会厌、喉头、气管、主支气管等,上述部位可见异物。

7. 压迫胸腹部窒息死亡。指胸腹部受到较大重物压迫,严重妨碍胸廓和膈肌运动所致的窒息死亡,俗称挤压死。

多见于意外致死,死者窒息征象明显,面部青紫肿胀,耳廓、口唇灰紫,常有鼻腔出血,眼结合膜出血严重,甚至眼球突出。颈静脉怒张。胸部被压变形,常可发生肋骨骨折甚至胸骨骨折。

8. 体位性窒息死亡。指因长时间被限制于某种异常体位,产生呼吸功能障碍及静脉回流受阻而发生的窒息死亡。

意外及他杀均有可能,暴力损伤不明显,窒息征象明显,全身淤血、紫绀,黏膜、浆膜以及皮肤可见出血点,内脏水肿。其鉴定要点是:排除其他可能死因的情况下,有长时间固定体位的事实及明显的窒息征象。

9. 性窒息死亡。性变态者采用怪异的方式压迫颈部,在低氧窒息满足性欲过程中发生意外而导致的窒息死亡称性窒息死亡。

性窒息死亡属意外死亡多见于男性。性窒息常发生于十分隐蔽的场所,现场平静且常见色情图像、书刊及各种女用服饰等物,死者颈部通常有柔软带状物缠绕或用塑料袋等套头,有时伴有捆绑手脚等现象,窒息征象明显,多着女性装束或裸体,并多有精液溢出。

三、烧死、冻死与电击死

(一)烧死

由火焰、高温固液体、强辐射热所引起的人体死亡称烧死。

尸表征象:尸斑鲜红、尸表油腻,体表Ⅰ~Ⅳ度烧伤并存,有红斑、水疱、焦痂、炭化等皮肤烧伤,有外眼角皱褶、睫毛征候等眼部改变,尸体重量减轻,身长缩短,呈拳斗姿势,皮肤干燥变脆、凝固收缩,裂口形成假裂创等。

内部器官改变:热作用呼吸道综合征、硬脑膜外热血肿,食道、胃内可见炭末,心血含有较多的一氧化碳和血红蛋白。

组织学改变:冠状动脉内膜及中层水肿,内皮细胞脱落,平滑肌空泡变性、出血;肝窦周围间隙明显增宽,汇管区淋巴和单核细胞浸润,肝细胞水肿及空泡变性;肾小管上皮细胞水肿及玻璃样变性,肾小管中出现血红蛋白管型;胃黏膜糜烂、溃疡形成;脑组织明显水肿,神经细胞肿胀、均质化或空泡变性。

死后焚尸者热作用呼吸道综合征及食道、胃内炭末不明显,心血内一氧化碳和血红蛋白含量较低。

(二)冻死

在寒冷环境中,个体保暖不足,散热量远超过产热量,超过体温调节的生理限度,严重影响物质代谢和生理功能所引起的死亡称为冻死。

尸表征象:反常脱衣,苦笑面容,全身皮肤苍白或粉红,外露肢体皮肤呈鸡皮状,阴茎、阴囊、乳头明显缩小,尸斑呈鲜红色或淡红色,尸僵发生迟、消失慢、强硬,脑和脑膜充血水肿。

内部器官改变:心外膜下点状出血,食管黏膜糜烂或坏死脱落(出现维斯涅夫斯基斑),髂腰肌出血等。

(三)电击死

因电流作用导致的人体死亡称电击死。电击死的机制为中枢性呼吸麻痹、呼吸肌强直性痉挛、心室纤维性颤动、心脏骤停。

尸表征象:皮肤电流损伤可有电流入口(电流斑)及出口、皮肤金属化、电烧伤、电击纹等病变。电流斑一般呈圆形或椭圆形,色灰白或灰黄,质坚硬、干燥,中央凹陷,周围稍隆起,边缘钝圆,形似火山口,外周可有充血环,与周围组织分界清晰。

内部器官表现:内部器官表现为组织缺氧等窒息死亡的一般征象。

电流斑组织学改变:电击处基底细胞层极性化,细胞及细胞核纵向伸长或扭曲变形,染色较深,排列紧密,呈栅栏状、漩涡状、螺旋状或圆圈状。

法医病理司法鉴定中,如果发现明确的电流斑,全身有窒息征象,并排除其他暴力、中毒和疾病死因,结合详细的案情调查和明确的触电现场,一般不难鉴定死因。必要时,通过金属的检出、组织化学及扫描电镜等检查,综合分析判断,可明确是否为电击死。

四、猝死

猝死,又称急死,属病理性死亡,是指外表健康或疾病症状不明显的人因体内潜在性疾病或机能障碍所引起的突然、出人意料的死亡。

猝死者以中青年为主,猝死一般以 24 小时为限,但常在几秒钟至几分钟内发生,其中发病几十秒内死亡称为即时死。主要特点为:发病突然,经过时间短暂,死得意外,非暴力性,常有诱发因素等。

精神高度紧张、剧烈运动、过度疲劳、暴饮暴食、感染、过热过冷等均可诱发猝死。引起猝死的病因包括:心血管疾病、呼吸系统疾病、中枢神经系统疾病、消化系统疾病、泌尿生殖系统疾病等。猝死尸体法医病理司法鉴定的任务为寻找死亡原因、判断死亡性质、推断死亡时间。

发生在青壮年男性的找不到可解释死因的猝死,称青壮年猝死综合征。其主要特点有：死者绝大多数为男性；多为青壮年，发育正常，营养良好，外貌健康甚至健壮，以20～49岁最多见；多在睡眠中迅速死亡，为即时死；经系统尸体剖验和有关辅助检查，查不出足以说明死因的器质性病变，也无中毒和外伤等暴力致死证据。

另外，还有婴幼儿猝死综合征，主要指婴幼儿意外急死，经详细尸检常不能找到适当的死亡原因。

五、杀婴及虐待儿童死亡

杀婴，是指非法用暴力手段，加害分娩过程中或娩出后不久的已具有生活能力的新生儿生命的犯罪活动。胎儿或新生儿因其本身的疾病或母亲的疾病或在分娩过程中遭受损伤而死亡属于自然死亡，不属于杀婴的范围。

新生儿尸体的法医病理司法鉴定，必须确定该婴尸是否为新生儿、其有无生活能力、活产还是死产、分娩后存活时间以及死亡原因，其中以有无生活能力和死亡原因最为重要。

新生儿的死亡原因鉴定关系到案件是杀婴、非法堕胎还是自然死亡。根据分娩后存活婴儿各种特征的出现或消失，可以推定存活时间；确定新生儿有无生活能力，关键在于确定胎儿的发育程度，即成熟程度。作为生活能力界限的7个月（已体现成熟儿的特征），在鉴定中具有重要意义；在鉴定婴儿成熟程度时主要测量新生儿的身长、体重、胎头径线和确认是否有股骨化骨核形成，这些均是确定新生儿成熟程度的可靠标志；判断新生儿是活产或死产，主要根据为胎儿出生后在母体外是否进行过呼吸，最常用的方法是肺浮沉试验和胃肠浮沉试验。

虐待儿童致死者以暴力损伤最为多见，躯体损伤部位多，新旧损伤并存，常伴营养不良、发育障碍。对虐待致死案例的鉴定，应详细调查案情，全面检验各种伤痕，分清损伤的次数、时间，损伤种类和程度，判断虐待手段及死亡原因，与意外事故造成的死亡相鉴别。

第四节　法医病理鉴定评判

鉴定人在尚未接触尸体时，需要了解案情，做到心中有数，这样在检验时便于抓住重点，有助于分析死因和案件性质。但不能以此为据进行种种猜测和估计，避免主观臆断，先入为主。因此，鉴定人在检验尸体时，应以尸体检验为准，并结合现场勘查情况，案情只能供参考。要从实际出发，运用有关的科学技术，才能正确认识客观事实，不致受假象迷惑而陷入困境。

一、尸体检验存在的问题

对于各种类型尸体（如机械性损伤、机械性窒息、中毒等）尸表检验、取材等不规范的问题，目前大多数已有相应的国家推荐标准或公安部门制定的行业标准，由于种种原因，有些鉴定人未能严格按上述规范进行检验鉴定工作。

（一）尸体检验不全面

尸体检验不全面是造成疑案的重要原因。一般是由于鉴定人听过案情介绍之后，先入为主或满足于检查时发现了一种可以致死的原因，而不再全面、系统地解剖，结果漏掉了真正的死因。这种情况尤其多见于猝死的检验，如投毒、电击、用软物衬垫扼颈、用软物压闭口鼻、用塑料袋罩住头面等较为隐蔽的暴力，不认真细致地尸检很易被遗漏，如果此时又找到如冠心病等可能发生猝死的病因，就很容易误诊为猝死。例如：对颈部不作分层解剖而漏诊机械性窒息；对多数尸体常根据案情的某些表面现象仅作所谓的"重点"部位的解剖，对胸、腹腔剖验，不打开颅腔；脊髓剖验仅在特殊情况下才进行，往往对脊髓病变所致的死亡造成漏检，特别是高位颈髓与延髓相连续，该处病变往往可累及延髓而致猝死，应对此部位常规检验，以避免漏检；重要器官不按常规作多层、逐段的检验；心脏和冠状动脉未按检查常规进行检查即报告有或无阳性发现。观察不细致还突出表现为：只观察到明显的外伤，没有看到隐蔽伤（如针眼、蛇咬痕）；尸斑、死后伤掩盖生前伤，损伤掩盖中毒等。据此，常得出片面的结论。所以，法医要严格按照操作规程进行尸体检验，绝不能随意简化尸检程序，敷衍行事。

（二）尸体检验操作不规范

解剖操作不当可使尸体因外来因素作用产生人为现象。在剪断第一肋骨与分离胸锁关节前，如未先检查胸腔有无积血，易把切断锁骨下及胸廓内血管注入胸腔的血液误判为血胸。这些人为现象的产生，常常影响死因的分析。因此，法医在尸检时，一定要按照常规的剖验方法和步骤进行，做到认真细致，一丝不苟，绝不能粗枝大叶，马虎从事，避免由于人为因素作用产生鉴定失误。

（三）提取与保存检材不当

许多情况下，尸表和解剖检验对判断死因、死亡性质是不够的，还必须按常规在尸检时取材，根据工作需要留取适当和适量的组织、器官标本及有关检材，备作病理组织学或毒物分析等方面的检查与复查。留取检材时，保存固定的器皿要有唯一性标识，避免不同尸体的标本相混淆。因为在结案前没有人能肯定自己的检验百分之百全面，自己的鉴定百分之百正确，不再需要重新鉴定，因此，在结案之前，所有有价值的人体组织检材、需送毒化检查的检材都必须保留备份。有条件的地方强调将全心、全脑、全肾都留下来，以备因当时取材的不当，在无法明确死因时，用于重新取材、检验和鉴定。取材不当的常见原因及表现如下：仅凭个人粗浅的观察、理解，无目的地取几个组织块送检；识别病变的能力较差，取材部位不当或根本就没有送来病变部位；收藏检材的容器太小，固定不佳，失去检验的条件。这些都是不能通过病理组织学检查作出确切诊断的原因，送毒物化验检材时只送胃内容物，而不送血、尿及肝、肾、脑等组织器官，这样即使胃内化验出毒物，也难以确定毒物是否吸收入血，是否是致死原因。因为已有死后将毒物塞入胃内的报道，且胃内的毒物死后可扩散到周围组织器官内，因此强调对外周血及远离胃的组织检材（如脑、心、肺等）的检测。检材提取、保管不妥对化验结果的影响是送检人不可忽视的问题，也是化验人员在判读检测结果时必须考虑的诸种因素之一。检材保管不当可以造成假阳性或假阴性结果。对于毒化检材，在普通冰箱中有80%的植物毒会降解、被破坏，需低温速冻保存。

二、死因分析用语混乱及概念不清

损伤与疾病，器质性病变与诱因，疾病与中毒，损伤与医源性因素并存时，导致死亡原因存在两种以上因素竞合，如果没有厘清就会导致死因分析混乱，给案件的处理带来困难。

涉及损伤或疾病致死的问题时，常存在把死亡原因、死亡机理、死亡方式、主要死因、直接死因、辅助死因等混用的问题，结果同一死亡案件经不同鉴定人鉴定后得出了不同的鉴定结论，影响案件的及时正确处理。

三、鉴定工作与案件现场情况脱节

现场是法医学的研究对象之一。任何人身伤亡事件的发生，都离不开一定的时间、地点、场所，并且会给这个地点、场所带来相应的变化，而尸体的变化又直接受到外界因素的影响。因此，法医参与现场勘验可以结合现场情况深入研究损伤形成的条件，从而为判断案件性质、划定侦查范围、确定侦查方向提供科学依据。

四、尸体解剖率不高

目前，我国尸体解剖工作的开展尚未普及，尤其是广大农村地区的暴力死或可疑暴力死的尸体往往未经专业人员的解剖、未经尸表检查，就被草草处理掉(主要是烧掉或埋掉)。主要原因还是封建迷信思想在作怪，还有就是感情上的因素，家属不愿意亲人在死后被解剖。还有部分工伤事故死亡、被认为自杀、医疗纠纷的尸体等，亦未经尸体解剖就被处理。因此，要宣传尸体解剖的重要意义，对死因不明的尸体大力提倡接受尸体检验，查明死亡原因。

尸体解剖对于探索人类自身的诸多奥秘有不可替代的作用，应大力宣传尸体解剖对医学、法医学发展的重大意义，从根本上改变人们对尸体解剖的偏见。由于尸检工作强度大，且法医经常面临各种具有复杂背景的尸体，存在较高的职业风险，可能感染传染性疾病或吸入较多的有毒气体，对身体造成不良后果。应加强解剖室的硬件建设，改善通风、除臭，添置自动化的解剖器具等，还需要完善尸体检验的程序制度、质量保证和控制制度，以及尸体保存、运输的管理制度，确保尸体检验工作为司法实践提供科学证据。尸体检验应尽快进行，避免出现尸体因自溶、腐败，以及动物毁坏和环境因素影响而破坏解体，直接影响检验效果。如不能及时解剖，应将尸体冷藏。

思考习题

1. 法医病理司法鉴定的含义是什么？
2. 法医病理司法鉴定主要存在哪些问题？
3. 法医病理司法鉴定的主要研究范围和任务是什么？
4. 如何保证法医病理司法鉴定的质量？

拓展阅读书目

1. 刘耀、丛斌、侯一平主编:《实用法医学》(第1版),科学出版社2014年版。
2. 丛斌主编:《法医病理学》(第5版),人民卫生出版社2016年版。
3. 王保捷、侯一平主编:《法医学》(第7版),人民卫生出版社2018年版。

第十三章　法医临床司法鉴定

本章概要　本章主要阐述法医临床司法鉴定的基本概念、研究内容，常见损伤特征及其鉴定方法，介绍相关鉴定标准。

通过本章的学习，应掌握人体损伤鉴定标准的适用，熟悉与了解法医临床司法鉴定的概念，充分认识在诉讼过程中法医临床司法鉴定所起到的作用，了解法医临床司法鉴定常见损伤、鉴定方法及法医临床常用司法鉴定标准。

关 键 词　法医临床学；损伤鉴定；伤残鉴定；致伤物推断

第一节　概　　述

一、法医临床司法鉴定概念

法医临床司法鉴定，是指鉴定人运用自己所掌握的临床医学、法医学和其他学科的理论知识和技术经验，对诉讼涉及的人体损伤等问题进行鉴别和判断并提供鉴定意见的活动。

法医临床司法鉴定是法医学一门重要的分支学科，凡与活体有关的伤害、残疾、劳动能力、诈伤、造作伤、虐待、性功能、医患纠纷及性犯罪等问题，都是法医临床司法鉴定的研究内容。

二、法医临床司法鉴定中的损伤检验

（一）损伤一般检查

1. 询问被鉴定人

（1）核对被鉴定人姓名、性别、年龄、职业。

（2）正确记载被鉴定人自诉，如右下肢疼痛、不能活动等。

（3）了解被鉴定人伤病史，主要是听取被鉴定人对损伤发生原因所作的说明，并详细记录被鉴定人既往有无外伤、传染病及其他疾病、缺失或缺陷等。

2. 检查被鉴定人

（1）观察被鉴定人一般状态，如被鉴定人的发育、营养、精神状态，神志是否清醒、对检查是否合作、回答问题是否切题，以及活动状态、步态等。

（2）检查被鉴定人损伤部位，对被鉴定人损伤部位外表所见进行描述，如损伤位置、大小，疤（瘢）痕形态及皮下组织是否粘连；检查被鉴定人是否有骨折，功能障碍丧失程度等情况，如肢体内收、外展、屈伸功能等。

（二）损伤特殊检查

1. 对被鉴定人进行辅助检查

使用实验室化验的方法或仪器检查被鉴定人,如严重的颅脑损伤确诊须经 CT 扫描、核磁共振检查;内脏器官损伤需经 B 超检查确定脏器损伤部位、性质;视功能、听功能、性功能检查等有赖于专业仪器以及专业技术检测;另有脑电图、心电图、肌电图等检测。

2. 对被检物件检查

对被检物件检查在伤残鉴定中尤为重要,也是对致残因素的认定,主要是对产品质量进行检查,如对炸裂的啤酒瓶、爆炸的煤气罐、化妆用品的检查,对道路交通事故中肇事车辆动力系统、安全系统、制动系统的检查,这项工作目前已经纳入司法鉴定范围。

三、损伤形成分类

（一）交通工具致伤

指在道路、铁路、水运、航空等交通事故中,各种交通运输工具破坏人体解剖学结构,使组织器官缺失或缺损,导致人体功能障碍并出现后遗症状。

（二）产品致伤

指药品、食品、化妆品、家用电器等产品引起人体解剖学结构、组织器官损害导致人体功能障碍并出现后遗症状。

（三）工伤

指因工伤事故,导致人体解剖学结构被破坏、组织器官缺失或损害,造成人体功能障碍并留有后遗症状。主要由工作环境安全保护措施不当或违反操作规程等引起。

（四）职业病致伤

指由于工作环境防护措施不当,个体长期与有害物质接触,造成人体组织器官伤残,致人体功能障碍并留有后遗症状。

（五）医疗损害

指医疗过程中,医务人员未严格按操作规程进行而造成人体组织器官缺失或损害,致人体功能障碍并留有后遗症状。

（六）伤害致伤

指暴力作用破坏人体解剖学结构,使组织器官缺失或受损害,造成人体功能障碍并留有后遗症状。

四、法医临床司法鉴定的任务

（一）为案件定性和司法裁判提供科学依据

我国刑事立法有关伤害人身的规范,通常是指《刑法》第 234 条关于故意伤害罪的规定和第 235 条关于过失致人重伤罪的规定,也要关注《公安机关办理伤害案件规定》。故意伤害罪是指故意非法损害他人身体健康的行为,《刑法》第 234 条规定了一般伤情的故意伤害罪(或称轻伤罪)以及致人重伤和致人死亡的故意伤害罪。故意伤害罪的罪与非罪,主要依据是否构成轻伤进行界定。换言之,就是要正确区分轻伤害与轻微伤害。由于致人重伤属于重罪,评定轻伤与重伤则成为量刑的重要依据。按照《刑法》第 17 条第 2 款、第 3 款的规定,已满 12 周岁不满 16 周岁的人可以成为致人重伤的故意伤害罪的犯罪主体,但不能成为一般的故意伤害罪的犯罪主体,因而此时重伤评定也是罪与非罪的界限。法医学损伤程度鉴定在定罪量刑上成为关键性依据。

(二)为调解纠纷、平息矛盾提供客观依据

在伤害案件中,故意伤害罪的罪与非罪主要依据是否构成轻伤进行界定。据此,在法医损伤程度鉴定案件中,如果被害人的损伤不能构成轻伤,只构成轻微伤,那么委托机关则可以根据被害人的损伤程度对双方当事人的矛盾进行调解,从一定程度上达到调解纠纷、平息矛盾的效果。

(三)为民事侵权赔偿提供科学依据

在人身损害赔偿案件中,审判机关可以根据受害人伤残等级确定民事损害赔偿的具体数额,既保护受害人的利益,也保护侵权人的利益。

五、法医临床司法鉴定的意义

(一)为诉讼中涉及的人身伤害等专业问题提供科学证据

在刑事诉讼中,鉴定人可以通过对活体损伤的检验,参照鉴定标准,作出伤情程度鉴定;又可以根据损伤的部位、损伤的形态、损伤的方向及损伤的次数等来推断损伤的类型、致伤工具和案件性质,为公安机关侦查破案以及审判机关量刑提供科学的依据。目前人体损伤程度鉴定根据的标准是由最高人民法院、最高人民检察院、公安部、国家安全部、司法部联合发布的《人体损伤程度鉴定标准》。在刑事附带民事诉讼中,鉴定人通过客观检查判断被鉴定人的伤残程度,司法机关可以根据鉴定意见并结合具体情况判决合理的经济赔偿,从而化解诉讼当事人之间的矛盾。目前伤残程度鉴定的主要标准有最高人民法院、最高人民检察院、公安部、国家安全部、司法部联合发布的《人体损伤致残程度分级》,《劳动能力鉴定 职工工伤与职业病致残等级》(GB/T 16180 - 2014)以及保险行业标准《人身保险伤残评定标准》等。

(二)为立法提供资料

法医临床学是一门综合性应用自然科学,有系统的理论体系、实用的技术手段以及历史悠久的鉴定实践、丰富的鉴定人才资源,为制定相关法律起到了一定的推动作用,并不断为法学研究提供资料。

第二节　鉴定基本内容

法医临床司法鉴定研究的对象是有生命体征的人体,鉴定的内容涉及人生命存续期间与法律有关的问题。具体包括以下几个方面。

一、人体损伤形态

外力作用于机体,造成机体的组织器官结构破坏和(或)功能障碍,称为损伤。而外力作用因素诸多,以机械性损伤为例,人体外力作用的表现形态主要有如下几种。

(一)表皮剥脱

表皮剥脱又称擦伤,是致伤物与体表摩擦致表皮的一部分或全部与其下层脱离而形成的损伤。擦伤多发生于遭受钝器打击、坠落、交通事故等情况。擦伤一般仅伤及表皮甚至表皮层的一部分,但有时也可深达真皮层,可与挫伤、挫裂创以及枪弹创甚至砍创等并存。

1. 表皮剥脱的形态。单纯擦伤仅有表皮层脱离或缺损,常不伴有出血,仅见淋巴液渗出,但有时伴真皮缺损,就会发生出血。典型的擦伤呈条状、片状或梳状,大小不等,形态不一,常可反映致伤物表面的特征。

2. 表皮剥脱的类型。根据致伤物运动方向及其作用机理的不同,可将表皮剥脱分为以下四种类型。

(1)抓痕。抓痕多见于面颈部。性侵案例抓痕常出现在受害者的外阴、乳房或股内侧等部位。虐待儿童的抓痕多见于上肢前臂。

(2)擦痕。指体表与粗糙物体或地面相摩擦而形成的损伤。作用力沿切线方向擦过皮肤,皮肤受力面积大,损伤广泛,多分布在人体较突出的部位,呈片状、条状,或片状中带有细条状,表面可附着粗细不等的砂粒、泥土等。伤及真皮时可有出血及痂皮形成。通常擦痕的起始端较深,末端浅,可据以推断暴力的作用方向。

(3)撞痕。是致伤物以几乎垂直于体表的方向撞击体表形成的表皮损伤,多见于车辆撞击或坠落伤。在致伤物陷入皮肤时,其边缘形成擦伤。这类擦伤多伴有深部组织的损伤。这类擦伤有时因有特殊形状,故称为印痕状擦伤。

(4)压擦痕。指表面粗糙的物体在压迫皮肤时,与皮肤表面相摩擦形成的损伤。这是垂直于皮肤表面的作用力与沿切线方向的作用力同时作用所造成的损伤。绳索或其他编织物所致的损伤均属此类型。咬伤也可有压擦痕。压擦伤不仅可伤及表皮、真皮及皮下组织,也可致真皮乳头变扁平、血管受压、局部缺血。压擦伤亦可在死后形成,如搬动尸体时。生前压擦伤的伤面呈棕褐色或暗红色,死后压擦伤的伤面呈蜡黄色。必要时可采局部组织作组织学检查。

各种表皮剥脱由于表皮损伤显著变薄,表面水分易于蒸发而变干燥,死后可迅速出现皮革样化。因此,表皮剥脱常可真实地反映出致伤物的某种痕迹,在犯罪侦查和致伤物的认定上颇为重要。

3. 表皮剥脱在鉴定中的价值。单纯的表皮剥脱在临床上并不受重视。但在鉴定中,表皮剥脱有其特殊的重要性:(1)表皮剥脱所在的部位,可判断暴力的作用点;(2)表皮剥脱的连系缘,可判断暴力作用的方向,有时可反映出致伤物的形态特征;(3)表皮剥脱局部组织存在炎症反应或有痂皮形成,可判断为生前伤;(4)表皮剥脱的形态特征、分布位置和数目,结合其他损伤,可推断案件的性质或罪犯的意图。

(二)挫伤

挫伤,是指钝器打击造成皮内或皮下出血的闭合性损伤。

1. 挫伤的形态

挫伤的大小、形态以及出血程度,因作用力大小及局部组织的特点而异。眼眶周围、面颊部、乳房、股内侧、会阴等处由于皮下组织疏松,血管丰富,受力后不仅血管易发生破裂、出血,且出血量较多、出血范围较广。手掌和足掌等部位皮下组织致密,组织间隙小,受力后皮下出血量少。挫伤可伴有不同程度的表皮剥落、局部肿胀和炎症反应。皮下出血多呈片状,常无特殊形状,不能反映出致伤物的形态特征。如出血发生在真皮层内,称皮内出血。由于真皮组织致密,而且破裂的血管为末梢细小分支,故出血较少,不易扩散,容易反映致伤物打击面的形态,对法医推断致伤物有很大的帮助。交通损伤中轮胎碾压在皮肤上形成的轮胎印迹亦常属皮内出血。皮下组织出血,血量大时,血液积聚于局部组织内形成血肿。挫伤也可发生在内部器官或组织,如脑、心、脾、肺、肝、肾、肠系膜或肌肉。挫伤常见于钝器打击、坠落伤、交通损伤,也可见于枪弹损伤。

2. 影响挫伤形态的因素

挫伤的形态及伤面的大小受多种因素影响,鉴定挫伤时要考虑下列因素:

(1)由于血液从血管内流出,故血管外组织疏松处出血量较多,组织致密处出血量较少。

(2)皮下出血的显现程度随血管外血量的多少而变化。

(3)弹性较大的部位如腹壁和臀部在受同等暴力打击下,与有骨衬垫的部位相比较少发生挫伤。

(4)挫伤的外观严重程度因出血在皮下组织的深浅而异。

(5)在相同作用力下,出血的发生及血液进入组织间隙的量受血管脆性和血液凝固性的影响,如老人血管脆性大,小孩软组织保护性差,易发生挫伤。有出血性素质者发生挫伤时常较严重。长期经受武打训练者不易发生挫伤,而肝功能不良者挫伤则较明显。

3. 挫伤在鉴定中的价值

(1)挫伤常有外轻内重的特点,表面仅见皮下出血,而内部存有骨折或内脏损伤。因此对挫伤鉴定要注意随访。

(2)挫伤所在部位标志暴力作用点。挫伤常作为生前伤的标志,特别是出血多,浸润到组织间隙内时。死后虽可发生皮下出血,但因无血压,不会明显浸润到组织间隙中去,也不会有明显的血凝块。

(3)根据皮下出血颜色的改变,可大致推测挫伤形成时间。随着受伤后时间的经过,肿块在组织酶作用下崩解,红细胞膜破裂,血红蛋白经过化学变化发生颜色改变。血红蛋白分解产物包括含铁血黄素、胆红素和胆绿素,使血肿由暗紫红色变为蓝褐色、绿褐色、绿色和黄色,最后消退。青壮年约 1 周小挫伤完全消失,亦有个别例外。如出血处组织切片见到含铁血黄素,表示出血已经 48 小时以上。

(4)根据皮下出血的分布、数量和形状,可推断凶犯的意图和犯罪过程中的某些活动。强奸案凶犯手指压迫所形成的挫伤,常分布在受害者股内侧、会阴部和胸乳部;扼死者,挫伤多分布在颈部两侧。有时根据挫伤特别是皮内出血的形态,可推断致伤物打击面的形状。

(5)皮下瘀血与人为的皮肤青紫色变的区别。较深的皮下瘀血,一般需一昼夜才显现于皮肤表面。民间常用中草药热敷受伤部位,尽快活血化瘀,名曰吊青(或发伤)。此种方法可使有瘀血者促散瘀血,也会使无瘀血者表皮变成青色,属化学变色,外观与青紫瘀血极相似。区别方法为,化学变色仅在表皮,外观为整片均匀青色,外伤性瘀血没有那么均匀。化学变色可刮除,可被酒精擦去。真正的瘀血是刮擦不掉的。

(三)创

创,是指较强大的暴力造成的皮肤全层和皮下组织甚至肌肉直至内脏破裂的损伤,属于开放性损伤。[1]

1. 创的基本结构

创的基本结构包括创口、创缘、创腔、创壁、创底、创角。

组织破裂形成的皮肤及深部组织裂口称创口;创口周边皮肤的边缘称创缘;因组织收缩在创口下形成的空腔称创腔;创腔周围的组织断面称创壁;创腔深部未破裂的组织称创底;创缘皮肤交界形成的夹角称创角。除圆形创口(如枪弹创)外,一个创口至少有两个创缘和两个创角。钝器所致创在两创壁之间可见未完全断裂的血管和结缔组织,称组织间桥。

2. 创的分类

各种致伤物形态千差万别,其作用机理亦不同,所造成的创形态差别较大。正确认识各种创的形态,对推断致伤物具有重要意义。

(1)钝器创。外力作用,由无尖端和(或)刃口的致伤物以较大接触面致组织成创,分为挫创、裂创、挫裂创。

(2)锐器创。指由有锐利尖端和(或)刃口的致伤物通过切、砍、刺、剪方式中断组织的损伤,分为刺创、切创(或割创)、砍创、剪创等。

(3)火器创。指火药燃烧产生高压气体推动物体造成人体损伤。

3. 挫裂创在鉴定中的价值

挫裂创形成的方式和机理与挫伤有所不同,暴力强度小时,形成挫伤,暴力强度大时,并不一定形成挫裂创,如打击腹壁就不会形成挫裂创。通常在皮下有骨骼衬垫处,皮肤被夹在致伤物与骨骼之间,才易于发生挫裂创,并可形成潜掘性的创腔。挫裂创形成后,创腔很快被流出的血液所填充,未经处理极易发生感染,愈合缓慢。创口愈合后遗留较大的瘢痕组织,缺少毛囊、汗腺和皮脂腺等结构。挫裂创的检查有如下作用:

(1)根据挫裂创的分布、数目、严重程度以及有无抵抗伤存在,可推测是他杀、自杀

[1] 参见闵银龙主编:《司法鉴定》,中国法制出版社2004年版,第154页。

或意外事故,判断暴力作用方向以及成伤的方式。

(2)根据挫裂创的大小和形态,有时可推断钝器与身体接触面的形状进而推断致伤物。

(3)挫裂创要与锐器创相鉴别。挫裂创的创缘组织被挫伤或挫碎,创内有未断裂的血管或神经等形成组织间桥,而切砍创则无组织间桥。如挫裂创处皮肤表面有毛发,有时可见毛发完整地嵌入创口内,而切砍创毛发则被完全割断。

(四)脱臼、骨折

1. 脱臼。是指人体可动关节受直接或间接暴力作用,脱离了正常位置,导致功能障碍。一般经复位治疗,愈后较为满意。但有的因脱离范围大,伴有韧带损伤,要经较长时间治疗,且可能有后遗障碍。鉴定时要查明功能,判断成伤经过,根据脱臼的位置及方向可以分析作用力的方向及角度。

2. 骨折。外力作用致骨的完整性、连续性遭到破坏,称骨折或骨损伤。

(1)骨折与外力的关系。直接、间接暴力作用均可引起骨折。致伤物接触部位的骨骼受冲击、挤压而损伤,可谓直接作用。由于力传导冲击、牵引,或杠杆作用、扭转、弯曲、压缩等形变,致非致伤物接触部位的骨骼损伤,谓之间接作用。后者颇为常见。

人的硬骨有206块,分长骨、扁骨、不规则骨、短骨。骨折一般为较大暴力作用所致。但是,如果骨骼有病理变化,如骨癌、骨结核、化脓性骨髓炎及其他疾病使骨质疏松变脆,老年人骨质萎缩变薄、弹性差、硬而脆,这一类骨骼抗压抗震性差,受较轻的外力作用即可断裂甚至粉碎。骨骼有肌腱附着,强烈牵引肌肉,可在肌腱附着处出现撕脱性骨裂。

(2)骨折的形态。骨折类型很多,按程度分成完全性骨折与不完全骨折。一根骨某处已全部断裂即称完全性骨折。不完全骨折,如儿童常见的青枝骨折,或锐器砍击所致不完全骨折。按与外界是否相通分为开放性骨折(与相应部位的皮肉创口及体外相通,骨质外露)和闭合性骨折(不与外界相通)。闭合性骨折处,体表常可见突起、畸形,按摩时有骨擦音(感),有的闭合性骨折,尤其是闭合性不完全骨折,体表可无变形,无触感,有的连X光也难以发现。所以要反复检验证实,必要时可作CT、MRI、放射性核素检查等特殊检查来帮助判断。按骨折形状可分为:①线状骨折,即只有断裂线,无明显移位,其断裂线与骨长轴的关系可呈现横裂、斜裂、螺旋形、弧线、曲线、直线、网状(冰裂状或龟裂状)等;②撬裂片状骨折;③错位骨折;④套入性骨折;⑤凹陷性骨折,凹陷形状有圆形、舟状、坡状、阶梯状、不规则形等;⑥孔状骨折;⑦粉碎性骨折(在一处断裂成两块以上)。各种不同的骨折形态与外力作用的大小、角度、部位等多种因素有关。

(3)常见的骨折。检案实践中以颅骨骨折最为常见。其次是肋骨、四肢骨、盆骨等骨折。交通事故及高坠伤亦常出现脊椎骨折。

(4)骨折的后果。骨折本身不会危及生命,但会伤及韧带和其他软组织。骨折后还会刺、压伤邻近的血管、神经、脏器。所以常出现严重的后果。

(五)内脏损伤

1. 内脏损伤

外力作用致脏器挫伤、裂伤、穿孔以及震荡引起功能障碍,称内脏损伤。如肝挫伤、肝破裂、脑挫裂、肠穿孔、脑震荡伤等。

2. 内脏组织特性与损伤的关系

(1)脏器结构不同耐力各异。人体主要脏器大体可分为两类:第一类为实质性器官,即整个脏器呈实心状态,如脑、肝、脾、肾、睾丸,这类器官密度小,质脆,可塑性较差,受暴力打击、挤压、冲击、震动较容易破裂。第二类为空腔性器官,如胃、肠、膀胱、血管、肺、子宫,这类脏器除心脏外基本结构是平滑肌及大量弹力纤维,弹性、韧性均较好,可塑性大。空虚状态时,有较大的抗压和扭转、牵拉性能,遭钝力作用较不易破裂。充盈时,脏壁已处伸张状态且变薄,张力差,其内容物基本是液体或半固体(肺脏除外),传力性能好,抗冲击性能大大下降,受暴力作用时较易破裂(充满液体的脏器就像一个密闭容器,如饱餐后的胃、饱满的肠、充盈的膀胱和心脏、怀孕的子宫,都较容易破裂)。

(2)病变的影响。脏器有病理性改变,如肿胀、脂肪变、恶性肿瘤、血管瘤等,比正常状态易破裂。故轻击肿大的肝、脾即可发生破裂。

(3)其他因素。各脏器解剖结构、形态各异,质地不同,脏器周围组织的缓冲作用也有大小,所以各个脏器的特殊性对损伤有很大影响。在正常情况下,容易破裂的顺序大体为:脾、肝、肾、肠、胃、心、膀胱、肺。至于脑,按其质地是最易破的器官,但其有坚硬的颅骨保护,大大提高了御暴性能。

3. 震荡冲击所致的脏器损伤

暴力直接碰撞、挤压能引起脏器损伤,道理是浅显的,人们易理解。而对冲击波的震荡、牵引、撕拉作用引起脏器的损伤及功能障碍,人们则常常提出各种疑问。

胸腔、腹腔、颅腔内的脏器,均是凭借韧带固定的,一些脏器有血管、神经、纤维膜构成的门,如脾门、肺门、肝门,就像用绳子吊一块肉一样。正常情况下,韧带的张力完全适应脏器的轻度位移,脏器本身也有一定弹性,加之周围有一定缓冲余地,因此,脏器不会出现损伤。但瞬间高强度的牵引、撕拉或震动会使韧带、脏器实质张力过大,就会出现挫伤、撕裂伤、震动伤、功能障碍。如高坠,虽脚先着地,速度骤减,而肝、脾或心等却在惯性作用下,按原速度下坠,产生力的不平衡,在脏器的门蒂处容易出现撕拉伤,或由于反作用力致体腔发生震荡,造成脏器震荡(动)伤等。

4. 内脏损伤的后果

各脏器具有特殊功能,神经血管又很丰富,一旦损伤,就会出现功能障碍,并会因大出血及神经反射致全身出现功能障碍或休克。例如,颅内器官破裂或严重挫伤,常有生命危险,有的当即死亡,有的迁延数日甚至数月死亡,有的出现并发症致死。当然,亦有相当部分没有生命危险,或虽有生命危险,却能够治愈,留有较明显的后遗症,或没有后遗症。估计脏器损伤的后果,应全面查清体内伤情,并经过周密的、较长时间的(往往要数月以上)观察,方能作出判断。

（六）肢体断离

肢体断离即巨大暴力使人体各部遭到广泛而严重的破坏并断离。法医临床常见于殴斗刑事案件、道路交通事故、爆炸、高坠或飞机失事、建筑物倒塌及火车碾轧等损伤。需全面检查每一处损伤的特征，分析成伤的过程，判断成伤机制。对于严重的死亡案件，请参阅法医病理司法鉴定章节的内容。

二、致伤物推断

由于致伤物形状不同、性质不同，人体组织结构亦存在差异，活体损伤致伤物推断难易不一。

（一）根据损伤的形态推断致伤物

推断致伤物要在详细检验损伤的基础上找出损伤的每一处细微特征，而这些特征要比较稳定、与致伤物的形态有内在联系。如表皮剥脱、皮肤出血的边缘（尤其是棱边作用的皮肤出血）以及创口、创缘、创角、骨折或其他损伤的性状等，同时研究组织特点、外力作用诸要素，找出内在联系及共同点，分析引起这些组织变化的致伤物应具有的特点。一般经过上述研究后，可以推断出致伤物类别（钝器、锐器或火器）。条件稍好时，可以推断出致伤物种属，如钝器中的斧、锤、棍棒、砖、石块等，锐器中的小刀、匕首、剪刀、斧刃、菜刀等。要认定致伤物个体（哪一件）在有的案件中则较为困难。若具备同一认定的条件，可进行对比，如伤痕（尤其是骨质伤痕）有特殊的形态且具有特异性，致伤物亦有形成这种特殊形态的条件，可作出同一认定意见。

（二）根据创口异物推断致伤物

有时在创口中遗留有木屑、铁锈、金属微粒、刃口断片、石灰、油垢、泥沙、砖屑、纤维、颜料、油漆、火药、弹头、弹片、刺器断端等异物，可能是致伤物对人体作用时所遗留下来的。有的异物（如刃口断片）为某种工具所特有，这就提供了同一认定的条件，对判断与认定具体致伤物有重要价值。这些异物有的用肉眼能够发现，有的需用放大镜、显微镜、比对显微镜、比对仪观察，甚至需作物理或化学的检测才能发现及认定。

（三）根据附着物推断致伤物

发现可疑器具上粘附有血痕、头发、其他组织碎片、衣着纤维等，应认真地检验，查清附着的组织、血痕是不是人的，是什么血型，有条件的话还应检验组织的性别。应尽可能作 DNA 指纹检测，只要致伤物上有人体组织细胞（哪怕是细胞碎片），都可以作 DNA 扩增，查明 DNA 图形，如和伤（死）者 DNA 图形相同，即可认定致伤物上有该伤（死）者的组织。对衣着纤维应用显微镜观察。各项检验结果与伤者相同的话，再与其他检验结果互相补充，判断致伤物的条件就比较充分了。

（四）从力的作用角度推断致伤物

如颅骨线性骨折，骨折线延伸长，且向不同方向放射，提示致伤物接触面大，作用力亦很大，致颅骨整体变形。又如，颅骨孔状骨折，骨板陷入颅腔，骨折缘较整齐，提示致伤物接触面与骨折孔大小相似，有较明显的棱边。

从当前国内外检验技术情况看,有的个案判断致伤物个体较困难,如根据伤痕形态认定是菜刀类砍伤,究竟是哪一把菜刀,往往由于检验条件不具备而无法认定。因此,常用某件物体可以形成被验的伤痕的说法,既不认定也不否定。“可以形成”的提法,在不能认定具体致伤物的情况下,属比较科学的鉴定用词。

三、损伤时间推断

损伤时间的推断是指根据活体验伤时所见的损伤改变,推测损伤发生时间。主要是根据成伤后至检查损伤期间发生的变化推测。不同损伤的变化不同,但均为损伤—炎症反应—修复过程的各阶段形态改变;皮下出血则有血红蛋白分解,形成各种分解产物而呈现的颜色变化。这些局部变化可受很多因素影响,如致伤因素、损伤部位、损伤程度、个体素质、有无并发症等。

如擦伤面低于周围皮肤且较湿润,则大约未超过 2 小时。如已干燥,有痂形成,则约在伤后 3 ~ 5 小时。如伤面已与周围皮肤一样高,则约在伤后 12 ~ 48 小时。如痂的边缘开始与表皮脱开,则约在伤后 3 ~ 7 天。结痂完全脱落约在伤后 7 ~ 12 天。

皮内及皮下出血处,由于血红蛋白分解而呈现红、紫、青、绿、黄等一系列颜色变化。据此推断损伤时间还必须考虑各种因素的影响,如出血量、血液积聚部位的深度等。通常,出血灶内的氧合血红蛋白于 1 ~ 3 天内渐变为还原血红蛋白、正铁血红素,3 ~ 6 天转变成含铁血红素及胆红素或橙色血晶,以后胆红素被氧化成胆绿素并逐渐被吸收。含铁血黄素可在局部停留一段时间或被吞噬细胞运送至造血器官,故出血灶的颜色早期呈青紫褐色,以后渐变为绿色、黄色。但也可以从蓝绿色直接消退,或不经蓝绿色阶段而直接变为黄色并消退。一般情况下,出血灶颜色(紫红色、紫褐色或青紫色)的变化从边缘开始,在 2 天以后就可以在皮下瘀斑的边缘看到黄色或绿色,或者此两种颜色均有,以后紫红色、紫褐色或青紫色区域逐渐向中心缩小,直到消失,蓝绿色、黄色取代之,约 2 ~ 3 周蓝绿色或黄色消退,局部皮肤的颜色恢复正常。

创伤处由于炎症反应,在伤后数小时即见创缘红肿,24 小时左右可有痂皮形成。清洁的创伤约 4 ~ 5 天可完全被新生上皮覆盖,如创伤发生感染,则伤后 36 小时可形成脓液。

四、因果关系

损伤与疾病之间存在的因果关系分为直接与间接因果关系。

按照《人身损害与疾病因果关系判定指南》(SF/T 0095 - 2021)等的规定,法医临床鉴定中通常将外界致伤因素在损害后果中的原因力大小分为没有作用、轻微作用、次要作用、同等作用、主要作用和完全作用六种情况,并以参与度加以量化。具体划分方法为:(1)没有作用,外界致伤因素与损害后果之间不存在因果关系,参与度拟为 0 ~ 4%;参考均值:0。(2)轻微作用,外界致伤因素与损害后果之间存在间接因果关系(诱因形式),参与度拟为 5% ~ 15%;参考均值:12.5%。(3)次要作用,外界致伤因素与损害后果之间存在间接因果关系(辅因形式),参与度拟为 16% ~ 44%;参考均值:25%。(4)同等作用,外界致伤因素与损害后果之间存在“临界型”因果关系,参与度拟为

45%～55%;参考均值:50%。(5)主要作用,外界致伤因素与损害后果之间存在直接因果关系(主因形式),参与度拟为56%～95%;参考均值:75%。(6)完全作用,外界致伤因素与损害后果之间存在直接因果关系,参与度拟为96%～100%;参考均值:100%。

五、劳动能力鉴定

法医临床学劳动能力鉴定主要用于对当事人的劳动能力进行鉴定,其鉴定的主要依据是《劳动能力鉴定 职工工伤与职业病致残等级》(GB/T 16180－2014)国家标准。劳动能力的鉴定主要由各省(市)劳动能力鉴定委员会组织实施,也有部分司法鉴定机构接受相关部门的授权,从事劳动能力鉴定。

六、生理状态及功能评定

生理状态及功能评定,主要包括青少年发育程度鉴定、活体年龄鉴定、生育能力评定、听觉功能评定、视觉功能评定和性功能评定等。青少年发育程度鉴定常见于性侵案件受害人的鉴定,主要根据牙齿萌出、骨骼发育及第二性征发育情况来确定。活体年龄鉴定常见于刑事案件中犯罪嫌疑人或被害人的年龄推断,主要依据骨龄鉴定结果来确定。生育能力评定常见于人身伤害损伤程度鉴定和各类伤残评定,主要依据精子的数量和质量来确定。听觉功能、视觉功能和性功能评定也都有特定的检测程序和评价标准。

七、诈伤或造作伤的识别

在检案中,经常会遇到被鉴定人夸大伤情的情况,这时候就需要鉴定人认真检查,否则会影响鉴定意见。

常见的诈伤有诈聋、诈瘫、诈盲、关节活动检查不配合、假血尿等。对于这种情况,鉴定人应根据其病理基础、病程进展以及通过观察等识别伪装者,以便得出客观、科学的鉴定意见。

八、医疗损害鉴定

(一)医疗纠纷

医疗纠纷,是指在医疗过程中医患双方因对诊疗护理过程中发生的不良医疗后果及其产生的原因认识不一致而发生的纠纷和争议。患者通常要求追究医方责任和赔偿,在事实真相未查明之前而向卫生行政管理部门提出处理请求或向司法机关提请民事诉讼。

医疗纠纷是发生于医疗活动中的医患之间的特殊民事纠纷,患者或患者家属通常确认或者怀疑发生了不良医疗后果,诸如死亡、残疾、器官功能障碍、增加痛苦、延长医疗时间或增加了医疗费用以及其他的人身伤害等。这些不良后果应是与医疗活动有关的内容,而与医疗活动无关的纠纷则不属于医疗纠纷。如活动自如的住院病人自行外出时,遭遇交通事故致胫腓骨骨折,经治疗遗留部分功能障碍,达到十级伤残。该损伤与医疗活动无关,不属于不良医疗后果,因此,该事件也不构成医疗纠纷。不良医疗后果可发生在患者就诊期间的每个环节,如门急诊候诊时、就诊时、留院观察期、住院治疗期、手术过程中等;不良后果必须发生在各级医疗机构,上至三级甲等医院、专科医院,下至乡镇卫生院、社区卫生中心、妇幼保健院、计划生育技术服务部门、防疫站所、合法经营的个体诊所等。医患双方通常难以通过协商调解解决纠纷。

(二)医疗事故

根据《医疗事故处理条例》第2条的规定,医疗事故是指医疗机构及其医务人员在医疗活动中,违反医疗卫生管理法律、行政法规、部门规章和诊疗护理规范、常规,过失造成患者人身损害的事故。

(三)医疗纠纷与医疗事故的关系

医疗事故是引起医疗纠纷的常见原因,医疗纠纷可能是医疗事故,并不一定就是医疗事故,大多不构成医疗事故。在尚未进行医疗事故鉴定或鉴定意见尚未作出时,不能轻率地认定医疗纠纷就是医疗事故。即便是医疗事故,但医患双方认识上并无分歧,或虽有纠纷,但经过协商调解消除了分歧,解决了矛盾,也不能称为医疗纠纷。因此,医疗纠纷包含了医疗事故,但医疗纠纷不等于医疗事故。

(四)医疗损害司法鉴定

最高人民法院《关于审理医疗损害责任纠纷案件适用法律若干问题的解释》第8条至第15条对医疗损害鉴定作了明确规定,包括委托鉴定、鉴定事项、鉴定意见的表述、鉴定意见的质证、鉴定人出庭作证、具有专门知识的人出庭作证、鉴定意见的采信等。司法部行业标准《医疗损害司法鉴定指南》(SF/T 0097-2021)规定,医疗损害司法鉴定一般包括以下委托事项:(1)医疗机构实施诊疗行为有无过错;(2)医疗过错行为与损害后果之间是否存在因果关系以及原因力大小;(3)医疗机构是否尽到了说明义务、取得患者或者患者近亲属书面同意的义务;(4)其他有关的专门性问题。

九、三期评定

法医临床学中三期,是指受伤人员因治疗及康复需要的休息治疗期限、营养期限以及护理期限。司法鉴定三期评定是指在人身损害赔偿案件中,鉴定人根据委托机关或委托人的委托,对损伤后的休息(误工)时限、护理时限、营养时限进行的评定。目前针对三期有一些相关标准,如中华人民共和国公共安全行业标准《人身损害误工期、护理期、营养期评定规范》(GA/T 1193-2014)、中华人民共和国国家标准《事故伤害损失工作日标准》(GB/T 15499-1995)等。

第三节 常见损伤及其鉴定

颅脑是生命中枢所在,是暴力打击的主要目标。颅脑损伤在法医临床司法鉴定中最为常见,颅脑损伤包含颅骨(头皮)损伤和脑损伤。脑损伤包括原发性脑损伤和继发性脑损伤。

一、颅骨损伤的类型

1. 线形骨折，颅骨全层或仅内板或外板完整性线状断裂。常见的形状有直线、弧线、曲形线、放射、龟板样、冰裂样、套环状等。从力点中心向外延伸的骨裂线一般由粗逐步变细直至消失。这对判断外力作用部位很有意义。

2. 凹陷性骨折，颅骨全层或仅一层向颅腔凹陷。其形状与致伤物接触面形状及打击角度等有关。常见的形状有圆形、方形、不规则形、坡状、梯状、舟状等。婴儿可出现乒乓球凹陷样骨折。

3. 孔状骨折，颅骨全层陷落（向内或向外）成洞。多发生在致伤物接触面较小，力点集中，作用力较大的情况下。锤类重复在一处打击亦可形成。

4. 粉碎骨折，骨折线交错，形成两块以上骨片。

二、颅骨损伤在鉴定中的价值

1. 颅骨坚硬，出现了断裂说明作用力较大。

2. 颅骨破裂伤常伴有脑损伤，后果一般较严重。但两者不一定同时发生。

3. 致伤物直接作用引起颅骨破裂，根据其大小、形状、骨裂放射方向有助于分析致伤物接触面大小和形状、打击力的方向。

4. 骨板可塑性较差，骨质擦痕及骨头的某些特殊形态有助于推断致伤物。

5. 根据两条骨折线接合点中断情况可分析打击的先后顺序。

三、脑损伤

颅腔内有硬脑膜、蛛网膜、软脑膜、脑实质、血管。所谓脑损伤包括上述各组织的损伤。

（一）脑损伤形态及功能障碍

1. 脑震荡。头部受伤后立即发生一过性的意识障碍为主的综合征，称脑震荡，又称轻微脑伤。损伤鉴定实践中鉴定人诊断脑震荡主要有三条标准：（1）有确证的头部外伤史；（2）确证发生原发性意识障碍，一般时间小于半小时；（3）脑无器质性损害：神经系统检查无阳性体征、脑 CT、MRI 等影像学检查无外伤性改变，腰椎穿刺脑脊液正常。参考性标准有：①有逆行性遗忘。②伤后有头痛、头晕、记忆力下降等。脑震荡的损伤鉴定常常存在争议，主要源于临床医生作此类诊断时比较宽松，而鉴定人则需要严格按照标准鉴定，常使有关当事人发生误解。

脑震荡发生时，患者皮肤苍白出汗，脉弱，呼吸浅，血压下降，四肢肌肉松弛，皮肤及肌腱反射消失。清醒后有头痛、头晕、恶心、呕吐、态度冷漠、畏光怕吵、耳鸣心悸、失眠等症状，不经治疗数月能自愈，不留后遗症。恢复过程中，有些主观症状，医学上称脑震荡后综合征。如果不符合上述情况，如昏迷时间长、症状严重，有后遗症，临床上称为颅脑损伤综合征，不是脑震荡。脑震荡是轻微脑损伤，脑组织形态改变轻微，甚至肉眼难以发现。

2. 脑挫裂伤，属常见的脑损伤。脑质脆弱，极容易破碎，外力作用出现的脑损伤一般是挫裂伤。单纯的脑挫伤（以实质出血和功能障碍为主）较少见。脑挫裂伤按程度可分为轻度(轻型)、中度(中型)、重度(重型)。

3. 硬脑膜外血肿,颅骨与硬脑膜之间积血,多为脑膜中动脉破裂。常见于颞部(约占血肿的3/4),其次在顶部。主要是动脉出血,静脉(如脑膜中静脉)出血少见。血肿形成速度快,一般体积较大,压迫脑组织,颅压增高,出现压迫症状,如头痛、恶心呕吐,意识障碍,颜面潮红,脉徐缓、血压上升,瞳孔缩小(也有散大),还可出现对侧性抽搐,继之瘫痪。昏迷清醒后及未昏迷的可出现烦躁不安,频繁喷射状呕吐。由于颅压增高,常可出现脑疝,若不及时治疗,患者多因脑功能衰竭而死。硬脑膜外血肿若没有脑组织损伤,手术清除血肿、降低颅压一般能取得较满意的治疗结果。

4. 硬脑膜下血肿,位于硬脑膜与蛛网膜之间的血肿。是常见的颅内出血类型之一,有的说比硬脑膜外血肿高出一倍。常与脑挫裂伤同时存在,多见于对冲伤侧。硬脑膜下血肿直接压迫脑组织,后果严重,死亡率高。

5. 蛛网膜下腔出血,蛛网膜与脑膜之间出血。严重的脑损伤几乎都有此出血。蛛网膜是覆盖脑表面的一层薄膜,与软脑膜之间有小间隙,称蛛网膜下腔,有脑脊液。一旦出血,脊液与血液混在一起向周围扩散,可随脊液循环到脊髓腔,出血可较快地吸收。单纯的蛛网膜下腔出血死亡率较低。

6. 脑实质出血,脑实质及脑室出血。可发生在直接打击部位,但对冲性出血更常见。其症状因出血量及部位不同而有很大的差异。功能少的部位出血可无脑神经病理征。脑干出血的后果严重,点状出血就可能致命。颅内出血死亡的尸体,除常规检验外,检验人还应查清出血部位的血管是否正常,本身有无硬化畸形等异常以致暴力作用仅是促进破裂的因素。

(二)其他脑损伤

1. 外伤性硬脑膜下积液

外伤性硬脑膜下积液是外力作用于头部造成蛛网膜破裂,使脑脊液流入并积聚于硬脑膜下腔。

临床表现与损伤鉴定要点:该损伤通常发于颞额部,也可发生在后颅窝。有急性、慢性两种。临床主要表现为颅压增高和脑受压的症状,与硬脑膜下血肿类似。鉴定主要依赖于临床表现和CT、MRI等检查。损伤程度评定时比照硬脑膜下出血或血肿的有关条款,根据积液量的多少、有无脑受压的表现鉴定为轻伤或重伤。

2. 外伤性脑梗塞

外伤性脑梗塞是头部或颈部外伤引起脑血管堵塞或闭塞所致的脑组织缺血性坏死。其形成机制可能与血管痉挛、血栓形成、栓塞等有关。

临床表现与损伤鉴定要点:急性发作,一般1～2天内症状达到最明显。临床主要表现为头痛、意识障碍及脑损害的局灶症状。鉴定主要依赖于临床表现和CT、MRI等检查,其中MRI检查价值非常大,可显示堵塞血管的部位、形态。鉴定的重点是分析外伤与脑梗塞之间的因果关系。是存在直接因果关系、间接因果关系,还是无因果关系,仅为诱因。损伤程度评定时比照脑内出血或血肿的有关条款鉴定为轻伤或重伤,或不作损伤程度评定。

3. 外伤性气颅

外伤性气颅又称颅内积气，是颅外或颅骨内气体进入颅内形成，为头部外伤或开颅手术的并发症。

临床表现与损伤鉴定要点：少量颅内气体可无明显症状，可自行吸收。气体量多可引起颅内压增高。鉴定主要依赖于临床表现和 CT、MRI 等检查。鉴定时根据原发性脑损伤、积气量和是否引起脑受压症状，比照脑损伤的有关条款鉴定为轻伤或重伤。

4. 外伤性痴呆

外伤性痴呆是颅脑外伤引起的进行性智能减退，其发生机制与脑器质性损害和脑代谢障碍引起脑萎缩有关。

临床表现与损伤鉴定要点：按程度不同可分为轻度、中度、重度。鉴定的重点是确诊痴呆以及分析外伤与痴呆之间的因果关系。损伤程度评定时按照痴呆的严重程度鉴定为轻伤或重伤。伤残等级评定时在确定痴呆程度的基础上依据有关标准进行。

四、脊髓损伤

脊髓损伤最常见的原因之一是交通事故，脊髓损伤可分为原发性脊髓损伤和继发性脊髓损伤两大类。

原发性脊髓损伤包括脊髓震荡、脊髓挫裂伤等。继发性脊髓损伤包括脊髓水肿、脊髓受压和椎管内出血等。脊髓损伤的症状分为横断性损伤的症状（见表 13－1）和不完全损伤的症状。

表 13－1　脊髓各节段完全性横断的症状

受累组织	感觉	瘫痪性质	肌肉受累范围	反射	膀胱功能	疼痛	阴茎勃起及射精	受累对称性	恢复可能性
颈和胸髓	损伤平面以下完全丧失	先迟缓性后转为痉挛性	四肢瘫或截瘫	多存在	早期丧失，晚期可建立反射性膀胱	无	均存在	对称	不可能
圆锥	肛周和生殖器周皮肤感觉减退呈鞍状分布	单纯的圆锥损伤无双下肢瘫痪	—	肛门反射和阴茎反射消失	早期丧失，晚期可建立自律性膀胱	无或局限于会阴及臀部，轻痛	保留或丧失	可为双侧	不可能

续表

受累组织	感觉	瘫痪性质	肌肉受累范围	反射	膀胱功能	疼痛	阴茎勃起及射精	受累对称性	恢复可能性
马尾	损伤平面以下各种感觉全丧失	迟缓性瘫痪	双下肢	膝及跟腱反射消失	可建立自律性膀胱	根性疼痛位于会阴部或小腿	减退或消失	多为单侧	经缝合有恢复可能

资料来源:秦启生主编:《临床法医学》(第3版),人民卫生出版社2005年版,第63页。

脊髓不完全性损伤的症状包括:脊髓中心损伤综合征,特点为上肢运动障碍比下肢重;脊髓前部损伤综合征,特点为损伤平面以下完全性瘫痪;脊髓后部损伤综合征,特点为损伤平面以下深感觉障碍;脊髓半侧损伤综合征,特点为损伤平面以下同侧肢体完全性上运动神经元瘫痪和深感觉丧失,对侧肢体痛、温觉丧失。

脊髓损伤的检查包括全身及局部检查、神经系统检查、其他辅助检查。全身及局部检查的目的在于了解病人生命体征,有无其他脏器受复合伤等。局部检查主要针对脊髓损伤局部的压痛、肿胀、畸形及棘突分离现象等。神经系统检查包括感觉、肌张力、肌力、轻瘫试验、反射、自主神经系统检查等。其他辅助检查包括腰椎穿刺、奎氏试验、磁共振检查、诱发电位检查等。

五、周围神经损伤

周围神经是指中枢神经(脑和脊髓)以外的神经成分,包括神经干、神经节和神经丛。造成周围神经损伤的原因主要包括挤压伤、牵拉伤、摩擦伤、锐器伤、枪弹伤、医源性损伤等。常见的周围神经损伤包括臂丛神经损伤、正中神经损伤、桡神经损伤、尺神经损伤、坐骨神经损伤、腓总神经损伤、胫神经损伤等。周围神经损伤按损伤程度可分为:神经传导障碍、神经轴索断裂、神经部分断裂、神经完全断裂。周围神经损伤后,临床症状表现为运动神经障碍、感觉功能障碍、自主神经功能障碍等。

周围神经损伤的检查包括局部检查、神经功能的检查和辅助检查。局部检查主要检查损伤的形态、特征、部位等。神经功能的检查包括运动功能、感觉功能、反射功能、自主神经功能的检查和神经干叩击试验(Tinel征)等。辅助检查主要包括肌电图检查和诱发电位检查。

六、眼损伤

眼的组织结构非常精细且脆弱,极易受到损伤。眼损伤一般根据致伤因素分为机械性损伤和非机械性损伤。机械性眼损伤包括擦伤、挫伤、穿孔伤、异物伤等,非机械性眼损伤包括热烧伤、化学伤、辐射伤等。

眼损伤的检查包括一般检查与特殊检查。一般检查的对象包括视力、眼睑、结膜、泪器、眼眶、角膜、前房、虹膜、瞳孔、晶状体、玻璃体、视网膜及眼压、眼球运动等。特殊检查包括X线片、CT检查、MRI检查、超声检查、视觉电生理检查、眼底荧光造影检查。

司法检案实践中，评定视力障碍以远视力为标准，以近视力为参考；对加用镜片后视力改善者，则以矫正视力为损伤程度的评定标准；矫正视力正常或接近正常都不以视力障碍论。评定损伤、伤残程度时，凡属低视力、盲者，均以世界卫生组织 1973 年制定的标准为据（见表 13－2）。对人身伤害造成的视力障碍进行伤残等级评定时，建议参照 GB/T 16180－2014《劳动能力鉴定 职工工伤与职业病致残等级》标准执行。

表 13－2　低视力与盲分级标准（世界卫生组织，1973）

类别	级别	最好矫正视力	
		最好视力低于	最低视力等于或优于
低视力	1	0.3	0.1
	2	0.1	0.05（3 米指数）
盲	3	0.05	0.02（1 米指数）
	4	0.02	光感
	5	无光感	

资料来源：《事故伤害损失工作日标准》（GB/T 15499－1995）。

七、耳、鼻、咽喉损伤

（一）耳损伤

耳损伤包括外耳、中耳、内耳损伤。引起耳损伤的因素有直接暴力和间接暴力。直接暴力损伤常见的有钝器伤、锐器伤和火器伤等。间接暴力损伤常见的有掴掌导致的鼓膜穿孔，颅骨骨折波及中耳及内耳造成的听力损害等。

目前，耳损伤的耳聋分级标准仍采用国际标准化组织（ISO）1964 年公布的标准，是以纯音测听计测所得语言频率，即 500Hz、1kHz、2kHz 所得听阈值的平均 dB 进行分级（见表 13－3）。

表 13－3　耳聋分级标准

分级数（dB）	程度	语言能懂度
<26	正常	无明显困难
27～40	轻度	弱声语言困难
41～55	中度	普通语言困难
56～70	中重度	大声语言困难
71～90	重度	喊叫放大声可懂
>90	极度	大声不能听懂

资料来源：秦启生主编：《临床法医学》（第 3 版），人民卫生出版社 2005 年版，第 107 页。

耳损伤的主要表现有耳痛、耳聋。耳聋按发病部位可以分为传导性耳聋、感音性耳聋和混合型耳聋。传导性耳聋的病变主要位于外耳和中耳,系传音变压结构发生障碍使声波到内耳的声量减低,内耳的结构虽正常,但神经末梢所受的刺激微弱,因而产生的神经冲动小,影响声波传导,导致听力减退。感音性耳聋的病变主要位于耳蜗。混合型耳聋主要发生在螺旋神经节,系耳蜗神经受损引起的听力下降。

耳损伤的检查主要包括耳部专科检查、听觉功能检查和影像学检查。耳部专科检查主要指观察外耳、中耳、内耳有无损伤情况。听觉功能检查主要包括耳语试验、秒表试验、音叉试验、纯音听力计测听、言语测听、声导抗测试、条件反射测试、诱发电位测听、耳声发射测试等。影像学检查是耳聋检查重要的辅助手段,包括 CT 检查、磁共振检查、动脉造影等。听觉功能鉴定需注意主客观检查结果是否相符,如不相符,需要鉴定人判断被鉴定人是否有伪装的可能性,如果被鉴定人存在伪聋的情况,应以客观检查为准。

(二)鼻损伤

鼻分为外鼻、鼻腔及鼻窦三部分。外鼻突出于面部中央,易遭受外力打击从而造成损伤。外鼻损伤主要有闭合性损伤和开放性损伤。闭合性损伤表现为擦伤及挫伤,严重的可造成鼻骨骨折甚至鼻窦的骨折,开放性损伤主要表现为切割伤、撕裂伤和咬伤。鼻骨骨折是最常见的外鼻损伤之一,伤后出现局部疼痛、软组织疼痛或皮下瘀血,可见鼻梁偏斜、骨折侧鼻背塌陷。但伤后早期因软组织肿胀明显可掩盖外鼻畸形。伤及鼻黏膜时可见鼻出血。检查时可见局部触痛,有时可触及骨擦感,若出现皮下气肿可有捻发感。诊断鼻骨骨折主要依靠侧位的 X 线片,必要时可进行 X 线轴位或断层拍片和 CT 检查。鼻窦骨折常见的有额窦骨折、上颌窦骨折、筛窦骨折、蝶窦骨折等。鼻窦骨折认定的主要依据是头面部的外伤史、伤后的临床表现以及 X 线片和 CT 扫描。

(三)咽喉损伤

咽喉损伤指的是咽喉部遭受机械性暴力、物理或化学因素等作用,引起咽喉部组织结构的破坏或功能障碍,临床表现有出血、呼吸困难、声音嘶哑或失声、吞咽困难等。咽喉损伤均为颈部遭受外来暴力打击所致,如拳击、道路交通事故等。咽喉损伤有闭合性与开放性之分。闭合性咽喉损伤临床表现为喉挫伤后出现局部疼痛,随发声、吞咽、咀嚼及咳嗽等加重,并可放射至耳部;声音嘶哑或失声;咳嗽及咳血;吞咽困难;呼吸困难及喘鸣,重的可引起窒息;颈部皮下气肿;严重咽喉挫伤可导致创伤性休克。开放性咽喉损伤可见颈部有不同类型及深浅的创口,随呼吸运动可见血液从创口涌出,有时可见唾液从创口流出。由创口可见咽壁、喉内组织及裸露的颈部血管和神经。有皮下气肿时,可触及捻发感。

咽喉损伤时可见颈部肿胀变形,皮肤瘀斑,喉部明显触痛,有皮下气肿时可触及捻发感,有时喉结完全消失,可触及喉部软骨碎片之骨擦感。辅助检查可运用喉镜检查、颈部正侧位 X 线片检查及颈部 CT 诊断。

八、口腔颌面部损伤

面部以鼻根水平线、鼻底水平线为界,可分为面上部、面中部、面下部三部分。口腔颌面部损伤按损伤部位可分为面部软组织损伤、牙与牙槽骨损伤、颌面骨与关节损伤。口腔颌面部损伤具有创伤易愈合、愈后影响容貌、常合并不同程度的颅脑损伤、易并发感染、易遗留功能障碍等特点。检查口腔颌面部时常用的方法有视诊、触诊、探诊、听诊及X线片、CT、造影等辅助检查。口腔颌面部损伤的检查中,软组织损伤的检查是一个重要的环节,因为软组织的损伤除了影响功能之外还会对人的容貌造成影响。口腔颌面部的检查依据容貌毁损和功能障碍程度来确定损伤程度,如面部疤痕或色素改变,腮腺、面神经及颞下颌关节功能障碍等,而鉴定的时间选择需视损伤部位、性质及愈后来定。由于损伤组织愈合及疤痕修复需要一定的时间,因此,面颊部创伤宜在伤后3~6个月根据面部疤痕或色素改变进行鉴定。另外,涉及颞下颌关节软组织损伤、面部神经损伤,有可能影响颞下颌关节活动或其他功能的,也应在伤情稳定后进行。口腔检查应包括口腔前庭的检查、固有口腔的检查、牙及咬合的检查。其中需要注意的是牙齿松动的判断,Ⅰ度:活动度小于1mm;Ⅱ度:活动度介于1~2mm;Ⅲ度:活动度大于2mm。颞下颌关节及张口度的检查包括视诊、扪诊、张口度检查及X线、CT等辅助检查。其中需要注意的是张口受限分为三度,Ⅰ度(轻度张口受限):大开口时,上下中切牙切缘间距可垂直置入二指,约2~3cm;Ⅱ度(中度张口受限):大开口时,上下中切牙切缘间距仅可伸入一指,约1~2cm;Ⅲ度(重度张口受限):大开口时,上下中切牙切缘间距不能伸入一指,小于1cm。另外,口腔颌面部损伤累及神经损伤时还需进行神经电生理检查和肌电图检查确定损伤部位。

九、四肢骨、脊柱损伤

(一)四肢骨关节损伤

四肢骨关节损伤鉴定十分重要,所以在鉴定过程中要尤其仔细认真。骨关节损伤鉴定应详细了解受伤时间、过程、方式和暴力性质等。关节的基本结构包括关节软骨及其覆盖的骨端、滑膜滑液、纤维囊韧带等。关节正常活动的基本条件是:关节骨端的关系正常,关节软骨膜平整,关节的韧带完好,支配关节运动的肌肉、肌腱及其神经功能正常。骨关节损伤会造成程度不一的功能障碍。造成骨关节损伤的原因很多,无论是直接暴力或是间接暴力都有可能造成骨关节损伤,骨关节损伤包括韧带损伤、关节内骨折、关节脱位等。

骨关节损伤的检查包括体格检查、影像学检查和关节镜检查。体格检查要注意观察关节外形、周围皮肤色泽、关节内有无积液和游离的活动体、关节主动活动和被动活动的比较以及活动中有无异常声响等。X线片检查可以确定骨性损伤及关节的被动异常活动,关节内外有无异常以及关节是否存在退行性变,CT检查能更准确地显示关节内骨折及其移位状况。关节镜检查特别针对膝关节半月板及韧带等损伤。

肢体缺失,是指肢体因外伤直接造成的离断,或因肢体组织失活、神经血管损伤造成严重并发症坏死、感染后截肢。肢体缺失的法医临床学鉴定应以原发伤情为主,不能因断肢再植术后肢体功能恢复较好而减轻原发损害的伤情程度。肢体功能障碍是指肢体骨损伤或神经、血管、肌腱等损伤后肢体的关节功能障碍或其他运动功能障碍。另外,肢体缺失、肢体骨损伤或者软组织损伤等畸形愈合后可造成肢体长度差异。在损伤程度及伤残等级评定中,肢体缺失、肢体功能障碍、肢体长度差异等均可能构成轻重伤或者能够达到伤残等级。

(二)脊柱损伤

脊柱由椎骨、椎间盘、关节和韧带等组成,为既坚固又可弯曲的人体中轴,并参与胸腔、腹腔和盆腔的构成。椎体属松质骨,外包一层坚质骨,易受挤压变形。脊柱起支持体重、传递重力和保护脊髓、脊神经根等作用。脊柱的损伤多为间接暴力损伤,损伤原因包括高坠、重物打击、车祸等。一般在上颈椎的损伤中,寰椎的损伤不会造成脊髓损伤;枢椎的损伤造成脊髓损伤的较少,但因为血供及骨折愈后等问题也可造成脊髓压迫;寰枢关节的脱位,若未进行及时的治疗,其脱位程度加重可导致高位颈髓受压。下颈椎的损伤常伴有不同程度的脊髓和神经根损伤。脊柱骨折或者脱位最常发生在胸椎和腰椎交界处。胸、腰椎的脊柱损伤可导致腰椎活动受限、脊髓受压等。

脊柱检查包括一般检查、影像学检查、脊柱畸形及活动度测量及脊柱稳定性检查等。

在损伤程度鉴定、道路交通事故鉴定、职工工伤鉴定中,脊柱不同程度的损伤构成的损伤程度和伤残等级都有所不同,具体可以参照相关鉴定标准。

(三)椎间盘损伤

脊柱外伤可引起椎间盘的损伤,因为椎间盘位于两个椎体间,由软骨终板、纤维环和髓核构成,脊椎外伤必须导致纤维环的撕裂才会引起椎体间脱位。椎间盘突出症是因椎间盘变性,纤维环破裂,髓核突出刺激或压迫神经根、马尾神经所表现出的一种综合征。椎间盘突出症中最常见的是腰椎间盘突出症。椎间盘突出症主要靠影像学检查来诊断。椎间盘损伤的临床法医学鉴定主要根据外伤史、症状、体征以及X线平片检查、CT检查及MRI检查等作出诊断。外伤性椎间盘突出压迫脊神经、马尾神经可定重伤。单纯外伤性椎间盘突出属于轻伤。

(四)骨盆损伤

骨盆损伤多见于车祸、撞击、碾压、砸伤及高坠等。骨盆骨折可分为稳定性骨折和不稳定性骨折。骨盆骨折通常包括髂骨骨折、耻骨骨折、坐骨骨折、骶尾骨骨折、尾骨骨折等。骨盆骨折的检查包括骨盆畸形愈合的检查、骨盆倾斜致肢体不等长的检查等。

十、胸腹部损伤

(一)胸部损伤

胸部是外来暴力致伤的常见部位。由胸壁和膈肌构成的密闭胸腔内有心、肺、大血管等重要器官,并有食管经过。胸廓的完整性及有节奏的协调活动是维持正常的呼吸功能及循环功能所必需的。胸部损伤包括胸壁和胸内脏器损伤,由于各器官结构及担负的功能不同,不同部位及类型的损伤对人体的影响有很大的差别。损伤若累及胸腔内器官,如心、肺或大血管,后果会很严重,甚至导致死亡。

胸部损伤包括胸部软组织损伤、肋骨骨折、胸骨骨折、心脏损伤、肺挫伤、外伤性血胸、外伤性气胸、纵膈器官损伤等。主要临床表现有胸痛、呼吸困难等。胸部损伤的检查包括一般检查、外伤性呼吸困难的检查和辅助检查。一般检查包括损伤部位的检查、损伤和瘢痕的大小和性状的检查、损伤处肋骨和胸骨情况的检查;常见的辅助检查有 X 线片检查、CT 检查、磁共振检查等。

(二)腹部损伤

腹部遭受外来的暴力容易产生损伤。腹部的损伤既有开放性的也有闭合性的,主要包括腹部软组织、胃、肠、肝、脾损伤等。腹痛是腹部损伤的主要症状之一,若伤及腹内脏器,则可有内出血及其他症状。腹部损伤的检查包括一般检查与辅助检查。一般检查的对象包括损伤或瘢痕的部位,损伤或瘢痕的大小和性状等;辅助检查的手段包括 X 线片、CT 检查、磁共振检查、超声波检查等。

十一、泌尿和生殖器官损伤

泌尿系统由肾、输尿管、膀胱及尿道四部分组成。男性生殖系统包括阴茎、阴囊、睾丸、附睾及前列腺等,女性生殖系统包括阴道、子宫及卵巢等。

肾损伤的表现主要有疼痛、血尿、出血、休克等。血尿检查是确定肾损伤的重要依据之一,尿常规检查是常用手段。另外,X 线检查、CT 检查、B 超检查等也是判断肾损伤的重要方法。需要注意的是要判断血尿是否是伪装的。

输尿管损伤一般表现为局部肿胀疼痛、尿液外渗、血尿等,一般因损伤的原因不同,临床症状也有所不同。输尿管损伤的检查主要有肾图、静脉尿路造影、逆行造影等。

膀胱损伤的主要表现有腹下部或耻骨部疼痛和腹壁强直等。检查时发现有耻骨压痛,直肠指检触到直肠前有饱满感,提示有腹腔外型膀胱破裂。膀胱破裂后因尿液外渗常常表现为假性无尿,导尿试验和膀胱造影是确诊膀胱破裂的较好辅助检查方法。经导尿管向膀胱内注入造影剂,摄取前后位及斜位 X 光片,可了解是否有膀胱破裂及破裂部位。

尿道损伤主要表现为疼痛、局部肿胀、瘀斑及尿道出血,严重的甚至会出现休克、尿潴留等。导尿是尿道检查较好的方法,尿道造影或经尿道作逆行性膀胱造影可确切显示尿道破裂的部位和程度。直肠指检也可以帮助确诊。

男性阴茎损伤表现为阴茎肿胀、出血和疼痛。合并有尿道损伤时表现为血尿、排尿困难。阴囊损伤主要表现为局部红肿及疼痛。男性生殖器官的检查主要包括损伤部位的检查、损伤形态的检查等。

女性阴道及子宫的损伤主要表现为出血及腹部刺激症状。

十二、性功能障碍

性功能障碍分为广义和狭义两种。广义性功能障碍指性交能力障碍和生殖能力障碍,包括性交不能和生殖不能。狭义性功能障碍指性行为和性感觉障碍,表现为性生理反应反常及缺失,从而影响正常的性生活。性功能障碍可发生于性生理反应周期的任何一个环节。性功能障碍不仅包括男性性功能障碍,还包括女性性功能障碍。

男性性功能障碍最常见的是阴茎勃起障碍和早泄。法医学检查主要包括询问病史、体格检查、性心理学和精神心理学评价、实验室常规检查、激素序列测定、夜间阴茎勃起试验、视听觉刺激试验、阴茎血管功能检查、神经电生理检查等。

女性性功能障碍主要包括性唤起障碍、性高潮障碍、性交障碍等。检查包括询问病史、体格检查、实验室常规检查及激素测定。

第四节 法医临床鉴定评判

一、与鉴定事件性质相关的标准适用

受理鉴定事(案)件后,应当全面了解事(案)件性质,正确适用相应的鉴定标准。道路交通事故案件应参照《人体损伤致残程度分级》进行鉴定;工伤事故适用中华人民共和国国家标准《劳动能力鉴定 职工工伤与职业病致残等级》(GB/T 16180－2014);保险事故适用保险行业标准《人身保险伤残评定标准》。

二、与被检人身份相应的标准适用

某些特殊鉴定事件,如被检人是军人、武警等,在战争或执行公务中受伤致残,则应适用专门的鉴定规定。

三、人身伤害案件的标准适用

人身伤害案件适用《人体损伤程度鉴定标准》。在追究当事人刑事责任的同时,附带民事赔偿案件可参照该标准进行鉴定。按照导致伤残的事件性质的不同和被鉴定人主体身份的不同适用的鉴定标准及伤残分级情况如下(见表13－4)。

表13－4 不同事件不同主体适用的鉴定标准及伤残分级情况

适用事件	适用主体	适用标准	分级情况
工伤事故	职业活动中受伤人员	《劳动能力鉴定 职工工伤与职业病致残等级》	一至十级
道路交通事故	道路交通事故受伤人员	《人体损伤致残程度分级》	一至十级
医疗损害	医疗事故受伤人员	《人体损伤致残程度分级》	一至十级
人身伤害	人身伤害事件中的受伤人员	《人体损伤致残程度分级》	一至十级

续表

适用事件	适用主体	适用标准	分级情况
人身保险致残	保险事故中致残人员	《人身保险伤残评定标准及代码》、《劳动能力鉴定 职工工伤与职业病致残等级》或《人体损伤致残程度分级》(按保单约定或法定)	一至十级
人体损伤程度鉴定(轻重伤鉴定)	治安、刑事或行政案件中的受伤人员	《人体损伤程度鉴定标准》	轻微伤、轻伤一级、轻伤二级、重伤一级、重伤二级

四、劳动能力丧失

劳动能力丧失程度可分为四类:

1. 完全丧失劳动能力:损伤或其他因素造成人体组织器官缺失、严重缺损或畸形,人体活动功能严重障碍,个人生活不能自理,需完全或大部分依赖医疗、护理,一旦离开医疗、护理,受害者会发生死亡或无法生活。如高位截瘫、陷入植物状态等。

2. 大部分丧失劳动能力:损伤或其他因素造成人体组织器官大部分缺失或明显畸形,不能独立进行日常生活,存在医疗依赖且有时需要他人帮助,否则有可能危及生命。如偏瘫、双眼低视力等。

3. 部分丧失劳动能力:损伤或其他因素造成人体器官大部分缺失或畸形,伴有轻度功能障碍,独立生活、工作和学习有不同程度受到影响,但生活能自理,能参加一般劳动。如缺失一眼、关节活动功能严重障碍等。

4. 小部分丧失劳动能力:损伤或其他因素造成人体器官部分缺损或轻度畸形,治愈后存在轻度功能障碍或无明显功能障碍,生活能够自理,能参加社会工作和社会活动,从事某种专长劳动对功能有一定影响。如拇指缺失、踝关节轻度功能障碍等。

五、劳动能力障碍

劳动能力障碍从时间上可分为暂时性和永久性劳动能力障碍,按从事职业的特殊要求可分为一般性和职业性劳动能力障碍。伤残鉴定所评定的劳动能力丧失程度是指永久性的一般性劳动能力障碍。暂时性劳动能力障碍不纳入鉴定范围。

六、伤残评定时机

受伤后,伤情发展有一个过程。这个过程长短不一,如容貌修复,神经损伤后的再生,感觉器官功能的恢复,需要较长的时间。因此,伤情鉴定一定要待伤情稳定后进行。由鉴定人根据损伤部位和程度,参照病理演变过程,结合本标准和行业指南的规定选择最佳的鉴定时机。

思考习题

1. 如何理解法医临床司法鉴定的概念?
2. 阐述法医临床司法鉴定的任务。
3. 简述医疗纠纷鉴定与医疗事故鉴定的区别。
4. 如何理解鉴定标准的适用问题?

拓展阅读书目

1. 朱广友主编:《法医临床司法鉴定实务》,法律出版社 2009 年版。
2. 法律出版社法规中心编:《新编司法鉴定办案手册》,法律出版社 2008 年版。
3. 司法部司法鉴定管理局组织编写:《〈人体损伤程度鉴定标准〉适用指南》,法律出版社 2013 年版。
4. 范利华、吴军、牛伟新主编:《损伤与疾病》,复旦大学出版社 2014 年版。

第十四章　法医物证司法鉴定

本章概要　本章阐述了法医物证司法鉴定的概念、任务、鉴定方法，着重介绍了法医物证司法鉴定的内容，介绍了如何评价法医物证司法鉴定结果。

通过本章的学习，应该了解法医物证学研究的范围、涉及的主要研究方法、鉴定的内容及主要步骤，以及法医物证司法鉴定结果的证据价值。

关键词　法医物证司法鉴定；DNA 多态性；个体识别；亲权鉴定

第一节　概　　述

一、法医物证司法鉴定概念

法医物证司法鉴定，亦称人体物质鉴定。凡与案件有关的人体组织及来自体内的物质，经过专门性检查，查明其本质特异性，提供个体认定依据，明确其在证明案件真实情况、澄清是非等方面的作用，这个过程称为法医物证司法鉴定。

二、法医物证司法鉴定范围

（一）人体组织

人体组织主要是指表皮、软组织块、骨骼、牙齿、毛发（头发、阴毛、腋毛、胡须、眉毛、睫毛、鼻毛、胸毛、毳毛等）、指甲、体段等。

（二）体液

体液主要包括血液（包括血痕）、体腔液（胸腔液、腹腔液、脑脊液等）、组织间液、羊水（羊膜腔内的液体）等。

（三）分泌物

分泌物主要包括精液（包括精斑）、阴道分泌物（包括斑迹）、唾液、泪液、鼻液、汗液、乳汁、痰等。

（四）排泄物

排泄物主要包括尿液（包括尿斑）、粪便。

（五）其他

从物证检验的角度看，这类物质包括呕吐物等。

三、法医物证司法鉴定任务

法医物证司法鉴定的目的在于解决司法实践中的个体识别和亲子鉴定等问题。

(1)谋杀及伤害案件中,在犯罪现场或可疑凶器上常常遗留有血痕或其他生物斑痕,需鉴定是否为人血,查实是何人遗留。

(2)强奸或强奸杀人案,犯罪现场的床上、地上、被害人衣物或阴道中往往遗留有精液或精液与阴道分泌液的混合斑迹,需鉴定可疑精液斑或混合斑中精液,确定是何人所留。

(3)道路交通事故现场勘查中,用于查明事故现场以及嫌疑车辆上的血痕、毛发与组织碎片是否来自死伤者或肇事司机。

(4)重大灾害和空难事件造成的尸体残段,需要鉴定是否属于同一人,杀人纵火、焚尸灭迹、火灾事故或集体被害案件需要进行尸源鉴定。

(5)亲权质疑案件中,用以查明父母与子女之间有无血缘关系。

四、法医物证司法鉴定方法

法医物证学是应用遗传标记进行个人识别和亲权鉴定的一门专门学科。分析人类多态性遗传标记是法医物证学技术的核心,而检材的处理策略和试验结果的科学解释是法医物证技术的两个关键环节,其具体方法涉及多种学科。

(一)物理学方法

物理学方法在解决法医物证检验问题时比较直观,常用的有血痕、精斑的紫外光检测,分光光度法检测血红蛋白及其衍生物的血痕确证试验等。近年来,应用物理学技术解决法医物证检验问题逐渐增多,如用核磁共振法测定血痕的陈旧度,应用紫外光源阅读表达酶谱及DNA扩增产物片段等。近年来,荧光染料标记引物复合扩增STR基因座、应用激光诱导获得DNA分型信息等相关技术已经成为物证检测的常规方法。

(二)化学方法

在鉴别瘢痕的类别时,多采用传统的化学方法,如用于血痕检验的联苯胺、酚酞实验及血色原结晶试验,精斑检验的碘化碘钾结晶试验,唾液斑检验的碘淀粉试验等。这些方法尽管不特异,却因应用试剂容易取得,试验操作简单有效,有时还非常灵敏,一直沿用至今。

(三)形态学方法

形态学方法是法医物证学的基本方法之一,有的形态学检验结果可作为证据保存。主要形态检验方法是显微技术及电子显微镜扫描技术,如用显微镜技术检验人类及鸟类红细胞,以区别人血与鸟血;应用显微镜确证精斑中精子的存在。

(四)免疫血清学方法

物证检验很早就采用了免疫学技术,包括经典的沉淀反应和凝集反应等,并将其应用于血痕的种属鉴定、精斑的确证试验、血痕血型的测定等。物证检验在20世纪80年代DNA检验技术得到迅猛发展之前,是物证检验技术的核心。高灵敏度的免疫学方法,如酶联免疫吸附试验、免疫固定蛋白分析技术、免疫层析技术等至今还是学科研究和物证鉴定的重要手段。

（五）生物化学方法

实践中，常用各种电泳技术测定人类血清型与红细胞酶型及DNA分析。常用的电泳支持介质有淀粉凝胶、琼脂糖凝胶及聚丙烯酰胺凝胶等。电泳方法则包括圆盘电泳、垂直板电泳、水平板电泳、等电聚焦电泳、梯度凝胶电泳、变性凝胶电泳及DNA序列分析等。

（六）分子生物学方法

目前，DNA指纹技术、聚合酶链式反应及DNA序列测定法等分子生物学方法均已应用于法医物证学。DNA探针检验得到的具有高度个体特异性的限制片段长度多态性图谱，使法医物证鉴定实现了从只能作出否定结论到得出高概率肯定结论的飞跃。应用PCR法不仅可以检测VNTR、STR、mtDNA及特定序列的单核核苷酸多态性，而且对样本的质和量的要求也大大降低，扩大了法医物证学的检测分析范围。对法医物证鉴定而言，STR多态性检测比限制性酶切片段长度多态性更具优势，是目前个人识别与亲子鉴定的主流技术。mtDNA多态性测定则解决了缺少核DNA的毛发与指甲等角化组织的个人识别与母系单亲的亲子鉴定难题。

（七）遗传学方法

亲子鉴定需要应用遗传学原理对父母与子女的血缘关系进行分析。人类的遗传标记包括各种血型、红细胞酶型及DNA多态性，均按孟德尔遗传定律遗传。不同遗传标记的表达不同，遗传规律亦不完全相同，因此亲子鉴定必须具备基本的遗传学知识。应用各种遗传标记计算个人识别概率、否定父权概率和父权指数等量化指标均需要该遗传标记的群体基因分布频率，后者则是应用群体遗传学理论通过不同群体的遗传学调查经过统计分析而获得的。

（八）电子计算机技术

随着计算机技术的迅猛发展，应用电子计算机进行图像分析、数据处理和建立数据库也成为法医物证学的基本技术。

第二节 鉴定基本内容

一、血液和血痕检验

血液是人体血管内流动的液体。血液在体外环境干燥后形成的斑迹称为血痕。血液和血痕是生物物证鉴定中最常见、最重要的检材。无论在凶杀、斗殴、碎尸、交通事故，还是在抢劫、性侵等案件中，现场、致伤物、被害人与犯罪嫌疑人的衣物上均可能发现血液或血痕。它们可以为案件的侦破和裁判提供非常重要的线索和依据。

血液和血痕检验主要涉及下列问题：（1）送检检材是否含血；（2）是人血还是动物血；（3）人血的个人特征，包括血型、酶型、性别、DNA多态性等；（4）其他与案情有关的问题,如出血部位、出血时间、出血量等。血痕检验一般遵循以下检查程序:肉眼检查→预试验→确证试验→种属鉴定→个人识别(各种遗传标记和性别测定)→其他检验(包括出血部位、出血时间、出血量推断等)。

由于生物物证鉴定中所处理的血痕都不同程度受到外界各种因素的影响,血痕越陈旧,所受的影响越大,因此血痕检验比新鲜血液检验要复杂和困难得多,必须及时发现、提取,尽早进行相关检验。

(一)血痕的肉眼检查

血痕的肉眼检查,主要观察血痕的数量、形态、色泽、分布、范围及大小,检查血痕与现场其他物品的相互关系,推测它的形成机制,从而初步判断案件性质、发案时间、案件发生过程、尸体被移动路线、犯罪嫌疑人的行踪等相关信息,为侦查破案提供线索和证据。

(1)血痕的形状:根据血痕的形态可推测出血部位、出血者的体位以及受伤后行走的方向。

(2)血痕的分布部位与范围:根据现场、人体或衣物上的血痕分布情况可推测受伤时被害人的体位、受伤后有无移动、有无搏斗等。根据血痕的分布及拖擦方向也可以判断第一现场与第二现场。

(3)血痕的颜色:根据血痕的颜色可粗略估计出血时间。新鲜血痕呈鲜红色,有光泽。随着时间的延长,血痕干燥,红细胞被破坏,血红蛋白逐渐变为正铁血红蛋白,再变成正铁血红素,血痕的颜色逐渐呈暗红色,最后变为灰褐色。此外,血痕的颜色与载体的性质、颜色也有关系。

(4)血痕的大小:根据血痕的大小可以估计出血量,出血量常常与死亡原因及受伤后存活时间等有关。

(二)血痕的预试验

在现场勘查时,许多肉眼难以鉴别、外观与血痕相似的斑迹都会被提取,然后通过预试验筛选出需要作进一步检验的检材,即迅速筛除不是血痕的检材。为此,预试验的方法必须操作简便、快速,所需检材量少且灵敏度高。

血痕预试验的基本原理,是利用血痕中的血红蛋白及正铁血红素的过氧化物酶活性,使过氧化氢释放出新生态氧,氧化无色物质成为有色物质,然后根据有无颜色变化作出相应判断。有些生物性体液(如唾液、鼻涕、脓液)、植物汁液(如大蒜、胡萝卜、马铃薯)等均具有过氧化物酶活性。另外,还有一些氧化剂(如铁锈、高锰酸钾、甲醛)也能氧化无色物质,使之成为有色物质。所以,血痕预试验缺乏特异性,阳性结果仅表示待测物可能是血痕,而不能确证为血痕。血痕预试验的方法有许多,最常用的是联苯胺试验和酚酞实验。

(三)血痕的确证试验

预试验结果阳性表明检材可能是血痕,需进一步确定是否含有血液成分。确证试验的目的是确证检材是血痕。确证试验的结果如为阳性则表明检材是血痕。但是,相比血痕的预试验，血痕的确证试验灵敏度较低，被环境污染（如被细菌污染、腐败发霉、遭洗涤与日晒等）的血痕，试验结果往往呈阴性，而且确证试验易受许多其他因素的影响，故阴性结果也不能完全否定检材是血痕，只能说未能检出血痕。在确证试验的实验方法中，以血色原结晶试验和氯化血红素结晶试验最为常用。

（四）血痕的种属鉴定

血痕种属鉴定的目的是确定血痕是人血还是动物血。只有确定了血痕是人血，检测血痕的人类遗传标记才有意义。某些动物、植物、细菌的血液中都含有与人类相似的血型物质，如果不清楚血痕的种属，就进行人类血型测定，容易将动物的遗传标记判定为某个人的，进而得出错误的结论。所以，在用血痕进行个人识别前，必须要鉴别其种属来源。种属鉴定的方法有许多种，日常工作中最常用的方法是沉淀反应和胶体金标记技术。

（五）血痕的个体识别

血痕检验的最终目的是要鉴定血痕是不是某个个体的，一旦确证为人的血痕，应测定血痕中的遗传标记进行个人识别。在 20 世纪 90 年代前，主要通过检测红细胞血型（如 ABO、MN 血型等）、红细胞酶型和血清型进行个人识别。20 世纪 90 年代以后，随着 DNA 分析技术的迅速发展和日趋完善，DNA 遗传标记的检测已是血痕个人识别的主要手段。

（六）出血部位的鉴定

出血部位一般是根据血痕中含有的组织细胞来推测的。如发现纤毛柱状上皮细胞、口腔黏膜上皮细胞、子宫内膜上皮细胞或体内脏器组织细胞时，可分别推测出血部位在呼吸道、口腔、子宫及内脏器官。如果发现异形白细胞、镰状红细胞、疟原虫寄生红细胞、微丝蚴等具有个体特征性质的病理细胞或寄生物，也可以据此进行个人识别。鉴定出血部位时应区别月经血与其他原因的阴道出血，如性交时处女膜破裂出血或流产时出血等。阴道出血可检见阴道脱落上皮细胞，偶尔可见阴道滴虫、包皮垢杆菌等。月经血可检见子宫内膜上皮细胞、阴道或子宫颈鳞状上皮细胞。

二、精斑检验

精液是一种含多种成分的碱性乳白色胶状液体，主要由精子及精浆组成，其中 90% 是水，10% 是固体成分。固体成分除大量精子外，还有睾丸细胞、白细胞、脱落柱状上皮细胞等。精浆由男性各附属性腺分泌物组成，包括精囊液、前列腺液、尿道球腺液和尿道旁腺液。正常男性一次射精量为 2 ~ 6mL，排出精子的总数约 4 ~ 6 亿个。精子生存最适宜的环境 pH 值为 7.5。人类精子在女性生殖道内平均生存 36 小时，长者可达 3 ~ 7 天。精子的检出期限与被害人的体位、活动情况以及月经周期有关。精子检出率的高低与阴道内容物的提取方法与位置也有很大关系，宫颈刮片和阴道后穹窿部擦拭物的精子检出率最高，但总体计，精子的检出率也只有 70%。

检案实践中，常常遇到精斑检验。精液在载体上干燥后形成的斑迹称为精斑，它大多附着于犯罪嫌疑人或女性的衣、裤，女性的外阴部或大腿内侧，以及现场的被褥、毛巾、纸张、床板等处。此外,阴道擦拭物也是常见的精斑检材。

(1)肉眼检查。肉眼检查的目的是发现可疑精斑,确定其所在部位及分布情况,以便准确取材,提高阳性检出率。一般精斑呈灰白色糨糊状斑迹,软质载体(如衣裤、纸张等)上精斑手触有硬物感,新鲜精斑有特殊臭味。

(2)预试验。预试验的目的是筛选可疑精斑。由于预试验检出的成分并非精斑特有,故阳性结果仅提示斑痕可能是精斑,不能确证是精斑。精斑预试验方法很多,主要方法有紫外线检查、碘化碘钾结晶试验、苦味酸结晶试验等。

(3)确证试验。精斑确证试验通过检验精液中的特有成分来确证斑痕是否是精斑。精斑中的精子是相当稳定的,陈旧精斑甚至十余年前的精斑也能查见精子。通过特殊试剂和仪器,这一检测操作简便快速,精子检出法也成为确认精斑最简便、可靠的方法。

(4)种属鉴定。精斑确证后,需要进一步鉴别是人精斑还是动物精斑,经典方法是使用种属特异性好、效价高的抗-p30血清进行抗人精液血清环状沉淀试验,此外,特异性好、灵敏度高的胶体金标记法也是目前一项常规精斑检测技术。

(5)精斑的个人识别。精斑检验的主要目的是进行个人识别,以确定现场发现的精斑为何人所遗留。随着DNA多态性检测技术的发展,精斑的个人识别更多地依赖DNA遗传标记的检测。

三、唾液(斑)的鉴定

唾液(斑)是唾液在载体上干燥后形成的斑痕。唾液主要由唾液腺、颌下腺、舌下腺分泌液组成,99.4%是水分,其余为固体物质。唾液中还有黏膜脱落上皮细胞、少量白细胞以及食物残渣。

法医物证鉴定中经常在现场发现当事人留下的痰或唾液(斑),现场烟蒂、手帕、口罩、瓜子皮、水果、嚼过的口香糖以及喝过水的茶杯上也会有唾液(斑)遗留,此外活体及尸体皮肤或其他物体上的咬痕,往往也附着有唾液(斑)。一般唾液(斑)的检验均需经过预试验、确证试验、个人识别等几个检验步骤。

四、尿液(斑)检验

正常尿液为淡黄色、透明、弱酸性液体。尿液中的固体成分主要为人体的代谢产物,如尿酸、尿素、肌酸以及钠、钾等无机成分。此外,还含有红细胞、白细胞、上皮细胞、细菌、蛋白质和糖类等成分。体外尿液干燥后会形成尿斑。

生物物质鉴定中,在机械性窒息死亡现场,死者的衣裤、被褥或其他物品上可能遗留有尿液(斑),对其进行检验鉴定可推测死者临死时有无尿失禁、尿失禁发生的地点、尸体的位置等。近年来,随着毒品犯罪的增多和违禁药物的滥用,尿样是相关物质检验最常使用的样品。尿液(斑)的检验同样需要经过预试验、确证试验、个人识别、成分分析等检验步骤。

五、毛发检验

毛发是人和动物皮肤的附属器官。人毛是由表皮演化而来,由角质蛋白所组成,不易破坏,离体毛发可以长期保存,是法医鉴定较好的物证。在案件现场提取的毛发可能是人毛,也可能是动物毛发或化学、植物纤维。但是,毛发作为证据的价值却是有限的,只有在特定的条件下,才可起到证据作用。如通过人毛的形态可判断毛发的生长部位及推断人的年龄;毛干可检测 ABO 血型;从毛囊上皮细胞中提取的 DNA 物质可以进行性别检测和个人识别。此外毛发还可以用于毒物化验,以分析某些特定毒物的吸收和分布。

六、骨骼与牙齿的个人识别

人体组织器官中硬度最高的是骨骼和牙齿。它们坚固、耐热、抗腐败,是人体最稳定的生物学证据,可长期存在,特别是骨密质。对白骨化尸体、重大灾难中(如火灾、矿难、空难、沉船、战争)严重毁损的尸体或某些历史案件中的遗骸进行鉴定时,骨骼和牙齿是身源鉴定主要的甚至是唯一的检材。骨骼与牙齿的个人识别主要依靠法医人类学的相关知识和 DNA 遗传标记的检测来完成。由于骨骼、牙齿的稳定性,它们是遗骸身源鉴定最后依赖的检材,其中最重要的问题涉及 DNA 分离和纯化。

七、人体物质的 DNA 检验

人类研究 DNA 可以追溯到 20 世纪 20 年代,1944 年奥斯瓦尔德 · 艾佛里(Oswald Avery)证实了 DNA 是遗传特征从上一代向下一代传递的载体,为人类对 DNA 结构、功能、特征的研究奠定了基础。法医 DNA 的研究和应用开始于 20 世纪 80 年代初。1985 年,英国莱斯特(Leicester)大学杰弗里斯(Jeffreys)等人研究建立了法医 DNA 指纹技术。研究证实,人类个体指纹图相同的偶合概率小于 $2.4\times1/(2.4\times10^{11})$,他们认为除同卵双生外,全世界人口中难以找到具有相同 DNA 指纹的两个个体,这可以作为个体同一认定的依据。这一理论首先应用于一起移民诉讼案的亲子鉴定。1986 年,法医首次运用法医 DNA 指纹技术对两起强奸杀人案件进行了鉴定,从而拉开了法医 DNA 分析技术应用于侦查破案并成为法庭证据的序幕。近年来,DNA 分析技术受到了各国司法、警察和鉴定界的高度重视,各国法医学家充分研究和采用 DNA 分析技术办案,使法医 DNA 分析技术有了突飞猛进的发展。我国于 1986 年开始法医 DNA 分析技术的应用研究,1988 年有研究成果报道,1989 年该技术正式应用于实际案件的鉴定。我国法医界研究和应用的法医 DNA 分析技术主要有 DNA 指纹、小卫星扩增片段长度多态性、微卫星复合扩增、微测序技术、线粒体 DNA 测序、DNA 性别鉴定等。

(一)DNA 分析的基础理论

DNA 是生物细胞内成分“脱氧核糖核酸”的简称。每一个生物都由细胞组成,有细胞膜包裹的细胞叫真核细胞,无细胞膜的细胞则称原核细胞。由真核细胞组成的生物称真核生物,如人、动物和植物等。真核细胞的 DNA 主要存在于细胞核中,被组蛋白紧密包装在染色体中。每个染色体含有一个 DNA 分子,人的二倍体细胞含有 23 对染色体,故有 23 对 DNA 分子。除核 DNA 外,细胞核外的线粒体、植物中的叶绿体也含有 DNA。法医 DNA 分析目前主要研究的是核 DNA 和线粒体 DNA。

(二)DNA 分析技术用于法医物证鉴定的主要依据

(1)每个人体所具有的 DNA 遗传物质都具有唯一性,就像指纹一样互不相同。最早用于法医检验的 DNA 技术——限制片段长度多态性检验(RFLP)俗称 DNA 指纹技术。

(2)每个人体细胞核内的 DNA 遗传物质都分别来自父母双方,这是通过母—子—父的三联体的 DNA 检验可以进行亲子鉴定的遗传学基础。

(3)每个人体的不同组织细胞中含有的 DNA 都相同,因此可以将嫌疑人遗留在现场的血液、精斑、毛发等进行比对,进行同一认定。

(4)人体细胞中线粒体 DNA 通过母系遗传,因此,通过检验线粒体 DNA 可以进行系遗传鉴定、家系分析等。

(5)DNA 具有稳定性。蛋白质容易受温度、湿度、紫外线及细菌污染等的影响发生本质的变化,从而使蛋白质的分型试验出现假阴性或假阳性,同时,可供检测的时间也非常有限。而 DNA 与蛋白质相比,由于结构、大小等原因,具有相对较高的稳定性。

(三)DNA 多态性

基因水平上的多样性来自基因的突变,当基因突变以等位基因形式在群体中得以保留,并能够从亲代遗传给子代时,个体间的遗传差异便可形成。不同个体间的遗传差异表现为不同的等位基因组成。等位基因之间的差异可以是点突变引起的序列差异,也可以是碱基的插入或缺失引起的片段长度差异,这些差异都能构成具有个体特征的 DNA 遗传标记。按照 DNA 遗传标记的结构特征,DNA 多态性可分为序列多态性和长度多态性。

DNA 长度多态性,是指由同一基因座上各等位基因之间 DNA 片段长度差异构成的多态性。DNA 长度多态性靶序列主要是指可变数目串联重复序列(VNTR),VNTR 既存在于小卫星 DNA 中,也存在于微卫星 DNA 中。由于命名习惯,也为了便于区分,通常将小卫星 DNA 中的可变数目串联重复序列称为 VNTR,而把微卫星的可变数目串联重复序列称为短串联重复序列(STR)。

DNA 序列多态是指由在特定基因座上的等位基因之间碱基序列差异构成的 DNA 的多态性。

(四)主要 DNA 多态性分析技术

目前,国内法医界主要应用的 DNA 分析技术是复合 STR 系统和线粒体 DNA 测序及近年得以发展的 DNA 芯片技术。复合 STR 系统主要测定细胞核内 DNA,而线粒体 DNA 测序则测定细胞核外线粒体 DNA。

1. 复合 STR 系统

PCR 是聚合酶链式反应(Polymerase Chain Reaction)的简称,1985 年由美国的穆利斯(Mullis)等人发明,是一种在体外模拟自然 DNA 复制过程的核酸扩增技术。这种技术根据 DNA 双链在一定环境下可以分离和复位的生物特性,将所需检验的 DNA 样本通过 PCR 扩增,使其数量放大几百万倍,从而达到可以检测的水平。PCR 技术需要建立具有模板 DNA、引物和 4 种 dNTP（磷酸脱氧核苷酸），即 dATP、dGTP、dTTP、dCTP 存在的环境，并经过 DNA 变性、退火、延伸三个阶段才能完成 DNA 扩增过程。

短串联重复序列（STR）是当前法医学领域应用最为广泛的遗传标识系统。人类基因组 DNA 中 STR 位点含量丰富，估计有 20 万至 40 万个，每隔 6～10kb 就出现一个，其中约有半数具有遗传多态性。STR 位点的突出特点是基因座多、片段短、多态性高，在个人识别与亲权鉴定中实用价值极高；不同 STR 位点的扩增片段长度相差不大，为多个 STR 位点的复合扩增创造了条件。亲子鉴定常用的常染色体 STR 基因座主要包括 16 个基因座：Penta E、D18S51、D21S11、Th01、D3S1358、FGA、TPOX、D8S1179、vWA、Amelogenin、Penta D、CSF1PO、D16S539、D7S820、D13S317、D5S818。

单个 STR 基因座的等位基因数少，信息量有限，若用 PCR 扩增技术将多组引物加入同一反应体系中，固定 dNTP、Mg^{2+} 以及变性温度和循环次数，调节各组引物浓度进行同步扩增，一次扩增即可获得几个 STR 位点的信息，既提高了个人识别能力，又能节约检材、缩短检测时长、减少成本消耗，尤其适用于法医学鉴定。

进行复合扩增时，应选择不同染色体上的 STR 位点，避免基因连锁，同时还要求所选择的 STR 位点可以在同一扩增体系和相同的反应条件下扩增。复合扩增产物的联合分型方法有两种：

一是银染检测系统和多色荧光标记检测系统。银染检测系统将扩增产物经电泳分离后银染显谱、判型，只能根据扩增片段长度的不同区分各等位基因，因此要求组成复合扩增体系的各个 STR 基因座等位基因片段长度、范围互不重叠，复合体系中基因座数目也不宜过多，一般为 3～4 个。这种方法操作简单、成本低，便于推广。

二是多色荧光标记检测系统。该技术是用荧光染料标记引物后作复合扩增，由于不同的扩增产物带有不同颜色，在同一凝胶板上进行电泳分离后，即使等位基因片段长度相互重叠的基因座，也可以根据等位基因片段所带的荧光颜色不同加以鉴别。该方法采用仪器检测，可避免人为操作产生的误差，但对试剂要求较高。目前已开发出可同时检测 16 个 STR 基因座的复合扩增体系，明显提高了检测的信息量。

STR-PCR 都要经过检材的 DNA 提取、PCR 扩增、电泳检测并分析结果的检验过程。该技术已成为法医学上个体识别和亲子鉴定最主要的技术方法。

2. 线粒体 DNA 测序

线粒体存在于细胞质中，是人类细胞核外唯一含有 DNA 的细胞器。线粒体 DNA（Mitochondrial DNA，mtDNA）属于母系遗传，即母亲所携带线粒体 DNA 的一些特点可传给她的子女，再通过女儿传给下一代，因此，可以通过对母亲和子女线粒体 DNA 序列的测定进行身源鉴定。线粒体 DNA 测序通常用于缺乏核 DNA 的毛发、指甲、骨骼等鉴定。

线粒体 DNA 测序主要采用 PCR 技术，将需要检测样本的线粒体 DNA 扩增后，采用循环测序荧光标记自动检测进行测定，根据 D-loop（线粒体非编码区即 D－环区）区域的碱基序列的差异性，及两个串联重复单位的长度多态性进行身源鉴定。

3. DNA 芯片技术

DNA 芯片技术,是指同时处理分析大量 DNA 片断的技术。该技术将大量的探针分子固定于支持物上,然后与标记的样本分子进行杂交,通过检测标记样本与探针的杂交信号强度获取样本分子的数量和序列信息。另一些 DNA 芯片是将 PCR 和毛细管电泳结合起来的毛细管阵列电泳芯片,本质上是微型 PCR 激光荧光毛细管 DNA 电泳仪。不论哪一类 DNA 芯片,其主要特点都是可同时分析数以千计的 DNA 片断,技术操作简单,自动化程度高,检测效率高,应用范围广,成本相对低。因此,DNA 芯片技术的出现使法医学 DNA 技术迈入一个新的领域。基质辅助激光解析电离/飞行时间质谱技术可用于法医 DNA 分析。通过分析质荷比,DNA 片断的质量在不到一秒的时间内即可获得,极大地提高了 DNA 的分析速度。

第三节 法医物证鉴定意见

一、鉴定意见

法医物证鉴定的结果是遗传标记的表型,鉴定意见是通过数据分析作出的具有科学依据的判断性意见。在个体识别中,鉴定意见表述为"排除同一性"或"不排除同一性";在亲权鉴定中,鉴定意见表述为"排除亲权关系"或"不排除亲权关系"。其中,"不排除"是相对的,可以通过一个量值即似然率(likelihood,LR)来反映其证据价值,供法庭参考。

似然率指两个概率的比值。在个体识别中,似然率指现场斑迹是嫌疑人所留(控方观点)的概率与现场斑迹是其他人所留(辩方观点)的概率之比。在亲权鉴定中,似然率指被检验人之间具有亲权关系的可能性与他们没有亲权关系的可能性之比。

二、个体识别意见的表述

(一)排除同一个体来源

排除同一个体来源,是指对案件中的检材(可疑斑迹)与样本(用于比对的材料,如嫌疑人的血样)进行比较检验后,发现检材与样本基因型不同,不是来源于同一个体。在某些情况下,则指不同案件中"检材"与"检材"不同一。

(二)不排除同一个体来源

不排除同一个体来源,是指对案件中的检材(可疑斑迹)与样本(用于比对的材料,如嫌疑人的血样)进行比较检验后,发现检材与样本基因型相同,具有来源于同一个体的可能。在某些情况下,则指不同案件中"检材"与"检材"同一。

三、亲权鉴定意见的表述

(一)排除亲权关系

排除亲权关系是指对被检验人(如父、母、孩子)进行多个基因座(累积非父排除率≥0.9995)检验后,发现基因型不符合遗传规律,故排除亲权关系。

(二)不排除亲权关系

不排除亲权关系是指对被检验人(如父、母、孩子)进行多个基因座(累积非父排除率≥0.9995)检验后,发现所有基因座均符合遗传规律,故有存在亲权关系的可能。

第四节 法医物证鉴定的评估

一、个体识别中 DNA 检测结果的评估

(一)个体识别中 DNA 检测结果的评估规则

1.排除同一性的依据

如经过总排除概率大于0.9995的多个基因座的检测,发现被检检材的遗传标记表型不匹配,则排除同一性。

2.不排除同一性的依据

如经过总排除概率大于0.9995的多个基因座的检测,发现被检检材的遗传标记表型匹配,不排除同一性,此时要计算随机匹配概率P(X),再计算似然率LR,然后按表14-1作出鉴定意见。

表14-1 似然率评判依据

似然率值	结论
$LR \geq 10^{10}$	极强力支持检材与样本具有同一性的论点
$10^{3} \leq LR < 10^{10}$	强力支持检材与样本具有同一性的论点
$1 \leq LR < 10^{3}$	不排除检材与样本具有同一性的可能

资料来源:吴梅筠主编:《法庭生物学》,四川大学出版社2006年版。

(二)个体识别鉴定意见的证据价值

如上所述,$LR = 1/P(X)$,尽管国内外对于P(X)低到什么程度方可认定同一没有统一的规定,但是,可以理解的是,如果$P(X) \leq 10^{-10}$,即P(X)比全世界人口总数的倒数还要低,应该可以认定同一。因为这样低的P(X)数值意味着全球几乎找不到具有相同基因型的另外一个人(同卵双生子除外)。

从LR的值也不难得出这个结论:如果$P(X) = 10^{-10}$,则$LR = 10^{10}$,这意味着现场检材为嫌疑人所留的可能性是现场检材为其他无关个体所留的可能性的10^{10}倍,因此极强力支持现场检材为嫌疑人所留的论点,这便体现了鉴定意见的证据价值。

二、亲权鉴定意见的评价

(一)亲权鉴定意见出具原则

1. 三联体亲权鉴定意见出具原则

关于三联体(母—子—父)的亲权鉴定,我国已经出台《法庭科学 DNA 亲子鉴定规范(GA/T965 - 2011)》。按照该标准,亲权鉴定意见出具原则如下:

累计亲权指数(CPI,LR)小于 0.0001 时,支持被检测男子不是孩子生物学父亲的假设。

累计亲权指数(CPI,LR)大于 10,000 时,支持被检测男子是孩子生物学父亲的假设。

在不能满足指标时,应当通过增加检测的遗传标记来达到要求。

2. 二联体亲权鉴定意见出具原则

关于二联体(母—子或父—子)的亲权鉴定,我国尚无标准。本书按照多年的实践经验,推荐采用如下原则出具鉴定意见:

经过累积非父排除率大于 0.9995 的多个基因座的检测,发现有 3 个或 3 个以上的基因座不符合遗传规律(如被检父亲或母亲在 3 个以上的基因座不能提供给孩子必需的等位基因),可以排除亲权关系的存在。

经过累积非父排除率大于 0.9995 的多个基因座的检测,发现基因座均符合遗传规律,若 $CPI \geqslant 1999$,极强力支持被检测男子(或女子)是孩子生物学父亲(或母亲)的假设;若 $499 \leqslant CPI < 1999$,强力支持支持被检测男子(或女子)是孩子生物学父亲(或母亲)的假设;若 $CPI < 499$,应当通过增加检测的遗传标记来达到要求。

(二)亲权鉴定意见的证据价值

亲权鉴定的结果是被检验个体遗传标记的表型,将其转换成(数)量化指标,可为法庭提供证据。在亲权鉴定中,似然率反映的是两种假设可能性的比值,即有某种亲权关系的可能性与没有该亲权关系的可能性之比。因此,似然率表示亲权关系的强度。我们可以这样理解:若 LR = 32,500,000,就表示该案中被检男子为孩子生父的概率是其他随机男子概率的 32,500,000 倍,故极强力支持被检男子与孩子之间存在血缘关系。

在亲权鉴定的报告书中,不宜使用父权概率(RCP)作为判定亲子关系的指标,因为其前概率的取值大小直接影响 PCR 的高低,凭其数值判定亲权关系会存在一定的偏差。LR 的计算无须使用前概率的概念,可以避免人为因素的影响,在法庭上能直接反映出 DNA 证据的强度。

思考习题

1. 简述法医物证学的概念和主要任务。
2. 法医物证鉴定的研究对象包括哪些?它们的检验方法有哪些基本步骤?
3. 运用 DNA 检验技术的生物学依据是什么?

4. 个体识别案件中 DNA 检测结果的评价规则是什么?
5. 简述亲权鉴定意见出具的原则。

拓展阅读书目

1. 侯一平主编:《法医物证学》,人民卫生出版社 2004 年版。
2. 吴梅筠主编:《法庭生物学》,四川大学出版社 2006 年版。
3. 霍宪丹主编:《司法鉴定通论》,法律出版社 2009 年版。
4. 王保捷主编:《法医学》,人民卫生出版社 2006 年版。
5. 闵银龙主编:《法医学》,中国法制出版社 2007 年版。
6. 刘耀、丛斌、侯一平主编:《实用法医学》,科学出版社 2014 年版。

第十五章　法医毒物司法鉴定

本章概要　本章重点介绍了毒物、中毒的概念,影响毒物作用的因素,常见毒物、毒品中毒的鉴定,及对毒物中毒结果的评价。

通过本章的学习,应该掌握法医毒物司法鉴定的主要内容、方法、对象,正确评价和应用毒物鉴定结果。

关键词　毒品;药物滥用;新型毒品;致幻剂;阴性;阳性;定量分析;定性分析

第一节　概　　述

一、毒物的概念与分类

(一)毒物的概念

凡一种物质,在一定条件下,较小剂量进入机体,发生化学或物理化学变化与作用,致机体功能障碍甚至死亡即为中毒,这种物质即为毒物。毒物和非毒物只是一个相对的概念,二者的关键区别在于生物体受损害所需剂量大小。究竟剂量多少才算毒物并没有明显的界限。毒物一般是根据动物试验的结果确定其毒性的。采用口服形式,以每公斤体重一次口服剂量为单位,逐次增加,凡能出现中毒症状的,就为中毒量。被试验的动物半数死亡的剂量即为半数致死量(LD_{50})。根据半数致死量的剂量大小,又可分剧毒、高毒、中毒、低毒。一般而言,经一次口服半数致死量(LD_{50})小于15mg/kg者为剧毒,15~150mg/kg为高毒,151~1500mg/kg为中毒,大于1500mg/kg为低毒。

(二)毒物的分类

不同学科出于不同研究目的,对毒物的分类方法不尽相同。

(1)按毒理学分类。按此分类方法可将毒物分为五类:腐蚀性毒物,如强酸、强碱等;血液性毒物,如一氧化碳、亚硝酸盐等;实质性毒物,如三氧化二砷、氯化亚汞等;神经性毒物,如安眠镇静药等;酶系毒,如氰化物、有机磷农药等。

(2)按毒物的来源和用途分类。按此分类方法可将毒物分为五类:工业毒物,如丙烯腈、苯等;药物类毒物,如安眠药等;植物性和动物性毒物,如夹竹桃、蛇等;农药类毒物,如敌百虫、甲胺磷等;军用毒剂,如芥子气、沙林等。

(3)按毒物的化学性质和来源分类。按此分类方法可将毒物分为七类:水溶性毒物,如亚硝酸盐、强酸、强碱等;挥发性毒物,如氢氰酸、乙醇等;气体毒物,如硫化氢、一氧化碳等;不挥发性有机毒物,如苯巴比妥、安定等;金属毒物,如三氧化二砷、氯化汞等;农药,如有机磷农药、氨基甲酸酯类农药等;有毒动植物,如毒蛇、蟾蜍、巴豆、马钱子等。

(三)毒物分析

毒物分析,主要是运用分析化学的原理和方法,对有毒物质及其代谢物进行定性定量分析的一门应用学科。毒物分析根据分析对象的不同有食品毒物分析、环境毒物分析、临床毒物分析、工业毒物分析、军事毒物分析、刑事毒物分析等分支,司法鉴定学中的毒物、毒品鉴定一般属于刑事毒物分析的范畴。

二、中毒

(一)中毒的概念

生物机体受到毒物的作用而产生功能性或器质性损害后所出现的疾病状态称为中毒。

(二)中毒的分类

根据中毒发生及发展的过程进行分类,中毒可分为:①急性中毒,指毒物一次大剂量进入机体迅速出现中毒症状,其潜伏期短,后果严重。②慢性中毒,指毒物小剂量多次进入机体,持续数月或数年,逐渐发生中毒症状。③亚急性中毒,介于急性中毒与慢性中毒之间,一般持续数天、数周的时间,是毒物一次或多次进入机体,因数量关系、吸收缓慢或排泄障碍,较长时间作用于机体所致。

第二节　影响毒物作用的因素

使用了某种毒物不一定都中毒,数人同时使用,有的中毒而死,有的健康受损,而有的安然无恙。同样一种毒物,这样用无毒,那样用就有毒,这是因为有很多因素可影响毒物发挥作用。

一、毒物的物理特性

毒物进入机体血液,随血液循环全身,才会最大限度地发挥毒性作用。血液毒物浓度高则毒性作用大,浓度低毒性作用小甚至无毒性作用。因此,除直接注入血管的毒物外,都要看其吸收快慢,吸收慢血液浓度递增亦慢,有的毒物还可能边吸收边被缓慢分解排泄。而吸收快慢与毒物的理化特性有关。一般来说,毒物呈气态易被吸收,其次为液态,固态最慢。如液态水银(汞)口服基本不吸收,无明显毒性作用,气态(汞气)入肺则吸收很快,毒性显著。一支体温表的水银被吞进腹中,可不显毒性作用,而气化被吸入肺,就有可能致人严重中毒。固态毒物中,易溶于水的毒物口服后吸收快,不易溶于水的毒物吸收较慢,不溶于水的毒物口服后不分解,可以无毒。如碳酸钡与硫酸钡同为钡盐,前者易溶于水,口服后分解出钡离子,毒性作用明显;后者不溶于水,口服无毒,所以作为胃肠 X 光透视的显影剂。

二、毒物的量

毒物进入机体致人出现中毒症状的最小剂量称中毒量。能致人死亡的剂量为致死量。各种毒物的中毒量及致死量均是根据动物试验结果计算出来的。致死量是通过实验动物半致死量计算出人的致死量。由于人与小动物的生物差异性,小动物试验结果移到人体亦是有差异的。因此,致死量是供参考的理论值。实践中这一数值变化较大,进入机体毒物量大大超过致死量而未中毒死,而远远小于致死量却中毒死的例子均不少。如25%的敌敌畏溶液10~14g即可致死,有人仅吃了用装过敌敌畏的瓶子装油烧的菜而中毒死亡,这一剂量应是极微小的残留量。

一般来说,毒物量越大,毒性作用越严重,剂量增加1倍,毒性作用增大20倍。这里说的量是指进入机体的有效量,如口服毒物,不能只看服进多少量,而应看能被吸收进入血液的量,或直接作用于消化道的量。有人口服大量毒物,胃黏膜受到强烈刺激而剧烈呕吐,毒物大都被吐出体外,其有效量就大大减少。如有一案,两人商量服砒霜(三氧化二砷)同死,把砒霜研成粉末溶于水,男的先喝了绝大部分,女的把剩余的喝下(砷中毒致死量仅0.1~0.2g),结果,男的因胃受强烈刺激,呕吐不止,最后吐胆汁样液体,昏迷不醒,被发现时未死亡,女的却在服毒后约一小时死去。因此,警方怀疑该男子设下骗局,有意毒死女方,自己却仅仅中毒。男子辩解说为了殉情,决心一死,绝无欺骗,后经化验现场提取的呕吐物,发现男子胃内容含砷量极高,后来吐的胆汁样内容物砷的含量就大大减少了。分析认为是男子反复呕吐,把砷化物基本都吐出体外,所以延缓了死亡时间,后经抢救脱险。生活中喝酒过量时进行人为催吐,可减轻酒精中毒症状,即是此理。

三、毒物进入机体的途径

毒物以不同途径进入机体,毒性作用的快慢、中毒的轻重程度亦不同,甚至会变为无害。如蛇毒,口服后被胃液破坏而无毒性,经皮肤或直接入血,则剧毒。又如,苦杏仁含有氰甙,口服经胃酸作用,分解出氰离子(CN^-),剧毒,而将提炼的苦杏仁素注入血液,因血液不能使其分解出氰离子,因而无毒。给毒途径不同,毒物发挥毒性作用的快慢也不同。如果某种毒物不论何种途径进入机体都有毒性作用,那么,不同途径其毒性作用轻重快慢的顺序大致是:静脉注入 > 吸入 > 腹腔注入 > 肌肉注射 > 皮下注射 > 口服 > 灌肠。

四、毒物进入机体的速度

一般是毒物进入机体速度快,其毒性发挥快且明显,直接进入血液的更是如此。如氯化钾静脉注射过快就会中毒,导致心脏跳动受到抑制,慢滴注入则无影响。酒精吸收速度缓慢时,体内能分解排泄,中毒程度轻,甚至不出现中毒现象,所以胃有食物、喝酒速度慢,不易醉,空腹、快喝易醉。

五、机体状况

个体因素对毒性作用影响很大。而各人的情况又千变万化,一个人的情况也是时刻在变化的,在评论中毒致死量时要作全面分析。性别、年龄、健康状况、体重,对毒物的耐受性影响明显，一般来说，其耐受性为男 > 女；成年 > 儿童；健康 > 瘦弱；体重 > 体轻。

胃内容物对口服毒的吸收影响很大，胃空虚易吸收，胃充盈时毒物与胃黏膜接触相对减少，吸收慢，毒性作用减小或会延长出现中毒症状的时间。

胃内容物的性质对毒物的吸收也有直接影响，如含丰富蛋白质（牛乳等）的物质会使重金属毒物沉淀，脂肪可延缓对非脂溶性毒物的吸收，喝酒可加快对一些毒物的吸收。

有人对某种药物有禁忌症，稍超过治疗量未到极大量也可能致死。如有一成年妇女心率慢血压较低，是氯丙嗪的禁忌症。一次服 10 片计 250mg，即中毒死亡（氯丙嗪的一般人镇静用的治疗量为每次 50mg，治疗精神病用量还要大几倍，一般致死量为 5 ~ 7g）。

六、习惯与过敏

个体对药物（毒物）的习惯性与过敏性直接影响了中毒量；如有的人对安眠药耐药性大，往往服到中毒量才有治疗作用，相反对安眠药耐受性差的人，刚过治疗量就出现严重中毒。有的人对酒精耐受性大，喝 500ml 烈性酒安然无恙，有的人喝 50ml 就出现严重中毒。有的人对某种药过敏，服用量少于治疗量就会发生过敏性休克，这种反应并非中毒。

总之，影响毒物作用的因素是多方面的，具体案件需要具体分析。

第三节　常见毒物中毒

一、砷中毒

（一）来源

砷毒主要是指三氧化二砷（As_2O_3），又叫砒霜，纯砒霜为白色，无臭无味，杂质多的三氧化二砷为红色，有红砒之称，常为块状。其分布很广，工农业、畜牧业、捕猎、医疗、科学实验室等常用到它，特别在砷矿区更易流散。砒霜剧毒。自杀、他杀或意外中毒，常因服用砒霜造成。正常人体内也有砷元素存在，每 100g 人体组织约有 20μg 砷。

（二）作用

As_2O_3 进入机体后发生化学变化，作用于细胞的酶及中枢（尤其作用于血管舒缩中枢），致细胞代谢障碍、坏死，毛细血管扩张麻痹、高度充血、通透性增加，血浆大量漏出，中枢麻痹。

（三）致死量

砷的中毒量为 0.005 ~ 0.05g，致死量为 0.1 ~ 0.2g，空气中砷含量达 As_2O_3 0.0003mg/m^3时，呼吸 5 ~ 10 分钟可致死。

(四)主要症状

砷中毒的主要症状为恶心呕吐,腹痛腹泻,吐出物可能会有坏死脱落的胃黏膜及胆汁,泻的内容初为粪便,后亦为血管漏出的血浆及坏死的肠黏膜,呈米汤样。全身脱水,眼窝下凹,皮肤干燥松皱,肌肉痛(小腿后侧的腓肠肌尤甚),头痛头昏,四肢无力,烦躁不安,知觉丧失,血压下降,虚脱。一般服毒后 1 ~ 3 小时内死亡,死于呼吸、心血管中枢麻痹、循环衰竭。

(五)尸体征象

失水样,指甲青紫,皮肤皱缩,眼球下陷,口唇干燥,胃黏膜充血水肿,有出血小点,各脏器瘀血,出血。

(六)检材

口服者以血、胃内容物、尿、呕吐物为检材。吸入者以肺及血、尿为检材。慢性中毒者以骨、毛发、指甲、牙齿为检材。

二、氰酸及氰化物中毒

(一)来源

氰酸(HCN),氰化物[以氰化钾(KCN)、氰化钠(NaCN)为常见],均是剧毒物。此类毒物还包括氰化铵(NH_4CN)、黄血盐、乙腈、丙腈、丙烯腈等。工农业、服务行业、科研部门等广泛使用。

不少植物种子及根茎能分解产生氰酸。如苦杏仁、木薯、樱、桃、李等果实均有氰酸的配糖体(氰甙),口服后能分解出氰酸。

木薯的根块、茎叶均含有氰甙。氰甙被摄入消化道,经胃肠黏膜的分解,会释出氢氰酸。后者被吸收入血会致氰酸中毒。服木薯后 1 小时就会出现症状,包括头晕头痛、流涎、恶心呕吐、心悸、胸闷、呼吸困难、昏迷、血压下降、抽搐,最后死于呼吸麻痹及心衰。

苦杏仁、桃仁、枇杷仁、樱仁、李仁等均含氰甙,口服经胃肠分解均能释出氢氰酸。口服后 1 小时就会出现中毒症状,包括口中苦涩、流涎、恶心呕吐、呼吸困难、心悸,严重者会窒息而死。

氰酸及氰化物中毒颇常见。自杀、他杀、意外均有。纯氰酸 0.05g 即可迅速致命,有的罪犯把氰化物装在胶囊内,冒充良药,骗人服下致其死亡。有的甚至把氰化物掺入其他成形剂做成片剂,当然更常见的还是把氰化物混入食物饮料。意外事故多为误食,如农村有人欲用氰化物毒饵毒兽,但被人误食。

(二)作用

氰酸或氰化物进入体内的途径包括口服、吸入、皮肤接触、注射、塞入。CN^-被吸收入血,作用于全身各种细胞,能抑制细胞内多种酶的作用,如与细胞呼吸绝不可少的细胞色素氧化酶三价铁结合,使细胞不能利用氧而使人窒息,故中毒者血中含有大量氧合血红蛋白,CN^-还会破坏细胞的其他代谢活动。氰化物还有腐蚀作用,口服时,口腔、食道、胃黏膜可有腐蚀现象。氰酸吸收快,直接使呼吸中枢缺氧麻痹,且在口腔就能吸收,所以一经口服,服用者立即倒地死亡。

(三)致死量

口服氰化钠、氰化钾致死量为0.15～0.2g,口服氰酸(HCN)致死量为0.05g,口服苦杏仁,大人40～60粒可致死,小孩10～12粒可致死。口服木薯(南方)50～100g可致死。空气中含氢化氰气体0.13mg/L时,呼吸半小时至1小时可死亡,含0.3mg/L时,吸入立即死亡。空气中含丙烯腈35～220mg/m^3时人呼吸即可中毒。乙腈口服半数致死量为1700～8500mg/kg。

(四)主要症状

如口服或吸入大量氢氰酸或氢化氰气体,人会立即倒地,抽搐片刻而死,谓之电击型。

口服大量氰化物时,人会先感咽喉灼热、胃不适,眩晕、耳鸣、乏力,随即惊叫倒地,抽搐,胸闷、心悸、脉速、呼吸困难,瞳孔先缩小后散大,眼球突出,呈恐怖状,数分钟内死亡。

口服较小剂量时,人先会头痛头昏,恶心呕吐,肌肉痉挛,腹痛,昏迷抽搐,呼吸麻痹而死,一般于口服后半小时至1小时内死亡。

(五)尸体征象

急速死亡者(电击型),因呼吸中枢快速缺氧麻痹死亡,血中氧合血红蛋白未因中毒而增加,尸斑紫红色。

非电击型死亡者,因血中氧合血红蛋白多,尸斑鲜红色(樱桃红色),口唇黏膜、肌肉均呈鲜红色。有的出现局部尸体痉挛。

口服氰化物中毒者,胃黏膜可见腐蚀现象,呈褐色,有充血、出血小点,黏膜水肿。

氢氰酸气体中毒者,有严重的肺水肿,气管支气管会有大量泡沫,口鼻外孔也可有较多的泡沫。

(六)检材

血、胃内容物(口服)、肝。

(七)意义

氰化物中毒颇常见,其无色无味,毒性大,用途广,易得,故多被凶犯用于杀人。氰化物系挥发性毒物,在尸体上易分解、挥发。有时检验不出。

三、有机磷类中毒

(一)来源

有机磷制剂种类很多,广泛用于农业、林业、畜牧业、公共卫生等行业灭虫。城市农村,大人小孩都可以得到此类毒物。纯晶多为油状液或结晶体,具刺激性大蒜味。意外事件,自杀、他杀案件中经常能看到此类物质的身影。

(二)作用

此类毒物主要作用于神经及中枢神经,抑制乙酰胆碱酯酶的活力,致乙酰胆碱积聚,致有关神经过度兴奋,产生功能障碍,且很快转入抑制,因呼吸、心跳中枢麻痹而死。口服、吸入、注射、皮肤接触均可中毒。

(三)致死量

各种有机磷制剂致死量差异很大(见表15-1至表15-4)。

中毒案例:一家5口(1成人4个小孩)因用装过对硫磷1605且经清水洗涤后的玻璃瓶盛食用菜油半斤,并用此油约一汤匙烧蔬菜一碗,以此就饭,饭后2小时相继中毒死亡,解剖见胃内容充盈,均是米饭,蔬菜极少。一邻居老妇(70多岁)仅品尝了一口菜,亦严重中毒,救护人员到现场时,她已昏迷、抽搐,口吐白沫,经注射大量阿托品后脱险。可见对硫磷1605毒性之剧。

表15-1 有机磷制剂致死量

制剂名称	毒性	致死量
对硫磷(又名:E605、1605)	剧毒类	0.02~0.1g原液1~2滴,鼠半数致死量6.4mg/kg
甲拌硫磷(又名:3911)	剧毒类	鼠半数致死量3.7mg/kg
内吸磷(又名:1059)	剧毒类	致死量7.7mg/kg
硫特普、磷胺	剧毒类	硫特普鼠半数致死量5mg/kg
棉安磷、八甲磷、乙拌磷	剧毒类	磷胺7.5~10mg/kg
谷硫磷、甲胺磷、三硫磷	剧毒类	三硫磷28mg/kg
久效磷等	剧毒类	久效磷16mg/kg
敌敌畏	高毒类	25%液体致死量10~14g,50~70% mg/kg
乐果	高毒类	鼠半数致死量245mg/kg
杀螟松(速灭虫)	高毒类	致死量250mg/kg
乙硫磷(又名:1240)	高毒类	致死量208mg/kg
倍硫磷(百治屠)	高毒类	致死量250mg/kg
甲基内吸磷(又名:甲基1059)	高毒类	致死量65mg/kg
敌百虫	低毒类	致死量625mg/kg
马拉硫磷(又名:4049)	低毒类	致死量1400mg/kg

表 15－2　巴比妥类药致死量

药名	作用	口服治疗量/g	中毒量/g	致死量/g
巴比妥（佛罗那）	催眠，作用较慢，长时效（维持 6～8 小时）	0.3～0.6	3～6	5～20
苯巴比妥（鲁米那）	长时效（6～8 小时）	0.03～0.2	2～7	4～9
安密妥	中时效（3～6 小时）	0.1～0.2	1.5～	2～3
二丙烯巴比妥（地阿尔）	中时效	0.1～0.3	2～2.5	>2.5
戊巴比妥（冷比妥）	作用快，短时效（3 小时）	0.05～0.2	>0.5	1.5～7.5
司可巴比妥（速可眠）	作用快，短时效（>3 小时）	0.1～0.2	>0.5	1～5
圜巴比妥（安眠朋）	作用快，超短时效（1～2 小时）	0.1～0.3	1.2	>10
硫喷妥钠	作用极快，超短时效（约 30 分钟）	静脉注射麻醉 0.2～1.0	0.5	1

表 15－3　吩噻嗪（氯丙嗪）类药致死量

药名	作用	口服治疗量/mg	中毒量/（血浓度 mg/L）	致死量/（mg/kg）
氯丙嗪（冬眠灵）	时效长	10～50 精神病 600	1～2	15～150
异丙嗪	多用于治疗精神病	10～50	1	200
奋乃静	抗精神病药物	2～64	1	45～150

表 15－4　苯二氮类致死量

药名	作用	口服治疗量	致死量
利眠宁	抑制中枢神经	5～50.0mg/次	约 2 克
安定	安眠	2.5～3.0mg/次	100～500mg/kg

资料来源：闵银龙主编：《法医学》，中国法制出版社 2007 年版，第 267～268 页。

曾有人把装过敌敌畏的瓶子用清水洗了一下盛麻油,用此油滴于菜汤作调味,5 人吃了都中毒,3 人死亡。也曾有成年男子衣服被敌敌畏沾湿一块,衣服被皮肤吸收中毒而死。因此,理论上的致死量仅能作参考。

(四)主要症状

磷中毒时人会出现胆碱神经功能障碍,由于毒草碱样的作用,平滑肌、腺体(包括汗腺)兴奋,同时由于菸碱样作用,横纹肌兴奋。急性中毒主要症状表现为消化系统、神经系统、运动系统、呼吸系统、腺体分泌等多系统功能异常,开始时恶心呕吐,腹痛(口服),头痛头昏,全身无力,烦躁,接着抽搐,肌肉痉挛,肌束颤动,牙关紧闭,出汗,流涎流涕,口吐白沫,意识丧失,瞳孔缩小,呼吸困难,肺有啰音,口唇紫绀,指甲青紫。该过程可伴有体温升高,中毒者最后死于呼吸、心跳衰竭。

一般口服后数分钟至半小时出现症状,亦有迟至 1 小时才出现明显的中毒症状者。死亡时间一般在服毒后 1 ~5 小时,也有人服毒后 30 分钟死亡。

(五)尸体征象

磷中毒者尸斑暗紫红色,尸僵强,口唇、指甲青紫。瞳孔缩小(常在 0.2cm 以下,亦有人未出现瞳孔缩小现象。死前缩瞳者,死后可缓解),口鼻孔常有泡沫样液体流痕或泡沫堆积成蕈状。呼吸道有泡沫液体,肺水肿,瘀血,间质出血,浆膜点状出血,心肌灶性出血,右心室扩大。大肌束常有痉缩现象,腓肠肌痉缩如板。口服有机磷者,胃内容有似大蒜的气味,胃黏膜充血水肿,有腐蚀现象,呈暗褐色。

(六)检材

口服者取血、胃及其内容。若经肌肉、皮下、静脉注射、皮肤接触,则应取血液及接触局部组织作检材。另外,现场的呕吐物、毒物包装器皿亦应送检。

(七)意义

有机磷制剂是常见的毒源。20 世纪 80 年代,城市居民自杀者使用有机磷(主要是敌敌畏)毒剂的占首位。因为其毒性大,又容易买到,味道也不太强烈。现在已禁止生产、使用剧毒有机磷农药,敌敌畏亦已退出除虫剂系列。但总体看来,有机磷中毒还是很多的。城市出售有机磷制剂本是用于灭害虫,可是害虫却有了耐药性,对其威力不大,但是对人的毒害能力却并未降低。意外中毒也常有发生。用有机磷制剂故意杀人案也不少见,有人将其混入食物、药物(如中药汤剂)、酒及其他饮料,有人诱导他人服用,有人伪称其为针药而将其注射进人体,有的甚至注入鸡蛋、瓜果、菜心等,以达杀人之目的。

还应提及生物链的毒源性中毒。如家禽、水产品中含有有机磷,人吃了这种家禽、水产品就可能中毒。农田喷药员由于防护不够意外中毒,以及畜牧业有机磷意外中毒事故,都常有发生。因此,预防有机磷中毒是全社会都应注意的事。

四、氨基甲酸酯类农药中毒

氨基甲酸酯类农药是一种新型杀虫剂、杀菌剂、除草剂。

(一)来源

氨基甲酸脂类农药以不留残毒、选择多、抗药性弱的优点逐步取代有机磷、有机氯农药,常见的制剂有呋喃丹(杂环甲基氨基甲酸酯)、西维因、涕灭威等。

(二)作用

主要抑制胆碱酯酶活性,但抑制时间短、恢复快。

(三)致死量

毒性比有机磷低,涕灭威大鼠半数致死量为30mg/kg,呋喃丹大鼠半数致死量为14mg/kg,西维因大鼠半数致死量为850mg/kg。

(四)主要症状

与有机磷中毒相似,但症状出现快,口服10分钟即可出现明显症状。持续时间短。严重中毒可致死亡。

(五)尸体征象

唇黏膜、指端青紫,大肌肉痉挛,胃黏膜充血、瘀血。

(六)检材

呕吐物、血、胃内容物。

五、一氧化碳中毒

(一)来源

一氧化碳(CO)为气体毒物,无色无味,比空气略轻(比重0.967)。含碳物质(柴、草、炭、煤、石油等)燃烧不完全时会产生大量CO。汽车排气含CO 3.7% ~7%,煤气含CO 10%左右,火药燃烧气含CO 30% ~60%。以家庭生活用煤及煤气中的CO中毒较为常见。各种气体毒物中毒发生率中,CO中毒发生率较高。近年来,安装燃气热水器的家庭大量增加,由于通风排气问题没解决好,或排出废气倒流入房间,CO意外中毒事故常有发生。尤其冬天闭门关窗,室内CO浓度达到0.03%时就会使人中毒。CO中毒以意外中毒居多,自杀、他杀均有。有的犯罪分子在室内通风条件差的情况下,打开煤气开关或把接口搞松使其漏气,或乘人入睡用管子引来煤气熏鼻,或拎煤炉入室等,达到杀人目的。有的还将其伪装成自杀或意外现场。由于CO中毒死者尸斑颜色与氰化物中毒相似,有的罪犯投氰化物杀人后,会将其伪装成煤气意外中毒现场。

(二)作用

体内红血球中的血红蛋白(Hb)主要功能是在肺部与O_2结合并输送给全身组织细胞。CO与Hb的亲和力比O_2大200 ~350倍,所以CO被吸入肺后即进入肺泡壁血管内与Hb结合成HbCO,Hb一旦与CO结合,就失去输送O_2的能力,若血中HbCO浓度达10% ~20%,人就会因组织细胞缺氧而出现中毒症状。浓度达40%以上时,人会严重中毒,直至死亡。若长时间处于CO含量较低但达中毒量的环境中,吸入的CO不断与Hb结合,血中HbCO浓度越来越高,可达90%以上。Hb与CO的结合是可逆的,能分解还原,但解离度为HbO_2的1/3600,CO由肺呼出,O_2分压高时分解加快。

(三)致死量

空气中CO含量达0.02%为中毒量。达0.07%时,呼吸几小时可致死亡。一般心内血中 HbCO 浓度达 45% 以上可致死,平均致死浓度为 50% ~60%,但与个体情况有很大关系。

(四)主要症状

一氧化碳中毒的主要症状为头痛(前额尤甚)、头晕、恶心、呕吐、肌肉麻痹、心悸、四肢无力,往往意识尚清时已自知中毒,很想喊又喊不出声,想脱离险境又走不动、爬不了,继而意识模糊、昏迷,最终死于呼吸中枢衰竭。主要症状与 HbCO 浓度关系见表 15 -5:

表 15 -5　CO 浓度与中毒症状

空气浓度/%	吸入时间	HbCO 浓度/%	主要症状
0.01 以下	无限		无症状
0.02	3 小时	20	头痛
0.03	5 小时	30	头痛、恶心、呕吐、头晕
0.06	3.5 小时	40 ~50	上述症状加剧,四肢无力,自救力丧失,心慌(悸),面色苍白,昏迷,可死亡
0.1	2 小时	60	迅速死亡
0.5	0.5 小时	65	迅速死亡
1.0	1 ~2 分钟	70 ~80	立即发生症状昏迷死亡

资料来源:闵银龙主编:《法医学》,中国法制出版社 2007 年版,第 246 页。

(五)尸体征象

尸斑砖红色,唇黏膜、各内脏、肌肉、血液均为鲜红色。肺水肿,心肺、胃肠外膜可有出血小点。

(六)检材

心内血 50 ~100ml。

六、乙醇中毒

(一)来源

乙醇(酒精,C_2H_5OH)分布广泛。各种酒均含有不同浓度的酒精。市售各种大曲、烧酒类烈酒,含酒精 50% ~65%,黄酒类含酒精 15% ~20%,葡萄酒、果酒含酒精 10% ~40%,啤酒含酒精 3% ~5%。酒精广泛用于医药卫生、科研、试剂、化学工业。酒精中毒多发生于饮酒过量的情形,中毒致死也常有发生,通过注射酒精杀人,在酒中掺、溶其他毒物致饮用人因双毒作用性中毒而死,亦有发生。被诱骗饮酒过量后被害、酒后开车肇事、醉酒后违法犯罪等情况亦很严重,在有的国家已成为社会问题。

(二)作用

生理性急性酒精中毒,主要是酒精麻痹脑神经,先麻痹高级中枢,然后是低级功能中枢,继而小脑延脑都被麻痹。一般人血液中酒精浓度达0.1%时出现中毒症状(醉态)。深度中毒时人会因呼吸中枢麻痹而死亡。

(三)致死量

血中酒精浓度达0.45%～0.5%可致死亡。

(四)主要症状

各人对乙醇的耐受性差异很大。耐受性差的人喝几口酒就醉,甚至会中度中毒,有的人喝上一斤烈性酒也无明显醉态。酒精进入机体的速度与症状也有很大关系,慢慢喝酒或胃充盈时喝酒,吸收较慢,空腹喝酒吸收快,60%的酒精在1小时内会被吸收进入血液。酒后1小时血中酒精浓度达到高峰,2小时内基本全被吸收。其后以一定的速度下降,血中酒精经氧化分解,浓度下降速度p值平均为0.15mg/ml/h。生理性急性酒精中毒,其症状一般可分三期。

(1)兴奋期。大脑处于兴奋状态,此时系轻度中毒。一般服乙醇20～40ml即可出现轻期中毒症状。主要表现为:神志清,情绪高,精神足,倾吐真言,滔滔不绝,好争论,好胜心强,好说大话、粗话,动作增加,手舞足蹈;周身发热(皮肤血管扩张,散热增加),心跳快;肌力倍增,爆发力强,胆大,肯冒险,平时搬不动的重物这时可搬动,平时不敢跳的深沟此时敢跳,平时跨不过的障碍此时可以跨过。上述行动在中毒消除后难以重现。此期的后时段,大脑高级活动中枢已受抑制,低级功能中枢高度兴奋。有时易产生性欲冲动。所以兴奋期后期中毒者可能作出违法犯罪行为,危害社会治安。但此时其意识清醒,完全可以判断自己行为的是非,故有行为能力和责任能力。

也有中毒者情绪反常,喜怒无常,或情绪低落,沉默不语,或大哭大闹,放声大笑。此时其判断的敏感性下降,反应较迟钝,四肢动作不灵活,如果是司机,驾驶机动车辆易出事故。

(2)共济失调期。出现运动障碍。此时系中度中毒。此种情形一般服乙醇50～100ml即可发生。这是生理性酒精中毒的特点,即运动系统的障碍先于意识障碍发生。这是因为大脑低级功能中枢及小脑受到抑制。主要表现为动作迟缓不协调,脚步不稳,摇摇晃晃,目光呆滞,舌硬口吃,头痛头晕,脉快。有人会剧烈呕吐(反酒),随后昏昏入睡。

(3)昏睡期。前期中毒进一步发展即为重度中毒。此时的中毒者大脑受深度抑制,知觉丧失,脸色苍白,皮肤湿冷,口唇、指甲青紫,脉快,呼吸慢,有鼾声,体温比正常低。如病情发展,可因延脑呼吸中枢受抑制而死亡。

有的严重中毒者会因呕吐物倒吸堵住气管而窒息死亡。

(五)尸体征象

尸斑暗紫红色,体内有乙醇气味,内脏充血,脑水肿、肺水肿、淤血,胃黏膜充血、水肿。

(六)检材

血100ml、胃内容物、呕吐物、脑、肝、尿。

(七)鉴定要点

化验血中酒精浓度,测算自然降解近似值。判断是不是因酒精中毒而死时,应注意排除其他死因。如有无异物堵塞呼吸道,特别要注意有无其他毒物,有无机械力作用(扼颈、捂闷等)。如果为女性尸体,还应详细检验生殖器有无损伤、异物,阴道内容物应送法医物证检验。酗酒闹事、酒后犯罪者,一般都处于第一期中毒,有责任能力。(见表15-6)

表15-6 血中乙醇浓度与症状关系

血中乙醇浓度/%	症状
0.02	头胀,健谈,全身热感
0.04	头胀,头晕,精神振作,言语流畅,手微颤
0.06~0.08	运动障碍,行动迟钝,话多,唠叨,情绪变化大,好争吵
0.1	上述症状严重,情感冲动,反应迟钝,自言自语,自制能力减退,有时会手舞足蹈
0.2	上述症状明显,动作明显失调整。乏力,倦睡,呕吐,舌硬口吃
0.3	进入昏迷,呼吸有鼾声,皮肤湿冷,面色苍白
0.4~0.5	深度麻痹,可导致死亡

资料来源:闵银龙主编:《法医学》,中国法制出版社2007年版,第255页。

七、安眠镇静类药中毒

(一)来源

安眠镇静类药广泛用于医疗。其种类繁多,常用的有巴比妥类,苯二氮䓬类(如利眠宁、安定等),吩噻嗪(氯丙嗪)类等。一般人都可得到这些药物。

(二)作用

这类药物均对中枢神经有抑制作用,服治疗量时产生镇静催眠作用,使人入睡快、睡得熟,一般一次剂量超过治疗量的5~10倍就会致人严重中毒,中枢被深度抑制;超过15倍可致死。呼吸中枢首当其害,其会导致呼吸慢而浅,药量再加大,服用者会因呼吸衰竭而死。氯丙嗪类药还有使血管扩张、血压下降的作用,故原有低血压症、心率过慢症者用氯丙嗪类药是很危险的。

(三)致死量

见表15-7、表15-8。

表 15－7　巴比妥类药

单位：g

药名	作用	口服治疗量	中毒量	致死量
巴比妥（佛罗那）	催眠，作用较慢，长时效（6～8 小时）	0.3～0.6	3～6	5～20
苯巴比妥（鲁米那）	长时效（6～8 小时）	0.03～0.2	2～7	4～9
安密妥	中时效（3～6 小时）	0.1～0.2	1.5～2	2～3
二丙烯巴比妥（地阿尔）	中时效（3～6 小时）	0.1～0.3	2～2.5	>2.5
戊巴比妥（冷比妥）	作用快，短时效（3 小时）	0.05～0.2	>0.5	1.5～7.5
圜巴比妥（安眠朋）	作用快，超短时效（1～2 小时）	0.1～0.3	1.2	>10
硫喷妥钠	作用极快，超短时效（约 30 分钟）	静脉注射麻醉 0.2～1.0	0.5	1
甲苄咪唑（甲苄咪唑）	极快，静注 20 秒即麻醉，持续约 5 分钟（即死亡）	静脉注射麻醉 0.3mg/kg		

资料来源：闵银龙主编：《法医学》，中国法制出版社 2007 年版，第 264 页。

表 15－8　吩噻嗪（氯丙嗪）类药

药名	作用	口服治疗量/mg	中毒量/（血浓度 mg/L）	致死量/（mg/kg）
氯丙嗪（冬眠灵）	时效长	10～50（精神病治疗 600）	1～2	15～150
异丙嗪	多用于治疗精神病	10～50	1	200
奋乃静		2～64	1	45～150
三氟拉嗪		5～10		15～150
安定	安眠	2.5		100～500

资料来源：闵银龙主编：《法医学》，中国法制出版社 2007 年版，第 265 页。

(四)主要症状

头昏、嗜睡,运动失调,进而熟睡,昏迷、呼吸浅慢,血压下降,体温低于正常,皮肤湿冷,口唇青紫,脉细速,死于呼吸中枢麻痹,或休克。吩噻嗪类药物中毒,还可有肌肉强直、抽搐、瞳孔缩小等症,有的腹痛、呕吐。

(五)尸体征象

尸斑暗紫红色,口唇、耳廓、指甲青紫,内脏淤血,肺水肿,心肺外膜常有出血小点,脑水肿。

(六)检材

呕吐物、洗胃液、尿液、血、胃内容物(口服)、脑、肺。

(七)意义

目前,运用安眠镇静类药自杀案件有所增加。尤其要注意的是,犯罪分子除运用此类药直接毒死人外,还可能利用安眠类药的作用,作为进一步实施犯罪行为的先行辅助性手段,使被害人处于意识模糊或丧失抵抗能力、无抵抗能力状态。有的犯罪分子把速效安眠药混于糖果中,诱使人上当。有的用有麻醉作用的中草药制成蒙药进行犯罪活动,有的用吸入性麻醉药作案。

八、强酸中毒

(一)来源

硫酸、硝酸、盐酸中毒。常见于自杀,偶见于凶杀。

(二)作用

使组织脱水,坏死。强酸有腐蚀作用,会引起剧烈灼痛,可致人休克而死,分解后有关离子被吸收,致血液变性。中毒者因休克、呼吸心跳衰竭而死。

其致死量、症状、尸体征象详见表 15-9。

表 15-9 强酸中毒症状及致死量

名称	症状及尸体征象	致死量
硫酸(H_2SO_4)	接触处灼痛,尸体炭化,呈黑色	5~10ml(浓)
盐酸(HCl)	接触处灼痛,组织坏死,尸体灰白,黏膜脱落	5ml(浓)或更多,吸入盐酸雾 0.5mg/m^3
硝酸(HNO_3)	接触处灼痛,组织坏死,尸体呈黄色等	8~10ml

资料来源:闵银龙主编:《法医学》,中国法制出版社 2007 年版,第 260 页。

(三)检材

胃及内容物、肝、血、尿。

九、强碱中毒

（一）来源

强碱包括氢氧化钾、氢氧化钠、氢氧化铵等。自杀、他杀、意外中毒均有发生。

（二）作用

使组织脱水、蛋白质碱化、脂肪皂化、血液变性，可致人休克，中毒者死于心力衰竭。

强碱中毒致死量、症状和尸体征象见表 15－10。

表 15－10　强碱中毒症状及致死量

名称	症状及尸体征象	致死量
氢氧化钾（KOH）	剧痛，呕吐物有泡沫。尸体胃软、滑，黏膜脱落	5～10g
氢氧化钠（NaOH）	同上	同上
氢氧化铵（NH_4OH）	同上	饱和液（氨水） 10～15ml/市售氨水 25～50ml

资料来源：闵银龙主编：《法医学》，中国法制出版社 2007 年版，第 261 页。

（三）检材

胃及内容物、血、肝、尿。

十、毒品中毒

（一）概述

1. 毒品与吸毒的概念

（1）毒品：是指国际公约明令禁止、能够使人形成瘾癖的麻醉药品和精神药品的统称，包括阿片、吗啡、海洛因、大麻、苯丙胺类、哌替啶（杜冷丁）等 200 余种。

（2）吸毒：意指某些人为了变换情绪或获得欣快感，非法使用明令禁止的毒品。包括麻醉品（阿片、吗啡、海洛因）、兴奋剂（可卡因、苯丙胺类）、致幻剂（大麻、二乙麦角酰胺）。

（3）药物滥用：是指长期使用某种药物超过了治疗的需要，从而成瘾不可自拔。此类药物包括催眠镇静安定剂、止痛剂，甚至酒精和烟草。广义而言，吸毒也是药物滥用。

2. 常见毒品类型

（1）阿片类：包括吗啡、海洛因、可待因、美散酮等，为麻醉剂。

（2）中枢神经兴奋剂：如可卡因、苯丙胺、甲基苯丙胺等。

（3）大麻：包括印度大麻、大麻醇等。

（4）致幻剂：如二乙麦角酰胺等，也有人将大麻列为致幻剂类。

（5）毒品的替代药、添加剂和溶解剂：如盐酸二氢埃托啡。

我国《刑法》规定的毒品，是指鸦片、海洛因、甲基苯丙胺（冰毒）、吗啡、大麻、可卡因以及国家规定管制的其他能够使人形成瘾癖的麻醉药品和精神药品。

目前,国内被滥用的毒品主要是阿片类,即阿片、吗啡和海洛因等。甲基苯丙胺也有流行和蔓延的趋势,应引起重视和关注。我国新疆南部地区有种植大麻,制作、贩卖和吸食麻烟的情况。

3. 吸毒的方式

吸毒的方式有口服、咀嚼和吮吸、吸入、皮下或肌肉注射及静脉注射。其中吸入可通过点燃原材料(大麻)或直接吸入挥发性溶剂或将固体药物加热使之升华为气体,然后吸入。后一方式的典型例子是将海洛因放在一片锡箔上,在锡箔下烧烤海洛因,然后用纸筒迅速吸入毒品升华的烟雾。目前,药物滥用群越来越倾向于采用静脉注射的方式吸毒。

(二)阿片中毒

1. 来源

阿片是罂粟嫩果的乳汁干燥物。罂粟是一年生草本植物,罂粟科,一般高 1 公尺左右,有的高达 1.5 公尺,有的却不到半公尺。叶长椭圆形,无毛,一株可有几只花蕾,花枝长,花一般为 4 瓣,红、白、紫花均有,花落结果,果形球状或椭圆形,未成熟果壳含白色乳汁,把果壳表层划破,乳汁就会流出凝结,收取乳汁凝块,经搅拌,就成为棕色的黏稠胶状物,若脱水程度高,则为黑色膏状,可做成各种形状。一只果实可反复几次划取乳汁。世界上很多地区都能种植,东南亚金三角地区大量种植。

阿片味苦,有特殊芳香,含有 20 多种生物碱,有两类不同化学结构,即菲类(如吗啡、可待因)和苄基异喹啉类。其中,吗啡占 2.7% ~23%,那可汀占 4% ~7%,可待因占 1%,蒂巴因占 0.4% ~0.8%,罂粟碱占 0.4% ~0.7%,那碎因占 0.2% ~0.5%。阿片重量的 70% 以上为有机酸、树脂、树酸、糖类等。

2. 作用

主要作用于神经,对脊髓、延脑、丘脑等痛觉传导区具有强烈的麻醉作用。有镇静、镇痛作用。对大脑皮层有兴奋作用,还能兴奋脊髓、延脑呕吐中枢及其他一些皮层下中枢。还会作用于周围神经,使平滑肌松弛。临床上用于镇痛、止咳、止泻、解痉等。

3. 中毒原因及症状

临床上使用阿片类物质次数过多会导致成瘾。

社会上吸毒者吸阿片烟致成瘾者颇多,并快速增长,吸入时有欣快感,常吸即可发生慢性中毒。主要症状为:食欲不振,肤干体瘦,感情冷淡,意志薄弱,精神萎靡,思维迟钝,阳痿性冷淡,便秘。阿片烟瘾发作时,人会烦躁不安,意识蒙眬,运动系统兴奋,心悸苦闷。

急性中毒时,人会动作迟钝,颜面渐红、眩晕、疲劳、动作不协调、想象力亢进,进入幻觉、满足感、陶醉状态,会恶心呕吐,瞳孔缩小,呼吸缓慢,脉快而浅,接着进入昏睡、昏迷状态,最终四肢冷却,死于呼吸中枢麻痹。

4. 致死量

阿片胶状物 2 ~5g 可致死。完全干燥的阿片 1 ~2g 即可致死。不同人敏感性不同，瘾者耐受性增加。小孩0.1～0.2g可以致死。

5.尸体征象

急性中毒死的尸体，尸斑及血液紫蓝色，内脏淤血。肺水肿，支气管有黏液，脑水肿，脑膜充血，或有出血小点，颅腔、胃内容有阿片臭。

6.检材

尿，血液，肝、脑组织。

（三）吗啡中毒

1.来源

吗啡是阿片中含量最高的生物碱。常见的吗啡类物质有吗啡，可待因（甲基吗啡），蒂巴因，以及吗啡衍化物海洛因（二醋吗啡）、戴阿因（乙基吗啡）、阿朴吗啡等。

吗啡为白色晶形粉末，盐酸吗啡则为针形晶体。味苦。吗啡难溶于水，易溶于氯仿及热乙醇中，盐酸吗啡可溶于水和酒精。吗啡水溶液对石蕊试纸呈碱性反应，对福尔马林硫酸溶液呈红色反应（马贵氏试验），在弗劳德试验中呈紫色。

可待因从阿片中分离提取，其磷酸盐或硫酸盐呈白色针状或结晶性粉末。可溶于水，味苦。马贵氏试验呈紫红色。临床用于镇咳剂。毒性作用比吗啡弱。含磷酸可待因1%以上的制剂，即按麻醉药管理使用。

海洛因是吗啡的二乙酰化合成物，多见于盐酸盐制剂中。毒性与吗啡相似。有很强的成瘾性，兴奋作用强烈，临床不用。

阿朴吗啡是吗啡人工合成物。马贵氏试验呈紫色。盐酸阿朴吗啡是催吐剂，对大脑皮层有抑制作用，但对延脑呕吐中枢有强烈的刺激性，可导致剧烈的恶心呕吐，中毒深时人全身肌肉弛缓，呼吸中枢麻痹。

2.作用

与阿片作用机理一样，但程度更为强烈，对中枢神经有抑制与兴奋两种作用。抑制是自上而下，先抑制大脑皮层高级中枢，然后逐渐扩散到皮层下中枢，最后抑制延脑的呼吸中枢而致人死亡。其产生的兴奋作用是强烈、全中枢性的，自下而上，先兴奋脊髓，使人出现运动亢进，继而兴奋皮层下中枢、大脑皮层高级中枢。延脑的呼吸、血管中枢、呕吐中枢均可被兴奋。吗啡尤其海洛因的兴奋作用为什么这么强烈，成瘾性为什么会这么快及顽固？有人认为，中枢的兴奋性物质叫脑啡肽（脑吗啡），没有这种物质，中枢就失去兴奋性。吗啡一旦进入中枢就替代脑啡肽，而吗啡作用更强烈，会使人形成依赖（成瘾），这种替代很顽固，难以轻易逆转，所以当摄入吗啡中断时，人就出现兴奋性物质危机，各器官系统功能障碍，即戒断综合征。

3.中毒症状

（1）吗啡急性中毒症状与阿片中毒相似，表现更强烈，症状为呕吐抽搐、瞳孔缩小、皮肤苍白、体温血压下降、呼吸浅慢、脉频而弱、全身紫绀、昏睡、昏迷、反射消失，最后由于呼吸麻痹而死亡。

（2）吗啡慢性中毒症状为：人格丧失，意志薄弱，消瘦贫血，食欲不振，便秘，皮肤干燥,全身无力,情绪多变,反应迟钝。停止使用吗啡后,会烦躁不安,头痛头晕,恶心,呼吸时快时慢,鼻泪俱下,流涎,出汗,心悸,抽搐,肌肉,关节痛,饮食无味,失眠,各器官系统功能紊乱。

(3)可待因中毒时,由于其麻痹作用很明显,人的知觉亦会麻痹。由于脊髓受刺激,易出现强直性痉挛,副交感神经兴奋,肌肉无力,听视觉障碍,眩晕,瞳孔缩小,昏睡、急性呼吸衰竭。

(4)海洛因中毒症状与吗啡、可待因相似,开始是头痛、头晕,呼吸缓慢,听觉、视觉障碍,四肢痉挛,最后因呼吸麻痹而死。海洛因的戒断症状特别重。

4. 致死量

吗啡类物质都是麻醉剂,重复使用容易成瘾,一旦成瘾,人的耐受性大大增加,因此,致死量因人而异。

吗啡:成人中毒量0.06g,致死量0.2~0.3g;小孩致死量0.01g。

海洛因:成人致死量0.2g,耐受量大的可达2.8g。

可待因:成人致死量0.8g。

派替啶:0.2g,美沙酮致死血浓度≥3mg/L。

5. 尸体征象

无特殊征象。慢性中毒死亡者,表现为营养不良,皮肤干燥,四肢、臀部等处常有针眼,甚至感染发炎后成疤。尸解见各内脏淤血,肺水肿,脑水肿,全身缺氧现象明显。戒断休克死亡者,可见吸毒(注射)的征象,尸体呈久病体形,或有皮肤抓痕。吸毒者可并发肺部炎症、心肌炎而死亡。

6. 检材

血、尿、脑。慢性中毒者或尸体已腐败者,以及过去曾吸毒,近来未吸毒者,都可取头发作检材。

(四)可卡因中毒

1. 来源

可卡因又称古柯碱,是古柯灌木的生物碱,盛产于南美,当地人称为圣草,古柯叶中含有丰富的古柯碱。可卡因是表面麻醉剂,此外还有人工合成的制剂,如普鲁卡因、辛可卡因、利多卡因等,均是局部麻醉剂。

可卡因是强兴奋剂,常见的毒品,吸此毒成瘾者的数量与海洛因不差上下。

2. 作用

可卡因会使中枢神经兴奋,先兴奋大脑、小脑,使人产生欣快感,解除人体疲劳,并使人产生陶醉感,接着起抑制、麻醉作用,使人精神忧郁,呼吸麻痹。

3. 症状

中毒者早期会比较兴奋,情绪饱满,言多语快,类似于酒醉的兴奋期,接着会激动不安,眩晕,恶心呕吐,出冷汗,心跳加快,呼吸不规则,出现幻觉,类似精神分裂样,反射亢进,有的会出现性幻觉,继而血压下降,身体进入抑制状态,肌肉松弛,陷入昏迷,如此循环,最终呼吸衰竭而死。

4. 致死量

口服致死量0.5～1.0g,敏感者30mg可致死。

5. 尸体情况

全身呈窒息征,多数尸体可见针眼,脏器淤血。

6. 检材

血、尿、肝、肾。

(五)大麻中毒

1. 来源

大麻,俗称火麻,桑科,一年生草本植物。茎梢及中部呈方形,基部圆形,皮粗糙有沟纹,有掌状复叶,小叶5～11片,披针形,边缘有锯齿,茎皮韧纤维长,可织麻布、制绳索等,种子可榨油,大麻仁入药。印度大麻较有名。

大麻含四氢大麻酚(delta-tetrahydrocannabinol,THC),四氢大麻酚在干燥的叶中含量为:1%～3%。大麻中还含有大麻二酚、大麻酚酸等。

2. 作用

THC对中枢神经有抑制和兴奋作用。可镇痛、抗惊、提神,能促进脑内多巴胺转化,使人出现幻觉和运动失调,精神活动异常。可把干燥的大麻叶做成烟卷或混合烟草制成卷烟,多吸成瘾,出现中毒。

3. 中毒症状

大麻中毒主要症状为精神活动异常,其特征为出现幻觉。中毒人感知明显障碍,视觉异常,知觉失准,出现定向障碍,会自我陶醉,产生幻觉,空间感觉异常,如将高楼感知为平地,并出现运动障碍、语言障碍。中毒者还会逻辑紊乱,出现思维过程障碍,情绪不稳,可能兴奋、不安,也可能抑郁、忧伤。此外,还有恶心呕吐,眩晕,心悸,口渴,眼红(结膜充血、兔子眼)等状态,由于出现幻觉,中毒者可能犯罪或导致意外事故。

4. 致死量

大麻是麻醉剂。吸毒成瘾会致慢性中毒,人的急性中毒的致死量尚不明确,鼠静脉注射半数致死量140mg/kg。

5. 尸体征象

无特殊征象。长期吸大麻者会出现支气管萎缩、脑萎缩。

6. 检材

尿、肾、血、肝。

(六)致幻剂中毒

1. 来源

尚无明确分类。致幻剂是指引起精神活动异常、出现幻觉的药剂。较常使用的有麦角胺衍化物类,如二乙麦角酰胺(LSD),以及苯乙胺衍化物类,如麦司卡林、必哌啶。

2. 作用

中毒者会出现感知障碍,思维紊乱,情感异常,出现幻觉,以色彩丰富的幻视为典型。一般颜色的衣服在其看来却颜色丰富,五彩缤纷,漂亮至极;正常天空会被其幻视成色彩斑斓、无限风光,同时出现时间、空间(距离)感觉异常,明明是深渊,他却感知是平地,距离很远很远的天空,他感到就在眼前。中毒者还可出现兴奋、抑郁或恐怖感。

3. LSD 中毒症状

LSD 为白色结晶,在光下不稳定,易在碱性溶液中分解。一些国家青少年乱用此药,已成为社会问题。

LSD 作用于大脑,使人精神紊乱,典型的症状是产生色彩丰富的幻觉和错觉。距离感紊乱,有四肢分离感,情绪抑郁、兴奋不定,还为恐怖不安所笼罩,出现精神分裂样症状。还伴有心悸,脉快,血压升高,出汗,体温升高。一般成人口服 20～75mg 即会在 30～60 分钟内出现幻觉,持续半天左右。

(七)兴奋剂中毒

1. 来源

兴奋剂指能引起精神兴奋,消除疲劳的药剂。主要指苯丙胺类药。医疗上有时作为辅助性给药。主要有:苯丙胺、甲基苯丙胺(又称去氧麻黄素或冰毒)、苯异丙胺、麻黄碱、二亚甲基双氧苯丙胺(MDMA,摇头丸)、甲基麻黄碱等。

2. 作用及症状

这类药剂能释放使交感神经兴奋、紧张的物质如儿茶酚胺,对中枢神经有典型的兴奋作用,对大脑皮层及脑干均具兴奋性。中毒者表现得精神焕发,精力充沛,思维敏捷,综合判断力强,工作效率高,生命体征各方面均呈旺盛状态,呼吸心跳加快,血压升高。上述作用均是一时性的。同时还表现出交感神经兴奋的其他征象,如出汗,颜面潮红等。另有口渴、失眠、不安、恶心、眩晕、心悸等症状,常产生虚脱。有的兴奋剂还会使性欲亢进,连续使用会致瘾。

第二次世界大战期间,法西斯军队强制士兵使用兴奋剂,致大批人成瘾。当今,服用兴奋剂者更多,有的运动员亦使用兴奋剂并因而受严罚。西方国家吸毒盛行,使用兴奋剂已成为社会问题。由于中毒者会出现精神活动失常或性欲亢进,故容易作出违法犯罪行为。

3. 致死量

右旋异苯丙胺成人致死量为 200mg,小儿为 20mg,甲基苯丙胺致死血浓度 4mg/L。

第四节　法医毒物司法鉴定的评判

法医毒物司法鉴定包括以下内容:(1)确定是否发生了中毒;(2)确定何种毒物引起中毒;(3)确定进入体内毒物的量,并判断是否足以引起中毒或死亡;(4)分析毒物进入机体的时间、途径和形式;(5)推断中毒或中毒死亡方式,是自杀、他杀、意外灾害抑或其他类型中毒。鉴定程序包括案情调查、症状分析、现场勘验、尸体检验、毒物分析等。

一、案情调查

除一般性调查外,重点查清:

(1)死亡经过及症状。包括中毒前饮食情况,饮食内容,与谁共餐共饮,食物来源,烹调情况,进食后多长时间出现症状,死前到过哪些地方,交际情况等。

(2)有无毒物来源,如现场有无毒源。

(3)个体状况:健康状况,生活习惯,嗜好,情绪,饮食习惯(如有人一回房间就有喝冷水、吃零食的习惯等)以及是否有病,服用何药。

二、症状分析

不同的毒物毒理机制不同,进入机体后,可致人出现不同的症状。人们通过有关症状特点,可推测为何类、何种毒物中毒,以此为尸体解剖、收集毒物化验检材做好有关准备,并为毒物化验提示方向和线索。因此,临床和法医工作者掌握有关毒物中毒的症状特点,对有关案件的快速、准确处理会有很大的帮助。

常见中毒症状涉及的一些主要毒物如下:

1. 无明显特殊症状但快速死亡的,可能是氰化物、有机磷、高浓度氨气、一氧化碳中毒。

2. 消化系统症状如恶心、呕吐、腹痛、腹泻等,可由多种毒物引起,如腐蚀性毒物,也可由金属盐类、农药、有毒动植物等引起。应与霍乱、胃肠炎、菌痢等消化系统疾病相区别。

3. 神经系统症状对应毒物。①昏迷:中枢神经抑制剂(包括安眠药、麻醉剂等)、一氧化碳、硫化氢、有机磷、氰化物。②抽搐:农药(如有机磷)、氟乙酰胺、毒鼠强、异烟肼、马桑、士的宁等。③瘫痪:可溶性钡盐、一氧化碳、乌头、蛇毒、河豚毒素。

4. 心血管系统如心律紊乱、心源性休克等,可由乌头、氟乙酰胺、夹竹桃等引起。

5. 呼吸系统症状对应毒物。①呼吸加快:士的宁、甲醇。②呼吸减慢:阿片、吗啡、海洛因、一氧化碳、酒精。③肺水肿(口鼻泡沫):有机磷、刺激性气体。

6. 泌尿系统症状如少尿、无尿等,可考虑升汞、四氯化碳、磷化锌、砷化氢、蛇毒、鱼胆、斑蝥、雷公藤等毒物。

7. 皮肤症状对应毒物。①紫绀:亚硝酸盐、氯酸盐。②黄疸:磷化锌、四氯化碳、砷化物、毒蕈、苍耳子、鱼胆。③色素沉着、角化:慢性砷中毒。慢性砷中毒时,皮肤上有所谓雨点样色素沉着,皮肤呈古铜色,指甲出现白色横纹。④腐蚀斑:腐蚀毒、高浓度氨气。

8. 眼睛症状对应毒物。①瞳孔散大:阿托品、酒精、氰化物。②瞳孔缩小:有机磷、阿片、吗啡、海洛因、氯丙嗪。

三、现场勘验

除常规勘查外,要特别勘明现场气味,观察有无死去的昆虫、有无可疑物、有无呕吐物等。现场状态的动与静,现场物体的多与少,现场痕迹的分布,尸体的姿势及位置等,都应详尽勘验。

四、尸体检验

凡疑为中毒的尸体都应作法医学检验:

1. 全面、详细检验衣着。如口袋、胸襟有无可疑物质,尸体气味、颜色、腐蚀痕等。

2. 从头到脚、从外到里全面检验。不放过任何细微异常征象,要特别注意检查一些隐蔽部位。手指甲缝、唇纹、牙缝均应细查。

3. 尸体解剖。怀疑中毒的尸体均应全面解剖,注意发现各种异常征象。留作毒物分析的组织不能用水冲洗,不能接触消毒固定剂。

五、毒物分析

有中毒可疑性的案件,均应提取检材,送司法化学检验部门进行毒物分析。

1. 提取检材

(1)现场检材提取:现场、死者衣着上可疑的物质,如可疑的包装纸、盛器、粉末、色痕、针筒(头)、药片(胶囊)等全部提取。呕吐物全部提取。食剩的东西全部提取。

(2)尸体检材提取:①凡可能服毒物中毒死亡的,取检材如下:胃及其全部内容物,如经洗胃抢救的,应把第一次洗出物一并送验;心内血液50ml;肝脏100g。②服毒数小时后才死亡的,取心内血50ml;胃及其内容物,十二指肠、空肠部分内容物;肝100g;尿全部。③如怀疑安眠、镇静类药中毒,不论其死亡是否迅速,均应加取脑(100g)及尿。怀疑异烟肼中毒者,应加取唾液腺。④凡可能因注射、吸入毒物死亡的,取心内血50ml;肝100g;尿全部;肺100g;如怀疑安眠药致死,加取脑组织。⑤如为金属毒物慢性中毒死亡,曾吸毒品中毒者,取肝、骨及骨髓、毛发、指甲等。⑥埋葬且已腐烂者,取相当于胃区、肝区、肾区处的腐烂物质、泥土、棺木,但必须取上层墓土、棺盖作对照检材。尸沉水底、腐烂成白骨者,取长骨作检材。

2. 检材的包装、送检

(1)包装原则。①各种检材分别装瓶(瓶子应事先用蒸馏水洗干净)。②装满不留空,瓶口塞紧封死。尤其是检验一氧化碳以及挥发性毒物的瓶子,一定要装满塞紧。③不加固定剂、消毒剂,只有检验乌头碱时,才能也一定要加无水酒精固定,否则乌头碱要因组织腐败而分解,但要加送剩余酒精作对照检验。④标明死者姓名,检材名称,提取时间及方法、地点、部位。

(2)送验。①写好送验报告:介绍案情,现场情况,尸检所见,检验(化验)毒物范围及要求。②尽速送验,若距离较远,应想办法冷藏。③最好派专人送检材。④用剩检材应暂留。

3. 分析测试要求

(1)分析化验常见毒物阴阳性。

(2)根据案情及尸体检验所见,要求重点化验某些毒物。

(3)如化验结果显示某种毒物阳性,要进一步作定量分析。

(4)化验结果与尸检所见有明显矛盾时,应反复化验。

六、检验结果的评价

对所送检的检材进行毒物化验时,若无指定检验范围(检验何种毒物),则只检常见毒物。检验程序可分为定性检验、半定量检验、定量检验。一般都是先定性检验,对阳性结果再进行定量检验。

定性检验:分析所送检材有无某种有毒物质。有则用阳性表示,无则用阴性表示。

半定量检验:分析测定所送检材含某种有毒物质的大体浓度(含量),一般用若干"+"表示。

定量检验:测定所送检材所含某种有毒物质的量为每百克检材,或每毫升检材含某种物质若干毫克或微克。

检验所用的方法很多,包括有机、无机化学分析,物理化学检验,光谱分析,质谱分析,层析分析等。但受检材、试剂、仪器的灵敏度、检验者的技能、所用的方法等各种因素影响,检验结果并不是绝对正确的。

(一)对阳性结果的评价与使用

某种有毒物质的定性为阳性,如氰化物阳性、安定阳性等,仅说明送检材料有这种物质。其含量能否造成中毒,会不会致死,均尚难判断。需要分析:

1. 有无为了治病服用了正常剂量的此种药物故并没有中毒的可能,如安眠酮可以是为了安眠而服,也可以当作毒物使用,服大量安眠酮会致人中毒死亡。

2. 检出物是否是人体内正常存在的各种元素,与中毒毫无关系,如体内有各种金属元素,如钾、钠、锌等。正常人的乳腺、甲状腺、毛发、皮肤、骨骼中含砷量可达0.113～0.75mg/100g。又如,亚硝酸盐遍布全身各处,化验时有可能出现亚硝酸盐阳性,不能因此认定为亚硝酸盐中毒。

3. 是不是假阳性,检验时有时因试剂不纯、污染、操作不当等,会出现无阳性物质的假阳性。

4. 有无在取检材时混进某种物质的情况。

因此,对阳性结果不能盲目相信,不加分析地得出中毒死亡的结论。应根据尸体检验所见,结合案件及现场情况,作综合分析,采取排除法,若能把其他死因一一排除,只剩下中毒无法排除时,那么,毒物化验阳性就很有意义了,此时可作出检验阳性的那种有毒物质致死的结论。若有定量分析报告,得出这一结论更为稳妥。

(二)对阴性结果的评价与使用

送验材料未检出某种有毒物质,即称这种物质阴性。如:砷检验阴性,氰化物检验阴性,敌敌畏检验阴性等。化验结果阴性,不等于体内没有毒物,不等于这个人不是中毒死亡,导致化验结果不准确的因素是很多的。

1. 检材条件差:如尸体腐败,或死亡已久,毒物已分解、挥发;死亡前毒物已分解排泄;检材太少;所取检材不能代表体内毒物分布状况,浓度大的检材没有取,如毒物经呼吸吸入中毒,没有取血或肺,却只提取胃内容物等,致无法检出毒物。

2. 检验室条件限制:如因设备差、试剂失效等,致微量毒物提取不出,检验结果为阴性。

3. 检验者技术水平有限,如经验不足、操作不当。

4. 筛选范围太小或漏检。如只检验几种常见毒物,把不太常见的毒物漏掉了。例如,有一女尸胃腐蚀很明显,尸斑灰紫色,血液酱色,胃内容物及血液化验显示常见毒物阴性,经提请化验草酸后,即检出草酸强阳性。

5. 毒物为新出现的毒剂,尚无较有效的检验手段。

6. 检验方法不妥。有的案件进行尸检,几个单位的化验结果不一样,后来化验结果为阴性的单位改变化验方法取得阳性结果。

因此,化验结果未能如实反映客观存在的情况常会出现。总之,不能仅依据化验结果就肯定或否定中毒,应根据化验及尸体检验结果,结合现场及案情综合分析。

思考习题

1. 简述毒物、中毒的概念。
2. 影响毒物作用的因素有哪些?
3. 中毒检验的主要内容包括哪些?

拓展阅读书目

1. 贺浪冲主编:《法医毒物分析》,人民卫生出版社 2004 年版。
2. 王保捷主编:《法医学》,人民卫生出版社 2006 年版。
3. 闵银龙主编:《法医学》,中国法制出版社 2007 年版。
4. 廖林川主编:《法医毒物分析实验指导》,人民卫生出版社 2008 年版。
5. 沈敏、向平主编:《法医毒物学手册》,科学出版社 2012 年版。

第十六章　司法精神医学鉴定

本章概要　本章主要介绍精神疾病的基本概念，常见的精神疾病症状，司法精神医学鉴定程序、鉴定内容及鉴定意见评判等内容。

通过本章的学习，应该掌握司法精神医学鉴定的概念、司法精神医学鉴定的程序，认识司法精神医学鉴定在认定事实中的作用，了解几种常见的司法精神医学的基本症状，学会收集司法精神医学鉴定的资料及科学审查分析并应用鉴定意见。

关键词　精神疾病；司法精神医学鉴定；责任能力；行为能力；作证能力；性自我防卫能力；诉讼能力；服刑能力

第一节　概　　述

一、司法精神医学鉴定概念

精神病(psychosis)，泛指精神障碍的严重形式，患者会有幻觉和妄想等症状，但不包括焦虑和人格障碍、精神发育迟滞。传统精神病或精神病性障碍包括：精神分裂症、情感性精神病、器质性精神障碍等。

精神疾病(mental illness)，其含义基本等同于精神障碍(mental disorders)，泛指所有的脑功能失调引起的精神活动异常。精神疾病是脑部疾病的一部分，既有功能性疾病，也有器质性疾病。新的趋势是更多地采用精神障碍这一表述。

神经症(neuroses)，一般是指那些不如精神病严重，症状表现与正常体验较为接近的精神障碍。如焦虑症、恐惧症、强迫症等。

精神医学，也称精神病学(psychiatry)，其作为临床医学的一个分支，曾是内科学的一部分，是研究精神疾病及精神和行为障碍的病因、发病机制、临床表现、诊断与鉴别诊断、治疗和预防等问题的一门科学。

司法精神医学(forensic psychiatry)，根据研究范围不同有狭义和广义之分。前者主要研究诉讼当事人或诉讼参与者的精神状态和法律能力，为司法部门提供科学证据和处理意见，并给出对有危害社会行为的精神障碍者的治疗和处理建议。后者则泛指精神病学与法律，其研究内容涉及与法律相关的精神障碍和各种精神健康问题等更广泛的领域，不限于精神状态的司法鉴定和被鉴定人的医学处理。通说认为，司法精神医学是介于精神病学和法学之间的一门边缘学科，是以临床精神病学理论和科技为基础、法律为准绳、法学理论为指导，主要研究和解决精神疾病患者涉及的法律问题和精神卫生问题。

精神疾病司法鉴定(Forensic Mental Health Assessment,FMHA),指根据案件事实和被鉴定人的精神状态作出鉴定意见,为委托鉴定机关提供有关被鉴定人法定能力的科学证据。[1] 精神疾病司法鉴定在实践中常常又被称为法医精神病鉴定或司法精神医学鉴定。根据2020年司法部《法医类司法鉴定执业分类规定》第24条的规定,法医精神病鉴定,是指运用法医精神病学的科学技术或者专门知识,对涉及法律问题的被鉴定人的精神状态、行为能力、精神损伤及精神伤残等专门性问题进行鉴别和判断并提供鉴定意见的活动。

事实上,我国目前的法律规定及理论对这些概念的表述并不统一,这在客观上造成一定的不便,笔者认为可将这类鉴定称为司法精神医学鉴定。原因有:(1)临床上已经把原来的精神病学、精神病医生的称谓和说法改为精神医学、精神科医生。这说明研究以及这方面的医生已把研究的视角扩大到一般的心理问题以及精神亚健康等问题上。(2)司法精神医学及其鉴定发展至今,已经远远超出原来经典的法医学研究的范畴,发展为一门独立的学科,属于司法鉴定学科下重要的支撑学科。(3)对鉴定实践而言,即使经过鉴定,也可能有相当多的被鉴定人没有精神病甚至没有精神疾病。如果使用司法精神病鉴定或法医精神病鉴定的说法,容易使人有先入为主地认为被鉴定人存在此类问题。综上,统一使用“司法精神医学”和“司法精神医学鉴定”的名称来表述这一学科名称和鉴定活动更为适宜。

二、司法精神医学鉴定的法律依据

(一)我国刑事法律中的有关规定

我国《刑事诉讼法》第62条规定,生理上、精神上有缺陷或者年幼,不能辨别是非、不能正确表达的人,不能做证人。该法第149条规定,对犯罪嫌疑人作精神病鉴定的期间不计入办案期限。《精神卫生法》第32条规定:“对再次诊断结论有异议的,可以自主委托依法取得执业资质的鉴定机构进行精神障碍医学鉴定;医疗机构应当公示经公告的鉴定机构名单和联系方式。接受委托的鉴定机构应当指定本机构具有该鉴定事项执业资格的二名以上鉴定人共同进行鉴定,并及时出具鉴定报告。”最高人民法院、最高人民检察院、公安部、国家安全部、司法部联合颁布的《关于办理死刑案件审查判断证据若干问题的规定》第5条规定,死刑案件中必须要查明犯罪嫌疑人在所涉案件中有无刑事责任能力。

(二)我国民事法律中的有关规定

我国《民法典》第21条规定,不能辨认自己行为的未成年人为无民事行为能力人,由其法定代理人代理实施民事法律行为。《民事诉讼法》第79条也就专门性问题的鉴定作了规定。

---

[1] 参见《精神疾病司法鉴定暂行规定》第2条。

（三）其他规定

根据1989年最高人民法院、最高人民检察院、公安部、国家安全部、司法部联合发布的《精神疾病司法鉴定暂行规定》以及《关于办理死刑案件审查判断证据若干问题的规定》的规定，死刑案件中必须要查明犯罪嫌疑人在所涉案件中有无刑事责任能力。

另外，有的精神病人在发病期间会工作不负责任、不遵守纪律，还会主动向单位领导提出辞职，有的单位领导不加分析就批准病人的辞职请求，以致引起劳动争议而要进行司法精神医学鉴定。鉴定有的由劳动争议仲裁委员会提出，有的由法院提出。这类案件虽然不算重大，但鉴定与处理难度往往较大，因为进行鉴定时常常离事发已隔了一段时间，此时病人的精神症状可能已发生了变化，单位往往强调患者的正常表现，而患者家属往往强调患者的异常表现，患者的朋友、同事、邻居等虽比较了解患者情况，但此时要求鉴定人对事发当时病人的精神状态作出回顾性评估是一件十分困难的事。如果确实证明事发当时患者处于发病状态，那么其所递交的辞职申请在法律上并不能代表患者的真正意愿，因此其请求是无效的，应予撤销。

三、司法精神医学鉴定的任务

（一）刑事案件司法精神医学鉴定的任务

1. 确定被鉴定人是否患有精神障碍，患何种精神障碍，实施危害行为时的精神状态，精神障碍与所实施危害行为之间的因果关系，以判定其有无刑事责任能力。

2. 确定被鉴定人在诉讼过程中的精神状态以及有无受审能力。

3. 确定被鉴定人在服刑期间的精神状态以及有无服刑能力。

4. 对服刑罪犯进行保外就医的司法鉴定。

5. 对被鉴定人（人身伤害案件的被害人）进行精神损伤程度的鉴定，即精神方面的轻重伤鉴定。

（二）民事案件司法精神医学鉴定的任务

1. 确定当事人精神状态是否正常、有无行为能力，从而确定有关的法律行为是否有效。如处理财产的能力，遗嘱能力，签订契约、合同、买卖的能力，婚姻能力，有无选举和被选举权，能否承担兵役或其他各项义务。

2. 确定被鉴定人在调解或审理阶段的精神状态以及有无诉讼能力。

3. 确定原告（人身伤害案件的被害人）的精神伤残程度，精神症状与外力作用之间的因果关系等。进行精神损伤的休息、营养、护理期限的鉴定。

4. 确定涉案当事人（患有精神疾病或出现精神损伤者）的劳动能力。

5. 在就医过程中，有时需对精神障碍者及其疑似者进行精神鉴定，得知其精神能力。

6. 在确定监护人的案件中，对有关人员的监护能力进行鉴定。

（三）性侵案件司法精神医学鉴定的任务

对受性侵犯的女性，在怀疑其有精神异常时，确定其当时的精神状态以及有无性自卫能力。

(四)其他有关案件司法精神医学鉴定的任务

在各类案件中,对案件的陈述人,如原告、证人、检举人的精神状态进行鉴定,确定其陈述的可靠性,即作证能力的鉴定。

四、司法精神医学鉴定的方式

司法精神医学鉴定方式主要分为以下四种:

1. 出诊鉴定(特殊场所鉴定),又称上门鉴定。如在看守所、监狱、劳改农场进行鉴定等。在这种场合进行鉴定的优点是可以避免被鉴定人产生戒备、防卫、抵抗情绪,但精神检查难以全面展开。也可以借助仪器进行检查。某些民事案件及刑事案件针对被害人的鉴定也可以在被鉴定人家中及居委会或其他场所进行。

2. 院内鉴定(门诊鉴定)。在鉴定单位内进行,可以对被鉴定人进行全面精神检查及心理测验和必要的辅助检查,但容易造成被鉴定人情绪不稳,有时使鉴定过程复杂化。

3. 住院鉴定。在病人住院的特殊环境里,对被鉴定人进行全面检查,经过一定时间的观察,记录各种诊断性治疗或对症治疗的效果,然后作出鉴定意见,其材料依据比较可靠也比较全面,结论科学性强。适合于案情重大或复杂的案例。而现在使用最多的鉴定人外出鉴定的方式,由于缺乏对被鉴定人全面、长时间的观察,作出鉴定意见的材料依据常不够全面。

4. 缺席鉴定,又称文证鉴定或文书鉴定。即只根据书面材料分析,这种鉴定在不得已的情况下才可采用。适用于如患者已死亡或失踪或因其他原因无法对被鉴定人进行直接精神状态检查的情形。此方式不能作为首选的或常规的鉴定方式使用。

第二节 精神医学基础

一、精神疾病原因与分类

(一)精神疾病发病率

精神疾病已成为严重危害人类身心健康、妨害社会发展的医学及社会问题。全世界精神疾病患者数量惊人,我国精神疾病的发病率也呈上升趋势。

(二)精神疾病发生原因

精神疾病的主要特点是精神活动障碍。精神活动是大脑的功能表现之一。任何引起脑功能障碍的因素均可能构成精神疾病的发病原因。归纳而言,可分为以下几类:(1)生物因素,包括遗传因素、躯体因素(后文详述);(2)心理因素(如心理素质、精神刺激等);(3)社会因素(如家庭因素、社会环境因素、社会文化因素)。

从精神疾病分类中可以看出,精神疾病不但类型很多,而且原因也是多方面的,有些类型原因不明。近代脑科学研究表明:情感、记忆与脑的边缘系统有关,大脑左半球擅长语言、逻辑分析,右半球擅长情感、感知,而意识则与脑干网状结构有关,所以精神的物质基础是脑。从这个意义上说,精神病都是脑功能不正常引起的,如大脑兴奋与抑制失调,大脑皮层功能障碍、脑干功能障碍等,均会导致一系列的精神活动异常,遗传、环境影响也是相关因素。

生物性因素包括六大类:(1)脑器质性病变。各种脑器质性精神病均由脑本身的病理性改变引起。(2)脑以外躯体性病变。当然,这类疾病都要影响到脑功能,才可能出现精神活动异常。如伤寒病的高热引起谵妄,不断说胡话,或躁狂;持续高热引起的神志不清、呓语等。又如长期高血压会引起人格、感情的改变,导致适应社会能力下降;肝病会引起脑功能障碍,糖尿病会引发痴呆,等等。(3)中毒引起脑功能障碍。中毒致脑缺氧、变性、麻痹、水肿,脑萎缩,脑组织坏死等。如慢性酒精中毒致脑功能障碍,出现痴呆、反应迟钝、记忆力下降等。又如一氧化碳中毒引起脑缺氧,致脑功能障碍等。(4)内分泌改变引起脑功能障碍。如甲状腺肿致甲状腺功能亢进会引起脑神经失调,使人出现人格障碍。性腺分泌改变引起精神活动异常颇常见,会使人出现人格障碍、感情改变、注意障碍等,如更年性精神病。脑下垂体分泌异常会引起低能等。(5)脑发育不全。如因先天性原因或婴儿期、儿童期的各种原因致脑发育迟钝,因而出现精神活动异常,如低能等。(6)原因不明。如精神分裂症、反应性精神病、偏执性精神病,其发病原因尚未明确,但与社会环境影响分不开。

(三)精神疾病分类

根据最新版《中国精神障碍分类与诊断标准》(CCMD-3)的规定,精神疾病分为十大类:(1)器质性精神障碍;(2)精神活性物质所致精神障碍或非成瘾物质所致精神障碍;(3)精神分裂症和其他精神病性障碍;(4)心境障碍;(5)癔症、应激相关障碍、神经症;(6)心理因素相关生理障碍;(7)人格障碍、习惯和冲动控制障碍、性心理障碍;(8)精神发育迟滞与儿童和青少年期心理发育障碍;(9)童年和少年期的多动障碍、品德障碍和情绪障碍;(10)其他精神障碍和心理卫生情况。

二、常见的精神疾病

(一)精神分裂症

1. 概念

精神分裂症是最常见的一种精神疾病,特点是思维、情感、行为不协调,整个精神活动与环境不统一(所谓分裂现象)。主要表现为情感淡漠,思维散漫,有逻辑障碍,出现幻觉或妄想,行为异常,意志减退,脱离现实,精神活动的统一性被破坏。

2. 发病特点

(1)患病率一般为2‰~4‰,发病年龄多在16~40岁,发病的最高峰在22岁左右,男女无差别,精神分裂症患者占精神疾病住院人数的80%左右。

(2)病程迁延,不及时治疗可导致慢性衰退或痴呆。

3. 病因及发病机理

(1)遗传:通过家系调查,精神分裂症患者子女的发病率比一般人发病率高6倍以上,精神分裂症双生子的同病率比正常人群高出4~6倍。通过对寄养子的调查,笔者发现父母患精神分裂症的寄养子,比父母正常的寄养子患精神分裂症的可能性要大得多。

(2)环境因素和躯体因素:人的精神活动受大脑和外界环境两方面的制约,因此,精神现象也必然受到这两方面的制约。人一出生就受到家庭环境,特别是母亲的影响,这可解释母亲患精神分裂症时子女的发病率比父亲患病时的发病率高。有的精神分裂症病人是在妊娠分娩期间发病,有些病人的症状会在月经期加重,说明发病和加重与性腺功能有关。

(3)生化代谢异常。

(4)脑部的病理变化:病理解剖发现精神分裂症患者的大脑皮质轻度萎缩,脑室扩大,脑部可出现退行性变化。

4. 精神分裂症的主要症状

精神分裂症的症状复杂多样,但并非每个病人都具有所有的症状,同一病人在疾病的不同阶段也可出现不同的症状。主要特征是"精神分裂",即精神活动脱离现实与环境不协调以及思维、情感、意志、行为之间互不配合。

(1)思维联想障碍:思维联想过程缺乏连贯性和逻辑性,是精神分裂症最具特征性的障碍。其特点是病人在意识清楚的情况下,思维散漫或分裂,缺乏具体性和现实性。其典型表现为破裂性思维和非逻辑思维。思维联想障碍的表现是妄想,妄想是精神分裂症最常见的症状之一。根据妄想的内容不同,可分为被害妄想、嫉妒妄想、钟情妄想、罪恶妄想、夸大妄想、物理影响妄想等。象征性思维是思维障碍的另一特殊表现形式。病人会赋予某种事物新的意义并加以解释,如一个姓吕的女病人要铝器不要铁器,因为铝是表示她(吕)和爱人(姓金)结合在一起,而铁是"失金",表示她会失去丈夫。

(2)情感障碍:情感迟钝淡漠,情感反应与思维内容以及外界刺激不配合,是精神分裂症的重要特征。情感淡漠:表现为病人逐渐变得无缘无故地与亲人同事疏远,不合群,不愿意参加集体活动,对任何事情都不感兴趣,严重的连日常生活都需要人照顾。有时会出现情感倒错,即病人对外界刺激出现相反的情感反应,对伤感的事件表现得很高兴,在欢乐的场合却悲哀落泪,其内心体验与常人相反。病人还会出现情感爆发,即在情感淡漠的基础上出现突如其来的爆发性的情感反应,有时可能因琐事,但大多数无任何原因,病人突然勃然大怒,常伴有攻击行为,片刻后又自行平息,冷漠如故,常人难以理解也难以预料。

(3)意志行为障碍:在情感淡漠的同时,病人的活动减少,缺乏主动性,日渐变懒、变孤僻。有的行为怪异使人难以理解。引人注意的是病人对自己毫无要求,学习不求上进或者劳动纪律松弛,经常迟到早退,工作无目的性,效率降低,或者个人懒于料理卫生,白天在室内大小便,室内臭气冲天也不在乎。

有些病人会突然出现冲动行为。有些患者在自杀时可忍受巨大的痛苦。

(4)幻觉:精神分裂症的附加症状。主要以幻听为主。病人认为自己可听到人们在说话,有时声音可重复病人的思想,病人想什么,幻听就重复什么。妄想往往在幻觉的基础上产生。

5. 临床类型

精神分裂症在若干临床类型上,可分为单纯型、青春型、紧张型、偏执型、残留型、衰退型,未定型及其他,不同类型在发病形式、症状表现、病程等方面存在差异。其症状也不同。

(1)单纯型:发病者多为青少年。起病缓慢,初期不引人注意,随着病情逐渐加重,开始以神经衰弱症状为主。之后逐渐变得情感淡漠,较少出现幻觉妄想,易误诊为性格问题,预后很差。

(2)青春型:多在青春期发病,起病快,病人思维散漫,有怪异行为,本能欲望突出,如食欲、性欲亢进。这种病人容易作出性犯罪、放火、抢劫等暴力犯罪行为。由于症状比较容易发现,一般能较早地得到治疗。

(3)紧张型(木僵型):一般起病较急,常有反复发作倾向,多为紧张性木僵和紧张性兴奋交替出现。木僵状态时,病人终日僵卧,不进食,不说话,一般数周后缓解。有的病人在木僵时能感知周围事物。这种病人有时会突然从抑制中解脱出来,变得兴奋冲动,作出毁坏器物、攻击他人或自杀行为。

(4)偏执型(妄想型):最为多见,占住院精神分裂症病人的40%以上。大多数起病慢。病人年龄多在30岁以上。以逐渐形成的妄想为基本特征。常见的有迫害妄想、影响妄想、嫉妒妄想等。病人把周围的事物和他人的举动都看成针对自己而来。幻觉和长期的妄想可使妄想系统化。病人可能在妄想的支配下进行破坏行为和犯罪。患精神疾病者杀人案中此类型较多见。

据统计,在700例患精神疾病的人杀人伤害案中,被妄想支配杀人占最多。杀人的精神疾病患者中,有被害妄想的占45.7%,有嫉妒妄想的占8.6%,有幻觉的占5.7%。

6. 诊断

精神分裂症的诊断一般根据以下几点:(1)有较典型的“分裂”症状;(2)无体格检查异常;(3)无意识障碍;(4)无自知力;(5)无智力缺损。

7. 精神分裂症的作案特征

(1)作案没有明确的动机、目的,或其动机与造成的严重后果不相称。

(2)作案缺乏预谋性,对作案场合、时间、工具等缺乏严格选择,常有公开作案。妄想型患者在作案前虽可能有所准备,但不周密,与正常犯罪的严密谋划有别,凶杀对象大多为熟识者,如亲属、同事、邻居等。

(3)行为带有冲动性、单独性,凶杀手段有时十分残忍或离奇。

(4)案后无自我保护表现,多数患者持无所谓的冷漠态度。有的停留在作案现场,泰然安睡于床。对拘捕无紧张情绪或恐惧。

8. 精神分裂症在司法实践中的评定

(1)精神分裂症患者的违法犯罪行为

精神分裂症是最常见的精神疾病,由精神分裂症引起的刑事案件远远超过其他各种精神疾病。据统计,在司法精神医学鉴定中,精神分裂症占50%~70%,从凶杀案件到民事案件,精神分裂症所占的比重均较其他精神疾病高。因此,司法工作者掌握和认识精神分裂症是很重要的。

由于精神分裂症大部分起病较慢,早期症状不明显,有些症状与病人原来的思想状况、生活习惯有一定的联系,发病后患者大都否认自己有病,而且为自己的言行进行辩护,而社会对精神分裂症的了解远远不够,因此,在司法实践中精神分裂症鉴定显得比较重要。

精神分裂症患者危害社会治安,威胁人身安全,要对他们进行积极的治疗和适当的监护。不宜将曾因患病而有案底的病人安置在社会中,因为该类精神疾病有复发的可能,现可将其送入"劳、教、治"三结合的精神疾病安康医院,以杜绝其再次危害社会。

(2)精神分裂症患者的责任能力和行为能力

精神分裂症患者从发病到疾病缓解是一个逐渐延续的过程。其责任能力和行为能力应根据病情的变化来确定。其在发病期间是没有责任能力的。疾病痊愈后,若没有残留症状,则其具有责任能力和行为能力,中间阶段则不具有完全的责任能力和行为能力。一般来说,在发病期间,精神分裂症病人不宜办理各种法律手续,应等到缓解后再办理。如果病程迁延,预后不良,已丧失行为能力,则应由监护人代理实施法律行为。

(二)器质性精神疾病

器质性精神疾病是因脑组织发生器质性病变而出现的精神障碍。本病有急剧与缓慢两种起病过程,急剧起病者(由脑外伤、脑部炎症引起)主要症状为意识障碍,其表现与症状性精神疾病相似。缓慢起病者主要症状为进行性智能减退及性格改变,其中以老年性精神疾病和动脉硬化性精神疾病最典型。

1. 老年性精神疾病

老年性精神疾病(老年性痴呆)指老年期发生的慢性进行性智能缺损,伴脑组织相应病理改变的一种精神疾病。

(1)发病年龄。一般来说,男子60岁、女子55岁以后,人体开始衰老,进入老年期,患病概率增大,也有在40~60岁发病的,称为早老性痴呆或老年前期痴呆。

(2)主要症状。①缓慢发病:初期表现为性格暴躁,主观固执,不顾他人,情绪不稳,行为幼稚,失眠。②智力减退:患者逐步出现明显智力减退,如记忆力障碍、计算困难、判断错误、工作能力衰退。③妄想与幻觉:少许患者出现妄想与幻觉。④痴呆状态:逐渐陷入痴呆状态,如不知道自己姓名、年龄,生活不能自理。

2. 动脉硬化性精神疾病

动脉硬化性精神疾病是脑动脉硬化引起的精神障碍。

(1)发病年龄。多在中老年发病。半数病例在遭遇一次或多次脑血管意外之后发病。

(2)主要症状。①起病缓慢：患者初感头痛、头昏、乏力、四肢发麻、失眠等。②智力减退：记忆力、计算力、工作能力下降。③后期发展为痴呆状态。

(三)情感性精神疾病

以情感障碍为主要症状的精神障碍称为情感性精神疾病。

1. 分类(见图16－1)

- 情感性精神疾病
  - 原发性
    - 单相：仅有抑郁者或有躁狂者
    - 双相：躁狂与抑郁两者合并存在
  - 继发性
    - 原有其他精神疾病
    - 原有系统性躯体疾病(包括器质性脑病等)

图16－1　情感性精神疾病分类

原发性者，病前健康，或除患情感性精神疾病外无严重躯体疾患或器质性脑病，其数量据美国的一组门诊病例统计占所有情感性精神疾病的55%；继发性者，病前曾有其他精神疾患或严重躯体疾患，门诊病例统计占33%。

2. 主要症状

(1)患者常出现抑郁与焦虑，或者情绪高涨、兴奋，常有自杀倾向。

(2)思维、感知、行为等方面异常。

(3)精神分裂——情感性精神疾病。

精神分裂症与躁郁之间的精神疾病也是常见的一种类型。①患者有明显的抑郁或躁狂(以抑郁居多)，同时具有明显的精神分裂症状。②起病急，病程呈间歇发作。③病前个性无明显缺陷，能较好地适应环境，可有不同的发病诱因。

(四)偏执性精神疾病

偏执性精神疾病是一组以妄想为主要症状的内源性精神疾病，又称妄想性精神疾病。

1. 发病年龄

30岁以上中年人高发，男性占70%，占住院精神疾病患者的1%，脑力劳动者发病率略高。

2. 类型

(1)解释性偏执狂：会窥察与妄想有关的现象，从而作出倾向性解释，日积月累的丰富“资料”，使患者自以为已掌握全部“真相”，以迫害性质最为常见，患者一般不向他人轻易吐露真情，故很难识别。患者一旦感到“危机迫在眉睫”，会出人意外地伤害、杀害对方或自杀、遁匿失踪。

(2)诉讼性偏执狂：在妄想支配下，往往认为自己含冤莫白，没完没了进行诉讼或申诉，对妄想内容坚信不疑。

(3)激情性偏执狂：以钟情妄想、嫉妒妄想最常见。前者是一见钟情，不管别人是否有意,紧追不放;后者是怀疑配偶有外遇,跟踪配偶行迹,证实妄想可靠性,在忍无可忍时,往往会伤害他人、配偶或自杀。

(五)癔病

癔病(又称歇斯底里症)是由精神刺激或不良暗示引起的一类精神障碍。

1. 发病年龄在16~30岁,多见于女性。

2. 主要症状

(1)精神障碍。主要有三个变化:①情感爆发。常在受刺激后立即起病,情感反应强烈,具有尽情发泄的特点,一般历时不长,数十分钟或1~2个小时即平静下来。②意识障碍。出现昏睡、木僵、蒙眬状态,有的病人答非所问,每答必错。③精神状态类似重性精神疾病,意识障碍不明显,可有短暂的幻觉或妄想,在3~5天内平静。

(2)运动障碍:痉挛发作、瘫痪,不能站立,不能步行,出现抽搐舞蹈症样动作。

(3)感觉障碍:突然失明,呈现弱视、管状视野或单眼复视,或突然耳聋,或有咽喉部梗阻感。

(4)植物神经、内脏功能失调:出现神经性呕吐、咯逆、腹痛、尿频尿急等现象。

(六)癫痫性精神障碍

癫痫是一种阵发而短暂的脑功能障碍,猝然发作,突然终止,并有反复发作倾向。主要症状包括:

(1)失神状态:是指癫痫的小发作,一般持续时间短,只有一二分钟,表现为意识丧失,活动突然停止,手中持物掉落。有的在发作瞬间面容变色,双目凝视,头向前冲,有的仍机械地继续原来的活动。发作停止,意识恢复正常后,患者对发作经过一无所知。

(2)精神运动性发作:发作时意识模糊,做一些无意识动作,如咀嚼、吞咽、摸口袋、进食等。有的在晚上发作,如梦游症,患者会在睡梦中起身外出,或做白天的工作,并能保持协调,也会出现不协调动作,如外出乱跑、脱衣裸体、哭笑歌唱、爬墙跳楼、毁物、伤人、纵火等。发作停止,意识恢复清晰。

(3)癫痫精神疾病:患者无意识障碍,表现为躁郁症的精神状态,会间歇性抑郁;有的表现为精神分裂症或癔病样的精神状态。

精神疾病种类繁多,不同国家和地区在不同时期的分类各不相同,这里简单介绍一些常见的类型。

第三节　司法精神医学鉴定程序

一、司法精神医学鉴定的提出

为了避免错案,侦查机关在侦查过程中、检察机关在批准逮捕前、法院在审理过程中,如涉案对象有下列情况应及时委托鉴定:

(1)曾经有过精神异常史。材料可能来源于家属或周围人的反映,或医院的门诊、住院记录。

(2)有精神病家族史。遗传对于某些精神病的发生有影响(如精神发育迟滞、精神分裂症、情感性精神病等),但遗传史对精神病诊断并不是必须的。

(3)虽无明确疾病史,但涉案对象的家属及周围人员反映其性格怪戾,情绪不稳,行为冲动,睡眠反常,头脑笨拙,行为幼稚,有抽搐史等。

(4)涉案对象的行为目的、动机、方式、过程等有悖常理。

(5)案件审理过程中有精神反常表现。

(6)特殊情况,如有酒精依赖史、药物滥用史等。

不论在刑事或民事案件中,原告、被告或犯罪嫌疑人、被害人的精神状态确有异常,有精神疾病可能时,不管案情如何,都应进行鉴定;相反,也不可因案情与常情不符就随便怀疑原告、被告或被害人精神状态异常。

二、送检人提请鉴定的准备

(1)全面了解鉴定对象的一般情况,除通常的一些内容外,还应了解工作表现(包括成绩)、生活态度、经历、个性、习惯、嗜好、婚姻状况、人际关系、社会关系等。

(2)全面了解病史及其精神障碍的具体表现,如意识是否清楚,仪态衣着是否异常;待人接物情况;行为状况,包括动作有无异常;注意力是否集中;情绪反应,有无兴奋、忧郁等情绪变化;思维与行为是否协调,语言的逻辑性,有无妄想、联想;感知情况,有无幻觉;智力情况;是否承认自己有精神病;治疗情况,包括服什么药,有什么效果,肯不肯吃药等;家族、亲戚病史。

(3)案发经过,作案使用的工具等。

(4)所送鉴定材料,应包括全部案卷,病卡,被鉴定人书信、日记、文章,以及其他有关的档案材料。

(5)需补充材料时,鉴定人可与公安机关、司法机关一同调查,调查女证人隐私时,要有女工作人员在场,若被鉴定人可能存在精神障碍,亦应二人以上同时在场。

(6)在鉴定人与被鉴定人见面时,为其提供观察的条件。

三、鉴定调查

调查材料的全面与否,对于得出正确意见具有非常重要的意义。调查工作可由司法机关的办案人员进行,或者由鉴定人亲自进行,调查时要注意下列几点:

(1)所调查对象要全面,包括所有有关人员,如家属、单位领导、同事、邻居等。如案件涉及被告人、被害方有关人员,应对两方面的有关人员都进行调查。

(2)调查要个别进行,要解除被调查人员的顾虑。由于利害相关或受到外界压力影响,被调查人可能存在各种顾虑,或不敢真实地反映情况,或仅就部分情况进行反映。所以,调查时必须了解背景,认真做好思想工作。

(3)调查场合要因人因事而异,可在司法机关进行,也可在被调查人家庭或居(村)委会进行。

(4)调查方式要灵活,不要带着条条框框去调查,避免千篇一律的问话,如问:“你们看他(指被鉴定人)有没有精神病,他家里人有精神病吗”等。如有人反映被鉴定人有精神异常,要问其具体表现,被鉴定人智力低下的,要问清其具体的工作、学习、生活表现等。

(5)调查记录要详细地记录原话。

四、鉴定人的鉴定前准备

鉴定人应全面、系统、深入地阅读全部卷宗材料及调查材料,并做一些必要摘录:

(1)案情及被鉴定人的病情概况;

(2)有疑问之处,如关于案情方面有哪些需要搞清的地方,调查材料中的不详或矛盾之处,有关精神异常的疑点等;

(3)初步的分析。

这样可以在鉴定检查时对被鉴定人进行有针对性的提问,也可以向办案人员作补充了解,或要求委托人补充调查材料,以形成最后的完整认识。

五、精神检查

精神检查的内容主要包括了解被鉴定人对案情的回忆,了解其作案动机,以及对案情性质和后果的认识,同时要发现各种精神病理症状。有精神疾病史的,还要了解其发病的过程、表现和对疾病的认识。

取得被鉴定人的合作是精神检查成功的重要因素。只有让其充分暴露自己的想法,精神检查才能深入进行。有条件的情况下,办案人员应参加旁听。另外,精神检查鉴定应注意下列事项:

(1)鉴定前对所检查内容要做到心中有数,避免边翻卷宗边提问。

(2)语气要平和,不要用审讯式口气,要让被鉴定人自然表达,不要轻易打断其说话,也不要暗示或直截了当地根据已掌握材料进行提问。

(3)检查时要善于启发诱导,询问内容要根据对象特点灵活变化。检查内容力求全面。当在检查中发现某些关键性线索时,要抓住深入追究。

(4)检查场所要安静,避免干扰,特殊环境易引起被鉴定人误解。

(5)为了取得被鉴定人的配合,在条件许可的情况下,进行检查时最好暂时解除镣铐。

(6)当被鉴定人反复陈述时不要急躁,注意倾听其翻供的理由,并让其自然申述,边听边分析其供述的合理性,注意其心理动态及外观表现。

(7)被鉴定人情绪激动时,可以询问其他问题以转移其注意力,待其情绪平稳后再继续询问有关问题。

(8)遇到被鉴定人不语或拒绝检查时,不要勉强,要耐心地解释和教育。

(9)如发现被鉴定人有伪装精神病的可能时,需密切观察其动向,尤其是在点破其伪装伎俩时,需防止可能发生的意外。

(10)心理测验及辅助检查宜安排在精神检查完成后进行。

常见的心理测验,包括智力测验和人格测验以及其他各种评定量表。

智力测验并非判断智力高低的唯一依据。韦氏量表包括幼儿、少年、成年三种,主要包括两个方面,即言语测验和操作测验。前者包括知识、领悟、算术、相似性、数字广度和词汇。后者包括数字符号、图画填充、木块图案、图形拼凑和图片排列。人格测验包括明尼苏达多项人格调查表(MMPI)、艾克森人格问卷(EPQ)、卡特尔16项人格测验(16PF)。其他评定量表有社会适应量表、功能评定量表等。

六、鉴定讨论与鉴定意见

(一)鉴定讨论

鉴定讨论在精神检查结束后进行。每位鉴定人都应发表自己的见解,内容包括对调查材料完整性的看法,精神检查发现的问题,精神障碍诊断及依据,对被鉴定人行为动机的分析,被鉴定人辨认及控制能力状况,对被鉴定人法律能力的评定意见,以及对于有关疑问的解释等。讨论中出现意见分歧是正常的现象,不能简单地采取下级服从上级、少数服从多数的做法。

(二)鉴定意见书的基本要求

通常情况下,鉴定文书包括如下部分:

(1)鉴定目的和要求:与鉴定意见书的结论部分相呼应,如要求鉴定责任能力和受审能力,鉴定书的结论就必须分别对此作出评定。

(2)案情摘要:内容要简明扼要,不要把被鉴定人在审讯中的具体交代或把未肯定的情节写入其中。

(3)被鉴定人概况:包括被鉴定人个人史、疾病史、家族史,以及有关案情的调查情况和反映等,主要根据卷宗材料进行摘录,还应注明材料来源,如“据某某提供”“摘自卷宗第几页”等。

(4)如属于刑事案件,作案行为有较明确时间界限的,可另列“案发时及案发前后的精神状态”一项内容,此项目也包括被鉴定人在审理、羁押期间的精神状态。

(5)分析意见:是鉴定书的核心部分,撰写的难度最大,内容应力求详尽、全面,对司法机关提出的问题都要有所交代,主要包括:①医学诊断的结论和依据;②作案时处于何种精神状态;③涉案行为与精神症状的关系;④目前的精神状态;⑤对涉案行为的辨认与控制能力状况,对其行为能力的评定及依据;⑥鉴定意见:只要求表达结论性意见,不必详述理由,如鉴定组个别成员持不同意见,应在鉴定书中注明,不能以少数服从多数原则进行表决。

第四节　鉴定基本内容

司法精神医学鉴定的主要内容包括:法律能力鉴定(包含精神状态鉴定)、因果关系鉴定、精神损伤程度鉴定、精神伤残等级鉴定、精神残疾程度鉴定、精神科医疗纠纷司法鉴定等。

一、刑事责任能力

(一)刑事责任能力概念

刑事责任能力,是指具有承担刑事责任的资格。精神障碍者的责任能力,是对其实施危害行为时的责任能力作出评价,这种评价不能脱离其整体精神状态而孤立进行。刑法所指的行为,专指危害社会的行为,不是泛指其他各种行为。

(二)刑事责任能力评定的法律依据

在我国,精神障碍者作出危害行为时,对其的刑事责任能力评定主要依据我国《刑法》第18条规定进行。根据此条规定,是否是精神病人,是否具有责任能力的医学要件,是否有辨认或控制自己行为的能力是评定其是否有责任能力的法学要件。在我国法医精神病鉴定实践中,刑事责任能力评定是按照医学要件与法学要件相结合的原则进行的,两者缺一不可。近年来,因果关系要件也日益获得关注,也就是要考虑辨认、控制能力受损与精神障碍之间是否存在引起与被引起的关系。

(三)刑事责任能力的分级

我国《刑法》第18条对精神病人的刑事责任能力评定采取"三分法",即无刑事责任能力、限制刑事责任能力、完全刑事责任能力。2023年修正的《刑法》增加了尚未完全丧失辨认或者控制自己行为能力的精神病人犯罪的,应当负刑事责任,但是可以从轻或者减轻处罚的内容,对责任能力评定"三分法"作了明确规定。

1. 无刑事责任能力

《刑法》第18条规定:"精神病人在不能辨认或者不能控制自己行为的时候造成危害结果,经法定程序鉴定确认的,不负刑事责任……"

(1)医学要件:精神病人处于发病期或未愈,或者患有中度或更重的精神发育迟滞(智商50以下)或者轻度精神发育迟滞伴精神病发作以及智能严重缺陷的器质性精神病;患有与精神病等位的严重精神障碍,包括癔症性精神病、病理醉酒、病理性半醒状态、病理性激情、旅途精神病与其他短暂的精神病性障碍等。

(2)法学要件:上述患者在作出危害行为时,由于严重的意识障碍或智能缺陷,或受幻觉、妄想等精神病性症状的影响而丧失了实质性辨认能力或控制能力。其精神病情与危害行为有直接因果关系,作案多出于病理性动机或不明动机,均不负刑事责任能力。

一般认为,重型精神病人如精神分裂症患者在命令性幻听支配下将一陌生人杀害,癫痫患者在意识障碍状态下实施危害行为,此时患者的危害行为是精神病理症状的直接结果,均应评定为无责任能力。对此类患者的责任能力评定分歧较小。分歧较大的情况是处于发病期或慢性期的精神病人实施了危害行为,其危害行为不完全是基于精神病理症状,而是部分出于生理需要,或者存在某些常人能理解的现实矛盾或冲突等危害行为的诱发因素。如精神分裂症患者为生活所迫去盗窃或抢劫,此时由于其危害行为与精神病理症状无直接因果关系,患者对危害行为的性质、后果有一定认识,而实施危害行为时存在辨认能力或控制能力,应评定为有责任能力,但考虑到患者正处于发病期,疾病对患者精神功能整体性的破坏势必削弱其辨认能力或控制能力,故常评定为限制责任能力。

2. 限制(限定或部分)刑事责任能力

我国《刑法》第18条第3款规定:"尚未完全丧失辨认或者控制自己行为能力的精神病人犯罪的,应当负刑事责任,但是可以从轻或减轻处罚。"这就是法医精神病鉴定中评定限制刑事责任能力的法律依据。

(1)医学要件:患者精神病未愈,或处于部分缓解或残留状态,或有轻度或中度精神发育迟滞;存在其他明显的精神障碍(包括非精神病性障碍)。

(2)法学要件:上述患者在作出涉案行为时,由于明显的精神障碍,其对危害行为的实质性辨认能力或控制能力有明显的削弱。患者的病情与其危害行为往往有一定的直接或间接的因果关系(如复杂性醉酒等)。

限制刑事责任能力评定是司法精神医学鉴定实践中的难点之一。一方面,司法部门期望鉴定人员对于限制责任能力作出更准确的量化,如有人提出行为人应负小部分责任(更有人明确提出负30%责任),有人提出负部分责任是应负50%责任;有人提出应负大部分责任(更有人明确提出负70%责任)。这种提法目前是对限制责任能力到底应负多大责任的理论上的探讨,最后的量刑应由法官根据案情自行裁定。另一方面,由于精神疾病本身的复杂性,就目前的认识水平而言,鉴定人员要作出如此明确结论尚无相关的法律依据或医学论据。法院的办案人员不可能单纯依据鉴定意见作出量刑决定,而是要根据案件的具体情况进行全面分析才能作出合理的裁决。

3. 完全刑事责任能力

(1)医学要件:精神病已愈或者处于缓解期,间歇性精神病通常包括心境障碍(如情感性精神障碍)等各种原因导致的意识障碍、癔症性精神病、精神分裂症等;属于轻度精神发育迟滞或边缘智力;其他非精神病性障碍;普通醉酒;无病与诈病。

(2)法学要件:上述患者在作出危害行为时,无客观证据证明其辨认能力或控制能力有明显削弱的,且其作案往往有现实动机和目的,可判定其病情与危害行为无因果关系。

二、民事行为能力

(一)概念

民事行为能力是民法中的术语,指自然人达到法定年龄,以自己的独立意志行使民事权利和承担民事义务的能力。

民事行为能力体现在自然人在处理民事法律关系时,能独立自主地正确表示自己的意志(意思),以理智地维护个人的正当权益,合理地行使权利,有效地承担义务。

(二)民事行为能力评定标准

精神病人的民事行为能力评定,需要有医学和法学两个要件。

医学要件:被鉴定人患有精神疾病,要确定其精神疾病性质、疾病不同阶段及严重程度、可能的预后等。

法学要件:是被鉴定人的意思表示,即被鉴定人是否具有独立地判断是非和理智地处理自己的事务能力。

(三)评定原则

评定精神病人的行为能力总体原则是:结合被鉴定人的精神疾病的不同疾病阶段及严重程度,根据其是否具有独立判断是非和理智处理自己事务的能力,将其评为有行为能力、限制行为能力和无行为能力。鉴定实践中,行为能力评定包含两种情形,即一般的民事行为能力和从事某一特定的民事行为时的行为能力。

1. 一般民事行为能力评定

一般民事行为能力,是指精神障碍者尚未涉及某一具体民事行为时,经其利害关系人申请,经人民法院受理,委托,对其行为能力进行评定,并经人民法院认定、判决、宣告。

在鉴定实践中,患者的家人或亲属常因对患者遗产的处理或者因监护、抚养等问题向法院提出申请,要求对患者的行为能力进行评定和宣告。对于这类案件,法院立案后往往采用特别程序,案件无对抗方,也就是无原告及被告之分,人民法院委托鉴定机构,要求鉴定人对被鉴定人是否应评定为无民事行为能力或限制民事行为能力给出意见,法院采纳鉴定书后,直接宣告被鉴定人为无民事行为能力人或限制民事行为能力人。随着我国公民生活水平不断提高,人口平均寿命也逐年增长,老年人越来越多,涉及老年人赡养、遗产、遗嘱等问题的案件也随之增多,他们的子女及近亲属可能会提出申请,要求法院宣告被鉴定人为无民事行为能力人或限制民事行为能力人。因此,人民法院受理的此类案件比以往也明显增加。

一旦宣告某精神障碍者为无民事行为能力人,则意味着今后他不能参加法律规定的所有民事活动,直至宣告其恢复行为能力。在法医精神鉴定实践中,这一类型的鉴定并不多见。

2. 特定民事行为能力评定

精神病人的特定民事行为能力,是指精神病人作出某一民事行为时的行为能力,法医精神鉴定的民事行为能力评定大部分属于此类鉴定。其又包括两种情况:(1)精神疾病患者针对已经完成的一个民事行为的民事行为能力,如生前或过去立的遗嘱,已完成的财产公证,已签订的合同或已提交的辞职报告等。(2)针对将要进行的某一民事行为的民事行为能力,如离婚诉讼、出庭作证、财产分割或处置等。在该类民事行为能力评定过程中应注意:(1)精神障碍的性质和所处疾病阶段仅作为分析病情可能对其意思表示有何影响的参考标准,不能作为评定某一方面特定民事行为能力的标准。如不能因神经症属轻性精神障碍而将被鉴定人评定为有民事行为能力人,精神分裂症属重性精神障碍而将被鉴定人评定为无民事行为能力人。(2)评定要针对特定的已完成的或即将进行的民事行为作出具体分析,查明疾病因素是否影响了患者对该民事行为的真实意思表示能力,即影响了他对该民事行为的判断、理解和处理能力。

(四)民事行为能力和刑事责任能力区别

民事行为能力和刑事责任能力的区别见表16－1。

表16－1　民事行为能力和刑事责任能力的区别

分类	民事行为能力	刑事责任能力
法律性质	依照民法调整财产、人身关系问题	依照刑法解决定罪量刑问题
鉴定目的	侧重保护个人利益	作为无罪辩护的依据
开始年龄	18周岁	16周岁，罪行严重的从12周岁开始
医学标准	缺乏辨认力和判断力，或者缺乏自我保护能力	存在意识、思维、感知、情感或智力障碍等
法学标准	不能辨认自己的行为，不能独立进行民事活动	不能辨认或控制自己的行为
无能力的过程	持续时间较长	可长可短
能力的恢复	精神症状消失及人民法院宣告	精神症状消失
鉴定要点	疾病性质及严重程度	疾病与危害行为的关系

三、受审能力

受审能力，是指刑事案件中当事人接受法庭审判的能力。具体说是指刑事案件的犯罪嫌疑人、被告人能否理解自己在刑事诉讼活动中的地位、权利，能否理解诉讼过程的含义，能否行使自己的诉讼权利的能力。受审能力主要研究被鉴定人在刑事诉讼时的精神状态，以保证其理解诉讼性质及可能后果，以及合理与自己的辩护人合作，选择合理辩护策略。

目前，我国尚无对受审能力进行鉴定的法律规定。尽管受审能力鉴定目前缺乏明确的法律规定，由于办案实践需要，办案机关在委托鉴定人作法医精神病鉴定时，除了要求鉴定人做常规鉴定如鉴定被鉴定人在作案时的精神状态、有无精神病、有无刑事责任能力等外，许多办案机关往往要求对被鉴定人作受审能力评定，这对法医精神病鉴定有更高的要求。

受审能力评定主要依据医学要件和法学要件相结合的原则进行。

(1)医学要件：被鉴定人是否患有某种精神障碍，精神障碍的性质，严重程度如何，其精神状态在鉴定当时如何。

(2)法学要件：包括被鉴定人对审讯有无正确的理解；能否与辩护人合作；在法庭上能否正确回答问题；能否理解作案的性质与后果以及能否为自己作案行为辩护而维护自己的正当权益。

受审能力一般分为有、无两级,具备以下条件之一的,可认定为无受审能力:(1)有明显的意识障碍,不能辨认时间、地点与人物;(2)言语混乱不清,答非所问,不能正确表达自己真实意思;(3)违拗不合作,缄默不语或者明显行为紊乱的;(4)不理解受审性质,或虽能回答问题,但回答内容有明显逻辑矛盾或违背常理的。对被鉴定人作案行为的刑事责任能力评定,一般是不会改变的,但对受审能力精神状态的评定可以改变,原来评定为无受审能力的,可以因精神状态基本康复而恢复其受审能力。如经法医精神病鉴定为无受审能力,但经鉴定其作案时为具有完全刑事责任能力和限制刑事责任能力,除暂时中止审理外,对罪刑严重的被鉴定人可继续留在看守所内进行对症治疗,以期在短时间内恢复受审能力。如病情未愈可转入公安机关安康医院或当地精神病院继续治疗。对案情较轻者,可给予保外就医。上述两种情形待被鉴定人恢复受审能力后再予审理。

四、服刑能力

服刑能力,是指罪犯或服刑人员能够承受刑罚的惩罚,能够理解刑罚的性质、目的和意义的生理和心理条件。一个罪犯有无服刑能力,以判决后刑罚执行期间的身体、精神状况实际能否服刑为准。一个罪犯如患有精神障碍,不能理解刑罚的性质、目的和意义,惩罚对其就不能产生积极效果,反而会使其病情恶化,产生消极效果。

判定一个人是否具有服刑能力,也应从医学和法学两方面的要件分析,主要包括:(1)处在精神分裂症发病期(包括在服刑期间新发病或原有精神分裂症在服刑时疾病复发)或有拘禁性精神病等,言语和行为紊乱,会作出攻击性冲动行为,生活不能自理;(2)情感性精神障碍,表现为躁狂发作时兴奋、话多,不遵守监规,明显影响工作秩序和扰乱他人的正常生活,或者抑郁发作时拒绝进食,出现消极言语和自杀行为,直接影响其生命和他人安全;(3)智力缺损,生活被动无法自理,不能从事简单劳动,不能接受教训;(4)经鉴定其他患有精神病性精神障碍的罪犯。对无服刑能力的患者,可送往监狱医院内的精神科病房或公安机关的精神病安康医院进行治疗,住院治疗痊愈后刑期未满的应继续服刑改造,其医治期可以折抵刑期,目前一般情况是除了少数罪刑较严重的罪犯可送往有关精神病医院进行治疗外,多数情况是对于经法医精神病鉴定为患有重性精神病,无服刑能力的,由家属担保进行保外就医,嘱家属送精神病医院进行积极治疗。但由于种种原因,实际情况可能是无服刑能力的精神病患者在保外就医期间没有得到及时的治疗,其精神症状仍存在,且有可能随着时间的推移精神症状逐渐加重,又作出违法犯罪行为,如一名杀人犯因杀害自己的亲生父亲被法医精神病鉴定为精神分裂症(偏执型),后送入公安机关安康医院进行收治和强制性治疗,经过一段较长时间治疗后,病情较稳定,其母爱惜独子不愿将儿子长期关押在精神病医院,某年春节时,其母亲再三要求让儿子回家过春节,但就在春节期间,其因不满母亲将自己强行关在精神病医院,指责其母亲只关心妹妹(妹妹是一位在校大学生),结果将自己亲生妹妹活活砍死。这些活生生的血的教训不是个别现象,这也是一个亟待解决的问题。

五、受处罚能力

受处罚能力,是指行为人能否正确认识自己行为的性质、意义、作用和后果,并能根据这种认识而自觉地选择和控制自己的行为,从而具有对自己所实施的行政法规所禁止的行为承担责任的能力,即对行政法规所禁止的行为具有辨认和控制能力。受处罚能力的评定标准目前可以参照《精神障碍者刑事责任能力评定指南》(SF/Z JD0104003 - 2016)或《法医精神病学行为能力评定规范》(T/SHSFJD 0001 - 2018)(限上海地区)。

六、作证能力

作证能力,是指公民能叙述自己看到或听到的真实情况,并能提供对案件有关系的证言的能力。但是,证人作证的前提是能够提供对查清案件事实有帮助的情况,而在现实生活中有些人因生理上的缺陷或者精神活动异常或年幼无知,对客观事物不能正确地辨别,或者不能正确对客观事实进行表达,以致不能准确地向司法机关提供对查清案件有意义的证言。因此,为了确保证据的准确性和可靠性,《刑事诉讼法》第 62 条第 2 款规定:"生理上、精神上有缺陷或者年幼,不能辨别是非、不能正确表达的人,不能作证人。"《民事诉讼法》第 75 条第 2 款规定:"不能正确表达意思的人,不能作证。"这就是说,法律为证人的法律主体资格规定了严格标准。

在法医精神病鉴定中,评定一个人是否具有作证能力,要看其是否符合医学要件和法学要件,医学要件是确定被鉴定人是否有精神障碍,以及精神障碍的性质和严重程度。法学要件是被鉴定人是否由于精神障碍缺乏对客观事物的是非判别能力,能否正确通过言语或文字表达事实。作证能力只有有、无之分,这是由于作为八大证据种类之一的证人证言在法律中的特定地位决定的。

七、性自我防卫能力

性自我防卫能力,是指被害人对两性行为的社会意义、性质及其后果的理解能力。

(一)性自我防卫能力评定法律依据

评定精神疾病妇女的性自我防卫能力的主要目的,是为是否将性侵患者的男子评定为"强奸罪"提供证据。1989 年,最高人民法院、最高人民检察院、公安部、司法部等颁布的《精神疾病司法鉴定暂行规定》第 22 条第 1 项规定:"被鉴定人是女性,经鉴定患有精神病,在她的性不可侵犯遭到侵害时,对自身所受的侵害或严重后果缺乏实质性理解能力的,为无性自我防卫能力。"为了保护精神障碍妇女的人身权利不受侵害,最高人民法院、最高人民检察院、公安部于 1984 年 4 月联合下发的《关于当前办理强奸案件中具体应用法律的若干问题的解答》(已失效)指出:"明知妇女是精神病患者或痴呆(程度严重的)而与其发生性行为的,不管犯罪分子采取什么手段,都应以强奸罪论处。与间歇性精神病患者在未发病期间发生性行为,妇女本人同意的,不构成强奸罪。"

精神正常的妇女,一般都具有对两性行为的辨认能力(包括非婚怀孕等后果)以及自身在受到性侵犯时进行自我防卫的能力。性自我防卫能力的实质是被害女性对于两性行为意义、性质和后果的理解能力和自卫、抗拒能力。为了评定性被害人在遭受奸污时的性自卫能力,必须明确了解被害女性对两性行为意义、性质和后果的辨认和自卫、抗拒能力。具体反映在两个方面:(1)医学要件:被害人遭受奸污时是否患有精神疾病,精神发育迟滞导致的智力缺陷程度,以及疾病性质和严重程度,如有无残疾或其他无能力情况。(2)法学要件:主要是评定被害人在遭受奸污时对不法性侵犯实质性的理解能力。包括以下方面:①对非婚性行为的是与非、对与错的判断;②法律道德意识,是否理解这种两性行为的正当和不正当、合法与非法;是否了解妇女在性方面具有不可侵犯性,在法律上受到保护等;③后果认识,是否理解两性行为的后果将对自己生理、心理、人格、声誉等方面带来影响,包括妊娠等对躯体的影响,以及对个人与家庭生活等方面带来的不利影响;④是否有任何谋求利益的要求,如金钱、财物等;⑤有无自我保护表现,例如是否为自己开脱责任,强调被骗、被威胁等。

(二)性自我防卫能力评定的分级

对于性自我防卫能力评定的分级,按照《精神疾病司法鉴定暂行规定》只分为有性自我防卫能力和无性自我防卫能力两种,但在司法精神医学鉴定的实践中,其分级与刑事责任能力、民事行为能力分级一样。由于精神障碍者的病情各不相同,其程度有轻有重,对性行为的实质性理解能力也不完全一样,这就很难把握其性自我理解能力削弱的事实,因此性自我防卫能力评定一般分为丧失、削弱和存在三级。

八、精神损伤

(一)概念

精神损伤,是指个体遭受外来物理、化学、生物等因素作用后,大脑功能活动发生紊乱,出现认知、情感、意志和行为等方面的精神功能紊乱和缺失。“精神损伤”是与“躯体损伤”相对应的名词。精神损伤包括器质性精神损伤和功能性精神损伤。

(二)鉴定依据

精神损伤程度鉴定的依据目前主要是《人体损伤程度鉴定标准》(2014 版)。我国目前尚没有专门的精神损伤程度鉴定标准。已经有专家学者倡议要制定专门的精神损伤程度鉴定标准,以改变现在重视躯体损伤忽略精神损伤的局面。

九、精神伤残、精神残疾

(一)精神伤残的概念

精神伤残是指精神损伤达到了不可逆转的程度,出现了终身影响个体生活和社会功能的精神问题,它与躯体伤残是并列关系,包括工伤残疾、交通事故残疾等。精神残疾是指精神疾病持续一年以上未痊愈,从而影响社会能力和在家庭、社会应尽职能上出现不同程度的紊乱和障碍。广义的精神残疾包括精神伤残、精神病残、先天性精神残疾或综合性残疾。

(二)评定的法律依据和标准

相关法律依据和标准主要有《人体损伤致残程度分级》(2017 版)、《劳动能力鉴定 职工工伤与职业病致残等级》(GB/T16180－2014)、《职工非因工伤残或因病丧失劳动能力程度鉴定标准(试行)》、《中国残疾人实用评定标准》等。

十、因果关系(原因力)

因果关系常常涉及精神损伤与生活事件之间因果关系的评定,其目的是为实施刑事处理或民事赔偿提供依据。精神损伤与生活事件之间的关系可分为:完全作用、主要作用、同等作用、次要作用、轻微作用、无作用六种情况。一般而言,对于内源性精神障碍例如精神分裂症,个体素质因素对于精神障碍的产生占主要地位,生活事件是诱发因素;而对于外源性精神障碍(包括器质性和功能性),生活事件则常常是疾病发生的直接原因,素质因素在疾病发生和发展中也起了一定的作用。具体见本书第十三章第二节因果关系鉴定部分。

十一、精神科医疗损害鉴定

此类鉴定需要鉴定人具备丰富的司法精神医学理论和实践知识,同时具备较强的法律素养,鉴定难度比较大,要求比较高。涉案对象往往是精神障碍者,甚至已经去世,需要客观公正、实事求是地开展鉴定工作,维护当事人和医疗机构的合法权益。

第五节　司法精神医学鉴定的评判

对司法精神医学鉴定的审查主要包括审查司法精神医学鉴定文书的形式规范性、程序合法性、实体真实性等。

一、形式规范性

简单地说,就是看鉴定意见书的形式、外观是否符合法律和技术规范的要求。若发现有不符合法律规定之处,应要求鉴定人予以补正或重新制作鉴定意见书。司法精神医学鉴定意见书的形式结构和内容模块总体上和其他法医类鉴定文书,尤其是法医临床鉴定文书类似。比较特别的地方就是鉴定调查和精神检查部分。该类鉴定中一般都需要经过鉴定调查环节,调查的范围应根据案件的实际合理确定,调查通常应分别进行。精神检查部分应遵循《精神障碍者司法鉴定精神检查规范》等技术规范进行。应注意检查的内容是否全面,记录是否真实客观,描述是否准确。另外,应注意审查分析说明部分使用的论据是否有合法证据支持,论证的逻辑是否严谨,分析判断所依据的标准是否现行有效,以及是否符合案件的性质或委托约定等。

二、程序合法性

司法精神医学鉴定的程序审查应注意以下事项:第一,是否有合法的委托,委托主体是否符合法律的要求。按照现行行业规则,司法鉴定委托一般通过书面形式,委托文书的名称包括委托书、聘请书、委托确认书、委托协议等。第二,对于法院委托的案件,应查明鉴定材料是否由法院提交或经过法院确认、授权后提交,材料是否经过质证(非诉案件或宣告类案件除外)。第三,在民事案件的司法精神医学鉴定中,被鉴定人的近亲属或法定代理人是否到场。第四,鉴定机构、鉴定人是否遵守司法精神医学鉴定的其他程序性要求。如针对精神科有关的医疗损害鉴定,一般需要举行鉴定听证会(陈述会),以帮助核实、查明医疗过程。

三、实体真实性

审查鉴定意见与其他证据的关系。同一案件,不同证据之间常存在内在的关联性,对鉴定意见证据的审查不能孤立进行,而是要与其他证据综合比较、分析,审查各种证据之间是否协调,相互间能否印证,并形成"证据链"。司法精神医学鉴定可能涉及案件的性质认定、定罪、量刑,民事赔偿及诉讼主体资格确认等重大事项,鉴定人应保持中立和公正,这主要从鉴定人的执业活动、言行、文书表达等方面进行判断。

思考习题

1. 简述司法精神医学鉴定的基本程序。
2. 简述司法精神医学鉴定的主要内容。
3. 简述刑事责任能力、民事行为能力的区别。
4. 简述精神损伤、精神伤残、精神残疾的基本概念。

拓展阅读书目

1. 胡泽卿主编:《法医精神病学》,人民卫生出版社 2016 年版。
2. 郑瞻培:《司法精神病学鉴定实践》,知识产权出版社 2017 年版。
3. 郑瞻培、商北陵主编:《精神疾病司法鉴定及精神伤残鉴定争议案例评析》,中国检察出版社 2008 年版。
4. 孙大明:《刑事责任能力评定研究:以精神障碍犯罪嫌疑人及其疑似者为对象》,法律出版社 2013 年版。
5. 孙大明主编:《新编司法精神医学》,北京大学出版社 2022 年版。

第十七章　文书司法鉴定

本章概要　本章主要介绍涉案的文书鉴定等专门性问题，包括通过鉴定，确定文书的书写人或制作人；判断文书物证的真伪；判定文书的制作方式以及制作时间等。在鉴定意见形成后，正确利用该证据为诉讼服务。

通过本章的学习，应该了解笔迹鉴定、印章印文鉴定、文书文字与印文形成先后次序鉴定、印刷文书鉴定、文书制作时间鉴定等内容。掌握同一认定法、种属认定法以及系统鉴定法等方法。正确理解文书司法鉴定意见书的审查和评断。

关 键 词　文书；司法鉴定；同一认定；种属认定；鉴定意见；审查评断

第一节　概　　述

一、文书及其分类

（一）文书的概念

文书，一般是指国家机关、企事业单位、社会团体以及个人在社会工作以及日常生活中形成和使用的各种书面材料，包括公文和书信。但在司法鉴定领域中作为鉴定对象的文书往往超出了公文和书信的范围，如票据、证件、车票、证书、货币等，其制作方法及内容的真伪等都需要进行鉴定。因而，鉴定领域中研究的文书包括与案件有联系的各类物证和书证，通常具有更为广泛的含义。鉴定领域中，文书系指以语言、文字、图形、符号等为表现形式，依附于相关载体而表达一定信息的书面材料。司法鉴定中所研究的文书的概念，既反映了社会工作以及日常生活中对于普通文书的定义，又反映出文书司法鉴定专业领域内研究的文书范畴。

（二）文书的分类

文书按不同的划分标准可以分为不同的种类。一般而言，文书分类方法主要有以下七种。

（1）按文书的性质分类。包括公务文书、私人文书、有价票证、报纸书刊以及其他包含文字图形和语言信息的载体。

（2）按文书的制作方式分类。包括书写文书、印刷文书以及摄录文书。

（3）按文书的用途分类。包括公文、函件、证件、证书、协议、宣传品、票证、货币、档案、报纸、书刊等。

（4）按文书的表现形式分类。包括文字材料、图表材料等。

(5)按文书的制作过程分类。包括原件、正本、副本、影印本、复印件、复写件、传真件、节录本以及翻译本等。

(6)按文书的状态分类。包括整洁文书与污损文书。

(7)按文书的真实性分类。包括真实文书、变造文书以及伪造文书。

二、文书司法鉴定

(一)概念

文书司法鉴定作为物证类鉴定的一项重要内容,是指在诉讼活动中,鉴定人运用文件检验学的专门理论和科学技术,对诉讼涉及的争议文书进行鉴别和判断并提供鉴定意见的活动。

文书司法鉴定可以为案情分析提供依据,明确案件调查方向、缩小调查范围,在刑事诉讼中还可以为认定被追诉人提供有力的依据。对文书的鉴定主要通过对检材与样本的比较检验进行,为了对文书中某些细节特征进行比较和检验,鉴定人还需借助显微镜、文检仪等专门检验设备进行鉴定。随着科学技术的迅猛发展以及现代化办公系统的日益普及,文书司法鉴定的范围已不仅仅局限于笔迹鉴定、印章印文鉴定等传统领域。例如,主要依赖现代化分析仪器的文书物质材料鉴定,对制作文书的打印机、复印机进行认定等鉴定项目也已成为文书司法鉴定的重要内容。

(二)鉴定对象

文书司法鉴定的对象是文书物证,即案件中作为书证和物证的文书。文书物证是以书写、印刷或摄录等方式制作的文书为载体,以语言、文字、图形、符号等方式提供有关当事人、文书制作的工具材料、文书的内容以及文书真伪等信息的物质性客体。按照文书司法鉴定工作中各类文书物证的外在表现形式以及内在本质属性,文书司法鉴定的具体对象又可以分七种类型:书写笔迹;印制文书;印章印文;污损文书;各种文书物质材料;各类票证;各种语言材料。

根据文书司法鉴定的具体对象,文书司法鉴定领域涉及的专业项目一般有如下几类:笔迹鉴定;印章印文鉴定;印刷文书鉴定;污损文书鉴定;文书制作时间鉴定;文书材料鉴定;言语识别鉴定等。

(三)鉴定的任务

文书司法鉴定的任务,即通过对案件中的文书物证进行鉴别和判断,揭示出文书与案件事实或者当事人之间的关联,为侦查、调查以及审判工作提供可靠线索和诉讼证据。具体而言,包括认定文书的书写人或者制作人;判定文书的制作方式;确定文书的变造、伪造方法;确认文书的制作工具以及物质材料等。

(1)鉴定文书的书写人或制作人。包括对文书书写人、打印文书作者、书画作者以及字迹雕刻者进行鉴定。例如,鉴定文书物证是否为某人书写;鉴定多起案件中所有文书物证中存有的字迹是否为同一人书写;鉴定一份文书物证中的各部分字迹是否为同一人书写。

(2)鉴定文书的真伪。主要包括对文书中的签名、文书中盖印的印文真伪进行鉴定;对于文书是否系变造或伪造进行鉴定;对于票证、货币等的真伪进行鉴定。

(3)鉴定文书的制作工具。主要包括对书写文书的用笔进行鉴定;对形成打印文书的打印机进行鉴定;对形成复印文书的复印机进行鉴定;对形成传真文件的传真机进行鉴定;对形成印刷文书的油印机进行鉴定;对印制文书的印刷版型进行鉴定。

(4)文书时序的判定。最常见的有对朱墨时序进行鉴定,即判定文书上的印文与字迹形成的先后顺序。此外,还包括对书写字迹中笔画的先后顺序、互相交叉的印文盖印先后顺序进行判定等。

(5)鉴定文书的制作时间。一般包括鉴定文书实际的书写时间;文书的打印时间;文书的复印时间;文书印文的盖印时间;几份文书中的字迹或者一份文书中的几部分字迹是否为同时形成;几份文书中的印文是否为同时盖印等。

(6)鉴定文书的物质材料。包括对文书制作用的纸张(白纸)、印刷书写纸、色料等进行鉴定;对粘贴、黏合文书的黏合剂进行鉴定;对文书中存在的其他物质材料进行鉴定等。

(7)污损文书的固定与显现。文书司法鉴定的一项重要任务是显示和恢复事实。对于被污染、被损坏的文书,应当通过专门技术方法予以固定和辨读。

(四)鉴定的作用

司法实践中,文书司法鉴定无论对于刑事诉讼或是民事、行政诉讼的各个环节都具有重要的作用。具体而言,文书司法鉴定的作用主要体现在以下几方面。

1. 揭示案件事实、确定案件性质

案件中存在的争议文书往往需要通过文书司法鉴定来予以鉴别,并对争议文书涉及的相关事实进行确认。例如在民事诉讼中,被告对原告提交的一份署名为被告本人的借条的真实性存在异议,此时应通过文书司法鉴定对该争议文书的真实性作出鉴别,以确认或消除嫌疑。如鉴定意见确认该借条为被告本人所写,则可证明原告与被告之间存在借贷关系,从而揭示案件事实。此外,文书司法鉴定还有助于确定案件性质。如在一具非正常死亡的尸体旁发现一份以其名义书写的遗书,经鉴定后确认该遗书并非死者本人所书写,往往可以据此证明死者的死亡原因系他杀而非自杀,从而为确定案件性质提供科学依据。

2. 明确侦查方向、缩小侦查范围

刑事诉讼中,对文书物证的鉴别和判断可以为侦查人员提供具有价值的线索,明确侦查方向。对于在数起绑架案件中发现的勒索信,经过鉴定人的鉴别,如认定系同一人书写,侦查人员即可根据这一鉴定意见对数起案件进行并案侦查,从而明确案件侦查方向。同时,通过将勒索信使用的文书材料与走访、调查获取的纸张、报纸、书写纸印品进行比对检验,可以确认案件中的文书材料来源,进而缩小侦查范围。

3. 认定或排除行为主体

无论是在刑事诉讼还是在民事诉讼中,文书司法鉴定都可以起到确认或者排除行为主体的作用。刑事案件中,通过将文书物证中的字迹与犯罪嫌疑人的字迹进行比对检验,可以认定文书书写人,排除无关人员。如在确定案件中的恐吓信是否为某人书写时,公安机关侦查后有时会锁定数名嫌疑人员,通过将恐吓信中的字迹与嫌疑人员的字迹进行比对分析,可以起到认定或者排除行为人的作用。

4. 印证案件中其他证据

同其他证据类型相比,鉴定意见更为客观、科学和可靠。犯罪嫌疑人、被告人供述及辩解、被害人陈述、当事人陈述以及证人证言等,往往由于这些人存在畏罪、恐惧、仇恨心理以及与案件有利害关系,或由于感知、记忆的偏差而出现供述、陈述虚假失真的情形。尤其是涉及争议文书的专门性问题,必须依靠文书司法鉴定这一科学技术手段来对其他证据进行印证。以此甄别犯罪嫌疑人、被告人的口供、被害人陈述以及当事人陈述、证人证言等是否真实可靠,发挥该证据在案件审理过程中核实、确认相关证据的作用。

第二节 鉴定方法

一、同一认定方法

同一认定方法是文书司法鉴定中运用最为广泛的鉴定方法之一。鉴定人对检材字迹和样本字迹进行检验,以确定是否为同一人书写。同一认定方法按检验程序先后顺序,可以分为准备检验、分别检验、比较检验以及综合评断四个阶段。

(一)准备检验

1. 审查委托人提出的鉴定事项

鉴定机构应当对委托的鉴定事项进行审查,属于本机构司法鉴定业务范围,委托鉴定事项的用途及鉴定要求合法,提供的鉴定材料真实、完整、充分的,应接受委托。

2. 了解客体情况

文书司法鉴定中,针对被寻找客体及其特征反映体,主要应了解案件中有关文书物证的情况;针对受审查客体,则要了解人的生理、心理状态以及物的使用、保管等情况。熟悉案情并对客体情况有了一定了解有助于鉴定人在综合评断阶段进行分析、判断。鉴定人可以向委托人进行询问,也可以通过查阅勘验、检查笔录等方式了解文书物证的具体情况。

3. 检查委托人提供的检材与样本

检材是被寻找客体的特征反映体,在准备检验阶段,应当检查检材是否完整、有无损坏,检材的名称与实际数量是否与委托人提供的清单一致,并从检材的质量以及数量上研究是否具备鉴定条件。

样本是受审查客体的特征反映体,是与检材进行比对的重要材料。应当检查样本是否真实可靠,是否来源于受审查客体,样本的质量、数量是否符合鉴定要求,是否具备比对条件。

4. 准备必要的检验器材

对于已受理的文书司法鉴定,应当根据特定的鉴定事项,准备各种必要的物质材料和仪器设备,以保障鉴定工作顺利完成。

(二)分别检验

1. 先检验检材,后检验样本

特征反映体反映出的特征往往只是客体自身特征的一部分,如笔迹的特征是多方面的,有时具体鉴定中反映出的形体特征、笔顺特征、搭配比例特征、运笔特征等只是笔迹的一部分特征。观察、分析检材中具有哪些突出的特征,有利于更快地发现样本中对应的比对特征。

2. 先检验一般特征,后检验细节特征

一般特征是同类客体所同有的特征,如字迹的熟练程度、文书物质材料的物理性质和化学成分等。细节特征是客体局部存在的微小特征。在印章印文鉴定中,印章因长期使用被磨损后,文字、线条的棱角变钝;印面被磕碰后,边框或文字、图案出现残缺的印痕;印面附着物牢固,使橡胶印章的刀痕消失等都属于客体的细节特征。在分别检验阶段如发现检材与样本的一般特征存在根本性不同,在排除伪装的前提下,可以直接作出否定同一的意见,而无须再对检材和样本的细节特征进行检验、分析。如果经过检验发现检材与样本的一般特征相同,则需进一步对细节特征作认真、细致的检验。

(三)比较检验

比较检验一般有以下几种具体方法:

1. 特征比对法

此法是比较检验中最常用的方法。笔迹鉴定中,检材字迹与样本字迹的比较,通常都可以用特征比对法进行。运用仪器设备也可以进行特征比对,实践中经常利用比较显微镜以及投影仪等设备,以判定特征的异同点。文书司法鉴定中,文字符号或者静态印文等一般用特征比对法进行检验。

2. 特征接合法

通常,鉴定人会利用比较显微镜,对检材与样本进行特征接合的检验。具体操作时,可将需要比对的客体分别放置在两个载物台上,利用特殊的光学系统设计,从目镜中观察同一视场两个客体的图像。在对同一视场内的两个客体进行同等放大后,选择两者特征最多的相同部位进行拼接,观察被拼接的特征是否完全吻合。特征接合法常适用于对静态印文进行检验。

3. 特征重叠法

该方法适用于文字图案比较简单、刻板的特征反映体,如对印章印文进行检验。鉴定字迹是否属于套摹时也可以使用特征重叠法,若检材与样本特征完全重叠,即可证明字迹系套摹形成。这一方法在进行操作时可将检材与样本制成透明幻灯片后进行重叠,也可利用比较显微镜对检材和样本进行重叠检验,以观察检材与样本的特征是否符合。

(四)综合评断

综合评断,是指对比较检验中发现的特征符合点和特征差异点进行总的分析判断,目的是要确定已经发现的差异点是否影响作出肯定同一的意见,已经发现的符合点总体是否能作为肯定同一的依据。[1]

1. 符合点的评断

将发现的符合点作为一个总体,分析、评断其是否能在其他客体上重复出现,如这些作为总体的符合点只能出现在一个客体上,即可将其作为同一认定的依据。对符合点的评断主要集中在特征的质量和数量上。特征的出现率越低,特征的质量就越高。特征的数量越多,其在其他客体上出现的概率就越低。

2. 差异点的评断

对差异点的评断主要集中在分析差异点的出现是本质差异还是非本质差异。差异点如由来源于两类不同客体的特征所形成,即属于本质差异,可以据此作出否定同一的认定。如经过研究,差异点属于非本质性差异,在评断时不影响作出同一认定。

二、种属认定方法

种属认定与同一认定一样,也是文书司法鉴定中的一项基本方法。文书司法鉴定中,往往需要以各类客体本质属性或对一般规律的认识为基础,利用物理、化学以及仪器分析的手段,对案件中具体的文书物证所反映的特征进行分析、比较,从而鉴别客体的种类所属。

(一)获取特征

文书司法鉴定中对于人的种属特征认定,主要依据人体的自身特点、使用语言文字的能力、环境以及生理心理因素等;对于有关机具的种属特征认定,主要依据机具的生产要求以及技术指标等;对于材料物质的种属特征认定,主要依据材料成分、含量的异同等。从文书物证内的字迹、言语中获取种属特征时,一般可以运用感官分析、显微检验等手段。获取材料物质成分等种属特征时,可以运用物理检验、化学检验以及仪器分析等手段。综合运用各种检验方法,发现文书物证中的各类种属特征。

(二)比较检验

实践中,比较检验采用的方式一般有三种。其一,委托人既提供了检材,又提供了相近的已知客体样本,要求检验检材与哪种样本的种类相同。该方式对检材与样本在相同条件下进行分别检验,比较两者检验结果的异同。其二,委托人要求对客体进行种属认定,但只提供检材,未能提供相近客体的样本。鉴定人在进行比较检验时就需有相关客体的种属特征、标准图谱或者数据材料等,并将其与检材进行比较。其三,对于言语的种属识别以及文书制作方法等不可能通过收集和提供样本来进行比较的鉴定事项,就要求鉴定人具有丰富的经验以及专门知识,来进行分析、比较和鉴别。

---

[1] 参见徐立根主编:《物证技术学》,中国人民大学出版社1990年版,第47页。

(三)综合评断

评断时,应当综合考虑客体具有的各类种属特征,不能忽视任何具有检验意义的特征。综合利用各类种属特征,不仅可以使鉴定意见的论证更为充分,而且能够将客体的种属类别区分得更为明确。综合评断时还应当抓住客体的本质特征,即与客体的种属性存在直接、必然联系的特征鉴定人应当将每一项种属认定工作都纳入具体案件发生的具体情形中,与案件、现场情况以及其他证据进行综合考虑,特别是对于种属类别界限较为模糊的客体,不能草率作出鉴定意见。

三、系统鉴定方法

系统鉴定法是把文书物证作为与案件事实相联系的有机整体,采用各种检验手段发掘其所能提供的全部信息,从案件的具体情况和各要素的联系方面,对文件与案件事实的关系所作的鉴别和判断。[1]

文书物证系统鉴定要求鉴定人应当准确、全面地了解案情和鉴定客体,熟悉文书物证与案件之间的系统联系;在确认了文书与案件之间的系统联系后,应当对文书物证的构成要素和结构特点进行分析,并选择各类检验方法,形成系统的检验方法;综合利用选定的检验方法,充分、完整地揭示文书物证中蕴涵的信息;在对文书物证进行检验后,应当结合案件的客观实际情况,在综合分析检验结果的基础上,作出客观、科学、公正的鉴定意见。

进行文书司法鉴定时,一份文书可能不会同时具备上述所有鉴定对象。在从事鉴定工作时,应当根据文书物证的具体情况分别进行鉴定。例如,委托人要求对一份打印形成的合同协议书真伪进行鉴定时,鉴定的具体对象包括签署人的笔迹、打印的图文、合同协议书中所盖的印文、文书物质材料,但不包括污损内容、票证真伪等具体鉴定对象。每份文书上汇聚的各类鉴定对象彼此之间互相联系、互相制约,共同构成了一份完整的文书物证。因此,鉴定人在进行鉴定工作时,应当采用文书的系统鉴定方法,将文书物证作为与案件事实存在关联的有机整体,运用多种鉴定方法对文书物证进行鉴别和判断。

第三节 鉴定基本内容

一、笔迹鉴定

(一)概念及任务

笔迹是人们为了表达某种思想,按照文字书写规范,运用一定的书写工具,在纸张或其他物体表面上所留下的一种反映书写人书写习惯、特点的特殊痕迹。正是由于笔

---

〔1〕 参见涂丽云主编:《文件检验学》,群众出版社2007年版,第14页。

迹是书写习惯的外化,所以认识一个人的书写习惯要从笔迹入手。但是,研究笔迹并不是目的,目的是要通过笔迹认识书写人书写动作习惯的规律特点,对书写人进行同一认定。笔迹鉴定即是研究如何通过文字符号的书写动作习惯特点、文字布局习惯特点、书面语言习惯特点,来认定书写人的一项司法鉴定专门技术。

笔迹鉴定作为鉴定中经常运用的科学检验技术之一,是判明案情、鉴别真伪、揭露和证实犯罪的一种重要手段。笔迹检验的主要任务如下:

(1)利用笔迹对书写人进行“画像”。在案件侦查中,根据文书物证上笔迹所反映的书写水平和用词用语特征,可以分析字迹书写人的文化程度、职业、籍贯、社会经历、年龄大小以及心理生理状态等,为发现书写嫌疑人提供线索和方向。

(2)利用笔迹对书写人进行同一认定。在刑事、民事和经济案件中,匿名信是否为犯罪嫌疑人书写,合同书、协议书以及各种票证上的签名是真是假,都可以通过笔迹鉴定加以认定,为定案和认定事实提供证据。

(3)利用笔迹解决其他技术问题。例如,确定多起案件中的文书字迹是否为同一人书写;确定一份文书中某些字迹和其他字迹是否为同一人书写;对字迹特征和字迹墨水特征分别进行检验和分析,判明字迹书写时间等。

(二)鉴定内容

1. 笔迹鉴定的基本原理。书写习惯作为笔迹鉴定的客体,是人们在练习文字符号和其他符号的书写过程中所形成的,并在重复书写时必然表现出来的脱离了规范技能动作的系统特点。科学鉴定的原理表明,书写习惯的特殊性、稳定性及反映性是鉴定的科学基础。

(1)书写习惯的特殊性。指每个人的书写习惯体系都是特定的,与其他任何人都不相同。书写习惯的特殊性是正确进行笔迹鉴定及作出鉴定意见的前提条件,科学地认识它对正确地掌握鉴定方法有重要的意义,同时也对司法人员评断鉴定意见有重要的指导作用。

(2)书写习惯的稳定性。指书写习惯的特殊性能在一定的时期内保持相对稳定而不发生根本改变的属性。认识书写习惯稳定性的特点对正确提取笔迹鉴定样本,分析确定笔迹特征,分析书写人的年龄、文化程度、职业身份等特点,以及审查和评断鉴定意见等都具有重要的意义。

(3)书写习惯的反映性。指每个人书写习惯的特殊本质都必然会通过笔迹反映出来。受书写客观条件的影响而引起的书写习惯的变化是局部的,并且变化与客观条件的作用是对应的,不可能完全改变书写习惯的必然反映。书写习惯的反映性及其反映的变化对鉴定人和司法人员正确把握鉴定的条件、科学认识书写习惯有重要的意义。

2. 笔迹特征及其应用。笔迹特征是个人书写习惯特性的外在表现,是每个人的笔迹相互区别的显著征象或标志。进行笔迹鉴定就是从研究笔迹特征入手,找出其内在的书写习惯特性,进而认定书写人。笔迹特征及应用分为一般特征的应用和细节特征的应用两大类。

(1)笔迹一般特征的应用。笔迹的一般特征,又称为笔迹概貌特征,是指从整篇手写字迹和整个字上反映出来的书写动作习惯的总体特征。主要包括书写水平、字的形体、字的大小、字的倾斜程度、笔画的压力和字的不同写法等特征。笔迹的一般特征,是人的书写动作习惯的综合反映。它对于案件侦查和鉴定的意义主要表现在以下几个方面:有助于判断书写人或撰稿人的个人情况和特点;有助于发现和审查犯罪嫌疑人。

(2)笔迹细节特征的应用。笔迹细节特征,又称细微特征或个别特征,是指字的各个部分和各种笔画在细节上所反映出的具有规律性的书写动作习惯特点。汉字的书写虽有统一的书写规范,但在细枝末节上并没有严格的要求,所以伸缩性、随意性是相当大的。这就会使个人在书写的细节动作上很容易脱离标准书写规范,形成具有稳定性、独特性的书写动作特征。根据我国汉字和笔画的特点,以及书写时各种动作的内在联系和写法上的基本要求,可以将笔迹细节特征划分为以下几种:基本笔画的运笔特征;笔画、偏旁部首的搭配比例特征;笔顺特征;连笔特征;字的错写特征;标点和其他符号的书写特征。上述细节特征的总和及其不同的排列组合情况,是笔迹鉴定中认定书写人的最主要依据。

二、印章印文鉴定

(一)概念及任务

1. 印章印文鉴定的概念

印章又称图章、戳子等,通常由印柄和印面两部分组成。印章是印文的载体,印文是印面的印迹,是文件真实性的凭证。印文是印章通过某种特殊的介质(如印泥)直接作用于承受物表面上形成的特殊印迹。其内容具有特定的证明作用,其形式客观地反映了印章在制作过程和使用过程中形成的特征。印章印文的鉴定,是运用同一认定原理和方法,将可疑印文与真印章印文(或其他文书上的被认可的样本印文)进行比较检验,确定两者印文特征的异同,从而作出肯定同一(同一枚印章盖印)或否定同一(不是同一枚印章盖印)的鉴定意见。

印章是印文的造型物,按其性质可分为公章、私章、专用章和篆刻章。公章主要指党政机关、军队、企事业单位、社会团体等使用的印章。对于其制作材料、印面形状、大小、文字排列规格、字体、图案等国家都有一定的要求和规定。私章一般没有特殊的要求,往往是根据个人的兴趣爱好或需要自行设计。专用章是指专用于某种业务或某种文件的印章,不具有普遍的证明作用。篆刻章多为书法艺术作品,在印章印文鉴定中很少涉及。

2. 印章印文鉴定的任务

由于印章印文是人们在社会交往过程中获取证明和信用的象征,犯罪分子为了达到非法目的,往往通过伪造或变造印章印文的手法,伪造各种文书,因而在侦查或审判活动中常需要司法鉴定机构对可疑印文的真伪进行鉴定,从而为案件的侦破或查清案件事实提供重要线索和依据。

印章印文鉴定主要解决的问题包括:可疑印文是否系真印章盖印;可疑印文与样本

印文是否同一枚印章盖印;可疑印文的伪造方法是如何形成的,各枚伪造的印章是否系同一人雕刻或是否系某人雕刻等。

(二)鉴定内容

1. 印章印文的特征

印文是印章的反映形象,印文特征则是印章印面结构特点在印文中的客观反映。印文特征由于每枚印章的材质、雕刻方法、规格要求以及使用情况不同而各具特点,但其特征总和是特定的,从而成为鉴定印章是否同一的根本依据。印章印文特征可分为一般特征和细节特征两大类。

(1)印文一般特征,通常又称为概貌特征。通常指(印面)结构特征、种类特征,这些特征是在按一定规格、要求刻制印章时形成的。具体包括:印文的内容和布局排列;印文的形态和大小;印文的边框;印文的字体。

(2)印文的细节特征。印文的细节特征是指雕刻人和印稿文字书写人的个人风格、雕刻方法、工艺、技术水平、书写习惯及在印章使用过程中形成的印画结构中的细小特点,即印文的文字、图案线条具体的形态及其相互关系的细微特点,以及印章在雕刻、保管、使用过程中形成的暗记、缺损、修补和附着物特征等在印文中的反映。这些特征是鉴定印章印文是否同一的主要依据。主要包括:印文文字、图案、线条的位置;印文文字、图案的形态特征;笔画、线条的交叉部位和搭配位置及其比例关系;印文文字大小;暗记特征,包括专为防伪而在雕刻中特别设计的标记特征;缺损、疵点等附加特征。

2. 印章印文特征变化的应用

印文是印章印面的机械重复痕迹,因此,同一枚印章的若干个印文特征应基本相同,但由于使用时间、条件及其他一些因素对印章的影响,印文特征不可避免地会发生某些不同程度的变化。

(1)引起印文特征变化的因素包括:印章的材质;盖印条件;印章的清洗情况;印章的磕碰、磨损。

(2)印文特征变化的特点。印文一般特征变化包括印文大小的变化以及印文形态的变化。印文细节特征的变化包括:①印文边框、笔画线条等的变化。盖印压力越大,印文盖印越清晰、完整;盖印压力越轻,印文就越不清晰、完整。②盖印时作用力不垂直,会导致印文发生位移,使印文线条重叠或出现双线条。③盖印时压力不匀,会产生印文一边清晰完整且线条变粗,另一边印文不太清晰且线条变细的现象。④印染物蘸用量的多少对盖印印文的细节特征也有一定影响。⑤衬垫物较硬或不平整,容易使印文反映不实、不完整,笔画线条间断、残缺。⑥印章的瑕疵点等附加特征变化。印章在使用、保管过程中,因自然磨损、磕碰、清洗等因素,可能使印文文字、图案出现缺损、断裂等特征,这些特征在被修补之前一直是稳定存在的,但修补之后又可能出现新的修补特征。

三、文书文字与印文形成先后次序的鉴定

（一）概念与任务

文书文字与印文形成先后次序的鉴定，在司法实践中通常又称为朱墨时序的鉴定，朱墨时序是指印文与文书文字形成的先后次序。“朱”代表印文，“墨”代表与印文形成交叠的文书文字。

任何文书的形成过程都应有其固有的制作次序，一般是先书写或打印文书主体等内容再盖章或签名，表示同意或认可。文书中经常会出现文书部分文字之间或文字与印文的相互交叠。因此，在司法实践中，常需要通过判断交叠部分的形成顺序来确定文书的形成过程是否符合规范文书的形成过程，进而判断该文书是否有伪造、变造现象或该文书是否有效。

刑事、民事案件中的许多文书物证需要通过判断朱墨时序来确定案件事实。朱墨时序鉴定的任务一般有以下三项：第一，确定文书的真伪。如是否存在先盗盖印文后填写文字的反序文书制作过程。第二，确定当事人陈述事实的可靠性。对于当事人陈述中对于先盖印文还是先书写文字内容有争议的，可以通过鉴定来确认陈述的事实。第三，判定文书形成时间。这一任务一般只限于先墨后朱的文书。文书制作的常规应当是先形成文字内容，再盖印。两者间隔时间较短的，盖印时间基本为文书制作时间。

（二）鉴定内容

1. 显微观察鉴定法

（1）利用体视显微镜，通过观察文字笔画或笔画与印文相交部分的笔尖擦压、色料覆盖、色料洇散与排列等特点，然后作出判断。

（2）利用反射荧光显微镜，观察文书印章印文所发出的荧光，通过观察到的相交处墨迹荧光的明与暗，确定其先后顺序。

（3）通过消色差显微镜，观察印文与字迹相交处的形态分布和颜色变化来判断先后顺序。

2. 显微分光光度计鉴定法

利用显微镜部分可以清楚地观察到文书上印文与字迹交叉处的细微特征，同时又可以通过分光光度计测量出该细微区范围内的各种光学物理特性。由于印泥和文字墨迹的反射率不同，它们会形成相交处的不同反射光谱，从而依据其推断出相交处的先后顺序。

3. 转印鉴定法

对各种书写文字与印章印文相交顺序的确定，是利用某些色料的黏附性质，通过不干胶、透明胶带或润湿的已定型的相纸进行转印，然后直接或用显微镜观察交叉部位的色料被黏附情况，根据某种色料或印文线条的完整程度来判断其交叉部位的覆盖顺序。

4. 化学鉴定法

不同色料对某些化学试剂的脱色能力有差异，可以根据某种色料脱色速度的不同，来判断文字笔画与印章印文交叉部位的形成顺序。

5. 扫描电子显微镜鉴定法

扫描电子显微镜既具有普通显微镜无法达到的高放大倍率和景深效果,又可以利用物质组成成分的不同和表面结构的差异形成不同的反差,因而可以根据文书文字与印文的成分差异和其在纸张上留下的痕迹及其产生的反差,观察文字笔画之间或文字笔画与印章印文之间在不同形成顺序中所表现出的不同微观立体形貌特征。

四、印刷文书鉴定

(一)概念及任务

印刷,一般是指将所要印制的文字以及图案等制成印版,刷上油墨后转印到纸张上的过程。印刷术则是将文字、图案等原稿制作成印刷制品的一种专门性技术。文书司法鉴定中,印刷文书是一种重要的鉴定对象。印刷文书鉴定是指运用印刷技术的专门知识,根据文书物证中的印刷制作特征以及变化规律,鉴别印刷文书的真伪,对印刷文书的来源以及印刷方法、印刷机具等进行鉴别和判断。

根据印刷文书鉴定的概念,其任务主要有以下三项:

(1)判断印刷文书的真伪。对各类证券票据、证书证件、有价货币等进行鉴定,确定是否系伪造或变造,进而判断文书的真伪。

(2)确定印刷文书的来源。将案件中作为检材的印刷文书与经过调查、走访后获得的样本进行比较检验,可以确定印刷文书来源于何地、何单位甚至是何人。

(3)确定文书的印刷方法和印刷机具。对于案件中伪造的货币、伪造的证件等文书物证,应当确定其印刷方法,在发现嫌疑印刷机具时,应当鉴定印刷文书是否为该机具所制。

(二)鉴定内容

印刷文书的种类很多,因此在实践中印刷文书鉴定的内容也极为广泛。大致包括以下几种:

(1)印刷版型鉴定。文书的印刷版型一般包括凸版印刷、凹版印刷、平版印刷、孔版印刷等。主要依据文书印刷的原理和技术,结合文书物证表现出的特征,在对检材和样本进行比较检验的基础上,鉴定文书的印刷方法。

(2)打印文书鉴定。通过打印文书所反映出的特征,对打印机的种属进行鉴定。如打印文书中反映出的特征特异性较强,在一定情况下可以对打印机进行同一认定。

(3)静电复印文书鉴定。鉴定原理与打印文书较为接近,通过静电复印文书反映出的特征,可以对复印机进行种属鉴别或者同一认定。

(4)传真文书鉴定。可以利用传真文书反映出的特征,对传真机进行机种鉴别或者同一认定。

(5)货币、票证鉴定。通过对货币、票据、证书、证件、商标、证券的检验,可以确定其真伪及其来源;判断多张货币、票证是否来源于同一机具;对印制机具进行同一认定。

五、文书制作时间鉴定

（一）概念及任务

文书司法鉴定中，文书制作时间通常包括两类：一类是文书制作的绝对时间；另一类是文书制作的相对时间。

文书制作的绝对时间，是指某一份文书或文书中的某部分内容是什么时候形成的，也就是文书形成以后经历了多长时间，解决的是文书的历时性问题。文书制作的相对时间，是指某几份文书或一份文书中的某几部分内容是否同时形成，解决的是文书各部分形成的相对先后顺序问题。[1]

根据文书制作时间鉴定的定义，其鉴定任务主要有两方面的内容：一是确定文书制作的绝对时间，为解决文书是否为伪造的问题提供科学依据；二是确定文书制作的相对时间，为解决文书是否为变造的问题提供科学依据。

（二）鉴定内容

鉴定文书制作时间是诉讼中经常出现的问题，往往需要对文书落款时间是否为文书实际制作时间进行鉴定。随着现代科学技术的发展，目前已形成了数种鉴定文书制作绝对时间、相对时间的可行检验方法。

（1）文书制作绝对时间鉴定法。主要包括：①文书内容与言语分析法；②文书物质材料分析法；③墨水库法，即墨水生产日期判断法；④墨水特殊标记法；⑤其他痕迹判断法。

（2）文书制作相对时间鉴定法。主要包括：①草酸溶解法；②溶解压印转印法；③圆珠笔油墨溶解测定法；④硫酸盐扩散程度测定法；⑤其他现代分析仪器检测法。

第四节　文书鉴定的评判

文书司法鉴定通常以司法鉴定意见书或者司法鉴定检验报告书的形式表述鉴定结果。文书司法鉴定意见必须经调查属实，才能作为定案的依据。

一、鉴定意见的审查

（一）对鉴定主体的审查

对鉴定人的审查包括：（1）审查鉴定人是否具有文书司法鉴定执业资格；是否拥有文书司法鉴定的专门知识和专门技能。（2）审查鉴定人职业道德，如鉴定人的工作态度是否端正、是否具有责任心。（3）审查鉴定人是否受到外界威胁、利诱等因素的不当影响；鉴定人是否与案件存在利害关系，有无法定回避事由等。

（二）对鉴定材料的审查

对鉴定材料的审查包括：审查委托人提供的文书物证是否来源于案件，鉴定材料的

---

〔1〕 参见黄建同主编：《文件检验学》，中国人民公安大学出版社2003年版，第255页。

获取是否符合合法性的要求;委托人提供的供比对检验的样本是否真实可靠,是否应确定为嫌疑人或者嫌疑物的样本;委托人要求进行鉴定的物质性检材,如油墨、色料、纸张等是否受到污染、损坏。

(三)对鉴定原理和技术方法的审查

主要包括审查鉴定人为解决文书专门性问题而运用的检验方法和技术手段是否科学有效;鉴定人采用的鉴定原理和技术标准是否已被本领域所公认,是否具有成熟性;如果鉴定人运用未被公认的所谓"独门秘方"进行鉴定,将大大影响鉴定意见的可信程度。

(四)对鉴定意见形成过程的审查

对鉴定中进行的分析说明进行审查,分析鉴定意见得出的必然性。同一认定中,如果检材与样本特征符合点的质量和数量无法达到肯定或否定同一的程度,而草率进行肯定或否定,如果符合特征的总和不具有特异性而据此作出肯定同一的意见、依据非本质差异作出否定同一的意见等,对鉴定意见的论证都不具有充分性,均属不可靠的鉴定意见。

(五)同其他证据相互印证

审查鉴定意见时,应当注意与物证,书证,当事人陈述,被害人陈述,犯罪嫌疑人、被告人供述及辩解,证人证言等其他证据材料进行互相印证。审查证据指向的时间是否存在矛盾,如果发现矛盾,可以进一步对两者进行审查,对有矛盾的鉴定意见可以通过补充鉴定、重新鉴定等方式进行审核。

二、鉴定意见证明效力的评断

文书司法鉴定意见的证明效力,可按照鉴定意见所确定的事实与案件联系的性质,分为人的同一认定、物的同一认定、文书种属认定、事实真伪认定以及显示、恢复事实等类型。

(一)人的同一认定型鉴定意见的证明效力

人的同一认定型鉴定意见肯定或否定侦查、审判中所要确定的具体人。在文书司法鉴定意见中,人的同一认定型鉴定意见主要用来确定文书的书写人或者制作人。此类鉴定意见少部分能直接肯定或否定刑事被告人、民事当事人的某种行为,如认定了勒索信的书写人,就能确定书写人实施了绑架勒索的犯罪行为。但大部分只能表明被认定的人与案件事实之间存在一定的联系,要进一步确定被认定人与案件的关系还需要通过多方面调查予以确定。

(二)物的同一认定型鉴定意见的证明效力

印章印文鉴定,印刷版型鉴定,打印机、复印机的同一认定等鉴定意见均属于物的同一认定型鉴定意见。此类鉴定意见可以确定诉讼中所要寻找的具体物体、物品,若要证明被认定的物证与案件事实之间存在一定的联系,需进一步通过多方查证后确定物与人之间以及人与案之间的关系。

(三)种属认定型鉴定意见的证明效力

种属认定型鉴定意见一般表明检材与样本种属相同,或者直接确定被认定客体的种类所属。此类鉴定意见既可以确定人的种属范围,如确定人的职业、年龄、病理情况等;又可以确定物的种属范围,如打印机的型号、印刷文书的制作方法等。文书种属认定中的否定意见,可以直接排除某种事实;肯定意见一般只能表明案件中的某种事实可能存在,在一定程度上证明案件某一事实的真伪或者发生的可能性。

(四)确定事实真伪意见型鉴定意见的证明效力

认定事实真伪的鉴定意见,用来确定案件中被怀疑的某一事实是真是假。文书司法鉴定中,经常需要对货币、票据、证书、证件、车船票等的真伪进行鉴定。此类肯定型的鉴定意见可以直接证明争议事实的存在,否定型鉴定意见可以直接证明争议事实不存在。

(五)显示、恢复事实型鉴定意见的证明效力

密写文书的显示、损毁文书的恢复等专门性问题,都需要通过文书司法鉴定予以解决。此类鉴定的目的是通过鉴定确定案件中反映的现象中是否存在某种事实,如文字消退的文书中是否存在一定的文字材料。在对此类鉴定意见的证明效力进行评断时应当注意,肯定性意见能直接证明争议的事实存在,否定性意见只能证明在鉴定过程中未能发现鉴定事项所要求认定的事实,不能因此认为争议的事实不存在。各种主观或客观的因素都可能导致实际中存在的某种事实不能被恢复或显示。

思考习题

1. 如何理解文书司法鉴定的任务及作用?
2. 文书司法鉴定主要包括哪些方法?
3. 同一认定方法的检验程序有哪些基本步骤?
4. 笔迹特征包括哪些? 在笔迹鉴定中有什么意义?
5. 如何正确看待文书司法鉴定的证明效力?

拓展阅读书目

1. 贾玉文、邹明理主编:《中国刑事科学技术大全——文件检验》,中国人民公安大学出版社2002年版。
2. 闵银龙主编:《司法鉴定》,中国法制出版社2004年版。
3. 涂丽云主编:《文件检验学》,群众出版社2007年版。
4. 杜志淳主编:《司法鉴定实验教程》,北京大学出版社2009年版。
5. 许爱东主编:《物证技术学》,法律出版社2012年版。

第十八章　痕迹司法鉴定

本章概要　本章在介绍痕迹的概念、形成要素和种类的基础上，着重阐述痕迹鉴定的内容和程序，包括常见的手印、足迹、工具痕迹、枪弹痕迹鉴定和车辆痕迹鉴定的主要内容和方法，并对痕迹物证鉴定意见的审查、评判进行了讨论。

通过本章的学习，应该熟悉痕迹的概念、形成要素和种类以及痕迹鉴定的程序、方法，重点掌握手印、足迹、工具痕迹、枪弹痕迹和车辆痕迹的鉴定方法，并能够将痕迹鉴定意见审查要点加以应用。

关键词　痕迹；痕迹物证；痕迹鉴定；鉴定方法

第一节　概　　述

痕迹鉴定技术作为司法鉴定技术的重要组成部分，在揭露、证实和惩罚犯罪实践中发挥着不可替代的重要作用。

一、痕迹的概念

一切事物运动或变化所遗留的形象或印象均称为痕迹。任何事物在任何时空内受到任何作用，都会发生运动或改变存在状态，由此遗留痕迹。物体之间相互作用会发生弹塑性变形形成痕迹或物质转移附着痕迹，如手印、足迹、工具痕迹、枪弹痕迹、车辆痕迹等；又如，事物受某种作用而遗留的痕迹，如笔迹、声像、气味、记忆、心理痕迹等印象痕迹。上述两类痕迹统称为广义痕迹，而手印、足迹、工具痕迹、枪弹痕迹、车辆痕迹等称为形象痕迹或狭义痕迹，本章以下沿用“痕迹”这个术语。

二、痕迹的形成

任何物体的运动或变化都是外力作用引起的。痕迹的形成同样是物体相互作用的产物。痕迹检验中将相互作用的物体称为客体，根据物体在外力作用下所起的作用的不同，可将物体分为造痕体和承痕体。主动作用的客体称为造痕体，被作用的被动客体称为承痕体。两个客体在力的作用下，接触部位发生的形变称为痕迹，而接触作用使客体之间发生物质转移或附着，则该转移物或附着物称为中介质。由此可见，痕迹形成必须具备造痕体、承痕体、作用力和中介质四个要素。一般来说，对于立体痕迹，如工具痕迹、枪弹痕迹等弹塑性变形的痕迹，主要研究造痕客体、承痕客体和作用力三个要素，而平面痕迹，如手印、平面足迹等，主要以中介质为重点，研究四个要素。痕迹形成的四要素各自独立，相互影响，缺一不可。

三、痕迹的种类

根据痕迹形成过程、形态反映的不同，可将痕迹作如下分类：

（一）按痕迹形态反映分类

1. 立体痕迹与平面痕迹

立体痕迹，是指痕迹形态具有明显三维空间结构尺寸的痕迹，即承受客体发生局部变形，变形的部位形成了与造型客体接触处外形结构特征凹凸相反，且能反映三维结构特征的痕迹，如固体材料被打击形成的凹陷状痕迹。

平面痕迹，是指痕迹形态不具有明显三维空间结构尺寸的痕迹，即痕迹反映平面形态。例如，硬质客体上手印、足迹。根据中介质的转移附着（增减）情况，又将平面痕迹分为加层平面痕迹和减层平面痕迹两种。

2. 显在痕迹与潜在痕迹

显在痕迹，是指肉眼可以直接观察到的痕迹，如工具痕迹、立体足迹等与承痕体有明显反差的平面痕迹。

潜在痕迹，是指肉眼无法直接观察到，必须借助仪器或特殊方法显现处理后才能观察到的痕迹，如无色汗液手印。

3. 静态痕迹与动态痕迹

静态痕迹，是指造痕客体与承痕客体在接触作用过程中，接触部位不发生相对位移，痕迹直接反映造痕体局部特征的原有形态，如工具撬压作用形成的痕迹、脚踩在地面上的痕迹。

动态痕迹，是指造痕客体与承痕客体在接触作用过程中，接触部位发生相对位移（滑动），造痕体表面的点状特征滑动成线状，故又称“线形痕迹”，如工具擦划形成的痕迹。

（二）按造痕体的种类分类

1. 人体痕迹

人体痕迹又称人的痕迹，是人体的某个器官或部位留下的痕迹，如手印、唇印、耳廓印、指甲纹、毛发印、牙印、足迹等。

2. 物体痕迹

物体痕迹是某个物体局部留下的痕迹，如工具痕迹、枪弹痕迹、车辆痕迹、锁具痕迹、纺织物痕迹、玻璃破碎痕迹等。

3. 其他痕迹

指自然、环境变化引起的痕迹，如地震痕迹、雷电痕迹、洪水痕迹等。

（三）按痕迹特征反映性质分类

1. 外表形象痕迹

当两个客体相互接触作用时，造痕体的外表结构形态在承痕体上形成的反映形象，被称为外部形象痕迹。外部形象痕迹特征反映的是造痕客体局部的外表形态结构，包括三维大小、局部各个细节特征的形态和分布等。绝大部分痕迹属于此类，如工具痕迹反映的是工具留痕部位外表的大小、形状和凹凸不平的细节特征的形态与分布；鞋印反映的是鞋底花纹结构特征。

2. 动作习惯痕迹

人或动物运动中的习惯性动作在承痕客体上的反映被称为动作习惯痕迹,如人行走的动作习惯(动力定型)在足迹中的反映。

3. 分离痕迹

分离痕迹是指物体受外力作用被分离成若干部分的新界面而形成的痕迹。分离物体新界面与原物体之间存在"局部与整体"的关系。

四、现场痕迹的勘验

(一)搜寻现场痕迹

寻找各类案件现场痕迹,应考虑不同的案件性质,结合现场变动情况分析嫌疑人在现场活动的过程,判断嫌疑人可能接触的物体、部位,多方寻找。通常以中心现场、外围现场和关联现场为重点,搜寻痕迹物品。

(二)显现痕迹

根据痕迹反映的显在性和潜在性的特点,可采用物理和化学的方法显现。

1. 物理的方法

是指在不改变痕迹物质成分的前提下,增加痕迹与载体色差使其显现的方法。主要有:

(1)附着法。利用痕迹物质本身对其他某些物质微粒的粘附或吸附作用改变痕迹色差的方法,如用碘熏法或粉末法显现赤足印、手印等。

(2)镀膜法。采用给痕迹表面喷镀微米级厚度的有色金属薄膜,增加或改变其色差的方法,如用真空镀膜仪在工具痕迹表面喷镀金、银、铜等金属膜,以增强反差和立体感。

(3)光致荧光法。利用形成痕迹的某些物质在外界光能的激发下可以发出荧光的现象显现痕迹,如用紫外线激发荧光的方法显现汗液或血物质形成的手印、赤足印。光致发光现象遵循"斯托克斯定律",即荧光的能量永远小于激发光的能量,或者说激发光的波长永远小于荧光的波长,因而应根据实际需要选择激发光源,或先用荧光剂(如罗丹明)对痕迹进行处理,以增强荧光的强度。

(4)不可见光摄像法。采用X光或其他不可见光进行反射或透射光照相,可以摄取在可见光下看不见的痕迹,如枪弹痕迹、金属密度变化形成的潜在痕迹。

2. 化学的方法

是指通过化学反应改变痕迹物质的成分和化学性质使其显现的方法。主要有:

(1)颜色反应。颜色反应,又称显色反应,是指两种物质发生化学反应后生成新的物质,从而改变原来颜色的现象。在痕迹显现中,常使用某种试剂使形成潜在痕迹的物质显色或改变色差,如用茚三酮显现汗液手印、赤足印,用联苯胺等化学物质显现血物质痕迹等。

(2)沉淀反应。沉淀反应是指两种物质的溶液发生化学反应后生成不溶的沉淀物的现象。在痕迹显现中主要使用某种试剂显现液体介质形成的痕迹,如用硝酸银试剂显现手印。

(三)提取痕迹

任何现场痕迹要被用作诉讼证据,都应当从现场提取,并固定和保存其原有形态,供检验和办案人员使用。提取痕迹的主要方法有:

(1)转移法。转移法是将痕迹物质转移到专门载体上的方法。例如,用透明胶带将粉末显现的汗液指纹从现场转移到白色或黑色硬纸板上。

(2)制模法。制模法通常将石膏液、硅橡胶或牙科打样膏灌入立体痕迹中,制作立体痕迹模型。

(3)复印法。复印法常用于粉尘形成的痕迹的提取,如用静电吸附的方法提取粉尘足迹。

(4)原物提取法。凡是体积较小,载体和痕迹不易变形损坏的,应尽量提取原物,这样可以更全面地保存痕迹原貌特征。

(5)照相法。照相法是对所有痕迹都必须采用的方法,它既是提取痕迹的方法,也是固定、记录痕迹的方法,又是在采取其他方法之前必须先行采取的保险措施。

(四)记录现场痕迹

如实记录现场痕迹是整个现场勘查记录的一部分,既可以列入案件卷宗起证据作用,也可以在离开现场后,进一步分析痕迹与犯罪的关系,又可以为分析痕迹的变化提供依据,所以要准确地做好记录现场痕迹的工作。

1. 记录的内容

(1)痕迹遗留的地点、位置(包括承痕体在现场空间的位置)和方向。

(2)有关物体被破坏(侵害)的情况,痕迹形成的原因、形成的物质和痕迹的种类、痕迹的形态、痕迹间的相互关系等。

(3)现场痕迹的处理情况。

2. 记录的方法

记录现场痕迹的方法有照相、文字记载、绘示意图、录像四种方法。这四种形式各有特点、互为补充。其中前三种是目前常用的方法。

五、痕迹司法鉴定

痕迹司法鉴定,是指依据相关法律法规,运用科学技术理论和方法,确定痕迹与案件事实、痕迹与某人或某物的关系的司法鉴定工作。痕迹司法鉴定的对象是行为人遗留下来的各种形象痕迹,主要包括手印、足迹、工具痕迹、枪弹痕迹、车辆痕迹鉴定和其他痕迹鉴定。

(一)痕迹鉴定的科学基础

由于痕迹鉴定是客体表面形象之间的鉴别和比较,因此,哲学、法学、现代科学技术的理论和方法均成为痕迹鉴定的科学基础。对形象痕迹的鉴定通常会综合运用科学技术理论和方法与同一认定理论。

(二)痕迹鉴定的方法

宏观形态的比较观察法是痕迹鉴定的基本方法。具体方法主要有痕迹特征的测量法、接合法、重叠法、对照法和自动识别法等。

1. 痕迹特征测量法

主要是采用测量仪器或测量工具,对被比较的两者痕迹特征本身以及各特征之间的角度、长度、宽度、深度、弧度、直径等分别测量后进行比对分析,也可将各个特征连接构图后进行测量,以便确定各特征之间的关系。但要注意被比较两客体形成痕迹条件的不同,其可能在特征、位置、形状或其尺寸方面出现差异,鉴定过程不可机械地对两者测量数值的异同进行评断,以防得出错误的结论。

2. 痕迹特征接合法

线条痕迹鉴定中痕迹特征接合法是常用的一种比对方法。鉴定时将现场线形痕迹与样本线条痕迹对接特征呈现在同一视场中,作比对分析,观察其特征符合点或差异点。将痕迹特征接合时的注意事项:被检验的痕迹应调整在同一水平面上;两者痕迹起始方向和光照角度要一致;两者放大倍数要相同;光照方向应与凹凸线条接近垂直,增强立体感;两者灯光亮度或承受客体对光线反射程度应尽量接近,否则会出现人为的差异。

3. 痕迹特征重叠法

鉴定时将现场痕迹和样本痕迹一左一右放置在比较显微镜上,操作有关设备将两者痕迹图像重叠,或者将两者拍照成同倍大正片,对光重叠;也可选用透明复印胶片,将现场或样本痕迹特征复印制作成胶片,然后重叠。通过各种重叠方式观察两者的痕迹特征在形状、位置、数量、方向、间隔距离等方面是否吻合。

4. 痕迹特征对照法

痕迹特征对照法是比较检验阶段的一种常用方法。主要是将被比较的两个客体并列放置,以观察现场痕迹特征为基础,然后对照样本痕迹,对发现的每一个特征都要反复对照,观察两者在出现的位置、形状、大小、间距、分布关系等方面的符合或差异情况。痕迹特征对照法常用于指纹、足迹检验。

5. 痕迹特征自动识别法

痕迹特征自动识别法是指应用计算机将痕迹图像信息转换为数字信息,然后运用专门的计算机程序对痕迹图像进行自动处理、比对,并判断被比对客体之间的相同点和差异点,如运用指纹自动化识别系统、枪弹痕迹自动检验系统等进行识别。

第二节　痕迹鉴定基本内容

一、手印鉴定

人类手的外形结构及皮肤花纹的特殊性,是人体所具有个体形象特征的重要标识。

手纹是指手掌正面的皮肤花纹。手纹具有人各不同的特定性、终身基本不变的稳定性、触物留痕的反映性等特点。手与客体相互作用,在客体表面遗留的接触部位的印迹称为手印。因手印能够反映手遗留部位的形态特征,且形成手纹与手印之间的一一对应关系,因此通过手印可以直接认定人身。

对遗留手印的分析与查档,对样本手印的检验、鉴定,可以为侦查破案提供线索,为诉讼和审判提供证据。

(一)手纹的种类

手纹包括乳突花纹、屈肌褶纹、皱纹、伤疤、脱皮、汗孔和细点线等。

1. 乳突花纹

在手掌正面及脚掌面上有规则排列、凸起的线条状皮肤组织结构被称为“乳突纹线”,亦称摩擦脊纹,其中,与乳突纹线相间并行的凹下线条称为小犁沟。由乳突纹线组合构成的花纹形态称乳突花纹。

2. 屈肌褶纹

手指关节和手掌一定部位所固有的粗大、明显的沟纹,就是屈肌褶纹。对于手指屈肌褶纹而言,其基本形态结构特点是,在正常情况下,食、中、环、小指具有第一、第二和第三组褶纹,拇指具有第一和第二组褶纹。对于手掌屈肌褶纹而言,多数人的手掌具有三条屈肌褶纹,分别称第一、第二和第三屈肌褶纹。少数手掌具有一条、两条、四条、五条或多条屈肌褶纹。

3. 皱纹

皱纹是皮肤的张弛、堆挤等活动所形成的细小而浅表的沟纹,在手指各节中,皱纹的分布与形态存在较大差别。手掌皱纹指根区皱纹较多,分布多不规则,主要由指向掌心的纵向线和一些斜向线交织而成。外侧区皱纹较少,多为内端变细的短横线,掌心附近的皱纹较为杂乱。内侧区皱纹最多且较有规律,由一组基本平行于拇指根屈肌褶纹的沟纹组与另一组与其基本垂直的沟纹组交织成网格状。

4. 其他的手纹

其他手纹包括伤疤、脱皮、汗孔和细点线等。伤疤是在受创皮肤局部形成的新生永久性皮肤组织结构,是一类重要的手纹特征。脱皮是由于皮肤角化层局部脱落而形成的,脱皮的特定性和稳定性都较差,只能作为一种参考特征利用。汗孔是汗腺排泄汗液的出口,绝大多数分布于乳突纹线之上,其平面形态呈圆形、椭圆形及三角形。

(二)手纹的特征

1. 乳突纹线的一般形态

单根乳突纹线具有一定的平面几何形态,包括棒形线、弧形线、波浪线、弓形线、箕形线、环形线、螺形线、曲形线等,其印痕亦会呈现相应的纹线形态特征。

2. 乳突纹线的组合形态

乳突纹线的组合形态,是指由几种不同形态或流向的纹线组构成的花纹整体形态。具有相同形态或相同流向的纹线组称为系统。根据纹线组合形态所处位置及分布,可

将其分为三个系统:

(1)内部系统。又称中心花纹,居于指纹中央部位,主要由箕形线、环形线、螺形线或曲形线等组成。

(2)外围系统。由上部和两侧包绕内部系统的纹线组合而成,主要由弓形线组成。

(3)根基系统。即位于中心花纹及外围系统之下,且呈横向分布的纹线组合,主要由波浪线和横行线组成。

由三个不同系统的纹线相会合所构成的近似三角形的会合区称为三角,三角由三条支线构成。上支线,是指三角区最靠近外围系统的纹线;下支线,是指三角区最靠近根基系统的纹线;内支线,是指三角区最靠近内部系统的纹线。

3. 乳突纹线的细节特征

乳突纹线的细节特征,是指乳突纹线局部的细小结构、特殊形态及组合构造,其种类、细节及分布关系是每个人具有不同指纹的根本原因,是个人鉴别的最重要依据。乳突纹线的局部细节特征主要有起点、终点和分歧、结合四种,由此可组合出小眼、小桥等其他特征。

(1)起点,即纹线的始端,如横线的左端,竖线的上端,圆弧线及旋转线的顺时针始端。

(2)终点,即纹线的末端,如横线的右端,竖线的下端,圆弧线及旋转线的顺时针末端。

(3)分歧,即一条纹线从左向右、从上向下,以顺时针方向分叉为两条纹线的结构。

(4)结合,两条纹线从左向右、从上向下,以顺时针方向汇结为一条纹线的结构。

(5)小钩,即纹线上分出的形如“小钩”状的结构。

(6)小眼,即形如“小眼睛”状的纹线结构。

(7)小桥,即一条纹线上分出的小枝杈斜流汇入相邻纹线上所形成的形如斜搭小桥状的结构。

(8)小棒,又称短棒,是指长度介于1~5毫米的纹线段。

(9)小点,即呈点状或长度小于1毫米的点状结构。

4. 指头乳突花纹

根据乳突纹线的组合形态,可对手指指头乳突纹线组合进行分类。一般可分为四种基本类型:

(1)弓型纹。即主要由弓形线和横行线系统上、下层叠而成的花纹类型,主要由外围系统和根基系统组成,无三角。按其内部形态不同可分为弧形纹和帐形纹。弧形纹是指上部由弧度较小的弓形线层叠,下部以横行线为根基组成的花纹形态,具体又可以细分为左倾弧、右倾弧和无倾弧形纹三种形态。帐形纹,是指上部由弧度较大的弓形线层叠,下部以横行线为根基,中心部位由一条以上纵向纹线支撑着中心弓形线的花纹形态,具体可细分为左倾帐、右倾帐和无倾帐形纹三种形态。

(2)箕型纹。即中心由一根以上的箕形线相套叠构成内部系统,上部及两侧由弓形线体系包绕,下部以一些波浪线和横行线为根基组成的花纹类型。一般具有一个主三角,极个别的出现一两个副三角。当花纹中心只有一条箕形线时,这条箕形线必须是完整、圆滑的,且箕头和靠近三角的箕枝部分不得与其他纹线结合或接触,将纹线直接引向或引入三角或三角方向的外围系统中去,否则应列入弓型纹。按印痕中箕头相对箕口的倾斜方向,可将箕型纹分为左箕和右箕或正箕和反箕。箕头在箕口左侧的为左箕,箕头在箕口右侧的为右箕。箕头朝向拇指,箕枝流向小指的为正箕;箕头朝向小指,箕枝流向拇指的为反箕。

(3)斗型纹。即中心由一根以上的环形线、螺形线或曲形线相套叠或层叠,其上部及两侧由弓型线体系包绕,下部以一些波浪线和横行线为根基组成的花纹类型。当花纹中心仅有一条完整或近似完整的环形线、螺形线或曲形线时,其正对三角部位的纹线必须不折不断并且不与来自外角的纹线相接触,否则不能将其归入斗型纹。按内部花纹的不同形态,可将斗型纹分为环形斗、螺形斗、曲形斗、双箕斗、囊形斗及杂形斗等。

(4)混杂型纹。即花纹中心有两种或两种以上纹线体系并列,或因其形态畸特、结构杂乱而不能归入弓型、箕型、斗型的花纹类型。按其内部形态和结构的不同可进一步分为箕帐混合纹、箕斗混合纹、并列箕形纹以及并列斗形纹等。

5. 指节乳突花纹

指节的乳突花纹结构较手指指头的纹线结构简单,各指节两端附近的纹线较为粗大、平坦;中段纹线相对稍细,由一些弧形线、斜直线及弯折线等组成。

6. 手掌乳突花纹

手掌分指根区、内侧区和外侧区,各区纹线的流向不同。

(1)指根区。四指根部都有一组凸向掌心的弧形线,常与两侧的指间纵行线汇成三角,中、环指指根弧形线呈横向分布,表现为大弧度、小跨度;食、小指指根弧形线呈斜向分布,表现为小弧度、大跨度,四指指间及指根弧形线下方的纵行纹线多数流向小指侧。

(2)内侧区。由一组凸向外侧的纵向大圆弧线构成,其弧度由掌心至内侧逐渐变小,由上至下逐渐变大,下区纹线弧度明显大于上区,在下区常出现较密集的终点特征。

(3)外侧区。纹线由食指根附近流向外下方,流经掌心至整个外侧边缘,纹线由少迅速增多,呈头部指向外下方的扫帚状,其上边多呈斜直状,下边呈弯曲状。

(三)手印的形成

手接触客体时形成的乳突花纹印痕称为手印。当手与有形客体接触时,在二者之间力的相互作用下,一方面,手内表面的皮肤、肌肉、脂肪产生了弹性变形,客体产生了弹性变形或塑性变形;另一方面,手与客体之间发生了中介质的相互转移附着,在承痕体上遗留可见或不可见的手印。手与客体间作用力大小、方向、手印形成物质影响着手印的清晰程度、形态结构和特征变化的程度等。承受客体的表面光滑程度、干湿程度、物理和化学性质等,对手印的清晰程度、手印保留的时间、乳突花纹特征的真实程度等有直接影响。无论是手上的附着物,还是客体表面的附着物,其数量的多少、物理化学性质、是固体或液体,对手印的清晰程度和保留时间有较大影响。

(四)手印的种类

手印可分为平面手印和立体手印。由于形成手印物质的色调不同及量的不同,用肉眼观察时有的有明显可见颜色,有的无颜色,可将其分为有色手印和无色手印(包括潜在手印)。依据附着物的变化状态,可将手印分为加层手印和减层手印。依据形成手印的物质成分,可将手印分为汗液手印、油质手印、灰尘手印、血质手印、精液及阴道分泌物手印、各类果汁手印、饮料手印、乳汁手印等。这些手印有的是有色的,有的是无色(潜在)的。各类手印物质成分不同,显现、提取的方法和手段也不同。

(五)手印鉴定的基本步骤

手印鉴定的主要任务是解决个体的同一认定问题,手印鉴定的过程主要分为预备检验、分别检验、比对检验和综合评断四个步骤。

1. 预备检验

(1)确定现场手印的痕迹种类。即确定是立体手印还是平面手印,是加层手印还是减层手印,是乳突线痕迹还是小犁沟痕迹等,以便在鉴定中正确分辨出乳突纹线。印痕中,中区连续分布着空白小点(汗孔痕)的线条或呈虚线状分布的线条为乳突纹线,与之相间并行、色调相反的线条为小犁沟;与褶纹、皱纹(穿行于规则线条中的不规则线条)色调相反的线条为乳突纹线;与照片中手印周围色调相反的线条多为乳突纹线;用浅色附着物或生成物显现的手印,白线多为乳突纹线,黑线多为乳突纹线;线条均匀且呈规则性断续者为乳突纹线,线条过窄且宽窄变化明显的为小犁沟。

(2)确定现场手印的方向和部位。应首先从手印的遗留情况入手,并根据手纹的形态结构和流向规律进行方向及部位的确定,必要时可与样本手印进行分区比较或制作相应部位的实验样本进行对照分析。

(3)判断现场手印有无重叠、变形。重叠手印的主要表现有:一个手印出现多个花纹中心,或同侧出现多个三角;手印出现双重甚至交叉的边缘;同区(或同系统)的纹线密度出现突变;纹线色调出现分区变化等。变形手印的主要表现有:花纹中心形态与三角间的关系畸形,纹线粗细及犁沟宽窄出现较有规则的变化(多向某一方向呈对称变化),纹线出现不应出现的直线段或弯转等。

(4)判断现场手印的花纹类型及形态。判断残缺手印纹型的方法主要有两个:一是根据花纹中心区纹线的弧度及其分布情况进行分析,如靠中心的下侧纹线明显向内弯曲或向内上方弯曲者多为斗型纹,中心纹线向侧下方延伸者多为箕型纹等;二是根据三角数量及三角内侧纹线的形态分析,如手印出现两个非重叠的对应三角,且两者间有上凹弧线者,或虽只有一个三角,但其内侧纹线明显向内弯曲者,绝大多数为斗型纹,只有一个三角且内侧纹线平稳向斜下方者多为箕型纹等。

(5)观测手印的形态和尺寸。即观察现场手印与样本手印的形态是否一致,测量现场手印与样本手印的对应部位、尺寸是否基本一致,从而达到筛选出相近样本手印的目的。

2. 分别检验

(1)确定现场手印特征。先检验特征明显、清晰的手印,后检验模糊不清的手印;从同一手印的清晰部位向模糊部位推进;从清晰可靠的特征向模糊特征推进。如果手印上出现了花纹中心或三角部位,则应从其中选择一两个明显可靠的特征或结构,并以此为基准向四周纹线逐条扩展和确定;若没出现花纹中心或三角,则选择伤疤、纹线的特殊结构、明显的褶纹等位置容易确定的部位,逐线向外扩展寻找;若既无花纹中心或三角,又无伤疤、纹线的特殊结构、明显的褶纹等,则从那些位置确切、形态稳定或稀有少见(小勾、小眼、小桥)的特征开始,向外逐线扩展寻找;顺纹线流向追踪某一纹线,若见其终止或虽未终止,但其两侧邻线已相互靠近,中间已无法容纳纹线,则说明被追踪线是自身终止或汇入邻线而成为一个特征(起点、终点或分歧、结合);若被追踪纹线突然远离某相邻纹线,中间完全可容纳纹线,则说明在此分离处必有纹线的源端或分叉点构成上述特征。若在两条相距较近的纹线之间出现了一块模糊区域,则可在模糊区域两端横向截面上数两条纹线间的连线,查数两端纹线数量有无增减,若有增减,则该区域内定有一起点、终点或分歧、结合等特征。另外,还应将照片、指纹胶带提取件、实物及立体模型等不同反映形象进行相互对照和印证。

(2)确定样本手印特征。通常情况下,样本手印的条件要好于现场手印,所以寻找、确定样本手印上的特征相对容易,方法与寻找、确定现场手印特征的方法相同,但必须限定在现场手印出现特征的部位和区域。寻找、确定的过程也应尽量与现场手印相对应,若各对应点的特征有别或根本找不到对应点,则无须进一步寻找和确定,即可得出否定意见。

3. 比对检验

通过现场手印与样本手印的对应比对,能够确定两者对应点间特征的符合与差异。比对中,应先对照比较现场手印与样本手印对应的"中心"部位的特征,并由此为起点向四周逐线扩展,将逐个特征点的特征进行一一对照,使用不同颜色的笔将符合点、差异点及无定论点等标示出来,为下一步综合评断提供条件。当手印中的特征数量较少,仅凭特征对照的方法难以作出定论时,可在特征对照的基础上进行特征连线比对,即将现场手印和样本手印以相同的比例放大后,再用相对应的直线将手印的几个特征连成一封闭的几何图形,比对两图形的形状、与纹线的关系、各边的长度、各角的角度等。

4. 综合评断

综合评断的关键在于查明符合点和差异点的性质,即查明符合点和差异点的来源。符合点的主要来源:同一手同一部位反映的同一特征,为指纹本质属性的反映;不同手或同一手的不同部位上某些特征的偶然相符,为指纹非本质属性的反映;客体条件的变化或显现处理过程中引起的特征巧合,亦为指纹非本质属性的反映。差异点的主要来源:不同手或同一手的不同部位反映的不同特征,为指纹本质属性的差异;手印在形成过程中或显现过程中由于特征变化所产生的差异,属非本质属性差异;手印形成后,由于客体表面形态或结构产生某种变化(裂缝、局部脱落、局部形变等)而引起的差异,亦属非本质属性差异。

5.作出结论

花纹类型及形态相同或不排斥,这是作出认定结论的必要条件;个别特征的总和相符,少数差异可以证实是其他非本质因素影响所致,这是作出认定结论的充分条件。作出否定结论的条件是花纹类型或形态确实不相符,或虽类型、形态相符,但个别特征的总和不符。只要具备其中一条,即可作出否定结论。当现场手印条件较差,如有显现失败或变形、重叠严重或残缺、模糊不清或特征数量少等情况,应作出不具备鉴定条件或无法作出结论的意见。

(六)收取手印样本的方法

活体手印的收取除了应当遵守法律、法规的规定以外,还必须注意技术操作方法。一般而言,手印的捺印分三面捺印、平面捺印和局部捺印三种。三面捺印主要是指头三面捺印,即从指头的一侧开始侧滚180度,将指头的正面及两个侧面作为一个整体印出的捺印方式;平面捺印主要指全手平面捺印,即将手伸平,靠上、下印压活动将全手掌面作为一个整体印出,或分别将四指及拇指分别印出的方式;局部捺印是指根据现场手印的情况,以相应的方式,印出相应部位的印痕。

二、足迹鉴定

足迹,是指人赤足或穿鞋、袜与承受客体相互接触而形成的痕迹。人足结构和形态的特殊性以及行走运动的相对稳定性,使足迹特征也呈现相对稳定性和特殊性。在案件侦查过程中,可以通过观察分析现场足迹判明案件的性质、作案时间、作案目标、作案人数、嫌疑人是否熟悉情况、犯罪经过等;由此可以分析出嫌疑人职业特点、所穿鞋子种类、产地式样、型号等,为缩小侦查范围提供可能。也可以进一步对现场上的连续足迹进行追踪,调查访问,以发现嫌疑人的来去方向,甚至可能及时发现嫌疑人埋尸、藏赃、隐身处所等。通过对若干个现场足迹的检验,可提出是否并案侦查意见;亦可为寻找尸源、认定死者提供线索和依据,同时亦可为警犬追踪和鉴别提供重要嗅源。

(一)足迹的种类

按造痕体可将足迹分为赤足足迹、穿袜足迹、穿鞋足迹。按承痕体的反映形式可将足迹分为立体足迹、平面足迹、混合足迹。平面足迹又可分为加层足迹和减层足迹。混合足迹主要指鞋内底或鞋垫上的足迹。按作用方式可分为动态足迹、静态足迹。按足迹搭配关系可分为单个足迹、成趟足迹。按足迹的数量和检验结果可分为一个足迹、多个足迹;一种足迹、多种足迹;一人足迹、多人足迹。按足迹质量可分为完整足迹、残缺足迹、清晰足迹、模糊足迹、重叠足迹等。

(二)足迹的特征

足迹的特征是人足的各种运动形态的具体反映形象的总称,它客观地反映了人足运动的规律,是构成足迹最基本的、最显著的征象。足迹特征是区别不同足迹、认定案件现场足迹与嫌疑人样本足迹的依据。足迹的特征包括:

1. 赤足足迹特征

赤足足迹特征主要是指赤足足迹所反映出的足部结构特征，具体包括足型及肤纹和其他特征。

（1）足型特征。根据人足的生理解剖特点，可将赤足足迹统一划分为足跟、足弓、足跖（掌）、足趾四个区。足趾的特征包括足趾长短、粗细、相对关系。足跖的特征包括跖部的四个边缘和跖面的凸凹结构特点；跖后缘的形状特点；跖内缘形状特点；跖外缘形状特点以及跖面的凸凹结构形状特点等。足弓的特征包括弓宽和内外缘形状特征。足跟的特征可分为前、后、左、右四边的形状特征。

（2）赤足肤纹特征。清晰的赤足足迹能反映出足底表层皮肤的乳突纹线。乳突纹线特征在足的趾、跖、弓、跟部位上都有反映，除趾节上的纹线较短外，其他各部大多数有较完整的花纹系统，可以构成弓、箕、斗、混杂形花纹，也同样可以出现起点、终点、结合、分歧、小钩、小桥、点、棒、眼等细节特征。

（3）其他特征。赤足足迹除了前述的特征外，还常有屈肌褶纹、皱纹、伤疤、鸡眼、脱皮、老茧、包扎物、附着物等特征。

2. 穿袜、穿鞋足迹的结构特征

（1）穿袜足迹的结构特征。常见的穿袜足迹有穿带底袜的足迹和穿针织袜的足迹两种。前者属于家做布底袜，但这种袜在城镇比较少见；后者足迹占多数。由于袜子较薄、柔软而富有弹性，因此穿袜足迹不仅能反映出袜子的特征，亦能反映出赤足的外形特征。由此，检验穿袜足迹时，应结合赤足足迹特征进行研究。

（2）穿鞋足迹的结构特征。穿鞋足迹的特征，是指足迹所反映出的造型客体——鞋底的外表结构形态的具体特点，有时也能反映出局部鞋帮特征。鞋底的外表结构形态特点包括：鞋底的长宽和形状特点、鞋底的制作特点（鞋底装配成型特征）、鞋底花纹和标志特点、鞋底原料特点、鞋底穿用修补的特点以及鞋底的磨损特点。

3. 步法特征

步法，是指人行走习惯动作的表现形式。步法特征是人的行走运动特点在足迹中的综合反映。它包括步幅特征和步态特征。

（1）步幅特征。步幅特征，是在连续的成趟足迹中所反映出来的双足在空间中的搭配关系及摆动方式特征。步幅特征通过步长、步宽、步角三个方面反映人行走时左右足相互协调和制约的关系。步长是成趟相邻的左足与右足足迹的相同部位间沿步行线的垂直距离，即半步的长度。步宽是成趟的足迹中足迹内侧最突出点到对侧足迹步行线的垂直距离。步角是足迹中心线与同侧足迹步行线构成的夹角。

（2）步态特征。步态特征，是指足迹中所反映出来的遗留足迹人的行走习惯特点及身体结构特点的特征。步态特征反映出足在运动时，各部位力的大小、方向、作用点分别在承受客体上留下的各种形态，或称为力的效应特征。每个人的足部功能及其反映形象，均具有个人特点。根据足迹的形成过程和形成步态特征力的三要素，大致可将其划分为起足、落足和支撑三阶段。各阶段均有必然出现的主体特征，及可能出现的伴生特征。所谓主体特征,即起足蹬痕、落足踏痕和支撑压痕,这三种痕迹在每个正常人的足迹中都能出现,且较稳定明显,不易受外在条件的影响;所谓伴生特征,即起足时的挑、耠、划、扫、抬痕,落足时的推、跄、擦、磕痕,支撑时的坐、迫、拧痕等,伴生特征只有在某些特定条件下,方可能出现一两种。

(三)足迹鉴定的方法

1.赤足足迹的鉴定

赤足足迹鉴定主要通过现场足迹和样本足迹的足型特征和足掌乳突花纹特征,得出二者是否为同一人同一足所留的结论。

(1)现场足迹特征的确定。赤足足迹所能反映的种类特征和细节特征较多,各种特征属性不同,对足的反映程度不一,因而对同一认定的作用也不同。因此,必须根据足迹的具体情况,选好所用特征,确定鉴定范围和方法。选用样本足迹时应注意下列事项:根据现场足迹的种类制作提取样本足迹;模拟现场赤足足迹的形成条件提取样本足迹,即最大限度地模拟现场足迹承受客体的形状以及形成足迹的环境和动作;按提取现场赤足足迹的方法提取赤足足迹样本;分析差异点和符合点的来源,并在此基础上,模拟现场足迹变化的各种因素,反复踩印样本,补充新的、反映好的样本;提取样本的同时,应详细了解案发后嫌疑人的健康状况,尤其是衣、食、住、行等方面的情况,以便正确认识现场与样本足迹之间的某些疑似本质差异的特征。对某些由特殊物质形成的现场足迹进行样本实验时,可选用相同或近似的物质踩印样本。

(2)对检验结果的分析。通过检验会发现现场赤足足迹和嫌疑人样本足迹之间的符合点和差异点。对此,应根据事物的性质主要是由取得支配地位的矛盾的主要方面所决定的原理进行具体分析。如果符合点是主要的、本质的方面,反映了事物的内在联系,而差异点是非本质的、次要的方面,则作出认定的结论;否则就作出否定的结论。分析评判符合点和差异点,一般从下列几个方面进行。从形成赤足足迹的条件进行具体分析;从处理足迹各个环节分析有无使赤足足迹产生局部耦合现象和差异的可能,是否在足迹的发现、提取、运送过程中由于某种方式方法上的局限性,造成足迹特征反映不充分,甚至变形出现假象。因此,应全面考查对照验证,从中找出变化的原因;或者从嫌疑人自身的变化分析,具体分析嫌疑人自身变化与产生差异点的关系,注意有无人为的破坏、伪装等情况所造成的差异点。同时要结合嫌疑人的健康状况、职业特点等进行综合分析。

2.穿鞋足迹的鉴定

穿鞋足迹的鉴定主要有三种:认定现场穿鞋足迹是否为嫌疑人的鞋所留,即鞋的同一认定;认定嫌疑人遗留在现场的作案鞋或形成现场穿鞋足迹的鞋是否为嫌疑人的鞋,即鞋主的同一认定;认定现场穿鞋足迹是否为嫌疑人所留,即人身同一认定。不同类型的鉴定所依据的特征不同,所用检验方法也不同,所得结论的证据作用也不同。

(1)鞋的同一认定。鞋的同一认定是指通过对现场足迹和嫌疑人足迹样本反映的特征的鉴别和分析,提出鉴定意见的工作。所利用的种类特征包括鞋型结构,原料特点，花纹种类或鞋底阴阳纹形状、传热孔、注塑孔的部位和形状，附着物种类。个别特征包括冲切鞋底的边缘花纹形态，商标，厂号，鞋号的部位、形态，围条、大牙子的粘贴部位、方式，绊带扣孔、绊带扣头的部位、形态、原料温度不均和碰撞等所引起的花纹变形、模糊；模压或注塑底鞋的绱线针脚、走料痕、冷却凹陷、削边整形特征；皮底或布底鞋的针脚、裁切、表面凸凹、接头、跳线等特征；修补方式与形态的特征；附着物的方位与形态特征；穿用特征中局部磨损的部位、形态以及破损部位、形态特征。

（2）鞋主的同一认定。鞋主的同一认定是指对嫌疑人遗留在现场的鞋或现场穿鞋足迹所反映的鞋底磨损特征以及嫌疑人其他相同或相近种类鞋印所反映的鞋底磨损特征进行检验、鉴别，确定嫌疑人遗留在现场的鞋或形成现场足迹的鞋是否为嫌疑人的鞋。鉴定所依据的特征是鞋内底和鞋外底的磨损特征；鉴定的理论依据是鞋底磨损特征具有人各不同的特殊性、相对不变的稳定性，同一人穿用相同或不同种类鞋的磨损特征具有再现性；鉴定的关键是掌握磨损特征在不同鞋种上的再现性或磨损特征的质量。

（3）穿鞋足迹的人身同一认定。穿鞋足迹的人身同一认定是指对现场穿鞋足迹和嫌疑人穿相同或不同种类鞋样本足迹所反映的步法特征和鞋底磨损特征进行鉴别和分析，进而确定现场足迹是否为嫌疑人所留。鉴定所利用的特征是步法特征和鞋底磨损特征，这些特征具有人各不同的运动特性。鉴定的关键是结合足迹分析的意见，综合利用现场足迹所反映的结构特征与运动特征，因此，应客观地看待步法特征与鞋底磨损特征的区别和关系。

三、工具痕迹鉴定

人类在认识或改造自然活动中所采用的器具均称为工具。工具痕迹是指行为人持工具作用于客体时，在工具与客体接触部位形成的形变。工具痕迹在犯罪现场中出现率很高并具有多变性的特点，除了不同工具或同一工具的不同部位留痕不同外，同一工具的相同部位因动作不同或力作用的方向角度不同也会形成不同的痕迹，检验鉴定的主要依据是工具表面的特征的特殊性和稳定性，而这种特征通过承受客体真实地反映出工具的个体特征。工具痕迹鉴定能够解决现场工具痕迹是否为嫌疑工具所遗留（同一认定问题）以及形成现场工具痕迹的工具之种类（种属认定问题），并可为分析案情提供必要的科学依据。

（一）工具痕迹的形成

工具痕迹是外力作用引起客体局部变形的结果。形成工具痕迹必须具备作用力、工具（造痕体）和被破坏客体（承痕体）三个要素。

1. 作用力

行为人持工具破坏客体时，主要靠自身的肌力带动工具，肌力的大小取决于力学的、解剖学的和生理学的条件。施加的肌力作用以推拉动作或鞭打动作的形式将肌力传递到工具上。这种力主要是表面力、集中力，在破坏时，受力的大小、方向、破坏形式影响痕迹的种类。外力作用引起的客体内各质点间的相互作用力的改变量称为附加内力，简称内力。内力随外力的增加而加大，当达到某个限度时，就会导致客体局部或全部被破坏。

2. 造痕体

工具是工具痕迹形成的主体。工具范围很广,种类繁多,根据工作需要,可将工具分为一般工具、专业用工具、自制工具和代用工具四大类。一般工具,指生产、生活中常用的工具,如刀、斧、钢丝钳、螺丝刀、剪子、锤具、锯、锉、钻等。专业用工具,指某种行业或某部门专用工具,如修鞋用虎头钳,军队用的多用锹、刺刀等。自制工具,是犯罪嫌疑人专为实施犯罪行为而制造的工具,如撬破保险柜用的拉码器、大撬棒等。代用工具,如木棍、铁棒、机械零件,砖石瓦块等,这种物件本身不是什么成型工具,但被用来作案而形成痕迹。根据工具的功能分类,可将工具分为拉伸、压缩作用工具,扭转作用工具,剪切作用工具,切削作用工具,复合作用工具等。工具多数为金属材质,多用铁、钢或合金金属,少数为木质、竹质或砖、石、瓦块等。在生产制造工具、使用工具和存放工具过程中,工具表面往往会形成各种几何形状的凸凹点、线、条、卷刃、缺口、裂缝或蚀斑等特征,其中使用过程产生的特征与手加工工具产生的特征质量较好,相对稳定,是检验鉴定常利用的特征,而机械加工和存放腐蚀形成的特征质量相对较差。

3. 承痕体

承痕体是被破坏客体(以下简称客体),是工具痕迹的载体。常见的被破坏客体有木材、金属、玻璃、合成物、土壤、人体组织、纺织品等。不同客体受力作用变形的程度不同。客体受力变形而形成工具痕迹,主要是客体内部质点间相互作用的内力发生变化,产生塑性变形的结果。一般来讲,客体变形都要经过弹性变形、屈服变形和强化变形阶段。在弹性变形阶段,客体受力后的变形是不稳定的,撤除外力后变形复原,基本不反映痕迹;屈服变形阶段,出现明显的塑性变形,撤除外力后变形的一部分会永久保存下来,形成痕迹;强化变形阶段,客体具有较强的抵抗变形的能力。当受力状态达到强度极限时,塑性变形达到最大限度,此后会出现断裂变形而影响痕迹特征的质量。在上述3个变形阶段中,屈服变形阶段是形痕的开始,有些浅表的工具痕迹均为此类变形。当变形很大、痕迹明显时,就要考虑受力超出客体的强度极限。常见的基本变形有拉伸(压缩)变形、剪切变形、扭转变形、弯曲变形等。

(二)工具痕迹的种类及特征

工具与客体相互接触分为切划接触和印压接触两种方式。切划接触(也称动态接触),是指形成痕迹时工具与客体两者接触点连续改变的作用方式,在客体表面形成线条状痕迹;印压接触(也称静态接触),是指形成痕迹时工具与客体两者接触点不改变作用方式,在客体表面形成凹陷状痕迹。

1. 线条状痕迹

线条状痕迹是工具与客体接触点相对划动所形成的,它是以凸凹起伏的线条形态反映工具的特征,痕迹与工具上的特征凸凹相反。线条状痕迹由三个部位组成:痕起缘,开始形痕的交线;痕迹面,形痕过程的轨迹;痕止缘,终止形痕的交线。线条状痕迹具有种类特征和个别特征:痕迹的形状、尺寸、数量、分布等为种类特征,它反映工具接触部位的形状、规格等种属特点；单一线条的凸凹起伏结构，包括峰、谷、腰的形态，线痕的宽窄与倾斜流向等为个别特征，它反映工具接触部位的凸凹点、线等特点。质量好的特征多为粗大、明显、连贯的凸凹起伏线条。

2. 凹陷状痕迹

凹陷痕迹是工具与客体接触点不改变作用方式所形成，它以凸凹坑丘的形状反映工具的特征，痕迹与工具表面特征凸凹相反。凹陷状痕迹由四个部位构成：痕起缘，痕迹与客体的交线；痕迹壁，工具与客体的侧交面；痕底，工具与客体的正交面；痕止缘，痕迹壁与痕底的交线。凹陷痕迹的痕迹形状、规格尺寸为种类特征，它反映工具接触部位的外表结构形状；单一凸凹坑丘的结构，包括形状、凸凹性与具体位置为个别特征，反映外表结构的个别特点。质量好的特征多为稳定、少见的凸凹坑丘。

线条状痕迹与凹陷状痕迹有时单独出现有时混合出现，如工具对客体的撬压中带有划动就出现凹陷与线条的混合痕迹，切划中有停顿也会在线条痕迹中出现凹陷印压痕迹。

（三）典型的工具痕迹

1. 撬压痕迹

工具以杠杆作用破坏客体引起的变形为撬压痕迹，撬压痕迹多为凹陷状痕迹。一次动作形成两处痕迹，分别在支、重两点反映，互相对应，受力方向相反。撬压以折离破坏为主，有时现场还会出现扩缝、夹持、扭转等破坏。撬压痕迹多种多样，一般以凹陷状痕迹为主，特殊情况也反映线条状痕迹。

2. 打击痕迹

工具撞击作用使客体产生的变形为打击痕迹。通常来说，打击痕迹一次打击动作形成一处痕迹，一般为凹陷状痕迹。垂直打击多反映工具打击面的整体形状及打击面的特征；倾斜打击多反映工具打击面的局部形状及打击面边沿的特征。倾斜打击木质客体时，会产生凹陷状痕迹，同时还会产生线条状痕迹，在痕迹起缘周围出现木纤维翘起或木纤维堆隆等附加特征。

3. 擦划痕迹

工具对客体表面施以压划作用而引起的线条状变形为擦划痕迹。因工具与客体接触方式和作用力不同，在压划接触过程形成的擦痕面积、线条流向、线条宽度变化较大，主要表现为单一线痕形状的变化以及线痕宽窄的变化等。

4. 钳剪痕迹

剪切工具咬合破坏客体形成的痕迹为钳剪痕迹。剪切时，工具刃部呈闭口咬合状态，常出现一处动作两个断头、四个斜面、一个立顶。每个斜面上的线条由两侧指向立顶，反映剪切工具刃口形态特征。

5. 刺切痕迹

利用劈切作用破坏客体形成的变形称为刺切痕迹。如锐器从一侧开始向另一侧刺切，被破坏客体上出现向一侧翻卷或向一侧倾斜的形状，断面上的线条从开始端流向断端的另一侧。刺切痕迹的类型按形状分为盲管形和贯通形两种,按方向分为垂直刺切与倾斜刺切两种。

6. 割削痕迹

利用锯、锉、钻类工具切削破坏客体时,在接触部位引起的变形是割削痕迹,也称锯、锉、钻痕迹。破坏时或是层次剥脱客体(如钻削破坏),或是切割分离客体(如锯割破坏),割削痕迹的特点是易出现重复切划面产生复合线条痕迹,易产生分离物(锯、锉、钻屑)。

(四)工具痕迹鉴定的方法

工具痕迹鉴定是指根据现场遗留工具痕迹的特征,分析、鉴别和确定现场工具痕迹是否为某一工具所留。主要任务是分析形痕条件,确定痕迹种类,选择供比对用的工具痕迹特征,判断工具接触部位,寻找利用附着物。

1. 现场工具痕迹的检验

(1)分析形成工具痕迹的条件。观察痕迹形态,弄清现场痕迹在承受客体上分布的位置、高低、大小、角度,承受客体上各物件的搭配关系,承受客体周围其他客体对形成痕迹的影响,以此分析留痕工具的特点。

(2)确定工具痕迹的种类。观察现场工具痕迹是凹陷状痕迹还是线条状的单一痕迹,或是两者同时出现的混合痕迹;如是两者同时出现的痕迹以哪个为主,再从痕迹的总体状态中分析破坏的方式方法,以确定痕迹的种类。

(3)选择可供使用的工具痕迹。应选择有代表性的、质量较好的痕迹,寻找供比对用的痕迹特征。可以从痕迹的痕起缘、痕止缘、痕迹面、痕迹壁和痕底部位寻找。

(4)分析确定工具的接触部位。痕起缘部位反映了工具与承受客体开始接触时的状态与部位,在擦痕的起缘上,工具接触部位的凹点如未被物质颗粒堵塞,能呈现质量较好的线条;在压痕的起缘常留下工具接触部位的边缘形状、宽度、角度、弧度,有时留下工具接触部位边缘上的突出特征。

痕止缘部位反映了工具与承受客体最后接触时的状态与部位。痕迹面或痕迹壁部位反映工具与承受客体相对运行的状态、变化、方向、角度以及是否有停顿等;线条痕迹中痕迹面的线条状痕,鉴定价值较大,而凹陷痕迹中的痕迹壁特定性差,利用时要结合痕起缘的特征对照观察。痕底反映工具接触的一个面或一个部位的形状、宽度、大小、弧度,并反映出工具表面的凸凹点。借此,可掌握工具接触部位的结构、形状及表面特征。

(5)寻找利用附着物。检验现场痕迹时,在工具痕迹及其周围应注意寻找工具的颗粒、纤维、砖块等物质,观察其色泽,确定其成分,或进行整体痕迹检验,以帮助确定工具种类和认定工具。

2. 嫌疑工具的检验

(1)确定嫌疑工具是否具备形成现场工具痕迹的条件。首先,观察工具的总体结构与工具各部位的形状、特点、色泽、成分、刚度、硬度能否形成现场痕迹以及工具有关部位的长短、厚度、粗细、大小能否形成现场痕迹。其次，应结合现场痕迹验证，以确定嫌疑工具是否符合形成痕迹的条件。

（2）推断留痕部位。对于具备形成痕迹条件的嫌疑工具，观察工具上是否存在新鲜变形、磨损的部位、该部位的形状是否符合现场痕迹的形状、该部位是否有与现场物质相符合的附着物等，再根据形成现场痕迹的条件，全面细致地寻找与现场痕迹形状相符合的部位并标示出来，以寻找特征和比对检验。

（3）寻找嫌疑工具上的特征和微量物。工具痕迹多为立体痕迹，存在旋向相反、凸凹性相反的特点，在嫌疑工具上寻找特征时要注意。此外，还应在工具的其他接触部位、突出部位、勾缝部位等寻找微量物质。

3. 制作样本

用嫌疑工具在适当材料上模仿现场动作制作的痕迹即为实验样本。制作样本的主要任务是：把工具上的特征变成与现场痕迹凸凹结构一致的特征，以便比对检验，验证现场痕迹形成的条件与工具是否具备形成现场痕迹的条件；验证工具遗留痕迹的部位，以确定特征的质量、数量等特征。制作样本时应做到：选用与承受客体的物理属性相同的材料，采取现场破坏动作，受力大小应与现场力度接近，作用方向角度相同，接触部位选择准确。

4. 比较检验和综合评断

比较检验，是指对现场痕迹和样本痕迹两者特征逐个进行比对鉴别。其任务为：进一步确定已发现的特征和继续发现确定新的特征；全面比对所有特征，从中明确符合点与差异点；进一步弄清特征的质量和可靠程度。

（1）凹陷痕迹的比较检验。比较检验凹陷痕迹采用体视显微镜，利用特征对照法在比对中观察现场的实物，辅之以模型、照片对照工具、实验样本，以现场痕迹的特征对照工具的特征，一一比对，从观察痕迹形状到观察痕迹各个部位，再观察痕迹特征，逐一比对特征的具体形状、大小、间隔方位、分布等。尤其是重点比对挤压力较集中的前压止缘及其周围痕底部位的总体形态，边棱直线、曲线及长短和角度，痕迹表面的形状缺损、卷边的大小，小点、小坑的外貌形状、大小等。

经比较，一般而言，现场工具痕迹与嫌疑工具制作的样本工具痕迹两者之间满足下列四条标准即可认定：工具具备形成现场痕迹的条件，即工具的结构、功能可以形成现场痕迹；痕迹与样本的种类特征相符，即两者的形状、大小、凸凹性一致；质量好的特征一致，即两者的形态、位置、相互关系相吻合；差异点得到科学解释。两者之间符合下列三条标准之一者即可否定：痕迹的种类特征不相符；质量好的特征不吻合；少数特征的符合属耦合。

（2）线条痕迹的比较检验。比较检验线条痕迹一般使用比较显微镜。利用线痕对接法进行接合比对，既可是实物对接，也可利用同倍数照片拼接。观察两者线痕的宽窄，凸凹线条的深浅、形状、分布距离、倾斜流向等特征。利用比较显微镜观察时要注意检材，摆放的位置与方向要一致，灯光的亮度要一致，放大倍数要一致。检材水平高度要一致。要重点比对线条痕迹的停顿处与终止部位。比较现场痕迹与工具相应部位的总体形态,凸凹线痕的宽窄、数量、间距、分布、流向,单一线条痕迹峰谷的形态结构等。

经比较,现场工具痕迹与嫌疑工具制作的样本工具痕迹两者之间满足如下四条标准即可认定:①工具的结构功能具备形成现场痕迹的条件;②稳定的凸凹线特征相吻合,这种吻合是指特征在一定范围内占有一定数量的质量好的凸凹线,这些凸凹线彼此间的形状、粗细、间距均一致,能反映出工具接触部位较稳定的突出的凹凸结构;③线条痕迹凸凹趋势和倾斜流向一致,即线条痕迹所处的高低形状一致;④凸峰与凹谷的形状、宽窄一致,倾斜流向一致,能反映出工具接触部位总体峰谷形态及动作方向;能科学地解释差异点。如有如下三种情形之一则可否定:①粗大的凸凹线特征不吻合;②线条痕迹的凸凹趋势、流向不相同;③少数线条痕迹的对接属耦合。

四、枪弹痕迹鉴定

枪弹痕迹鉴定,是指利用射击后遗留在弹头和弹壳上的痕迹来确定发射枪种和认定发射枪支。枪弹痕迹鉴定的主要对象是枪支、弹药及射击痕迹。应用枪弹痕迹的检验技术,通过对枪击案件的各种痕迹以及物证的勘查、检验进行科学分析,确定痕迹同持枪作案的具体关系。也就是说,运用同一认定的理论,通过对各种枪弹痕迹特征的检验分析,确定发射枪种和认定发射枪支,通过对枪击现场的勘查分析及采取的侦查措施,判明枪击案件的性质和主要情节,揭露持枪犯罪的凶犯。很明显,发挥枪弹痕检验技术的作用,其前提条件是能够在枪击案件现场及相关地点全面仔细地搜寻,以便发现和提取有关的枪弹痕迹和物证作为揭露持枪犯罪的证据。

(一)枪弹

枪弹,是指供枪械发射的弹药,它以火药燃烧产生的气体压力为动力发送弹头,用来碰击或燃爆物体,以达到杀伤或毁坏目标物的目的。现代枪弹一般由弹头、弹壳、发射药和底火四部分组合为一整体。枪弹按用途、配用枪种、枪弹的形状和发火部位四个方面加以区分。识别枪弹的种类,熟悉枪弹所对应的发射枪种,是枪弹痕迹鉴定技术人员必备的基础知识。枪弹的涂色标志、弹壳底面的印压标记以及枪弹的形状、尺寸,是识别枪弹的主要依据。涂色标志主要用来区分不同用途的枪弹,大多数国家采用弹尖色标,对于多用途枪弹,除弹尖有色标外,弹尖下面还涂有一圈或两圈色带。在我国,普通弹一般没有色标,特种弹的色标为:穿甲弹涂黑色,燃烧弹涂红色,曳光弹涂绿色,爆炸弹涂白色。弹壳底面的印压标记一般用以表示枪弹制造的日期、国别或厂家,口径、弹壳材料,批号,弹丸类型等。

(二)枪械

现代枪械都是以火药为能源的射击武器,通过能量转换,使弹丸获得一定的枪口动能,具有一定的杀伤威力。凡是利用火药燃烧产生的气体能量发射枪弹弹丸,用来杀伤有生力量、击毁敌方武器和技术装备的射击武器均称为枪械。

1. 枪械的分类

枪械可按性能、用途、口径和枪管结构进行分类。

(1)按枪械的性能分为自动枪支、非自动枪支和转轮枪。

(2)按枪械的用途分为军用枪支和民用枪支。

(3)按枪管内壁的结构可分为滑膛枪和线膛枪。

(4)按枪械的口径可分为小口径枪支、中口径枪支和大口径枪支。

2. 枪械的结构

枪械通常由枪管、自动机构、机匣和一些附件组成。

(1)枪管。枪管是枪支的基本组成部分,发射前它是容纳枪弹的空间,发射时它是火药燃烧的场所;它作为能量转换装置,将火药气体的部分能量转换成弹丸运动的动能;它赋予弹丸一定的初速、转速和飞行方向;同时枪管也是产生弹头和部分弹壳痕迹的造痕体。

枪管是火药的燃烧室,它的工作环境十分恶劣,承受着脉冲式高压作用和高温烧蚀,承受着弹头的激烈摩擦和火药气体的化学腐蚀作用。因此,枪管要具有足够的强度、韧性及较好的化学稳定性。枪管一般采用优质合金制造。枪管的内表面叫枪膛,枪膛按其结构和作用可分为绞弹膛、坡膛和线膛。

(2)自动枪支的自动机构。自动枪支的自动机构主要由闭锁机构、退壳机构、供弹机构、击发机构和发射机构五大机构组成。这五大机构既是自动枪支的核心,也是产生弹头、弹壳痕迹的主要机构。

①闭锁机构。闭锁机构是自动枪支自动机构的核心,是枪支的基本组成部分,其主要作用是在发射时关闭弹膛、抵住弹壳,防止弹壳断裂和火药气体向后逸出,保证可靠地发射弹丸。根据发射时枪管和枪机的连接扣合情况,可将闭锁机构分为刚性闭锁机构和惯性闭锁机构两大类。刚性闭锁机构是指发射时枪管与枪机扣合成刚性连接,膛底压力不能使枪机开锁,只有当枪机框或枪管及枪机走完开锁前自由行程以后,枪机与枪管才能开锁。在刚性闭锁机构中,根据闭锁件相对枪膛轴线的运动和位置,可分为枪管摆动式、枪机回转式和枪机偏转式等刚性闭锁机构。惯性闭锁机构是指发射时枪管和枪机没有扣合,或虽有扣合发射后在弹底压力作用下枪机能自行开锁。这种闭锁方式主要用于枪机后坐式武器中,前者闭而不锁的闭锁方式主要是依靠枪机的质量惯性作用来保证发射的可靠性的,称为自由枪机式,后者扣而不牢的闭锁方式是借助其他机构来提高枪机惯性,通过增大摩擦来延缓开锁动作,称为半自由枪机式。

②退壳机构。退壳机构的作用是在枪支发射后将弹壳从膛内抽出,并把它抛出武器之外。它由抽壳和抛壳两动作组成。抽壳动作由抽壳机构完成。其作用是在射击后向膛内抽出弹壳。抽壳机构的主要部件是拉壳钩,大多数枪支的拉壳构都装在枪机上。抛壳动作是由抛壳机构完成,其作用是将抽出的弹壳抛出武器之外,这一动作由抛壳挺和拉壳钩共同作用,通过使弹壳作回转运动来完成。

③供弹机构。供弹机构的作用是将容弹具中的枪弹自动而有次序地输进弹膛。供弹机构通常由输弹机构和进弹机构组成。输弹机构的作用是将枪弹送至进弹口,进弹机构的作用是将进弹口的枪弹推进弹膛。根据容弹具的结构,可将供弹方式分为弹仓

供弹和弹链供弹。所谓弹仓供弹,是指容弹具为弹仓。弹仓供弹的输弹机构装于弹仓内,利用弹簧能量完成输弹动作,弹仓供弹又分为弹匣供弹、弹盘供弹和弹鼓供弹三种。通常我们看到的都是弹匣供弹,一般由弹匣体、托弹板、托弹簧、弹匣盖等组成。按弹匣与枪支连接方式不同,弹匣可分为固定弹匣和换弹匣,按弹匣内子弹的排列情况,又可分为单排弹匣和双排弹匣等。

④击发机构。击发机构的作用是为枪弹底火发火提供击发冲量,以保证适时发火,点燃发射药或可靠的发射弹丸。击发机构通常由击针、击锤、击锤簧、击针簧等组成。击发机构的能量来自弹簧功,因此依据所采用的弹簧类型可将击发机构分为利用击发簧工作的击发机构和利用复进簧工作的击发机构。对于以击发簧为能源的击发机构,击发簧是指击锤簧或击针簧。根据其具体的结构和工作原理,又可分为击针式击发机构、击锤回转式击发机构和击锤平移式击发机构。以复进簧为能源的击发机构,这种击发机构没有专门的击发簧,而是利用一部分复进簧的能量完成发火动作。根据其结构特点和工作原理分为击针式击发机构和击锤平移式击发机构。

⑤发射机构。枪支在发射前其击发机构必须处于待发状态,只有待发才能实现击发,发射机构的作用就是控制击发机构处于待发状态和实施击发。发射机构通常由扳机、扳机簧、阻铁、阻铁簧等组成。由于对不同用途的枪支有不同的火力要求,发射机构有连发发射机构、单发发射机构和单连发发射机构等不同类型。

(三)射击弹壳痕迹

射击动作从装弹开始,枪弹被击发后,弹壳从膛内被抽出并被抛出武器之外,从而完成一射击动作。在整个射击动作中,弹壳始终与枪支有关件相互作用,这些作用有的是通过人为的因素,有的是借助于弹簧的弹力,更主要的是依靠高温高压的火药气体的能力。

1.装弹过程中留下的痕迹特征

从将子弹压入弹匣开始,直至枪弹进膛、枪机闭锁待发止,这一过程称为装弹过程。在装弹过程中,弹壳将产生弹匣口痕迹、枪机下表面痕迹、推弹突笋痕迹、拉壳钩前端痕迹、弹膛后切口痕迹、指示杆痕迹等。

2.发射过程中留下的痕迹特征

处于待发状态的枪支,自击针击发底火开始,至弹飞离枪口、枪机开锁为止,这一过程称为发射过程。在发射过程中,弹壳上将产生击针头痕迹、弹底窝痕迹、膛内壁痕迹等。发射过程中,留在弹壳表面的痕迹多为印压痕变,它们是枪支有关机件作用于弹壳形成的痕迹。由于产生这些痕迹的作用力大,接触面积广,所以这些痕迹的特征反映明显、稳定、可靠,是枪弹痕迹检验中经常利用的痕迹。

3.退壳过程中留下的痕迹特征

自枪机开锁、拉壳钩从弹膛内抽壳开始,到将射击物抛出武器之外止,这一过程称为退壳过程。从物理实质上来讲,退壳过程包括拉壳钩将弹壳从弹膛中抽出的抽壳过程和射击弹壳在拉壳钩与抛壳挺共同作用下将弹壳抛出武器之外的抛壳过程,在退壳过程中，弹壳将产生拉壳钩痕迹、抛壳挺痕迹、抛壳窗口痕迹、机匣导棱痕迹和小旗痕。

(四)射击弹头痕迹

射击弹头上的痕迹主要是子弹在进膛、发射过程中形成的。枪弹被击发后，发射药燃烧产生的气体压力作用于弹头底面，使弹头在克服弹壳口部的拔弹阻力后，经坡膛进入线膛区域。在弹头圆柱部挤进膛线的过程中，一方面，弹头受气体压力作用挤进膛线，并且加速运动；另一方面，在挤进过程中受阳膛线导转侧正压力作用，使弹头披甲产生塑性变形，且使弹头旋转，与此同时，膛线导转侧与变形后的披甲主棱线相对运动，也会产生摩擦，直至弹头全部挤进膛线，披甲变形结束。枪管的口径小于子弹头圆柱部直径，挤进后弹头变形，更促使弹头圆柱部表面与枪管内壁紧密接触。火药气体的压力作用使弹头沿枪管轴线加速运动，也使弹头表面与枪管内壁产生更强烈的摩擦，从而在弹头飞离枪口后，在弹头表面形成了反映枪管内表面宏观特征和微观特征的膛线痕迹。显然这些痕迹主要是摩擦造成的，是一种动态的擦痕。但在弹头挤进膛线过程中，阳膛线使弹头披甲变形而形成的阳膛线痕迹的宽度、深度等宏观痕迹是由印压造成的。因此，膛线痕迹是在摩擦和印压共同作用下产生的。

1. 进膛痕迹

子弹在进膛过程中，弹头的顶部、弧形部与导弹斜面(包括枪管导弹斜面和机匣导弹斜面)、连接处以及弹膛内壁产生磕碰、刮擦会形成进膛痕迹。进膛痕迹受到导弹斜面的结构尺寸，复进簧的簧力大小，托弹簧的簧力大小，手动、自动上膛等因素的影响。

2. 拔弹痕迹

拔弹痕迹是弹头启动时克服弹壳口部的紧锁力与口部摩擦而产生的，拔弹痕迹基本上遍布于弹丸圆柱部四周，位于弹壳口部之下，纹线与弹轴平行，但发射后的弹丸拔弹痕迹绝大部分被膛线痕迹所覆盖。对于枪管磨损不太严重的枪支发射的弹丸，在阴区域可见到拔弹痕迹。

3. 坡膛痕迹

坡膛痕迹是由于枪管口径实际上略小于弹头圆柱部直径，在弹头起动经坡膛，尤其是通过坡膛与线膛过渡棱边时，与坡膛及过渡棱边摩擦而产生的。坡膛痕迹主要在圆柱部的前部得到反映，对于右旋膛线，坡膛痕迹主要反映在每条膛线的左上方。对左旋膛线，坡膛痕迹主要反映在每条阳膛线的右上方，并与阳膛线交于一定的角度。

4. 线膛痕迹

具体又可以分为膛线痕迹、小线纹痕迹和棱线痕迹。

(1)膛线痕迹。枪管中凸起的膛线叫作阳膛线，凹入的膛线叫阴膛线。在射击弹头上，阳膛线痕迹是指弹头圆柱部被刮擦掉的凹陷的条带状痕迹。膛线痕迹主要是弹头在挤进过程中旋转前进时受阳膛线导转侧的摩擦及膛内壁阳膛线的挤压形成的。由于阴、阳膛线对弹头披甲的正压力大小不同，因此弹头披甲变形程度不同，膛线痕迹明显地分成阴膛线痕迹和阳膛线痕迹。膛线痕迹客观地再现了发射枪支枪管阴、阳膛线的外表结构特征。这些结构特征主要包括膛线的数量、宽度、旋向以及膛线的斜度等。

(2)小线纹痕迹。具体是指分布于弹头圆柱部具有一定斜度的线条状擦痕,它们是在弹头挤进膛线加速旋转前进时,与枪管内壁主要是阳膛线和阴膛线表面剧烈摩擦产生的摩擦痕迹。小线纹痕迹是每一支枪所固有的膛线表面特征的具体反映,小线纹的具体数量、位置、分布、面积、宽窄、凹凸方向及其相互关系对作出鉴定结论都具有重要意义。

(3)棱线痕迹。棱线痕迹就是阳膛线痕迹的两个边棱。它是弹头在挤进过程中及在膛内前进时由枪管阳膛线的两个棱边的棱角形成的痕迹。弹头在膛内运动时,受到阳膛线导转侧的法向力及导转侧摩擦力作用。导转侧直接作用的部位形成了粗大明显的棱线痕迹,即主棱线痕迹。另一侧不承受导转力,受力相对小一些,痕迹也小一些,形成次棱线痕迹。这种特征出现与否以及它的形状、大小、位置,在不同的枪支中有不同的反映,在检验中可供分析参考。

(五)枪弹痕迹鉴定的方法

枪弹痕迹鉴定的主要任务是利用射击弹头、弹壳上的痕迹来确定发射枪种和认定发射枪支。

1. 区分发射枪种

任何枪击案件现场留下的弹痕物证都是分析推断作案经过和划定嫌疑人范围的依据。通过对枪弹痕迹特征的分析,区分出发射枪种,划出嫌疑人的范围,以达到由枪找人揭露犯罪的目的。区分发射枪种可以减少检验枪支的数量,提高鉴定速度,只有正确划定枪种范围,才能把检验的枪支的数量缩小到最小范围,有利于迅速地得出正确的鉴定结论。区分发射枪种是正确地认定发射枪支、协助侦破持枪犯罪的关键,在正确划定发射枪种范围后,可不错不漏地从有限的范围中去找出涉案枪支,从而为破案打开缺口。

(1)通过弹孔形态、弹道特点、残渣分布及成分来区分。通过对弹孔的形态、大小和破坏情况以及弹道特点、射击残渣的分析,可以知道是散弹枪射击还是独弹枪射击,是大口径枪射击还是小口径枪射击,以及枪支威力的大小,当然,这些情况是由枪械的结构性能,枪弹的品种、装药量等决定的,基于以上分析,可以推断出枪弹的结构种类,从而确定枪种或枪种范围。

(2)通过射击弹头弹壳的形态、结构,确定配用枪种或枪种范围。枪管的结构,特别是枪管内弹膛部分的结构形状是与枪弹完全匹配的,弹膛是什么形状,枪弹的弹壳就是什么形状,反之亦然,正是由于二者之间相互适应的关系,才可以由枪弹来推断发射枪种。

(3)通过射击弹头、弹壳的枪种特征区分发射枪种。枪种特征是指同一类型、样式的枪支所共有的结构特点,在射击后,反映在射击弹头、弹壳上,有着相同共性的特征即枪种特征。根据枪种特征,可以识别射击枪支的结构种类特点,从而区分出发射枪种。

2. 认定发射枪支

(1)确定射击弹头、弹壳上的个别特征。在射击弹头上,膛线痕迹的具体磨损程度和细微反映,各个磨损处的纹线紧密、粗细、清晰程度、排列特点,棱线痕迹的粗细、线痕形态和边沿金属卷屑有无复压及它的分布、大小、位置等特点,每条阴膛线上坡膛痕迹的交错线痕形态、总的分布面积大小,阳膛线痕迹起端、末端各自的不同开头联结特点等都属于个别特征。在射击弹壳上,个别特征反映得比较多,如在击针头、弹底窝、拉壳钩、抛壳挺、指示杆、抛壳口、膛内壁、弹匣口、推弹突笋等枪种特征中的小点、小线、小块、凹陷、凸起、转折、弯曲、磨损、崩裂、卷边等细小的特征反映,以及在各痕迹的底部、侧壁、口缘的各种细微特征,各特征之间的距离、交角、相对位置等宏观及微观的特征。

弹壳上除了有上述的形态特征外,还常常同时反映一些纹线特征,如弹底窝的加工痕、抛壳口痕底部及击针舌痕底部的擦划痕迹等。这些痕迹从微观角度看都属于个别特征。凡是在枪种特征中发现观察到的任何宏观微观的特征,如果这种特征从某一个方面反映了特定枪支在生产加工、使用、保留过程中所造成的机件某个部位细小的形态特点,就是枪支的个别特征,这些个别特征也是区别不同枪支的客观根据。

(2)比对痕迹特征

①射击弹头上痕迹比对

射击弹头上的线条痕迹出现较多,有膛线上的线条痕,初生痕迹中的线条痕,阴线区域的局部线条痕甚至棱线痕迹中间或附近紧挨着的线条痕。在弹头上除了比对线条痕外,还可以利用膛线的形象特征,如膛线痕的具体形状、宽窄、是否重叠,边沿轮廓以及同其他特征的关系,膛线端点的形状特点,边棱反映,整个膛线的细小特征的分布等。

②射击弹壳上痕迹比对

A. 击针痕。着重观察比对其直径大小,痕底形状,光滑程度,边缘有何曲折、凹入、凸起,它们的位置,痕迹深度,有无舌痕及其位置,细节是否相同,里面有否细小线纹反映。击针痕也包括击铁痕、撞针痕等,它是枪痕中必然存在的特征。

B. 弹底窝痕。主要从不同角度来旋转观察,区分是何种类的加工痕迹,是否有使用擦拭痕迹。确定其加工类型,区别是在生产还是使用中造成的,然后把它的稳定点明确下来加以利用。

C. 抛壳挺痕。由于该痕迹是撞击造成的,常反映其框面的形状、大小、位置及其边棱、底面等细节特点,也可将其同其他击针痕,如指示杆痕、弹底窝痕迹、推弹突笋等痕迹联系起来,连线构图,看其相互关系是否相符。

D. 拉壳钩痕迹。由于拉壳钩痕迹一般很难反映枪支机件的具体外表结构特点,一般只用它来确定其他痕迹的相互位置关系,这种痕迹一般出现在底面边缘、棱边、前边缘、底槽等处。

E. 抛壳口痕。抛壳口痕包括抛壳窗口的边缘碰痕,枪底把导棱痕以及拉壳钩前端的碰痕等,它们都是在抛壳过程中撞击某处所形成的,抛壳口痕的形状、大小、斜向、厚度、留痕高度与拉壳钩痕中心轴线的左右偏距等都属于枪种特征,有时还会留下两个口痕。利用这些痕迹不仅可比对上述枪种特征,还可将每个口痕的边沿、侧壁及痕底的细小纹线,凸凹块的结构特点加以比对,作为认定枪支的依据。

F.弹膛内壁痕。弹膛内壁痕即弹膛内壁的生产加工痕和使用擦拭痕,它是子弹射击后在高压火药气体的作用下,弹壳径向膨胀、轴向抽壳等过程中留下的,使用擦拭的特征、分布无规则,面积大小、痕迹粗细各不相同,有的明显,有的不明显,应从其分布位置、面积、形状、大小、边沿细小特征、痕底线纹等方面去比对利用。

(3)正确地评断弹痕特征的异同。对于弹头、弹壳上的痕迹特征,要仔细观察和比对,鉴定人需要全面考虑,综合评断,作出认定或否定的结论。

五、车辆痕迹鉴定

车辆,是指用某种动力驱动车轮行驶在陆地上的交通工具。因现代车辆用途不同,其结构与功能的设计制造千差万别,不同款车辆的固有特征具有显明的个体特征。车辆痕迹是车辆与其他物体相互作用而形成的各种痕迹的总称,包括车辆轮胎痕迹、车体痕迹和其他附属痕迹。这些痕迹虽然是车、人和物之间突然接触而产生并在瞬间完成的产物,但与行为(案件)之间存在必然的因果关系,对其进行科学分析和鉴定能够为案件侦破和诉讼提供科学的证据。

(一)车辆痕迹的种类

1.轮胎痕迹

车辆轮胎与其他物体接触形成的痕迹称为轮胎痕迹,包括地面轮胎痕迹、人体上轮胎痕迹、物体上轮胎痕迹等。

2.车体痕迹

车体痕迹是车体与其他物体接触形成的痕迹的总称,包括车体表面、零部件或地面在撞击作用和刮擦作用下形成的凹陷痕迹、塌陷痕迹、擦划痕迹和破碎分离痕迹等。

3.其他附属痕迹

主要包括车辆脱落物痕迹、装载物痕迹、散落物痕迹等。

(二)车辆痕迹特征

1.轮胎痕迹特征

(1)轮胎花纹形态特征。载重汽车轮胎规格最多,轮胎花纹的变化多,普通花纹、越野花纹、混合花纹每一类中都有很多种形态变化;轿车轮胎花纹结构比较复杂,形态变化较多,花纹块小,花纹沟浅而密、刀槽花纹多,胎肩不明显,胎面花纹与胎侧花纹连续成一体;工程机械轮胎花纹的花纹块大、花纹沟深,有明显的胎肩,胎面和胎肩侧面花纹形态单一,结构简单;农林机械轮胎花纹一般都是人字型,胎侧很少出现花纹,导向轮胎花纹是纵向的沟槽,有时出现胎侧花纹;摩托车轮胎断面宽度通常较汽车轮胎小,因此花纹块小,花纹沟窄。前轮是以纵向花纹为主,后轮多是混合花纹;力车由于行驶速度慢,因此轮胎花纹的形态、结构简单,但自行车轮胎花纹变化较多。

轮胎面均匀磨损可以表明轮胎安装使用正常,磨损可使花纹沟变浅。轮胎充气过量使胎面中部的磨损程度大于胎面两侧,轮胎充气不足使胎面两侧与路面接触过多,因此两侧的磨损大于轮胎中部。

由于汽车的重量大、行驶速度快,轮胎与路面剧烈摩擦或碾压尖利物体,使轮胎面形成机械损伤特征。

(2)轮胎花纹组合特征。轮胎花纹组合特征是指在同一台车辆上使用的、花纹形态或花纹方向不同的轮胎的花纹组合。通常同一台车不仅轮胎规格相同,而且轮胎花纹形态及花纹方向也相同。但若更换轮胎往往会使车辆不同轮胎上的花纹形态及花纹方向不一致。

(3)车辆参数特征。车辆参数特征是指车辆痕迹中反映车体结构的数据。主要有胎面宽、轮距、轴距、轮径、轮数和轴数。车辆参数与车型有着密切的关系,是推断车种的重要参数。

(4)车辆行驶特征。车辆行驶特征是指车辆在行驶过程中轮胎形成的轨迹的总体形态。行驶特征一般可以反映出车辆的部分结构参数、轮胎花纹形态、车辆的行驶状态等。另外,机动车与非机动车的行驶特征有明显的区别。

2. 车体痕迹特征

(1)车体破损特征。主要包括车体撞击、刮擦痕迹和表面易损部件破碎痕迹。譬如车体外表某部位擦划痕迹、凹陷痕迹;又如保险杠装饰板破碎、玻璃破碎、灯罩破碎、零部件脱落、门把破碎、灯丝的热断裂或冷断裂。这些部件承载着同款车辆结构、组成、颜色、商标等种类信息,可以为案件侦破提供重要信息。

(2)车体空间参数特征。包括车厢长宽高、易损部件的空间高度等信息。

(3)物质转移附着特征。不同款车辆喷涂的表面油漆成分、层数、颜色各不相同。另外,不同用途车辆表面附着物的成分和颜色也不同。

3. 其他附属痕迹

通常,车辆脱落物痕迹、装载物痕迹、散落物痕迹等均为车辆在行驶过程中形成,因此,这些物品的掉落痕迹反映出明显的方向性,由此可推断车辆行驶方向。另外,根据这些物品的结构、功能、组成还可以推断出车辆的用途等。

(三)车辆痕迹的勘验

1. 车辆痕迹的勘查

车辆痕迹勘查的主要目的是确定车辆痕迹。对此,可从以下方面分析:作案地点选择在距离较远或较偏僻的地区时,这些地区车流量较少,因此在现场周围出现的车辆痕迹,一般可确认为涉案车辆痕迹。案犯选择比较重或体积较大的物体作为盗窃目标时,通常使用车辆作为运输工具,因此在中心现场附近会出现车辆停靠的痕迹。可根据中心现场嫌疑人的足迹与车辆痕迹的关系确定涉案车辆痕迹,还可以利用轮胎痕迹与现场的相对位置关系进行分析。

2. 测量车辆痕迹

测量车辆痕迹应首先确定前、后轮痕迹,痕迹确认后,选择边缘清晰的轮胎痕迹测出胎面宽度。然后根据轮胎痕迹的覆盖关系选择测量点,分别测出前、后轮距。利用车辆调头痕迹可以更全面地测出车辆参数。

3. 提取轮胎痕迹

提取立体轮胎痕迹时,应首先进行比例拍照,然后将石膏连续注入立体轮胎痕迹中,编写序号、记录案情、时间,待石膏完全硬化后将其取下。提取平面轮胎痕迹时,应在痕迹上配以比例尺,并不断变换光源位置,选择最佳角度进行拍照。

从车体上脱落的油漆片、灯罩碎片、零件等应全部提取。在作案时车辆可能与其他物体发生刮碰,因此应注意提取现场附近物体上的碰撞、刮擦痕迹。

(四)车辆痕迹鉴定方法

在进行车辆痕迹鉴定时,可以针对不同痕迹种类采用不同的步骤和方法。常用的步骤包括预备检验、分别检验、比较检验和综合评断等。分别检验可采用特征观测法,对每个现场痕迹和样本痕迹形成过程、影响因素、变化规律、特殊性、稳定性、反应性进行全面分析。比较检验可采用特征对接法、特征拼接法、特征对照法、特征重叠法、计算机比对法。车辆、人和物之间相互接触过程中产生的转移物质或附着物质可借助仪器分析的方法确定其成分。

1. 对检材的要求

要求现场痕迹的提取和样本的制作条件基本一致,操作规范,特征未遭破坏。发案至送检期间,应保证痕迹客体表面没有发生质的变化。记录现场痕迹原始遗留情况的资料应翔实、准确。

2. 制作样本要求

对于平面痕迹,可模拟现场车体痕迹形成条件,如地面条件,被碾压物,形成物质成分、色泽以及车辆行驶状态,确保痕迹完整反映嫌疑车辆轮胎形成痕迹的部位。若对嫌疑车辆轮胎局部特征痕迹进行涂抹染料提取样本,应确保提取痕迹物质的尺寸大小和弹塑性适度,颜色反差明显。可采取拍照固定、实物提取、静电复印提取和胶带粘附提取的方法。

对于立体痕迹,应模拟现场车辆痕迹形成条件,如地面条件,被碾压物,形成物质成分、色泽以及车辆行驶状态,确保嫌疑车辆轮胎痕迹和车体痕迹形成部位得以完整反映。可采取拍照固定、制模提取的方法。

3. 轮胎痕迹的鉴定

由于车辆轮胎的设计、生产、使用各异,轮胎的结构、花纹形态、胎面的磨损、机械损伤、附着物等不同,在与客体接触时能够反映出轮胎花纹形态特征。利用技术手段,可以依据轮胎痕迹和样本痕迹的特殊稳定特征进行轮胎个体鉴别。

(1)行驶状态分析。分析判断车辆起步、制动、直行、转弯、倒车、调头车辆轮胎痕迹。

(2)车辆种类推断。观测测量轮胎宽度、轮距大小、轴距长短、花纹种类,进而推断车辆种类。

(3)嫌疑车辆轮胎。确定轮胎种类和花纹形态结构特征,鉴别均匀磨损和非均匀磨损的磨损特征,寻找和确定损伤部位、损伤大小、损伤形态等机械损伤特征。

(4)嫌疑车辆轮胎和样本痕迹的检验。检验样本痕迹是否较全面反映了嫌疑车辆轮胎的花纹形态、磨损特征和机械损伤特征,同时观察特征的稳定性和特殊性。

4. 车体痕迹鉴定

这些痕迹形态特征能够反映事故车辆相互作用接触部位的形态、外力作用方向、物质转移特点。根据痕迹鉴定同一认定和种属鉴别理论,通过对痕迹形成过程、影响因素、变化规律的分析,并利用技术手段对现场痕迹和样本痕迹所反映出的特征进行观测和比较,可以对形成造痕体和承痕体的车辆种属和个体加以鉴别和认定。

(1)撞击痕迹和刮擦痕迹的观测

①整体形态

观察和确定事故车辆和地面损坏部位的凹陷状痕迹、塌陷状痕迹、孔洞痕迹、擦划痕迹和破碎分离痕迹的结构、轮廓、大小、物质转移,分析痕迹形成过程(接触部位、接触方式、接触角度,作用方向)、影响因素、变化规律以及特征反映出的车辆特点。

②细节特征

观察和测量线形痕迹粗大、明显、连贯线条截面的峰谷腰结构形态、相互关系、间距以及变化规律;观察和测量凹形痕迹痕起缘和痕止缘形态结构、特征、相互关系、间距以及差异和变化规律。

(2)车体分离痕迹观测。应对分离(断裂)客体的固有材料特征、使用特征、分离方式特征进行科学合理的分析,从分离体、分离面和分离缘形态特征,全面分析分离痕迹形成过程、影响因素、变化规律以及特征反映出的车辆特点。

5. 其他附属痕迹

其他路面痕迹包括路面散落物痕迹和喷溅痕迹,这类痕迹对路面没有实质性的损坏,只是会对路面形成附着或污染。从严格的意义上讲,这类痕迹并不能归类于路面损伤痕迹,但是它属于路面痕迹的一类。这些附着于路面或污染了路面的物质,除了以其客观存在起实体物证作用之外,也在路面上构成一定的形状,从而起到痕迹物证的作用。

第三节　痕迹鉴定程序

一、痕迹鉴定的委托与受理

(一)委托鉴定

委托鉴定是指办案机关申请鉴定机构予以检验鉴定的程序。委托鉴定应由委托机关向鉴定机构出具委托书,载明委托部门、案由、简要案情、提交检材和样本的名称和数量、要求鉴定或检验的目的与要求、委托日期。

(二)受理鉴定

受理鉴定是指鉴定机构受送检部门的委托或领导指派开展检验鉴定工作的程序。

鉴定机构在受理鉴定时除履行相关法律手续外,还应了解情况,审查勘验现场痕迹和样本痕迹(或嫌疑客体),检查送检材料是否符合鉴定条件,核对送检材料的名称、数量,勘验供检验的样本。在核对其名称、数量的同时,了解其收集的方法,核实其可靠性。对数量不足、比对条件差的样本应提出具体要求,请委托单位进一步收集、补充;对不具备检验、鉴定条件的,可以说明理由并退回。

二、痕迹鉴定的一般步骤

受理鉴定后,痕迹检验鉴定应按如下步骤进行:

(一)预备检验

在正式检验前要做好两项准备工作。

1. 拟定检验方案

首先,在仔细审查送检材料的基础上,根据鉴定要求设定检验方案。对于一般性的问题,如已有比较成熟、明确的方案(如手印鉴定),可以即刻着手检验。如果检验条件较差,或者要解决的问题难度较大,为了给案件的侦查、审理提供有力的证据,必须围绕需鉴定解决的实质问题,综合采用各种方法,全面获取送检物证的科学事实。其次,要根据设定的鉴定工作的流程,针对送检材料的特点,选定最适合的检验手段和方法,然后再合理安排各种检验项目、各种方法的实施顺序。安排检验次序的一般原则是:不影响后续检验的检验项目优先;无损检材的方法优先;不耗费或少耗费检材的方法优先。在实施鉴定时,要先拟定检验方案,目的是使鉴定工作能够有计划地、科学地进行,防止盲目性和随意性,保证鉴定工作的质量。

2. 准备检验材料与器材

根据检验方案所选定的检验方法,准备好所用仪器器材,配制好化学试剂。凡通过检验可能改变物证原貌的,一定要事先征得送检单位的同意,并采用摄影手段拍摄,固定物证的原貌。凡将受审查客体本身提交鉴定的,如各种工具、鞋子等,应模拟物证的形成条件,制作供检验用的受审查客体样本。观察细小的痕迹时,应借助放大镜、光学仪器等。

(二)分别检验

分别检验是通过观察,分别发现和研究现场痕迹与样本(品)物证的形成条件和变化,并由此认识它们所反映的客体特征的过程。一般是先研究现场痕迹的形成条件以及所反映的被寻找客体特性的范围和真实程度,初步分析和筛选那些清晰、稳定、可靠的特征,以供比较检验。再研究样本(品)痕迹是否真实、可靠,反映受审查客体特性的方式、范围是否具有充分可比性,并选择那些稳定、可靠的特征供比较。如果条件不足,应通知委托单位重新或补充收集样本(品)。分别检验是同一认定的基础性环节,是取得感性认识的阶段,其任务是给比较检验奠定基础。

1. 研究痕迹的形成过程

结合现场情况和作案手段,研究现场痕迹是由客体的哪一部分形成的,是以怎样的方式在怎样的条件下形成的,以及介质、承受物对痕迹特征的反映有什么影响。

2. 分析和选择被寻找客体的特征

在弄清现场痕迹形成机制的基础上，通过全面、仔细的观察、分析，排除痕迹上的各种假象或变化的干扰，识别和选取那些真实反映了被寻找客体稳定特征的痕迹特征，并作详细记录。

3. 研究样本（品）的可比性

首先要分析样本（品）的形成条件，确认它所反映的是受审查客体的哪方面的特性。如果是物的同一认定，可直接研究受审查客体本身，必要时按照痕迹的形成方式和条件制作反映相应特性的实验样本（品），或者提出明确的要求，再补充收集嫌疑人的样本（品），以改善其与痕迹的可比性。

4. 分析和选择受审查客体的特征

以痕迹中反映的被寻找客体的特征为依据，通过对样本（品）全面的、仔细的检验，有时可结合对受审查客体本身的观察和分析，发现可同痕迹特征相比较的受审查客体的特征。如果发现了检验痕迹时未曾注意到的特征，可再回来研究痕迹，看其是否具有可与样本（品）相比较的特征，以便为比较检验提供更充分的依据。

（三）比较检验

比较检验，又称比对检验，是在分别检验的基础上对检材痕迹和样本（品）痕迹的特征逐一进行比较，充分揭示两者所反映的客体特征异同的过程。根据客体的性状，可分别选取物证和样本所反映的特征，通过对比确定特征的异同；也可采用测量、拼接、画线、重叠、并列对比等方法发现两者的异同点。比较检验的目的是在比较的基础上发现两类痕迹特征的相同点与差异点，为综合评断做准备。

1. 比较检验的内容

包括现场痕迹与嫌疑样本痕迹两者的总体类型，相互间对应特征的形态、大小、位置、相互关系等。

2. 比对检验的方式

包括现场痕迹与嫌疑客体直接比对；现场痕迹模型与嫌疑客体比对；现场痕迹与嫌疑客体样本比对；现场痕迹模型与嫌疑客体样本比对；现场痕迹与嫌疑样本痕迹的照片或底片互相比对等。

3. 比对检验的顺序

先比对一般（种类）特征，再比对个别特征。比对时如两者种类特征完全不符，即可否定。如果一般特征相符，则需进一步对个别特征进行比对，直至比对完所有特征。

4. 比对检验的方法

（1）并列比对。将相比较的图像并列置于同视野内相互对照，逐区、逐点地比对并记录其异同点。除直观实物外，还可借助实物幻灯机、投影仪等将图像投影在屏幕上进行比对，或置于相同的透明网格下比较，或分别将检材和样本痕迹图像中的特征按相同规则连线进行图形比较。这种方法适合从宏观上比较具有较大可变性的客体，但精度不够高。

(2)拼接比对。主要借助有图像拼接功能的投影比对仪或比较显微镜等仪器,通过对痕迹图像进行拼接,观察两个图像的形态特征是否吻合、衔接;也可将要比较的同倍大的图像照片或复印件,在特征相同的部位剪开,然后沿着断缘将对应部位做拼接,观察特征是否吻合。

可根据分离缘鉴别整体分离的几部分客体是否原属同一客体,也可直接进行拼接比对。接合时要注意保护分离缘的特征,一般不宜采取直接接触式对接。

(3)重叠比对。将相同比例的透明或半透明的痕迹图像叠放在一起,在透光的条件下观察和比较两个图像的重合状况。也可用有图像重合投影功能的比较显微镜、投影比对仪等对各种图像进行重叠比对。还可将拍摄或仔细描摹的痕迹图像或透明胶片直接置于痕迹样本上进行重叠比对。

(4)测量比对。测量相比较的两个图像共同具有的任意两点间的距离、线条的斜率和角度,并对比其数值的异同。根据图像的种类和测量精度要求,可分别用直尺、卡尺、测量放大镜或显微镜、阿贝比长仪等进行接触式或非接触式测量。测量法不仅用于原物图像、复制图像的比对,也用于分析图像的比对。在痕迹检验中,有时还需测量客体的某些物理量,以确定物质属性,据此鉴别物的种类。

(四)综合评断

综合评断是对经过比较检验所发现的符合点和差异点进行分析与综合,并作认真的科学论证,最后依此作出鉴定结论的过程。综合评断大体按如下程序进行:

1.差异点的评断

对差异点的评断,要从特征的形成环境与自身变化中寻找原因。

(1)客体自身演变形成的差异。当样本的形成时间距物证形成时间较久时,客体自身发展变化可能会使其特征随之变化。对于此类差异可根据客体自身演变的规律进行分析,或收集与物证同时期形成的样本进行比较、验证。

(2)形成条件不同造成的差异。由于物证和样本的形成条件不同,客体的特征表现也不同。对此类差异,应当从物证和样本的实际情况出发,分析客观条件对形成痕迹特征的影响,或模拟痕迹的形成条件制作实验样本,再进一步比较、验证。

(3)因样本反映不充分形成的差异。由于客体具有多种功能,其特征具有质的多样性,如果提供的样本不是按形成痕迹的那种功能状态形成的,特征的多样性则反映不全,就会出现差异。对此类差异,可通过补充收集样本或由鉴定人用受审查客体制作实验样本,作进一步的比较、验证。

(4)犯罪嫌疑人故意伪装形成的差异。在根据人的行为习惯进行同一认定时,犯罪嫌疑人有时会故意伪装而使痕迹呈现出许多假象,因而与其平时的习惯特征不同。对此类差异,应针对具体的伪装手段,运用伪装变化的规律进行分析,在必要或可能时通过嫌疑人制作实验样本,再进行比较、验证。

(5)痕迹呈现、提取中形成的差异。这种差异表现为,如在刷显手印过程中,因粉末不匀使局部纹线连接或间断;用摄影手段提取痕迹时,因配光、曝光失当,使微细、浅淡的迹象反映不清或将犯罪痕迹与无关的痕迹混淆等。对此类差异应结合显现、提取方法本身的特点进行分析，或通过复查现场、勘验原件加以验证。

经过上述分析、验证，如果差异点不符合以上变化规律，或采用上述验证手段不能证实其属于非本质差异，则很可能是本质差异，必要时还可通过与符合点进行综合权衡最后作出确认。

2. 符合点的评断

对于比较检验中发现的符合点，要从其稳定性与特定性两方面进行评断。首先根据现场痕迹和样本痕迹中相同特征的形态、位置、清晰度及在多个痕迹中的再现率，确定特征的稳定性。然后再分析各符合特征的质量或价值。符合有本质符合和非本质符合两种。

（1）本质符合。本质符合，是指痕迹与样本两者特征的总和是必然的实质的相同，且具有特定性。本质符合的依据为：①必须具有一定数量的符合特征，其中应有质量好的特征；②特征间的相互关系是吻合的；③特征的总和具有不可重复性；④没有不能科学解释的差异。当出现痕迹与样本是本质符合的评断结果时，可作出同一认定结论。

（2）非本质符合。非本质符合，是指两客体形象所反映的某些特征相同点属耦合，无必然的、实质的内在联系。非本质符合，一般是某些特征的相似或耦合，似乎符合但又有难以解释的差异，有时差异点还占主导地位。若存在非本质的符合，则要作出否定同一的结论。

3. 综合权衡

对符合点和差异点分别进行分析评断之后，应当把异同双方联系起来进行综合权衡，即从异同双方的数量和质量上进行对比，质与量是事物的统一体，一定量的特征反映一定的质。一般情况是量多质高，特征数量越多越能反映质量，所以要尽可能多地寻找特征，注意特征的总体数量。但不能片面地单纯地追求特征的数量，更要重视特征的质量，特征的质量反映事物的本质属性。质量较好的特征包括：特征的结构、形态是稳定、稀有、明显、少见的；物件的特征是在使用中形成的，是物体边沿部位的特征；人体肤纹集中的部位，出现率低的特征；在现场痕迹与样本痕迹中，多次重复出现的单一特征。在一定条件下，根据少数几个质量好的特征也可以作出同一认定结论。如果受检验条件限制，经过综合评断也难以对差异点的性质和符合特征总和的特定性作出确切的判断，也可以不作结论。勉强地作出肯定或否定的结论，反而会造成不良的后果。必要时可请有关专家共同研究，进行会诊式鉴定。

（五）痕迹鉴定意见

一般而言，痕迹司法鉴定意见书由“文字”和“照片”两部分组成。

（1）文字部分的内容与格式。文字内容包括绪论、检验、论证和结论四部分。

（2）照片（图片）部分的内容与格式。照片（图片）部分既辅助说明文字，又提供审核时与文字相互印证的内容，如痕迹所在部位照片必须能反映出载有痕迹的客体在现场的空间位置以及痕迹在客体上的位置。

痕迹和受检材料(或实验样本)的全貌照片(图片)。要能反映出具体痕迹上的特征,嫌疑客体的具体部位(如工具应指明留痕部位,若是枪弹痕迹则要注明枪支号码)及样本的痕迹特征。

痕迹比对照片(图片)。一般而言,在痕迹司法鉴定意见书的照片(图片)部分需要给出两组四幅照片(图片)。其中一组两幅照片(图片)供审核用,无须标注特征,另一组两幅照片(图片)专为比对所用,需标注特征。

标注痕迹特征多采用线条加以指示的方法,主要有:

①直线标注。符合点用红线标注,差异点则用蓝线或红线以外的其他颜色线条标注。线条之间的排列应整齐有序,不能交叉或互相越线,线条起端应指示在特征的具体位置上,末端应标注特征的编号(如1、2……)。

②曲线条标注。用虚线或实线把痕迹特征的形状、位置圈画起来。

③其他标注。用画箭头或某种符号等方式指出特征的位置与相互关系。

摆放比对照片(图片)时,供审核用照片(图片)应放在上首,标注特征的照片(图片)应放在下首,如果比对照片(图片)是左右摆放,则现场痕迹照片(图片)在左,样本痕迹照片(图片)在右;如果是上下摆放,则现场痕迹照片(图片)在上,样本痕迹照片(图片)在下。

第四节　痕迹鉴定意见的审查评价

对痕迹鉴定意见的审查评价,主要包括以下几个方面:

一、对鉴定主体资格的审查

从事痕迹司法鉴定的鉴定机构应当具有鉴定的资质,其登记注明的业务范围应包括从事痕迹司法鉴定业务。鉴定人是从事痕迹司法鉴定的具体实施人,应具备从事痕迹司法鉴定的资格和技术水平。

二、鉴定过程的审查

(一)检材、样本的审查

审查痕迹的发现、提取、包装和保存是否符合法定要求、操作是否规范;痕迹物证是否来源于案件;提取的过程中是否可能遭到破坏;痕迹在包装和保存的过程中是否被混杂、污染或替代等。可以结合现场的勘验检查笔录以及痕迹的数量、外观形态特征等进行综合分析,判断鉴定客体是否客观真实以及与案件事实是否有联系。

(二)司法鉴定方法的审查

在审查时,要注意所采用的技术是否是国家、行业标准或技术已得到业界的普遍承认;鉴定过程是否全面、细致;鉴定过程所使用的仪器设备是否处于最佳的工作状态。如果采用的方法是实验中或者试用中的方法,则必须在鉴定意见书上标明其原理及依据,注明鉴定意见书仅起参考作用。

三、鉴定意见书的审查

对于痕迹司法鉴定意见书，既要审查格式，又要审查内容。对于否定同一的鉴定意见来说，需要审查作为否定意见依据的差异点特征是否稳定，自身反映是否清晰。对于肯定同一的鉴定意见来说，需要审查符合点的质和量是否足以成为作出同一认定意见的根据，以及对差异点所作的解释是否有理有据，令人信服。

四、鉴定意见与其他证据关系的审查

痕迹鉴定意见作为证据链中的一环，必须与其他类型的证据相互补充、对照以构成一个完整的证据体系。因此，在审查时，必须与其他证据相互印证，判断它们是否一致。如果一致，则互为补充，共同构成一个完整的证据链；如果矛盾，就需要进一步审查鉴定过程，进行补充鉴定或者重新鉴定，直到排除矛盾为止。在矛盾尚未解决时，既不能不加分析，盲目采信鉴定意见，也不能毫无根据地怀疑。

思考习题

1. 什么叫痕迹？痕迹包含哪些内容，形成要素是什么？请举例说明。
2. 为什么根据手印可以认定遗留人？应依据哪些特征认定？
3. 足迹的形象特征有哪些？如何对其进行鉴定？
4. 工具痕迹的种类有哪些？如何鉴定？
5. 什么叫枪弹痕迹？试述射击弹头、弹壳上痕迹的形成过程。
6. 什么叫车辆痕迹？包含哪些内容？
7. 痕迹司法鉴定的实施过程需要遵循哪些基本步骤？
8. 如何审查痕迹物证司法鉴定意见？

拓展阅读书目

1. 刘长清主编：《痕迹检验学教程》，警官教育出版社 1993 年版。
2. 吴维蓉主编：《刑事物证技术学》（上），警官教育出版社 1998 年版。
3. 解云等主编：《痕迹检验》，中国人民公安大学出版社 2003 年版。
4. 王成荣主编：《痕迹物证司法鉴定实务》，法律出版社 2012 年版。

第十九章　交通事故痕迹物证鉴定

本章概要　本章主要介绍交通事故痕迹物证鉴定的概念、具体项目内容、常见车辆安全技术状况鉴定、交通设施安全技术状况鉴定、交通事故痕迹鉴定、车辆速度鉴定、交通事故痕迹物证综合鉴定的主要项目和鉴定方法以及鉴定意见审查；同时，以道路交通事故痕迹物证鉴定为主，其他发生在非道路上的交通事故痕迹物证鉴定参照执行。

通过本章的学习，应该了解和掌握交通事故痕迹物证鉴定的基本情况，重点掌握交通事故痕迹物证鉴定的具体项目内容和鉴定方法，特别是车辆安全技术状况鉴定、交通设施安全技术状况鉴定、交通事故痕迹鉴定、车辆速度鉴定、交通事故痕迹物证综合鉴定的主要项目和鉴定方法。

关 键 词　交通事故；痕迹物证；鉴定内容；鉴定方法；鉴定程序

第一节　概　　述

交通，是指借助某种运载工具，实现人或物的空间位置移动的社会活动过程，即各种运输活动的总称。交通方式主要有铁路、道路、水运、航空等基本方式。其中，道路交通方式是载客运输量最大、参与人员最多的运输方式。交通事故是指车辆在道路上因过错或者意外造成人身伤亡或者财产损失的事件。交通事故可以由特定的人员违反交通管理法规造成，也可以由意外造成，如地震、台风、山洪、雷击等不可抗拒的自然灾害造成。一般情况下，构成交通事故需要具备车辆、道路、在运行中、事故发生状态、造成事故的原因是人为或自然灾害引发的、有损害后果六个要素，缺一不可。

发生道路交通事故后，在交通事故调查过程中，需要进行检验、鉴定的，公安机关交通管理部门应当依法依规委托鉴定机构鉴定。当事人对交通管理部门制作的交通事故认定书或交通事故损害赔偿调解协议有争议的，可以直接向法院提起诉讼，请求法院进行裁决。此时道路交通事故的处理由公安机关交通管理部门的行政执法方式转为诉讼，一般由法院启动交通事故痕迹物证鉴定的委托。

一、道路交通事故

判断是否属于道路交通事故以及进行道路交通事故鉴定应当认识和理解以下主要术语的含义。

（一）车辆

车辆是道路交通事故的主体要素。无车辆参与的事故，不是道路交通事故。如，造成损害的各当事人中任何一方都未驾驶车辆,仅是行人与行人相撞就不是道路交通事故。根据《中华人民共和国道路交通安全法》(以下简称《道路交通安全法》)的规定,"'车辆',是指机动车和非机动车"。

(二)道路

道路是构成道路交通事故的要件,没有在道路上发生的事故,就不属于公安机关交通管理部门依法管辖处理的道路交通事故。《道路交通安全法》第 119 条第 1 项规定:"'道路',是指公路、城市道路和虽在单位管辖范围但允许社会机动车通行的地方,包括广场、公共停车场等用于公众通行的场所。"这里所说的道路,不包括厂区、校园、矿区、庭院的道路。但《道路工程术语标准》(GBJ124)中的"道路",是指供各种车辆和行人等通行的工程设施。按其使用特点分为公路、城市道路、厂矿道路、林区道路及乡村道路等。人员和车辆在道路上通行,必须严格遵守《道路交通安全法》,接受公安机关交通管理部门的管理。

(三)在运行中

根据交通事故的定义,车辆必须是在运行过程中与车辆发生碰撞或与行人、固定物等发生碰撞,才构成交通事故。如,行人之间的碰撞,跌落在处于停止状态的车辆上,以及乘坐人从静止的车上跳下、跌落造成伤害就不是交通事故。

(四)发生状态

发生状态是指发生碰撞、碾压、翻车、坠车、爆炸、着火、泡水等其中一种情形。如果未发生上述情形,车上的人员由于其他原因等死亡的,则不属于交通事故。

(五)造成事态的原因是人为或自然灾害引发的

造成事态的原因是指由于事故当事人的违章或过错行为或自然灾害所引发的,且应与事故发生有必然因果关系的违章、过错或意外。

(六)有损害后果

有损害后果是指要有人、畜伤亡或车、物损坏的后果,没有损害后果的不是交通事故,但也不是所有有损害结果的事件都是交通事故。故意用车碰撞人、畜或者其他客体造成损害后果的,就不能定性为交通事故,而属于存在主观故意的情形。

二、交通事故痕迹物证

交通事故痕迹,是指在物体和人体上形成的能够证明道路交通事故事实的印痕或印迹。主要包括地面痕迹、车体痕迹、人体痕迹和其他痕迹。其中,地面痕迹是指车辆、人体或其他相关物体与地面接触,在地面上形成的痕迹,主要包括滚印、压印、拖印、侧滑印、挫划印等;车体痕迹是指车辆与其他物体或人体接触,在车体上形成的痕迹,主要包括车体的变形、破损、表面物质增减或部件整体分离等;人体痕迹是指人体与其他物体或人体接触,在衣着、人体体表等形成的印痕、伤痕;其他痕迹是指在树木、道路交通设施、建筑物、牲畜以及其他物品等表面所形成的痕迹。交通事故物证是指能够证明道路交通事故事实的物品或物质,包括附着物、散落物、遗洒物、抛撒物等。

三、交通事故痕迹物证勘查

交通事故痕迹物证勘查,是指勘查人员发现、固定、提取、保全道路交通事故现场、车辆、人员及道路环境中遗留的与事故有关的痕迹、物证,为案件侦查、过程再现、原因分析和责任认定提供科学证据的活动。取得从事司法鉴定领域中交通事故痕迹物证鉴定的资质的鉴定机构在受理交通事故痕迹物证鉴定委托后,开展交通事故痕迹物证鉴定活动,应参照以下要求进行交通事故痕迹物证鉴定过程中的勘查工作。

(一)一般要求

1. 交通事故痕迹物证勘查工作应遵循合法、安全、及时、客观、规范、全面、科学的原则。

2. 勘查工作应由具备道路交通事故处理资格的交通警察或公安机关交通管理部门组织的专业技术人员承担,勘查人员应具备现场勘查的专业知识和专业技能。勘查时,应根据道路交通事故的类型、特点及接触部位的异常现象,确定勘查重点和顺序。勘查中应采用绘图、照相、录像、录音、笔录、三维扫描等方式,对勘查发现的道路交通事故痕迹,道路交通事故物证的位置、分布、种类、数量、形状、尺寸等进行固定、提取,并在道路交通事故现场勘查笔录中载明。

3. 在抢救伤员、现场抢险过程中需要移动事故车辆、人体或有关物体的,应通过标记、照相、录像等方法固定。

4. 车辆移动后,应对现场痕迹、物证进行补充勘查。勘查车体痕迹、物证时,应记录车辆的品牌、型号、颜色、核定载人数、核定载质量、号牌、车架号、发动机号、电机号以及改装情况、驱动方式、驾驶方式等。

5. 勘查人体痕迹、物证时,应记录被害人在现场的原始位置,性别,身高,尸长,体型,衣着名称、颜色及穿着顺序等信息。勘查时应按照先衣着后体表的顺序进行。

6. 勘查道路时,应记录路口或路段类型、车道设置、道路坡度、弯道半径、路面性质及路面沉降、坑洞、凸凹等状况,交通标志、交通标线、交通信号灯、路灯等设施及被遮挡、污损情况,交通信号灯、路灯等设施的工作状态,护栏、警示柱、防撞墩、隔离带等安全防护设施设置情况。

7. 道路交通肇事逃逸事故现场应提取现场遗留的所有可能与事故有关的痕迹、物证。

8. 事故现场周围若有监控设备、事故车辆安装有行驶记录仪或车载事件数据记录仪、监控设备等,应及时提取相关证据。途经事故现场的车辆安装有视频行驶记录装置的,宜提取相关信息。

9. 现场图绘制应符合 GA/T 49 – 2019《道路交通事故现场图绘制》的规定。

10. 现场勘查照相应符合 GA/T 50 – 2019《道路交通事故现场勘查照相》的规定。

11. 法医学物证的勘查、提取、保存应符合 GA/T 169 – 1997《法医学物证检材的提取、保存与送检》的规定。

12. 尸体检验应符合 GA/T 268 – 2019《道路交通事故尸体检验》的规定。

（二）勘查设备及工具

勘查时应配备以下设备及工具：

1. 发现提取设备及工具。除符合GA/T 945－2018《道路交通事故现场勘查设备通用技术要求》的规定外，还应配备石膏液、石蜡、拓印膜、静电吸迹器、灰尘痕迹固定剂、药勺、指纹提取工具（一体式指纹刷、磁性笔和洗耳球、指纹胶纸和衬纸）、指掌印显现试剂或工具、鲁米诺试剂、印泥、红外光源、紫外光源等。

2. 勘查检测设备。应符合GA/T 945－2018《道路交通事故现场勘查设备通用技术要求》的规定。

3. 勘查照明设备。应符合GA/T 945－2018《道路交通事故现场勘查设备通用技术要求》的规定。

4. 其他设备。应配备执法记录仪等。

（三）勘查内容

1. 地面痕迹物证

（1）地面痕迹。地面痕迹应勘查以下内容：

①地面轮胎痕迹的种类、形状、方向、长度、宽度和痕迹中的附着物等。

②逃逸车辆两侧轮胎痕迹的间距和前后轮胎痕迹止点的间距。

③滚印、压印、拖印、侧滑印分段点相对路面边缘的垂直距离，痕迹与道路中心线的夹角，痕迹的滑移量、旋转方向及旋转度数；突变点位置；弧形痕迹弦长、弦高；轮胎跳动引起的间断痕迹及距离。

④车体、人体、牲畜以及其他物体留在地面上的挫划印等痕迹的分布、长度、宽度、深度，痕迹中心或起止点、突变点的位置。

典型地面痕迹类型包括以下几种：

①滚印。滚印是指车辆轮胎相对于地面作纯滚动运动时，留在地面上的印迹，制动开始阶段也会留下制动滚印。滚印能清晰反映轮胎胎面花纹形态、花纹组合形态、胎面磨损、机械损伤和行驶方向等特征。

②压印。压印是指车辆轮胎受制动力作用，沿行进方向相对于地面作滚动、滑移复合运动时，留在地面上的印迹。压印可显示花纹结构加粗和畸变延长的形态。压印是制动拖印的前段，与拖印黑带接连，压印因受制动力影响，印痕形态一般都有纵向滑移，花纹结构拉长变形。

③拖印。拖印是指车辆轮胎受制动力作用，沿行进方向相对于地面作滑移运动时，留在地面上的印迹。拖印特征为带状，不显示胎面花纹，宽度与胎面宽度基本一致。拖印方向与车辆行驶方向基本一致，有时也会因制动跑偏或外加力矩的影响而有所偏离。

④侧滑印。侧滑印是指车辆轮胎受制动力或碰撞冲击力或转向离心力的作用，偏离原行进方向相对于地面作横向滑移运动时，留在地面上的印迹。侧滑印的特征为印迹宽度一般大于或小于轮胎胎面宽度，一般不显示胎面花纹，有时可能出现一组斜向排列的平行短线状印迹。

⑤挫划印。挫划印是指硬物或其突出部分在路面上移动时,对路面造成的滚轧、刮擦印迹或沟槽。

(2)地面物证。地面物证应勘查以下内容:

①地面附着物、散落物、遗洒物、抛撒物、血迹、生物组织等的种类、形状、颜色,及其位置关系和分布形态。

②附着物、散落物、遗洒物、抛撒物的起始位置、着地方向和终点位置。

③脱落的零部件及碎片表面痕迹及断口形态。

2. 车体痕迹物证

对于车体痕迹、物证应勘查以下内容:

(1)车体上各种痕迹所在的部位及其长度、宽度、凹陷深度;痕迹上、下边缘距离地面的高度,痕迹与车体一侧的距离。

(2)车辆部件的损坏、断裂、变形。

(3)车辆与其他车辆、人体、牲畜、物体第一次接触的部位和受力方向,及另一方相应的接触部位。

(4)道路交通事故涉及车辆灯光信号装置时,车辆灯泡或灯丝及其碎片,部件安装、导线连接状况。

(5)车体上遗留的纤维、毛发、血迹、生物组织、牲畜、漆片等附着物的种类、形状、颜色及其分布位置。

(6)车内方向盘、变速杆、驾驶室内外门把手、驾驶位周围、安全气囊和脚踏板等处的附着物及遗留物的种类、形状、颜色及其分布位置。

(7)需要确定车辆驾驶人的,应提取方向盘、变速杆、驾驶室门把手、驾驶位周围、安全气囊和脚踏板等处的手、足痕迹及生物检材,具体方法见GA/T 944－2011《道路交通事故机动车驾驶人识别调查取证规范》。

(8)其他与道路交通事故有关的车体附着物的种类、形状、颜色及其分布位置。

3. 人体痕迹物证

对于人体痕迹、物证应勘查以下内容:

(1)衣着上勾挂、撕裂、开缝、脱扣等破损痕迹,油漆、油污等附着物,鞋底痕迹。

(2)衣着上痕迹、附着物的位置、形状、特征,及造成痕迹的作用力方向。

(3)与交通事故致伤物相关的特征性损伤。

(4)体表损伤的部位、类型、形状尺寸,及造成损伤的作用力方向;损伤部位距足跟的距离,损伤部位的附着物。

(5)伤、亡人员的血迹、组织液、毛发、体表上的附着物等。

(6)人体附着物的种类、形状、颜色及其分布位置,以及与人体相关的酒精、毒品等摄入类物证。

4. 其他痕迹物证

对于其他痕迹、物证应勘查以下内容:

（1）树木、道路交通设施、建筑物等固定物上痕迹的长度、宽度、深度及距离地面的高度，以及造痕体。

（2）牲畜的种类、颜色、大小及其体表痕迹。

（四）勘查方法

1. 痕迹物证发现

痕迹、物证发现方法包括：

（1）观察道路交通事故现场，在道路交通事故现场地面、事故车辆、伤亡人员及其他有关物体的接触部位寻找可疑物；发现留在现场的地面、车体、人体及其他痕迹物证。

（2）采用多波段光源、红外光源、紫外光源、便携式电子显微镜等设备及试剂，观察发现痕迹、物证。

（3）勘查、确定相应痕迹的造痕体及承痕体，以及造痕体和承痕体的接触部位。对于连续发生多次接触的，应分析是否为本次事故所形成，查找造痕体和承痕体第一次接触时的具体部位。

（4）痕迹、物证被尘土、散落物等物体、物质覆盖时，在不妨碍其他项目勘查的前提下，可照相、录像固定证据后，清除覆盖物再勘查。

2. 痕迹物证固定

（1）痕迹、物证提取前应采用照相、录像、绘图、笔录和测量等方法固定。在提取之前应将其形状、数量、颜色、所在位置、走向等分别编号记录。

（2）对于平面痕迹，可使用吸附膜、拓印膜、胶带纸等工具贴附于痕迹表面进行固定；对于立体痕迹，可使用石膏液、石蜡液等灌注于痕迹内，待凝固后取出复型。

痕迹、物证测量应符合如下要求：

①对已确定的交通事故痕迹、物证，应测量和记录其位置、长度、宽度、高度和方向等。

②轮胎跳动引起的间断痕迹应作为连续痕迹测量。

③测量记录车辆碰撞损坏变形形状及变形量（长、宽、高或深度）。

④测量误差：测量目标长度小于0.5m时，最大误差不得超过0.005m；测量目标长度为0.5m至10m时，最大误差不得超过1%；测量目标长度大于10m时，最大误差不得超过0.1m。

3. 痕迹物证提取

（1）一般要求

提取痕迹、物证应做好保护和记录工作，要求如下：

①对确认或疑似痕迹、物证，应及时提取，不得破坏提取物。

②在勘查和提取物证的过程中，应防止提取的物证被污染。需要标注时，应使用粉笔或蜡笔在物证附近标注，不得标注在物证上。提取物证所用的工具、包装物、容器等必须干净，用同一工具提取不同部位的物证时，每提取一次，应将工具擦拭干净。提取油脂、血迹、生物组织等特殊物证，不得重复使用同一工具，不得用手直接接触物证。

③对固态实物应分别包装,对分离物或脱落物,在包装时应注意其边沿不被损坏;对需化验的物质(如血迹、汽油等),包装时应严防污染或相互混杂。

④对提取物,应注明名称、提取人、见证人、提取时间、提取地点、提取部位、提取时的天气、提取方法等情况,宜对提取过程全程录像。

⑤对衣着上无法及时提取的痕迹,如车轮花纹痕迹等,应连同衣物一起提取,并防止痕迹被破坏。

(2)直接提取

直接提取痕迹、物证的方法如下:

①提取时不得用手直接接触痕迹和物证部位;粘附在车体或其他较大物体表面的固体物质,可根据物质性质,用刀片剥离、棉签吸取、胶带粘取、镊子夹取、剪刀剪取等方法提取。必要时,可采用剪、挖、锯等方法将物证连同部分载体一并提取。

②多层结构的物证(如油漆涂料)应保证层次结构的完整,多种成分混合的物证(如织物)或不均匀的物证(如油污)应分部位提取。

③提取人体血液时,应符合 GA/T 1556－2019《道路交通执法人体血液采集技术规范》的规定。

(3)间接提取

无法直接提取的痕迹、物证,可采取间接提取的方法:

①用照相或录像法提取;

②遗留在光滑路面上的加层轮胎花纹痕迹、物证,可采用静电吸附法等提取;

③遗留在路面上的立体痕迹,如泥土路面上的足迹、轮胎花纹痕迹等,可采用石膏灌注法提取,也可使用三维扫描的方式固定提取;

④对于具有一定弹性而且不易断裂和破碎物体表面的痕迹,可用硅橡胶加一定量过氧化物的方法固化提取;

⑤对于车辆或物体表面较大面积的痕迹,可用硬塑料提取;

⑥对于手印,可采用粉末、502 胶、茚三酮等显现后照相提取;

⑦粘附在小件物品及易分解车辆零部件表面的量小的物质,可用醋酸纤维素薄膜(AC 纸)等提取;

⑧血液、油脂等液体物质,可用滤纸、纱布或脱脂棉擦取。

4. 痕迹物证保全

痕迹、物证保全的操作要求如下:

(1)对不能立即提取的痕迹、物证,应固定后用纸板、防雨布、透明胶带等保护。

(2)体积较小的物证,固体类物证应采用物证袋等封存,液体类物证应采用塑料管、玻璃瓶等封存;体积较大的物证不能完整封存的,应采用塑料膜等局部包裹封存;体积极小的物证,应采用玻璃培养皿、具塞试管等较小的容器封存,再装入较大的物证袋内。

(3)提取的分离物有断口的,应保护断口形态。

(4)提取的衣物应使用具有透气功能的物证盒保存,有血迹和液体物质的应阴干后再保存。

(5)应尽可能避免折叠物证,折叠才能包装和保存的,应确保痕迹、物证不被其他物体接触。

(6)不能立即送检的易挥发性物证,应使用清洁合适的玻璃瓶、塑料瓶或塑料袋密封,并低温保存。

(7)应在物证外包装上对物证名称、来源、提取地点、提取人、时间、保存环境要求等信息进行标识,或在物证的适当部位加贴标签标识。

(8)事故车辆整车应在有人值守的停车场所内停放,并采取防雨、防尘等措施。

四、交通事故痕迹物证鉴定

交通事故痕迹物证鉴定,是指运用痕迹物证的相关理论和方法,结合车辆工程、交通工程、痕迹物证、法医病理学、事故重建等技术,并通过痕迹检验、功能检查、书证审查、理论计算和综合分析,对道路交通事故的过程、状态和成因等案件事实认定所涉及的专门性问题进行鉴别和判断并提供鉴定意见的活动。交通事故痕迹物证鉴定包括车辆安全技术状况鉴定、交通设施安全技术状况鉴定、交通事故痕迹鉴定、车辆速度鉴定、交通事故痕迹物证综合鉴定等。

(一)执业分类类别

根据《物证类司法鉴定执业分类规定》第 27 条“交通事故痕迹物证鉴定”之规定,交通事故痕迹物证鉴定应为物证类司法鉴定,属于痕迹鉴定项目之一。司法部《法医类　物证类　声像资料司法鉴定机构登记评审细则》第 3 条规定,“物证类司法鉴定评审专业领域分为文书鉴定、痕迹鉴定(不含交通事故痕迹物证鉴定)、交通事故痕迹物证鉴定、微量物证鉴定”。其中,交通事故痕迹物证鉴定又包括车辆安全技术状况鉴定、交通安全设施安全技术状况鉴定、交通事故痕迹鉴定、车辆速度鉴定、交通事故痕迹物证综合鉴定。

(二)检验原则和鉴定方法

1. 检验原则

交通事故痕迹物证鉴定应按以下检验原则进行:

(1)进行现场勘验时应采取必要的措施,确保人员安全;

(2)优先检验容易灭失的痕迹物证;

(3)先宏观检验后微观检验;

(4)先无损检验后有损(破坏性)检验;

(5)进行有损检验前应当告知委托方,并征得委托人书面同意;

(6)进行有损检验前应先固定原貌(可采用拍照、扫描等方法),必要时应进行预试验;

(7)进行有损检验时,应选用对检材破坏范围小、破坏程度低、用量少的方法。

2. 鉴定方法

(1)鉴定人应针对鉴定的具体要求,根据现有的鉴定材料、鉴定条件和鉴定方法,确定具体的检验方案,并选择相应的鉴定方法。

(2)鉴定人应首先选择相应的国家标准、行业标准和行业主管部门颁布的技术规范等鉴定方法进行检验。

(3)若无上述鉴定方法,可选择使用非标准方法。使用非标准方法前应将其文件化,并选择有效的方法进行确认。非标准方法的使用应符合有关法律法规、实验室认可/资质认定的要求,使用前应告知委托方并得到委托方的书面同意。

第二节 鉴定基本内容

一、车辆安全技术状况鉴定

车辆安全技术状况鉴定,是指对交通事故车辆安全状况所进行的技术检验、分析和判断。包括判断涉案车辆的类型(如机动车、非机动车);对车辆安全技术状况进行检验;判断车辆相关技术状况或性能(如制动系、转向系、行驶系、灯光、信号装置等)的符合性。按检验方式分,车辆安全技术状况鉴定包括事故车辆静态检验鉴定、动态检验鉴定、零部件失效检验鉴定。按车辆的损坏状况分,包括具有行驶能力的事故车辆安全技术检验鉴定和失去行驶能力的事故车辆安全技术检验鉴定。

其中,被鉴定对象中具有行驶能力的事故车辆,是指不改变事故车辆原有安全技术状况即可恢复行驶能力的机动车;失去行驶能力的事故车辆是指事故发生前产生故障丧失行驶能力的机动车,以及事故发生过程造成整车或系统或零部件损坏导致丧失行驶能力的机动车。

而鉴定项目中静态检验鉴定,是指事故车辆在静止状态下所进行的技术检验鉴定,包括整车、系统或总成相关技术参数检测、系统或总成工作状态的不解体检验以及系统或总成和零部件的解体检验和性能检测等,如对事故车辆转向系统部件、制动系统部件、照明系统、轮胎、信号装置、安全装置等进行的检验鉴定。动态检验鉴定是指事故车辆在行驶状态下所进行的技术检验鉴定,包括整车安全性能的室内检测设备检验、路试实验及现场模拟试验等。如对事故车辆制动性能、侧倾稳定性、照明及信号装置安装和配光性能等的检验;零部件失效检验鉴定是指对影响机动车安全技术状况的零部件的失效形态、失效原因等进行的技术检验鉴定,包括事故车辆转向系统部件、制动系统部件等是否在事故发生前或事故中失效,车辆照明及信号装置在事故发生时是否处于工作状态等。

(一)一般要求

1. 检材应符合以下要求:

(1)检材真实、完整,来源合法;

(2)在检材外包装上,对检材名称、来源、提取地点、提取人、时间、保存环境要求等信息进行标识,或在检材的适当部位加贴标签标识;

(3)对于事故车辆整车,采集车辆号牌、车辆识别代号(VIN)和发动机号等信息;

(4)对于断裂的车辆零部件,保护好断口形态。

2. 判定依据:

(1)GB 7258－2017《机动车运行安全技术条件》、GB 1589－2016《汽车、挂车及汽车列车外廓尺寸、轴荷及质量限值》等机动车国家安全技术标准;

(2)其他相关国家标准或行业标准;

(3)无相关国家标准或行业标准的,以该车原厂企业标准、出厂合格证、使用说明书等技术资料为准;

(4)无相关企业标准等原厂技术资料规定的,可与鉴定委托单位协商制定合理的检验方案开展检验鉴定。

3. 鉴定机构(鉴定人)需勘查交通事故现场和/或检查事故车辆时,鉴定委托单位应予以协助。鉴定机构(鉴定人)不具备拆解提取事故车辆相关零部件条件的,鉴定委托单位应协调相关生产、销售或维修企业进行拆解提取。

(二)检验鉴定设备及工具

检测设备应进行检定、校准,并在检定、校准有效期内。宜使用以下设备和工具:

1. 通用设备及工具。包括数码相机、摄像机、无人机、长度测量工具、轮胎花纹深度计、照明设备、空气压缩机、举升器、底盘勘查设备、试样切割和抛光设备等。

2. 整车检测仪器设备。路试设备包括道路交通事故车辆状况现场测试仪、转向盘转向力转向角测试仪、轴(轮)重仪、行驶记录仪解读分析仪、便携式逆反射系数测量仪、车辆电子数据读取设备等,室内检测设备包括机动车安全检测线(含制动试验台、车速表检验台、侧滑检验台和前照灯检测仪等)。

3. 零部件检测仪器设备。包括扫描电镜、能谱仪、金相分析仪、硬度计、万能材料试验机、轮胎动平衡仪等。

(三)检验鉴定项目及流程

1. 检验鉴定项目确定

检验鉴定项目由鉴定委托单位根据事故处理或调查的需要,从GA/T 642－2020《道路交通事故车辆安全技术检验鉴定》所列项目中选择提出。

(1)检验鉴定机构或鉴定人根据委托要求、事故的基本情况以及事故相关案卷材料,初步确定事故车辆检验鉴定的重点,确定采用静态、动态或零部件失效等检验鉴定的方式。

(2)确定事故车辆检验鉴定项目。从GA/T 642－2020《道路交通事故车辆安全技术检验鉴定》表1、表2中选定机动车整车,或转向系、制动系、行驶系、传动系、照明信号装置和安全装置等相关项目。

2. 检验鉴定流程

(1)事故车辆安全技术检验鉴定流程包括:接受委托,了解事故情况和初步分析事故原因,制定检验鉴定方案,确定鉴定方式,实施检验鉴定,整理分析检验鉴定结果,编制检验报告或鉴定书,对检验报告或鉴定书进行审核、批准及签章,提交检验报告或鉴定书。

(2)检验鉴定流程参见 GA/T 642 – 2020《道路交通事故车辆安全技术检验鉴定》图 1。

(四)鉴定内容及方法

1. 具有行驶能力的事故车辆安全技术状况检验鉴定

具有行驶能力的事故车辆安全技术状况检验鉴定以动态检验鉴定为主,检验鉴定项目、判定依据、方法应符合 GA/T 642 – 2020《道路交通事故车辆安全技术检验鉴定》表 1 的规定。如动态检验鉴定无法确定事故原因或需要开展事故车辆零部件的标准符合性检验,应辅以静态检验鉴定和零部件失效检验鉴定。

动态检验鉴定可采用室内检测设备检验、路试检验或现场模拟试验等方法。根据对交通事故形成原因的分析及事故调查的需求,确定事故车辆静态检验鉴定的重点部位,或确定重点的零部件进行失效检验鉴定。依据检验结果,结合其他相关因素进行综合分析,得出检验鉴定意见。

道路交通事故汽车行车制动性能路试检验鉴定,是指根据鉴定要求,对事故汽车行车制动性能进行路试检测,并依据路试检测结果对汽车行车制动性能相关技术问题进行分析判断的鉴定过程。其中,制动性能动态检测是指在规定的初速度下急踩制动,对制动过程中汽车的行驶速度、减速度、制动距离、制动时间、制动稳定性等运动参数进行的实时检测。路试检测法是指行驶在测试路面上的汽车,当滑行到规定的初速度时实施紧急制动,汽车减速行驶直至停止,信号采集装置采集到的速度、时刻、行驶距离等信号经处理后得到汽车的制动距离、充分发出的平均减速度(MFDD)、制动协调时间等制动性能参数从而实现行驶中汽车制动性能的动态检测。

检验过程如下:

(1)环境

①事故汽车行车制动性能路试检验鉴定宜采用路试检测法,在平坦、硬实、清洁、干燥且轮胎与路面间的附着系数大于或等于 0.7 的混凝土或沥青路面上进行制动性能动态检测。

②采用路试检测法开展制动性能动态检测的路面纵向坡度一般不宜大于 1%,路面局部不应有明显的破损、凸起和凹陷。在对汽车进行制动性能动态检测前,应使用坡度测量仪和水准仪等设备测量路面的纵向坡度。

③路面长度及宽度应满足检验需求并预留安全距离,尤其在雾天等能见度降低的环境中应增加预留的安全距离。

④在室外开展制动性能动态检测时,风速应不小于 5m/s。

(2)仪器设备

①使用的检测设备应通过检定、校准,并在有效期内。

②用于汽车制动性能动态检测的便携式制动性能测试仪应符合 GB/T 28945 – 2012《便携式制动性能测试仪》的规定,其计量性能指标应满足 JJF 1168 – 2007《便携式制动性能测试仪校准规范》的要求。

③用于汽车制动性能动态检测的非接触式速度仪的计量性能应满足 JJF 1193 – 2008《非接触式汽车速度计校准规范》的要求。

④用于汽车制动性能动态检测的全球导航卫星系统(GNSS)检测系统的技术性能应符合 GB/T 18314 – 2009《全球定位系统(GPS)测量规范》的要求。

(3)车辆状况

①事故汽车行车制动性能路试检验鉴定前,应对车辆装载情况进行检查;应采取必要的措施,避免装载物在路试检验鉴定过程中掉落、抛撒或发生影响安全的移位。

②各个轮胎应保证结构完整,车辆应能以规定的初速度行驶;对于采用气压制动的车辆,应在制动气压大于起步气压时进行制动性能动态检测。若发现车辆存在影响制动性能动态检测的情况,应采取必要的措施。

(4)路试检验

①按照车型对应要求确定测试车道,检验过程应符合 GB 7258 – 2017《机动车运行安全技术条件》和 GB 38900 – 2020《机动车安全技术检验项目和方法》的规定,可按照 GA/T 642 – 2020《道路交通事故车辆安全技术检验鉴定》的规定进行检验。

②根据使用的检验设备,应按照相应的操作规定,在确保安全的状况下进行检验。检验时,对于采用手动变速器的机动车,其变速器换挡装置应位于空挡(N 挡);但对于采用自动变速器的机动车或新能源汽车,其变速器换挡装置应位于前进挡(D 挡)。

③根据使用的检测设备,按照 GB/T 36986 – 2018《汽车制动性能动态检测方法》中的检测步骤相关规定,按照设备的使用要求开展行车制动性能路试检测,路试检测的一般步骤如下:将踏板力计或触发器安装在制动踏板上;安装传感器或 GNSS 信号接收装置;设置好车牌号码和车型等参数,操作仪器进入行车制动性能测试状态;车辆起步,沿测试车道的中线加速行驶至高于规定的初速度后,变速器换挡装置位于规定挡位,滑行到规定的初速度时急踩制动踏板,直至车辆停止;记录测得的数据(如 MFDD、制动协调时间、制动初速度和制动距离等)及车辆有无驶出测试车道边线。

④使用 GNSS 技术的检测设备时,应选择开阔、不易受干扰的场地,开启测试系统使其进入运行状态后,GNSS 观测卫星应不少于 8 颗,参与解算卫星应不少于 6 颗。

⑤若使用的检测设备不具有打印功能,应将存储的测试数据通过具有打印功能的设备完成打印,并按相应管理要求签名留存。若使用的检测设备具有打印功能,应将存储的测试数据打印,并按照相应管理要求签名留存。打印纸为热敏材料的,应及时复印或拍照记录以便长期保存。

⑥对于结果的分析判断:

a)制动性能动态检测时的制动初速度与规定的制动初速度之差不宜超过±2km/h;当制动性能动态检测时的制动初速度与规定的制动初速度之差超过±2km/h时,可重新进行路试检验,或可按照GB/T 36986－2018《汽车制动性能动态检测方法》中相关规定进行校正。

b)按照GB 7258－2017《机动车运行安全技术条件》的要求开展的行车制动性能路试,根据路试结果可分析判断车辆行车制动性能是否符合GB 7258－2017《机动车运行安全技术条件》相关条款的规定。

2. 失去行驶能力的事故车辆安全技术状况检验鉴定

失去行驶能力的事故车辆,其安全技术状况的检验鉴定以静态检验鉴定为主,检验鉴定项目、判定依据、方法应符合GA/T 642－2020《道路交通事故车辆安全技术检验鉴定》表2的规定。通过对部分总成的相关技术参数及工作状况进行检测、检验,或通过拆解检验其主要零部件,分析、判断该系统或零部件的基本技术状况,得出检验结果对该系统技术状况或对整车安全技术状况造成的影响。在不影响检验鉴定项目所涉及的车辆部件原有状态的情况下,可对车辆进行修复,开展动态检验鉴定。

根据事故调查的需求,确定事故车辆静态检验鉴定的重点部位,根据GA/T 642－2020《道路交通事故车辆安全技术检验鉴定》表2选择相关项目进行检验鉴定,或确定重点的零部件进行失效检验鉴定。

如果需要对系统、总成或零部件进一步拆解检验,可参照GA/T 642－2020《道路交通事故车辆安全技术检验鉴定》附录A中的检验项目及判别依据进行检验鉴定。拆解检验中如果发现零部件失效或部分失效对事故发生具有影响,应进行零部件失效检验鉴定。

依据检验结果,结合其他相关因素进行综合分析,得出检验鉴定意见。

3. 道路交通事故非机动车制动系统检验鉴定

(1)设备和工具

道路交通事故非机动车制动系统检验鉴定宜使用的仪器设备和工具包括:钢卷尺、塞尺(最小塞尺片厚度不大于0.02mm)、制动器制动力测量装置和拆装工具等。对检验鉴定用到的检测仪器和设备应进行检定或校准,并在检定或校准有效期内。

(2)检验方法

外观检验。主要包括:a)检查车辆号牌、品牌和型号、车架钢印号/整车出厂编号、发动机号码/驱动电机号码等信息。b)检查车辆各轮制动系统的配置情况及类型,检查控制装置与制动器的对应关系。c)检查车辆结构及制动系统的损坏情况,制动系统是否因部件干涉而功能受限。d)检查控制装置、传能装置及制动器各部件之间的连接情况,采用机械传能装置制动系统的车辆,应重点检查制动闸把或踏板、制动拉线(索)及制动摇臂等外部可见零部件是否连接有效;采用液压传能装置制动系统的车辆,应重点检查制动闸把或踏板、制动上下泵、制动管路及其接头等外部可见零部件是否连接完好、有无液压介质泄漏。e)道路交通事故非机动车制动系统检验鉴定涉及的痕迹检验(如制动系统各零部件的损坏痕迹检验),应按照 GA/T 41－2019《道路交通事故现场痕迹物证勘查》、GA/T 1087－2021《道路交通事故痕迹鉴定》相关要求实施。

检验步骤。主要包括:车辆结构及制动系统外观有无异常,车轮转动是否受限,可推动车辆,使车轮在转动的同时,操纵控制装置,应检查车轮制动器制动力的变化情况,具体有以下两种情况:一是经对比,若控制装置充分作用后,车轮制动器制动力显著增大,推车辆时车轮未发生周向角位移(不能转动),则该轮制动系统功能有效;二是经对比,若控制装置充分作用后,车轮制动器制动力变化不明显,推车辆时车轮存在一定周向角位移,可将车轮离地后,检测车轮在控制装置作用与非作用时,其轮缘切线方向阻力的变化情况,必要时,可测多次,取平均值。若控制装置作用时其轮缘切线方向阻力值大于控制装置不作用时的阻力值,则该轮制动功能尚存;若控制装置作用时其轮缘切线方向阻力值与控制装置不作用时的阻力值相当,则该轮制动功能丧失(或失效)。

①当车辆结构存在故障或车轮变形,致车轮形成一定程度运动干涉、卡滞,但能小幅转动时,若制动系统各部件齐全,且连接有效,可按上述方法进行检验。

②若车辆结构存在故障或车轮变形,致车轮卡死,不能转动,若制动系统各部件齐全,且连接有效,可操纵控制装置,检查传能装置、制动器各部件的动作情况。按制动器结构不同,具体有以下两种情况:

a)对于盘(碟)式制动器和钳形闸制动器等摩擦副接触可见的制动器,若制动器连接部件(如制动闸、制动片和闸皮)不动作,则该轮制动功能丧失(或失效);若制动器各部件均动作,可进一步借助塞尺检查制动器摩擦副间隙情况,检验时,在塞尺片厚度小于间隙的前提下,优先选用最薄尺片,检验方法如下:若控制装置充分作用后,塞尺片可轻松抽出,则该轮制动功能丧失(或失效);若控制装置充分作用后,塞尺片受制动器摩擦副夹紧,且力度较大,塞尺片不能抽出,则该轮制动功能有效(或尚存)。

b)对于鼓式制动器和抱闸式制动器等摩擦副接触不可见的制动器,若制动器连接部件(如制动器摇臂)不动作,则该轮制动功能丧失(或失效);若操作控制装置,制动器连接部件动作,必要时,视情况可拆卸制动器检查摩擦副接触痕迹。

③对采用液压传能装置制动系统的车辆,制动系统各部连接有效,制动功能丧失(或失效)时,还应视情况检查制动系统油液情况。

④车辆制动系统关键零部件损坏或缺失,致使制动系统不能发挥效用的,该轮制动功能丧失(或失效)。

⑤车辆制动系统动态检验,根据被鉴定车辆类型所对应的相关技术标准要求实施。如电动自行车制动性能动态检验,按照 GB 17761－2018《电动自行车安全技术规范》相关要求实施;自行车制动性能动态检验,按照 GB 3565《自行车安全要求》相关要求实施。

(3)分析判断

①应根据上述检验结果,结合痕迹检验鉴定(包括车辆痕迹和现场路面制动痕迹)、道路交通事故现场图以及现场监控视频等其他送检材料相关信息进行分析判断,对车辆制动系统功能状况与事故的关系进行分析。

②当车辆制动系统功能状况检验结果为有效(或尚存),且制动系统零部件存在一定的变形损坏和油液渗漏等情况时,应结合痕迹检验鉴定,分析判断其损坏原因及与事故的关系。

③车辆制动系统功能状况检验结果为丧失(或失效)时,可结合制动系统零部件检验痕迹(如变形痕迹、断裂痕迹和油液液面痕迹)及其他送检材料,分析判断制动系统功能是早期失效或突发性失效,还是本次事故中碰撞损坏导致失效。

④检验鉴定条件不具备或按照上述规定进行检验后,仍不能明确判断车辆制动系统功能状况时,应客观如实反映检验结果。

(4)检验鉴定意见

应根据检验结果,综合痕迹检验及案件情况,给出鉴定意见。鉴定意见表述类型包括但不限于以下表述:

①制动系统功能有效(或尚存),或制动性能符合车辆类型所对应的相关技术标准要求,可排除因制动系统机械突发性故障而导致事故的可能性;

②因某零部件陈旧性损坏或制动油液早期缺失,致制动系统功能早期丧失(或失效),故存在因制动系统功能丧失(或失效)而导致事故的可能性;

③因某零部件损坏或制动油液缺失,致制动系统功能丧失(或失效),可导致事故出现;

④经检验,现有情况不具备判断制动系统事发前的功能状况的条件。

(5)原始记录表

①检验鉴定过程中应及时填写相应的原始记录表,原始记录内容应准确、完整、客观;文字表达规范,计量单位正确,具有原始性、真实性和可溯源性。

②应在现场记录检验鉴定日期、检验人及记录人;使用检测设备进行检验的,还应记录所使用设备的名称、规格型号及设备编号,检测环境及检测条件。

③检验鉴定项目及原始记录表内容参见 GA/T 642－2020《道路交通事故车辆安全技术检验鉴定》附录 A。可根据需要增减记录表内容。

(6)检验报告和鉴定意见

检验鉴定应出具书面的检验报告、鉴定意见。检验报告、鉴定意见应明确回应鉴定委托单位提出的鉴定要求,符合证据和法律规范的要求。

检验报告、鉴定意见的相关要求如下:

①对于经过检验、检测不能得出事故车辆安全技术状况结论的鉴定事项,出具检验报告,写明检验结果;

②对于经过检验、论证分析及综合判定能明确得出事故车辆安全技术状况意见的

鉴定事项,出具鉴定意见书,写明鉴定意见。

二、交通设施安全技术状况鉴定

道路交通事故设施包括路线、路基、路面、桥涵、隧道、交通工程及沿线道路附属设施。道路交通设施安全技术状况鉴定是指运用交通设施与物证技术的相关理论和方法,结合道路工程、交通工程、车辆工程、工程测量和材料检测等技术,通过测量、检验、检测、计算和分析,对道路交通设施的位置、几何尺寸、力学性能和功能效果等方面的符合性,以及与事故的因果关系等案件事实认定所涉及的专门性问题进行鉴别和判断并提供鉴定意见的活动。其包括对交通事故现场或事故发生地点等相关区域进行勘查、测量;对路基、路面、桥涵、隧道、交通工程及沿线交通附属设施的安全技术状况进行检验(如道路线形、护栏、标志、标线等);判断事故相关区域交通设施的技术状况或性能的符合性(如材料、设置位置、几何尺寸、力学性能等)。

(一)一般要求

1. 鉴定程序

道路交通设施安全技术状况鉴定的受理程序、送检材料的接收程序、检验鉴定程序、材料的流转程序、结果报告程序、记录与归档程序应按照 SF/T 0072 – 2020《道路交通事故痕迹物证鉴定通用规范》的相应要求实施。

2. 收集材料

宜通过委托人获取鉴定对象相关的设计、施工和养护等资料。

3. 明确鉴定要求

(1)应了解委托人的具体鉴定要求,需要鉴定的道路交通设施的区域范围、内容以及通过鉴定证明的具体事项。鉴定的区域范围可以使用百米桩和里程牌进行标示。

(2)对于鉴定要求不明确或不准确的,应与委托人沟通确认鉴定要求。

(3)应确认委托人提出的鉴定事项,审查其是否属于道路交通设施安全技术状况鉴定的范围。

(4)道路交通设施安全技术状况鉴定的范围包括:

①对道路交通事故现场或事故发生地点等相关区域进行勘查和测量,如道路线形、横坡、视距和视野等;

②对路基、路面、桥涵、隧道、交通工程及沿线交通附属设施的安全技术状况进行检验,如路面平整度、路面粗糙度、线形要素、护栏、标志和标线等;

③判断事故相关区域交通设施的技术状况或性能的符合性,如道路状况、道路照明设施、设施位置、几何尺寸、力学性能和功能效果等;

④判断道路交通设施安全技术状况与事故的因果关系。

(5)道路交通设施安全技术状况的鉴定项目包括但不限于:

①道路交通设施的设置是否符合相关标准规范;

②道路交通设施的状态是否符合相关标准规范;

③道路交通设施的设置是否符合相关设计规范;

④道路交通设施的几何尺寸是否符合标准规范;

⑤道路交通设施的相关材料是否符合标准规范;

⑥道路交通设施的力学性能是否符合标准规范;

⑦道路交通设施安全技术状况与交通事故的因果关系。

(二)鉴定方法

1. 现场测量主要针对鉴定对象及相关区域的测量、定位和固定,可参照 GB 50026《工程测量规范》、CH/Z 3017《地面三维激光扫描作业技术规程》、GA/T 41《道路交通事故现场痕迹物证勘查》、GA/T 49《道路交通事故现场图绘制》和 GA/T 50《道路交通事故现场勘查照相》。

2. 鉴定方法的选择

(1)鉴定人应针对鉴定的具体要求,根据现有的鉴定材料、鉴定条件,以及鉴定对象的类型、等级、生产或建设时间及使用状态等,确定具体的检验方案,并选择相应的鉴定方法。

(2)公路交通设施安全技术状况鉴定应根据具体鉴定要求选择使用的鉴定方法,鉴定方法包括但不限于以下标准:GB 5768《道路交通标志和标线》(所有部分)、JTG B01《公路工程技术标准》、JTG B05－01《公路护栏安全性能评价标准》、JTG D20《公路路线设计规范》、JTG D81《公路交通安全设施设计规范》、JTG/T D81《公路交通安全设施设计细则》、JTG D82《公路交通标志和标线设置规范》、JTG 3450《公路路基路面现场测试规程》、JTG F80/01《公路工程质量检验评定标准　第一册　土建工程》、JTG 2182《公路工程质量检验评定标准　第二册　机电工程》、JTG/T D70《公路隧道设计细则》、JTG/T D70/2－01《公路隧道照明设计细则》、JTG/T D71《公路隧道交通工程设计规范(附条文说明)》、JTG H12《公路隧道养护技术规范》、JTG 5210《公路技术状况评定标准》和 JTG H30《公路养护安全作业规程》。

(3)城市道路交通设施安全技术状况鉴定应根据具体鉴定要求,选择使用的鉴定方法,鉴定方法包括但不限于以下标准:GB 5768《道路交通标志和标线》(所有部分)、GB 50688《城市道路交通设施设计规范》、GB 51038《城市道路交通标志和标线设置规范》、CJJ 36《城镇道路养护技术规范》、CJJ 37《城市道路工程设计规范》和 CJJ 193《城市道路路线设计规范》。

若上述鉴定方法无法满足要求,可选择其他相关标准和技术规范。

(4)若以上鉴定方法无法满足要求,可选择使用该专业领域多数专家认可的技术方法进行试验或模拟仿真。使用该专业领域多数专家认可的技术方法前应将其文件化,并选择有效的方法进行确认。该专业领域多数专家认可的技术方法的使用应符合有关法律法规、实验室认可或资质认定的要求,使用前应告知委托人并征得委托人的书面同意。

(三)鉴定意见

1. 鉴定意见的类型

(1)符合性判断,鉴定意见包括以下三种:肯定符合;倾向符合(基本符合);否定符合。

(2)关联性判断,鉴定意见包括以下五种:肯定关联;倾向肯定关联;否定关联;倾向否定关联;不能判断。

(3)检验或试验结果。

2. 鉴定意见的判断依据

(1)符合性判断意见的依据包括:肯定符合,即鉴定对象所有的检验技术指标、参数和功能均符合相关标准或设计文件;倾向符合(基本符合),即鉴定对象的主要技术指标、参数和功能均符合相关标准或设计文件,且存在的不符合情况均可以得到合理解释;否定符合,即鉴定对象的主要技术指标、参数和功能不符合相关标准或设计文件,且存在的不符合情况不能得到合理解释。

(2)关联性判断意见的依据。对于不符合情况或缺少符合性判断标准的情况,进一步分析判断其与事故发生之间的关联性(因果关系)。依据包括:肯定关联,即相关检验能够支持鉴定对象的技术指标、参数、功能或状态与事故的发生存在直接关联;倾向肯定关联,即相关检验支持鉴定对象的技术指标、参数、功能或状态可能与事故的发生存在关联,且未发现其他否定情况;否定关联,即相关检验均不能够支持鉴定对象的技术指标、参数、功能或状态与事故的发生存在关联,或不具备构成关联的条件;倾向否定关联,即相关检验不能够支持鉴定对象的主要技术指标、参数、功能或状态与事故的发生存在直接关联,但不能达到否定关联的条件;不能判断,即不能准确判断鉴定对象的状态、指标、参数或功能是否与事故的发生存在关联。

(3)检验或试验结果,对于未作出符合性判断或关联性判断意见的其他情况,必要时应如实表述检验、试验或模拟仿真的条件及结果。

3. 鉴定意见的表述

鉴定意见应针对委托事项,根据鉴定对象的类型、范围、鉴定意见的类型及其他情况分别进行表述,鉴定意见的表述应客观、全面、准确且简明扼要。

三、交通事故痕迹鉴定

交通事故痕迹鉴定是指对道路交通事故地面痕迹、车体痕迹、人体痕迹及其他痕迹进行勘查、比对、分析、判断,并作出鉴定意见的活动。包括通过对涉案车辆唯一性检查,对涉案车辆、交通设施、人员及穿戴物等承痕体、造痕体的痕迹和整体分离痕迹进行检验分析,必要时结合交通事故微量物证鉴定、法医学鉴定等结果,判断痕迹的形成过程和原因(如是否发生过接触碰撞、接触碰撞部位和形态等)。痕迹鉴定种类包括同一性鉴定、种属鉴定、综合鉴定。同一性鉴定包括是否发生过碰撞、碰撞形态、车辆唯一性标识、整体分离痕迹等鉴定;种属鉴定包括痕迹形成工具、痕迹种类等鉴定;综合鉴定包括碰撞点、碰撞位置、痕迹形成方式、痕迹形成过程和原因等鉴定。

(一)一般要求

交通事故痕迹鉴定的受理程序、送检材料的接收程序、检验鉴定程序、材料的流转程序、结果报告程序、记录与归档程序应按照 SF/T 0072 – 2020《道路交通事故痕迹物证鉴定通用规范》的相应要求实施。

道路交通事故痕迹鉴定一般包括准备、检验、分析和作出鉴定意见四个阶段。

1. 准备阶段,应从委托方处获取交通事故发生的基本信息、现场勘查、调查情况及其他相关信息,制订痕迹鉴定计划,并确定痕迹勘查的重点。

2. 检验阶段包括以下方面:

(1)现场痕迹物证发现、固定、提取、保全按照 GA/T 41－2019《道路交通事故现场痕迹物证勘查》的有关要求进行。车体痕迹勘验时按照从下向上、从左至右、从外向内逆时针的顺序对痕迹的形态进行描述和记录。人体痕迹的固定、提取应由法医或依据法医意见进行,涉及女性活体痕迹固定、提取的,应由女性鉴定人员进行,涉及未成年女性活体检查的,应由监护人陪同。

(2)提取痕迹物证送检时,应由委托方等法律规定的在场人员见证并确认,并做好相应记录。

(3)现场痕迹物证照相固定按照 GA/T 50－2019《道路交通事故现场勘查照相》的有关要求进行。

(4)涉及驾驶人和其他涉案者交通行为方式确认的,按照 GA/T 268－2019《道路交通事故尸体检验》和 SF/T 0162－2023《道路交通事故涉案者交通行为方式鉴定规范》的要求进行。

(5)使用现场图、现场勘查笔录及现场照片记录地面痕迹的,按照 GA/T 49－2019《道路交通事故现场图绘制》和 GA/T 50－2019《道路交通事故现场勘查照相》的有关要求进行。

(6)记录痕迹物证所处部位时,应根据痕迹物证所处部位的特点分别选取合适的定位法进行记录,定位法可选取 GA/T 49－2019《道路交通事故现场图绘制》附录 A 中规定的现场定位方法。用于固定、记录道路交通事故痕迹物证所处部位时采用的方法,包括但不限于直角坐标定位法,可表述为"该痕迹距地高××厘米(cm)至××厘米(cm)、距参照物某一边缘××厘米(cm)至××厘米(cm)"。

3. 分析阶段,对固定提取的痕迹物证应进行分类,确定需要比对的造痕客体和承痕客体对应的基本位置和形态,可制作特征比对表。

4. 作出鉴定意见阶段,鉴定意见的表述应与鉴定事项相对应。

一般应当勘查实物痕迹,对于实物痕迹物证已经失灭、无法再行勘验和检查的,可以视情参考有效的现场勘查记录、声像资料等案件信息。

(二)检验方法

1. 分别检验

分别检验包括观察法检验、测量检验、模拟实验、理化及生物学检验。轮胎检验可按照 GA/T 1508《法庭科学车辆轮胎痕迹检验技术规范》的有关要求进行。

(1)观察法检验

①观察法检验的方式包括宏观检验、放大检验、显微检验。放大检验与显微检验的

工具为放大镜及各类显微镜。必要时,使用多波段光源、光谱成像设备、光学影像设备等进行辅助观察。

②观察法检验的内容包括有关客体的基本属性、材质、介质、形状以及痕迹种类、新旧程度、位置、形象、几何尺寸、交叉覆盖、形成方向、物质交换,痕迹种类包括变形、损坏、刮擦痕迹、擦痕、划痕、挫划印、减层痕迹、加层痕迹。

(2)测量检验

①测量的方式包括工具尺测量、电子尺测量、软件测量、近景摄影测量、三维点云测量。其中近景摄影测量应按照GB/T 12979《近景摄影测量规范》的有关要求进行。

②测量的内容包括有关客体、痕迹的位置、几何尺寸、空间分布关系等。

③使用相关仪器、设备对除尺寸之外的其他物理属性进行测量,其他物理属性包括但不限于厚度、颜色等。

(3)模拟实验

通过实物模拟、计算机模拟等模拟实验,对痕迹形貌特征、空间位置、物质转移以及形成机理进行检验。

(4)理化及生物学检验

①无损检验后,视情况采用物理学、化学方法对物证的特性进行检验,化学特性包括但不限于腐蚀、氧化等;

②涉及物证结构成分、生物检材的检验,应结合微量物证、法医物证学的鉴定意见。

2. 比对检验

比对检验包括痕迹特征比对检验和综合比对检验,痕迹特征比对一般包括形貌特征比对、位置分布关系比对、物质比对、形成机理比对。比对检验的方式包括特征对照比对、特征重叠比对、特征拼接比对、计算机模拟比对等。

(1)形貌特征比对

痕迹的形貌特征比对,包括痕迹新旧程度、痕迹种类、形象、几何尺寸、形成方向以及整体分离痕迹分离面、线、缘比对。

(2)位置分布关系比对

痕迹的位置分布关系比对,包括痕迹对的位置关系比对、痕迹组的分布关系比对。

(3)物质比对

痕迹的物质比对,包括物质转移、物质交换过程中物质的外观比对,必要时应进行物质结构成分比对。

(4)形成机理比对

痕迹的形成机理比对,包含客体材质、作用力、作用方式、痕迹的种类与造痕客体、承痕客体间相对运动过程的符合性比对。

(5)综合比对

结合现场图、现场照片、人体损伤报告等其他有关材料信息,从事故主体、事故客体、事故过程、事故形成等方面进行综合分析,将分析结果与检出痕迹状态进行符合性比对。

(三)综合评判

1. 内容

综合评判的内容包括符合点分析、差异点分析、综合分析。

(1)符合点分析包括痕迹对和痕迹组的特征比对、痕迹与某一类属性的符合性比对等。

(2)差异点分析包括客体因环境条件的改变而形成的差异、客体特征反映体之间的差异等。

(3)综合分析包括基于痕迹特征及有关信息,综合分析出碰撞时车辆、人体或者其他有关客体在道路上所处的位置、痕迹形成方式、痕迹形成过程和原因等。

2. 要点

(1)同一性鉴定应以形貌特征、位置分布关系、物质转移、痕迹形成机理为主,以综合分析为辅,对痕迹对、痕迹组的符合点和差异点进行综合评判。

(2)种属鉴定应主要考察形貌特征、痕迹形成机理,对痕迹特征与某一种属特征的符合点和差异点进行综合评判。

(3)综合鉴定应先基于痕迹特征比对结果,再结合综合比对结果进行评判。

3. 鉴定意见的种类及综合评判的标准

鉴定意见种类包括认定和否定的确定性鉴定意见、倾向肯定和倾向否定的倾向性鉴定意见、无法判断。

(1)得出认定的鉴定意见,应满足以下要求:

①同一性鉴定:造痕客体与承痕客体间痕迹特征符合点特定性强,能够反映客体间空间对应关系、客体间相对运动关系,并且差异点能够得到合理解释;

②种属鉴定:痕迹的特征与某种种属的特征符合点特定性强,并且差异点能够得到合理解释;

③综合鉴定:痕迹特征比对结果科学、客观,经综合分析符合客观规律。

(2)得出倾向肯定的鉴定意见,应满足以下要求:

①同一性鉴定:造痕客体与承痕客体间痕迹特征符合点特定性强,但部分符合点存在其他可能性;

②种属鉴定:痕迹的特征与某种种属的特征符合点特定性弱,但差异点可以合理解释。

(3)得出否定的鉴定意见,应满足以下要求:

①同一性鉴定:造痕客体与承痕客体间痕迹特征没有符合点,或部分符合点特定性弱;

②种属鉴定:痕迹的特征与某种种属没有特征符合点,或部分符合点特定性弱;

③综合鉴定:痕迹特征比对结果科学、客观,综合分析符合客观规律。

(4)得出倾向否定的鉴定意见,应满足以下要求:

在同一性鉴定中,造痕客体与承痕客体间痕迹特征没有符合点,或部分符合点不能得到合理解释。

(5)不具备鉴定条件,得出无法判断的鉴定意见,并说明原因。

(四)鉴定意见的表述

根据鉴定事项不同,鉴定意见包括但不限于以下表述(车体痕迹鉴定可参照 GA/T 1450 - 2017《法庭科学车体痕迹检验规范》有关表述):

1. 认定的鉴定意见

(1)同一性鉴定。A 客体的某个部位与 B 客体的某个部位发生过碰撞可以成立;A 客体与 B 客体是同一整体所分离;某痕迹是某客体所遗留或形成。

(2)种属鉴定。某痕迹具有某种造痕客体所形成的特征。

(3)综合鉴定。某客体碰撞时位于道路上某处可以成立。

2. 倾向肯定的鉴定意见

(1)同一性鉴定。倾向认定 A 客体的某个部位与 B 客体的某个部位发生过碰撞;A 客体的某个部位与 B 客体的某个部位发生过碰撞的可能性较大;不能排除 A 客体的某个部位与 B 客体的某个部位发生过碰撞;倾向认定 A 客体与 B 客体是同一整体所分离;倾向认定某痕迹是某客体所遗留或形成。

(2)种属鉴定。不能排除某痕迹具有某种造痕客体所形成的特征。

3. 否定的鉴定意见

(1)同一性鉴定。可以排除 A 客体与 B 客体发生过碰撞的可能性;未检见 A 客体与 B 客体发生过碰撞的痕迹;不能认定 A 客体与 B 客体发生过碰撞;A 客体与 B 客体不是同一整体所分离;某痕迹不是某客体所遗留或形成。

(2)种属鉴定。某痕迹不具有某种造痕客体所形成的特征。

(3)综合鉴定。某客体在道路上某处发生碰撞不成立。

4. 倾向否定的鉴定意见

(1)同一性鉴定。倾向否定 A 客体的某个部位与 B 客体的某个部位发生过碰撞;A 客体的某个部位与 B 客体的某个部位发生过碰撞的可能性较小;倾向否定 A 客体与 B 客体是同一整体所分离;倾向否定某痕迹是某客体所遗留或形成。

(2)种属鉴定。倾向否定某痕迹不具有某种造痕客体所形成的特征。

(3)综合鉴定。倾向否定某客体碰撞时处于道路上某处不成立。

5. 无法判断的鉴定意见

有下列情形之一时,应作出无法判断的鉴定意见。

①无法判断 A 客体的某个部位与 B 客体的某个部位是否发生过碰撞;

②无法判断 A 客体与 B 客体是否为同一整体所分离;

③无法判断某痕迹的形成原因;

④无法判断某客体碰撞时是否位于道路上的某处;

⑤无法判断某痕迹是否为某客体所遗留或形成。

四、车辆速度鉴定

车辆速度鉴定运用动力学、运动学、经验公式、模拟实验等方法,根据道路交通事故现场痕迹和资料、视频图像、车辆行驶记录信息等,判断事故瞬间速度(如碰撞、倾覆或坠落等瞬间的速度),采取避险措施时的速度(如采取制动、转向等避险措施时的速度),在某段距离、时间或过程的平均行驶速度及速度变化状态等。道路交通事故车辆速度鉴定是指根据事故形态、现场痕迹、物证等对道路交通事故车辆行驶速度进行分析和计算的过程。道路交通事故瞬间车辆速度是指道路交通事故车辆发生碰撞或倾覆或坠落瞬间的车辆速度。道路交通事故车辆速度是指道路交通事故发生前采取避险措施瞬间的车辆速度。未采取避险措施的,道路交通事故车辆速度为道路交通事故瞬间车辆速度。道路交通事故车辆有效碰撞速度是指道路交通事故车辆碰撞前的瞬间速度和碰撞过程中完成动量交换达到同一速度时的速度变化量。车辆速度鉴定应根据以下鉴定标准进行:GB/T 33195－2016《道路交通事故车辆速度鉴定》、GA/T 1999. 1－2022《道路交通事故车辆速度鉴定方法　第1部分:基于汽车行驶记录仪》、GA/T 1999. 2－2022《道路交通事故车辆速度鉴定方法　第2部分:基于汽车事件数据记录系统》。

(一)一般要求

1. 开展车速鉴定工作宜配备数码相机、测距设备、附着系数测试仪、车身变形测量组件等设备。开展车速鉴定工作的人员应具备汽车理论、车辆动力学、交通事故分析等专业的基础知识。

2. 车速鉴定应使用适宜的技术手段和方法,鉴定过程中所引用的现场信息、数据及相关参数应能够查证追溯,鉴定意见应科学、严谨。

(二)鉴定要求

1. 鉴定委托方应向鉴定机构提供相关检材,如道路交通事故现场图、勘查笔录、现场照片、监控视频等。

2. 车速鉴定过程中引用现场信息、案件信息时,应引用案卷中经查证或列入案卷证据的数据和信息。一旦发现缺少相关信息数据,委托方应补充完善。

3. 检材采集应符合以下要求:

(1)收集途径合法;

(2)对送检或送检后再勘验获得的检材,应进行来源、完整性、合法性、合理性审核。

4. 在进行车速鉴定前,鉴定人应对事故发生过程进行研究分析,了解事故信息,确定事故车辆、当事人的运动状态及轨迹,采取与之相适应的分析计算方法。

5. 在进行车速鉴定时应注意计算原理、计算公式、推荐参数的适用条件。

6. 车速鉴定完成后,应出具车速鉴定报告,报告撰写应遵循以下要求:

(1)内容包括委托方、简要案情、受理时间、车辆相关技术参数、损坏状况、鉴定过程、技术依据、鉴定意见、鉴定人签字、鉴定机构盖章等;

(2)明确鉴定过程中应用的计算原理、公式、推论过程,或仿真再现软件的名称、版本号、使用参数、取值依据;

(3)车速单位为千米/小时(km/h);

(4)附道路交通事故现场图、补充勘验信息数据。

(三)鉴定方法

1. 依据动力学理论进行车速鉴定的方法

(1)能量守恒定律

可用于进行事故过程中的车速变化计算,在进行车速鉴定时,通常忽略空气阻力等带来的能量损失。

(2)动量和动量矩守恒定律

动量和动量矩守恒定律可用于车辆碰撞作用期间的车速变化计算。

①动量守恒定律:如果一个系统不受外力或所受外力的矢量和为零,那么这个系统的总动量保持不变。动量守恒定律关系式见 GB/T 33195－2016《道路交通事故车辆速度鉴定》中的公式(1)。

②动量矩守恒定律:如果一个系统不受外力或所受全部外力对某定点或定轴的力矩始终等于零,那么这个系统的动量矩保持不变。动量矩守恒定律关系式见 GB/T 33195－2016《道路交通事故车辆速度鉴定》中的公式(2)。

(3)车辆动力学

车辆动力学可用于车辆碰撞脱离后运动过程的车速变化计算。根据车辆动力学理论建立的计算模型主要包括能够实时进行车辆平移、侧偏/侧滑、侧倾/侧翻、俯仰等运动状态解析的车体动力学计算模型,以及能够实时进行车轮与地面之间作用力解析的轮胎地面力学计算模型。

2. 依据运动学理论进行车速鉴定的方法

(1)在事故中车辆运动姿态和方向没有发生急剧改变的情况下,可根据现场遗留的痕迹或物证的空间位置关系,利用运动学进行车速鉴定。

(2)速度与时间的关系式见 GB/T 33195－2016《道路交通事故车辆速度鉴定》中的公式(3)。

3. 依据经验公式进行车速鉴定的方法

可依据碰撞试验数据总结的经验公式进行同类车辆速度鉴定。

4. 依据模拟试验进行车速鉴定的方法

可用事故车辆在事故现场或者类似路段开展模拟试验,基于试验数据进行车速鉴定。试验仪器可用符合 GA/T 1013－2012《道路交通事故车辆状况现场测试仪》的交通事故车辆状况现场测试仪。

5. 依据仿真再现软件进行车速鉴定的方法

(1)仿真再现软件的主要技术内核应是根据相关动力学理论建立的车辆碰撞及动力学解析计算模型。

(2)使用仿真再现软件时应明确计算模型中事故痕迹的建立根据,明确模型中主要参数的取值依据。

(3)仿真再现软件应经过省部级以上相关部门组织的专家验收和认可。

6. 基于视频图像进行车速鉴定的方法

可基于事故视频资料依据 GA/T 1133 - 2014《基于视频图像的车辆行驶速度技术鉴定》进行车速鉴定,也可依据摄影测量方法进行车速鉴定。对于有多个视角的监控视频,应优先选择与车辆行驶路线垂直方向成较小角度拍摄的监控视频。

7. 基于车载记录设备信息进行车速鉴定的方法

如事故车辆安装有车载事件数据记录仪、符合 GB/T 19056 - 2021《汽车行驶记录仪》的汽车行驶记录仪、具有汽车行驶记录功能的车载卫星定位装置等,可根据读取的数据分析和计算事故车辆速度。

(四)典型事故形态车速鉴定

1. 汽车间碰撞事故

(1)可利用能量守恒方法、动量和动量矩守恒方法及运动学方法鉴定事故车辆速度及道路交通事故瞬间车辆速度。

(2)可根据经验公式法计算道路交通事故车辆有效碰撞速度。

(3)在应用上述方法和公式求解时,应注意所用方法和公式的适用条件。

(4)轿车与轿车正面碰撞、追尾碰撞,汽车与汽车直角或侧面碰撞类型中,道路交通事故瞬间车辆速度的计算可以参见 GB/T 33195 - 2016《道路交通事故车辆速度鉴定》表 A.1 中序号 1、序号 2、序号 3 的计算方法。

2. 二轮车与汽车碰撞事故

(1)二轮车(二轮摩托车、二轮电动车及自行车)与汽车碰撞事故形态,包括二轮车正面与汽车侧面碰撞、汽车正面与二轮车侧面质心碰撞、汽车正面与二轮车侧面质心前侧碰撞、汽车追尾碰撞二轮车等。

(2)可根据能量守恒方法和动量守恒方法求解,分别计算汽车及二轮车事故车辆速度及道路交通事故瞬间车辆速度。

(3)二轮车与汽车碰撞典型事故形态车速鉴定方法

①二轮摩托车撞击汽车侧面且汽车在碰撞后侧向运动状态有改变时,道路交通事故瞬间车辆速度计算参见 GB/T 33195 - 2016《道路交通事故车辆速度鉴定》表 A.1 中序号 4 的计算方法;

②摩托车碰撞轿车侧面且摩托车轴距减少时,交通事故瞬间摩托车速度计算参见 GB/T 33195 - 2016《道路交通事故车辆速度鉴定》表 A.1 中序号 5 的计算方法;

③汽车与二轮摩托车或自行车质心侧面碰撞类型,道路交通事故瞬间车辆速度计算参见 GB/T 33195 - 2016《道路交通事故车辆速度鉴定》表 A.1 中序号 6 的计算方法;

④汽车与二轮摩托车或自行车质心的前侧侧面碰撞类型,道路交通事故瞬间车辆

速度计算参见 GB/T 33195－2016《道路交通事故车辆速度鉴定》表 A.1 中序号 7 的计算方法；

⑤汽车与自行车追尾碰撞类型，道路交通事故瞬间汽车速度计算参见 GB/T 33195－2016《道路交通事故车辆速度鉴定》表 A.1 中序号 8 的计算方法。

3. 汽车与行人碰撞事故

可根据运动学方法或者经验公式方法计算汽车碰撞行人时的车速。汽车与行人碰撞，且碰撞后行人被抛出时，道路交通事故瞬间车辆速度计算参见 GB/T 33195－2016《道路交通事故车辆速度鉴定》表 A.1 中序号 9 的计算方法。

4. 单方车辆事故

典型单方车辆事故包括车辆侧翻、坠出路外、碰撞固定障碍物等，可根据运动学方法进行车速鉴定：

①汽车在水平路面侧翻的临界速度计算参见 GB/T 33195－2016《道路交通事故车辆速度鉴定》表 A.1 中序号 10 的计算方法；

②路外坠车且第一落地点为坡底时，车辆坠落瞬间速度计算可以参见 GB/T 33195－2016《道路交通事故车辆速度鉴定》表 A.1 中序号 11 的计算方法；

③轿车碰撞固定物类型，碰撞瞬间车辆速度计算可以参见 GB/T 33195－2016《道路交通事故车辆速度鉴定》表 A.1 中序号 12 的计算方法；

④汽车碰撞障碍物后翻车，可根据翻车车身在地面上的滑移距离计算翻车前的瞬间车速，参见 GB/T 33195－2016《道路交通事故车辆速度鉴定》表 A.1 中序号 13 的计算方法；

⑤汽车翻滚或跳跃前的瞬间车速计算可以参见 GB/T 33195－2016《道路交通事故车辆速度鉴定》表 A.1 中序号 14 的计算方法。

（五）关键检材及信息采集

1. 资料检材的采集

资料检材主要包括道路交通事故现场图、道路交通事故现场勘查笔录、询问笔录、事故现场照片、机动车行驶证、相关检验鉴定报告、医院诊断书等。可以通过复印采集资料检材的纸质版，也可通过拍照、扫描等方式采集资料检材的电子版。

2. 影像检材的采集

影像检材主要包括监控视频、公安机关交通管理部门在事故现场拍摄的视频等。影像检材可以通过电子移动存储设备拷贝或者刻录光盘等方式采集。影像检材采集时应记录采集的时间、地点、采集人、采集设备的品牌型号、像素等信息。

3. 痕迹物证检材的采集

痕迹物证检材的采集方法见 GA/T 41－2019《道路交通事故现场痕迹物证勘查》。制动痕迹测量时应注意制动的滚印和压印，确定制动痕迹的起点；侧翻事故应测量圆弧型地面痕迹的弦长、弦高，计算转弯半径。

4. 车载设备检材的采集

如车辆安装有车载事件数据记录仪、符合 GB/T 19056－2021《汽车行驶记录仪》的汽车行驶记录仪、具有汽车行驶记录功能的车载卫星定位装置,宜提取相应装置进行采集。

5. 鉴定过程关键参数的采集方法

(1)滑动附着系数按以下方法依次采集:

①有条件进行实车道路测试时,应采用事故车辆在现场路段或类似路面试验测定,或采用相同厂牌、型号的类似车辆使其在与事故车辆相似的运行状态下,在事故现场或类似路面试验测定;

②没有条件进行实车道路测试时,应采用附着系数测试仪器在事故现场路段进行测量,在现场范围内选择三个位置测量,取三次测量结果的平均值;

③若上述方法不具备实施条件,可根据事故车车型、道路类型、天气状况和车速范围等情况选取参考值(参见 GB/T 33195－2016《道路交通事故车辆速度鉴定》附录 B),详细说明路面的材料、路面湿滑情况、车轮载荷、胎压、胎面花纹等。

(2)附着系数修正值 κ 可根据车辆检验结果测定。全轮制动时 $\kappa=1$;对于四轮汽车,一前轮和一后轮制动时 $\kappa=0.5$。

(3)车辆的滑移距离 s 为车辆的制动痕迹长度,可用卷尺、激光测距仪或近景摄影等方法测量。

(4)车辆的滚动阻力系数 f 可在事故现场或者类似路面实验测得,在不具备实验条件的情况下,可参照 GB/T 33195－2016《道路交通事故车辆速度鉴定》表 B.5 选取。

(5)翻车车身与地面的摩擦系数 μ 可参照 GB/T 33195－2016《道路交通事故车辆速度鉴定》表 B.2 选取。

(6)路面坡度 i 可用坡度仪在事故现场测定。

(7)滑移偏向角为车辆碰撞前的行驶方向与碰撞时车辆质心在路面上的投影点和停止时车辆质心在路面上的投影点连线的夹角,可利用勾股定理计算得出。

(六)基于视频图像的车辆行驶速度鉴定

1. 鉴定要求

(1)鉴定委托

委托单位应向鉴定机构提供车辆行驶速度鉴定委托书、视频图像、道路交通事故现场图、道路交通事故现场勘查笔录、目标车辆技术信息等材料。视频图像应为原始资料,或虽经处理但帧率、显示时间、图像元素位置均未发生变动的视频图像。鉴定委托书式样参见 GA/T 1133－2014《基于视频图像的车辆行驶速度技术鉴定》附录 A。

(2)视频图像

①视频图像应播放流畅,帧率稳定。

②视频图像应画面清晰,肉眼可以分辨目标车辆外观特征、运动轨迹,能够在图像范围内有效选取或设定参照物。

③使用通用播放器或摄录设备附带的专用播放器，能够实现视频图像的逐帧播放和截图功能。

④在视频图像关注区域内，应检验视频摄录设备的位置、内外参数是否发生过变动。视频摄录设备的位置、内外参数发生变动的，应保证能够在视频图像范围内有效选取或设定参照物。

(3)模拟实验

①当视频图像中无法直接确定参照物或参照距离时，可采用在事发地点进行模拟实验的方法确定参照物或参照距离。

②模拟实验时，应保证视频摄录设备的位置、内外参数与原始位置、内外参数一致。

(4)鉴定方法

①视频图像的显示时间应校准，以校准后的时间作为计算用时间。

②确定目标车辆在视频图像中出现的时间和位置。

③逐帧观察并确定目标车辆在视频图像中的运动轨迹，分析和判定目标车辆在视频图像关注区域内的速度变化规律。

④在视频图像关注区域内按以下原则选取或设定参照物：

a)道路环境参照物应尽量选取车行道分界线、人行横道线、路口导向线、路侧电线杆、灯杆、树木等具有明显特征的固定物；

b)目标车辆参照物应选取目标车辆前后端点、前后轮轮心、前后灯具端点、车窗玻璃前后端点、轮胎与地面接触点等特征位置；

c)虚拟参照物的设定应便于确定目标车辆通过该空间位置所用的时间，宜将虚拟参照物设定在与目标车辆某一特征点、道路环境参照物某一边缘线或端点重合的位置；

d)计算结果的区间值较大不能满足鉴定要求时，可以采用在图像关注区域范围内选取不同道路环境参照物或目标车辆参照物的方法进行比对计算，选取区间值较小的作为最终计算结果；

e)无法有效选取参照物或对参照物有疑问的，应对事发地点或车辆进行勘验。

⑤逐帧播放确定视频图像的帧率和目标车辆通过参照物的帧数，计算目标车辆通过参照物所用时间。采用整帧计数方法不能满足鉴定要求时，目标车辆在图像关注区域呈匀速直线运动状态的，可以采用帧间差分法精确计算。

⑥根据委托方提供的现场勘查、车辆技术参数等数据，或鉴定机构采用人工测量、摄影测量等方法获得的补充勘测数据，确定参照距离和目标车辆的行驶距离。

⑦当目标车辆的行驶距离能够精确测量时，应按照目标车辆行驶距离计算目标车辆行驶速度；当目标车辆的行驶距离无法精确测量时，应按照参照距离计算目标车辆行驶速度的范围。

2. 固定式视频图像的车辆行驶速度计算方法

(1)直线行驶的速度

利用道路环境参照距离计算车辆行驶速度的方法如下：

①逐帧检测视频图像,观测视频图像的帧率,计算相邻两帧图像之间的间隔时间;

②选取两个道路环境参照物和一个目标车辆特征点;

③记录目标车辆特征点或其路面投影位置通过两个道路环境参照物时的图像帧数;

④测量视频图像中两个道路环境参照物之间的距离;

⑤确定目标车辆特征点通过两个道路环境参照物时的行驶速度,见 GA/T 1133 - 2014《基于视频图像的车辆行驶速度技术鉴定》第 4.1.1 条中的公式(1):

采用摄影测量等技术能够精确测量目标车辆在 N 帧内的行驶距离时,目标车辆的行驶速度见 GA/T 1133 - 2014《基于视频图像的车辆行驶速度技术鉴定》第 4.1.1 条中的公式(2)。

(2)利用目标车辆参照距离计算车辆行驶速度

利用目标车辆参照距离计算车辆行驶速度的方法如下:

①逐帧检测视频图像,观测视频图像的帧率,计算相邻两帧图像之间的间隔时间;

②在目标车辆同侧车身表面距地等高位置上选取两个至车辆纵向对称面等距离的特征点;

③选取一个道路环境参照物或设定一个虚拟参照物;

④记录目标车辆两个特征点通过该参照物时的图像帧数;

⑤测量目标车辆两个特征点之间的距离;

⑥用 GA/T 1133 - 2014《基于视频图像的车辆行驶速度技术鉴定》第 4.1.1 条中的公式(1)或 GA/T 1133 - 2014《基于视频图像的车辆行驶速度技术鉴定》第 4.1.1 条中的公式(2)计算目标车辆两个特征点通过该参照物时的行驶速度。

(3)转弯或沿曲线路行驶的速度

①单刚体车辆的行驶速度

A. 两轴汽车的行驶速度

两轴汽车在视频图像中转弯或沿曲线路行驶时的速度计算公式和极限值见 GA/T 1133 - 2014《基于视频图像的车辆行驶速度技术鉴定》表 1,公式推导参见 GA/T 1133 - 2014《基于视频图像的车辆行驶速度技术鉴定》附录 B。

B. 多轴汽车的行驶速度

对于多轴汽车的行驶速度,应先将多轴汽车等效为两轴汽车,再按两轴汽车行驶速度计算方法进行计算。等效方法应符合以下原则:

a)对于只用前桥转向的三轴汽车,用一根与中、后轮轴线等距离的平行线作为与原三轴汽车相当的双轴汽车的后轮轴线,根据目标车辆车轮间的相互位置关系求出目标车辆质心的角速度和转弯半径,参照 GA/T 1133 - 2014《基于视频图像的车辆行驶速度技术鉴定》附录 B 的方法计算目标车辆的行驶速度;

b)对于利用第一、第二两车桥转向的四轴汽车,用一根与第三、第四两轴轴线等距离的平行线作为与原四轴汽车相当的双轴汽车的后轮轴线,并以第三、第四两桥轴线之间的中间平行线为基线，根据目标车辆车轮间的相互位置关系求出目标车辆质心的角速度和转弯半径，参照 GA/T 1133 – 2014《基于视频图像的车辆行驶速度技术鉴定》附录 B 的方法计算目标车辆的行驶速度。

②多刚体车辆的行驶速度

对于汽车列车、拖拉机运输机组等多刚体车辆，以牵引车或第一节车体的行驶速度作为目标车辆的行驶速度。

3. 车载式视频图像的车辆行驶速度计算方法

车载式视频图像的车辆行驶速度计算方法参见 GA/T 1133 – 2014《基于视频图像的车辆行驶速度技术鉴定》附录 C。

4. 鉴定意见表述

鉴定意见表述为：目标车辆某特征点通过参照物 1 和参照物 2 之间的行驶速度为________ km/h；目标车辆第一特征点至第二特征点通过某参照物时的行驶速度为________ km/h；目标车辆在视频图像时刻 1 至时刻 2 之间的行驶速度为________ km/h。

以上带下划线格式的内容应按鉴定实际情况填写。

5. 附图要求

（1）鉴定意见书中应包含附图，附图示例参见 GA/T 1133 – 2014《基于视频图像的车辆行驶速度技术鉴定》附录 D。

（2）所附图片应为视频图像上截取的原始画面，能够反映视频监控的显示时间、拍摄地点、目标车辆、参照物等信息。

（3）所附图片应标注参照物的文字和图形信息。

（4）每幅画面应标注视频图像的帧数信息。

（5）附图应能完整清晰反映出目标车辆通过参照物时的过程。

五、交通事故痕迹物证综合鉴定

交通事故痕迹物证综合鉴定是指基于以上交通事故痕迹物证鉴定项目的检验鉴定结果，必要时结合交通事故微量物证鉴定、声像资料鉴定、法医学鉴定等结果，综合判断涉案人员、车辆、设施等交通要素在事故过程中的状态、痕迹物证形成过程及原因等，包括交通行为方式、事故车辆起火原因、交通信号灯指示状态、轮胎破损原因等。

（一）道路交通事故涉案者交通行为方式鉴定

道路交通事故涉案者交通行为方式是指发生道路交通事故时涉案者的行为状态，包括：驾驶车辆、乘坐车辆、骑行或推行车辆以及行人处于直立、蹲踞或倒卧等状态。致伤方式，是指人体损伤的形成方式，包括在碰撞、碾压、拖擦、摔跌、挤压或抛甩中形成。道路交通事故涉案者交通行为方式鉴定是指对以上行为状态作出分析判断的活动。

1. 总体要求

（1）鉴定人应根据案情，对道路交通事故现场、涉案车辆或人员进行勘查、检验后，结合现场调查或相关影像资料情况，依据勘查、检验结果进行综合分析，并对涉案者在事故发生时所处行为状态作出判断并提供书面意见。

(2)交通行为方式鉴定应建立在对事故过程进行分析的基础上,基于多专业知识,依据证据的充分性作出合理判断。在受理具体案件时应评估鉴定条件。

2. 一般要求

(1)鉴定程序

道路交通事故涉案者交通行为方式鉴定受理、送检材料接收、检验鉴定、材料流转、结果报告、记录与归档应按照 SF/T 0072 - 2020《道路交通事故痕迹物证鉴定通用规范》中相关规定实施。

(2)材料收集

可通过委托人了解基本案情,获取涉案者相关的体表伤情照片、病历、医学影像资料、道路交通事故现场资料(如现场调查和走访材料、音视频材料)和车载电子数据等。

(3)明确鉴定要求

应了解委托人的具体鉴定要求,确认鉴定委托事项,审查其是否符合道路交通事故涉案者交通行为方式的鉴定范围,评估是否具备鉴定条件。

(4)道路交通事故涉案者交通行为方式的鉴定范围包括:

①道路交通事故涉案者的驾乘状态(驾驶或乘坐);

②涉案者对自行车、电动自行车和三轮车等车辆的骑推行状态(骑行或推行);

③碰撞时行人体位状态(直立、蹲踞或倒卧等)。

3. 鉴定方法

(1)检验

①鉴定人应针对鉴定的具体要求,根据鉴定材料、鉴定条件以及鉴定对象的状态等,确定具体的检验方案,并选择适用的检验方法。

②对车辆、道路环境及其他客体物的勘查和检验,选择使用的方法包括但不限于以下文件中规定的相关方法:GA/T 41 - 2019《道路交通事故现场痕迹物证勘查》、GA/T 1087 - 2021《道路交通事故痕迹鉴定》和 GA/T 1450 - 2017《法庭科学车体痕迹检验规范》。

③对人体损伤的检验,选择使用的方法包括但不限于以下文件中规定的相关方法:GA/T 147 - 2019《法医学　尸体检验技术总则》、GA/T 150 - 2019《法医学　机械性窒息尸体检验规范》、GA/T 168 - 2019《法医学　机械性损伤尸体检验规范》、GA/T 268 - 2019《道路交通事故尸体检验》、GA/T 944 - 2011《道路交通事故机动车驾驶人识别调查取证规范》和 SF/T 0111 - 2021《法医临床检验规范》。

④检验过程中若发现可能作为进一步分析和判断依据的痕迹物证,可对相关检材进行微量物证或法医脱氧核糖核酸(DNA)检验,检材的固定、提取及送检等环节可参照的方法包括但不限于以下文件中规定的相关方法:GB/T 40991 - 2021《微量物证的提取、包装方法》、GA/T 148 - 2019《法医学　病理检材的提取、固定、取材及保存规范》、GA/T 944 - 2011《道路交通事故机动车驾驶人识别调查取证规范》、GA/T 1087 -

2021《道路交通事故痕迹鉴定》、GA/T 1162－2014《法医生物检材的提取、保存、送检规范》、SF/T 0072－2020《道路交通事故痕迹物证鉴定通用规范》和 SF/T 0111－2021《法医临床检验规范》。

（2）分析

①应根据对事故所涉人员、车辆、道路及周围环境等的痕迹物证勘查和检验，分析道路交通事故形态，包括碰撞部位、碰撞过程、碰撞后车辆及人员的运动轨迹等。

②应根据事故形态，辨析车辆与人员碰撞形成的痕迹和物质转移，结合相关检材的微量物证或法医 DNA 检验结果，分析痕迹物证的形成条件和过程，判断事故所涉人员在事发时所处的位置或状态。

③应根据人体（活体或尸体）衣着痕迹（包括衣着、鞋、袜、手表、佩戴的饰品及携带物品等）、体表痕迹及特征性损伤，结合车辆和道路等信息，分析致伤物接触面和致伤方式。

④交通行为方式鉴定可运用交通事故现场资料、案件调查事实和计算机仿真事故再现技术等进行辅助分析；必要时，可结合对视频图像的检验结果进行分析。

⑤应综合分析道路交通事故过程，判断涉案者事发时的交通行为方式。

（3）判断

①认定性判断

具有认定交通行为方式的典型特征的损伤、痕迹物证和运动轨迹，可以作为交通行为方式判断的关键性依据，且符合有条件成立的，应得出认定性的意见。

②有条件成立

在现有鉴定条件下，有关证据可以互相印证，能够形成逻辑链的，应得出有条件成立的意见。

③倾向性意见

在现有鉴定条件下，有关证据尚不能满足成立的条件，但可以通过对确立关系进行比较分析得出倾向性的意见。

④排除性判断

有关证据不能相互印证，不存在逻辑链关系，经综合分析不符合客观事实的，应得出否定性的意见。

4. 典型交通行为方式的鉴定

（1）驾驶/乘坐汽车

①应根据车内不同位置周围的环境差异，分析事故中涉案人员的受力情况及运动趋势，并结合人员损伤特征及痕迹物证进行分析判断。

②根据车窗玻璃的损坏情况及附着痕迹，结合人员衣着痕迹、体表痕迹及损伤特征，分析车窗玻璃相关痕迹物证的形成条件及过程。

③根据各座位乘员约束装置（如安全带、安全气囊和气帘等）痕迹物证及状态（如安全带预紧、织带拉伸、安全气囊或气帘起爆等），结合车内人员的衣着痕迹、体表痕迹

及损伤特征,分析事发时各座位人员使用约束系统的情况。

④将座椅及周围部件(如方向盘、仪表台、扶手、饰板和踏板等)的痕迹及附着物,与人员衣着、鞋底痕迹、体表痕迹及损伤(如方向盘损伤、安全带损伤和脚踏板损伤等)进行比对检验,必要时应进行微量物证检验。

⑤将座椅及周围部件(如方向盘、仪表台、扶手、饰板和换挡杆等)遗留的指纹和掌纹等痕迹,与相关人员进行比对检验,必要时应结合其分布和形态,分析形成条件及过程。

⑥将现场勘查检见的血迹、毛发、人体组织物或人体可能接触部位留有的脱落细胞等生物检材,与人员的体表损伤及痕迹进行比对检验,必要时应进行法医 DNA 检验;对于血迹,必要时结合其分布和形态,分析血迹的形成条件及过程。

⑦对于座椅周围的遗留物品,必要时应确认其所有人。

⑧根据车辆座椅设置参数,以及座位与加速踏板和制动踏板之间的距离,结合相关人员的身高体型进行分析判断。

⑨根据各车门、车窗的变形、破损和锁闭情况,分析车内人员的撤离或被抛甩的条件;对于已经被抛甩出车外的人员,应结合现场人员和车辆的相对位置分析其被抛甩和摔跌的过程。

⑩车载电子数据信息,如汽车行驶记录仪(VDR)和汽车事件数据记录系统(EDR)等相关数据,可作为分析判断驾乘状态的辅助工具。

⑪应根据上述①~⑩的分析,结合相关检验鉴定的结果,采用 SF/T 0162-2023《道路交通事故涉案者交通行为方式鉴定规范》第6.2条和第6.3条规定的方法进行综合分析及判断。

(2)驾驶/乘坐两轮摩托车

①应根据不同的碰撞对象及碰撞形态,分析事故中涉案车辆与人员的不同受力情况及运动轨迹,并结合不同的人员损伤特征及痕迹物证进行分析判断。

②将摩托车前部凸出部件(如仪表盘、车把、后视镜和挡风罩等)的痕迹,与摩托车驾乘人员头颈部、胸腹部、上肢和手的损伤进行比对检验,分析其是否具有摩托车驾驶人的特征性损伤。

③将摩托车前后座及周围部件的痕迹,与摩托车驾乘人员会阴部和下肢的损伤特征进行比对检验,分析各人员事发时所处的位置。

④将摩托车表面附着物特征与驾乘人员衣着痕迹进行比对检验,必要时进行微量物证检验。

⑤将摩托车上检见的血迹或人体组织等生物检材,与驾乘人员的损伤进行比对检验,必要时应进行法医 DNA 检验。

⑥将驾乘人员的损伤进行比对检验,分析碰撞时各人员的相互位置关系。

⑦应根据上述①~⑥的分析,结合相关检验鉴定的结果,采用 SF/T 0162-2023《道路交通事故涉案者交通行为方式鉴定规范》第6.2条和第6.3条规定的方法进行综

合分析及判断。

⑧涉及驾驶/乘坐电动自行车的鉴定，可结合车辆结构特征，参照上述①～⑦中的方法进行综合分析及判断。

(3)自行车骑行/推行状态

①应根据涉案车辆及人员的检验情况，分析事故形态，并结合车辆及涉案者不同的痕迹形成过程和成伤机制进行分析判断。

②将涉案者下肢直接撞击伤距其足底或所着鞋底的高度与其致伤物距地面的高度进行比较，分析碰撞时涉案者下肢所处的状态。

③根据涉案者推车时的习惯，结合车辆痕迹及碰撞形态，分析碰撞时各车辆与涉案者的相对位置关系。

④根据涉案者是否具有骑跨状态下形成的特征性损伤，分析其碰撞时的骑行或推行状态。

⑤根据自行车车把和鞍座的偏转情况，以及涉案者鞋底新近形成的挫划痕迹和鞍座两侧新近形成的布纹擦痕等，分析是否具有骑行或推行状态下形成的特征性痕迹。

⑥应根据上述①～⑤的分析，结合其他有关鉴定材料，采用SF/T 0162－2023《道路交通事故涉案者交通行为方式鉴定规范》第6.2条和第6.3条规定的方法进行综合分析及判断。

⑦涉及电动自行车骑行/推行状态的鉴定，可结合车辆结构特征，参照上述①～⑥中的方法进行综合分析及判断。

(4)行人体位状态

①根据车体痕迹与涉案行人体表痕迹及损伤的比对检验，结合事故车辆的痕迹高度，分析行人碰撞部位的高度，判断行人所处的状态。

②根据涉案行人的损伤部位、类型和形态，分析其致伤方式，结合碰撞、摔跌或拖擦等事故过程，判断行人所处的状态。

③根据涉案行人鞋底新近形成的挫划痕迹，分析其是否在下肢承重状态下受到外力作用所形成。

④事故现场人、血迹和车的相对位置可作为分析碰撞时涉案行人所处状态的辅助条件。

⑤应根据①～④的分析，结合其他有关鉴定材料，采用SF/T 0162－2023《道路交通事故涉案者交通行为方式鉴定规范》第6.2条和第6.3条规定的方法进行综合分析及判断。

5. 鉴定意见种类和要求

(1)鉴定意见种类

鉴定意见的种类包括认定、否定、倾向性意见及无法判断。

(2)鉴定意见要求

应根据鉴定要求，按照鉴定意见的种类及其他情况进行科学客观、准确规范、简明扼要的表述,鉴定意见的参考表述如下。

①认定的鉴定意见的参考表述

a)驾乘状态:事发时,某人是某车辆的驾驶人可以成立。

b)骑推行状态:事发时,某人呈推行(或骑行)某车辆的状态可以成立。

c)行人体位状态:事发时,某人呈直立(或蹲踞、倒卧)状态可以成立。

②否定的鉴定意见的参考表述

a)驾乘状态:事发时,某人不是某车辆的驾驶人可以成立。

b)骑推行状态:事发时,某人呈非推行(或骑行)某车辆的状态可以成立。

c)行人体位状态:事发时,某人呈非直立(或蹲踞、倒卧)状态可以成立。

③倾向性鉴定意见的参考表述

a)驾乘状态:事发时,存在某人是某车辆驾驶人的可能性。

b)骑推行状态:事发时,某人符合(或较为符合)推行(或骑行)某车辆的状态。

c)行人体位状态:事发时,某人在直立(或蹲踞、倒卧)状态下与车辆发生碰撞可以形成其损伤及车辆的痕迹。

④无法判断的鉴定意见的参考表述

a)驾乘状态:根据现有条件,无法判断事发时某人是否为某车辆的驾驶人。

b)骑推行状态:根据现有条件,无法判断事发时某人处于骑行还是推行车辆的状态。

c)行人体位状态:根据现有条件,无法判断事发时某人的体位状态。

(二)车辆火灾痕迹物证鉴定

车辆火灾痕迹物证鉴定是指通过对发生车辆燃烧、受热后所形成的可观测的物理、化学变化的现象的火灾现场痕迹物证进行勘验,并对起火点、起火物、助燃剂、碳化、碳化深度、烟怠、过火面积等涉及起火原因的因素进行分析判断的活动。

1. 总体要求

(1)鉴定人应具备相应的鉴定资质,鉴定机构应具备提取火灾痕迹和物证的设备。

(2)委托方应向鉴定机构提供被鉴定车辆和案件卷宗(含现场和车辆勘查照片)等材料,鉴定委托应符合 SF/T 0072 – 2020《道路交通事故痕迹物证鉴定通用规范》的规定。

(3)从委托方处获取案件发生的过程及其他相关信息,制订痕迹鉴定计划,确定痕迹勘验的重点。

(4)痕迹鉴定应勘验实物痕迹,对于实物痕迹已经失灭,无法再行勘验和检查的,可视情况参考有效的现场勘验记录照片等案件信息。

(5)检验鉴定工作人员认为有必要勘验现场和检查车辆的,委托方应予以协助。

(6)勘查工作应遵循合法、安全、及时、客观、规范、全面和科学的原则。

(7)车体痕迹和现场痕迹的勘验及固定应按照 GA/T 41 – 2019《道路交通事故现场痕迹物证勘查》规定的方法进行。

(8)事发现场周围有监控设备的,或者被鉴定车辆安装有行驶记录仪和车载事件数据记录仪等设备的,应及时提取相应视频。对于新能源汽车,宜提取监控平台数据。途经事发现场车辆安装有视频行驶记录装置的,宜提取相关信息。

(9)现场检验照相应符合 GA/T 50－2019《道路交通事故现场勘查照相》的规定。

2. 车辆火灾鉴定

(1)车辆火灾分类

从车辆结构系统的角度,车辆火灾主要可分为以下四类:

①机械系统导致:由于车辆制动系统故障、轮胎气压不足或机械润滑系统缺油等导致部件间摩擦产生高温,从而引起车辆火灾;

②电气系统导致:车辆上的电气设备或导线因接触不良、短路或者超过负荷产生高温或电火花,从而引起车辆火灾;

③油液系统导致:车辆上使用的可燃油液泄漏并达到燃烧条件,从而引起车辆火灾;

④外来因素导致:不是车辆自身所装配物品引发的车辆火灾。

(2)检验要求

按照 GA/T 41－2019《道路交通事故现场痕迹物证勘查》和 GA/T 1087－2021《道路交通事故痕迹鉴定》的规定对车辆的痕迹进行检验,着重检验并记录过火痕迹,主要包括碳化深度、灰烬、烟怠、分界线、火灾蔓延和过火面积等痕迹,应记录其所处部位、几何尺寸形态和方向等,如需提取燃烧残余物和烟怠等燃烧产物的,应按照 SF/T 0100－2021《车辆火灾痕迹物证鉴定技术规范》第 6 部分的规定进行提取。检验可分为初步检验、细项检验和专项检验三个步骤。

(3)鉴定过程

①识别车辆

记录车辆号牌、品牌、型号及车辆唯一性标识。

②检验步骤

A. 初步检验

应在尽量不触动车内、外物体和不变动物体原来位置的情况下进行检验,以确定起火部位和下一步的检验重点。初步检验的主要内容包括:a)车辆的变形情况和零部件的移位情况;b)不同方向、不同高度和不同位置的燃烧终止线;c)不同部位各种物质烧毁情况,同一物体不同方向的烧毁情况;d)坍塌的部位、方向和形成坍塌的原因;e)物体上形成的燃烧图痕或烟熏痕迹;f)不燃材料的变形熔化情况;g)火源和热源的位置及状态;h)电气控制装置、线路及其位置被烧状态。

B. 细项检验

在不破坏物证的原则下,对初步检验中所发现的痕迹和物证,可逐个地仔细翻转移动进行检验和收集,以确定起火点。细项检验的主要内容有:a)可燃物烧毁和烧损的状态,根据燃烧碳化程度或烧损程度,分析燃烧蔓延的过程;b)不燃物或难燃物的损坏情况;c)烟熏痕迹;d)搜集残存的发火物、起火物和发热体的残体。

C. 专项检验

对找到的引火源、引火物或起火物,收集证明起火原因的证据。根据需要,对采集的物证进行特定的理化分析。专项检验的主要内容有:a)各种起火物:根据物品特征分析其来源;b)电气线路:有无短路点和过电流现象,根据其特有的痕迹特征,分析短路和过电流的原因;c)电器部件:有无过热现象及内部故障,分析过热和故障的原因;d)机械设备:检查有无摩擦痕迹,分析造成摩擦的原因;e)热表面的温度、发热时间、与可燃物的距离和可燃物的有关特征等。

D. 确定起火部位

观察车身燃烧痕迹、玻璃烧损和破碎痕迹、轮胎及底盘燃烧痕迹、汽车内部各部位燃烧痕迹以及现场可燃物燃烧残留的痕迹等,确定火灾蔓延方向,从而确定起火部位。根据汽车的构造,汽车火灾的起火部位可分为:a)汽车外部(含底盘、轮胎和轮毂);b)发动机舱内;c)驾驶室内;d)后备箱(货车的货厢)内。

确定起火部位之后,按照烧损程度由轻至重的顺序,对被鉴定车辆进行检验,确定起火点的具体位置。同时有针对性地对火灾涉及的系统进行检验,确定其烧损状态,分析引发火灾的可能性。

E. 起火部位在汽车内部的检验

起火部位若在汽车内部,应按照 XF/T 812－2008《火灾原因调查指南》中汽车发动机、涡轮增压器、燃料供给系统、排气净化系统、排气系统、电气系统、传动系统、液压制动系统及附属设备(如空调压缩机、动力转向架、空气泵和真空泵等)发生火灾的危险性,对起火点附近的汽车火灾痕迹进行检验,包括但不限于:a)检验油路的泄漏痕迹;b)检验电路(含驱动电机和动力电池包)的电气故障痕迹;c)检验开关、手柄和操纵杆的位置;d)检验发动机、排气管或排气管附近的可燃物或可燃物的碳化痕迹;e)检验汽车内部可能遗留的火种;f)检验车内携带的危险品。

F. 起火部位在汽车外部的检验

因放火、排气管或催化转换器烤燃地表可燃物以及轮胎过热等原因引发汽车火灾后,火灾的起火部位大都在汽车外部。鉴定人员在按照上述步骤 E 进行检验的基础上,还应进行下列工作,以对车辆火灾进行全面检验。

a)车外放火:火灾调查人员确定起火点之后,检查是否存在盛装助燃剂的物品,如塑料瓶或棉布等。对起火点附近提取的玻璃烟尘、车身烟尘、碳化残留物及地面泥土等物证进行助燃剂检测,能够有效地确定汽车火灾是否由放火引起;

b)排气管或催化转化器处起火:检查汽车底盘下方地面上的可燃物及燃烧的情况;

c)轮胎过热起火:对轮胎部位的燃烧痕迹进行细项检验。

3. 物证提取方法

(1)鉴定人员应提取有利于解决鉴定委托事项的物证材料,包括但不限于:烟尘;

碳化物;外来易燃液体及容器;车内储存的火灾危险品;泄漏的油品;带有熔痕的导线、金属电气件;电器设备;失效的零件。

(2)提取痕迹和物证之前,应采用照相或录像的方法进行固定,量取其位置和尺寸。

(3)物证的提取应按照 GB/T 20162－2006《火灾技术鉴定物证提取方法》的规定进行。提取后的痕迹和物品应根据特点采取相应的封装方法,粘贴标签。检材盛装袋或容器应保持洁净,避免与检材发生化学反应。不同的检材应单独封装。

(4)在对电气物证进行取样时,应检查电源是否已经关闭。尽量保持物证的原始状态,将其整体作为物证进行提取,尽量不破坏其整体结构。如果需要拆卸外壳,不宜破坏其内部部件的结构和位置。提取电气痕迹和物品应按照以下方法和要求进行:

①采用非过热切割方法提取检材;

②提取金属短路熔痕时注意查找对应点,在距离熔痕 10cm 处截取。如果导体或金属构件等不足 10cm,则整体提取;

③提取导体接触不良痕迹时,重点检查电线、电缆接头处、铜铝接头、电器设备、仪表、接线盒和插头等并进行提取;

④提取短路迸溅熔痕时采用筛选法和水洗法,提取时注意查看金属构件和导线表面上的熔珠;

⑤提取金属熔融痕迹时对其所在位置和有关情况进行说明;

⑥提取绝缘放电痕迹时将导体和绝缘层一并提取,绝缘层已经碳化的尽量完整提取。

(5)提取易燃液体痕迹和物品应在起火点及其周围进行,提取的点数和数量应足够,同时在远离起火点部位提取适量比对检材,按照以下提取方法和要求进行:

①提取车厢地板检材采用截取方法。可将留有流淌和爆裂痕迹的部分进行切割,车厢地板各孔洞及接缝处应重点提取。提取地毯等车内织物时,要剪取被烧形成的孔洞内边缘部分。

②门窗玻璃、金属物体和顶棚上附着的烟尘,可用脱脂棉直接擦取或铲取。

③燃烧残留物和衣物等可直接提取。

4. 鉴定结果

鉴定人根据检见的痕迹,可结合物证分析结果综合分析,对火焰形成过程以及判断是否为起火点等委托要求作出鉴定意见。

(三)道路交通事故重建

道路交通事故重建是指根据道路交通事故现场图、现场照片、痕迹物证、车辆形变、车载信息、视频图像及人体损伤等事故相关材料,通过推演计算,分析交通事故现场元素方位及再现交通事故发生过程的活动。道路交通事故重建,一般包含道路交通事故过程重建和道路交通事故现场重建。

1. 总体要求

(1)材料

①送检材料应包含道路交通事故现场图、现场照片、视频图像、现场勘查笔录以及涉案车辆技术信息等。现场照片及视频图像应为原始材料,或虽经处理但照片分辨率、视频文件帧率、图像叠加时间以及图像元素位置均未发生变动。

②材料的记录、固定和补充等应符合 SF/T 0072 – 2020《道路交通事故痕迹物证鉴定通用规范》的相关规定。

(2)图像检验

①现场照片

a)现场照片应清晰,能分辨现场照片中需要重建的路面痕迹、散落物及车辆位置等元素信息。

b)采用二维直接线性变换(DLT)进行交通事故现场重建时,现场照片应至少包含4 个像方控制点,像方控制点对应的物方控制点应共面但不共线,且与所测元素特征共面。

c)采用现场点云与现场照片融合进行交通事故现场重建时,现场照片应至少包含4 个像方控制点,且像方控制点对应的物方控制点不共面。

d)现场照片畸变较大时,宜进行畸变校正后再按照 SF/T 0160 – 2023《基于图像的道路交通事故重建技术规范》第 4.2.1.2 条或第 4.2.1.3 条的规定检验现场照片,现场照片畸变校正效果可通过以下方法判断:参与标定相机标定点的平均重投影误差值;现场照片中扭曲的直线特征在校正后的恢复效果,如路面标线、建筑物及灯杆。

②视频图像

a)视频图像应播放流畅,能分辨需要重建目标对象的外观特征和运动轨迹,且能在图像范围内有效设定参照物或选取车辆特征点。

b)采用一维 DLT 进行交通事故过程重建时,视频图像应至少包含 3 个像方控制点,且像方控制点对应的物方控制点与所选取车辆特征点共线。

c)采用二维 DLT 进行交通事故过程重建时,视频图像应至少包含 4 个像方控制点,像方控制点对应的物方控制点应共面但不共线,且与所选取车辆特征点共面。

d)采用现场点云与视频图像融合进行交通事故过程重建时,视频图像应至少包含4 个像方控制点,且像方控制点对应的物方控制点不共面。

e)当视频图像中可以选取合适的车辆特征点,但由于阴雨天气或夜间等因素不满足 SF/T 0160 – 2023《基于图像的道路交通事故重建技术规范》第 4.2.2.3 条或第 4.2.2.4 条的规定时,可在天气良好条件下重新采集视频图像。

f)当视频图像中可以选取合适的车辆特征点,但由于视频图像对应现场条件不满足 SF/T 0160 – 2023《基于图像的道路交通事故重建技术规范》第 4.2.2.3 条或第 4.2.2.4 条的规定时,可通过现场布设物方控制点重新采集视频图像。

g)依据 SF/T 0160 – 2023《基于图像的道路交通事故重建技术规范》第 4.2.2.5 条

以及第 4.2.2.6 条的规定进行检验时,视频摄录设备的内、外参数应保持一致。

h)依据 SF/T 0160－2023《基于图像的道路交通事故重建技术规范》第 4.2.2.6 条的规定进行检验时,现场布设物方控制点的方法可参照 GB/T 12979－2024《近景摄影测量规范》的相关规定。

i)视频图像畸变较大时,宜进行畸变校正后再按照 SF/T 0160－2023《基于图像的道路交通事故重建技术规范》第 4.2.2.2 条、第 4.2.2.3 条或第 4.2.2.4 条的规定检验,视频图像畸变校正效果可通过以下方法判断:参与标定相机标定点的平均重投影误差值;现场照片中扭曲的直线特征在校正后的恢复效果,如路面标线、建筑物及灯杆。

③视频图像帧

利用视频图像帧进行交通事故现场重建的检验应符合 SF/T 0160－2023《基于图像的道路交通事故重建技术规范》第 4.2.1 条的规定。

2. 参数检验

(1)时间检验

①帧率分析

若视频关注时段内图像叠加时间的时间差值与图像播放时刻时间差值一致,应查看图像叠加时间、视频文件帧率和图像播放时刻,同时结合参照物特征或车辆特征点在视频关注时段的车辆特征像素位置变化规律综合分析,计算用帧率值分析如下:

a)像素位置变化规律无异常的,且视频关注时段的图像叠加时间帧率为恒定值,该恒定值与视频文件帧率相等,取图像叠加时间帧率为计算用帧率值;

b)像素位置变化规律无异常的,视频关注时段的图像叠加时间帧率与视频文件帧率相差 1 帧,可取图像叠加时间帧率或视频文件帧率为计算用帧率值;

c)像素位置变化规律无异常的,视频关注时段的图像叠加时间帧率与视频文件帧率相差大于 1 帧,但视频文件帧率与连续时段图像叠加时间帧率的平均值近似相等,可取视频文件帧率作为计算用帧率值,也可选取参照帧图像播放时刻的差值直接作为计算用时间;

d)像素位置变化规律异常的,可根据像素位置变化规律补齐缺失帧或删除重复帧的,取视频文件帧率与增补值之和或视频文件帧率与重复帧数之差作为计算用帧率值。

若视频关注时段内图像叠加时间的时间差值与图像播放时刻时间差值不一致,但呈整数倍关系的,可将图像播放时刻帧间差值放大/缩小相应倍数后,按照 SF/T 0160－2023《基于图像的道路交通事故重建技术规范》第 5.1.1.1 条规定的方法分析。

②帧间时间

已知目标车辆通过参照物的图像帧 n_1 和 n_2($n_1 < n_2$),其对应的图像播放时刻分别为 n_{1PTS} 和 n_{2PTS},目标车辆通过参照物所用帧间时间 t 可用以下方法计算。

选取图像叠加时间帧率或者视频文件帧率 f 进行计算,算法见式(19－1):

$$t = (n_2 - n_1)/f \qquad (19-1)$$

选取图像播放时刻时间进行计算,算法见式(19－2):

$$t = n_{2PTS} - n_{1PTS} \tag{19-2}$$

(2)空间检验

①车辆特征点选取

a)采用参照物重建交通事故过程时,应按照 GA/T 1133－2014《基于视频图像的车辆行驶速度技术鉴定》的规定选取或设定参照物。

b)采用一维 DLT 重建交通事故过程时,车辆特征点可在与车辆行驶方向一致的线状特征上选取,如同侧车轮(规格一致)轮心连线或车窗下沿。

c)采用二维 DLT 重建交通事故过程时,车辆特征点可在便于获取平面单应性关系的平面中选取,如车轮接地点和车身特征地面投影点。

d)采用现场点云与视频图像融合重建交通事故过程时,车辆特征点可选取便于准确测量离地高度的位置,如车辆灯具、车辆轮心和车辆牌照。重建交通事故现场时,现场元素特征的选取参见 SF/T 0160－2023《基于图像的道路交通事故重建技术规范》第 5.2.1.3 条和第 5.2.1.4 条的规定。

②像方控制点选取

a)采用 DLT 重建交通事故过程时,选取的像方控制点所形成的线段或者平面宜包含整个求解区间的车辆特征点位置,以便于车辆特征位置的内插计算。

b)采用现场点云与视频图像融合重建交通事故过程时,选取的像方控制点在视频图像视野内应尽量均匀布置,且高低错落。重建交通事故现场时,像方控制点的选取见 SF/T 0160－2023《基于图像的道路交通事故重建技术规范》第 5.2.2.1 条和第 5.2.2.2 条的规定。

③现场数据采集

a)尺具测量

使用经过检定或校准的尺具进行测量,测量误差应符合 GA/T 41－2019《道路交通事故现场痕迹物证勘查》的相关规定,若需要坐标信息,应在同一现场坐标系下量取。

b)仪器测量

可使用三维激光扫描仪、无人机航测系统以及全站仪等仪器设备采集道路交通事故现场尺寸信息,如果需要坐标信息,则应在同一现场坐标系下量取。

采用三维激光扫描仪采集现场数据可参照 CH/Z 3017－2015《地面三维激光扫描作业技术规程》的相关规定。

采用无人机航测系统采集现场数据,可参照 GA/T 1382－2018《基于多旋翼无人驾驶航空器的道路交通事故现场勘查系统》及 CH/Z 3001－2010《无人机航摄安全作业基本要求》的相关规定。

使用仪器设备采集现场尺寸后,还应同时使用经检定/校准后的尺具测量至少一段特征尺寸,以校验仪器设备采集的测量误差,测量误差应符合 GA/T 41－2019《道路交通事故现场痕迹物证勘查》的相关规定。

3. 基于固定式视频图像的道路交通事故过程重建

（1）基于一维 DLT 的车辆运动过程重建

基于一维 DLT 的车辆运动过程重建的方法如下。

①逐帧检测视频图像，观测视频图像的帧率 f，按照 SF/T 0160－2023《基于图像的道路交通事故重建技术规范》第 5.1.2 条中的方法计算两帧图像之间的帧间时间 t。

②选取目标车辆特征点和像方控制点，并获取像方控制点对应物方控制点坐标信息，特征点的选取见 SF/T 0160－2023《基于图像的道路交通事故重建技术规范》附录 A.1。

③根据像方控制点及其对应的物方控制点，计算一维 DLT 系数，一维 DLT 解法见式（19－3）：

$$x + \frac{l_1 X + l_2}{l_3 X + 1} = 0 \tag{19-3}$$

式中：

$l_i(i = 1,2,3)$ 代表一维 DLT 系数；

X 代表物方控制点空间坐标；

x 代表像方控制点像素坐标。

④目标车辆行驶过 N 帧后，重新选取步骤②中设定的物方控制点和车辆特征点。

⑤测量同一车辆特征点在 N 帧时间间隔内行驶过的距离 S，更新一维 DLT 系数。

⑥计算车辆特征点运动速度：

$$v = \frac{S}{t}$$

⑦重复步骤③～⑥连续获取车辆特征点运动速度。

（2）基于二维 DLT 的车辆运动过程重建

基于二维 DLT 的车辆运动过程重建的方法如下。

①逐帧检测视频图像，观测视频图像的帧率 f，按照 SF/T 0160－2023《基于图像的道路交通事故重建技术规范》第 5.1.2 条中的方法计算两帧图像之间的帧间时间 t。

②选取目标车辆特征点和像方控制点，并获取像方控制点对应物方控制点坐标信息，特征点的选取见 SF/T 0160－2023《基于图像的道路交通事故重建技术规范》附录 A.2。

③根据像方控制点及其对应的物方控制点，计算二维 DLT 系数，二维 DLT 解法见式（19－4）：

$$\begin{cases} x = (l_1 X + l_2 Y + l_3)/(l_7 X + l_8 Y + 1) \\ y = (l_4 X + l_5 Y + l_6)/(l_7 X + l_8 Y + 1) \end{cases} \tag{19-4}$$

式中：

$l_i(i = 1,2,\cdots\cdots,8)$ 代表二维 DLT 系数；

(X,Y) 代表物方控制点空间坐标；

(x,y) 代表像方控制点像素坐标。

④目标车辆行驶过 N 帧后,重新选取步骤②中设定的车辆特征点。

⑤测量同一目标车辆特征点在 N 帧间隔内行驶过的距离 S。

⑥确定目标车辆特征点运动速度:

$$v = \frac{S}{t}$$

⑦重复步骤④~⑥连续获取车辆特征点运动速度和车辆特征点运动轨迹。

(3)基于现场点云与视频图像融合的车辆运动过程重建

基于现场点云与视频图像融合的车辆运动过程重建的方法如下。

①逐帧检测视频图像,观测视频图像的帧率 f,按照 SF/T 0160-2023《基于图像的道路交通事故重建技术规范》第 5.1.2 条中的方法计算两帧图像之间的帧间时间 t。

②选取目标车辆特征点和像方控制点,并获取像方控制点对应物方控制点坐标信息。

③抽取视频图像的某一帧,根据像方控制点与物方控制点对应特征进行点云与图像配准。

④目标车辆行驶过 N 帧后,选取同一车辆特征点位置,并利用点云数据获取车辆特征点在点云数据中的位置,计算方法见 SF/T 0160-2023《基于图像的道路交通事故重建技术规范》附录 B。

⑤测量同一目标车辆特征点在 N 帧间隔内行驶过的距离 S。

⑥确定目标车辆特征点运动速度:

$$v = \frac{S}{t}$$

⑦重复步骤④~⑥连续获取车辆特征点运动速度和车辆特征点运动轨迹。

4. 基于车载式视频图像的道路交通事故过程重建

(1)车运动过程重建

①虚拟接地点

图 19-1 是安装车载式视频摄录设备车辆的特征点选取示意图,视频图像中车辆上虚拟接地点等效于路面上的一点,当车辆无明显前倾或后仰时,通过二维 DLT 计算的虚拟接地点的速度即为车辆特征点运动速度。

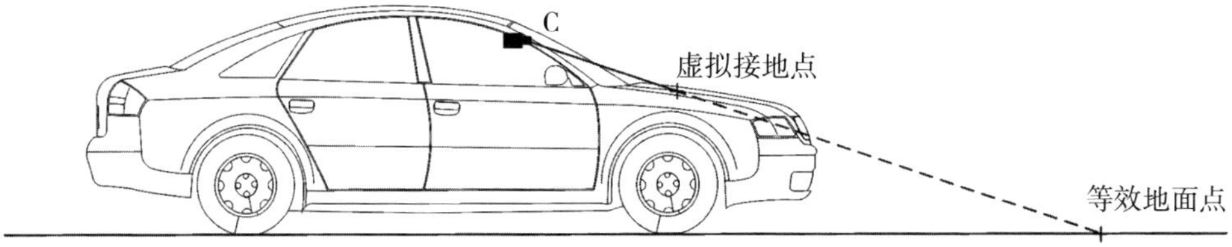

图 19-1　车载摄像下车辆特征点选取示意

②重建方法

车载式视频摄录设备车辆的运动过程重建的方法如下。

a）逐帧检测视频图像，观测视频图像的帧率 f，按照 SF/T 0160－2023《基于图像的道路交通事故重建技术规范》第 5.1.2 条中的方法计算两帧图像之间的帧间时间 t。

b）选取目标车辆特征点（虚拟接地点）和像方控制点，并获取像方控制点对应物方控制点坐标信息。

c）根据物方控制点及其对应的像方控制点，计算二维 DLT 系数，二维 DLT 解法见式（19－5）：

$$\begin{cases} x = (l_1X + l_2Y + l_3)/(l_7X + l_8Y + 1) \\ y = (l_4X + l_5Y + l_6)/(l_7X + l_8Y + 1) \end{cases} \quad (19-5)$$

式中：

$l_i(i = 1,2,\cdots\cdots,8)$ 代表二维 DLT 系数；

(X,Y) 代表物方控制点空间坐标；

(x,y) 代表像方控制点像素坐标。

d）目标车辆行驶过 N 帧后，重新选取步骤②中物方控制点和车辆特征点。

e）测量同一车辆特征点在 N 帧间隔内行驶过的距离 S，更新二维 DLT 系数。

f）安装车载式视频摄录设备车辆的运动速度：

$$v = \frac{S}{t}$$

g）重复步骤 c～步骤 f 连续获取车辆特征点运动速度和车辆特征点运动轨迹。

h）当选择的道路平面物方控制点离开视频画面时，应在同一坐标系统下选择新的物方控制点。

（2）目标车辆运动过程重建

车载式视频图像中拍摄的其他车辆运动过程的重建见 SF/T 0160－2023《基于图像的道路交通事故重建技术规范》第 7.1.2 条的方法。

5. 基于现场照片的道路交通事故现场重建

（1）基于二维 DLT 的交通事故现场重建

利用二维 DLT 对现场照片中的元素特征进行现场重建的流程如下：

①根据现场照片中需要定位的元素特征选择合适的像方控制点；

②现场实测像方控制点对应物方控制点距离，并获取其所在平面坐标系下的坐标值；

③解析二维 DLT 系数，选取现场图片中的可辨识的道路交通事故现场元素特征，并利用二维 DLT 系数获取选取的道路交通事故现场元素特征在物方控制点所在平面坐标系中的位置；

④确定道路交通事故现场元素特征的尺寸、方向和位置特征。

(2)基于现场点云与现场照片融合的交通事故现场重建

利用现场点云与现场照片融合对现场照片中的元素特征进行现场重建的流程如下:

①根据现场照片及道路交通事故现场条件,获取现场照片中路段的点云数据;

②选取现场照片中的像方控制点,并获取其对应物方控制点的坐标信息;

③利用对应特征的像方控制点和物方控制点进行点云与图像配准;

④选取现场图片中可辨识的道路交通事故现场元素特征,并利用点云数据获取选取的道路交通事故现场元素特征在点云数据中的位置;

⑤确定道路交通事故现场元素特征的尺寸、方向和位置等。

6. 道路交通事故的记录和结果

基于图像的道路交通事故的记录和结果包含但不限于以下内容:

(1)接收及重建所使用的材料;

(2)检验过程中产生的视频图像、现场照片以及现场采集数据;

(3)目标车辆特征点的运动速度,如果有空间位置信息,还可包含目标车辆特征点的运动轨迹;

(4)若采用现场照片重建事故现场,应标注事故现场元素特征的尺寸、方向及位置信息等;

(5)若采用现场点云与视频图像/现场照片融合重建,还可包含重建结果的图片或者视频文件。

(四)交通信号灯指示状态鉴定

1. 基本概念

信号灯是由红色、黄色和绿色灯采取不同组合组成的信号装置,用于指挥车辆、行人通行。红灯表示禁止通行,绿灯表示准许通行,黄灯表示警示。道路交通信号控制方式是指应用于道路交通信号控制系统,为控制和调整交通流运行状态,按照交通信号控制方案所执行的特定控制方式。相位是指同时获得通行权的一股或多股交通流所对应信号组的显示状态。周期是指信号灯色按设定的信号相位顺序变化一周所需的时间。交通信号配时是指设计交叉口的相位、相位序列以及周期、绿信比、相位差等参数的过程。信号灯状态是指信号灯在瞬时的灯色。当信号灯正常工作时,若某一瞬时的灯色为无色,则该瞬时信号灯的灯色为其最邻近过往瞬时的灯色。起始位置是指鉴定对象进入事故相关交通管控区域的初始位置(一般为停止线)。起始时刻是指鉴定对象位于起始位置的时间。目标信号灯是指指挥鉴定对象(车辆或行人)通行的信号灯。

2. 鉴定步骤

(1)准备工作

①应了解案情,包括事故路口的道路交通信号控制方式、交通信号配时和视频图像录制设备位置等环境情况,并确定事发时路口信号灯是否处于正常工作状态。

②应了解视频图像的形成过程,视需要可要求委托方提供视频图像的录制设备、播

放设备或软件。

③应明确鉴定要求,确定鉴定中的起始位置,了解视频图像中鉴定对象的情况,并了解委托方及各方当事人对于与鉴定要求相关的过程等情况的描述。

(2)视频图像检验

①应检验视频的文件名、格式、帧率、创建时间、修改时间和哈希值等文件属性信息。

②当使用通用播放软件及摄录设备附带的专业播放软件播放视频图像,发现不能逐帧播放或不能拖动播放进度条时,可采用下列之一的方法进行视频图像检验,并详细记录操作过程:

a)采用正常播放、倍速播放和逐帧播放相结合的方法进行检验;

b)采用播放软件的截图工具,截取整段视频的图像序列;

c)在不改变视频内容的前提下,对视频图像进行转封装或转码,并检验生成文件的相关文件属性信息。

③应使用播放软件播放视频图像,检验视频画面是否清晰,视需要,可采用播放软件附带的功能模块对图像进行增强、降噪等处理。

④应观察视频中其他信号灯的工作情况,选取某一信号灯作为参考信号灯。

⑤视需要,选取清晰的参考位置作为距离标定点。

⑥视需要,计算鉴定对象在视频区域内的速度,其计算方法应符合 GA/T 1133－2014《基于视频图像的车辆行驶速度技术鉴定》的规定要求。

⑦视需要,记录各相位交通流的情况。

(3)现场勘查

①视需要,选取适当的时间对事故路口进行勘查,了解路口道路交通信号控制方式,记录事故路口情况。可通过绘制现场示意图对现场的平面布置和测量信息进行记录。

②视需要,测量并记录起始位置截面与参考位置截面间的距离。

③视需要,采用帧率稳定的摄录设备记录事故路口信号灯工作情况,以获取事故路口交通信号配时。拍摄范围应包含参考信号灯及目标信号灯。拍摄时长应大于或等于3个信号灯周期。可通过制作表格的方式记录信号灯配时。

(4)确定交通信号配时

①当委托方不能提供交通信号配时时,应进行现场勘查获取交通信号配时。

②应根据视频中可见相位的信号灯情况,结合委托方提供的交通信号配时,或现场勘查获取的交通信号配时,综合分析事发时交通信号配时。当视频中无可见信号灯情况时,可根据可见相位的交通流情况,再结合委托方提供的交通信号配时或现场勘查获取的交通信号配时,综合评断后再确定事发时交通信号配时。

3. 鉴定方法

(1)应根据视频中的起始时刻和其他信号灯状态,结合交通信号配时,通过分析计算,判断起始时刻目标交通信号灯的状态。

(2)应根据视频中鉴定对象处于参考位置的时刻和其他信号灯状态,结合参考位置与起始位置间的距离、鉴定对象在视频区域内的速度和交通信号配时等内容,通过分析计算,判断起始时刻目标交通信号灯的状态。

(3)应根据多个视频中的同一场景,在同一时间轴上建立事件过程。在此基础上,按(1)~(2)规定的方法进一步分析。

(4)应根据行车记录仪拍摄的视频图像或道路卡口监控照片中所示的内容,按(1)~(3)规定的方法进行分析。

4. 记录

(1)应及时、客观并全面地记录与鉴定活动有关的情况,保证鉴定过程的可追溯性。记录的内容应真实、客观、准确、完整和清晰,记录的文本资料和音像资料等应存入鉴定档案。

(2)记录应能反映出检验时间、参加人员、使用工具、鉴定过程和检验结果等信息。

(3)记录可采用文字、绘图、录音、拍照和录像等方式。现场勘查中的拍照记录,应符合GA/T 50-2019《道路交通事故现场勘查照相》的要求。使用拍照或录像进行记录的,不应对原始图像进行修改。

5. 鉴定意见

鉴定意见可表述为:

a)某车辆(或行人)通过(或到达)道路某位置时,其对应某方向的目标信号灯为某状态(绿灯、黄灯、红灯);

b)某车辆(或行人)沿某方向通过(或到达)道路某位置时,其对应的目标信号灯为某状态(绿灯、黄灯、红灯)。

6. 鉴定标准

交通信号灯指示状态鉴定,可参照但不限于以下现行有效的国家标准、行业标准:GB 14886-2016《道路交通信号灯设置与安装规范》、GB 20149-2006《道路交通信号灯200mm圆形信号灯的光度特性》、GB/T 31418-2015《道路交通信号控制系统术语》、GA/T 1087-2021《道路交通事故痕迹鉴定》、GA/T 41-2019《道路交通事故现场痕迹物证勘查》、GA/T 508-2014《道路交通信号倒计时显示器》、GA/T 527-2005《城市道路交通信号控制方式适用规范》及GA/T 527.1-2015《道路交通信号控制方式 第1部分:通用技术条件》、GA/T 851-2009《人行横道信号灯控制设置规范》、SF/T 0072-2020《道路交通事故痕迹物证鉴定通用规范》、SF/T 0073-2020《基于视频图像的道路交通事故信号灯状态鉴定规范》。

(五)其他综合鉴定

轮胎破损原因鉴定可参照但不限于以下现行有效的国家标准、行业标准:GB/T 10823-2009《充气轮胎轮辋实心轮胎规格、尺寸与负荷》、GB 14646-2007《轿车翻新轮胎》、GB/T 18861-2012《汽车轮胎和摩托车轮胎滚动阻力试验方法多点试验》、

GB/T 2977－2016《载重汽车轮胎规格、尺寸、气压与负荷》、GB/T 2978－2014《轿车轮胎规格、尺寸、气压与负荷》、GB/T 31546－2015《电动自行车轮胎》、GB/T 3487－2015《乘用车轮辋规格系列》、GB/T 4502－2023《轿车轮胎性能室内试验方法》、GB/T 519－2017《充气轮胎物理性能试验方法》、GB/T 521－2023《轮胎外缘尺寸测量方法》、GB 7258－2017《机动车运行安全技术条件》、GB 9744－2024《载重汽车轮胎》(2025 年 5 月 1 日实施)、GB/T 9768－2017《轮胎使用与保养规程》、GA/T 1087－2021《道路交通事故痕迹鉴定》、GA/T 1508－2018《法庭科学车辆轮胎痕迹检验技术规范》、GA/T 41－2019《道路交通事故现场痕迹物证勘查》、GA/T 642－2020《道路交通事故车辆安全技术检验鉴定》、SF/T 0072－2020《道路交通事故痕迹物证鉴定通用规范》。

其他综合鉴定项目应根据相应的鉴定方法进行鉴定,得出科学、客观的鉴定意见。

第三节　鉴定程序

一、鉴定受理程序

(一)资质与标准

鉴定机构应取得从事司法鉴定/法庭科学领域中道路交通事故痕迹物证鉴定的资质。

受理人宜按 SF/T 0072－2020《道路交通事故痕迹物证鉴定通用规范》第 4.2 条中可能的途径了解与鉴定有关的情况,应按该规范第 4.3 条的要求审查送检材料,并按该规范第 4.4 条的要求明确鉴定事项。

(二)了解与鉴定有关的情况

1. 了解与鉴定有关情况的途径,包括但不限于:(1)委托方对与鉴定相关情况的介绍;(2)查阅有关的案(事)件卷宗;(3)已有相关检验鉴定;(4)实地勘验和调查。

2. 宜了解与鉴定有关的如下情况,包括但不限于:(1)案(事)件发生的经过、性质、技术需求及其他相关情况;(2)委托人或送检人对送检材料的形成过程及发现、提取等情况的陈述;(3)提出鉴定的当事人的诉求,及需要解决的技术问题和提出鉴定的理由;(4)非首次鉴定的,了解历次鉴定的情况;(5)与鉴定材料相关的其他情况。

(三)审查鉴定条件

1. 审查送检材料的内容、来源、数量、状态等情况。

2. 审查鉴定需要检验的其他实物类对象的保管条件、状态,如事故车辆、事故现场、路面痕迹等。

3. 审查鉴定需要检查的当事人的状态,如就医过程、康复状态、尸体保存情况等。

4. 审查其他已经提取的散落物、附着物等痕迹物证的提取、保存和送检情况。

(四)明确鉴定要求

1. 应了解委托方具体的鉴定要求,以及通过鉴定需要证明的具体事项。

2. 对于鉴定要求不明确或不准确的,应与委托方沟通确认鉴定需求。

3. 应确认委托方提出的鉴定事项,审查其是否属于道路交通事故痕迹物证鉴定的范围。

道路交通事故痕迹物证鉴定的鉴定项目包括:车辆安全技术状况鉴定;交通设施安全技术状况鉴定;交通事故痕迹鉴定;车辆速度鉴定;交通事故痕迹物证综合鉴定等。

(五)决定是否受理

1. 鉴定机构应评价实验室现有资源是否满足鉴定要求,决定是否受理。

2. 鉴定机构决定受理的,应与委托人签订鉴定委托协议。鉴定委托协议的格式和包含的要素应符合有关法律法规的要求。

3. 鉴定机构决定不受理的,应向委托人说明原因。

4. 不能当场决定是否受理的,可先行接收送检材料,并与委托人办理送检材料交接手续。

(六)登记

1. 登记的规则

(1)鉴定机构应制定统一的案件登记规则。

(2)案件接受后,应按鉴定机构制定的登记规则进行统一登记。

(3)决定正式受理的案件,应进行唯一性编号,并按 SF/T 0072 - 2020《道路交通事故痕迹物证鉴定通用规范》第 5 章的要求对送检材料进行标识。

2. 送检材料的接收

(1)送检材料的记录

①应当核对并记录鉴定材料的名称、种类、数量、性状、保存状况、收到时间等。

②采取有效的标识方法,确保检材不被混淆,样本能被有效识别,且标识不应影响检材和样本的状态和性质。

(2)送检材料的固定

①采取适当的方法对送检材料中的文件类和电子类原件进行备份,并将原件交还委托方。

②根据实物送检材料的类别,采用拍照、录像或三维扫描等方式对其进行固定,应放置唯一性标识和比例尺,以真实反映检材和样本的原貌。

③根据实物送检材料的类别、性状,选择适当的方法和环境保存。

(3)送检材料的补充

①鉴定中需补充送检材料的,鉴定人应说明需补充的具体材料及要求。

②决定补充材料的,鉴定人应与委托方联系协商补充材料的要求及时限,并记录有关情况。

③补充材料的程序应符合有关法律法规的要求,补充材料所需的时间不计算在鉴定时限内。

二、检验鉴定程序

（一）鉴定的启动

（1）鉴定受理后，鉴定机构应指定本机构具有与鉴定要求相对应的道路交通事故痕迹物证鉴定执业资质的鉴定人进行鉴定，并按有关法律法规的规定执行鉴定人回避制度。

（2）鉴定机构可根据本机构资源配置的具体情况，设置不同等级的鉴定程序。

（3）鉴定程序可分为普通程序、复杂程序等不同等级，不同鉴定程序中鉴定人的组成应满足 SF/T 0072－2020《道路交通事故痕迹物证鉴定通用规范》第 6.2 条的要求。

（4）鉴定机构应根据受理案件的具体情况选择相应的鉴定程序，组成鉴定组，确定鉴定组的负责人，负责人一般为第一鉴定人。

（5）初次鉴定，且鉴定内容不涉及其他鉴定专业的可采用普通程序；重新鉴定及复杂、疑难或者特殊鉴定事项的鉴定可采用复杂程序。

（二）鉴定人的要求

（1）普通程序

普通程序中鉴定人应同时满足以下两个条件：

①取得道路交通事故痕迹物证鉴定执业资格的鉴定人 2 人；

②鉴定人中应至少有 1 名具备道路交通事故痕迹物证鉴定相关专业中级技术职称（职级），或取得道路交通事故痕迹物证鉴定执业资格后具有 1 年以上（含 1 年）本专业鉴定经历的鉴定人。

（2）复杂程序

复杂程序中鉴定人应同时满足以下两个条件：

①取得道路交通事故痕迹物证鉴定执业资格的鉴定人 3 人以上（含 3 人）；

②鉴定人中应至少有 1 名具有道路交通事故痕迹物证鉴定相关专业高级技术职称（职级）。

（三）鉴定与外部信息

（1）鉴定实行鉴定人负责制，由鉴定人负责控制鉴定时限、协调鉴定流转，确保在委托协议规定的时限内完成鉴定。

（2）在委托协议规定的时限内不能按时完成鉴定的，鉴定人应及时与委托方联系，商定延长鉴定时限及解决办法，并记录有关情况。

（3）鉴定中出现意见分歧的，鉴定人有权保留自己的意见，最终鉴定意见的形成应按 SF/T 0072－2020《道路交通事故痕迹物证鉴定通用规范》第 8 章的要求进行。

（4）当鉴定要求或鉴定内容涉及多专业鉴定技术时，鉴定机构内部其他专业的鉴定人可以共同参与鉴定；也可以采用内部协作的方式，就某些专业技术需求，进行机构内部委托并出具检验鉴定报告，若需要使用内部委托所产生检验鉴定结果时，应以摘录的形式出现在最终提供给委托方的报告中。

（5）鉴定需要引用由委托方提供的案情、相关检验鉴定报告及其他信息的，应以摘录的形式出现在最终提供给委托方的报告中。

(6)鉴定需要其他机构提供部分检测数据时,可以采取分包委托的形式。分包前应将分包内容告知委托方,在获得委托人书面同意后实施。抽样/取样、鉴定结果的分析和判断不得分包。

(7)鉴定过程中,涉及复杂、疑难、特殊技术问题的,可以向本机构以外的相关专业领域的专家进行咨询,但最终的鉴定意见应当由本机构的司法鉴定人出具。专家提供咨询意见应当签名,并存入鉴定档案。

(8)鉴定人及机构间鉴定材料的流转,应按 SF/T 0072－2020《道路交通事故痕迹物证鉴定通用规范》第 7 章的要求进行。

三、检验原则和鉴定方法

(一)检验原则

道路交通事故痕迹物证鉴定应按以下检验原则进行:(1)进行现场勘验时应采取必要的措施,确保人员安全;(2)优先检验容易灭失的痕迹物证;(3)先宏观检验后微观检验;(4)先无损检验后有损(破坏性)检验;(5)进行有损检验前应当告知委托方,并征得委托人书面同意;(6)进行有损检验前应先固定原貌(可采用拍照、扫描等方法),必要时应进行预试验;(7)进行有损检验时,应选用对检材破坏范围小、破坏程度低、用量少的方法。

(二)鉴定方法

鉴定人应针对鉴定的具体要求,根据现有的鉴定材料、鉴定条件和鉴定方法,确定具体的检验方案,并选择相应的鉴定方法。

鉴定人应首先选择相应的国家标准、行业标准和行业主管部门颁布的技术规范等鉴定方法进行检验。若无 SF/T 0072－2020《道路交通事故痕迹物证鉴定通用规范》第 6.4.2.2 条要求的鉴定方法,可选择使用非标准方法。使用非标准方法前应将其文件化,并选择有效的方法进行确认。非标准方法的使用应符合有关法律法规、实验室认可/资质认定的要求,使用前应告知委托方并得到委托方的书面同意。

(三)材料的流转程序

委托方与鉴定人之间、鉴定人之间及机构之间移交鉴定材料,应当办理交接记录。鉴定和移交过程中不应对鉴定材料造成任何污染、损坏或改动。鉴定人应当妥善保存鉴定材料,防止鉴定材料被污染、损坏或遗失。

(四)结果报告程序

1. 结果报告的程序,应按以下要求进行:(1)第一鉴定人应负责汇总独立鉴定中各鉴定人的鉴定意见,并组织鉴定人共同鉴定;(2)经共同鉴定,鉴定意见不一致的,应按 SF/T 0072－2020《道路交通事故痕迹物证鉴定通用规范》第 8.2 条的要求进行处理;(3)经共同鉴定,鉴定意见一致的,应按 SF/T 0072－2020《道路交通事故痕迹物证鉴定通用规范》第 8.3 条的要求对鉴定意见进行复核,并按 SF/T 0072－2020《道路交通事故痕迹物证鉴定通用规范》第 8.4 条的要求制作鉴定文书。

2. 鉴定意见分歧的处理。(1)普通鉴定程序中出现意见分歧,应进入复杂鉴定程序。(2)复杂鉴定程序中出现意见分歧的,可增加鉴定人或聘请外部专家提供技术咨询,再由全体鉴定人共同讨论形成最终鉴定意见。

(五)鉴定意见的复核

鉴定机构应指定具有相应资质的人员对鉴定程序和鉴定意见进行复核。复核人应针对鉴定程序、鉴定人的资质,以及鉴定方法、检验过程、鉴定意见的依据及支持鉴定意见的技术性资料等进行全面审核,并签名确认。

(六)制作鉴定文书

第一,鉴定人应根据有关鉴定文书格式规范制作鉴定文书。根据道路交通事故痕迹物证鉴定的专业特点,制作鉴定文书。

第二,鉴定人应对鉴定文书进行审核和校对,并签名确认。鉴定机构宜设置专门的人员对鉴定文书进行文字校对。

第三,应将鉴定文书、委托方提供的送检材料等及时返回委托方,并作好交接记录。

鉴定机构应指派专门人员负责接收、整理并及时归档管理 SF/T 0072 - 2020《道路交通事故痕迹物证鉴定通用规范》第 9.1 条中规定的记录资料和其他与鉴定相关的资料。

第四节　交通事故痕迹物证鉴定的审查判断

本节结合交通事故痕迹物证鉴定的特点,着重介绍交通事故痕迹物证鉴定意见的审查要点及注意事项。

一、鉴定程序合法性审查

程序合法性审查内容主要包括:鉴定人是否有相应资质、是否按规定进行回避;检材的来源、取得、保管、送检是否符合法律规定,与相关提取笔录、扣押物品清单等记载的内容是否相符,检材是否充足、可靠;鉴定的程序、方法、分析过程是否符合本专业检验鉴定规程和技术方法要求;鉴定意见的形式要件是否完备,是否注明提起鉴定的事由、鉴定委托人、鉴定机构、鉴定要求、鉴定过程、检验过程、鉴定文书的日期等相关内容,是否由鉴定机构加盖鉴定专用章并由鉴定人签名盖章;鉴定意见是否明确;鉴定意见与案件待证事实有无关联;鉴定意见与其他证据之间是否有矛盾,鉴定意见与检验笔录及相关照片是否有矛盾等。

二、鉴定记录规范性审查

1. 受理人、鉴定人、复核人应实时记录 SF/T 0072 - 2020《道路交通事故痕迹物证鉴定通用规范》第 4 章至第 8 章规定的与鉴定活动有关的要求和情况。

2. 记录需要进行修改的,应由原记录人采用适当的方法实时进行修改,确保被修改的原有内容能被辨识。

3. 记录的内容应全面、客观,包括但不限于:

(1)鉴定委托书、委托协议或送检材料接收单及合同评审中的其他情况等。

(2)委托方提供的送检材料。

(3)SF/T 0072-2020《道路交通事故痕迹物证鉴定通用规范》第6章检验鉴定程序中要求的,检验鉴定的过程,选择的鉴定方法及相应鉴定方法规定的全部要求的符合情况,以及鉴定时限的协商确认情况等。

(4)SF/T 0072-2020《道路交通事故痕迹物证鉴定通用规范》第7章送检材料的流转程序中要求的,委托方与鉴定人之间、鉴定人之间及机构之间鉴定材料的交接记录、鉴定过程中材料的补充确认情况等。

(5)SF/T 0072-2020《道路交通事故痕迹物证鉴定通用规范》第8章结果报告程序中要求的,鉴定人分歧意见的处理过程、最终鉴定意见形成过程、鉴定文书草稿及鉴定意见的复核情况等。

(6)记录可采用纸质文件或电子文件的形式。对于纸质文件,鉴定机构应按SF/T 0072-2020《道路交通事故痕迹物证鉴定通用规范》第9.2条的要求及时归档;对于电子文件,鉴定机构应制定措施对其进行有效管理,确保其安全完整。

三、鉴定方法科学性审查

交通事故痕迹物证鉴定属于综合性鉴定项目,包括5个具体项目,被鉴定对象多样,同一类鉴定对象在具体委托鉴定项目时可能也有所不同。对具体案件不同鉴定委托项目所依据的标准和方法应进行科学性审查。

思考习题

1. 构成交通事故的要素有哪些?
2. 交通事故痕迹物证鉴定的具体项目及内容是什么?
3. 交通事故痕迹物证鉴定受理的程序是什么?
4. 交通事故痕迹物证鉴定现场勘验的原则与方法有哪些?
5. 车辆安全技术状况鉴定中对车辆一般采取动态检验还是静态检验?为什么?
6. 交通设施安全技术状况鉴定的内容是什么?鉴定方法有哪些?
7. 基于视频图像的车辆行驶速度鉴定的鉴定意见如何表述?
8. 交通事故痕迹鉴定的鉴定方法有哪些?
9. 交通事故痕迹物证综合鉴定有哪些?车辆火灾痕迹物证鉴定如何开展?
10. 如何审查交通事故痕迹物证鉴定的记录?
11. 如何对交通事故痕迹物证鉴定意见进行审查?

拓展阅读书目

1. 牛学军主编:《道路交通事故现场勘查实务指南》,中国人民公安大学出版社2013年版。
2. 李丽莉编著:《道路交通事故车体痕迹鉴定》,科学出版社2017年版。

3. 赵明辉、李丽莉、冯浩编著:《道路交通事故涉案者交通行为方式鉴定》,科学出版社 2019 年版。
4. 冯浩、潘少猷编著:《道路交通事故痕迹物证鉴定概论》,科学出版社 2020 年版。

第二十章 微量物证司法鉴定

本章概要 本章主要介绍了微量物证的基本概念、主要特点和基本分类，阐述了微量物证发现、提取、包装与保存的基本方式以及在整个检验过程中的注意事项，概述了微量物证司法鉴定的主要方法，以及如何对微量物证司法鉴定意见进行审查与评断。

通过本章的学习，应该掌握微量物证的基本特点和分类，充分认识微量物证司法鉴定的前提条件和主要方法，了解微量物证司法鉴定意见审查与评断的主要过程。

关键词 微量物证；基本分类；检验方法

第一节 概 述

一、微量物证的概念及特点

“微量物证”作为一个专有名词，源于英文中的trace evidence，包括检材量少和某种具有证据价值的成分含量极低两层意思。在我国司法鉴定实践中，微量物证系指案件中提取的体小量微，能以其自身的结构、属性证明其与受审查的人、事、物、时间、空间等存在客观联系，从而证明案件真实情况的一切物质性客体。从勘查和检验角度对微量物证进行分析，应当将微量物证检材分为两类：一是绝对量较少的检材，通常将固体检材量界定为0.1～1mg、液体检材量界定为0.1～1ml；二是检材绝对量虽然较大，但鉴定对象的相对含量极少，如炸药爆炸案件中的爆炸尘土检材。微量物证的“体小量微”决定了其仅凭肉眼无法发现，必须运用专门的技术和方法才能发现和提取，检验中必须运用微量或者超微量的方法才能实现鉴定任务。

与常量物证相比，微量物证一般具有如下特点：

1. 作为潜在物证，不易发现和提取。微量物证常附着于其他物体上或者混杂于其他物体中，“体小量微”的特征使其往往用肉眼很难发现，如果没有微量物证的意识，在现场勘查时就不易直接发现和提取。因此，必须利用特种手段如放大镜、显微镜、特种光源等去发现微量物证，并用专门工具予以提取。

2. 出现频率较高、难以破坏和消除。根据洛卡德物质转移理论，任何案件现场都存在物质的相关转移，因此微量物证的出现频率较高。无论何时，只要两个客体相互接触，在接触面就会产生物质的交换（或称转移）现象，因而在客体的接触面就可能发现微量的附着物。[1] 案件实施者只要进入现场并实施相应行为，就会从现场带离或者留下某种物质。例如，盗窃案件现场中，犯罪行为人利用撬棒撬开保险柜的过程中，保险柜上的油漆或者金属物质就会附着在撬棒上，撬棒上的成分也可能附着到保险柜上。此外，由于“体小量微”的特性，犯罪行为人一般不会意识到微量物证的存在。即使犯罪行为人意识到其作用，作案后也难以完全销毁和破坏。

3. 微量物证易受污染或丢失。微量物证在很多情况下都是以附着物的形式出现的。因其附着于其他物体之上、体积较小，容易被周围环境或其他物质所污染。此外，微量物证在提取、包装或者送检的过程中稍有疏忽即会使检材丢失或被污染。因此，在提取、包装和送检的过程中应当严格按照规范的程序操作，防止微量物证受到污染或丢失。

4. 微量物证具有分离性和不完整性。微量物证的检材多为金属微粒、玻璃碎屑、单根纤维等，大多从整体物质中剥落而形成，并以分离的形式存在，不具备完整物的形态，难以反映出完整物体的组成结构。因此，在选定比对样本以及检验等工作中，应当结合现场勘查、具体案件以及其他证据，经过综合分析后，得出符合客观真实的鉴定意见。

5. 分析难度大，需大型分析仪器进行检验。微量物证的检材量较少，有时检材量可以小到毫克甚至微克级，而且运用单一的技术方法往往难以完成鉴定任务，对于微量物证的分析难度较大。因此，为了符合检验的要求，准确检测出微量物证的组织结构以及成分含量，就必须运用多种现代化大型科学分析仪器进行综合检验，以便获得准确、全面、科学的信息。

二、微量物证的作用与分类

（一）微量物证在案件中的作用

从司法实践的角度来看，微量物证往往运用于刑事案件，此类证据在办案中具有重要的作用。就刑事案件而言，微量物证的作用主要体现在以下方面：

1. 为确定案件的性质提供科学依据。案件发生以后，有关专业人员在对现场进行勘查和分析后，再结合微量物证司法鉴定意见，对于案件性质的确定将会更为科学、可靠。例如，在中毒死亡者家中的米缸内检测出有机磷成分，即可确定发生了投毒案件；在爆炸案件中，从现场提取到的检材中检测是否有炸药残留物，即可判断是意外事件还是人为实施爆炸。对于某些疑难案件，除了依靠现场勘查和分析判断外，还必须依靠微量物证鉴定所提供的科学依据，才能准确认定案件的性质。

2. 有助于确定侦查方向、缩小侦查范围。当该微量物质特异性较强时，发现、提取并检验犯罪行为人作案时遗留在现场的微量物证，可以为侦查工作的开展、犯罪嫌疑人的查找提供方向和线索。如从犯罪行为人遗留在现场的足迹中提取到微量附着物，通过对这些微量物质的鉴定，可以分析、判断犯罪行为人所处的生活环境或者职业特征，为侦查提供一定的方向。微量物证在案件中还能起到缩小侦查范围的作用。如在交通

---

[1] 参见徐立根主编：《物证技术学》（第2版），中国人民大学出版社1999年版，第491页。

肇事逃逸案件中,通过对肇事车辆遗留在现场的涂料、玻璃碎片、油类物质、刹车痕迹中附着的微量橡胶、泥土等微量物质的外观、颜色、结构、成分等物理、化学特性进行鉴定,可以确定肇事车辆的类型、型号、颜色等信息。在此基础上,不仅可以确定侦查工作的方向,还可以通过微量物证的鉴定,排除非肇事车辆,进一步缩小侦查范围。

3. 能够作为犯罪嫌疑人是否实施具体犯罪行为的证据。微量物证检验涉及的物质种类很多,但往往都不具有类似指纹的唯一性,不同物质的证明效力可能差别很大。[1]有时微量物证可以作为犯罪嫌疑人实施犯罪的重要证据之一。例如在强奸案件中,被害人向公安机关陈述案情时提到其被强奸时曾将犯罪行为人多处抓伤。一天后,公安机关即发现一名身上多处被抓伤的犯罪嫌疑人,并从伤口处提取到微量指甲油。经鉴定,与被害人当日所涂指甲油物质成分一致,微量指甲油从而成为证明犯罪嫌疑人实施犯罪行为的重要证据之一。此外,如再从犯罪嫌疑人的鞋底发现与犯罪现场相一致的特殊泥土,与其他证据形成证据链后,即能共同证实犯罪嫌疑人实施了具体的犯罪行为。

4. 微量物证能够印证案件中的其他证据。除了犯罪嫌疑人以外,有时案件中的被害人、证人等也会因为种种原因未如实陈述,但微量物证的鉴定结果不会受到各种主观因素的影响而产生偏差。微量物证可以对案件中其他证据进行印证,证明其他证据是否具有充分性、可靠性。

除刑事案件外,微量物证在审理民事、行政案件方面也能为法院妥善解决矛盾纠纷、促进社会和谐发展提供有力的证据。例如在民事案件中,某公司外墙上的广告牌深夜被大风吹落,砸到路边停放的一辆轿车。车主因车顶被砸坏起诉至法院要求公司赔偿,该公司对广告牌砸到车辆的事实存有异议,后经鉴定,从广告牌边缘提取到的部分微量涂料与轿车车顶的涂料一致,从而为认定案件事实提供了重要的依据。

(二)微量物证的分类

微量物证检验涉及的物质种类很多,来源极其广泛。根据我国学者对于微量物证分类的主流观点,通常可以依据其来源、检验对象的不同等标准对微量物证进行分类。

1. 依据微量物证的来源进行分类

(1)工业制品。包括油漆、涂料、矿物油、炸药、金属、玻璃、纸张、色料、水泥、黏合剂、塑料、橡胶、纤维、纺织品以及日用化妆品等。

(2)农副产品。包括动植物油脂、奶制品、水果、粮食、蔬菜以及食品等。

(3)自然物质。包括粉尘、岩石、泥土、木屑、种子、花粉、树叶、花瓣、动物鳞片、动物羽毛以及浮游生物等。

2. 依据微量物证检验对象进行分类

(1)射击残留物与爆炸残留物。包括从枪口以及抛壳孔排出的发射药以及底火残留物等在内的各种射击残留物,炸药、雷管以及各种爆炸装置的残留物等。

---

[1] 参见崔天绥主编:《公安科技导论》,中国人民公安大学出版社2002年版,第108页。

(2)高分子聚合物。包括塑料、橡胶、纤维以及涂料等。

(3)油脂。包括各类矿物油、动植物油脂等。

(4)无机化工产品。包括玻璃、陶瓷、无机化学品等。

(5)日用化妆品。包括各类清洁、美容用品、化学合成洗涤剂以及香精香料等。

(6)文书材料。包括纸张、文字色料、黏合剂等。

(7)动植物。包括动物羽毛、皮毛、植物种子、花粉等。

(8)其他物质。包括泥土、矿物以及各类金属等。

三、微量物证的发现、提取、包装与保存

微量物证的发现、提取、包装与送检的全过程,是对微量物证进行鉴定的前提条件。只有通过准确、科学的方式予以搜索、发现和充分提取,正确包装并妥善保存,才能为后续的微量物证司法鉴定实施工作创造有利条件。

(一)微量物证的发现

凡是涉及物质转移和交换的场所均可能出现微量物证。微量物证具有物质种类多、来源广泛、出现频率高以及不易被销毁或破坏的特点,为发现提取微量物证提供了可能。

1. 微量物证发现的方式

发现微量物证的方式一般有搜查和现场勘验两种方式。

(1)搜查方式发现微量物证。我国《刑事诉讼法》第136条规定:“为了收集犯罪证据、查获犯罪人,侦查人员可以对犯罪嫌疑人以及可能隐藏罪犯或者犯罪证据的人的身体、物品、住处和其他有关的地方进行搜查。”搜查涉及公民权利,因此必须严格遵守法定程序实施。进行搜查,必须向被搜查人出示搜查证。应当在对案件情况进行分析的基础上,有针对性地搜查重点目标。例如对被搜查人的衣服、手套、鞋袜等物品以及头发、双手、指甲缝等部分进行重点搜查,以发现微量物证。

(2)现场勘验方式发现微量物证。现场勘验是获取案件相关证据的重要方式。案件现场是遗留各类证据较为集中的地点,通过对于案件现场的勘验,可以发现和提取与案件有关联的微量物证。在现场勘验过程中,应当综合分析案件发生的全过程,重点观察可能附有微量物质的载体以及遗留微量物质的重点部位,从而准确发现与案件活动有关的微量物证。

2. 微量物证存在的重点部位

(1)进出现场的路径和出入口。刑事案件中,犯罪行为人往往需要通过非正常途径达到进出现场实施犯罪的目的,在这一过程中可能实施撬压、翻越、剪切等非法行为,身体与现场物体也可能发生非正常接触,往往容易在进出现场的出入口等部位遗留微量物证。如犯罪行为人在切割门锁进入室内实施盗窃的过程中,容易在被破坏门锁的表面或者附近遗留微量的金属微粒或者涂料碎片等物证。

(2)中心现场及周边范围。犯罪案件中,中心现场是犯罪行为人为达到作案目的而进行非法活动的主要场所,也是存在微量物证的重点部位。例如,盗窃案件现场的财

物所在地;凶案现场的谋杀行为实施地等。微量物证的勘验范围不应仅限于中心现场,还应当进一步扩大搜索范围至关联现场,以中心现场为原点,向周边范围进行辐射搜索。

(3)被侵犯客体以及现场物体变动处。案件现场中被侵犯客体既包括人身也包括物体。如在绑架、强奸、杀人等案件中,由于犯罪人与被害人有较长时间接触,极有可能留下微量物证。例如强奸案件中,被害人身上往往遗留有犯罪人衣服的微量纤维;枪击案件中,被害人尸体上的创口及其附近可能会存在射击残留物等微量物质。犯罪行为人在针对某一特定物体实施犯罪行为时,也容易遗留微量物证。例如,在盗窃车辆内财物的案件中,犯罪人在砸碎车窗玻璃取出车辆内财物的过程中,就有可能在车辆上遗留微量物证。案件中受到人为作用而发生变化的物体,也是留有微量物证的重要部位。

(4)犯罪工具及其现场遗留物。犯罪人作案后,可能将犯罪工具丢弃或遗留在犯罪现场。例如,纵火用的火柴、打火机;杀人用的锤子、尖刀;盗窃用的扳手、撬棍等。此类犯罪工具一方面是物证,另一方面其上往往附着有大量与案件关联更为紧密、证据价值更高的微量物证。此外,现场中犯罪人遗留的手套、衣服等物品上也存在大量的微量物证,需要予以重点搜查。

(5)犯罪人及其藏身、隐匿处。犯罪人的身上或穿戴物品上可能粘附有与案件有关的微量物证。例如,犯罪人在野外实施强奸行为时,衣物上可能粘有现场的杂草或花粉。犯罪人在作案前的踩点处,作案时或作案后藏身、隐匿处,也易遗留微量物证。

(二)微量物证的提取

发现微量物证后,应当及时予以提取并转移至包装物中。由于微量物证"体小量微",又极易受到污染或丢失,因此在微量物证的提取过程中,应当严格依据程序规范和技术标准进行操作,防止其被污染或丢失。

1. 微量物证的提取方式

(1)拍照法。对于发现的任何微量物证,都必须首先用拍照的方式将微量物证的原始位置、状态固定和记录下来。拍照法主要用于微量物证的固定和记录,适用于所有类型的微量物证。

(2)工具直接提取法。微量物证所在的载体如果体积较大、分量较重,不易连同载体一同提取,可以根据微量物证的具体特性,采用镊子、毛刷等直接夹取或刷取。当微量物证直接镶嵌在载体上无法用镊子、毛刷夹取或刷取时,可以使用竹片、细针和刀片等工具进行挑、拨或刮取等予以提取。提取载体上的微量物证时,还应当提取载体上无微量物证的部分作为空白样本,以消除检验时载体对微量物证的干扰。

(3)连同载体提取法。该方法主要用于提取体积较小的物件上附着的不可见微量物证以及已牢固结合在载体上的微量物证。连同载体一起提取后,可以在实验室条件下借助显微镜以及专门仪器设备、技术手段,仔细检查载体上粘附的微量物质或者对载体上的微量物证进行分离。

(4)粘取或吸附法。对于客体表面难以用肉眼观察或者无法夹取的固体微量物质,可以用透明胶纸、醋酸纤维素膜(AC纸)或者火棉胶进行粘取。例如,对于客体上附着的纤维、金属屑、粉尘等微量物质,常用的提取方式即是透明胶纸粘取法。对附着在光滑固体表面如玻璃、金属、塑料、水泥地面上的各种油脂、涂料、色料、液体的残迹以及浸渍在客体上的液体物证、射击者手上和可疑枪支上的射击残留物等检材的提取,可用镊子夹脱脂棉球擦取。[1] 对于粉尘、木屑、泥土中混杂的含有铁元素的金属微粒进行提取时,可以采用磁铁吸取进行分离和提取。

(5)抖动或拍打法。对于附着在织物上的粉尘、碎屑等微量物质,可在洁净的大张白纸或者大块塑料板上抖动和拍打,待附着物脱落后再予以收集。

(6)吸收法。对于气体微量物证,可采用活性炭等多孔状物质对气体进行吸收提取。

2. 微量物证的提取原则

(1)公正合法性原则。指微量物证的提取,必须符合相应法律法规的规定。在微量物证的提取过程中,应当严格依据程序规范和技术标准进行操作,不得污染或损失检材。应当根据检材性质、特性以及检验方式的不同,选择合理的方法予以提取。

(2)客观真实性原则。微量物证应当客观真实地存在于案件之中,不能凭空捏造。案件中的微量物质必须是通过搜查、现场勘验等方式提取到的物证,而非一般的普通物质。在微量物证的提取过程中,如一时难以判断其是否为物证,应当先将其作为物证对待并予以及时提取。

(3)充分可靠性原则。该原则要求在对微量物证进行提取时应当尽可能予以充分、全面地提取,不能随意遗漏或者有所取舍。提取微量物证时应当尽量保持其原有状态,防止提取方法对微量物证的检验产生影响,确保微量物证的可靠性。

(三)微量物证的包装与保存

微量物证提取后,由于条件的限制,往往无法在现场进行检验而必须送往专门的实验室进行鉴定。为防止送检中微量物证受到污染或丢失,提取后的物证必须妥善包装与保存。由于微量物证种类广泛,性质各不相同,在包装和保存上应当根据微量物证的性质选择恰当的方法和措施。

1. 微量物证的包装

(1)对于干燥稳定的微量物证,如金属微粒、涂料碎片、碎玻璃、纤维等不易变质、挥发的固体物,采用一般物证包装袋即可。

(2)对于易挥发、流动性的微量物证,必须采用密封性良好的包装物,如将微量物证装入干燥洁净的磨口玻璃瓶中,盖紧瓶口并密封处理。

(3)对于遇潮湿容易变质、腐烂的微量物证,如潮湿的泥土等,应当采用透气性能良好的包装物,必要时可以先烘干再进行包装,防止微量物证霉变或腐败变质。

(4)包装物通常可以采用塑料袋、纸袋、玻璃瓶、塑料瓶等容器或者器皿。在选择

---

[1] 参见钟岩主编:《理化检验鉴定》,群众出版社2005年版,第202页。

包装物时应当注意:①包装物应当洁净,最好为一次性使用;②包装物的大小尺寸应当与物证相适应;③包装物与微量物证之间不能质地相同,以免影响检验结果,如不能将塑料碎片这种微量物证装于塑料瓶中;④包装物与微量物证之间不能发生任何化学反应。

2. 微量物证的保存

(1)对于易腐烂的微量物证不能使用防腐剂进行处理,一般只能用冷却冰冻的方法防腐保存。

(2)对于在不同部位提取到的不同检材,应当分别进行包装并保存,严禁混装造成微量物证之间相互污染。

(3)微量物证的包装以及保存应当远离各类试剂,以免对物证造成污染。

(4)包装好的各类微量物证都必须及时登记、编号、分别贴上标签,注明名称、提取部位、提取人员等信息,防止混淆或污染。

(5)一般较为稳定的微量物证在常温下保存即可,容易挥发、腐败变质的微量物证应当在低温下进行保存。

第二节 微量物证鉴定方法

一、微量物证鉴定概念

微量物证鉴定,简称微量鉴定,是指鉴定人运用理化检验的原理、方法或专门知识,使用专门的分析仪器,对物质的物理性质、化学性质和成分组成进行检验检测和分析判断并提供鉴定意见的活动。

在案件现场以及其他与案件有关的地点提取到的各类体小量微的物质,均有可能成为微量物证。司法实践中,常见的金属、玻璃、泥土、涂料、色料、粉尘、塑料、橡胶、纤维、黏合剂、油脂、射击残留物以及爆炸残留物等物质都是微量物证司法鉴定的客体。随着社会发展,犯罪人日益狡猾,事前精心策划、事中处处伪装、事后极力破坏,在犯罪现场很难提取到明显的痕迹物证,由于微量物证具有体小量微、在现场容易留下但不易被注意的特点,往往使作案人不能破坏或伪装。[1] 随着现场勘验技术和微量物证分析检测技术的不断发展,微量物证的作用也在日益凸显。由于微量物证体小量微,其化学成分很低,物理性质很弱,因此需要用高精尖的现代化仪器检测其理化属性,来证明其与案件的关联性。[2]

---

〔1〕 参见全国人大常委会法制工作委员会刑法室编著:《全国人民代表大会常务委员会关于司法鉴定管理问题的决定释义》,法律出版社2005年版,第48页。

〔2〕 参见刘文主编:《中国刑事科学技术大全——刑事科学技术总论》,中国人民公安大学出版社2003年版,第56页。

二、检验方法

微量物证司法鉴定的目的，即是研究微量物证的性质以及其与案件之间的联系。由于“体小量微”的特点，微量物证往往无法反映出物质的全部性质。因而在鉴定工作中必须借助多种检验方法尤其是现代仪器分析技术，最大限度地对微量物证的性质进行检验，保证最终形成的鉴定意见更为准确、客观和可靠。微量物证的检验方法，根据检验原理和使用分析仪器的不同，一般可以分为物理检验方法、化学检验方法和仪器分析方法。当微量物证化学成分很低、物理性质很弱，无法通过一般物理检验方法和化学检验方法反映其性质时，就需要运用高精尖的现代化仪器分析方法进行检验。

（一）预检与分离净化

鉴定人在实施具体的检验方法之前必须进行预检工作，根据鉴定事项的要求和鉴定材料的具体情况，确定采用何种检验方法以及检验方法的先后顺序。各类检验方法中有的方法属于无损检验方法，有的属于有损检验方法。鉴定人在制定检验方案时，应当优先考虑使用无损检验方法。因鉴定需要耗尽或者可能损坏检材的，或者在鉴定完成后无法完整退还检材的，鉴定人应当事先向委托人讲明，征得其同意。

由于委托人提供的微量物证往往是待测物与多种杂质的混合物，具有种类多、组成复杂、待测物含量少、杂质多等特点，鉴定人在作定性定量分析、检验之前，应当对委托人提供的检材中拟使用部分进行分离、净化处理。分离、净化的方法较多，主要可以通过溶解法、蒸馏法、柱层析法、薄层层析法、萃取法、透析法以及筛选法等提纯待测物、增强检测灵敏度。

（二）物理检验方法

应用分析化验的方法鉴定未知的检材时，应当首先运用各类显微镜、天平、比重计、厚度仪、紫外线灯等工具、仪器，对检材的形态、色泽、重量、气味、厚度、比重、荧光等特征进行观察和检验。物理检验方法一般属于无损检验，能够节省检材，不破坏检材的外观和结构，主要通过观察检材的形态结构，并依据检材的各种特性来判断其种类所属。常见的物理检验方法一般有以下几类。

1. 形态结构检验法

在常温常压下，可用肉眼或借助于放大镜和各类显微镜观察微量物证的形态和结构。显微放大技术可有效弥补人眼视力的不足，使非肉眼所能观察的物质微观形态和结构特征清晰地呈现在鉴定人的视野中。如检材为固体，可观察其有无定性或结晶性，是否有多种晶体存在并初步判定其纯度；如检材为液体，则需观察检材中是否含有悬浮的颗粒或者同时存在其他不相溶的液体；如检材为气体，需要观察其中是否存有微粒或者其他杂质。

2. 物理性质检验法

鉴定人测定、检验微量物证的物理性质，如微量物证的厚度、重量、比重、熔点以及气味等，有助于区分微量物证的种类。在对纸张、纺织物、塑料薄膜等检材的厚度进行测定时，一般可以利用厚度仪测量。利用天平等仪器可对微量物证的重量进行测定。

在检验玻璃、塑料等客体时一般需要测定比重,可使用专门的比重计测得物质的比重。熔点在鉴别各类有机物时使用较多,一般常用熔点仪等工具进行测量。检材的气味一般通过嗅觉即可直接判断。在闻检材的气味时,不得直接猛吸,以防中毒,也不得尝试检材的味道。

3. 不可见光及荧光检验法

光作为一类电磁波,包含可被肉眼所见的可见光和另一类不可见光,如红外线、紫外线等。某些物质在可见光下难以区分,但在不可见光下,却具有吸收、反射和透射某些波段等特性。利用这些特性,鉴定人可以运用不可见光检验射击残留物、爆炸残留物、色料等微量物证的成分。

微量物证中的某些物质在一定波长的光线照射(激发)下会发出一定的荧光。对于是否会发出荧光、照射(激发)光在何种波段才能使物质发出荧光、发出何种颜色的荧光等,各类物质各不相同。根据物质受到激发而发出荧光的颜色和强度的不同,可以大致区分物质的种类。

物理检验方法只是微量物证种属认定的一项重要内容,检材和样本如属同类物质,则必然具有相同的物理属性。但不同种类的物质在某些方面的物理属性也可能相同。因此,通过物理检验方法,测定两类物质的物理属性有明显差异的,可以作为认定物质属于不同种类的依据。物理检验方法的意义在于排除嫌疑,缩小检验范围,但不能据此作出微量物证"同一"或者"相同"的意见。

(三)化学检验方法

化学检验方法主要利用微量物证检材与各种化学试剂进行化学反应,根据颜色变化、气体生成、产生结晶、沉淀或燃烧、焰色等化学反应结果,进行定性、定量的鉴定工作。化学检验方法对判断、确定某些微量物证的内在特性具有重要的意义,可以起到"认定"或者"否定"的作用。该检验方法是一种有损检验,微量物证一旦与化学试剂产生反应即被破坏,因此,在进行化学检验前,应当预留足够的检材以备复核或者重新鉴定。化学检验方法依据反应原理的不同可分为如下几类。

1. 显色反应法

微量物证与某种试剂发生化学反应后,根据反应中的颜色变化,来确定微量物证的种类。微量物证的显色反应通常在点滴板或滤纸上进行。滤纸适用于带色反应产物的观察;点滴板适用于腐蚀性带色溶液和无色溶液中带色沉淀或浑浊的观察。[1]

2. 气体反应法

某些微量物证与化学试剂作用,可产生气体。将这类微量物证直接放入锥形瓶中,瓶口覆盖浸有显色剂的滤纸,当对该锥形瓶进行加热时,挥发出的气体与滤纸上的显色剂反应而显色。该法的特点是微量物证不需分离,且灵敏度较高。

---

〔1〕 参见陈洪福、蒋敬主编:《刑事技术简明教程》,中国人民公安大学出版社 2007 年版,第 409 页。

3. 结晶反应法

特定物质之间经过化学反应后会产生具有特殊形态的结晶体。可利用显微镜对其特征进行观察，判断其属于何种化合物。结晶反应法可以用于对微量物证中含有的某些阳离子、阴离子进行定性检测。例如对于爆炸残留物中硝酸根（NO^{3-}）离子的检测。

4. 沉淀反应法

加入化学试剂后，微量物证与试剂发生化学作用后产生不同颜色的难溶或微溶物质而形成沉淀（某些微量物证反应时试剂用量不能太多，否则产生的沉淀会溶解在过量的试剂中），通过显微镜观察沉淀的特征以鉴别微量物证中所含的物质种类。此种检验方法常用于检验微量物证中含有的金属阳离子。例如，检验爆炸残留物中是否有汞（Hg），可作为判断爆炸是否由雷管引爆的依据之一。在检验中，可用硫化钾（K_2S）试剂与爆炸残留物中的汞离子（Hg^{2+}）作用，如残留物中有汞离子（Hg^{2+}），即会生成硫化汞（HgS）沉淀。

5. 燃烧、焰色法

燃烧法，即是通过检材燃烧时产生的火焰和烟的颜色、气味以及检材燃烧速度的不同鉴别检材。根据微量物证在高温条件下与空气中的氧气剧烈反应而产生的不同现象，来区分微量物证的种属类别。如羊毛缓慢燃烧时会产生烧焦毛发的气味，形成黑褐色、脆性较大的灰烬。

各类物质中，某些盐可在无色火焰中显出不同的颜色，如钾盐呈紫色，钠盐呈亮黄色，钙盐呈绛红色，钡盐呈绿色等。通过焰色法，可对微量物证中含有哪些物质成分进行初步检验。

（四）仪器分析方法

使用常规的物理检验方法和化学检验方法对微量物证进行鉴定，往往具有较大的局限性。通常的检验、分析方法有时并不能得到准确、及时的分析检验结果，因此，微量物证司法鉴定中需要依靠精确度、灵敏度、可靠性更高以及速度更快的仪器分析方法。随着科学技术的不断发展，利用现代科学仪器对微量物证的内在结构和理化性质进行定性、定量的分析已成为现实，各类分析仪器设备在司法鉴定领域中的应用已经普及。与常规的物理、化学分析检验方法相比，仪器分析方法具有速度快、灵敏度高、分辨率强、分析结果准确、复现率好以及检材损耗少甚至不损耗检材等优点。仪器分析方法作为现代科学技术在微量物证司法鉴定领域中的具体应用，可以根据检验原理和分析仪器的不同，进行如下分类。

1. 显微镜法

显微镜是目前司法鉴定领域中运用最为普遍的精密仪器之一，它可以用来观察、分析检材的微观组织结构。微量物证司法鉴定中，显微镜已成为不可或缺的分析仪器，鉴定实践中已基本涵盖了当今所有类别的显微镜。微量物证司法鉴定中使用的显微镜按是否借助于光学系统或是电子光学系统可分为光学显微镜和非光学显微镜两大类。光学显微镜包括体视显微镜、生物显微镜、荧光显微镜、偏光显微镜、金相显微镜、比较显微镜以及微分干涉显微镜;非光学显微镜包括透射电子显微镜、扫描电子显微镜、扫描探针显微镜以及环境扫描电子显微镜。

微量物证鉴定中,检验较大客体的外观形态时可利用体视显微镜;检验生物性检材时可利用生物显微镜;检验微小客体的结构特征时应当使用电子显微镜;需要对检材的长度进行测量时,应当使用带测量装置的显微镜。此外,还可以利用专门的显微镜检验检材的某些特征。例如,可以用偏光显微镜检验各种单根纺织纤维的种属;利用金相显微镜分析金属的内容结构特征等。

2. 色谱分析法

利用物质在固定相(固体或液体)以及流动相(气体、流体、液体)之间,亲和力、溶解度、吸附能力以及阻滞能力等物理、化学性质的不同,对混合物的各组分进行分离分析的方法,称为色谱分析法。当欲分离的混合物随流动相向前移动经过固定相时,物质中的各种组分在流动相以及固定相之间反复多次地分配,由于不同组分之间被吸附以及被溶解的能力各不相同,在不断的移动过程中不同组分被逐渐分开,直至最后被完全分离。色谱分析法的种类较多,微量物证司法鉴定中常用的色谱分析法有薄层色谱法(TLC)、气相色谱法(GC)和高效液相色谱法(HPLC)。

薄层色谱法又可称为薄层层析法,通常可用于对炸药残留物、高沸点油脂、色料等微量物证的定性或半定量分析,还可用于对检材进行提纯和分离;气相色谱法是以气体作为流动相,以固体吸附剂或者涂于载体表面的高沸点有机物液膜作为固定相的一种色谱分析方法,特别适用于对易挥发的有机物质的定性、定量分析,灵敏度可达亿分之一克以下。对于非挥发性的固体物质,如涂料、纤维等,可通过高温裂解再进行气相色谱分析;[1] 高效液相色谱法是以液体作为流动相,以固定吸附剂或者涂在载体上的液体作为固定相,利用高压输送流动相的一种色谱分析技术,主要用于对不易挥发、熔点较高的客体,如炸药、口红、泥土等的定性定量分析。

3. 光谱分析法

物质发射出的辐射以及辐射与物质之间的作用会引起物质内部的变化,通过仪器测量由此产生的辐射、吸收的波长和强度,而得到光谱,通过光谱分析物质的成分和含量的方法,称为光谱分析法。光谱分析法是微量物证仪器分析技术中的重要分析方法之一,可用于对微量物证的定性和定量分析。按照电磁辐射的本质,又可将光谱分析法分为原子光谱法和分子光谱法。

(1)原子光谱法。此分析法是对原子的外层电子跃迁而产生的光谱进行分析。其又可分为原子发射光谱法(AES)、原子吸收光谱法(AAS)和原子荧光光谱法(AFS)三类。原子发射光谱法主要用于对微量物证中无机元素的定性定量分析;原子吸收光谱法可用于对微量物证中所含有的诸如镁、锌、金、银、汞等元素的定性定量分析;原子荧光光谱法在微量物证司法鉴定中主要适用于检测金属残留物以及通过对元素的定性定

---

〔1〕 参见邹明理主编:《司法鉴定教程》,法律出版社1995年版,第195页。

量分析，区分不同地区的土壤。

(2)分子光谱法。任何物质都是由分子组成，分子的结构不同决定了分子光谱也不尽相同。因此，通过对分子光谱的分析，可以分析分子的结构和含量。分子光谱法一般包括紫外—可见分光光度法、红外光谱法、激光拉曼光谱法以及分子荧光分析法。紫外—可见分光光度法可运用于对含不饱和键的有机物和部分无机物的定性定量分析，微量物证司法鉴定中主要用于对色料、黏合剂以及油脂进行分析；红外光谱法能鉴别橡胶、塑料、涂料、纤维、黏合剂、炸药等物质的种类，并在特定情况下为同一认定提供重要依据；激光拉曼光谱法主要用于鉴别玻璃、尘土、矿物、泥土等的来源；分子荧光分析法可用于对部分矿物油的产地和牌号进行鉴定。

4. 质谱分析法

质谱(MS)是将检材离子化后，利用离子在电场或磁场中的运动性质，把离子按其质荷比(m/z)大小进行排列后形成的一种图谱。质谱分析法即是通过质谱来分析物质的结构特征和成分含量。质谱分析法主要依靠的质谱仪由进样导入系统、离子源、质量分析系统、离子检测系统、真空系统以及计算机等部分组成，其中离子源和质量分析系统是质谱仪的核心部分。微量物证司法鉴定中，质谱分析法是进行定性鉴定和确定分子结构的重要分析方法，具有分析速度快、损耗检材少、提供多维结构信息以及适用范围广等特点，可与色谱分析法等联用，主要用于炸药探测以及对射击、爆炸残留物的检验；与裂解色谱分析法联用时，还可对纤维、塑料、黏合剂等进行鉴别。

5. 中子活化分析法

利用电磁辐射原理，用中子源供出的慢(热)中子轰击物证检材的微量元素，这些元素俘获中子变成了有放射性的元素。[1] 中子活化分析实质上是一种放射性化学分析方法，将没有放射性的普通元素活化为具有放射性的元素。这些不同的放射性元素衰变时释放出不同能量的γ射线，并形成不同的γ射线能谱图，可根据这一能谱图对检材中的元素种类和含量进行测定。中子活化分析法具有测定范围广、分辨率高以及无损检验的特点，多用于对涂料、玻璃、射击残留物等进行分析和检验。

6. 热分析法

在温度控制下，测量物质的物理性质与温度变化之间关系的分析方法即为热分析法。随着温度的变化，物质的物理属性如质量、热量、电学、磁学、力学、光学等性质也会随着发生变化。热分析方法主要包括热重法(TG)、差热分析法(DTA)、差示扫描量热法(DSC)等。热分析法的应用领域较广，微量物证司法鉴定中，主要可用于对无机物、有机物以及高分子聚合物的分析测定。

7. 联用分析法

随着科学技术的迅猛发展，尤其是计算机的广泛运用，使用多种仪器同时对一种检

---

[1] 参见张毅、皮建华、王渝霞主编：《刑事科学技术概论》，中国人民公安大学出版社 2008 年版，第 99 页。

材进行分析成了现实。联用分析法将多种分析仪器以及计算机进行联用,在微量物证司法鉴定中充分发挥了各种分析技术的优点,同时弥补了各自的不足,并运用计算机系统对分析得到的数据进行处理,再整合成为更为有用的信息。联用分析法包括气相色谱—质谱联用分析法(GC—MS)、气相色谱—傅里叶变换红外光谱联用分析法(GC—FTIR)、气相色谱—红外光谱—质谱联用分析法(GC—IR—MS)、高效液相色谱—质谱联用分析法(HPLC—MS)、质谱—质谱联用分析法(MS—MS)等方法。

第三节　鉴定基本内容

一、纤维鉴定

(一)纤维物证的分类与性质

1. 纤维物证的分类

纤维系指天然或经人工合成的细丝状物体。其直径一般在几微米至几十微米之间,但最长却能达到几毫米至几十毫米以上。纤维具有一定的柔韧性,经过纺织加工后可以制成各类日常生活中穿用的织物。一般而言,纤维可以按其来源及化学组成等方面进行分类。

2. 纤维物证的性质

由于纤维具有较多特性,故本书中仅阐述与纤维物证检验相关的具体性质。

(1)纤维物证的光学性质。纤维的光学性质即为其在光照射下表现出来的具体性质,主要包括光泽、光致发光以及双折射性等。

(2)纤维物证的热学性质。纤维在室温下能保持一定的刚挺性与稳定性,但其在高温条件下则会产生熔融、分解、碳化等现象。

(3)纤维物证的溶解度。纤维与适当溶剂接触后,可经过溶胀过程而缓慢溶解。

(4)纤维物证的燃烧性质。大部分的纤维遇火均能燃烧,其燃烧性质与纤维的化学组成密切相关。

(5)纤维物证的外观形态。各类纤维由于其来源以及加工工艺的差异,导致其在外观形态以及横切面形状等方面均有不同。

(二)纤维物证检验的任务

纤维是犯罪现场极为常见的物证之一,我国在20世纪50年代就已经在侦查办案中运用纤维物证。当前,科学技术水平的提高,高精尖仪器的不断引入与各类新型技术方法的涌现为纤维物证的检验工作提供了有利条件。通常而言,在纤维物证检验过程中,需要确定以下相关问题:

(1)确定纤维的具体种类。根据具体要求,确定其是毛还是纤维,如确定是毛,则需进一步确定是人体毛还是动物毛;如果纤维,则需确定该纤维是人造纤维还是天然纤维,以及是哪一种纤维。

（2）确定现场中发现、提取的纤维与从特定人员处提取的纤维是否种属相同，或者在几处地点发现的纤维是否为同类、同种纤维。

（3）观察、确定纤维是否存在变形或者损伤的情形，发现、提取到的纤维上是否存有任何附着物，以及纤维的变形、损伤或者粘附有附着物的情形是如何形成的，而该纤维又具体来自于何种物质性客体。

（三）纤维物证的采集与保存

1. 纤维物证的采集

纤维是犯罪现场较为常见的物证之一，但因其外形纤细，往往不易被发现。故须用强光照射的方法，并借助放大镜进行寻找。通常而言，容易遗留纤维物证的重点部位包括现场破坏极为严重的中心处；犯罪人进出现场的出入口；被害人所在的地面、床面或地毯上；被害人与犯罪人搏斗之处；从犯罪嫌疑人处提取到的犯罪工具表面；被害人所穿的衣物以及犯罪人遗留在现场的衣物。

2. 纤维物证的包装与保存

通常应将提取到的纤维放置在带盒盖的硬纸盒或金属盒中，也可以保存于玻璃试管内。对于提取到的单根纤维或者几根纤维，可用玻璃片夹住后，再用胶纸进行固定。对怀疑可能附着有纤维的衣物，而需要对该衣物进行提取时，应将其装入大纸袋内密封保存。为了查明提取到的纤维与特定的人或场所是否存在联系，应当在提取该纤维物证的基础上再提取比对检验使用的纤维样本。如从不同处收集到的纤维，必须分别标明提取部位，并分别进行包装，且做好相应标识。尤其是对作为物证的纤维以及作为比对样本的纤维，必须严格分开包装与保存。

（四）纤维物证的检验

1. 显微镜检验法

利用天然纤维所固有的透光形态、外观形态以及化学纤维的外观形态、彩色偏光干涉形态等特性，可以运用专用的偏光显微镜或带有偏光装置的显微镜对经过清洗、脱色、脱脂等环节的纤维进行无损检验。在采用上述检验方法仍不能确定是何种纤维的情况下，可利用哈氏切片机进行切片后，对其横截面进行检验、分析。

2. 理化检验法

纤维的物理化学性质，决定了可以利用理化手段对其进行多种检验。利用理化法进行检验前，须先对纤维进行预处理。已染色或表面具有污垢的纤维，应先经过清洗、脱色、脱脂等处理环节。不同类别的纤维可以使用不同理化方法进行检验。

3. 小角度散射检验法

随着激光在当前社会中应用领域的扩大，其逐步被引入纤维物证检验领域中。利用激光对单根纤维进行照射，观察记录散射的图像并以此鉴别纤维种类。不同种类纤维的双折射率存在差异，其形态、直径等亦有区别，因而产生的散射图像不仅不同而且具有一定规律，故利用激光小角度散射法能够有效鉴别纤维种类。

4. 仪器分析法

随着科学技术的突飞猛进,越来越多的分析仪器被引入纤维的检验。利用红外光谱法不仅可以对不同种类的纤维进行鉴别,还可以用来鉴别某类纤维中的不同品种。扫描电镜检验法则可以鉴别纤维的表面形态以及损伤特征。差热分析法除可以对不同种类的纤维进行鉴别外,还可以对不同厂家、不同时期生产的同类纤维进行鉴别。

二、塑料鉴定

塑料是广泛存在于生产和生活中的高分子聚合物。在案件现场中经常会有盛毒液的塑料瓶,包裹尸体的塑料膜,现场遗留的纽扣、发夹、捆绑炸药的塑料绳等。

(一)塑料的分类

塑料是以合成树脂或天然树脂为基础原料,在一定湿度、压力下加工塑制成型或交联固化成型,得到的固体材料或制品。

1. 按塑料的热性能分类

按组成树脂的热性能可将塑料分为热塑性塑料和热固性塑料两大类。

(1)热塑性塑料,是指产品定型后仍能保持再加工性能的塑料。常见的有聚乙烯、聚氯乙烯、聚丙烯等。

(2)热固性塑料,是指在加工塑料制品时,发生不可逆化学反应,形成不溶材料的一类塑料。常见的有酚醛塑料、脲醛塑料、环氧树脂等。

2. 按塑料的用途分类

按用途可将塑料分为通用塑料、工程塑料和特殊塑料三大类。

(1)通用塑料。这种塑料的产量大、价格低、应用范围广。主要有聚氯乙烯、聚乙烯、聚丙烯等。

(2)工程塑料。这类塑料的机械强度好,是能代替金属作工程材料的塑料。主要有聚甲醛、聚碳酸酯、聚酰胺等。

(3)特殊塑料。是指有特殊性能和特殊用途的塑料。主要有氟塑料、硅树脂、不饱和聚酯等。

3. 按塑料制品分类

可分为塑料薄膜、人造革、塑料板材、塑料管材、泡沫塑料等。

4. 按树脂的品种分类

树脂品种中产量最大、用途最广的有六大品种,即聚乙烯、聚氯乙烯、聚苯乙烯、聚丙烯、氨基树脂和酚醛树脂,约占树脂总产量的80%,统称通用树脂。

(二)塑料的组成和性质

塑料的主要成分为合成树脂。此外,还有填充剂、增塑剂、着色剂等塑料助剂,又称添加剂或配合剂。

(1)合成树脂。它是塑料的主要成分,占40%~100%,决定了塑料的类型和基本性能。在一定温度下有较好的粘结能力,能把其他所有组分均匀地粘合成一个整体。

(2)填充剂。填充剂能提高塑料的物理机械性能,增加制品体积,降低成本,在塑料中含量在20%～50%。

(3)增塑剂。是增加塑料可塑性、赋予及保持塑料柔韧性的物质。

(4)着色剂。为改变塑料的颜色而加入的颜料。主要有钛白粉、铬黄、铁兰等无机颜料。近年来,新型的有机颜料应用越来越广泛,如偶氮颜料、酞菁颜料等。

(5)稳定剂。凡是能够防止或延缓塑料老化变质的物质都可称为稳定剂。可分为抗氧剂、光稳定剂、热稳定剂三种。

(6)阻燃剂。它是抑制塑料燃烧的一种助剂。可分为添加型和反应型两种。

(7)润滑剂。用润滑剂的目的是减轻塑料与加工机械表面的摩擦和塑料分子间的相互摩擦,起到润滑作用。

(8)发泡剂。使塑料具有多孔结构。可分为物理发泡剂和化学发泡剂。

(三)塑料检材的提取

塑料检材在现场可能单独存在,亦可能粘附、嵌入某客体,也可能烧焦、变形变色、炭化、撕裂或熔融,还可能附着有血指纹、泥土、纤维屑等。

(1)现场上遗留的塑料布、鞋、发卡等用镊子夹取,分别提取、包装,注明时间、地点、采样部位等有关资料。

(2)对于附着在作案工具上的塑料残片,可用小镊子夹取,或用刀、针等工具挑、剥、刮的方法进行提取。也可连同客体一并送检,在放大镜或显微镜下提取。

(3)在爆炸或纵火现场,可能发现边缘发生熔融、卷曲甚至炭化的塑料检材。这时,要尽可能把塑料检材取全,包括未燃烧的部分、烧焦的部分和炭化的部分。

(四)塑料的检验方法

根据案件的需要、检材的情况,可选择以下方法进行检验。

1.物理检验

(1)外观检验。根据对塑料检材的颜色、透明度、韧度、硬度、图案及形态等的观察,可初步判定塑料的类型。

(2)荧光检验。用紫外光照射塑料检材时,因为塑料的组成不同,可产生不同强度不同颜色的荧光。

(3)比重测定。塑料的比重与树脂的成分和填充剂的成分有直接的关系,填充剂的种类和用量也直接影响塑料的比重。

(4)溶解试验。不同塑料的溶解性能不同。检验时应注意,高聚物的溶解是一个缓慢的过程。有的立即溶解,有的需要几小时甚至十几小时,操作时要注意溶解情况、速度、颜色、状态变化,与标准样品进行比对。

2.化学分析

(1)燃烧试验。塑料中合成树脂的主要成分是碳、氢、氮、氧等,有不同程度的可燃性。可根据燃烧情况、火焰、烟、气味、灰烬等特征来确定检材的种类。

(2)热裂解试验。热裂解试验是将少许塑料放入裂解管中加热,样品与火焰不直接接触而检验分解产物的方法。通过观察裂解产生气体的颜色及性质、液体的颜色、固体形态及可燃性等对塑料进行初步判断。

3. 仪器分析

(1)裂解气相色谱法。塑料在裂解器中被裂解成低分子碎片,再进入气相色谱仪进行分离和鉴定。裂解产物具有特征性,其谱图(常称为指纹图)反映了该塑料的特征。

(2)红外光谱分析。此法主要是对塑料中的树脂进行检测。不同树脂所含的有机官能团不同,在红外区有特殊的吸收峰,以此来认定树脂的种类。

(3)热分析法。不同高分子化合物,其转变过程中的热效应也不相同,通过测定塑料制品的热分析曲线可鉴别不同化学成分的塑料。

(4)塑料中无机元素的仪器分析。测定塑料中的无机元素可以通过电镜—X 能谱仪或发射光谱分析,也可以用红外光谱法测定无机填料的最强谱带和特征谱带,与标准比对而作出认定。

三、橡胶鉴定

(一)橡胶检验的主要任务与作用

1. 橡胶检验的主要任务

(1)确定与案件有关的橡胶及其制品是何种橡胶,即确定胶种;(2)检验各种配合助剂及各种物理参数;(3)将现场橡胶检材与从嫌疑人或特定人员处提取的样本进行比对,分析两者成分和理化性质是否相同。

2. 橡胶物证在侦查破案中起到的作用

(1)提供侦查方向、线索,从而为侦破案件缩小范围;(2)认定或否定嫌疑人,从而为定案提供科学依据。

(二)橡胶制品的分类、组成及性质

1. 橡胶制品的分类

(1)轮胎类。按其用途又可进一步分为飞机轮胎、汽车轮胎、力车轮胎、自行车轮胎等。

(2)橡胶制品(粘结剂)。橡胶制品按其用途不同亦可细分为生产资料橡胶(胶布及制品)以及生活用品、文化体育用品(见图 20－1)。

- 橡胶制品(粘结剂)
  - 生产资料橡胶:胶布及制品
    - 带管:胶带、胶管
    - 工业用品:胶辊、胶件、胶板、海绵、硬质胶、胶液
  - 生活用品、文化体育用品
    - 胶鞋
    - 医疗卫生用品
    - 日常生活用品

图 20－1　橡胶制品按其用途分类

2. 橡胶制品的组成和性质

(1)生胶及再生胶。橡胶按生胶的来源分为天然橡胶和合成橡胶两大类。橡胶制品有的还掺加一部分再生胶。

(2)硫化剂。硫化剂是能将生胶的线型分子结构变成网状立体结构的物质,分为硫磺硫化剂和非硫磺硫化剂两种。硫化后的生胶具有弹性而降低了塑性,硫化后的橡胶才具有实用性。

(3)促进剂。凡是能加快硫化速度、缩短硫化时间的物质均称为促进剂。这些促进剂均能产生疏自由基物质,促进橡胶交联。

(4)助促进剂。助促进剂能够减少促进剂的用量和缩短硫化时间。

(5)防老剂。通常加入物理防老剂和化学防老剂。它们分子量大,不易挥发,不参加橡胶分子交联,在橡胶的比对检验中很有价值。

(三)橡胶检材的提取

(1)对于电线、胶布、胶鞋等较大的检材,用镊子或夹子放入相应的塑料袋或纸袋中。在提取前应注意表面遗留的各种痕迹或附着物,进行拍照或蘸取。

(2)对于汽车急刹车时留下的轮胎擦痕、胶鞋蹬痕、胶鞋胶渣,先进行拍照,再用镊子、AC 纸或水溶性胶纸沾取,并固定在载玻片上,先放入盒中备检。

(3)对于橡胶可疑灰渣,当其分布面积较大时,可用毛刷刷取或用匙子提取,放入塑料袋中并封口。

(4)当作案工具上或被害客体上有橡胶擦痕或残渣时,应连同客体一并提取送实验室。

(5)若检材较微小,可用水润湿过的脱脂棉球擦取橡胶附着物,把棉球放入玻璃小瓶中,注明提取的时间和部位,送检。

(四)橡胶制品的检验

1. 燃烧试验

当检材量较大时,可做燃烧试验。通过观察橡胶的燃烧性、自熄性、火焰的特征以及残渣的形态和气味等,可初步判断一些胶型。例如,天然胶易燃烧,无自熄性,有橙黄色火焰,会喷射火花或火星,冒浓黑烟,燃烧时会软化,起泡,残渣无黏性。

2. 热分解试验

热分解试验是根据橡胶热分解产物的 pH 值(如聚氨基甲酸酯胶的热分解产物均呈酸性)、比重及对二甲氨基苯甲醛颜色反应的结果(如氯丁胶呈黄绿色)对橡胶进行检验的方法。

3. 薄层试验

将检材热解。对热解产物进行检测。对热解产物中的易挥发物,通常用 4% 的醋酸汞甲醇液吸收,然后做薄层试验;对热解产生气体所凝结的油珠,以少许的三氯甲烷溶解,然后做薄层试验。

4. 裂解气相色谱法

在进行气相色谱分析前，将橡胶置于热裂解装置，使橡胶这种高聚物大分子断键成小分子，再通过气相色谱分析进行分离测定。

5. 傅里叶变换红外光谱法

利用红外光谱显微法可检测 10μg 大小的橡胶斑痕。这一方法对作案工具或交通肇事案中的肉眼看不清的检材有很好的检测效果。红外光谱图复杂，如果在相同条件下两张红外光谱图完全一致(特征吸收峰的位置、强度、形态一致)，那么检材与标准样品就是同一种橡胶。

6. 橡胶中的无机成分检验

橡胶中的无机成分检验主要采用原子发射光谱法、电子探针和原子吸收光谱法。利用扫描电镜，根据炭黑的粒径、聚集状态对炭黑进行种类认定；利用热分析法对炭黑进行定量分析。

四、涂料鉴定

(一)涂料物证检验的目的和任务

涂料碎片检验通常要解决的问题是：犯罪或事故现场收集的可疑物或附着在破坏工具上的附着物是否为涂料？如果是涂料，具体是哪一类涂料？其与比对样本或从嫌疑人处提取的样本是否相同？

(二)涂料物证的提取与包装

在交通事故现场中，汽车碰撞行人或物体掉下的涂料碎片往往散落在现场或被撞人的衣物上，需要注意细心观察，及时收集，连同衣物一并送检；在撬门、破锁进行盗窃或抢劫、凶杀案件中，应当注意发现和提取金属作案工具上的涂料碎片。

收集到的各种物证及比对样品都要分别放在干净的玻璃瓶或塑料袋中，并加贴标签，注明案件及物证名称、收集地点及日期、送检要求等。如有必要，还应当标明送检物体的检验部位。

(三)涂料的组成及分类

涂料又称油漆，是涂敷在物体表面上的高分子材料，起到装饰和保护物体的作用。涂料含有挥发性组分及不挥发性组分。挥发性组分为调制涂料的溶剂(也称稀释剂)，在成膜过程中逐渐挥发；不挥发性组分又分为基料、颜料和助剂。

基料是涂料的主要成膜物质，是构成涂料最基本的不可缺少的成分，也称黏结剂。它可以单独成膜，如桐油、清漆，也可黏着颜料等物质共同成膜。涂料根据基料的成分不同分为 17 大类。

颜料是色漆中的另一主要组成成分，为有机或无机的含有各种色泽的细小粉末状物质，小部分为天然产物，大部分为人工合成有机物。色漆中有的仅加入一种颜料，多数为复合颜料。

助剂是涂料的辅助成膜物质，可分为增塑剂、催干剂、固化剂、稳定剂、防污剂、乳化剂等。不同种类、不同用途的涂料会添加不同助剂。

（四）涂料物证的检验方法

1. 外观检验

外观检验是对检材与比对样品进行外观比对。

（1）肉眼观察。比较检材与比对样品的色调、光泽，注意观察面漆、底漆的颜色和光泽等。

（2）显微镜观察。使用立体显微镜观察漆皮层次、厚度、各层颜色、光泽、颜料颗粒的分布状态等，也可以据此分辨面漆、底漆或腻子。

（3）在紫外光下观察油漆碎片色泽及荧光，与比对样品对比，看其是否相同。

（4）扫描电镜检验。扫描电镜的图像放大能力较强，通过荧光屏上微米标尺可以直接测量油漆碎片大小、厚度及层数，利用其附件能谱仪能对各种无机元素进行无损检验。其分析范围可从 11 号钠元素至 92 号铀元素，同时还能进行定量分析。

2. 有机成分的分析

涂料中的有机成分首先主要来自各种基料，是天然或人工合成的有机高分子材料；其次是来自颜料的有机成分及助剂中的有机成分。对有机成分进行分析时主要利用基料进行类别鉴定，并进一步与比对样品进行比对检验，以确定其异同。

（1）红外光谱分析法。涂料的基料使用不同种类的有机化合物，其化学性质不同，而不同的有机化合物的红外分子振动形式不同，所以每一类油漆都有其特定的红外吸收光谱，其吸收峰的位置、数目、形状和强度也因此各不相同。根据涂料碎片的红外光谱图的特征可以确定油漆的类别。

（2）裂解气相色谱分析法。高分子化合物在裂解器中经高温（一般是 400℃ ~ 800℃）可瞬间裂解成低分子碎片。这些碎片具有挥发性，经气相色谱柱分离并经检测器检测，能够得到高分子化合物的结构信息，即获得具有多个碎片的色谱峰，这些色谱峰具有指纹图性质。所以，可以利用其图谱对油漆基料及有机颜料进行类别检验和比对检验。

3. 无机成分分析方法

对于涂料中的无机成分，诸如氧化铁红、红丹、铬黄、镉橙、氧化铁黑、锌钡白、二氧化钛、铁兰、铝粉及体质颜料（填料）中碳酸钙、硫酸钡等中的铁、铬、镉、锌、钡、钛、铝、钙等成分，可以对其进行发射光谱、原子吸收光谱的定性、定量分析。若检材不容许被破坏，则可使用扫描电镜对其无机成分进行分析，以确定异同。

（1）发射光谱分析法。此法是金属元素的理想定性分析法。在分析中，试样用热或电能激发，然后测量被激发试样所发射光辐射。根据发射谱线的波长可对金属元素进行定性分析，根据特征谱线的强度即能进行定量分析。

（2）原子吸收光谱分析法。该法是测定金属和类金属元素含量的一种可靠方法。它利用了基态原子的蒸气吸收同种原子发射的特征光谱线的原理，测定各种试样溶液中的元素及其含量。可以用于对油漆中无机颜料及填料的金属元素的精确定量分析。

五、金属鉴定

(一)金属的概念和分类

到目前为止,已发现的元素有109种,其中87种具有光泽和良好的导电、导热及延展性能,称为金属,17种是非金属。另有5种(硼、硅、砷、硒、碲)的性质介于金属与非金属之间,称为准金属。

在熔化状态下,金属之间、金属与某些非金属之间可以相互溶解或混合,形成具有金属性质的物质,称为合金。合金通常仍被视为金属。

金属可分为黑色金属与有色金属两大类。

黑色金属指铁、铬、锰以及以它们为基体形成的合金,是工业生产和人们日常生活中应用最广泛的金属材料。黑色金属以外的所有金属(含合金)统称为有色金属。

(二)金属的性质以及常见金属材料

金属与非金属在性质上有很大差别,物理性质的差别主要表现在形态、密度、光泽、延展性、硬度、导电性和导热性以及熔点等方面。

金属最主要的化学性质是易被氧气、水蒸气、酸和碱氧化而表现出还原性,但不同金属的还原性差别很大。

常见的金属材料包括铁、钢、铜、铝及其合金等。

(三)金属的检验

1. 宏观形态检验

对于现场提取的金属状颗粒或碎屑,应首先用肉眼和放大镜在不同角度光照下观察其光泽、颜色和外观形貌,还可借助实体显微镜观察断口颜色和形态,以确定是金属还是焊渣,以及其是通过何种方式形成的。

2. 微观结构检验

微观结构检验主要包括金相结构检验和晶体结构检验。

金相结构检验。金相结构又称为显微组织结构,是指在金相显微镜或电子显微镜下观察到的金属表面相的分布状况,一般需把金属表面放大几十倍乃至上千倍才能观察到。金相结构检验一般在金相显微镜下进行,但这种方法需要的检材量通常较大,难以适用于微量金属。电子显微镜具有比金相显微镜高得多的放大倍数,从而为金相结构检验提供了更有力的手段。金相显微镜的放大倍数最大可达到2500倍,而电子显微镜则可达到几十万倍乃至上百万倍。在金相显微镜下无法观察的某些显微组织,在电子显微镜下可得到清晰的显示。因此,利用电子显微镜可对引起金属断口的应力、金属的热处理方法等进行推断。电子显微镜的另一个优点是需要的金属检材量小,并且金属检材可不经特殊处理直接置于电子显微镜下观察。

晶体结构检验。金属的晶体结构是指金属中原子或离子的结合方式和排列形式,这无论是用光学显微镜还是电子显微镜都无法观察到,只能通过X射线衍射方法间接地测定。金属和合金都是晶体。因此,可以利用该方法对那些化学组成相同而结晶状态不同的金属和合金进行鉴别。

3. 化学成分检验

金属的化学成分检验可利用原子发射光谱法和原子吸收光谱法以及 X 射线能谱法。

原子发射光谱法。原子发射光谱法一般用于定性分析，确定金属和焊渣中含有哪些化学元素，主要是金属元素。分析时，如果检材通过原子发射光谱法测得的一些金属中所含元素一览表为较大的块（条）状，可直接作为电极；如果是小颗粒或粉末，可在石英研钵中磨细后装入碳电极孔中，然后进行测定。利用原子发射光谱法也可以进行定量分析，但需有标准品比对，且误差较大，故很少应用。

原子吸收光谱法。原子吸收光谱法一般用于定量分析，确定金属和焊渣中某一种金属元素的含量。该法灵敏度高，不但能进行常量分析，而且能对金属的包装物、捆绑物以及金属的擦划痕迹上极微量的金属成分进行检测。例如，用该法可以检测出电击皮肤上的微量铜、铝等元素，以及金银制品包装物上附着的微量金属元素。

X 射线能谱法。X 射线能谱法是一种能同时测定检材中元素种类和相对含量的较好的分析方法。现代高性能的电子显微镜都同时配有 X 射线能谱仪，因此，可以在对金属和焊渣进行电子显微镜观察的同时，进行 X 射线能谱分析。该方法的优点是对检材无损，既能定性分析又能定量分析，对于微量金属和焊渣的比对分析十分有用，有广阔的应用空间。但需指出的是，该方法测定的只是样品表面层中各元素的相对含量，并不是元素的绝对含量，对元素的检测灵敏度也不是很高。此外，对于原子序数在 10 以下的元素，目前用该法尚不能测定。

第四节　微量物证鉴定的评判

一、审查司法鉴定意见的科学可靠性

（一）审查司法鉴定主体

司法鉴定主体的审查，主要包括对司法鉴定机构以及鉴定人两方面进行审查。司法鉴定机构应当具有微量物证司法鉴定的资质；鉴定人是从事微量物证鉴定的具体实施人。对鉴定人的审查主要是对执业资格和能力的审查。

（二）审查鉴定过程

首先应审查鉴定材料来源的可靠性。包括鉴定材料的发现、提取、包装和保存是否符合法定要求、操作是否规范；微量物证是否来源于案件，提取的过程中是否混入了可能影响鉴定意见的其他物质；是否根据微量物证鉴定的特点提交了空白样本以及比对样本；微量物证在包装和保存的过程中是否被混杂、污染或替代等。

在对检验过程进行审查时，应注意审查鉴定人是否严格遵循鉴定程序；鉴定方法是否依据国家、行业标准或得到学界的普遍承认；检验分析技术是否具有足够的精确性和灵敏度；在对微量物证进行鉴定时，是否已经消除了其他杂质对于待测物的干扰或者已

将影响因素考虑在内;鉴定过程是否全面、细致,是否采取重复、多种技术手段进行检验;鉴定人是否正确运用空白样本,将其他物质对于检材的影响考虑在内;鉴定过程中所使用的仪器设备是否处于最佳的工作状态等。

(三)审查鉴定意见部分

微量物证鉴定文书包括鉴定意见书和鉴定检验报告书,对于鉴定意见部分的审查主要针对微量物证鉴定意见书。应注意审查鉴定意见的依据是否充分、论证是否合理;鉴定意见与检验方法、分析说明之间是否存在矛盾;鉴定意见与客观事实之间是否存在矛盾;鉴定意见与其他证据之间是否能够相互印证等。

二、评断鉴定意见的证据意义

微量物证鉴定意见在案件中的证明作用,一般体现在证明检材中所含物质的种类和含量以及证明检材与样本是否相同或同一。在运用微量物证鉴定意见时,应当考虑到其在案件中的证据意义或证明价值。

(一)微量物证鉴定意见与案件的联系

1.联系的形式

各类证据与案件主要事实之间联系的形式一般包括直接联系和间接联系,即某项证据究竟是属于直接证据还是间接证据。由于微量物证具有的分离性和不完整性等特点,微量物证鉴定意见对案件主要事实的证明只能是间接的,因此,微量物证鉴定意见属于间接证据。在对微量物证鉴定意见进行评断时应当分析其与案件主要事实之间的联系。联系环节越少,其证据意义就越强。例如,交通肇事逃逸案件中,肇事车辆前保险杠被撞处提取到的纤维经检验后与被害人所穿衣服的纤维种属相同,该鉴定意见与案件主要事实之间的联系环节较少,因而证据意义较强。

2.联系的性质

在确定微量物证鉴定意见与案件联系的形式后,还应当进一步确定其与案件主要事实之间联系的性质,即鉴定意见与案件事实之间的联系是确定的还是非确定的,是排他的还是非排他的。例如,在一起盗窃案现场中,在被撬保险柜附近的地面上提取到的泥土经鉴定后与犯罪嫌疑人鞋底的泥土种类相同,该鉴定意见与案件事实之间联系的性质即为非确定性和非排他性,在对该微量物证鉴定意见进行评断时,必须结合其他证据来共同证明犯罪嫌疑人是否实施了盗窃行为。

(二)确定检材中所含物质种类和含量的鉴定意见

确定检材中是否存在某种物质及其成分含量的鉴定意见,多可用于证明案件中是否发生了某种与该物质相关的事实。在对于此类鉴定意见进行评断时,应当注意根据不同分析方法而检验出的物质及其含量是否具有特殊性;测出的物质及其含量是否与空白样本以及比对样本进行过比较,比较的情况如何。物质的特殊性要求在通常情况下某种物质一般不会出现或极少出现,只有在特定事实出现时才会伴随出现。例如,在一起金店被抢劫的案件中,公安人员在某废弃的仓库内提取到一个蛇皮袋,经过鉴定人的检验,在蛇皮袋上测出金属成分,从而可以确定该蛇皮袋曾装过金属制品的事实。在很多情况下，微量物证总是附着在一定载体之上，载体上原有的物质可能对微量物证含有的物质及其成分含量造成一定的干扰，因此，对于空白样本以及比对样本的利用将有助于凸显鉴定意见的证据意义。如检材中测出有某种元素，而空白样本中没有测出该元素，或者检材中测出的某种元素含量远远高于其在空白样本内的含量，则可以确定检材中含有某种元素。

（三）确定检材与样本是否相同或同一的司法鉴定意见

根据洛卡德物质转移理论，客体之间只要发生接触，就会在对方客体上留下自身物质。因而确定检材与样本是否相同或者同一的鉴定意见，多可以用来证明不同客体之间是否发生过接触这一事实，如从嫌疑人鞋底提取到的泥土与案件现场的泥土种类相同，可以证明嫌疑人曾经到过现场。由于微量物证的分离性和不完整性，其在大多数情况下不能完整地反映物质的全部性质，往往只能对其进行种属鉴定，而不能作出同一认定的鉴定意见，这在一定程度上限制了其证明效力。在评断此类鉴定意见时，应当综合考虑案件中的其他证据，形成完整的证据链，从而充分发挥此类鉴定意见的证据意义。

在一定情况下，仍可以对微量物证进行同一认定。这取决于物质的特异性质，即微量物证的这一特异性质是检材和比对样本特有而其他物质都没有的性质，从而根据物质的特异性质来对微量物证进行同一认定。在对微量物证的同一认定鉴定意见进行评断时，应当重点考察同一认定是否建立在物质特异性的基础之上，鉴定人是否根据一定数量的特异性质之间的相互组合来进行判断，确定检材与样本之间是否同一。

（四）倾向性意见的评断

微量物证鉴定中，由于受到各种因素的限制，如检材量过少、鉴定条件不佳等因素，鉴定人可能无法得出明确的肯定或者否定的意见，只能根据现有的检验条件进行一定的倾向性推断。对于微量物证所作出的倾向性意见不具有证据资格，不得作为证据使用，但其仍有一定的参考意义，可以在一定程度上印证其他证据或者增强其他证据的证明力。

思考习题

1. 微量物证与常量物证有哪些异同点？
2. 如何才能通过准确、科学的方式搜索、发现和充分提取，正确包装并妥善保存微量物证？
3. 如何理解主要的仪器分析方法在司法鉴定中的应用？
4. 怎样理解微量物证鉴定意见的审查与评断在诉讼中的意义？

拓展阅读书目

1. 胡世澄主编：《微量物证仪器分析》，法律出版社 2003 年版。
2. 刘景宁、周亚红：《毒物及微量物证分析学》，南京大学出版社 2005 年版。
3. 董超宇、胡国强主编：《理化检验》，中国医药科技出版社 2005 年版。
4. 张华、刘志广编著：《仪器分析简明教程》，大连理工大学出版社 2007 年版。

第二十一章　录音司法鉴定

本章概要　本章主要介绍录音司法鉴定的概念、主要鉴定内容以及在鉴定过程中采用的标准和方法。

通过本章的学习，应当掌握录音司法鉴定的概念，了解鉴定主要内容和鉴定过程中常用的标准与方法。

关键词　录音鉴定；录音鉴定的内容；录音鉴定的标准

第一节　概　　述

录音司法鉴定，又称为声像资料司法鉴定，其鉴定对象录音资料作为证据材料中的一个类别，被划分在声像资料（前期称为视听资料）的范畴中。早期的视听资料包括录音资料、图像资料和电子数据三个类别。随着信息技术的发展和广泛应用，电子数据作为独立证据种类从视听资料中脱离出来，成为和其他证据种类具有相同法律地位的独立证据种类。因此，当前视听资料只包括录音资料和图像资料，二者统称为声像资料。由于历史沿革的原因，在电子数据作为独立证据种类被划分出来之后，有的文献将录音资料和图像资料统称为声像资料，而有的文献仍然将电子数据归于声像资料范畴。

一、录音司法鉴定概念

录音资料作为证据材料历史悠久，但发展缓慢。早在一百多年前，声纹鉴定（Voiceprint Identification）技术就被用于案件的侦破，其结论可作为法庭证据。然而当时的声纹鉴定技术完全依赖于人的听觉，主观性较大，因而备受争议。此后，专家学者开展了一系列研究和实验来验证语音学家、证人和被害人提供的声纹鉴定的可靠性。

现代录音司法鉴定技术是在声谱仪（又称语图仪）发明的基础上发展而来的。20世纪40年代初期，美国贝尔实验室发明了声谱仪，它通过对语音信号的时间、频率和强度三种参数的实时分析，产生一个连续可视的语音频谱。由此人们开始使用声谱仪进行语音分析。1962年的《美国声学会期刊》在题为“声纹鉴定”[1]的论文中提出了一种基于时频谱（spectrogram）图像的方法，来探究人类根据经验是否能够识别出声音中的声纹特征。

---

〔1〕 See Kersta L G., *Voiceprint Identification*, The Journal of the Acoustical Society of America, Vol. 34: 5, p. 725 (1962).

1976 年,美国国家科学院声谱委员会受联邦调查局(FBI)委托进行嗓音鉴定研究,发表了题为“嗓音鉴定的理论与实践”(On the Theory and Practice of Voice Identification)的研究报告。该报告指出,在良好的工作模式下,由语音学家、司法语音专家作出的语音鉴定是可以信赖的。此后,日本、苏联、罗马尼亚、印度、法国等国家均开始声纹鉴定方面的研究,并将其运用到司法实践中。

我国声纹鉴定技术起步于 20 世纪 80 年代末期。1987 年,中国刑警学院开始开展语音分析与鉴别方面的研究工作。1992 年之后,最高人民检察院、深圳市人民检察院、广州市公安局等多家单位也开始进行声纹鉴定方面的工作。

20 世纪 90 年代,在国家科技攻关计划、“863”计划、国家自然科学基金的支持下,我国在中文语音识别技术方面取得了一系列的研究成果。21 世纪初,一批致力于语音应用的公司在我国陆续成立,如科大讯飞、中科信利、捷通华声等。

随着人工智能和物联网技术的迅猛发展,语音交互产品越来越多。2019 年第一季度,中国市场智能音箱出货量全球占比 51%,首次超过美国,成为全球最大的智能音箱市场。国内涌现出一批语音公司与研究团队。与此同时,各大公司和研究团队在国际学术会议和期刊上发表研究成果。尽管语音识别系统目前还面临着不少挑战,但是国内的语音行业的整体水平已经达到国际领先水平。

近年来,我国声纹鉴定技术的内容不断扩展,鉴定技术水平也在不断提高。可以鉴定的录音资料的范围也有了拓展,除了语音鉴别之外,非人声的声音鉴别也包含在录音资料的鉴定范围之内,因而将其统称为“录音司法鉴定”。录音司法鉴定是鉴定人运用物理学、语言学、信息科学与技术、同一认定理论等原理、方法和专门知识,对检材录音的真实性、同一性、相似性及所反映的内容等进行检验、分析、鉴别和判断并提供鉴定意见的活动。[1]

随着音频技术与产品的发展,尤其是人工智能技术的应用,常规录音司法鉴定技术难以发现录音资料的编辑改动点,录音鉴定面临着前所未有的挑战。目前,我国在录音鉴定领域已经形成了一系列技术标准与规范,但是完整的科学认证系统还有待进一步完善。

二、录音资料的特点

信息时代的到来使录音资料的采集、固定、存储、传输和处理从模拟方式转变为数字化方式。目前,大多数录音资料通过电子产品采集、固定和存储,少量的录音资料仍采用传统的磁带、胶片和卡带等模拟方式存储和处理。具有录音功能的小型便携式电子产品越来越普及,例如手机、MP3、PDA、智能可穿戴设备、数字录像设备、监控设备等。其中不少电子产品内置了编辑声音的应用软件,例如录音编辑软件、音乐创作软件、即时聊天软件中的变声插件等,这使录音和录音编辑的门槛降低,甄别录音资料的技术难度水涨船高,录音鉴定必须跟上科技发展的脚步、与时俱进,不断吸取最新科技

---

〔1〕 参见《声像资料司法鉴定执业分类规定》(司规〔2020〕5 号)。

成果为其所用。

录音司法鉴定的客体是存储在介质中的,能够证明案件事实的,或者与案件相关的一切录音资料。在录音鉴定过程中,需要注意录音资料本身的特点,以充分发挥它的证据效力。

(一)录音资料检测的主观性与客观性

录音资料是与时间相关的动态过程。主观性较强的人耳辨听方式与客观性较强的仪器设备检测方式均可以提取和检测音频中的特征。主观检测和客观检测分别反映了不同观察视角下录音资料的特性。在实际检测中两者相辅相成,配合使用才能起到事半功倍的效果。主观检测和客观检测应该相互印证、互为补充,才能比较客观、全面地给出所检测的录音资料的特征,形成客观公正的鉴定结论。因此,不能过分依赖其中一种检测方法而忽视另一种检测方法。

(二)数字化录音资料的易篡改性

目前,数字化音频在录音资料中的占比处于主导地位,绝大多数待鉴定的录音资料以数字化方式呈现。数字化音频经现代化科技手段的处理之后,在听觉和视觉检测上增加了难度。尤其是基于人工智能的深度伪造技术的出现对录音鉴定提出了巨大挑战。录音鉴定需要以人工智能对抗人工智能的方式,不断将最先进的技术成果应用到鉴定领域,以适应快速发展的科技步伐。

(三)数字化录音资料编码的多样性

数字化音频普及后,出现了多种音频编码方式以适应不同的应用场景。例如,计算机、手机、录音笔、可穿戴设备和监控设备等,都能支持一定编码方式的音频,而有的设备却具有与其他设备不相兼容的音频编码方式。多样的编码方式反映在录音资料上就是不同的录音文件格式,以及在播放和检测录音资料时需要与编码方式相匹配的解码方式。在进行录音资料分析、比对时,有时需要对具有不同文件格式的录音资料进行格式转换。因此,对鉴定人而言,了解和掌握不同的音频编码方法,跟进新出现的音频编码方法,以及了解不同文件格式在相互转换过程中对录音资料产生的影响,是一个持续更新知识的过程,将贯穿从事录音司法鉴定的鉴定人的职业生涯。

第二节　录音司法鉴定基本内容

录音资料可以反映案件事实,或者提供与案件相关联的线索。经过长期的司法实践,目前纳入我国录音司法鉴定领域的内容主要有以下六类:录音处理、录音真实性鉴定、录音同一性鉴定、录音内容分析、录音作品相似性鉴定和录音采集设备的审查。它们基本上可以覆盖绝大多数录音资料司法鉴定的需求。下面分别对上述每个鉴定类别所涉及的鉴定内容进行介绍。

一、录音处理

在进行录音司法鉴定过程中，如果送检的录音资料音质较差，例如有噪声干扰、录音失真厉害、录音音量较小、说话内容不清晰、录音中有多人同时说话相互干扰等情况，无法直接听辨出录音资料中的相关内容，就需要对其进行录音处理。录音处理是指通过数字信号处理技术，降低录音中不需要的声音成分，突出、复原需要的声音成分，改善听觉或声谱效果的专门技术。[1]

录音处理是录音司法鉴定领域其他鉴定内容的基础。只要待鉴定的录音资料存在需要进行处理的情形，均需要根据鉴定内容的要求，对录音进行处理。其他鉴定委托事项即使在委托项目中没有明示需要进行录音处理，在实际鉴定过程中，如果需要，仍要进行录音处理。

二、录音真实性鉴定

录音真实性鉴定是通过听觉检验、声纹检验和数据分析检验等技术手段，对录音是否原始形成、是否经过剪辑或拼接处理等问题进行鉴别和判断的技术手段。通常所说的录音原始性鉴定和录音完整性鉴定均属于录音真实性鉴定的范畴。

（一）听觉检验

听觉检验主要从以下几个方面进行：语义的连续性和逻辑性、语音的连续性和同一性、背景音的连续性和录音资料中出现的脉冲信号等。正常的语音内容所记载的说话或对话所表达的意义具有连贯性或有呼应关系，而作了删除、添加和编辑等剪辑的录音资料部位前后话语所表达的意义会发生突然变化，出现“前言不搭后语”现象。

正常录音资料中，每个说话人的嗓音音质是一致的，语句中的相邻音节是自然衔接和过渡的，符合语音学规律。而经过处理过的录音会出现语音不连续和嗓音不一致的现象。

有的录音资料录音环境中有其他声音存在，在录制过程中被一起录进来，这就是背景音。未经过剪辑处理的录音资料，其背景音也应该是连续的，如果有不连贯现象存在，就存在剪辑可能。

录音资料中若存在异常声音，例如咔嚓声、音强突变等情况，也就是出现脉冲信号，需要进一步作频谱检验和分析。

（二）声纹检验

声纹检验需要同时利用听辨、视谱进行声纹分析。早期实践中使用的是通过各种录音机、录音电话及摄像机录制的盒式、微型录音带和录像带。当使用一般录音机进行剪辑时，要使用录音键（Record）或暂停键（Pause）才能添加或删除录音内容。录音资料在改编过程中如在暂停及恢复录音的瞬间，通电、断电过程均会造成电声学突然变化，波形图、振幅曲线、声调曲线都会出现能量突变现象，而这种突变在连续录制的录音资

---

〔1〕 参见《录音处理技术规范》（SF/T 0151－2023）。

料中是不会产生的。研究这种突变目前最可靠的方法是磁光法拉第效应显现,通过观察仪显现录音带的磁记录信息,并对按键形成的机械痕迹作实验分析,可以确定录音带断点的形成,录音机按键暂停、停止情况,也可以据此鉴定录音是否经过剪辑、复制或作出录制设备的同一鉴定。

通过语音分析软件进行语图分析,并结合磁记录检测技术,可鉴定受检的磁带信息是否存在复制情况,有无编辑断点。因为在编辑录音资料时机械运动的突变,如录音机的抹音头、录音头与磁带接触、脱离位置的突然变化和磁带运转的起动、停动变化,会产生短促的咔嚓声,在声纹形态上表现为短促的噪声现象。此外,若剪辑过程是在不同环境、场合下进行,或利用另外的录音机、录音带,还会产生相应的环境噪声、磁带噪声、录音机噪声等,通常会在语音分析软件的语图中显现出背景噪声不一致,并在修改剪辑处出现能量突变断点。

(三)数据分析检验

对录音资料的原始性进行鉴定,还可配合数据恢复技术和通过还原档案文件资料来发现原始文件及修改情况。如用录音笔记录的语音文件,大多有专门的记录格式或排列序号,修改后的格式或序号排列同原始文档难以吻合,利用原记录设备进行试验可发现修改痕迹,即便没有专门排列,在文件属性中也有文件的创建、修改和访问记录。另外,通过计算机或录音存储设备的数据恢复也可显现原始文件,检验有无修改痕迹。

三、录音同一性鉴定

录音同一性鉴定,是指通过电声学仪器对未知录音材料与已知录音材料进行听音、视谱和声学特征的检测、比对,经综合分析作出说话人是否同一的判断过程。已知录音材料通常指嫌疑人、当事人说话的录音,通常称为样本。未知录音材料通常指案件中,纠纷时形成的言语录音,常称为检材。当检材有多个时,首先要鉴定待检说话人是否为同一人,再进行后续鉴定工作。

(一)听觉鉴别

听觉鉴别包括变音、变调、言语中的有关方音方言,口头语、赘语、虚词、言语速成率、节奏、清晰度、流畅度、响亮度以及言语缺陷(口吃、咂嘴、大舌头等)的异同,是否伪装等。

进行听觉鉴别时还要听辨语义、语汇、语法及其表达方式的异同,最后作出相似或差异程度的评价。

(二)视觉鉴别

通过声谱仪进行频谱波形检验,仔细观察、分析语音检材和样本中相同和相近的音素、音节、语词、短语谱图的语音声学特征和声学模式,包括辅音 VOT、过零率曲线和辅音浊化现象、音度特征(升降、斜率、趋向)、共振峰特性(共振峰阶数、频率、强度、趋向)、协同发音现象、音强曲线、基频曲线(调型、调值、调域)音节间过渡特征等,作出相似或差异程度的评价。

视谱比较往往与听辨结合进行,还要对听辨得到的信息进行验证、确认或否决。视谱比较时,应尽量选取相同的语音要素,如音素、音节(字)、语词、语句及相同的上下文。

(三)定量比对

在听辨、视谱的基础上,定量检测语音检材和样本中相同或相近的音素、音节、词语、短语声学特征参量的数值,包括共振峰参量、振幅曲线参量、基频曲线参量、音节时长、长时平均功率谱参量、长时平均声调参量,进行多参量的统计比对,得出是否同一(或同一的概率)的定量评价。

综合分析上述录音同一性的检验结果,最终可以作出下列意见:认定同一;否定同一;倾向认定同一;倾向否定同一;无结论性意见。

需要指出的是,作出肯定意见要有充分的根据,对存在的差异要有客观的、合理的解释。无结论性意见的必须是检材或样本畸变、噪声过大或者检材内容过少。如样本存在上述问题,可要求送检单位重新录制样本再作鉴定。

倾向鉴定是由于检材、样本具有一定的鉴定条件,但尚不足以作出肯定意见而又无法重新录制样本,有条件的宜提供概率估计。

四、录音内容分析

侦查和审判工作也会要求将模糊不清的说话录音内容具体地辨识出来。录音的内容是语音证据的重要方面,可起到书证的作用,它关系到证据的价值。因此,对模糊不清的录音内容的辨识成为录音司法鉴定的一项重要任务和内容。

录音内容分析可以采用下列几种方式进行。

(1)可利用声谱仪的重放音功能,将模糊语音段反复放音,仔细辨识。

(2)根据原来所使用录音机的性能,采用更高性能的录音机或功放机放音,改善语音的听觉效果。

(3)可利用降噪器材或降噪软件改善听觉效果。听辨的同时,从声谱形态上应用语音学的语音识别方法,分辨具体的语音。

一般来说,对于声音信息大于噪声的录音,这些方法都会有一定的效果。识别噪声大于语音的录音则非常困难。

五、录音作品相似性鉴定

录音作品相似性鉴定属于知识产权鉴定的范畴,它是一门通过比较和分析,对待检录音资料和样本之间的相似程度进行鉴别和判断的专门技术。通过检材与样本之间录音作品的比较检验,综合判断两者是否来源于同一个作品及其相似程度。录音作品相似性鉴定过程将会综合运用录音内容分析和录音同一性鉴定中所采用的技术。

(一)采用业界惯例

当前,对录音作品相似性的认定标准比较模糊,没有形成统一衡量尺度。一般采用业界惯例"8 小节原则",即如果两部音乐作品在节奏、旋律及和声方面有 8 个小节是相同的即可判定侵权,而且这 8 小节必须是乐曲中连续存在的,并非断开、非连续的。8 小节在数量上属于少量使用,8 小节可以构成一个完整的构思,但这并不是绝对的。例如,在《敖包相会》诉《月亮之上》案件中,6 小节抄袭即构成侵权。[1]

(二)逐重分析法

音乐作品中艺术家往往会通过“装饰音”或是“滑音”对音符进行修饰,这些修饰是对歌曲的一种演绎,是装饰性的,而非结构性的。逐重分析法就将“装饰性的”“花哨的”音节排除在外。一首歌曲可以通过不同的演绎方式在音高、节奏、旋律线与歌曲的和声等方面进行装饰,会让人有不同的听觉感受,尤其是落在节拍上的音节比没有落在节拍上的音节更为突出。

逐重分析法首先从音乐作品中抽取出作品的表达,然后将公有领域部分过滤掉,最后对剩余部分进行比对。逐重分析法主要比对属于独创性部分的内容。听觉的要素并不能获得著作权的保护,因为音乐作品一旦脱离旋律就几乎没有可保护的表达要素了。逐重分析法挑出了重音部分,将没有落在节拍上的音节排除。

对录音作品相似性的鉴定除了上述方法之外,还有一些主观性的判断方法,这些方法各有利弊,因此不同的侵权案会根据实际需求采用有效的方法。

六、录音采集设备的审查

录音资料采集设备的种类认定,也是鉴定的一项内容。其认定内容有两种情况:一是对录音资料进行种类属性、范围等的认定,如通过检验录音带或录像带的材料,确定其属于哪一种录音带或录像带,或者确定其是否与案件中涉及的录音带或录像带属于同一种类,为查明案件提供证据,或者为判定假冒伪劣音像制品提供依据;二是对录音采集设备进行种类属认定,如通过对录音带或录像带的检验,确定制作其的硬件设备种类、牌号、厂家、产地等,为查明有关的案件事实提供依据。

第三节 录音司法鉴定审查评判

录音司法鉴定的行业标准中,有公安部标准和司法部标准两个体系,二者不完全相同,并且都在不断更新。此外,在进行录音司法鉴定过程中,不是所有的检材都具备鉴定条件,不具备鉴定条件的情况主要有如下几种。

一、录音资料的频率范围过窄

在录音同一性鉴定中,第三共振峰能够较多体现个人语音特征,如果检材录音资料的频率在 2000 赫兹左右,那么第三共振峰很有可能不能显示。因此,在录音同一性鉴定中,若检材频率范围不超过 3000 赫兹,通常认为检材不具备鉴定条件。

二、录音资料噪声特别大,语音特征反映不明显

有的录音资料信噪比很低,噪声特别大,用语图仪观察语音共振峰不清晰或者看不

[1] 参见北京海淀区人民法院判决书,(2007)海民初字第 22960 号。

见。在这种情形下，很难将语音从噪声中分离出来，或者通过降低噪声让语音清晰到听觉可辨析。在这种情形下，一般认为检材不具备鉴定条件。

三、录音资料时长特别短，或者有效语音数量不足

有的录音资料时长特别短，只有几秒钟，或者待检语音的有效数量很少，只有几个语音。在这种情形下，即使几个语音音节较为清晰，但是由于可以用于鉴定的有效语音数量过少（不超过 10 个），通常认为达不到鉴定条件。

四、待检录音资料的语音有严重的伪装

在录音资料同一性鉴定中，有时收到的检材有严重的伪装，例如使用变音器。变音器是当前鉴定中的一个难点，变音器的各种参数的调整理论上可以形成数量庞大的伪装语音。在不能正确找出参数组合的条件下，很难还原这组参数形成的伪装。此外，有人具有很强的模仿或者伪装能力，其语音特征会发生明显的变化。例如，语音的共振峰、基频甚至是发音的基本特性发生了变化，在这种情形下，待检录音资料不具备鉴定条件。

思考习题

1. 什么是录音司法鉴定?
2. 录音司法鉴定主要涉及哪些内容?
3. 常用的录音司法鉴定标准和方法有哪些?

拓展阅读书目

1. 王永全主编:《声像资料司法鉴定实务》，法律出版社 2013 年版。

第二十二章 图像司法鉴定

本章概要 本章主要介绍了图像司法鉴定的概念、特点和主要内容，分析了图像司法鉴定的方法、鉴定的评判等。

通过本章的学习，应当掌握图像司法鉴定的概念和特点，熟悉真实性鉴定、同一性鉴定、图像处理与内容分析的内容，了解图像司法鉴定的方法与评判。

关键词 图像司法鉴定；真实性鉴定；同一性鉴定；图像处理、图像内容分析

第一节 概 述

一、图像的概念

图像是人类视觉的基础，是自然景物的客观反映。“图”是物体反射或透射光的分布，“像”是客观景物在人的视觉系统中所形成的影像或认识。简单来说，图像是用各种观测系统以不同形式和手段观测客观世界而获得的，可以直接或间接作用于人眼进而产生视知觉的实体，在人类感知中扮演着重要的角色。据统计，人类信息有60% ~80%的信息来自图像，图像是人类社会活动中最常用的信息载体。

传统的图像以“胶卷”作为其记录信息的载体，随着计算机和数字化技术的发展，数码相机、数码摄像机等逐渐取代了传统照相机和摄像机，有效提高了图像的成像效率和画面分辨率。数字图像，又称为数码图像或数位图像，是由模拟图像数字化得到的，以像素为基本元素，可以用数字计算机或数字电路存储和处理的图像，常存储于录像机、硬盘、U 盘、SD 卡等存储介质中。

二、图像的分类

图像信息的社会应用日益普及。图像除了供个人娱乐外，已广泛运用于商业、执法、司法等专业领域，如高速公路、居民社区、超市、银行等广泛安装的现代监控设备，通过采集大量的图像进行实时安全监控，防止可能发生的违法犯罪活动，以保证正常工作秩序和安全管理。这些监控资料以图片和录像等形式将与案件有关的场景、音像、过程等情况真实生动地呈现在人们面前，为侦查破案提供线索。

图像按照记录方式、时间特性、制作主体、制作方式、制作时间以及取得方式等，可划分为不同的种类。

（一）根据记录方式分类

1. 模拟图像

早期的模拟图像是通过传统的照相机和录像机录制的，主要载体为磁带。模拟图像可以通过某种物理量（如光、电等）的强弱变化来记录图像亮度信息，其物理量的变化是连续的。

2. 数字图像

数字图像是由 CCD 或 CMOS 镜头采集信号，通过 A/D 转换器将每个像素上的光电信号转变成数字信号，最后存储在磁盘、光盘等存储设备中的一系列二进制数码信息。数字图像是用数字阵列来表达客观物体的图像，是一个离散采样点的集合，每个点记录了图像的亮度信息。

（二）根据时间特性分类

1. 静态图像

指不随时间变化的图像，如各种图片、照片等。

2. 动态图像

是指随时间变化的图像，如各种录像、视频等。

（三）根据制作主体分类

1. 办案人员制作的图像

是指办案人员在执法或调查中，为获取证据依法制作的图像，如制作口供或现场勘查时的图片或录像等。

2. 社团法人或个人制作的图像

是指社团法人或个人为了证明某事件事实而制作的图像。如签订合同、协议时制作的图片或录像。这类资料可由当事人制作，也可由当事人委托他人制作。通常情况下，其制作图像的手段和设备受到一定程度的限制，如公民以偷拍方式获取的图像证据，其证据效力将会受到质疑。

（四）根据制作方式分类

1. 通过公开方式制作的图像

是指图片或录像是在当事人知情的情况下进行拍摄，其对象是所有过往人员或特定人员，如银行、交通等部门的监控系统。这种以公开方式形成的视听资料经查证属实后，一般可作为证据使用。

2. 通过秘密方式制作的声像

是指图片或录像是在当事人不知情的情况下进行拍摄的，对于这类证明材料能否直接作为证据使用，目前争议较多，一般来说，司法人员制作的声像资料比个人制作的声像资料具有更高的法律效力。

(五)根据制作时间分类

1. 直接图像

是指图像的制作与案件发生的时间同步,这类资料能直接还原案件的真实情况,具有最高可信度,如监控系统拍摄的小偷盗窃过程的完整录像等。

2. 间接图像

是指图像不是在案件发生时制作的,而是在案件发生后根据其他证据制作,如交通肇事逃逸案发后,对目击者进行的采访录像等,属于间接图像。间接图像的可信度低于直接图像,不能作为定案的直接证据,只能为司法断案提供线索帮助,或经查证属实后与其他证据相结合作为定案证据。

(六)根据取得方式分类

1. 原始图像

是指当事人亲自制作的图像,是对记录或存储的相关客体影像进行直接记录的证据。

2. 复制图像

凡不是当事人亲自制作的图像都属于复制图像。包括对原始图像进行拷贝复制,或借助某些设备或专用软件进行转录或编辑保存等。这类图像可靠性低,必须经过审查核实才能作为证据使用。

三、图像的特点

随着现代数字技术的发展,图像的采集方式和载体形式日益多样化,更多的是以数字形式记录与犯罪事实有关的信息。数字化图像具有以下特点:

(一)直观性和动态连续性

图像对特定时间和地点内发生的人物活动进行拍照或录制,能够直接反映出与案件相关联客体的真实情况。相较于传统的语言、文字等实物证据,图像以画面形式再现案件的发生过程,使人们可以通过最直观的感受来了解事实真相。此外,拍摄的录像可以动态连续的方式记录案件的发生过程,从而生动形象地将在某个时间段内发生的事件经过与具体细节记录下来,还原事物的本来面目,具有高度的直观性和动态连续性。

(二)物质依赖性

图像本质是一种信息,是借助于有形物质而存在的无形物质。其证据信息的形成、存储和展现都需要特定的仪器设备(如录像带、磁盘等)和软件(如图片查看器、视频播放软件等)才能实现。没有这些物质作为载体,可供人们视听的信息就会瞬间即逝,无法捕捉。

(三)客观稳定性

由于高科技设备具有较强的保真、存储和再现事物的功能,所以,图像记录的有关犯罪信息就更为准确和逼真,受主客观因素影响而失真的可能性较小。通常,这种证据在形成过程中,只要录制方法得当、录制设备正常,一般不会受到录制人主观因素的影响，故而能十分准确地记录案件事实。

（四）体积小、易于长期保存

图像虽然信息量大、内容丰富，但其一般都以刻录光盘、电子照版等方式保存，具有体积小、重量轻、容量大，操作简单，易于长期保存的特性。在图像载体完好无损的前提下，图像可以反复使用。

（五）脆弱易修改性

图像是以二进制数据形式保存的文件，人们可以借用一定的科技设备或软件对其进行编辑操作。市面上许多图像、视频类的应用软件，如 CorelDraw、Photoshop、ACDSee、Premiere 和 Corel VideoStudio 等软件的广泛使用，使修改、编辑图像的技术难度越来越低，即使没有专业技术的普通人都可以对其进行修改，从而给取证和鉴定工作带来了巨大的难度和挑战。在图像审查过程中应对其真实性作出科学判断，对有疑点的图像，不能单独作为认定案件事实的依据。当然，对于图像的真伪性问题，还可以通过证据的关联性加以判别。

四、图像鉴定的概念

图像鉴定，是指鉴定人运用物理学、信息科学、计算机科学、同一认定理论等专业知识和方法，对检材图像的真实性、同一性及所反映的内容等专门性问题进行检验、分析和判断，并提供鉴定意见的活动。

图像与书证、物证等其他证据一样，具有客观性与关联性等物证的共同属性，能够证明案件的真实情况，有助于司法机关客观、公正地了解案情。随着各种具有拍照、录像功能的便携式电子设备的迅猛普及，以及各种公众场合监控录像的大量使用，图像已经成为刑事侦查和民事纠纷案件的重要证据来源。一方面，数字化图像的脆弱性，使人们对其记载内容的真伪情况很难作出准确的判断，其证据的可信度经常受到质疑；另一方面，图像通常包含了大量的无用信息，需要专业人员从海量信息中提取与犯罪有关的线索和证据。此外，图像的画面质量会因成像设备型号、成像环境等影响而千差万别，图像画面质量的好坏，直接影响对其内容的分析与研判，因此，图像司法鉴定的业务范畴和应用领域也在不断扩展。

图像司法鉴定的发展具有必然性，为适应法治建设的发展，我国司法鉴定迫切需要发展各类图像检验鉴定技术，并将该技术用于新闻出版、执法司法、国家安全、档案管理及知识产权保护等领域，这将具有长远的经济效益和社会效益。

第二节　鉴定基本内容

一、图像真实性鉴定

数字图像具有内容易被修改的缺陷，以合成（拼接）为手段的图像伪造现象日趋增多。市面上存在许多可下载的图像、视频编辑软件，如 CorelDraw、Photoshop、ACDSee、

Premiere、After Effects、快剪辑、会声会影等,普通用户借助这些工具可以轻松实现对图片、录像的调整、替换、拼接等操作。深度伪造技术门槛不断降低,滥用该技术对图像等多媒体内容进行篡改的现象也层出不穷,甚至一些非专业技术人员都可以快速制作出以假乱真的内容,给现有的法律体系带来很大的挑战。这些伪造的图像若被用于诉讼活动,可能会直接影响司法判决的公正性,从而使法律威严受到挑战,并对社会的稳定性带来负面影响。

图像真实性鉴定,是指通过视觉辨识、成像分析、数据分析和信号分析等技术手段,对磁盘、光盘、存储卡等载体上记录的图片和录像是否原始形成、是否经过剪辑处理等问题进行的科学判断。具体包括以下两个方面的鉴定:

(一)原始性鉴定

原始性鉴定包括图片原始性鉴定和录像原始性鉴定,是指对图像客体来源的鉴定,即确定检材图像的来源和形成情况,以及判断其是否有后期处理痕迹等。

原始图像指事件发生时用特定设备和介质记录生成的数据文件。实际中使用的图像经常是经过复制的。借助特定的设备和软件,我们可以在复制的过程中对复制的信息进行删除和修改处理,特别是数字图片和录像,经过专业的操作处理,几乎可以达到以假乱真的程度。因此,图像证据是否被复制修改对其证明力有重要影响,也是审查这类型证据可靠性的重要方面,也就是说,通过对图像进行检验,以确定其载体及采集设备与案件中涉及的载体及采集设备是否同一,确定该资料的原始性是否存在异常,是否存在转换格式、修改时间等后期处理操作等。

(二)完整性鉴定

完整性鉴定包括图片完整性鉴定和录像完整性鉴定,主要针对图像内容的真伪情况进行鉴定,即对所提供的图像内容进行检验,以确定其内容是否有剪辑处理的痕迹。常用的剪辑操作有复制/粘贴、重采样、色彩调节、模糊、重压缩、重投影、信息隐藏等,具体表现为:

1. 图片剪辑处理:润饰、合成、拼接、删除、翻拍、携密处理、变种处理、计算机生成等;

2. 录像剪辑处理:重投影、帧间剪辑、帧内剪辑、帧间/帧内联合剪辑等。

人脸图像处理比较特别,对人脸图像进行后期处理所形成的合成人脸图像,常见的后期操作包括面部属性操作、面部表情操作、面部替换、生成人脸等。

二、图像同一性鉴定

同一性鉴定主要包括人像同一鉴定和物像同一鉴定,是指运用物理学和计算机学的原理和技术,对图像中所涉及的人或物的身份进行分析、比对和判断,解决图像内与案件事实相关人或物同一认定的问题。

(一)人像同一性鉴定

人像同一性鉴定,是指鉴定人运用同一认定的原理与方法对被鉴定人像与相关的嫌疑人像是否同一进行鉴定。鉴定的主要依据是人像特征,包括人体外貌的解剖学特征、人体动态特征、人体特殊标记特征、人体着装与佩饰特征、人体时空关联特征等。

(二)物像同一性鉴定

物像同一性鉴定,是指鉴定人运用同一认定的原理与方法对被鉴定物像与相关的嫌疑物像是否同一或同源同一进行鉴定。鉴定的主要依据是物像特征,包括物品结构特征、物品功能性特征、物品形态特征、物品表面分布特征、物品特殊标记特征、物品时空关联特征等。

三、图像处理

由于受到硬件采集设备成本限制、外界成像条件干扰等客观因素的影响,收集或采集到的图像往往不尽如人意。许多情况下,图像提供的犯罪嫌疑人人像、物品、车辆等画面细节常常因像素不足、变形、模糊、信息缺失等而无法辨认,严重影响后续侦查、审判工作的进行。

图像处理,是指运用数字图像处理技术,对现场拍摄或提取到的微弱、残缺、变形、模糊等质量较低的图像进行清晰化处理,以增强或恢复画面的原貌,提高画面内容的可辨识度,如去除图像噪声、增强人脸面部特征、清晰化车牌号等。

四、图像内容分析

图像内容分析,就是通过对图片或录像中单帧静态或多帧动态画面的分析,对其反映的事件过程及其隐含信息进行提取、辨识和归纳,以加强对其内容的理解。通常来说,图像内容分析包括图像人身识别、内容整理、噪声分析等。

我们知道,图像资料可以清晰完整地揭露犯罪动机,展示犯罪过程与作案手段。但在很多情况下,需要司法人员从海量的图像中提取并分析其画面信息,揭示图像记载的信息与案件事实相联系的特征,包括但不限于从图像内容中检测并提取文字内容、物体大小、人物身高、物体数量及物体间的运动、逻辑关系等,以发挥其证明作用。比如,在盗窃案的监控视频中,图像人身分析重点在于从图片或录像画面中提取犯罪嫌疑人的外貌静态特征,包括身材形态特征、面部特征、脸型特征、五官特征以及其他如胡须形态、伤痕特征等,或者通过监控画面锁定目标,确定人物的身高、体态、发型、面部正面或侧面轮廓等信息,进而产生犯罪嫌疑人近似图片,为侦查工作提供方向,提高侦查效率。

第三节　图像司法鉴定的方法

视听资料是一种法定的证据种类,在诉讼中,必须经过严格查证属实后才可作为定案的根据。司法鉴定流程包括委托、受理、实施、出具鉴定意见书四个过程,且必须遵循合法、科学、客观、公正、独立、监督的原则。在司法鉴定过程中,鉴定人根据委托要求及检验的具体内容,确定鉴定方案,选择相应的国家标准、行业标准和技术规范等,并按照鉴定方法的要求进行鉴定。鉴定方法的选择除了要坚持科学性原则外,还必须坚持方法的正确性和适用性原则。图像司法鉴定方法主要包括以下几类。

一、图像采集与备份

图像采集是指收集和整理相关的图片和录像。送检的检材和样本图像必须通过采集来获取,该工作的重要性不言而喻,是鉴定检验的前提。若为模拟图像,可选择扫描、照相等方式,在保证图像质量的前提下将其转化为数字图像;若为数字图像,则可通过写保护设备从存储介质上复制到取证计算机中,如有必要,也可对整个介质,如 U 盘、硬盘、SD 卡等进行完整备份,以进行被删除图像数据的恢复。

由于数字化图像脆弱、易篡改的特性,所以检验前应对送检材料进行备份。备份一般采用数字方式,制作的备份应保持送检材料的信号原貌。通常应对送检材料进行哈希值校验,以确保备份的完整性。比如,若检材和样本图像是位于录像机、硬盘、U 盘、SD 卡等存储介质中的原始件,则在图像采集时,需要通过写保护设备,将存储介质连接至图像检验工作站,复制检材和样本,并进行哈希值校验,之后使用备份数据进行检验;若涉及真实性鉴定项目,应对存储介质进行完整性备份;若检材和样本图像位于远程存储介质中,则需要在获得授权的前提下,远程访问其存储位置,将其复制到本地计算机,计算哈希值,之后再使用备份数据进行检验。

常用的录像采集和备份设备包括录像播放设备、录像采集设备、写保护工具、完整备份工具、完整性校验值计算工具及格式转换工具等。

二、图像属性/元数据分析

元数据,是指用于描述图像属性、拍摄参数和数据结构等信息的数据。数字化图像的元数据包含了丰富的信息,通常可以用 Windows 系统自带的属性查看方式查看文件的一般属性信息,如文件名、文件大小、创建时间和修改时间等。详细的属性信息则可以通过 ExifTool、MediaInfo 等专业软件进行查看。若为图片文件,其详细属性信息包括分辨率、位深、压缩模式、拍摄日期,以及对应成像设备的拍摄参数等。若为录像文件,其详细属性信息包括视频属性和音频属性两大类,其中视频属性有格式、时长、分辨率、编码方式、GOP 设置、帧率、录制时间、编码时间、标记时间、软件和版权等;音频属性有比特率、声道数、音频采样率等。其中文件的创建时间、修改时间,文件时长,软件版本,编码方式等信息应该重点关注,在某些情况下,被修改后的录像文件中此类数据信息可能会存在逻辑矛盾。

图像属性/元数据分析是图像司法鉴定检验工作的基本操作,特别是在真实性司法鉴定中,鉴定人往往需要根据委托需求,分析检材与样本文件的属性与元数据是否一致,分析属性/元数据中所反映的录像设备和录制情况是否存在矛盾,或分析文件的文件头、文件尾和数据结构是否存在异常等。

三、图像信号分析

图像司法鉴定中送检的材料大多为实时监控图片和录像,信息量巨大,需要鉴定人员从海量的数据信息中提取与案件有关的信息,最关键的方法就是运用图像信号分析法对送检资料的画面内容进行准确的分析和全方位的研判。该方法常用于图像内容分析和同一性鉴定中,分析思路可以从以下两方面展开:

(1)静态内容分析:单帧画面中相关环境的状态与特点,以及相关人体或物体的特征、位置、动作、状态、姿态等情况及相互关系。比如在同一性鉴定中,分析嫌疑人的身高、体态、相貌、特殊标记等静态人身特征。

(2)动态内容分析:录像画面中相关环境的变化,人体或物体的动作、位置、状态、姿态的变化,以及上述三者相互间的变化情况及相互关系等。比如在同一性鉴定中,分析嫌疑人在运动过程中头部、躯干和四肢的习惯性动作姿态、步态,以及嫌疑人的运动轨迹等。

四、处理痕迹分析

处理痕迹分析是图像真实性司法鉴定的主要方法。寻找画面中处理痕迹最原始的方法是观察分析法,即鉴定人对图片进行观察,根据其经验分析确定图像内容是否存在剪辑痕迹。此方法简单快捷,一般是检验的第一个步骤。比如手工制作的伪造图像是利用各种暗房技术,通过局部改变曝光量、改变显影时间或温度,用工具修整底片或图片、滤光、拼接、叠加等方法,直接对原始图像进行后期加工制作而成的。这类手工制作的伪造图像由于需要进行局部曝光、多次反转等操作,其画面中会出现颗粒较粗、反差较大、色调变化不均匀等现象。同时,由于采用了局部遮挡、图像拼接等操作,在局部图像之间也会出现边缘轮廓不清晰或轮廓分界线异常清晰等特征。因此,通过对检材图像的画面质量、画面内容逻辑性、画面连续性、背景与主体信息一致性等因素进行仔细观察和综合分析,可以判断检材是否存在修改痕迹。

对于数字形式的图像证据,首先需要了解图像的来源信息。鉴定人可以要求当事人提供检材图像的原始成像设备与存储介质。通过检材图像的原始录制设备或相同品牌、型号的录制设备,按照检材的录制条件制作模拟实验样本。通过文件属性/元数据信息来确定检材与样本文件的存储、成像及录制设备信号特征等是否存在矛盾。模拟实验是真实性鉴定过程中一个重要的准备工作。通过模拟实验可进一步对检材中发现的存疑现象的形成原因进行分析,并作出图像是否经剪辑的判断。

从理论上说,无论剪辑图像的逼真度有多高,只要是经过复制/粘贴、重采样、色彩调整、帧删除、帧替换等一系列操作而产生的伪造图片或录像,或多或少都会遗留一些处理痕迹。鉴定人可以借助于图像真伪检验工具,从成像系统硬件特征、景深/透视规律、光照一致性、色彩变化等方面提取帧内或帧间的特征向量,运用算法检测的思想进行异常点的判定。

此外,随着人工智能的发展,运用深度学习算法进行人脸面部生成、人脸替换、表情重现和迁移等操作成为可能。深度伪造技术门槛不断降低,给现有法律体系尤其是举证、鉴定领域带来了很大的挑战。针对深度伪造的合成人脸图像检验鉴定技术发展相对滞后,致使司法实践中深度伪造图像检验的准确率还不高。如何提高深度伪造的合成人脸图像检验的准确率和稳定性,是司法鉴定机构需要面对的重要课题,具有极高的研究价值和广阔的应用前景。

五、图像画质处理

图像画质处理,是指通过数字图像处理技术,把现场拍摄或提取到的微弱、残缺、变形、模糊,以及不具备辨认条件的图像进行清晰化处理,以增强或恢复图像画面的可辨认程度,使其更清晰准确地揭示和证明案件事实,为侦查破案和法庭审理提供证据。常用的图像画质处理方法有:

(一)图像增强

图像增强,是指有选择地对某些感兴趣的图像特征(如边缘、细节或对比度等)进行突出,或削减某些不需要的特征,以提高图像的观赏和使用价值。比如:调节图像色阶、亮度、对比度、曝光度等参数,改变图像的明暗视觉效果;调节图像色调、饱和度、色彩平衡等参数,改变图像的色彩视觉效果;使用锐化、强化边缘等滤波方式,增强特定区域的图像细节等。

图像增强技术根据增强处理所在的空间不同,可分为空域法和频域法。前者把图像看成一种二维信号,主要针对图像中的各个像素点进行操作;而频域法是一种间接增强技术,该算法是在图像的某个变换域内对图像的变换系数值,如傅里叶变换、DCT 变换系数进行某种修正,再进行反变换得到处理后的图像。

(二)图像降噪

图像在拍摄和传输过程中,不可避免地会引入不必要的信号,这些信号会影响图像的画面质量,且在后续图像处理中产生相应的干扰,这些干扰信号被称为噪声。图像降噪就是去除或抑制图像中这些无用的信号,是提高图像预处理阶段的重要环节。图像降噪的主要方法是选择合适的降噪滤波器,通过调节降噪参数,达到较佳的视觉效果。

(三)图像复原

图像复原是针对成像过程中的"退化"现象而作出的。图像成像过程中受到诸如成像系统的散焦、感光底片的缺陷、大气湍流,以及相机与景物之间运动等因素的影响,会导致图像发生模糊、失真等降质现象。图像复原和图像增强一样,都是为了改善图像视觉效果,以便于后续处理和使用。只是图像增强更偏向主观判断,图像复原则是根据图像畸变或退化原因,进行模型化处理。其主要采用的方法是运用退化模型的先验知识对已退化图像进行修复或重建,即利用图像退化的逆过程来还原图像的本来面貌。

(四)图像几何变换

由于镜头的类型、焦距,以及拍摄角度等因素的影响,图像在几何位置、大小、方位等方面会出现不同程度的比例失调甚至扭曲,这种退化现象称为几何失真。比如,广角镜头视野范围大,但拍摄的图片四周会有点变形;ATM 监控使用鱼眼镜头拍出的图片会呈现圆形的效果。

典型的几何失真包括斜视畸变、枕形畸变和桶形畸变等。由于几何失真主要是由于图像中像素点发生位移而产生的,因此,解决这类失真的方法是对图像进行几何变换,即根据图像的变形情况选择适当的校正工具来改变、校正图像位置、大小和形状,以达到较佳的校正效果。

第四节　图像司法鉴定审查评判

一、图像司法鉴定审查评判的意义

图像司法鉴定作为新生的鉴定领域,仍然具有巨大的发展空间,对图像司法鉴定整个过程进行评判具有重要的意义。

(一)保障图像鉴定活动的质量

图像司法鉴定评判包括对鉴定过程的各个阶段的评判,如案件受理范围、鉴定具体依据、鉴定具体执业分类、鉴定程序、鉴定方法等。通过图像鉴定的评判可以实时发现图像司法鉴定过程中存在的问题,以便于鉴定人员或鉴定机构及时改进,防止个案鉴定意见与事实存在偏差,提高司法鉴定的实体公正和程序公正,提升司法鉴定活动的整体质量。当委托人或利害关系人对鉴定意见产生异议时,其他机构可以通过图像鉴定评判情况对鉴定意见的可信度和合法性进行总体的评判。

(二)加强鉴定机构自身规范化建设

图像司法鉴定的评判有助于鉴定机构对司法鉴定的整个活动进行有效的管理和控制,也就是说,评判机制可以促进鉴定机构在人员素质、鉴定程序与方法、鉴定环境与设施等方面进行全面管理,加强自身规范化建设。

(三)促进图像司法鉴定行业的发展

图像司法鉴定的评判可以保障图像鉴定工作符合国家相关法律法规,实现司法活动经济有效运行。图像鉴定的评判在发现鉴定过程普遍存在的问题并解决这些问题的基础上,可以进一步完善国家、行业与鉴定机构内部的鉴定标准和鉴定技术。此外,评判机制可使图像鉴定过程和结果达到一定质量水平,从而确保鉴定活动达到“行为公正、程序规范、方法科学、结论可靠”的标准。

二、图像司法鉴定的审查评判

图像司法鉴定的评判涉及图像司法鉴定活动中的各个环节,主要包括鉴定主体、鉴定时间、鉴定标准、鉴定程序和司法鉴定文书的评判。

(一)鉴定主体的审查评判

首先是鉴定主体的资格问题。图像司法鉴定主体应该是具有鉴定权的鉴定人,并具有图像鉴定的技术水平和司法素养。鉴定人必须熟练掌握信号处理、计算机操作原理、计算机软件使用,以及相关的程序语言设计方法。

(二)鉴定标准的审查评判

图像司法鉴定标准的评判十分重要,标准选择是否正确是判断图像司法鉴定是否准确的主要依据之一。在对鉴定标准进行评判时,需要考虑依据该标准作出的图像司法鉴定在理论上是否存在瑕疵。对理论上存在瑕疵或不确定性的标准,其可靠性应比较低。

(三)鉴定程序的审查评判

图像司法鉴定程序比较复杂,所以对该程序进行评判也比较繁杂。

第一,取样程序方法的评判。图像司法鉴定中经常需要采集鉴定对象样本,或录制模拟实验样本。取样程序方法的科学性以及样本的好坏直接影响鉴定的质量,甚至有可能导致鉴定结论出现错误。比如,同一性鉴定中,取样的条件是否与检材中的条件保持一致或相似;真实性鉴定中,是否按照检材录像的录制系统与录制条件制作模拟实验样本,现场调查是否按照检材录像的形成过程进行录制。如果出现偏差,该偏差是否在误差许可的范围内,是否影响鉴定结论等。

第二,鉴定过程的评判。图像资料大多为电子数据,电子数据具有易失、易篡改的特点,任何电子数据的转移都可能改变数据的性质甚至内容,所以在整个鉴定过程中,必须通过技术手段保证数据在转移过程中未发生任何变化。此外,鉴定过程中采用的实验设备是否进行了校准,鉴定人员进行实验的时间,实验过程中具体检验了哪些因素也是评价过程中要考虑的问题。

第三,鉴定原则的评判。鉴定意见是一种个人意见,是鉴定人凭借其专门知识对某个问题作出的一种认识和判断。比如,图像同一性鉴定意见是否客观、准确,取决于鉴定人的科学技术水平和判断能力,因此,司法鉴定必须遵守鉴定人负责制度和鉴定人独立鉴定两项原则,以保证鉴定意见的客观性和公正性。图像司法鉴定应至少选择两名鉴定人员,对于复杂、疑难或特殊鉴定事项,可以选择多名司法鉴定人进行鉴定。对于多人共同鉴定的,仍应贯彻个人负责和独立进行鉴定的原则。

第四,复核过程的评判。必须保障复核人员具备足够时间参与鉴定,还必须保障复核人员亲自参与了相应的鉴定。

(四)鉴定文书的审查评判

司法鉴定文书必须具备法律规定的文书格式和必备的各项内容,鉴定结论必须符合证据要求和法律规范。司法鉴定文书的评判是通过检查文书的语言错误、文字错误以及语义错误等,对其作出评判。对司法鉴定文书的评判不仅要分析司法鉴定意见书的正本,还应分析司法鉴定文书形成过程中的初稿。通过司法鉴定文书评判不仅可以发现鉴定过程是否严肃认真,还可以发现鉴定方法、依据、标准、程序等是否正确、合法。

思考习题

1. 简述图像的分类和特点。
2. 简述图像司法鉴定的定义、主要内容及其含义。
3. 简述采集图像的方法,以及如何保证数字图像的完整性。
4. 简述数字图像属性/元数据分析的内容。
5. 图像真实性鉴定的含义是什么? 常用的数字图像剪辑技术有哪些?

6. 影响图像质量的因素有哪些?
7. 图像增强和图像复原的区别是什么?
8. 如何评判图像司法鉴定?

拓展阅读书目

1. 王永全主编:《声像资料司法鉴定实务》,法律出版社 2013 年版。
2. 廖根为:《监控录像系统中人像鉴定问题研究》,上海人民出版社 2010 年版。
3. 程燕:《数字影像司法鉴定研究》,法律出版社 2019 年版。
4. 李学军主编:《物证技术学》,中国人民大学出版社 2021 年版。

第二十三章　电子数据司法鉴定

本章概要　本章主要介绍了电子数据司法鉴定概念、基本原则、主要标准、鉴定工具和实验室要求，分析了电子数据司法鉴定的主要内容、程序和方法、电子数据司法鉴定意见的评价等。

通过本章的学习，应当掌握电子数据司法鉴定概念和基本原则；熟悉电子数据司法鉴定的存在性鉴定、真实性鉴定、功能性鉴定和相似性鉴定的主要内容。

关键词　电子数据；存在性鉴定；真实性鉴定；功能性鉴定；相似性鉴定

第一节　概　　述

一、电子数据及其特征

电子数据本质上是由一串二进制字符组成的序列，但通过它可呈现出各式各样的信息内容或者功能。不同设备、系统在采集、加工、处理、存储、传输、输出电子数据时，所采用的技术、程序、方法不同，可使电子数据呈现出不同的特点。分析电子数据需要关注电子数据基本特征，在不同场景下电子数据可能具有不同的特征，在进行司法鉴定时，需要关注这种差异。电子数据常见特征可归纳为以下几点。

（一）易失性和可恢复性并存

1. 电子数据的易失性

电子数据具有易失性特点，它容易受到各种系统内部和外部环境的影响。首先，电子数据需要保存在存储设备中，而存储设备不可能永久完好，都存在使用年限的问题，因而其无法永久固定于同一介质上保持信息不变。其次，存储电子数据的系统和设备也容易受外部环境的影响。例如，如果发生了意外断电事故，在计算机系统内存中的数据便会丢失，无法进行还原；若用强磁干扰计算机系统，计算机硬盘中的数据可能出现紊乱。最后，有一些电子数据处于动态运行中，在极短的时间内，数据有可能被覆盖而无法还原。在计算机网络中传输的数据是不断变化的，要想在网络中提取出前一秒运行时处理的数据包是非常困难的。总之，电子数据易受内部和外部环境因素的影响，具有易失性。由于电子数据具有此特点，在检验电子数据时，对其来源和准确性的分析较传统文书和物证更加困难。

2. 电子数据的可恢复性

电子数据具有易失性的同时，也具有可恢复性的一面。一方面，考虑到电子数据的易失性特点，计算机系统在设计时便通过校验、数据冗余等方法来检测和校正损坏的数据，例如，计算机系统中广泛使用奇偶校验、CRC 校验、MD5、SHA 等进行错误检测或校正。另一方面，电子数据被删除或者被破坏后，电子数据信息内容并非完全消失或不存在，可以通过一定技术手段加以恢复。如果电子文件存储在硬盘、软盘、U 盘等外存储器中，当文件被删除或者被格式化后，可以恢复删除前或格式化之前的数据。因为，计算机系统在处理存储设备中的数据时，效率是至关重要的，当需要删除硬盘等设备中的电子文件时，将电子文件中所有的数据内容一一清除将花费大量时间，为了提高处理效率，系统只是在这些无效的数据上作上特殊的标记。当系统发现这些标记信息时，便会自动忽略它，需要添加新的文件时，可以直接在这些无效的数据上覆盖新数据。由于数据内容没有真正被删除，所以可以将其内容恢复出来。不仅如此，即使存储设备中被删除的数据被覆盖，仍有可能将其恢复。以磁盘为例，从物理层次看，磁头在对硬盘某个位置读写时，不可能两次的定位完全准确，总会出现一定的偏差。如果存在偏差，则可以通过激光技术等特殊的定位测量手段，找出同一位置几种磁性状态浅影，确定前一次该位置的磁性状态，进行物理的恢复。因此，电子数据还具有可恢复性的一面。这一特点，在一定程度上又增加了电子数据的可靠性，为电子数据分析提供了便利。

（二）依附性和可分离性并存

1. 电子数据的依附性

电子数据是以二进制字符序列形式存在的，但它必须依附一定的物质载体，离开了物质载体，它无法单独存在。电子数据载体从种类看，可以是磁性介质、电子介质、光学介质和其他任何介质。例如，磁性介质常见的有软盘、硬盘、磁带等；电子介质包括 U 盘、内存、SD 卡、CF 卡等；光学介质包括各种类型的光盘等；其他传输数字信号的电缆、光缆，乃至日常使用的纸张都可以承载电子数据。由于电子数据本身是无形的，与传统的文书和物证不同，无法直接通过肉眼理解其内容。

2. 电子数据的可分离性

电子数据一旦固定在某介质上，就不会像其他证据一样与其介质不可分离。传统的书证、物证等证据也有物质载体，但是书证、物证一旦固定在物质上，除非采用复制、临摹、抄写等手段进行复制，否则证据的信息是不可转移到其他载体上的。传统物证、书证经过复制后形成的复制件，其形式和内容与原件存在差异，原始的信息内容仍然固定在原始的载体上。但是电子数据的数字信号完全可以通过信息网络进行传输，其数字信号可以脱离其“原始”的载体。即使是存储介质中的电子数据，其内容也可以轻松地转移到其他载体上。这种转移虽然也类似于一种“复制”的行为，但又与传统的“复制”存在一定的区别。传统的“复制”中原始件与复制件在物质载体或者信息内容上总会存在一定的差异，形式和内容不可能完全相同；而电子数据的“复制”类似于信息的转移，在复制前后，内容可以保持相当精确的一致（同一介质上二进制符号序列不变）。因此电子数据与传统证据不一样，它与载体是可分离的，具有相对的独立性，即可以通过一个物质载体将信息准确无误地转移到另一个物质载体上。

(三)精确性和易伪造性并存

1.电子数据的精确性

电子数据容易丢失、毁坏,但计算机系统有一套完善的机制来检测、校正可能出现的错误,在一些安全性要求高的应用中,还有一套安全机制来保障电子数据传输的安全性。因此,电子数据也有精确性的一面。

从电子数据的传输看,可以使用安全机制来保障其安全性和可靠性。例如,在电子商务中,合同的签订和资金的支付,均采用了一系列的加密技术和认证技巧,能够从技术上保障数据在传输过程中是机密、完整、不可否认的。因此,在传输过程中所获取的电子数据的可靠性很强,能够保障其精确性。

从电子数据的存储和转移看,电子数据出现的差错,一般能被检测和发现,甚至能被校正。例如,通过校验,可以检测电子数据的完整性。在电子数据存储、传输、处理过程中,无法通过校验时,系统可以通过报告错误,或者通过重新处理等方式来保障电子数据的准确性。因而,只要系统运行的环境正常,在存储和转移过程中都能够保障电子数据的精确性。

2.电子数据的易伪造性

电子数据具有精确性一面的同时,也具有脆弱性的一面,很容易被人伪造、变造,具有易伪造性的特点。从司法鉴定或者计算机取证视角看,电子数据的脆弱性无处不在,以复制电子文件为例,虽然复制过程中数据内容能保证相当的精确性,但是数据属性(电子文件的属性)会发生变化,失去文件最原始的信息。例如,在 Windows 系统中,如果采用复制、粘贴操作,将文件从一个设备转移到另一个设备时,其创建时间会发生变化;如果不小心打开文件,则文件的最近访问时间也会发生变化。一旦发生了变化,文档以前保存的访问和创建时间信息便会消失;如果复制操作在不同的文件系统之间进行,如从 NTFS 文件系统中复制一数字文件到 FAT 文件系统中,则此时可能会丢失一部分数据,如 NTFS 命名数据流。电子数据的脆弱性特性,也使得它容易被伪造和变造。同样的道理,要修改文件的时间和数据内容也非常容易,如果伪造技术比较高明,要发现其中的破绽就比较困难。电子数据的脆弱性要求收集证据材料的过程中严格按照技术规程处理,否则其真实可靠性难以证明;电子数据的易伪造性要求在运用电子数据作为证据时,即使未发现其中的可疑点,也应充分关注其真实可靠性。

(四)多义性和可理解性并存

1.电子数据的多义性

虽然电子数据本质上是一串二进制字符序列,但是通过计算机观察到的,是其他"数据信息"。这主要是因为二进制符号经过了计算机各种部件、计算机操作系统、计算机应用程序处理,从而根据人们事先设定的程序规则,显示出特定的信息内容。

由于二进制字符序列需要使用特定的软硬件设备,按照特定的规则进行解释,才能够正确展现其原本的信息内容,相同的二进制字符序列如果解释方法不同,其展示的结果也是不同的,所以电子数据具有多义性。例如,二进制代码"100111001000010"如果理解成 Unicode 编码表示字符,则表示汉字的“乒”;如果理解成 ASCII 编码表示字符,则表示两个英文字符“EB”。也就是说,特定二进制字符序列与特定的信息内容并非一一对应关系。如果将光盘上通过有“坑”和无“坑”表示的相同序列的二进制代码,按照磁极性的相应变化记录在硬盘上,可以发现计算机根本无法正确处理硬盘上的对应信息。或者将一封书写着繁体汉字的电子邮件,传输到不支持繁体汉字的英文操作系统时,显现出的内容也将是一片乱码。要避免电子数据多义性产生的歧义,人们必须事先设计相应的识别标准和规则。只有事先约定了解释规则,才能避免信息内容解释的错误。

2. 电子数据的可理解性

电子数据虽然具有多义性,但它在计算机系统中被处理时极少发生错误。因为电子数据依存于特定的软硬件环境,在对电子数据的处理过程中,通过一系列的规则和协定对其进行约束,避免解释上出现歧义或错误。以在 Windows 系统中打开文件为例,Windows 操作系统会自动根据文件的扩展名选择不同的软件工具进行阅读:对 BMP、JPG、TIFF、PNG 等文件扩展名,计算机会使用系统自带的图像查看器或者其他图像软件打开该文件;对 WAV、MP3、MID 等格式文件,会选择支持音频解码的播放器,如 Media Player 播放器、Real One 播放器打开。这样就保证数据能够被理解,且不发生差错。当然,电子数据软硬件处理的环境发生变化,也有可能出现乱码,导致无法阅读的情形,这时候就需要根据电子数据的各种数据特征来判断它的类型,以在正确环境下使用正确的工具打开它。

在计算机系统中,电子数据常以文件形式存在,电子数据若要被人理解,需要相关的软硬件工具,通过这些工具执行处理,人们才能感知它的内容或者功能。通过在操作系统里安装应用软件,可以正确打开相关的文件。但电子数据与其依赖的应用软件并非严格的一一对应关系,只要该软件按照事先约定的规则进行处理,便符合要求,便能够通过它展示电子数据的内容或者功能。例如,BMP 图像几乎可被所有图像软件正确打开。

电子数据具有可理解性的一面,要求在司法鉴定过程中,正确分析其依存的软硬件环境,按照其原本的规则进行解释和分析,避免因为电子数据的多义性,而错误分析其内容信息或者功能。

二、电子数据司法鉴定

(一)电子数据司法鉴定概念

电子数据司法鉴定,是指电子数据司法鉴定人利用计算机科学相关的原理、技术和专门知识对案件中涉及的与电子数据相关的专门性问题进行检验、鉴别、判定并出具鉴定意见的过程。

目前,理论和实务界均习惯使用“电子数据司法鉴定”术语称呼对电子数据相关的专门性问题的鉴定。该术语主要是从鉴定对象视角进行概念界定。根据司法部《声像资料司法鉴定执业分类规定》,电子数据属于声像资料大类司法鉴定中的一类。其中电子数据鉴定是指“鉴定人运用信息科学与技术和专门知识,对电子数据的存在性、真实性、功能性、相似性等专门性问题进行检验、分析、鉴别和判断并提供鉴定意见的活动。”

需要注意的是,并非所有针对电子数据的司法鉴定都属于电子数据司法鉴定。在学理上,司法鉴定分类首先需要根据学科不同,也就是解决专门性问题所属学科的不同进行分类。也就是说,若解决问题需要利用计算机科学及相关科学专门知识,则属于计算机科学司法鉴定或计算机司法鉴定。在一级分类之下可按照鉴定对象或者证据类别进一步分类,如电子数据鉴定。实务中往往忽略鉴定科学的一级分类,而直接从鉴定对象或证据类别角度进行分类。这种分类便于理解,但也容易在实务中造成一定的误解和问题。例如,针对电子病历的鉴定,所涉疑问如果是电子病历中记录的医疗设备或药物使用的正确与否问题则属于医学类鉴定,如果对电子病历中的CT影像真实性有疑问则属于图像类鉴定,如果对电子病历中电子数据形成的真实性存在疑问则属于电子数据类鉴定。在电子病历鉴定委托中,当事人对电子病历的疑问点可能不属于电子数据司法鉴定领域的专门性问题,但由于委托人未对当事人提出的申请进行深入分析和正确判断,而仅因鉴定对象为电子数据便委托了电子数据司法鉴定,则最终出具的鉴定意见所解决的问题并不能解决诉讼中真正需要解决的专门性问题,案件审理极易被鉴定意见误导甚至会导致审判结果不公的后果。

在判断一项鉴定是否属于电子数据司法鉴定时,首先应判断解决的专门性问题是否属于利用计算机科学或者信息科学等相关领域的理论、技术和知识。在此基础上再分析鉴定对象是否为电子数据,是否为电子数据的存在性、真实性、功能性和相似性等领域的问题。

(二)电子数据司法鉴定基本原则

电子数据司法鉴定最核心的原则为合法性原则、科学性原则、及时性原则和全面性原则,根据场所和鉴定事项不同又可细分为不同原则。

合法性原则,是指电子数据司法鉴定应依法实施,包括鉴定的申请、决定和委托、受理、回避、实施、出庭质证等程序不能违反法律规定,现场提取和固定电子数据应根据法律规定的主体、程序和要求进行。

科学性原则,是指电子数据司法鉴定整个流程、所有环节均不能违反科学性原则,包括鉴定程序和方法的安全、可靠。

及时性原则,是指某些电子数据司法鉴定应根据电子数据本身特征,及时采取行动,防止电子数据消失、被变更、被覆盖和被破坏。

全面性原则,是指电子数据司法鉴定时,提取和固定电子数据应该尽可能全面,包括有利于和不利于特定主体的电子数据;检验电子数据时,也应尽可能全面,避免以偏概全,要充分考虑各种特殊的环境和场景。

实施电子数据司法鉴定可能存在两种不同场景:现场和实验室。现场电子数据司法鉴定的主要任务是取证工作,即电子数据的提取和固定。在现场扣押封存的电子数据载体或提取固定的电子数据副本一般需要送往实验室进一步检验分析，此阶段取得的电子数据及其载体情况是判断后续检验工作是否合法、是否真实可靠的基础，需要更多地强调合法性、及时性问题。实验室电子数据司法鉴定的主要任务是在实验室完成对电子数据存在性、功能性、真实性和相似性问题的判断，需要更多地强调科学性、可靠性、安全性问题。公共安全行业标准《电子数据法庭科学鉴定通用方法》中提出了六个具体原则（见表23－1），而司法鉴定技术规范《电子数据司法鉴定通用实施规范》中提出了七个具体原则（见表23－2）。

表23－1　《电子数据法庭科学鉴定通用方法》中提出的鉴定原则

序号	原则	解释
1	及时性原则	电子数据的获取具有时效性，一旦确定对象后，应尽快提取电子数据，防止证据变更和丢失
2	依法原则	鉴定应依法进行，确保鉴定主体、客体和程序的合法性
3	备份原则	对可以制作副本或镜像的原始电子数据存储介质应制作副本或镜像
4	证据原始性原则	获取、分析电子数据时不能改变其原始性
5	环境安全原则	电子数据应妥善保存，以备随时重建、试验或者展示
6	监督原则	整个电子数据获取、分析、鉴定过程应受到监督和控制，确保鉴定结果准确、有效

表23－2　《电子数据司法鉴定通用实施规范》中提出的鉴定原则

序号	原则	解释
1	原始性原则	电子数据鉴定应以保证检材/样本的原始性为首要原则，禁止任何不当操作对检材/样本原始状态的更改
2	完整性原则	条件允许情况下，电子数据鉴定应首先对原始电子数据制作电子数据副本，并进行完整性校验，确保电子数据副本与原始电子数据的一致性
3	安全性原则	电子数据鉴定原则上以电子数据副本为操作对象，检材/样本应封存妥善保管以确保安全。整个检验鉴定过程应在安全可控的环境中进行
4	可靠性原则	电子数据鉴定所使用的技术方法、检验环境、软硬件设备应经过检测和验证，确保鉴定过程、鉴定结果的准确可靠

续表

序号	原则	解释
5	可重现原则	电子数据鉴定应通过及时记录、数据备份等方式,保证鉴定结果的可重现性
6	可追溯原则	电子数据鉴定过程应受到监督和控制,通过责任划分、记录标识和过程监督等方式,满足追溯性要求
7	及时性原则	对委托鉴定的动态、时效性电子数据,应及时进行数据固定与保存,防止数据改变和丢失

三、电子数据司法鉴定环境与规范

(一)电子数据司法鉴定实验室

从事电子数据司法鉴定,应当具备符合法定要求的实验室。根据《决定》以及《司法鉴定机构登记管理办法》的规定,从事司法鉴定业务应当有在业务范围内进行司法鉴定所必需的仪器、设备和检测实验室。司法部发布的《法医类　物证类　声像资料司法鉴定机构登记评审细则》则从鉴定人构成、鉴定能力和实验室条件等评审要素等方面强调评价的细则。电子数据司法鉴定实验室的先进性与否关乎鉴定的效率和可靠性。实验室软硬件的配置应适应技术的发展和电子数据司法鉴定的需求,同时要建立起有效的质量管理体系,对人员、设备、标准方法、检材和样本、环境进行全流程、多方法的监控。

(二)电子数据司法鉴定标准规范

与电子数据司法鉴定相关的标准规范包括认证认可领域规范和电子数据司法鉴定技术标准规范。

1. 认证认可领域规范

认证,是指由认证机构证明产品、服务、管理体系符合相关技术规范、相关技术规范的强制性要求或者标准的合格评定活动。认可,是指由认可机构对认证机构、检查机构、实验室以及从事评审、审核等认证活动人员的能力和执业资格,予以承认的合格评定活动。有关电子数据司法鉴定的认可规范,包括认可规则、认可准则、认可指南和认可方案等有关文件。

与电子数据相关的认可规范有《司法鉴定/法庭科学机构认可领域分类》(CNAS—AL13:20240731)、《司法鉴定/法庭科学机构能力认可准则》(CNAS—CL08:2018)、《司法鉴定/法庭科学机构能力认可准则在电子数据鉴定领域的应用说明》(CNAS—CL08—A001:2018)、《司法鉴定/法庭科学机构认可仪器配置要求》(CNAS—AL14:2019)、《司法鉴定/法庭科学鉴定过程的质量控制指南》(CNAS—GL024:2018)、《司法鉴定法庭科学领域检验鉴定能力验证实施指南》(CNAS—GL020:2018),相关规范和文件的更新状态和具体内容可通过访问 CNAS 网站(https://www.cnas.org.cn/)查阅获取。

2. 鉴定技术标准规范

司法鉴定技术标准规范有国家标准规范、行业标准规范和团体标准规范之分。

从国家标准规范看，与电子数据鉴定相关的标准较少，目前主要有《法庭科学 电子数据恢复检验规程》（GB/T 29360－2023）、《法庭科学 电子数据文件一致性检验规程》（GB/T 29361－2023）、《法庭科学 电子数据搜索检验规程》（GB/T 29362－2023）等。

从行业标准规范看，主要包括两方面的标准规范：一是公安部全国刑事技术标准化技术委员会提出的公共安全行业标准规范。规范编码均以 GA 开头，相关规范可通过中国标准出版社购买等途径获取。二是司法部发布的司法行政行业标准规范或司法部司法鉴定管理局发布的司法鉴定技术标准规范。

（三）电子数据司法鉴定设备与软件

实施电子数据司法鉴定离不开一定的设备和软件工具。按照取证工具所具有的基本功能，常见的取证工具有以下几种：

一是介质镜像与证据固定工具。介质镜像和证据固定工具是对存储介质进行数据备份或对涉案证据进行固定的有关工具。例如，硬盘镜像工具、内存镜像工具、手机镜像或备份工具、网站或网页固定工具等。

二是分析与检验工具。分析和检验工具是对所获电子数据进一步进行搜索、提取、检验和分析的取证工具。例如，综合取证分析工具、数据包分析工具、搜索工具、文件解析工具等。

三是数据恢复工具。数据恢复工具是对损坏的存储设备、被破坏或被删除的电子数据进行恢复的软硬件设备。例如，硬盘修复工具、数据恢复工具。

四是可视化分析工具。可视化分析工具是指通过可视化工具直观呈现证据之间关系，从而能够较容易理解案件情况的工具。常见的有时间线分析工具、关联分析工具等。

五是其他工具，例如，浏览器分析工具、注册表分析工具、日志分析工具等。

根据应用场景不同，电子数据取证工具还可分为手机取证工具、计算机取证工具、网络取证工具、内存取证工具和其他取证工具。手机取证工具是指专门针对手机或移动设备进行集数据提取、分析，证据固定，报告出具等功能于一体的取证工具，包括支持 IOS、Android 等平台的工具。计算机取证工具是指专门针对个人计算机、工作站、服务器等设备进行集数据提取、分析，证据固定，报告出具等功能于一体的取证工具，包括支持 Windows、Linux、Unix、macOS 等平台的工具。网络取证工具是指专门针对网络日志、网络数据包进行集数据提取、分析，证据固定，报告出具等功能于一体的取证工具。内存取证工具是指专门针对计算机及相关设备运行时的内存进行集数据提取、分析，证据固定，报告出具等功能于一体的取证工具。

第二节 电子数据司法鉴定基本内容

电子数据司法鉴定主要包括电子数据存在性、电子数据真实性、电子数据功能性、电子数据相似性等鉴定。其中,电子数据存在性鉴定的主要目标是搜索、查找与案件相关的电子数据证据。电子数据功能性、电子数据真实性、电子数据相似性鉴定则主要是对已知的电子数据证据进行评估,评价其真实性、功能性和相似性等情况,为电子数据证据的相关性和真实性判断提供依据。

一、电子数据存在性鉴定

电子数据存在性鉴定,包括电子数据的提取、固定与恢复,以及电子数据的形成过程与关联分析。

(一)电子数据的提取和固定

根据电子数据的提取和固定对象不同,可以分为电子设备的提取和固定、存储设备的提取和固定、网络数据的提取和固定。

1. 电子设备的提取和固定

电子设备的提取和固定包括手机、平板电脑、可穿戴设备、考勤机、车载系统等设备中的电子数据提取和固定。不同案件中电子设备提取和固定的范围可能不同,需要根据案情的性质和委托要求进行判断。对电子设备提取和固定包括对存储介质数据的镜像、易失数据的提取和固定。如果设备受到权限的限制或者案件仅需要提取特定应用的数据,则可以采取备份、数据导出、拍照录像等方法固定特定范围内的电子数据。

2. 存储设备的提取和固定

存储设备的提取和固定是指对存储介质(包括硬盘、光盘、U 盘、磁带、存储卡、存储芯片等)中数据的提取和固定。与电子设备不同的是,存储介质内一般不存在可运行的操作系统和内存数据。提取的内容可能是存储设备中特定的文件,也可能是整个存储设备中的所有数据。

3. 网络数据的提取和固定

网络数据的提取和固定,主要指对公开发布、经所有权人授权的或法律授权可采用特殊技术手段获取的非公开发布的网络数据的提取和固定。

(二)电子数据的恢复

当计算机系统由于硬件损坏、格式化操作、删除操作以及其他操作行为无法正常访问和读取相应数据时,通过技术手段来还原或恢复这些数据的过程为数据恢复或电子数据的恢复。

根据恢复的对象不同,电子数据的恢复包括对电子设备的恢复和对存储介质中数据的恢复。根据恢复方法和技术的不同,包括硬件修复、基于文件系统的数据恢复、基于文件特征的数据恢复、基于物理信号的数据恢复等。

硬件修复是解决设备因硬件和软件故障无法读取数据的修复，是使设备可以正常访问和读取数据的技术。

基于文件系统的数据恢复利用文件被删除后没有被覆盖和清除的文件目录结构、日志文件等文件系统中的信息，定位和恢复被删除文件。

基于文件特征的数据恢复不依赖于文件系统的信息，而是依据文件自身特征（包括文件头和文件尾等特征）进行扫描并恢复文件的数据。该方法一般无法准确恢复在文件系统中存储的文件名、文件的创建时间、修改时间、文件属性、文件所在的目录等信息。

基于物理信号的数据恢复，是指通过物理方法直接读取存储介质如硬盘盘片的物理信息，并将物理信号的识别结果表达成逻辑字符 1 或 0 的字符串序列，再进一步通过字符串序列分析来恢复文件和数据。

（三）电子数据形成过程与关联分析

单个电子数据证据常难以证明案件事实，需要多个不同的电子数据组合在一起才能证明案件事实。当需要对案件过程进行分析时，便涉及大量的不同时间、不同类型的电子数据证据的分析。电子数据的形成过程与关联分析包括对计算机信息系统的数据生成、用户操作、内容关联等进行分析。

二、电子数据真实性鉴定

电子数据真实性鉴定，包括对特定形式的电子数据，如电子邮件、即时通信、电子文档、数据库数据等的真实性或修改情况进行鉴定；依据相应验证算法对特定形式的电子签章如电子签名、电子签章等进行验证。

（一）电子数据真实性或修改情况的鉴定

对电子数据真实性或修改情况的鉴定，常见鉴定事项包括电子邮件、聊天记录和数据库记录等真实性鉴定。仅仅通过对电子邮件、聊天记录和数据库记录等检验对象自身进行检验，难以作出科学判断，需要对这些电子数据从形成到送检过程中涉及的虚拟环境、形成过程及相关痕迹进行综合分析，结合案情和常见伪造技术手法的分析，最后作出检材是否真实的判断。

1. 电子邮件真实性鉴定

电子邮件是在互联网中使用广泛的交流工具之一，在诉讼中经常作为证据来证明案件事实。但电子邮件也极容易被假冒和伪造，从表面上往往难以判断其真伪情况。因此，如果一方当事人对电子邮件真实性质疑，一般需要启动司法鉴定程序分析其可靠性，确定其作为证据是否具有真实性。

2. 聊天记录真实性鉴定

聊天工具也是互联网中常使用的交流工具之一，它通常会提供某种记载聊天记录内容的方式。聊天记录有时对证明案件事实起到十分重要的作用，但它极容易被伪造，很多时候难以确定它是否被修改过。虽然对聊天记录真实性的判断比较困难，但并非所有案件中的聊天记录真伪均无法进行鉴定。聊天记录真伪鉴定通常可通过分析其形成原理、形成环境、常见伪造痕迹和聊天记录内容来判断其可靠性,并作出是否真实的意见。

3. 电子文档真实性鉴定

电子文档真实性鉴定,是指通过对电子文档的结构、元数据、内容的分析,以及对电子文档生成软件的日志信息,电子文档生成、传输和存储环境的综合分析,判断电子文档内容是否经过人为篡改、是否真实的鉴定。

4. 数据库记录真实性鉴定

数据库记录真实性鉴定,是指通过对数据库的各类日志、数据文件的结构、元数据、相关记录内容和关系的分析,以及对数据库环境的综合分析,判断数据库记录是否经过人为篡改、内容是否真实的鉴定。

(二)电子签名和电子签章的验证

电子签名是利用非对称加密技术形成的,依附于电子文件的,用于辨识该文件签署者的身份,保证文件的完整性并表示签署者同意该文件所陈述事实内容的信息。电子签章是电子签名的另一种形式,它使用电子签名技术保障电子文件真实性、完整性和签署者不可否认性,同时利用图像处理技术实现与纸质文件盖章操作相同的可视效果。

但判断电子签名和电子签章签署者身份是否真实、签署内容是否完整未被篡改、签署时间是否准确,不仅要对其进行验证,还需要对整个电子签名体系进行调查分析。对电子签名和电子签章的验证就是通过对签名平台架构、电子签名各方所涉的证书授权中心(Certificate Authority,CA)情况、数字证书取得和使用情况、签名平台运行情况、电子签名和电子签章在合适环境下的验证情况等进行调查分析,判断电子签名和电子签章对应的签署者身份、签署内容和签署时间等内容的真实性的过程。

三、电子数据功能性鉴定

电子数据功能性鉴定,包括对软件、电子设备、计算机信息系统和破坏性程序的功能进行鉴定。实务中较为常见的是恶意代码鉴定、软件功能鉴定、技术措施鉴定。

(一)恶意代码鉴定

恶意代码鉴定是指对被检验代码进行分析,判断它是否属于恶意代码,属于何种恶意代码,具有哪些破坏功能等鉴定活动。通常恶意代码鉴定的对象为程序、应用、设备或者整个计算机信息系统。恶意代码是一个广义的词汇,在司法鉴定实务中,可能指计算机病毒、蠕虫、木马程序、流氓软件、间谍软件、网页恶意代码、Rootkit或黑客攻击工具中的某一种或几种。根据案件具体需要,有时候对恶意代码的委托鉴定要求可以更加具体,例如,判断特定应用程序是否为破坏性程序、是否具有收集和外传个人数据信息的功能等。

(二)软件功能鉴定

软件功能鉴定,是指通过检验和分析计算机软件,以判断软件是否具有某一项或某几项功能,或者判断软件应具有的某种功能是否达到特定技术指标为目的的鉴定。在司法鉴定中,通常需要委托人事先提供包含软件运行环境、软件功能、技术指标等相关内容的说明文件。计算机司法鉴定人通过对软件进行静、动态分析，判断软件功能或技术指标是否与文档（例如双方签署的合同）中标称的信息相符。

（三）技术措施鉴定

技术措施鉴定，是指通过对技术措施的功能分析，判断技术措施的性质。在知识产权领域中，用来保护知识产权的技术措施是受到法律保护的。但是，法律保护只是针对那些保护知识产权的技术措施，而非其他措施。因此，有必要对技术措施的具体功能及其是否属于保护知识产权的技术措施进行鉴定。例如，技术措施是否具有控制访问次数功能，技术措施是否能够跟踪并收集用户信息，技术措施是否能够强制删除用户账号，技术措施是否能够删除竞争对手的程序等都属于技术措施鉴定的内容。

四、电子数据相似性鉴定

电子数据相似性鉴定，通常指知识产权领域的相似性或相似程度，包括对软件（含代码）、数据库、电子文档等的相似程度进行鉴定，对集成电路布图设计的相似程度进行鉴定。

（一）文件内容相似性鉴定

文件内容相似性鉴定，是指通过比较两个文件的内容，判断两者是否一致、是否相似以及相似程度的鉴定。这里的文件通常指不涉及复杂结构的简单文件，如对文件中包含的文字内容进行鉴定，对网页中包含的文字内容进行鉴定等。对这些文件进行鉴定不需要考虑文件的结构和网页的结构。文件内容相似性鉴定实际上是对著作权领域的传统作品（例如文字作品）的相似性进行比较，它不涉及计算机软件、程序和文件的结构。

（二）软件代码相似性鉴定

软件代码相似性鉴定，是指对软件的源代码或可执行程序进行比对和技术分析，判断两者是否相似的鉴定。软件代码相似性鉴定主要从计算机软件著作权角度去分析其相似程度。与文件内容鉴定不同，它不仅需要对软件中的代码进行直接比对（相当于文字内容的比较），它还包括程序的结构分析；与软件功能鉴定也不同，软件代码相似性鉴定并不涉及作者的思想，而只关注思想的表达。软件代码相似性鉴定与同一鉴定也存在区别，同一鉴定要求两个鉴定对象来源于同一客体，由同一客体形成。

（三）集成电路布图设计相似性鉴定

随着集成电路布图设计工艺的不断提高，其内部构造和布局也越来越复杂，在集成电路布图设计中有可能存在完全或部分剽窃他人集成电路布图设计的情况。集成电路布图设计相似性鉴定通过对被控侵权的芯片产品中所含有的布图设计与受法律保护的布图设计进行比对，对其内部各元器件的大小、形状和摆放位置、组合方法等进行比对，结合其实现的各种功能，就其独创性部分进行分析，判断其相似程度。

第三节 电子数据司法鉴定方法

一、电子数据司法鉴定程序

电子数据司法鉴定需要遵循合法、科学、客观、公正、独立、监督的原则。在鉴定的过程中,一定要关注电子数据动态性、易失性的特点,在数字证据的提取、检查、鉴定的过程中一定要详细记录整个操作过程,并且应该科学办事,使操作的每一个步骤能够做到可重现或重复推导。

对受理的存储设备一般需要进行备份,同时还需要对原存储设备进行哈希值校验(如MD5校验、SHA256校验),以保证鉴定在非原始设备上进行且数据是完整的未被更改的。鉴定实施过程中,对鉴定过程的完整记录也同样重要。例如,记录每一步骤的相关操作、操作的计算机软硬件环境等。如果涉及电子数据的提取,还需要利用哈希算法记录哈希值并进行完整性验证。

计算机取证模型是经常被提及的、与电子数据鉴定程序密切相关的术语。计算机取证模型是从技术和法律等角度规范计算机取证程序和步骤的一种框架,与电子数据司法鉴定的实施过程密切相关。在电子数据司法鉴定软件产品设计上通常需要采用一定的取证模型,以满足取证和鉴定上的法律和技术要求。目前被认可的较为经典的模型有:基本过程模型、事件响应过程模型、法律执行过程模型、过程抽象模型和其他过程模型。

以前两个经典模型为例,基本过程模型将基本的取证过程分为保证安全并进行隔离(secure and isolate)、对现场信息进行记录(record the scene)、全面查找证据(conduct a systematic search for evidence)、对证据进行提取和打包(collect and package evidence)、维护监督链(maintain chain of custody)五个阶段。以UNIX操作系统平台的取证过程为例,其对整个取证过程进行了界定,并提出在每个阶段操作应遵循的基本原则。为验证该模型的理论合理性,丹·法默(D. Farmer)和维特斯·维尼玛(W. Venema)开发了以基本过程模型为基础的计算机取证工具TCT(The Coroner's Toolkit),该工具运行在UNIX平台上,主要用于数据收集。事件响应过程模型将计算机取证分为:攻击预防(pre-incident preparation)、事件侦测(detection of the incident)、初始响应(initial response)、响应策略匹配(response strategy formulation)、备份(duplication)、调查(investigation)、安全方案实施(secure measure implementation)、网络监控(network monitoring)、恢复(recovery)、报告(reporting)和补充(follow-up)。凯文·曼迪亚(K. Mandia)和克里斯·普罗赛斯(C. Prosise)对各种典型类型的操作平台进行了研究,提供了较为详细的使用原则和应用方法。该模型主要证明正在运行的系统是否受到攻击,以及系统被攻击后恢复成原始状态的程度。

二、电子数据司法鉴定的主要方法

电子数据司法鉴定涉及的内容非常广，不同的专门性问题采用的鉴定方法有很大不同。电子数据司法鉴定的方法大体上分为电子数据提取与固定、电子数据搜索、电子数据分析检验等方法。

（一）电子数据提取与固定

1. 位对位复制

硬盘克隆、硬盘镜像和分区物理镜像，采用的是位对位复制的方法，即从存储介质层面，位对位复制其物理数据。所复制的数据包括被删除数据、空闲空间、剩余扇区和文件松驰空间（file slack）的数据。

2. 逻辑镜像

逻辑镜像，主要是从文件系统层面对文件及其属性等信息进行复制，它不对被删除后、被覆盖的“无效”数据进行复制。

3. 文件复制

文件复制，类似于日常的文件复制操作，它能够对文件内容进行精确复制。文件复制一般不能保证文件系统记录的文件属性信息被准确复制。

4. 非原始数据的复制

非原始数据复制指通过截屏、拍照、录像等方式记录原文件内容或其他信息的操作，通常能够呈现文件所在显示器上展现的内容信息。通过这种方式的操作，所保存的文件的二进制数据与原始文件的二进制数据不同。

（二）电子数据搜索

在海量电子数据中搜索与案件相关的电子数据需要利用到电子数据搜索技术，想要全面且准确地找到相关电子数据，可采用不同的技术。

1. 根据搜索环境不同进行分类

根据搜索环境不同进行分类，可分为物理搜索、文件搜索和容器搜索。

物理搜索是指根据已知内容和关键词对存储设备或介质的二进制数据进行搜索。

文件搜索是指根据已知内容和关键词对存储设备或介质的数据文件进行搜索。

容器搜索是指根据已知内容和关键词在容器中对二进制数据或数据文件进行搜索。

2. 按搜索内容不同进行分类

根据搜索内容不同，可以分为基于数据内容的搜索和基于文件哈希值的搜索。基于数据内容的搜索，是指通过特征码、关键词和关键词的组合搜索数据内容（包括文件内容、文件属性等）中符合指定条件的数据或者文件。

基于文件哈希值的搜索，是指通过对待搜索文件进行哈希运算后，搜索配备特定哈希值或相似度符合要求的对应文件。基于文件哈希值的搜索不直接搜索文件的内容，而是计算文件内容哈希值后再进行匹配。

(三)电子数据分析检验

1. 两种常见的分析检验手段

(1)静态分析

静态分析方法是通过挂载或者专用取证工具直接分析检材的方法。

(2)动态与仿真分析

动态与仿真分析方法是指通过系统仿真、应用仿真等方法动态分析系统、应用程序运行情况的方法。

2. 常见的分析检验方法

在分析检验中可采用的具体分析方法较多,常见的方法有搜索法、比较法、实验法、破解法、逆向分析法等方法。

第四节 电子数据司法鉴定审查评判

一、电子数据司法鉴定审查评判的意义

为确保电子数据司法鉴定工作符合国家相关法律法规,实现诉讼活动经济有效运行,要求电子数据司法鉴定过程和结果达到一定质量水平。为了达到此目的,有必要建立一套控制电子数据司法鉴定的控制机制,这种机制的核心是对电子数据司法鉴定进行评判。由于电子数据司法鉴定的受理范围、鉴定的具体依据、鉴定的具体执业分类、鉴定的程序、鉴定的方法更具可操作性的规则较为缺乏,更有必要对电子数据司法鉴定整个过程进行评判。

1. 电子数据司法鉴定的评判可以在鉴定过程中或者在鉴定过程结束后发现其存在的问题,便于鉴定人或鉴定机构及时改进工作中存在的问题,防止个案鉴定意见与事实存在偏差,提高鉴定的实体公正和程序公正。

2. 电子数据司法鉴定的评判也有助于鉴定机构对司法鉴定的整个活动进行有效的管理和控制。通过发现在鉴定过程中普遍存在的问题及找出在鉴定过程中解决新发生问题的方法,进一步完善鉴定机构内部的操作规程和鉴定技术。

3. 当委托人或利害关系人对电子数据司法鉴定结论产生异议时,其他中介机构也可以通过对电子数据司法鉴定的评判情况对鉴定意见的可信度和合法性进行总体评判。

二、电子数据司法鉴定内容审查评判

电子数据司法鉴定结论的评判涉及电子数据司法鉴定整个活动中的各个环节。其中主要包括鉴定人的评判、鉴定标准的评判、鉴定程序的评判和司法鉴定文书的评判等。

(一)鉴定人的评判

电子数据司法鉴定具有较强的技术性,有些鉴定项目十分复杂,往往单个人难以在

规定的时间内完成相应的任务,如在短时间内需要对几百万行的源代码进行分析。因此在实际鉴定中,除了鉴定人自身,可能还会需要一些辅助人员参加到鉴定过程中,其中存在几个问题需要解决。

首先,是鉴定主体的资格问题。电子数据鉴定对大型鉴定项目的负责人和主持人必须具有更高的要求,除懂得计算机鉴定的相关技术外,其还应具备项目管理的知识和经验。

其次,参与电子数据司法鉴定的人应当具备该项目必需的专业知识和技能,人数应当在两人以上。从社会聘请的专业人员应该确保其鉴定技术水平和道德素质。

最后,鉴定人及相关人员的回避问题。对于与鉴定人员有利害关系的案件,可能导致公众对鉴定意见产生合理怀疑的人员应该回避。

(二)鉴定时间的评判

司法鉴定不同于一般的科学研究,鉴定效率和科学性对于案件诉讼同样重要,所以对电子数据司法鉴定鉴定时间合理性的评判也有重要意义。需要审查鉴定是否在协议商定的时间内完成,但是对于一些技术难度高、数据量大的电子数据司法鉴定,需要经过大量的数据处理和验证工作,依据鉴定所采用的仪器设备很难在较短时间之内有全面完整的处理结果,因而短时间内便作出鉴定意见的判断可能并不合理。在评判时,可以进一步对鉴定过程中各个阶段进行细化分别判断鉴定时间的合理性,例如,需要现场取证的,现场取证涉及设备较多、系统管理比较复杂,对相关情况的了解、辨别需要花费一定时间,若在较短时间内便获取了相关数据,那么所获取数据的相关性、全面性、可靠性便可能存在疑问,依据这些数据所作出的判断便有可能存在问题。此时,审查人员需要重点关注现场取证所获取数据能否反映案件真实情况,在实验室依据该数据所作出的进一步分析和判断是否具有可靠性。

因此,电子数据司法鉴定需要在一定的时间范围之内完成,未在合理时间内完成的鉴定,无论时间过短还是过长均一定程度上反映出鉴定意见可靠性可能存在问题,此时需要重点关注其鉴定时间不合理阶段的情况。

(三)鉴定标准的评判

电子数据鉴定标准的评判是判断电子数据司法鉴定是否准确的主要依据之一,因此对鉴定标准的评判十分重要。在对鉴定标准评判时,需要考虑电子数据司法鉴定标准是否存在例外情形,是否有未考虑到的情况包括在内。例如,在数据获取过程中,需要对待鉴的存储设备进行数据复制,复制的方法有多种,一种是位对位的物理拷贝,另一种是逻辑拷贝,还有一种是对文件的直接复制。考查具体鉴定时采用了哪种获取标准,在具体评判时,可对此类标准是否满足鉴定结论准确性和鉴定及时性要求进行分析。

(四)鉴定程序的评判

电子数据鉴定程序比较复杂,所以对鉴定程序的评判也比较繁杂。以下几个程序的评判十分关键。

对样本收集或者证据提取程序的评判。在样本收集或者证据提取中,必须保障证据能够准确无误地转移到相应的当事人或鉴定人处。但是电子数据具有易失性的特点,任何电子数据的转移都可能改变数据的性质甚至内容。所以在提取证据时,必须通过技术手段保障证据在转移过程中的主要信息不发生变化。

在初步鉴定过程中,应该保障充分的参与鉴定时间,对于没有足够的实验时间或检验时间的鉴定,其可靠性的评判应该相对较低。

在复核过程中,必须保障复核人员具备足够的时间参与鉴定,还必须保障复核人员亲自参与相应的鉴定。

(五)司法鉴定文书的评判

司法鉴定文书的评判是通过检查鉴定文书中的基本案情、鉴定过程、鉴定方法、鉴定工具、分析过程和鉴定意见,以及语言错误、文字错误以及语义错误而对鉴定作出的评判。

对司法鉴定文书的评判不仅要分析鉴定意见书的正本,还应分析司法鉴定文书形成过程中的初稿和相关档案。

思考习题

1. 电子数据司法鉴定有哪些基本原则?
2. 什么是电子数据存在性鉴定?
3. 什么是电子数据真实性鉴定,包括哪些内容?
4. 什么是电子数据相似性鉴定,包括哪些内容?
5. 电子数据司法鉴定的主要方法有哪些?
6. 电子数据司法鉴定意见如何评判?

拓展阅读书目

1. 王永全、廖根为主编:《电子数据取证技术》,西安电子科技大学出版社 2021 年版。
2. 廖根为:《电子数据真实性司法鉴定研究》,法律出版社 2015 年版。
3 廖根为:《计算机司法鉴定:理论探索》,法律出版社 2012 年版。
4. K. Mandia & C. Prosise, *Incident Response*, Osborne/McGraw-Hill, 2001.
5. Technical Working Group for Electric Crime Scene Investigation, Eletronic Crime Scene Investigation: A Guide for First Responders, 2001. https://athenaforensics.co.uk/wp-content/uploads/2019/01/National-Institute-of-Justice-Electronic-Crime-Scene-Investigation-Guide-for-First-Responders-07-2001.pdf.
6. A Road map for Digital Forensic Research, Digital forensics Research Workshop Website, November 6th, 2001. https://dfrws.org/wp-content/uploads/2019/06/2001_USA_a_road_map_for_digital_forensic_research.pdf.

第二十四章　环境损害司法鉴定

本章概要　本章主要介绍了环境损害的概念与特征，环境损害司法鉴定的基本概念、鉴定内容和鉴定程序、鉴定采用的基本技术手段和方法，以及鉴定意见的评判方法等。

通过本章论述，应当掌握环境损害司法鉴定的基本概念和鉴定程序，熟悉常用的鉴定技术及适用场景，了解环境损害司法鉴定意见的评判。

关键词　环境损害司法鉴定；损害调查；价值评估；可采性

第一节　概　　述

一、环境损害概念与特征

（一）环境损害的概念

在国内外环境立法以及国际组织的环境保护文件中，环境损害一般指向环境排放污染物的行为造成环境污染、生态破坏以及由此造成他人民事权益和社会公共利益受到侵害的现象。这种表述与各种法律文件所表述的环境污染损害和自然资源损害、生态损害等的含义基本相似，但并不完全包含开发利用自然资源行为造成自然资源破坏的现象。自然资源的一般开发利用属于可以预见破坏后果、有计划、受资源管理人行政规制的积极作为。当开发利用人的行为超出这一约束时，由此带来的资源破坏属于环境损害范畴，开发利用人应当就其违法行为承担相应法律责任。

人类的环境利用行为无论是出于生存本能，还是出于谋取经济利益，都可能造成环境损害。国内外将环境损害的概念限定为"向环境排放污染物的行为"所致，是因为与本能利用环境的行为相比，这种行为主观上是行为人为谋求经济利益最大化而非人类生存的基本需要，客观上是行为人排他地占用并减少环境容量和自然环境要素。所以只要排污行为造成环境损害，行为人就应当承担相应的恢复原状或者赔偿损失的责任。

20 世纪 80 年代，美国通过环境立法实施自然资源损害的赔偿责任，将自然资源非使用价值损失、过渡期损失、评估费用等替代成本作为依据计算需要赔偿的损失费用；21 世纪初，欧盟实施《欧盟环境责任指令》，对重要自然资源损害实施损害赔偿制度，主要包含环境污染清理和被损害环境恢复等费用；2022 年我国《生态环境损害赔偿管理规定》对污染环境、破坏生态等行为造成的环境要素和生物要素不利改变、上述要素构成的生态系统功能退化追究生态环境损害赔偿责任，赔偿范围主要包含过渡期损失、永久性损害损失、评估费用、修复费用和二次损害预防费用。此外,《中华人民共和国环境保护法》第5条确立的环境保护基本原则中特别明确了“损害担责原则”。如果排污行为人主观有过错的话,还应当依法受到行政或者刑事处罚。

(二)环境损害的特征[1]

环境损害现象的出现具有复杂的社会、经济、政策、法律和行政背景,从而导致环境损害具有与一般侵权行为致害所不同的特征。

1. 加害主体的多元性与被害主体的不确定性

加害主体的多元性,是指无法从行为与结果的一般关系上判定环境损害的具体加害人或认定责任分担。如多个企业在同一时期排放同类污染物质或多个企业的排放物质在环境中形成二次污染物,这类污染行为致使环境损害加害主体多元化。

被害主体的不确定性,则是指环境损害范围内被害主体及其被害程度不易认定。环境损害既可能是由加害人的加害行为引起的,也有可能是受害人自身原因、第三人原因或者不可抗力因素导致的。在上述不特定污染侵害事件中,被害主体的认定可能存在困难。但不论如何,环境损害会导致全社会环境公益受到侵害这一点是肯定的。

2. 侵害行为的行政合法性与追究民事责任的主观无过失性

我国环境保护法律有关缴纳环境费或环境税、自然保护费等的规定以及生态补偿制度,要求环境利用主体对其可能造成的渐进性环境损害给予对价补偿。在这一背景下,如果环境或生态进一步恶化,造成环境损害并发生纠纷时,环境利用人会以造成环境损害的行为已经政府许可,因而具有行政上的合法性以及业已依法缴纳了相关费用等为由推卸责任。

因此,《中华人民共和国环境保护税法》第26条规定,直接向环境排放应税污染物的企业事业单位和其他生产经营者,除依照本法规定缴纳环境保护税外,应当对所造成的损害依法承担责任。

3. 侵害行为的单一性与构成侵害因果关系的复杂性

在实践中,造成环境损害后果的行为主要表现为排污、项目建设、资源开发以及引入外来物种等行为。根据原物质种类、数量、浓度、开发强度、物种生存条件等因素及被害对象的不同,侵害结果的表现也各不相同。因此,在原因行为与损害结果之间,既有一因一果关系,也有多因一果关系,也涉及众多学科的方法以及技术分析手段。

(三)违法性及环境损害范围的判断

20世纪80年代以后,各国环境司法实践将环境损害的范围从“造成民事权益侵害(人身权和财产权)”扩大至“污染致有形环境要素(自然资源和动植物)的损失”。由于直接计算生态损失较为困难,各国的实践均将生态破坏的损失转换为恢复环境质量至污染破坏前状态的治理成本或者相关投入进行计算。

---

[1] 参见汪劲:《环境法学》(第4版),北京大学出版社2018年版,第275~277页。

二、环境损害司法鉴定的属性

2015 年，最高人民法院、最高人民检察院、司法部《关于将环境损害司法鉴定纳入统一登记管理范围的通知》将环境损害司法鉴定纳入司法管辖范围，实行统一规范管理，环境损害赔偿从行政处罚跃入司法判罚的新阶段，开启了我国环境损害司法鉴定事业新篇章。2016 年由原环境保护部发布了《生态环境损害鉴定评估技术指南　总纲》[于 2020 年被《生态环境损害鉴定评估技术指南　总纲和关键环节第 1 部分：总纲》(GB/T 3979/1－2020)替代]，将生态环境损害分为由污染环境导致的损害和由破坏生态行为导致的损害两类，并规定了生态环境损害鉴定评估的一般性原则、程序、内容和方法。在实践中，污染环境行为主要指人类向环境排入超过环境自净能力的物质或能量，造成环境性质发生改变，并影响人类和其他生物正常生存和发展的现象；生态破坏行为则指人类不合理地开发利用自然环境，使生态系统结构受损、功能退化，导致自然环境的恢复和增殖能力受到破坏的现象。

我国环境损害司法鉴定仍处于稳步发展阶段，主要服务于环境纠纷、环境公益诉讼和危害环境犯罪等三类案件。环境纠纷，是指从事排污行为和开发资源行为造成环境和生态系统的不良影响或不利改变，影响或危害他人合法权益从而在当事人之间产生的侵权纷争。环境公益诉讼(environmental public interest litigation)，是一种允许与争议案件无直接利害关系的原告出于保护环境公益的目的，以行政机关或者环境利用行为人为被告，向法院起诉的行政诉讼或民事诉讼。危害环境犯罪，特指向环境排放污染物造成人民生命、健康以及财产安全等危险或者危害而应当受到刑事处罚的行为。

2019 年，司法部、生态环境部《环境损害司法鉴定执业分类规定》将“环境损害司法鉴定”定义为，“诉讼活动中鉴定人运用环境科学的技术或者专门知识，采用监测、检测、现场勘察、实验模拟或者综合分析等技术方法，对环境污染或者生态破坏诉讼涉及的专门性问题进行鉴别和判断并提供鉴定意见的活动”。我国环境损害司法鉴定领域主要包括损害结果、因果关系、修复方案和损害金额等方面的鉴定，环境损害司法鉴定机构所出具的鉴定意见具有言词证据的属性，在性质上是个人作出的一种意见表达。但环境损害司法鉴定人出具的鉴定意见不仅是鉴定人就其所了解的案件事实进行陈述，更是对案件中的专门性问题进行判断，因此具有“意见证据”的属性。其表达的对象不是针对所见事实，而是对案件中所表现出来的事实用科学的手段进行鉴定，表达出案件的某些特征，从而还原案件的真相。环境损害司法鉴定机构出具的鉴定意见属于言词证据。

第二节　环境损害鉴定的主要内容和程序

一、环境损害司法鉴定执业分类

司法部、生态环境部《环境损害司法鉴定执业分类规定》明确了环境损害司法鉴定解决的专门性问题包括:确定污染物的性质;确定生态环境遭受损害的性质、范围和程度;评定因果关系;评定污染治理与运行成本以及防止损害扩大、修复生态环境的措施或方案等。

1. 污染物性质鉴定。包括固体废物鉴定、危险废物鉴定、有毒物质(不包括危险废物)鉴定、放射性废物鉴定、含传染病病原体的废物(不包括医疗废物)鉴定、污染物筛查及理化性质鉴定、有毒物质及放射性废物致植物损害鉴定、有毒物质及放射性废物致动物损害鉴定等。

2. 地表水与沉积物环境损害鉴定。包括污染环境行为致地表水与沉积物环境损害鉴定、污染环境行为致水生态系统损害鉴定、地表水和沉积物污染致植物损害鉴定、地表水和沉积物污染致动物损害鉴定等。

3. 空气污染环境损害鉴定。包括污染环境行为致环境空气损害鉴定、环境空气污染致植物损害鉴定、环境空气污染致动物损害鉴定、室内空气污染损害鉴定、室内空气污染致人体健康损害鉴定等。

4. 土壤与地下水环境损害鉴定。包括污染环境行为致土壤环境损害鉴定、污染环境行为致地下水环境损害鉴定、污染环境行为致土壤生态系统损害鉴定、土壤污染致植物损害鉴定、地下水污染致植物损害鉴定、土壤污染致动物损害鉴定、地下水污染致动物损害鉴定等。

5. 近岸海洋与海岸带环境损害鉴定。包括污染环境行为致近岸海洋与海岸带环境损害鉴定、污染环境行为致近岸海洋与海岸带生态系统损害鉴定、近岸海洋与海岸带环境污染致海洋植物损害鉴定、近岸海洋与海岸带环境污染致海洋动物损害鉴定等。

6. 生态系统环境损害鉴定。包括生态破坏行为致植物损害鉴定,生态破坏行为致动物损害鉴定,生态破坏行为致微生物损害鉴定,生态破坏行为致森林生态系统损害鉴定,生态破坏行为致草原生态系统损害鉴定,生态破坏行为致湿地生态系统损害鉴定,生态破坏行为致荒漠生态系统损害鉴定,生态破坏行为致海洋生态系统损害鉴定,生态破坏行为致河流或湖泊生态系统损害鉴定,生态破坏行为致冻原生态系统损害鉴定,生态破坏行为致农田生态系统损害鉴定,生态破坏行为致城市生态系统损害鉴定,矿产资源开采行为致矿山地质环境破坏、土地损毁及生态功能损害鉴定等。

7. 其他环境损害鉴定。包括噪声损害鉴定、振动损害鉴定、光损害鉴定、热损害鉴定、电磁辐射损害鉴定、电离辐射损害鉴定等。

二、环境损害司法鉴定程序

生态环境部会同有关部门制定的《生态环境损害鉴定评估技术指南 总纲和关键环节 第1部分:总纲》确定了生态环境损害鉴定评估的一般性原则、程序、内容和方法;环境要素类技术指南侧重因污染环境致地表水、沉积物、土壤、地下水、海水等环境要素损害的鉴定评估;生态系统类技术指南侧重因破坏生态致森林、草原、湿地、海洋等生态系统及其生态服务功能损害的鉴定评估;基础方法类技术指南规定生态环境损害鉴定评估中应用的关键技术方法。

（一）鉴定评估原则

1. 合法合规原则

鉴定评估工作应遵守国家和地方有关法律、法规和技术规范。禁止伪造数据和弄虚作假。

2. 科学合理原则

鉴定评估工作应制定科学、合理、可操作的工作方案。鉴定评估工作方案应包含严格的质量控制和质量保证措施。

3. 独立客观原则

鉴定评估机构及鉴定人应当运用专业知识和实践经验独立客观地开展鉴定评估，不受鉴定评估利益相关方的影响。

（二）鉴定评估内容及范围

根据鉴定评估需要，生态环境损害鉴定评估的内容包括：(1)调查污染环境或破坏生态行为的事实；(2)确定生态环境损害的事实和类型；(3)分析污染环境或破坏生态行为与生态环境损害间的因果关系；(4)确定生态环境损害的时空范围和程度；(5)评估生态环境恢复的可能性，制定恢复方案；(6)量化生态环境损害价值；(7)评估生态环境恢复效果。

生态环境损害鉴定评估的时间范围以污染环境或破坏生态行为发生为起点，以受损生态环境及其服务功能恢复至基线为终点；空间范围应综合利用现场调查、环境监测、遥感分析和模型预测等方法，根据污染物迁移扩散范围或破坏生态行为的影响范围确定。

（三）鉴定评估程序

生态环境损害鉴定评估的程序包括：

1. 工作方案制定。通过收集资料、现场踏勘、座谈走访、文献查阅、遥感影像分析等方式，掌握污染环境或破坏生态行为以及生态环境的基本情况，确定生态环境损害鉴定评估的目的、对象、范围、内容、方法、质量控制和质量保证措施等，编制鉴定评估工作方案。

2. 损害调查确认。掌握污染环境或破坏生态行为的事实，调查并对比生态环境及其服务功能现状和基线，确定生态环境损害的事实及其类型。

3. 因果关系分析。根据污染环境或破坏生态行为和生态环境损害的调查结果，分析污染环境或破坏生态行为与生态环境损害的因果关系。

4. 损害实物量化。明确不同生态环境损害类型的量化指标，量化生态环境损害的时空范围和程度；分析恢复受损生态环境的可行性；明确生态环境恢复的目标，制定生态环境恢复备选方案，筛选确定最佳恢复方案。

5. 损害价值量化。统计实际发生的污染清除费用；估算最佳生态环境恢复方案的实施费用；当生态环境无法恢复或仅部分恢复时，可采用环境价值评估方法，量化生态环境损害价值。

6. 评估报告编制。编制生态环境损害鉴定评估报告(意见)书,同时建立完整的鉴定评估工作档案。

7. 恢复效果评估。跟踪生态环境损害基本恢复和补偿恢复方案的实施情况,开展必要的调查和监测,评估生态环境恢复的效果,必要时开展补充性恢复。

在实践中,应根据鉴定评估委托事项开展上述相关工作,可根据委托事项适当简化工作程序。必要时,应针对生态环境损害鉴定评估中的关键问题开展专题研究。

第三节 环境损害鉴定的技术方法

一、方案制定

在接到环境损害鉴定委托后,首先需要通过收集资料、现场踏勘、座谈走访、文献查阅、遥感影像分析等方式掌握污染环境或破坏生态行为以及生态环境的基本情况,然后确定损害鉴定评估的目的、对象、范围、内容、方法、质量控制和质量保证措施等,并制定鉴定评估工作方案。

(一)资料收集及图像解译

鉴定机构接受环境损害鉴定评估工作委托后,尽可能收集背景资料并进行适量的前期分析,提升初步调查的工作效率和整体鉴定工作时效。

1. 资料收集

初步调查阶段的资料收集,主要包括背景信息、基线信息、环境污染和生态破坏信息、受损生态环境质量信息、污染清理情况信息等。

背景信息主要包括调查区域的自然条件(气候气象、地形地貌、水文地质等)、城市要素(人口、交通、土地性质等)及敏感性(居民区、水源地)、产业分布及自然资源开发情况。

基线信息主要包括调查区域环境质量的历史和应急监测数据(大气、地表水、沉积物、地下水等)或与调查区域地理位置、气候条件、地形地貌、土地利用类型等类似的未受影响的对照区域的上述数据。

环境污染和生态破坏信息主要包括初步判定的污染源空间位置、排放模式、污染物种类及浓度、可能产生的次生污染物种类、可能产生环境损害的途径和受破坏时间等。

受损生态环境质量信息主要包括已经受损的生态环境的文字、音像、影像材料及受影响区域的环境质量变化或生态系统变化等。

污染清理情况信息主要包括污染清理的过程、效果、二次污染物产生情况等。

2. 图像解译

航空摄影像片可以揭示自然和人为的瞬时特征及其随时间变化的过程,是所有关注空间分布现象的科学和专业的重要数据源,也是环境损害司法鉴定初步调查阶段的重要影像资料之一,其不仅可以帮助分析调查区域及其周边的土地的空间关系,也可以通过对不同时刻的航片进行信息(污染物的泄露痕迹、污染源的移动等)提取、比对,阐明造成环境破坏的活动和过程或对环境的系统性影响。

通过地理信息系统(Geographic Information System,GIS)数据库及相关软件,可以对航片进行缩放、旋转或投影变换,以将其余底图、其他航片/相片或数字高程模型进行配准,实现不同航片的空间特征比较,以支撑前期环境损害现场调查的准备工作或后期因果关系分析。

(二)调查方案制定

鉴定评估调查工作方案中的重点内容如下。

1. 确定调查目标

现场调查的目标决定了采样的需求,一般调查目标包括:鉴别特定污染物或污染的比例,以确定排放物质的来源或时间;测定污染的浓度和范围,以估算污染物质的总量;测定污染的空间分布和梯度,以确定污染源等。

2. 划定采样范围和种类

现场调研的采样范围和种类根据调查的对象及目标有所区别,但总体上应具备对调查整体对象或区域的代表性,需要综合考虑并设定采样边界、采样对象、采样形式、采样数量/质量/体积、采样空间位置等要素,并尽可能平衡调查采样工作的均匀性和成本效率。

3. 采样质量控制

(1)运输空白

将实验室或其他非调查区域所准备的未打开的样品容器与采集的样品一起运输。这些容器与现场样品一起在实验室进行分析,确定样品容器是否存在外部污染。通常每 10 个或 20 个现场样品添加一个运输空白样品。

(2)现场空白

将准备好的空样容器(类似运输空白)在现场某个取样点打开,提供容器在现场打开的时间段容器受污染的有关信息。现场空白不能提供与所采集样本的代表性相关的信息。

(3)设备空白

采样设备的现场淋洗收集液。当采样设备重复使用时,应在两次使用间隙进行清洗,否则会存在交叉污染的问题。采样设备清洁后,用清水再次冲洗抽样工具,收集冲洗水样并进行分析,以确定采样设备清洁。通常每 10 个或 20 个现场样品添加一个设备空白样,使用一次性或专用采样设备除外。

(4)分割样品

将现场样品分割成两个或多个,并进行独立分析,以检查或验证实验室分析结果。分割是用于检验实验室分析结果的可靠性,而非采样过程的可靠性。收集分割样品时,需要保证分割样品组成的一致性,颗粒样品、多相液体和含有悬浮物质的液体样较难准确分割。

(5)平行样品

按照调查需求,在完全相同的条件下采集单个点位或单个区域的多个样品(例如,两次或三次平行),用于确定采样的抽样误差和样品的代表性。

二、采样检测

环境损害司法鉴定调查的核心需求是通过测量或采样得到可靠、可质证、高质量的数据,以支撑环境损害行为与损害后果间的因果性分析。

(一)不同介质的采样

本部分内容主要介绍现场调查中的几种常见的采样介质及样品采集方法,包括土壤、地下水、地表水、沉积物、环境空气、地块残余废弃物等。

(1)土壤样品

土壤采样的基本要求为尽量减少土壤扰动,保证土壤样品在采样过程不被二次污染。表层土壤样品的采集一般采用挖掘方式进行,一般采用锹、铲及竹片等简单工具,也可进行钻孔取样;下层土壤的采集以钻孔取样为主,也可采用槽探的方式进行采样。

若针对挥发性有机物污染、易分解有机物污染、恶臭污染土壤进行采样,应采用无扰动式的采样方法和工具。钻孔取样可采用快速击入法、快速压入法及回转法,槽探可采用人工刻切块状土取样。采样后立即将样品装入密封的容器,以减少暴露时间。

如需采集土壤混合样,将等量各点采集的土壤样品充分混拌后以四分法取得土壤混合样。含易挥发、易分解和恶臭污染的样品必须进行单独采样,禁止对样品进行均质化处理,不得采集混合样。

(2)地下水样品

地下水采样时应依据地块的水文地质条件,结合调查获取的污染源及污染土壤特征,选择合适位置建设地下水监测井进行采样工作。井管的内径一般为5~10cm,建设时应避免采用外来的水及流体,同时在地面井口处采取防渗措施。对于非承压水监测井,井管底部不得穿透潜水含水层下的隔水层底板;对于承压水监测井,应分层止水。丰水期时一般需要有1m的筛管位于地下水面以上,枯水期时一般需要有1m的筛管位于地下水面以下,以保证监测井中的水量满足采样需求。

监测井建设完成后,至少稳定8h后开始成井洗井,若存在挥发性有机物污染风险,不得采用反冲、气洗方式洗井,洗井流速一般不超过0.1L/min,并至少洗出约3倍井体积的水量。使用便携式水质测定仪对出水进行测定,当浊度小于或等于10NTU时,可结束洗井;当浊度大于10NTU时,应每间隔约1倍井体积的洗井水量后对出水进行测定,结束洗井应同时满足以下条件:

①浊度连续三次测定的变化在10%以内;

②电导率连续三次测定的变化在10%以内;

③pH值连续三次测定的变化在±0.1以内。

成井洗井结束后,监测井至少稳定24h后开始采集地下水样品。样品采集一般按照挥发性有机物(VOCs)、半挥发性有机物(SVOCs)、稳定有机物及微生物样品、重金属和普通无机物的顺序进行。采集挥发性有机物水样时应根据现场条件选择低速采样、贝勒管采样或低渗透性含水层采样等方法；采集半挥发性有机物水样时出水口流速要控制在 0.2L/min ~ 0.5L/min，其他监测项目样品采集时应控制出水口流速低于 1L/min，如果样品在采集过程中水质易发生较大变化，可适当加大采样流速。

（3）地表水样品

地表水采样时，为准确反映其与地下水之间的水力联系，地表水的采样频次与采样时间应尽量与地下水采样保持一致。地表水采样应尽量在连续两天无降雨后，选择水体中心相对静止的位置进行，并尽可能避免搅动水底沉积物，主要采样方法包括船只采样（静止）、桥上采样、涉水采样、无人机或无人船采样等。除特殊情况外，一般不采集岸边水样。

采样时，采样位置应位于采样点下游，逆流采集水样；在同一监测断面分层采样时，应自上而下进行，避免不同层次水体混扰；除标准分析方法有特殊要求的监测项目外，采样器、静置容器和样品瓶在使用前应先用水样分别荡洗 2 ~ 3 次；采集的水样倒入静置容器中，保证足够用量，自然静置 30min。自然静置时，使用防尘盖遮挡，避免灰尘污染；石油类、五日生化需氧量、溶解氧、硫化物、悬浮物、粪大肠菌群、叶绿素 a 等或标准分析方法有特殊要求的项目需要单独采样。

（4）沉积物样品

沉积物的采样根据不同需要，可采用掘式（抓式）采泥器、锥式（钻式）采泥器、管式采泥器和箱式采泥器。其中，掘式（抓式）采泥器适用于采集较大面积的表层样品；锥式（钻式）采泥器适用于采集较少的沉积物样品；管式采泥器适用于采集柱状样品；箱式采泥器适用于大面积、一定深度沉积物样品的采集。

沉积物样品的容器主要为广口硼硅玻璃瓶、聚乙烯袋或聚苯乙烯袋（或容器）。聚乙烯和聚苯乙烯容器适于痕量金属样品的贮存；棕色广口玻璃瓶作容器可用于湿样测定项目和硫化物等样品的贮存，这些项目的样品贮存不能采用聚乙烯袋；用于有机物分析的沉积物样品应置于棕色玻璃瓶中，瓶盖应衬垫洁净铝箔或聚四氟乙烯薄膜。

（5）环境空气样品

环境空气中污染物的采样时间及采样频率一般根据《环境空气质量标准》（GB 3095－2012）中污染物浓度数据有效性规定的要求确定，或者根据监测目的、污染物浓度水平及监测分析方法的检出限等因素确定。

一般情况下，二氧化硫、二氧化氮、氮氧化物、臭氧等气态污染物的样品采集采用溶液吸收采样法；汞、挥发性有机物等气态污染物的样品采集采用吸附管采样法；总悬浮颗粒物、可吸入颗粒物、细颗粒物等大气颗粒物的质量浓度监测及成分分析，以及颗粒物中重金属、氟化物（小时和日均浓度）等污染物的样品采集采用滤膜采样法；多环芳烃类等半挥发性有机物的样品采集采用滤膜—吸附剂联用采样法；一氧化碳、挥发性有机物、总烃等污染物的样品采集采用直接采样法；硫酸盐化速率、氟化物（长期）、降尘等污染物的样品采集周期较长，一般采用被动采样法。

在环境空气样品采集过程中,应同时观测记录采样点环境温度和气压,有条件时可观测相对湿度、风向和风速等气象参数。

(6)地块残余废弃物样品

地块内残余的固态废弃物可选用尖头铁锹、钢锤、采样钻、取样铲等采样工具进行采样;地块内残余的液态废弃物可选用采样勺、采样管、采样瓶、采样罐、搅拌器等工具进行采样;地块内残余的半固态废弃污染物应根据废物流动性按照固态废弃物采样或液态废弃物采样的规定进行样品采集。

(7)样品运输

土壤、地下水、地表水、沉积物、环境空气和地块残余废弃物样品的保存、运输过程及质量控制要求应根据鉴定委托的内容及案件的实际需求,按照相应国家标准及技术导则进行。

(二)仪器分析

对于采样获得的样品,需要根据环境损害司法鉴定委托内容的需求及初步调查结果,确定需要分析的特征污染物类型,并结合科学合理的手段,测定特征污染物浓度。现代仪器分析技术具有灵敏度高、准确度高、分析速度快等特点,已经成为环境损害司法鉴定技术与方法的重要组成。接下来主要介绍光谱分析法、色谱分析法和电化学分析法三类共6种应用较为普遍的仪器技术。

光谱分析法是测量物质与辐射能作用时,由物质内部发生量子化的能级之间的跃迁产生的发射、吸收或者散射辐射的波长和强度,分析物质组成的方法,可分为分子光谱法和原子光谱法两类。

色谱分析法又称层析法或色层法,是利用物质各组分的溶解性、吸附性等特性在互不相溶的两相(称为固定相和流动相)作用中的差异性进行物理化学分离和分析的方法,常用的包括气相色谱法、高效液相色谱法和色谱—质谱联用法。

电化学分析法,是根据溶液中物质的电化学性质及其变化规律,以电位、电导、电流和电量等电学量与被测物质某些量之间的计量关系为基础,对组分进行定性和定量的分析方法。

1.分子光谱法

分子光谱是由分子中电子(价电子)能级、振动和转动能级的变化产生的,表现形式为带光谱。属于这类分析方法的有:紫外—可见分光光度法(UV-Vis)、红外光谱法(IR)、分子荧光光谱法(MFS)等。

(1)紫外—可见分光光度法

紫外—可见分光光度法,常用于对物质进行定性、结构分析、纯度检验和定量分析,可以测定某些化合物的物理化学参数,如摩尔质量、配合物的配合比和稳定常数、酸碱电离常数等。

在环境损害调查中,主要应用于对水体中的单一有机污染物(如石油、苯胺、硝基苯、挥发酚)、营养化物质(N、P 等)和重金属元素(Pb、Hg、Cr 等)、大气中的 SO_2、NO_2

及可吸入颗粒等无机污染物的含量进行测定。当联合偶氮类、卟啉类、冠状类高灵敏度试剂联合应用时，可以测定水体中的二价铁离子、铜离子及铅离子等。

（2）红外光谱法

红外光谱法常用于有机物的定性分析和定量分析。

在环境损害调查中，其主要应用于已知物的鉴定（将试样的谱图与标准的谱图进行对照，分析各吸收峰的位置、形状、相对强度等），以及未知物结构的测定（根据试样谱图，查阅谱带索引直接确定未知物或进行光谱解析判断试样的可能结构后，由化学分类索引查找标准谱图对照核实）。

此外，也可以通过分析物质组分的吸收峰强度进行定量分析，尤其适用于物理和化学性质接近，且用气相色谱法难以进行定量分析的试样（如沸点高或气化时会分解的试样）。但在测量时，对试样处理过程及制备的均匀性要求较高，并需要对试样池窗片的辐射损失进行补偿和校正。

（3）分子荧光光谱法

分子荧光光谱法具有很高的灵敏度，对气体和痕量金属离子的检出限都可达ng/mL级。但由于能发荧光的试样不多，因而其应用没有其他分子光谱法广泛，相关分析技术也在不断发展完善中。

在环境损害调查中，分子荧光光谱法可以应用于某些能使荧光减弱的阴离子（如F^-、CN^-）的测定、复杂环境样品的定性分析（如地表水中的藻类污染物等）。

2. 原子光谱法

原子光谱是由原子外层或内层电子能级的变化产生的，表现形式为线光谱。属于这类分析方法的有：原子吸收光谱法（AAS）、电感耦合等离子体分析法（ICP）、原子荧光光谱法（AFS）等。

（1）原子吸收光谱法

原子吸收光谱法不太适用于定性研究，而多用于元素的定量测定。

在环境损害调查中，其适用于 Ni、Zn、Pb、Cd、Cr、Cu、Co 等重金属的检测，只要原子吸收分光光度计带有这些元素的空心阴极灯，就可以对这些元素进行准确测定。

（2）电感耦合等离子体分析法

电感耦合等离子体是一类采用电感耦合等离子体为光源的原子发射光谱法（AES），其具有灵敏度高、检测限低、测试范围宽、多种元素可同时测试等特点。

在环境损害调查中，其广泛应用于饮用水、海水、环境水资源、生活污水、工业废水、大气颗粒物、废弃物、土壤、污泥、沉积物、固体废物中微量无机元素和金属元素的检测。

（3）原子荧光光谱法

原子荧光光谱法的基本原理是基态原子（一般蒸汽状态）吸收合适的特定频率的辐射而被激发至高能态，而后在激发过程中以光辐射的形式发射出特征波长的荧光，因其化学蒸气分离、非色散光学系统等特性，原子化效率高、光谱干扰少，检出限一般为$\mu g/L$级甚至更低。

在环境损害调查中,其主要和氢化物发生法联用(HG-AFS),对样品(如未受污染的自来水或原水)中的 As、Se、Hg、Db、Bi、Ge、Sn、Pb 等微量、痕量元素进行定量分析。

3. 气相色谱法

气相色谱法是一种以气体为流动相的色谱分离技术。它由惰性气体(载气)携带气化后的试样进入色谱柱,试样分子在载气的推动下与固定相接触。由于试样中各组分在性质和结构上的差异,与固定相之间产生的作用力大小、强弱不同,随着载气的移动,试样在两相间经过反复多次的分配平衡,各组分被固定相保留的时间不同,从而按一定次序从固定相(末端)流出,再与适当的柱后检测方法结合,实现试样中各组分的分离和监测。

在环境损害调查中,气相色谱法的适用对象包括永久性气体、低沸点化合物或者沸点较低、热稳定性好、在操作温度下呈气态的化合物。不同的柱后检测方法的适用污染物也有所差异,常用的检测器包括热导检测器(普遍适用)、氢焰检测器(有机物)、电子捕获检测器(含卤、氧、氮等电负性物质)、火焰光度检测器(硫、磷等物质)等。

4. 高效液相色谱法

高效液相色谱法是一类以液体为流动相,应用高压泵、高效分离柱、高灵敏专用检测器等技术进行色谱分离分析的技术。

(1)液—固色谱法

液—固色谱法以多孔固体颗粒材料等固定吸附剂为固定相,根据物质在固定相上的吸附作用不同来进行分离,适用于相对分子质量中等的油溶性试样,对具有不同官能团的化合物和异构体有较高的选择性。

(2)化学键和相色谱法

化学键和相色谱法利用固定相表面硅醇基与有机基团成键,提升固定相的稳定性,适用于梯度淋洗,特别适用于分离分配系数范围宽的样品。由于键合到载体表面的官能团可以是疏水基团、极性基团或者离子交换基团,该方法适用于多种样品的分离。

化学键和相色谱法分为反相键合和正向键合两种。反向键合是指采用非极性材料作为键合相、极性溶剂作为流动相进行分离分析,其选择性高、稳定性好、成本低,应用极为广泛,可用于分离芳烃、多环芳烃等低极性化合物、极性化合物、有机酸、有机碱、酚类等。正向键合是指固定相键合极性基团,在非极性或极性小的溶剂(如烃类)中加入适量极性溶剂(如氯仿、醇、乙腈等)作为流动相进行分离分析,分离式组分的分离分配系数随固定相的极性增加而增大,但随流动相的极性增加而降低,主要用于分离同分异构体、极性不同的化合物。

(3)离子交换色谱法

离子交换色谱法是利用离子交换原理和液相色谱技术相结合来测定溶液中阳离子和阴离子的一种分离分析方法。其适用于无机离子混合物的分离,也可用于氨基酸、核酸、蛋白质等生物大分子的分离。

(4)离子色谱法

离子色谱法是由离子交换色谱法衍生出来的一种分离方法,在离子交换分离柱后加一根抑制柱,抑制柱中装填与分离柱电荷相反的离子交换树脂。通过分离柱后的样品再经过抑制柱,使具有高背景电导的流动相转变为低背景电导的流动相,从而用电导检测器直接检测各种离子的含量。

在环境损害调查中,离子色谱法适用于地表水、饮用水、雨水、生活污水和工业废水、酸沉降物和大气颗粒物等样品中的阴、阳离子,以及与微电子工业有关的水和试剂中痕量杂质的分析。

5. 色谱—质谱联用法

质谱技术是纯物质鉴定的最有力工具之一,可以定性地开展相对分子质量测定、化学式确定、结构鉴定或定量地开展同位素测量、无机痕迹分析、混合物组分分析等工作。质谱技术作为一种高效的柱后检测技术与色谱技术联用可以有效提高对混合物的分离、定性和定量分析能力。

(1)气相色谱—质谱(GC-MS)联用技术

质谱技术通过检测离子质量获得化合物的质谱图,可以有效弥补气相色谱定性分析的局限性:一方面,可以通过质谱的多种电离方式使各种样品分子得到有效的电力,所有离子经过质量分析器后均可被检测;另一方面,质谱多种扫描方式和质量分析技术可以选择性地只检测所需的目标化合物,不仅能够排除基质和杂质峰的干扰,也可以极大提高检测灵敏度。

此外,GC-MS 联用技术通过气相色谱的保留时间、强度二维信息与质谱的质荷比、强度二维信息进行耦合,可以获得质荷比、保留时间和强度的三维数据,可以进一步有效区分质谱特征相似的同分异构体或具有相同保留时间的不同化合物。

在环境损害调查中,GC-MS 联用技术主要应用于复杂混合物的成分分析和目标化合物的定量分析,主要适用的化合物类型包括:挥发性有机化合物、半挥发性有机化合物、苯系物、挥发性卤代烃、二氯酚、五氯酚、邻苯二甲酸酯、乙二酸酯、有机氯农药、多环芳烃、二噁英类、多氯联苯和有机锡化合物等。

(2)液相色谱—质谱(LC-MS)联用技术

LC-MS 联用技术可用于 GC-MS 联用技术所不适用的高沸点、热稳定性差、相对分子质量大的物质的分离分析。针对化合物极性接近,在液相色谱柱不能完全分离的情况,质谱分析不仅可以有效检测出所有化合物的相对分子质量,还可以通过二级质谱图给出不同化合物各自的结构信息。

此外,近年来串联质谱技术的发展使 LC-MS 联用技术得到了进一步推广。其将质谱作为质量分离的方法,通过诱导第一级质谱产生的分子离子裂解,研究子离子与母离子的关系,从而得出该分子离子的结构信息。这种高分辨率的离子质谱和高灵敏度的检测方法和仪器有力支撑了对未知物的定性和定量。

在环境损害调查中,LC-MS 联用技术主要应用于混合物样品各组分的相对分子质量和分子式确定、结构鉴定(通过子离子扫描)和定量分析(通过单离子检测扫描),主要适用的化合物类型包括:酚类、苯胺类、阿特拉津等极性物质,以及大分子物质与污染物的降解产物等。

6. 电化学分析法

电化学分析法建立在电化学的基础上,使待分析的样品试液构成一化学电池,然后根据组成电池的某些物理量与其化学量之间的内在联系进行定量分析,常用方法包括电位分析法、伏安分析法、电导分析法等。

(1)电位分析法

电位分析法是在电化学电池电流为零的条件下,通过测定电极电位或电动势来测定物质浓度的一种分析方法。

①直接电位法

当被测溶液体系较为简单时,可采用标准曲线法进行分析:首先配置一系列含被测组分的标准溶液,分别测定其电位值 φ ,绘制 φ 对 $\lg c$ 的关系曲线,再测定未知样品溶液的电位值,从标准曲线上查出其对数浓度,计算出浓度值。

当被测溶液体系较为复杂时,应采用标准加入法进行分析:将标准溶液加入样品溶液中(要求加入的标准溶液体积比样品体积约小100倍,浓度大100倍)进行测定,根据加入前后的电位值差 $\Delta\varphi$ 、加入标准溶液浓度 c_s 、加入标准溶液及样品溶液体积 V_s 和 V_X 、标准曲线的斜率 S,按式(24-1)计算出样品溶液的浓度值 c_X 。

$$c_X = \frac{V_s c_s}{V_X(10^{\Delta\varphi/S} - 1)} \quad (24-1)$$

②电位滴定法

电位滴定法是利用电极电位的突跃变化来指示终点到达的滴定方法。将滴定过程中测得的电位值 φ 对消耗的滴定剂体积作图,绘制成 $\varphi - V$ 滴定曲线,由曲线上的点位突跃变化值确定滴定终点,进而准确计算出样品溶液浓度。

(2)伏安分析法

伏安分析法的应用相当广泛,凡能在电极上发生还原或氧化反应的无机物、有机物或生物分子,一般都可用伏安分析法直接或间接测定。在环境损害调查中,可以采用阳极溶出伏安法(anodic stripping voltammetry,ASV)检测微量或痕量金属离子(检出限可达 10^{-12} mol/L)。

阳极溶出伏安法,是将电化学富集与测定方法有机结合在一起的一种方法:首先,将还原电位施加于工作电极,当电极电位超过某种金属离子的析出电位时,溶液中被分析的金属离子还原为金属并被电镀于工作电极表面,电位施加时间越长,还原出来被电镀于电极表面(称为“沉积”或“积累”过程)的金属越多;其次,当有足够的金属镀于工作电极表面时,向工作电极以恒定速度增加电位(由负向正电位方向),金属将在电极上溶出(氧化)。对于给定电解质溶液和电极,每种金属都有特定的氧化或溶出反应电压,该过程释放出的电子形成峰值电流。测量该电流并记录相应电位,根据氧化发生的电位值来识别金属种类,并通过它们氧化电位的差异同时测量多种金属。样品离子浓度的计算是通过计算电流峰高或者面积并且与相同条件下的标准溶液相比较得出的。

(3)电导分析法

与电位分析法类似,电导分析法通过测定样品溶液的电导率确定样品中物质的浓度。

①直接电导法

直接根据溶液的电导与被测离子浓度的关系进行分析的方法,称为直接电导法,在环境损害调查中,主要应用于强电解质溶液总浓度及水质的测定(如土壤间隙水或浸出液的电解质总浓度,或通过测定海水的电导率确定其盐度)和大气污染物的测定(通过吸收后测量溶液的电导率变化来进行大气中 SO_3、NO_2的测定,也用于酸雨的监测)。

②电导滴定法

电导滴定法是根据滴定过程中溶液电导的变化来确定滴定终点。在滴定过程中,滴定剂与溶液中被测离子反应生成水、沉淀或难解离的化合物,使溶液的电导发生变化,而在计量点时滴定曲线上出现转折点,指示滴定终点。

三、数据分析(因果关系分析)

结合现场调查获得的特征污染物数据,需要结合同源性和迁移转化过程分析,判定污染行为与环境损害之间的因果关系,进而形成鉴定意见。例如,可以通过将现场检测到的某类物质组分浓度与背景水平进行比较,来评估某一设施/行为是否对周围环境造成了不利影响。由于司法鉴定调查可获得的数据通常有限,需要通过统计分析手段,在一定程度上推定污染行为与损害结果之间的因果关系,同时量化这一推定的不确定性(置信水平)。现介绍几种较为简单、常用的数据分析方法。

(一)样本均值分析

通过比较现场调查的采样数据和调查区域的背景数据(基线),可以证明环境损害后果是否发生。在这一分析过程中,司法鉴定人并非证明两组数据不同,而是从相反的角度去评估两组数据来自同一总体(污染行为与环境损害不相关)的可能性。

1. t 检验

t 检验是一种参数化方法,其应用基于以下基本假设:观测值(采样检测结果)和背景值从各自的总体样本中随机抽取,各自的总体样本均服从正态分布。通过计算观测值与背景值的 t 检验统计量,判断二者是否属于同一总体。一般情况下,t 检验统计量可根据式(24－2)计算。

$$t = \frac{\bar{x}_1 - \bar{x}_2}{S_p \sqrt{\frac{1}{n_1} + \frac{1}{n_2}}} \qquad (24-2)$$

式(24－2)中,$\bar{x}_1$ 为现场调查采样数据中某一指标的平均值,$\bar{x}_2$ 为调查区域背景数据中对应指标的平均值;n_1 和 n_2 分别为采样数据和背景数据的样本量(一般建议小于30);S_p 为采样数据与背景数据的合并标准差,可按式(24－3)计算。式(24－3)中,s_1 和 s_2 分别为采样数据和背景数据的标准差。

$$S_p = \sqrt{\frac{(n_1-1)s_1^2+(n_2-1)s_2^2}{n_1+n_2-2}} \qquad (24-3)$$

当无法获得足够数量的背景数据时,也可采用对应指标的单值 μ(如无污染水平值、历史数据中的平均值等)代替,按式(24－4)进行计算。

$$t = \frac{\bar{x}_1-\mu}{S_1\sqrt{\frac{1}{n_1}}} \qquad (24-4)$$

t 检验的应用步骤如下:

(1)设定假设:首先设定两个相互对立的假设——零假设(Null Hypothesis,H_0)和备择假设(Alternative Hypothesis,H_1)。一般情况下,假设如下:

$$H_0:\mu_1=\mu_2,\text{且}\sigma_1^2=\sigma_2^2$$

$$H_1:\mu_1\neq\mu_2,\text{且}\sigma_1^2\neq\sigma_2^2$$

其中,μ_1 和 μ_2 分别为采样数据和背景数据各自所属的总体样本的均值;σ_1^2 和 σ_2^2 分别为采样数据和背景数据各自所属的总体样本的方差。在环境损害调查中,零假设代表针对某一指标,采样数据与背景数据完全属于同一总体样本,即调查区域处于无污染水平或污染行为与环境损害之间不能判定存在因果关系。

(2)确定显著性水平:显著性水平 α 定义了所能接受的第一类错误(错误地拒绝真实的零假设,也称为假阳性错误,针对上述零假设而言,即错误地认为污染行为与环境损害之间不存在因果关系,而实际上存在)的概率上限,常见的显著性水平有5%(0.05)、1%(0.01),根据设定的假设,应选用双侧检验的显著性水平。

(3)计算检验统计量:在确定采样数据和背景数据满足正态性和均方差性的前提下(可通过卡方拟合优度等检验方法进行检验,或通过对数转换等方法进行处理使其满足该前提),根据式(24－1)或式(24－3)计算 t 检验统计量,以反映样本数据与零假设之间的一致性程度。

(4)判断假设是否成立:基于显著性水平分析 t 检验统计量,判断是否有足够的证据拒绝零假设,即是否有足够的证据判断调查区域受污染或污染行为与环境损害之间存在因果关系。

当采用式(24－1)计算 t 检验统计量时,应参照对应显著性水平下的 F 检验临界值表(由于是双侧检验,应采用 $\alpha/2$ 水平的临界值表),根据采样数据的样本量(一般为横轴,取 n_1-1)和参考数据的样本量(一般为纵轴,取 n_2-1),确定临界值。若该临界值小于计算得到的 t 统计量,则拒绝零假设,即认为调查区域受污染。

当采用式(24－3)计算 t 检验统计量时,应参照 t 检验临界值表,根据采样数据的样本量(取 n_1)和对应的显著性水平(双侧),确定临界值。若该临界值小于计算得到的 t 统计量,则拒绝零假设,即认为调查区域受污染。

2. 威尔科克森秩和检验

对无法转换为近似正态分布的数据集,可以采用威尔科克森秩和检验等非参数方法进行分析。从假设设定的角度来看,t 检验假设的是两组数据集各自代表的总体样本平均数是否相等,因而对数据的正态性和均方差性有较高要求,而秩和检验假设的是两组数据集各自代表的总体样本中位数是否相等。

秩和检验的应用步骤如下:

(1)设定假设:和 t 检验一样,秩和检验也需要设定零假设和备择假设。所不同的是,秩和检验的零假设为采样数据与背景数据各自所代表的总体样本中位数相同(调查区域处于无污染水平或污染行为与环境损害之间不能判定存在因果关系)。

(2)确定显著性水平:根据秩和检验的假设,应选取双侧显著性水平。

(3)计算检验统计量:首先将采样数据与背景数据进行合并,按由低到高(或由高到低)的顺序进行排序编秩(可以理解为编号),具有相同值的数据点取其平均秩次(这类点也可以包含少量的未检出值)。随后将采样数据与背景数据分离,分别计算秩和(检验统计量),记为 R_1 和 R_2 。当采样数据与背景数据数量较少时($n_1 \leqslant 10$ 且$n_2 - n_1 \leqslant 10$),可根据 R 值通过查表法直接确定其显著性;当不满足上述条件时,则通过式(24－5)计算 Z_{rs} 来确定 R 的显著性。

$$Z_{rs} = \frac{R - \dfrac{n_R(n_1 + n_2 + 1)}{2}}{\sqrt{\dfrac{n_1 n_1(n_1 + n_2 + 1)}{12}}} \tag{24-5}$$

式(24－5)中,R 为 R_1 和 R_2 之中的较少值, n_R 为 R 值对应数据集的样本量。当数据存在相同值时,则称为存在“相持数据”(ties), Z_{rs} 计算公式需改写为式(24－6)的形式。式(24－6)中,g 为相持数据的总组数, t_j 为第 j 组相持数据的样本数量。

$$Z_{rs} = \frac{R - \dfrac{n_R(n_1 + n_2 + 1)}{2}}{\sqrt{\dfrac{n_1 n_1}{12}\left(n_1 + n_2 + 1 - \dfrac{\sum_{j=1}^{g} t_j(t_j^2 - 1)}{(n_1 + n_2)(n_1 + n_2 - 1)}\right)}} \tag{24-6}$$

(4)判断假设是否成立:当采样数据与背景数据数量较少时,可直接在适用于两组比较秩和检验的 T 界值表中,根据样本数量 n_1 和 n_2 查询所求的检验统计量 R 对应的实际显著性水平 P。若 P 小于目标显著性水平 α ,则拒绝零假设,即认为调查区域受污染。

当采样数据与背景数据数量较多时,根据式(24－4)或式(24－5)计算检验统计量 Z_{rs} ,应参照对应显著性水平下的 F 检验临界值表(由于是双侧检验,应采用 $\alpha/2$ 水平的临界值表),根据采样数据的样本量(一般为横轴,取 $n_1 - 1$)和参考数据的样本量(一般为纵轴,取 $n_2 - 1$),确定临界值 $Z_{1-\alpha/2}$ 。若 $Z_{rs} \leqslant -Z_{1-\alpha/2}$ 或$Z_{rs} \geqslant -Z_{1-\alpha/2}$,则拒绝零假设,即认为调查区域受污染。

(二)线性回归和线性相关分析

除了通过样本均值方法分析两组数据在分布上的关联性,也可以通过线性回归或线性相关分析对数据在时间/空间上变化趋势的关联性进行评估,从而分析不同污染物/指标之间的迁移/转化是否存在关联。

1. 线性回归分析

线性回归是将两组数据拟合成直线方程,如式(24-7)所示。

$$y_i = \alpha + \beta x_i \tag{24-7}$$

式(24-7)中,α 称为截距,β 称为斜率,y_i 和 x_i 分别为研究数据集 X 和 Y 中的第 i 个数据(一般对应同一时间或同一位置的两个检测指标)。在实际调查中,由于很难将所有采样点数据绘制在同一条直线上,故一般选择观测数据点与拟合线之间垂直差异最小的直线作为拟合结果,即通过该直线预测的 y 值与调查实测的 y 值差值的平方和最小。由于调查采样为有限的抽样调查,不能得到总体样本的截距 α 和斜率 β,但可以采用式(24-8)、式(24-9)分别估算斜率 b 和截距 a。

$$b = \frac{\sum_{i=1}^{n}(x_i - \bar{x})(y_i - \bar{y})}{\sum_{i=1}^{n}(x_i - \bar{x})^2} \tag{24-8}$$

$$a = \bar{y} - b\bar{x} \tag{24-9}$$

式(24-8)、式(24-9)中,$\bar{x}$ 和 $\bar{y}$ 为数据集 X 和 Y 的平均值,n 为数据集样本数量(X,Y 应保持一致)。需要注意的是,与均值分析不同,线性回归分析方法需要采样结果具有连续性(注意不是顺序性,而是指由同一物质流或能量流相关联),既可以是时间连续(如同一点位不同时间的指标),也可以是空间连续(如一条河流从上游到下游不同断面的指标,或者同一断面不同深度的指标)。

对于线性回归的计算结果一般采用式(24-10)计算决定系数 r^2,来评价 y 的总方差中可以用回归线解释的数据比例。

$$r^2 = \frac{\sum_{k=1}^{n}(\hat{y}_k - \bar{y}_k)}{\sum_{k=1}^{n}(y_k - \bar{y}_k)} \tag{24-10}$$

式(24-10)中,y_k 和 $\hat{y}_k$ 分别为某一指标的第 k 个采样数据和拟合预数据。r^2 越接近 1,则拟合效果越好,即指标 Y 与指标 X 的关联性越高。

在环境损害司法鉴定调查中,环境中的大多数自然衰减过程(例如生物降解、光解和挥发)基本符合一级动力学模型,如式(24-11)所示。

$$C_t = C_0 e^{-kt} \tag{24-11}$$

式(24-11)中,C_0 和 C_t 为污染物在 0 时刻和 t 时刻的浓度,k 为反应/降解的一级速率常数。该式两边进行自然对数转换后,可表示为式(24-12)。

$$\ln C_t = \ln C_0 - kt \tag{24-12}$$

换言之，污染物的自然衰减过程可以表示为直线的一般方程，且直线的斜率等于一级速率常数的负数。污染物的半衰期可通过式(24－13)进行计算。

$$t_{1/2} = \frac{\ln 2}{k} = \frac{0.693}{k} \tag{24-13}$$

在鉴定调查中，可以根据文献报告中的半衰期值估算污染物释放到环境中的时间，通过与采样调查结果的线性回归结果进行比较，估算污染物自然衰减或发生迁移的可能/比例、污染物释放到环境的时间、污染治理时可自然降解的污染物量等。

2. 皮尔逊积矩相关系数

在鉴定调查中，如果需要进一步判断两组数据是正相关/负相关或判断相关性的置信度，可以通过相关系数进行分析。当数据基本符合正态分布时，可采用皮尔逊积矩相关系数法按式(24－14)进行计算。

$$r = \frac{\sum_{k=1}^{n}(x_k - \bar{x})(y_k - \bar{y})}{\sqrt{\sum_{k=1}^{n}(x_k - \bar{x})^2 \sum_{k=1}^{n}(y_k - \bar{y})^2}} \tag{24-14}$$

r 的取值范围为－1(理想的负线性相关)到1(理想的正线性相关)，零值代表两组变量之间无线性关系。由此，可以根据采样数据或/和背景数据的相关系数 r 建立其所代表的总体样本相关系数 ρ 的零假设 $H_0:\rho = 0$，即两组数据之间不存在线性关系。此时，可通过式(24－15)计算 t 检验统计量，并采用式(24－1)对应的假设判定方法(F 临界表，样本量均取 $n-2$)确定是否拒绝零假设。

$$t = \frac{r\sqrt{n-2}}{\sqrt{1-r^2}} \tag{24-15}$$

3. 斯皮尔曼等级相关系数

当数据明显不符合正态分布时，可采用斯皮尔曼等级相关系数法进行计算，其与秩和检验思路一致，均是将参数分析转换为秩次分析。首先将数据集 X 和 Y 分别进行排序(可以同序也可以逆序)，由于 X 和 Y 中的数据具有时间或空间的连续性，对于 i 时刻/i 位置的原指标，可得到其分别在 X 和 Y 中的秩次 x_i 和 y_i，则斯皮尔曼等级相关系数可按式(24－16)计算得到。

$$r = 1 - \frac{6\sum_{i=1}^{n}(x_i - y_i)^2}{n^3 - n} \tag{24-16}$$

当存在相持数据但数量不多时，按式(24－15)的计算结果误差较小；当相持数据数量很多时，采用式(24－17)进行计算。

$$r = \frac{\frac{(n^3-3)}{6} - \sum_{i=2}^{n}(x_i - y_i)^2 - \sum T_x - \sum T_y}{\sqrt{\left[\frac{(n^3-3)}{6} - 2\sum T_x\right]\left[\frac{(n^3-3)}{6} - 2\sum T_y\right]}}$$

$$T_x = \frac{\sum_{i=1}^{g}(t_i^3 - t_i)}{12}\text{(对于 } x \text{ 值)}$$

$$T_y = \frac{\sum_{i=1}^{g}(t_i^3 - t_i)}{12}\text{(对于 } y \text{ 值)} \quad (24-17)$$

斯皮尔曼等级相关系数的假设设定及检验方法与皮尔逊积矩相关系数一致。

(三)数据空间映射分析

在环境损害司法鉴定调查中,许多环境变量在调查区域内逐渐变化,这种变化可视为区域趋势和(偏离趋势的)局部异常的组合。其中,区域趋势是一个系统、可预测的变化模式,为估计未采样点的数据提供了基础;而局部异常是每个位置的实际值与趋势估计值之间的差异。通过建立数值模型来确定区域趋势,可以用于识别和调查潜在的污染物来源或运输方式,也可以用于计算污染物的总量或面积/体积平均值。通过等值线(连接相等值的点的线,也称为等高线)表示某一环境变量空间分布及变化趋势的算法非常多,接下来介绍两类常用算法:趋势面分析法和基于加权移动平均数的插值方法。

1. 趋势面分析法

趋势面分析法最常用于区域趋势较为显著的数据集,其使用回归方法将空间数据拟合成一个光滑的数学曲面方程,再通过这些方程及位置坐标函数来预测每个点环境变量的数值。常用的趋势面方程包含一阶、二阶和三阶趋势面,依次如式(24-18)至式(24-20)所示。

$$Z = b_0 + b_1X + b_2Y \quad (24-18)$$

$$Z = b_0 + b_1X + b_2Y + b_3X^2 + b_4XY + b_5Y^2 \quad (24-19)$$

$$Z = b_0 + b_1X + b_2Y + b_3X^2 + b_4XY + b_5Y^2 + b_6X^3 + b_7X^2Y + b_8XY^2 + b_9Y^3 \quad (24-20)$$

通过这种方法得到的曲面,无法与采样位置的实测值进行进一步修正,因此可能出现采样位置的预测误差较大的情况,但由于区域趋势较为显著,整体等值线的估计一般较为准确。趋势面分析也更适合以大尺度区域趋势为主的数据集,例如污染物随空气扩散和沉积等迁移模式。

2. 插值方法

当区域趋势不显著、环境变量存在局部突变(如局部地块堆积、排放)或/及污染物扩散具有空间持久性(Spatial Persistence,可以理解为在空间上持续扩散,导致环境变量值与其位置,如距离污染源的距离,呈较强相关性)等特征时,更适合采用基于加权移动平均数的插值方法绘制等值线图。

在应用插值方法时,首先将研究区域划分为相同大小的网格(一般为正方形或三角形),每一个网格的环境变量值根据其周围的采样点的环境变量实测数据,通过加权移动平均算法(一般根据网格与采样点的距离计算权重)求得。在这类加权移动平均算法中，克里金法对于采样数据分析的统计学意义最强。相较于一般加权移动平均算法只考虑最邻近的数个采样点，克里金法通过计算特定半径（一般通过构建半变异函数计算确定）内所有采样点的加权平均值为各个网格赋值。

图 24－1 展示了通过趋势面分析和克里金法绘制的等值线图的特点。当调查目的是确定区域趋势并且对该趋势的局部异常并不关注时，趋势面法更为适用；如果需要关注特定点的局部环境变量变化，则克里金法适用性更强，但是往往需要相对较大的数据集才能构建可靠的半变异函数，保证其准确性。

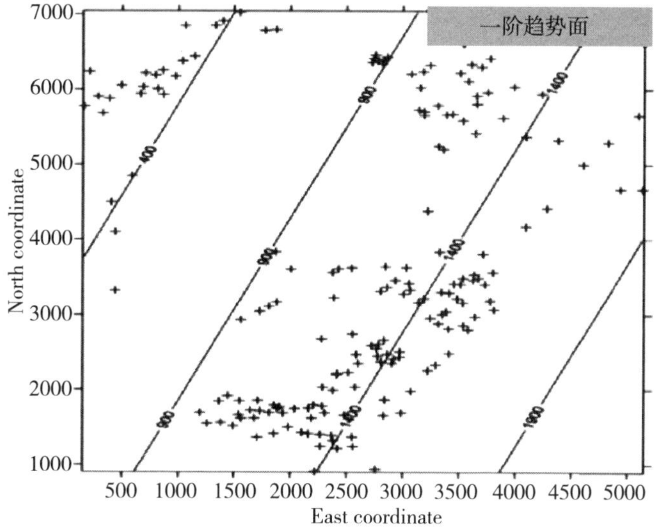

（a）

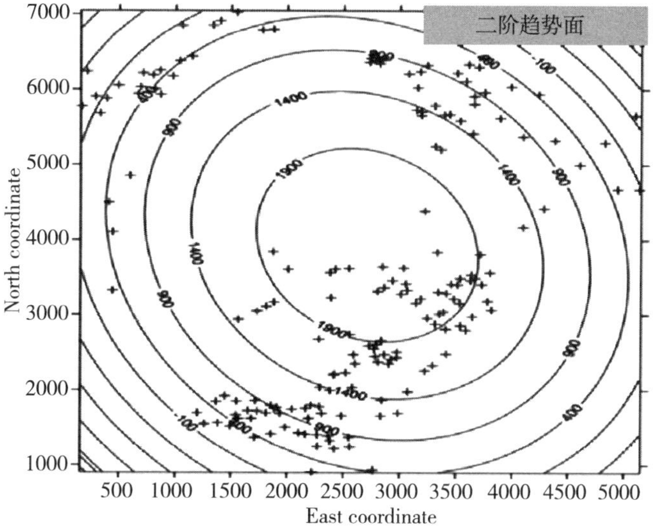

（b）

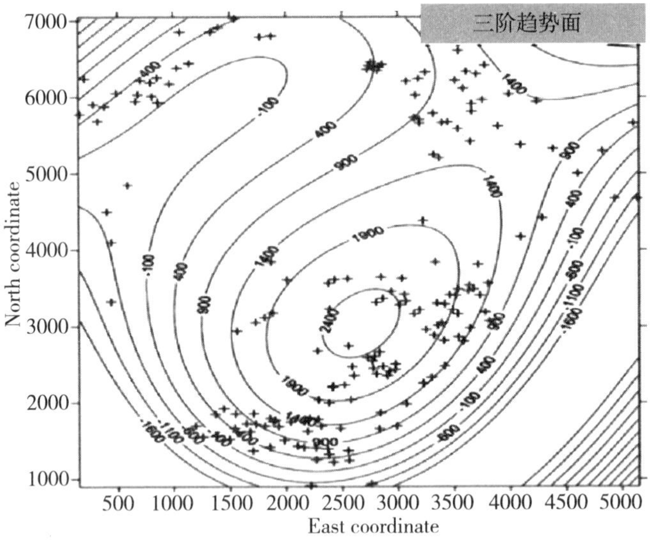

(c)

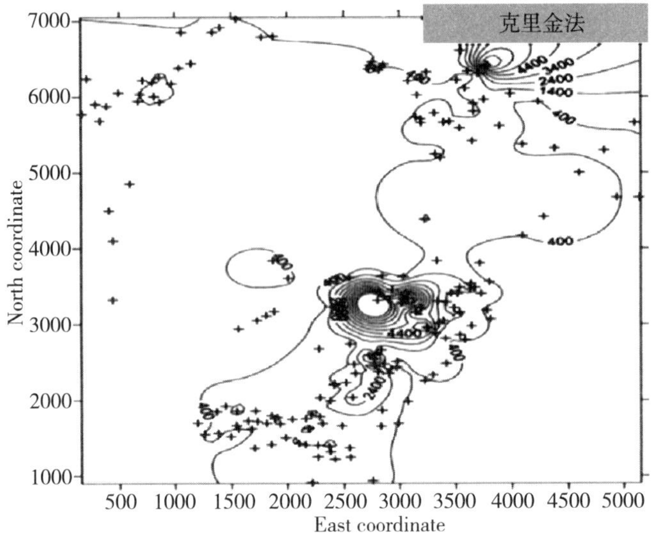

(d)

图 24－1 相同数据集通过不同趋势面法及插值方法求得的等值线图

第四节　环境损害鉴定可采性[1]

一、环境损害司法鉴定意见可采性框架

环境损害司法鉴定意见的可采性是环境损害司法鉴定意见作为一项特定证据被呈于法庭上的核心审查标准，指法院在审理各类生态环境诉讼中，依照法定程序对环境损害司法鉴定意见的生成主体、证据资格、证明强度、鉴定内容进行审查并作出是否采纳或采信的司法审查标准。

如图24－2所示，环境损害司法鉴定意见可采性的具体构造为：(1)对鉴定人资质、能力进行审查的主体可采性；(2)对鉴定意见自身合法性、相关性以及所依据的科学技术可靠性进行审查的证据资格可采性；(3)对证据的似真性、科学技术的先进准确性(科学充分性)和证据对一般事实的还原程度(一般充分性)进行审查的证明强度可采性；(4)对鉴定内容当中关于生态环境损害事实和因果关系等进行审查的内容可采性；(5)对鉴定意见从形成到举证，再到质证认证，直至举证责任分配全过程的程序进行审查的程序可采性。

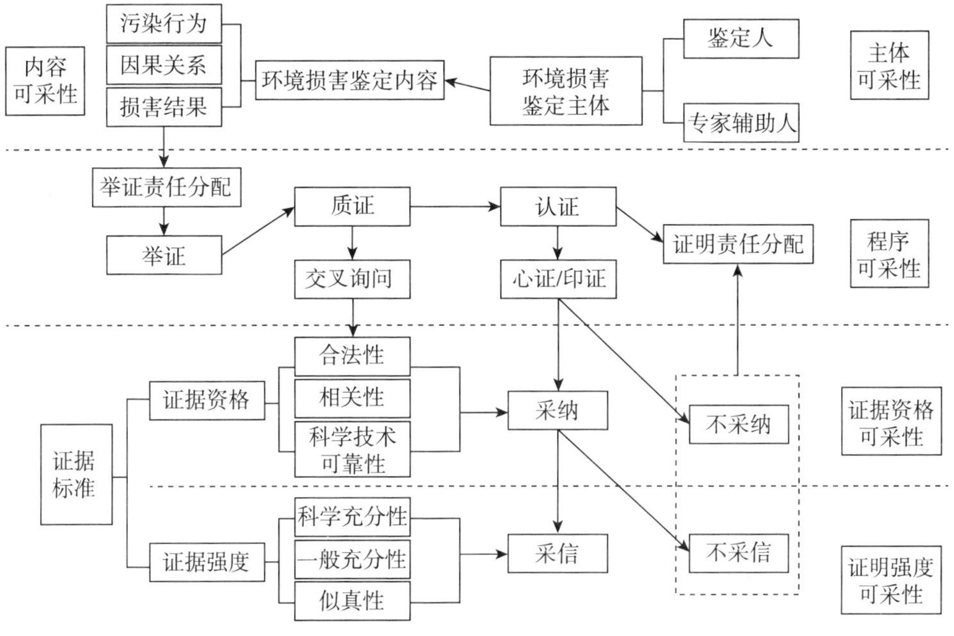

图24－2　环境损害司法鉴定意见的可采性框架

〔1〕参见田亦尧、张文河：《环境损害司法鉴定意见可采性研究》，法律出版社2022年版，第35～36、55、60、63、91页。

二、环境损害司法鉴定意见的评断

(一)鉴定意见主体可采性

环境损害司法鉴定意见主体可采性是指审判机关对环境损害司法鉴定意见形成过程中鉴定人及专家辅助人的法定资质予以审查,判定是否予以认可并采信。环境损害司法鉴定形成至司法适用涉及多主体,环境损害司法鉴定人决定了环境损害司法鉴定的形成过程,环境损害司法鉴定人同专家辅助人一道对环境损害司法鉴定意见在庭审适用中的效力发挥具有重要影响。

(二)鉴定意见证据资格可采性

证据资格可采性审查是判断环境损害司法鉴定能否作为证据参与司法审判活动的重要一环,其在司法活动中集中体现为法庭对是否采纳证据予以判定。从内涵分析,环境损害司法鉴定意见证据资格是对传统证据法上证据资格的继承与发展;从标准框架分析,其包括合法性、相关性和科学技术可靠性三项审查内容。

(三)鉴定意见证明强度可采性

环境损害司法鉴定意见并不具有天然的证明强度,如果不能对鉴定意见进行有效的质证、认证就不能赋予它具有优势的证明效力,甚至不能直接被法庭采信。从标准框架分析,其包括科学充分性、一般充分性和似真性三项审查内容。

(四)鉴定意见内容可采性

环境损害司法鉴定意见内容可采性主要包括三个方面:一是生态环境损害事实的认定,具体包括损害对象层面上的生态损害与环境损害认定,损害性质层面上的损害行为与损害结果认定,损害范畴层面上的直接损害与间接损害认定;二是生态环境损害关联性与因果关系的认定,具体包括类型化界分后的关联性认定,以及环境损害因果关系的认定;三是生态环境损害赔偿数额的认定,具体包括以阻却侵害为要义的损害填补的数额认定、以阻却违法为要义的获利剥夺的数额认定、以阻却恶意为要义的行为惩戒的数额认定。从标准框架分析,其包括基础概念、认定方法、赔偿标准、关联性证明的理论基础和证明方式等审查内容。

(五)鉴定意见程序可采性

环境损害司法鉴定意见的司法审查,是指法院依据法定程序和标准,参照案件实际审理情况,对司法鉴定启动、举证证明、质证、费用负担等各程序进行必要性审查。

思考习题

1. 如何理解环境损害司法鉴定的因果关系推定制?
2. 环境损害司法鉴定的主要内容有哪些?
3. 环境损害司法鉴定的基本程序是什么?
4. 如何理解环境损害司法鉴定技术的跨学科性?
5. 环境损害司法鉴定意见的可采性框架是什么?

拓展阅读书目

1. [美]B. L. 墨菲、R. D. 莫里森:《环境损害司法鉴定导论》(第 3 版),马栋、邓泓、杨旭主译,科学出版社 2021 年版。
2. 汪劲:《环境法学》(第 4 版),北京大学出版社 2018 年版。
3. 田亦尧、张文河:《环境损害司法鉴定意见可采性研究》,法律出版社 2022 年版。
4. 孙成、鲜啟鸣主编:《环境监测》,科学出版社 2019 年版。

第二十五章　建设工程司法鉴定

本章概要　本章主要阐述建设工程司法鉴定的概念、鉴定范围、特点、程序、方法以及建设工程质量鉴定、造价鉴定、工程质量事故鉴定等问题。

通过本章的学习，应当掌握建设工程司法鉴定的范围、特点、基本要求，熟悉与了解建设工程质量鉴定、造价鉴定与工程质量事故鉴定的依据、特点等。

关键词　建设工程；工程质量；事故鉴定；工程造价

第一节　概　　述

建设工程新技术应用涉及的科学领域越来越广泛，建设工程成果质量会受到多方面影响，其中包括原材料质量，施工技术、设备、员工技能、施工环境，管理等各种因素。建设工程仍然是我国城市发展中不可或缺的产业，其中的矛盾和纠纷是客观存在的。法院在审理大量的建设工程诉讼案件时，迫切需要司法鉴定提供专业性服务。

一、建设工程司法鉴定的依据

建设工程产品因其特殊性，在建设过程中涉及众多责任主体。一个建设项目从立项到建成投入使用所经历的环节众多，而每一个环节都包含相应的责任，所以建设工程司法鉴定工作是一项专业技术性、实践性都很强的工作。建设工程一旦出现明显质量问题，起诉到法院，甚至进入刑事立案程序，有关各方可能会想方设法推诿责任，从而给有关专门性问题的司法鉴定增加难度。因此，如何做到建设工程司法鉴定工作的客观性、科学性、专业性、公正性，是对于鉴定人和鉴定机构、管理部门十分重要的问题。2020 年最高人民法院《关于审理建设工程施工合同纠纷案件适用法律问题的解释（一）》中规定：当事人在诉讼前共同委托有关机构、人员对建设工程造价出具咨询意见，诉讼中一方当事人不认可该咨询意见申请鉴定的，人民法院应予准许。当事人对工程造价、质量、修复费用等专门性问题有争议，人民法院认为需要鉴定的，应当向负有举证责任的当事人释明。

二、建设工程司法鉴定的主要内容

建设工程是一个广义概念，即为人类生活、生产提供物质技术基础的各类建筑物、构筑物和工程设施，包括建筑工程、土木工程、装修工程、线路管道和设备安装工程等全部内容。依据《中华人民共和国建筑法》（以下简称《建筑法》），建筑工程专指对各类房屋建筑及其附属设施的建造和与其配套的线路、管道、设备的安装活动所形成的工程实体。实体工程的新建、扩建、改建等有关活动,应满足相关标准规定、合同约定的要求,包括在安全使用功能及其耐久性能、环境保护、建筑节能等方面所有具有明显和隐含能力的特性综合质量一般统称为建筑工程质量。

建设工程鉴定涉及的内容非常广泛,大致可以分为两大类:

1. 建设工程质量鉴定,具体包括:(1)房屋建筑的整体质量和使用年限鉴定;(2)建筑地基基础、主体结构和其他土建工程质量鉴定;(3)建筑电气管线、上下水管线及设备的安装工程、供热及供冷系统工程等项目集合和单元质量鉴定;(4)房屋装修包括屋面防水、外墙饰面质量、室内装修质量鉴定;(5)建筑工程室内环境质量鉴定(包括保温节能);(6)建筑附属设施和与其配套的线路、管道、设备的安装质量鉴定及绿化工程;(7)建筑物抗震装置质量鉴定;(8)建筑材料质量鉴定;(9)建筑门窗、幕墙工程质量鉴定;(10)建筑钢结构工程质量鉴定;(11)建筑工程受周边环境影响损害鉴定;(12)建筑工程施工安全质量鉴定(包括事故原因、事故等级的鉴定);(13)各类危险建筑鉴定,确定致危的原因和结果;(14)建筑工程新技术应用施工质量鉴定;(15)其他与房屋质量相关的专门性问题的鉴定(包括房屋相邻影响鉴定);(16)建筑工程规划、设计质量鉴定,岩土工程勘察质量鉴定,技术评估报告等建设工程咨询服务质量鉴定。

2. 建设工程造价鉴定,包括:(1)对涉案建设工程的合同、工程量、工程价款、工期作出鉴定;(2)对涉案建设工程所用的材料及设备数量、品种、规格、价格作出鉴定;(3)对涉案建设工程适用的定额、费率的适用性作出鉴定;(4)对涉案建设工程造价结算程序的合规性作出鉴定。

三、建设工程司法鉴定的特点

建设工程司法鉴定在我国尚处于初级阶段,建设工程产品不同于其他产品,有其自身的固有特点,因而对建设工程进行司法鉴定也受制于这些特点的影响。

(一)建设工程本身的特点对鉴定工作的影响

1. 固定性

建设工程必须固定在一定地方,并且和土地连为一体,位置不能随便移动。因而对房屋建筑进行鉴定,需要多次到现场收集资料、采集试样、勘验、调查,证据的取得还需要大量室外作业。产品的固定性特点使鉴定工作具有一定的流动性。

2. 分部分项由不同构件组成的类型多样性

建设产品体量庞大、结构复杂而且由不同构件组成,其因使用功能不同,在类别、品种、规格、型号、式样上也各不相同。

目前,我国大部分地区建筑工程标准化、机械化施工占比仍不高,仍旧依靠人工操作,其质量的随机性、不确定性仍然比较高,即使同一类工程或同一家施工单位建造的工程,各个构件在不同分部分项中的质量也有差别。所以,建设工程司法鉴定工作具有较强的复杂性,即使案情类似的工程也不能简单类比推定。

3. 整体性

建设工程是由许多建筑材料、半成品(构件)和成品预制(构件)经过加工、装配、组合而形成的综合、严密、完整的体系,对其进行鉴定时,既要查明案情真正的原因,也要尽量保证其使用功能,尽量不损坏房屋结构构件或其他设施,因而给鉴定工作增加了难度。

(二)建设工程鉴定特点的影响

建设工程司法鉴定,从业人员除需要具有丰富的工程设计经验、工程施工经验、工程管理经验外,还要精通相关法律与专业技术、经济等方面的知识。显然,一个人受个人经历与自身精力的限制,很难做到样样精通,因此鉴定工作需要众多专家、学者与工程技术人员共同协作完成。简单地罗列专家意见,或组织其到一起讨论,鉴定结论有时会受某一权威或其他因素的影响,从而影响鉴定结果的公正性与科学性。

四、建设工程司法鉴定的基本要求

(一)鉴定机构受理委托

鉴定机构应当统一受理鉴定委托,应审查当事人提供的鉴定材料用途与委托鉴定要求的相关性,以及鉴定材料涉及的第三方专业机构出具的检测报告、咨询报告、评估报告、造价预算等是否真实有效。对于鉴定资料不完整、不充分,存在瑕疵不能满足鉴定需要的,可以要求补正,经补充后能够满足鉴定需要的可以受理。重新鉴定委托,委托人应当向鉴定机构提供原鉴定材料及鉴定意见书。

对建设工程施工质量进行鉴定,应作出工程质量是否符合合同约定、施工图设计文件、相关标准、技术文件要求的鉴定意见,不应作出合格或不合格的鉴定意见。

1.《建设工程质量管理条例》规定建设工程质量主体是建设、勘察、设计、施工、监理单位。《建筑工程施工质量验收统一标准》(GB 50300－2013)规定,工程质量合格与否只能由负责建设工程质量主体,通过规定程序竣工验收后才能得出。

2. 鉴定机构和鉴定人独立地进行鉴定,不符合施工质量竣工验收规定主体和程序的要求。

3. 法律规定不合格的工程不得交付使用,一旦对已投入使用的工程作出不合格的鉴定意见,将会影响正常的生产、工作、生活秩序。

(二)鉴定机构和鉴定人应具备相应资质及能力

1. 选择鉴定机构,应当根据法律、司法解释等规定,审查鉴定机构的资质、执业范围等事项。当事人协商一致选择鉴定机构的,人民法院应当审查协商选择的鉴定机构是否具备鉴定资质及符合法律、司法解释等规定的要求。

2. 依据我国《建筑法》关于从业资格的规定,“从事建筑活动的建筑施工企业、勘察单位、设计单位和工程监理单位,按照其拥有的注册资本、专业技术人员、技术装备和已完成的建筑工程业绩等资质条件,划分为不同的资质等级,经资质审查合格,取得相应等级的资质证书后,方可在其资质等级许可的范围内从事建筑活动”。建筑工程司法鉴定机构接受委托,对受损建筑工程加固、修缮设计,或对建筑工程设计质量鉴定,应具备相应等级的资质证书。

3. 法院委托鉴定机构指定鉴定人的,应当严格依照法律、司法解释等规定,对鉴定人的专业能力、从业经验、业内评价、执业范围、鉴定资格、资质证书有效期以及是否有依法回避的情形等进行审查。

4. 鉴定人应具备相应的执业资格。《建筑法》第 14 条规定:“从事建筑活动的专业技术人员,应当依法取得相应的执业资格证书,并在执业资格证书许可的范围内从事建筑活动。”鉴定人从事加固、修缮设计,或对建筑工程设计质量鉴定,应具备相应的执业资格。

5. 建设工程质量司法鉴定活动中,由政府行政管理部门出具的质量监督报告,不能作为具有法律效力的第三方鉴定报告。

(三)鉴定应依法、科学、专业

1. 建设工程司法鉴定的技术依据是标准、技术规范。

(1)根据委托鉴定事项需要,合理选择建设工程设计、施工、检测鉴定、质量验收的国家、行业、地方和团体标准。①2016 年住房和城乡建设部提出《关于深化工程建设标准化工作改革的意见》。规范标准分为国家强制性工程建设规范、推荐性工程建设标准、团体标准、企业标准。国家标准等级最高,其他标准要与国家强制性工程建设规范协调配套各项技术要求,不得低于强制性工程建设规范的相关技术水平,所以具体检测、鉴定工作采用标准应为工程设计施工时使用标准或者双方合同约定的标准。②国家强制性工程建设规范分为:工程项目类规范、通用技术类规范——政府主导制定;推荐性国家标准、推荐性行业标准、推荐性地方标准——政府主导制定;推荐性团体标准、企业标准——市场自主制定。

(2)经有资质的建设单位设计、施工并通过验收、投入使用的既有房屋建筑质量鉴定,在不违反国家相关标准的前提下,案件双方当事人已经完成的设计、施工或其他技术咨询服务中所采用的技术规范标准,或合同双方约定采用的技术规范标准,可作为鉴定的主要依据,但应得到当事人认可。

(3)建设工程未经合法有效设计、施工、验收,其工程质量检测鉴定应依据检测鉴定时现行的规范、规程、标准。已经失效版本的标准和技术规范不得作为鉴定依据。

2. 鉴定机构受理鉴定委托后,可根据该委托鉴定事项的疑难、复杂程度及时组织鉴定人初步调查、现场勘验。现场勘验前鉴定人应根据委托鉴定内容,认真研读送鉴材料,了解案件当事人争议焦点和委托人的鉴定要求,熟悉案情,针对案件特点、难点和鉴定目的,结合现场踏勘和初步调查信息,拟定检测方法和数量,编制具有针对性的鉴定方案。编制鉴定方案中如发现委托鉴定事项不利于事实的查明或者无法鉴定时,宜及时向委托人释明,补充完善鉴定委托。

3. 建设工程检测方案中应明确抽样原则、依据及数量,检测数量和要求宜符合相关技术规范要求。已投入正常使用的既有建筑抽取检测样本可能影响安全或正常使用的,当事人可协商确定检测样本。

4. 鉴定方案在有需要时可由鉴定人组织当事人听证,并做好听证记录。对于当事人对查明事实有利的合理建议,鉴定人应采纳,并补充完善鉴定方案。鉴定方案应由鉴定机构经授权的技术管理者批准后实施,并向案件当事人公开。

5. 根据鉴定需要,鉴定人应进行案情调查或现场勘验,提取鉴定材料,了解与鉴定有关的案件材料,可以查阅、复印相关资料,询问诉讼当事人、案件相关人员,勘验现场等。调查或勘验可根据鉴定需要和具体情况安排一次或多次。案情调查和现场提取鉴定材料应事先通知案件当事人参加。案情调查应有专人负责记录,到场当事人在记录上签名。到场参加调查的当事人未在案情调查记录上签名,不影响鉴定人对案情调查。鉴定机构和鉴定人应当保守在执业活动中知悉的国家秘密、商业秘密,不得泄露个人隐私。

案情调查可采用以下形式:

(1)听证会。由委托人或鉴定机构组织各方当事人分别陈述案情及争议的焦点,听取各方意见。鉴定人在听证会上应严格保持中立,不作评论。听证会应形成书面听证记录并签字。

(2)专项调查。鉴定人为查明事实可通过访问、查询向案件当事人和有关人员询问了解情况,查清事实。专项调查应形成记录并签字。

(3)现场勘验。由委托人组织或鉴定人根据鉴定方案,会同各方当事人在鉴定事项现场,组织实勘、实测、实量、实查,并进行必要检验、试验和查询、访问,取得第一手资料,为分析鉴定提供依据。

6. 鉴定人应根据建设工程领域相关要求,采用合理的检测技术,进行勘测、必要的监测、实验模拟及计算等方法,利用科学、专业综合分析等技术方法,运用专门知识,对建设工程质量依法独立、客观公正地进行鉴定,出具鉴定意见。

7. 鉴定人应当对鉴定过程进行现场记录并签名,记录可选择笔记、录音、录像、拍照等方式。记录应当载明主要的现场勘验过程,以及仪器设备使用情况等。记录的内容应当客观、真实、完整,记录的资料应当存入鉴定档案。

8. 鉴定机构在进行鉴定的过程中,遇有特别复杂、疑难、特殊技术问题或需要进行相关专业检测的,可以向本机构之外的相关专业领域的专家进行咨询或委托有相应检测资质的机构进行检测或实验,但最终的鉴定意见应当由鉴定机构的鉴定人出具。鉴定机构应将相关情况告知委托人。受托实验室、检测单位出具的检测报告或签名后的专家咨询意见应存档。

(四)鉴定收费

1. 建设工程质量司法鉴定收费,遵循公开公平、诚实信用、平等有偿的市场收费原则。因为委托鉴定受理主体是鉴定机构,所以由鉴定机构统一收取鉴定费用,并出具合法票据。

2. 具体检测鉴定费用可依据鉴定方案工作内容、数量以及疑难、复杂程度参照物价行政部门发布的收费项目和标准协商收取费用;没有收费标准的,由鉴定机构公示的项目收费标准清单,结合受理鉴定项目实际情况,参考相关行业收费办法结合以下因素协商收取费用:(1)鉴定工作的成本;(2)鉴定工作的复杂难易程度;(3)相似建设工程项目的收费标准;(4)鉴定机构、鉴定人可能承担的风险和责任;(5)鉴定机构社会信誉、鉴定人的能级水平等;(6)委托受理前需要现场踏勘可另向当事人协商收取踏勘费用。

3. 鉴定人或鉴定机构工作人员因该鉴定事项到异地实施鉴定、提取鉴定材料、现场勘验等发生的交通、住宿、就餐等差旅费,不属于鉴定收费范围,由委托人或当事人据实另行承担。

4. 鉴定费用以及其他相关费用都应当由鉴定机构统一收取,鉴定人或者其他机构均不得另行收取任何费用。鉴定费用支付方式应当在鉴定委托书或者收费票据上予以明确。

第二节　鉴定基本内容

一、建设工程基本概念

建设工程是根据人们物质生活和精神生活的要求,为满足各种不同的社会生产、生活、文化等需要,建造有组织的内部和外部的空间环境。建设工程一般是建筑物和构筑物的统称。满足功能要求并提供活动空间和场所的称为建筑物,供人们在其中从事生产、生活或进行其他活动,如工厂、住宅、学校、剧院等。仅满足功能要求的则称为构筑物,如烟囱、水塔、井架、煤仓等。

建设工程的建设流程,从立项到竣工程序,包括立项审批、规划设计、建设工程报建、施工、监管、建设工程竣工验收等。

(一)建设工程的分类

1. 按使用功能分类

(1)民用建筑:供人们工作、学习、生活,居住用的建筑物。

①居住建筑:住宅、宿舍、公寓。

②公共建筑:按使用性质不同分为文教建筑、托幼建筑、医疗卫生建筑、观演性建筑、体育建筑、展览建筑、酒店、旅馆建筑、商场及其他商业建筑、电信及广播电视建筑、交通建筑、行政办公建筑、金融建筑、餐饮建筑、园林建筑、纪念建筑。

(2)工业建筑:指为工业生产服务的生产车间及为生产服务的辅助车间、动力用房、仓储等。

(3)农业建筑:指供农(牧)业生产和加工用的建筑,如种子库、温室、畜禽饲养场。

2. 按建筑层数分类

(1)住宅建筑按层数划分:1～3层为低层建筑;4～6层为多层建筑;7～9层为中高层建筑;10层以上为高层建筑。

(2)公共建筑及综合性建筑总高度超过24m者为高层建筑(不包括总高度超过24m的单层主体建筑)。

(3)建筑物高度超过100m时,不论住宅或公共建筑均为超高层建筑。

3. 按承重结构的材料分类

(1)木结构建筑:以木材为房屋承重骨架的建筑。

(2)砖(或石)结构建筑:以砖或石材为承重墙柱和楼板的建筑。这种结构便于就地取材,能节约钢材、水泥和降低造价,但抗震性能差,自重大。

(3)钢筋混凝土结构建筑:以钢筋混凝土构件为承重结构的建筑。如框架结构、剪力墙结构、框剪结构、筒体结构、薄壳、预制装配式结构等,具有坚固耐久、防火和可塑性强等优点,故应用较为广泛。

(4)钢结构建筑:以型钢等钢材为房屋承重骨架的建筑。钢结构力学性能好,便于制作和安装,工期短,结构自重轻,适宜在超高层和大跨度建筑中采用。随着我国高层、大跨度建筑技术的发展,采用钢结构的趋势正在增长,空间结构得到快速发展,如悬索、网架等。

(5)混合结构建筑:采用两种或两种以上材料作承重结构构件的建筑。如由砖墙、木楼板构成的砖木结构建筑;由砖墙、钢筋混凝土楼板构成的砖混结构建筑;由钢屋架和混凝土梁(或柱)构成的钢混结构建筑。其中民用建筑中应用最广的为砖混结构。

(二)建设工程等级的划分

建设工程的等级一般按设计使用年限和耐火性能进行分类。

1. 按设计使用年限分等级

建筑物的设计使用年限主要根据建筑物的重要性和规模大小划分,并作为基建投资和建筑设计的重要依据。《民用建筑设计统一标准》(GB 50352－2019)规定,以主体结构确定的建筑设计使用年限分为四类:

(1)临时性建筑设计使用年限为5年;

(2)易于替换结构构件的建筑设计使用年限为25年;

(3)普通建筑和构筑物设计使用年限为50年;

(4)纪念性建筑和特别重要的建筑设计使用年限为100年。

2. 按耐火性能分等级

所谓耐火等级,是衡量建筑物耐火程度的标准,它是由组成建筑物的构件的燃烧性能和耐火极限的最低值所决定的。划分建筑物耐火等级的目的在于根据建筑物的用途不同提出不同的耐火等级要求,做到既有利于安全,又有利于节约的基本建设投资。现行《建筑设计防火规范》(GB 50016－2014)将民用建筑的耐火等级划分为四级,对不同耐火等级建筑相应构件的燃烧性能和耐火极限都给出了最低限值,具体可见上述规范。耐火等级最高为一级,建筑材料为不燃性,耐火极限时间长,反之耐火等级最低为四级,建筑材料为难燃或可燃性,耐火极限时间极短。

(三)建筑物的基本构造

一幢建筑物,一般是由基础、地下室、墙体或柱、楼板、地坪、楼梯、屋顶和门窗组成,如图25－1所示。

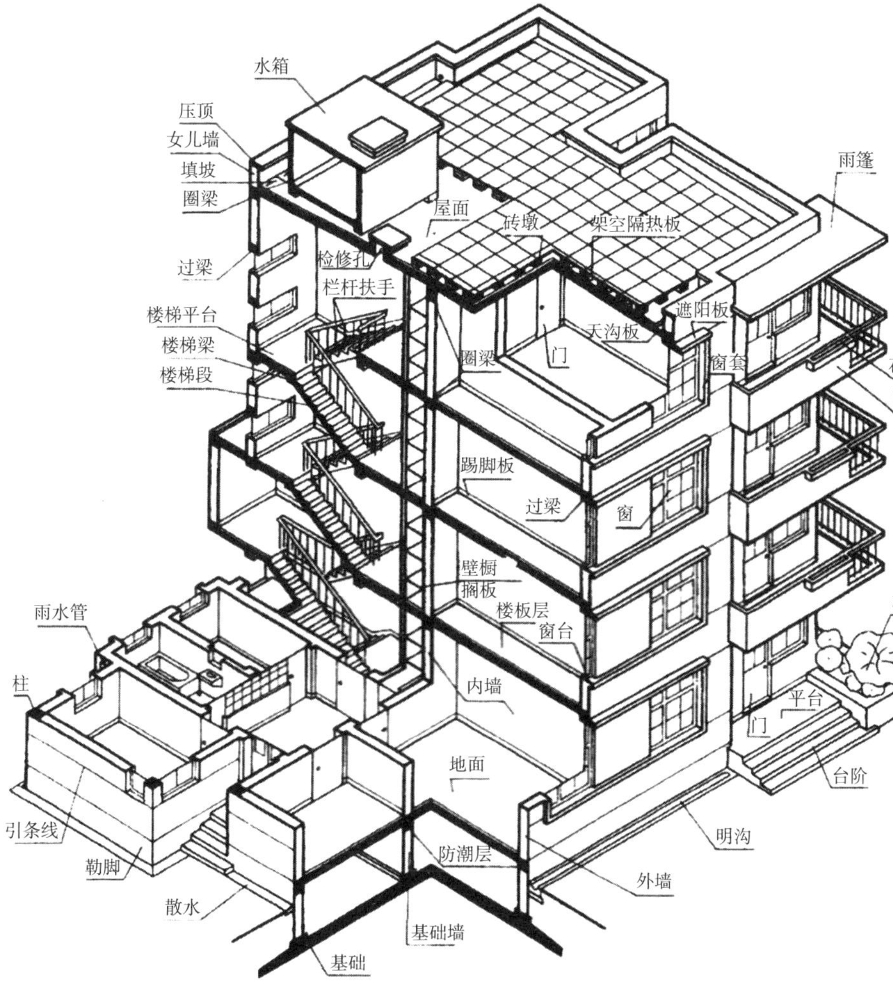

图 25－1 居住建筑的基本构造组成

1. 基础:基础是建筑物最下部的承重构件,其作用是承受建筑物的全部荷载,并将这些荷载传给地基。因此,基础必须具有足够的强度,并能抵御地下各种有害因素的侵蚀。

2. 墙体(或柱):墙体(或柱)是建筑物的承重构件和围护构件。作为承重构件的外墙,其作用是抵御自然界各种因素对室内的侵袭。内墙主要起分隔空间及保证舒适环境的作用。框架或排架结构的建筑物中柱起承重作用,墙仅起围护作用。因此要求墙体具有足够的强度、稳定性,以及保温、隔热、防水、防火、耐久及经济等性能。

3. 地下室:地下室有助于建筑的基础稳定,起到一定的承载作用,能平衡建筑物的整体重量,减轻地基的压力。地下室增加了使用空间,可以作为停车场、仓库使用,也可以放置配电室、水泵房等设备,还可以利用设计为防空地下室。

4. 楼板和地坪:楼板是水平方向的承重构件,按房屋层高将整幢建筑物沿水平方向分为若干层。楼板层承受家具、设备和人体荷载以及本身的自重,并将这些荷载传给墙或柱,同时对墙体起着水平支撑的作用。因此,要求楼板层应具有足够的抗弯强度、刚度和隔声、防潮、防水的性能。

房屋底层室内地坪承受荷载的作用,要求地坪具有耐磨、防潮、防水、防尘和保温的性能。

5. 楼梯:楼梯具有房屋的垂直交通设施功能,供人们上下楼层和紧急疏散之用。故要求楼梯具有足够的通行能力,并且防滑、防火,能保证安全使用。

6. 屋顶:屋顶是建筑物顶部的围护构件和承重构件,既抵抗风、雨、雪、霜、冰雹等的侵袭和太阳辐射热的影响,又承受风雪荷载及施工、检修等屋顶荷载并将这些荷载传给墙或柱。故屋顶应具有足够的强度、刚度及防水、保温、隔热等性能。

7. 门与窗:门与窗均属非承重构件。门主要供人们出入内外交通和分隔房间用,窗主要起通风、采光、分隔、眺望等围护作用。外墙上的门窗又是围护构件的一部分,要满足热工及防水的要求,某些有特殊要求的房间,门、窗应具有保温、隔声、防火的能力。

除上述七大基本组成部分外,不同使用功能的建筑物,还配有许多其他的构件和配件,如阳台、露台、雨篷、内隔墙、台阶、明沟、排烟道、设备管井等。

二、建筑工程施工质量鉴定

(一)现场勘验

根据委托鉴定事项和鉴定方案,对工程质量需要检测鉴定的部分实体施工质量检测,逐项检测检验,做好记录,借助影像技术手段采集信息并做好相关记录,保存相关信息。现场检测时,鉴定机构应当提前通知案件相关方参加,收到通知后案件当事人无正当理由缺席的,不影响检测工作正常进行。检测应结合检测对象实际情况,客观、公正、公平、公开采集检测样本。鉴定人应按照鉴定方案及检测现场具体条件,采取随机(不是随意)抽样方法,专业地抽取检测样本。

1. 对分项工程无明显变形、损伤,非严重质量缺陷等不涉及结构安全或耐久性,基本符合使用功能、美观、合同约定的情况,鉴定可按抽取样本进行检测。

2. 对分项工程中存在明显变形、损伤痕迹、严重外观或安装质量缺陷,可能存在安全隐患的情况,检测内容、抽样数量应满足现行检测标准的规定、施工质量验收标准或争议双方的事先约定。

3. 鉴定中出现有争议的检测结果时,应按相关国家规范、标准要求扩大取样检测比例或由委托人与各方当事人协商决定,并形成书面记录,由各方当事人共同签字确认。

检测鉴定方法的选择应符合可操作性、合理性及经济性等原则。现场检测应以非破损检测技术为主,需要时可采用微破损检测。抽取检测样本的范围、方法等应事先在检测鉴定方案中明确,得到委托人或者争议当事人确认,必须采取破损检测时应与当事人协商,并事先制定合理方案,在确保人身财产安全的前提下进行破损检测,对可能涉及建筑构件安全的应事先进行风险评估。

现场采集的样本,应标记清楚并登记,需要时可影像记录。实验试样留存环境应符合相关规范标准要求,确保检测数据的真实性、准确性、可溯源性。选择合适检测仪器设备,其性能应满足检测鉴定建筑物损坏特点需要,其精确度应满足要求。

建设工程出现沉降变形、开裂等损坏,应通过检测、监测确定危害程度。造成房屋建筑损害的原因复杂,沉降变形、开裂损坏、材料老化等是一个长期的过程,为客观准确分析原因,需要一定时间观察、检测。对于无相邻工程施工影响的房屋,依据《建筑变形测量规范》JGJ 8－2016 监测时间应不少于 1 年,分析沉降变形是否稳定,确定其危害程度。对于受相邻工程施工影响的房屋,依据《地基基础设计标准》DGJ 08－11－2018 判断房屋沉降是否稳定,一般工程沉降稳定的判断值为 ±0.011mm/天。若监测沉降速率持续低于此限值,可判定为沉降稳定。监测时间应不少于 100～180 天,分析沉降变形是否稳定,确定其危害程度。若监测期间发现沉降速率异常或未达到稳定标准,需延长监测时间直至满足要求。鉴定机构在鉴定过程中发现建筑工程存在安全隐患的,应及时通知委托人和当事人及时排除危险。检测数据应记录并复核,记录人及复核人应在原始记录上签名,并归档保存。

通过调查、检测、测试形成初步勘验分析报告,鉴定人根据鉴定工程复杂程度宜组织案件当事人听证调查,进一步核查事实是否与勘验情况存在差异,必要时可以补充勘验。现场勘验是鉴定工作的基础和必要条件,必须准确无误,而现场勘验工作往往又迟后质量问题发生时间很久,现场情况已经发生改变从而容易误导鉴定人,这同样适用于其他鉴定勘验工作。

(二)工程质量鉴定

1. 根据委托鉴定的范围、内容、要求,鉴定人应审核当事人提供的以下相关资料:

(1)施工单位资质、施工许可证等建筑行政主管部门批准文件;

(2)工程地质勘察报告、经审查合格的施工图设计文件、相关的建设许可、监理资料及相关方合同;

(3)施工交底文件、设计变更记录、施工文件及施工变更记录、沉降观测记录;

(4)分部分项工程验收记录、涉及结构安全和主要使用功能的分部分项工程的检验资料;

(5)建筑工程材料进场复验报告、设备管线资料、环境条件资料;

(6)质量事故及质量纠纷详细情况报告。

2. 根据双方争议工程相关资料和现场检测数据,应按设计时相关标准、规范、规程进行承载力复核验算,查明造成质量问题原因,分析其严重程度,评估其风险。

3. 发现建设工程质量不符合设计或相关技术标准,存在严重质量安全隐患,可能涉及公共安全及人身财产安全,存在安全隐患的,不得继续使用,必须先行加固修复;在建结构工程构件施工质量影响建筑安全的应按原设计加固,确保安全可靠。鉴定机构应及时通知委托人和当事人。

4. 对工程施工质量进行鉴定,应对主控项目和一般项目进行抽样检测。

5. 建设工程施工质量司法鉴定,应根据施工图设计文件所选用相关标准涉及的条款、技术文件要求,分部分项逐项作出工程质量是否符合要求或与当事人合同约定是否一致的鉴定意见。

三、装配式建筑工程质量鉴定

建设工程新技术应用发展较快,近年装配式施工技术应用比较突出。新材料、新技术、新结构体系在其发展应用中难免存在不完善的方面,目前质量争议检测鉴定也处在探索完善中。这里主要介绍装配式建筑工程(预制部品部件在工地装配而成的建筑)质量鉴定的主要内容和方法。

(一)装配式建筑结构连接部位为鉴定重点

结构连接部位鉴定应做好相关记录,具备条件时,还应查看相应的施工视频资料。根据委托要求,装配式建筑工程质量鉴定需要调查、查阅的相关资料如下:(1)工程设计文件、预制构件安装施工图和加工制作详图;(2)预制构件、现浇结构材料及主要配件的质量证明文件、进场验收记录、抽样复验报告;(3)预制构件安装施工记录、相关视频资料;(4)各类连接接头的型式检验报告、工艺检验报告和施工检验记录;(5)隐蔽工程检查验收文件;(6)其他有关装配式建筑验收资料。

(二)检测方法

一般情况下,对工程质量有争议的装配式建筑应当优先采用非破损检测方法。对于重要结构连接部位,存在的争议比较大,且非破损检测方法难以查清时,或者非结构连接部位检测无有效的非破损检测方法时,应与当事人协商一致,在结构不发生严重变化的前提下进行破损检测,但事先应制定合理方案,确保人身财产安全。

(三)非结构连接检测

根据委托鉴定事项和鉴定方案,对建筑使用功能有重要影响的部位,且工程质量有争议的装配式建筑非结构连接,应严格抽样,重点检测。

(四)耐久性检测

装配式结构实体中的预制构件质量存在争议,除进行结构构件安全性检测外,还应对结构耐久性进行检测,包括对变形、裂缝、渗漏、脱落、锈蚀及事故形成的原因、程度进行鉴定,还应结合构件生产、构件运输、进场验收等情况进行综合分析,查明造成质量问题的原因。

(五)连接用材料检测

装配式结构连接用材料质量存在争议时,除查阅相应留置材料试件的测试报告外,对隐蔽工程的材料,可进行现场实体检测。

(六)集成部品检测

装配式建筑工程采用的整体集成部品质量存在争议时,鉴定时除检测整体集成部品本身的质量外,还应检测整体集成部品与主体结构的连接质量。

(七)鉴定依据

装配式结构存在争议时,应参照现行相关标准、规范、技术规程进行鉴定,当国内缺乏相关标准时,经委托人及各方当事人同意后,可参照国际有关标准进行鉴定。

四、地基基础质量鉴定

地基基础为隐蔽性工程,鉴定难度比较大,而且各地地质情况差异很大,这里主要结合上海地区软土地基介绍基础工程质量鉴定方法。

(一)优先采用直接法

常规的验证地基基础质量的直接法有钻孔法、局部开挖法等方法,检测结果可靠直观,但检测可能会对房屋产生一定的影响,检测前应确定探测精度及告知业主可能潜在的风险。检测结果可对照相关技术标准或相关资料进行评价。相关资料包括:(1)岩土工程勘察资料、设计文件、施工资料、监测资料、检测资料、验收资料等;(2)建设场地发生的可能对鉴定结果产生影响的自然和人为因素变化,包括融沉、侧移、水位变化、基础上浮、地面超载、相邻施工等的相关资料。

(二)岩土工程勘察质量鉴定方法

宜采用原方法进行抽样检验,当原方法存在局限性时,应采用多种方法进行勘探检验、综合判断。勘探检验孔的布置应根据相关技术标准,经委托人或各方当事人协商确认。

(三)地基基础变形鉴定

因为地基基础沉降、变形与时间相关,所以涉及沉降与变形是否稳定时,应持续进行一段时间的监测,根据变形发展趋势和变形速率判断是否稳定。

(四)自然环境和人为因素可能会对地基基础产生影响

1. 冻胀、融沉、地下水位变化等自然因素对鉴定结果的影响。

2. 地面堆载对鉴定结果的影响。

3. 相邻施工活动对鉴定结果的影响。

4. 关注其他因素可能对鉴定结果的影响。

(五)上海地区地基基础检测鉴定依据

上海地处长江三角洲东南前缘,境内地貌复杂,天然地基的质量鉴定除进行土层分布、土体物理学性能以及承载力检验外,还应进行暗浜、杂填土、素填土等分布范围及其处理情况和相应的质量检测,应依据上海地基基础技术标准进行鉴定。

(六)复合地基的质量鉴定宜采用静载荷试验

1. 静载荷试验应根据使用情况,确定是否进行沉降变形计算鉴定,综合判断复合地基质量问题成因。

2. 换填法地基质量鉴定应包括换填范围、厚度、换填质量以及承载力等综合检测内容。

3. 水泥土搅拌法复合地基质量鉴定宜包括水泥土桩长、桩体强度、桩间土、褥垫层等的检测,承载力采用复合地基载荷试验检测。

4. 其他鉴定依据相关技术标准执行。

(七)桩基的质量鉴定应进行基桩完整性、基桩钢筋笼质量、基桩承载力鉴定

1. 基桩完整性质量鉴定,采用非破损检测方法时,宜采用钻孔法、开挖法等直接法进行验证。

2. 基桩钢筋笼长度检测不能直接验证时,应采用多种方法进行比对,综合判断。

3. 基桩承载力应通过静载荷试验进行检测鉴定。

4. 抗拔桩的鉴定宜包括桩身完整性、桩头连接质量、承载力等多方面检测,综合分析桩的质量问题。

五、装修工程质量鉴定

(一)装修工程质量鉴定资料调查、现场勘验

1. 装饰装修工程合同、设计资料、约定的装修项目、预算明细表等。公共建筑装修工程还应审核施工单位资质、施工许可证、设计、监理等资料。

2. 施工交底文件、设计变更记录、施工资料及施工变更记录、分部分项工程验收记录、隐蔽工程验收记录等。

3. 装修材料进场资料、产品合格证书、复验报告,以及防火、防腐、防虫处理资料。

4. 成品保护资料、使用情况资料、维修情况资料。

5. 施工质量纠纷详细情况,查明造成质量问题的主要原因。

6. 对装修工程中涉及的建筑结构改动、装修材料质量有争议的,可参照工程质量或材料鉴定的相应规定进行鉴定。

(二)一般房屋装修工程质量鉴定主要范围

1. 建筑物所有楼地面、墙面、隔墙、吊顶抹灰、涂饰、面砖、石材饰面铺设工程、裱糊和软包工程。

2. 幕墙、门窗工程,建筑节能、防水工程。

3. 室内楼梯与护栏、橱柜安装工程等细部装饰装修。

4. 电气、给水、排水工程,燃气管道、通风、地暖工程,太阳能热水系统、智能工程系统等。

5. 装修材料质量等可能影响室内空气质量。

(三)装修工程质量司法鉴定要求

1. 装修工程质量仅涉及产品安装工程施工质量,不包括产品本身的质量鉴定,如门窗产品、电器产品、卫生洁具产品、成套橱柜产品和家具产品等由工厂生产的成品质量鉴定。成品鉴定属于产品质量鉴定。

2. 装修工程质量鉴定应根据委托要求分别对其装修工程所采用的材料和装修施工质量进行分项鉴定。检测鉴定中应充分关注装修基层质量、前后工序衔接、施工质量、

成品保护工作、使用情况等多方面因素,这些因素都有可能影响最后成果的质量。

六、既有房屋质量鉴定

既有房屋一般是指工程施工完成,经验收合格交付入住,正常使用2年以上的房屋。

(一)完损检测

正常使用的房屋由于受到相邻工程施工、装修、使用不当或房屋施工质量缺陷等因素的影响,导致房屋沉降变形、开裂、渗漏、外墙保温及各类饰面材料起壳脱落,以及房屋构造、构件、设备损坏的现状需要进行检测鉴定,并分析损坏原因。

(二)鉴定资料调查

房屋损坏鉴定应根据既有房屋质量检测鉴定相关标准,依据鉴定需要调查以下内容:

1. 被鉴定房屋相关勘察、设计图纸,施工、改造、使用、维修等文件资料;
2. 物业管理、地区街道、房管部门等关于受损事实的证据;
3. 其他相关资料等。

房屋渗漏原因比较复杂,比较容易引起争议,一般宜通过现场渗漏试验确定渗漏部位及程度。采集检测数据、试验过程宜通过拍照、影像等技术保留证据。

(三)鉴定范围

房屋建筑使用过程中因局部擅自改造,对承重墙结构造成损坏的需要鉴定,一般委托仅对损坏部位是否属于承重结构或者对受损坏构件及其是否可能影响房屋质量进行鉴定,不需要对被鉴定房屋建筑本身的质量问题及安全状况进行鉴定。

(四)修复方案鉴定

经过鉴定,房屋确实受到损伤、开裂、渗漏、变形等,需要修复,修复方案鉴定原则上应按原结构、构造、材料修缮,符合结构安全、耐久性要求,同时满足以下要求:

1. 修复构件材料强度应高于原构件的强度;
2. 修复构件除材料强度外,应满足原构件的其他用料标准;
3. 符合原有构件的形状尺寸;
4. 修复部位的构造措施应符合有关技术规定;
5. 房屋渗漏原因为原防渗构造措施不合理或原采用材料不能满足防渗要求,为确保房屋建筑修缮后满足质量要求,可以选择更加合理的修缮方案;
6. 房屋沉降变形过大影响正常使用的,可以采取纠偏加固。

(五)鉴定标准选用及遵守法规

1. 委托鉴定的房屋为手续完备的合法既有建筑,而且建筑工程相关的图纸资料基本齐全,可以依据建筑建造时相关的技术规范、设计和施工验收标准及合同约定鉴定,但在鉴定方案中应明确,事先得到委托人或当事人确认。

2. 委托鉴定的既有建筑未经竣工验收,手续不完备,不能提供合法有效的相关图纸资料且无产权证明,技术上存在缺陷,结构安全性不能得到保证时,应依据房屋建筑委托鉴定时的相关技术标准、规范进行鉴定。

3. 对于具有社会历史文化、人文、艺术、技术保护、保留价值的历史建筑,应遵守相关的法律法规,其修缮应尊重历史。不可移动文物建筑或历史保护建筑的损坏鉴定应遵守《中华人民共和国文物保护法》。上海地区优秀历史保护建筑的损坏鉴定应遵守《上海市历史风貌区和优秀历史建筑保护条例》,执行政府部门对历史建筑保护要求的规定。

七、材料质量及其他工程质量鉴定

工程最终成果质量,主要取决于工程施工质量和材料质量,二者密不可分。工程材料质量不仅影响建筑工程的质量,还涉及其他许多领域工程质量。工程质量鉴定一般首先需对所使用的材料进行鉴定,然后对其施工质量进行鉴定。

建设工程材料质量鉴定的对象主要包括:建筑结构材料、装修装饰材料、设备管线材料,其中包含建筑预制构件工程材料、建筑保温节能工程材料、建筑防水工程材料、建筑地下工程材料等建筑区域内其他各种建筑工程安装施工材料。不包括建筑工程中选用的空调产品、电梯产品、门窗产品、消防设备等成套产品质量检测鉴定。

(一)抽取检测材料样本

1. 检测材料样本的获得直接影响检测结果的公正、合理性,应随机抽取,不得随意抽取。结合建筑工程材料特点,具备随机抽取检测样本条件的,应执行现行国家、行业或团体标准进行抽样,抽样比例由各方当事人共同确定,但不得低于现行相关标准、规范要求。

2. 不具备抽取检测样本条件的,可由委托人或鉴定人主持,各方当事人协商确定抽样方式、方法、部位、比例等,并形成记录,各方当事人共同签字确认。

(二)检测人员及设备要求

检测人员应持证上岗,检测设备、管理、检测环境符合相关标准要求,确保遵循检测数据的真实性、准确性、可溯性原则。

(三)检测实验室要求

材料检测的实验室,应通过资质认定或实验室能力认可。对于检测单位实验室不能满足资质范围要求的检测参数,鉴定机构应委托有资质的专业实验室检测,并由有资质的专业实验室出具符合要求的质量检测报告,作为鉴定意见书附件,但最终鉴定意见由鉴定机构负责。

(四)检测鉴定依据

建设工程材料质量检测鉴定意见,应根据施工图设计文件、施工合同、材料采购合同、双方书面约定、材料产品说明书、有效合格证书、质量检测报告以及材料数量、价格等信息作出鉴定意见。如果施工图设计文件对采用材料无具体要求或施工图设计文件缺失,则当事人可协商约定鉴定所采用的相关标准或采用建造时相关标准,鉴定建设工程材料质量是否符合要求,同时应验算复核其结构安全性是否符合规范要求。

（五）检测鉴定涉及工程范围及领域

1.建设工程质量鉴定可依据建筑工程主体结构的不同材料或主要特点，根据鉴定程序要求，结合专业标准对钢筋混凝土结构工程、砖混结构工程、木结构工程、钢结构工程、地下结构工程、建筑节能工程、绿化工程等进行质量鉴定。

2.建设工程涉及的结构类别非常多，随着创新和科学技术进步，一定还会有更多新型结构体系出现，应不断结合工程实践需要并结合专业标准，探索对各种新型结构体系工程质量的鉴定。

3.建设工程质量鉴定的相关程序及原则要求，结合行业标准同样也适用于市政工程质量鉴定、水利工程质量鉴定、道路工程质量鉴定、铁路及民航工程质量鉴定、石化工程质量鉴定。

（六）建设工程受周边环境影响损害鉴定

1.城市建设不断发展，轨道交通（地铁）、高架道路等城市基础设施和其他（房地产开发、城市更新）相邻工程施工对既有房屋建筑造成沉降变形、噪声、震动及其他环境影响难以避免，其影响程度或者纠纷解决需要鉴定。

2.需要调查被鉴定建设工程相关图纸资料，被鉴定建设工程与影响范围内周边建筑、基坑、基础设施及施工信息数据，初步分析判断可能存在的影响关系，根据委托要求有针对性地进行损坏、沉降变形、噪声、震动检测。

3.办案机关委托的鉴定，一般比较多的情况是损坏已经造成，被鉴定建设工程及周边建筑、基坑、基础设施施工的变形监测数据由第三方提供，被鉴定房屋建筑开裂损坏或噪声、震动等其他测试资料，需要先经过质证，明确资料合法有效、真实可靠才可以用于分析鉴定。这类鉴定一般归类为推定性鉴定，鉴定人应根据不同数据互相印证，综合分析作出鉴定，因此对鉴定人专业实践经验能力的要求比较高，更具有挑战性。

4.受周边环境影响损害鉴定只对受影响程度、损坏原因及因果关系作出鉴定，不对被鉴定建设工程本身的质量问题及安全状况进行鉴定。

（七）建设工程其他咨询服务类鉴定

建设工程质量鉴定实践中，除建设工程质量鉴定外，建设领域还涉及大量建筑规划设计、建筑方案设计、建筑施工图设计、建筑景观绿化工程设计、建筑日照、修复方案设计及其他工程技术咨询服务质量鉴定等，可结合其专业特点要求，参照相关行业要求和技术标准进行质量鉴定。

八、工程质量缺陷及成因分析

常见的工程质量问题主要可以分为两大类：一类涉及结构安全性，地基基础下沉，房屋倾斜，墙体、楼板等构件开裂，主体结构承载力不满足要求。另一类影响房屋耐久性，墙面、屋顶渗漏水、饰面层起壳、空鼓等影响正常使用。由于工程建设本身的复杂性，造成这些质量问题的原因往往也是多方面的，除了施工技术方面的原因，最根本的是参与工程建设的单位或企业对法律、行政法规、部门规章以及国家技术标准规范等强制性规定和合同约定的质量要求内容未能遵守，未履行应尽职责，违反执业诚信，工程质量由此得不到保障,从而引发质量纠纷。工程质量缺陷主要原因归类如下。

（一）建设单位或发包人方面的原因

1. 建设单位不顾实际压低工程造价、缩短工期

《建设工程质量管理条例》第10条第1款规定:“建设工程发包单位不得迫使承包方以低于成本的价格竞标,不得任意压缩合理工期。”人们常说,给多少钱干多少活。比如500万元的造价,不可能达到800万元的水平。施工企业靠承包工程维持自身的正常运作和发展,不可能倒贴钱来承包工程,不顾客观实际的造价,必然导致工程质量低劣。有的工程建设单位出于经济利益或者其他需要,违反客观规律,不顾施工工艺要求,任意缩短工期,造成施工单位为抢工期蛮干,最后虽能如期完工,但受损的还是工程质量,事后极易导致纠纷。

2. 严重违反建设程序

建设单位无理要求勘察、设计、施工单位边勘察、边设计、边施工的“三边”工程,导致有的工地发生等图施工,但项目没有论证,方案没有比选,图纸没有审核,设计与实际不符,图纸错误、遗漏等给工程质量带来了先天不足,容易发生纠纷。2001年国务院《建设工程质量管理条例》在第一章总则的第5条第1款中对此予以明令禁止:“从事建设工程活动,必须严格执行基本建设程序,坚持先勘察、后设计、再施工的原则。”

3. 违法降低工程质量要求

建设单位在委托设计或施工中提出违反法律、行政法规和建筑工程质量、安全标准的要求。《建筑法》第54条规定:“建设单位不得以任何理由,要求建筑设计单位或者建筑施工企业在工程设计或者施工作业中,违反法律、行政法规和建筑工程质量、安全标准,降低工程质量。建筑设计单位和建筑施工企业对建设单位违反前款规定提出的降低工程质量的要求,应当予以拒绝。”《建设工程质量管理条例》第10条第2款亦有类似规定:“建设单位不得明示或者暗示设计单位或者施工单位违反工程建设强制性标准,降低建设工程质量。”

现实生活中,建设单位以种种理由要求建筑设计单位和建筑施工企业违反法律、行政法规和建筑工程质量、安全标准,降低工程质量的现象是存在的,对此,建筑设计单位和建筑施工企业应当坚决予以拒绝,宁肯不接受设计、不进行施工也不得降低工程质量标准。如果设计单位、施工单位不予拒绝,那么日后发生质量问题纠纷在所难免。

4. 违法发包

建设单位违法将工程发包给没有资质的单位或者将工程任意肢解进行发包。《建筑法》第22条规定:“建筑工程实行招标发包的,发包单位应当将建筑工程发包给依法中标的承包单位。建筑工程实行直接发包的,发包单位应当将建筑工程发包给具有相应资质条件的承包单位。”第24条规定:“提倡对建筑工程实行总承包,禁止将建筑工程肢解发包……不得将应当由一个承包单位完成的建筑工程肢解成若干部分发包给几个承包单位。”《建设工程质量管理条例》第7条规定:“建设单位应当将工程发包给具有相应资质等级的单位。建设单位不得将建设工程肢解发包。”

建设活动不同于一般的经济活动,从业单位素质的高低直接影响建筑工程质量和建筑安全生产。因此,国家实行行业准入制度,从事建筑活动的单位必须符合严格的资质条件。根据国家有关建设市场管理的规定,工程的勘察、设计和施工必须委托或发包给持有工商营业执照和相应资质等级证书的勘察、设计单位和施工企业。单位和企业的资质等级反映了其从事某项工作时的资格和能力,是国家对建设市场准入管理的重要手段。住房和城乡建设部《建设工程勘察设计单位资格管理规定》《建筑业企业资质管理规定》等对工程勘察单位、工程设计单位、建筑施工企业和工程监理单位的资质等级、资质标准、业务范围等作出了明确规定。如果违反这些规定,将来可能不仅是产生质量纠纷的问题,甚至可能会发生严重的工程质量安全事故。

建设单位发包工程时,还应当根据工程特点,以有利于工程的质量、进度、成本控制为原则,合理划分标段,不得肢解发包工程。肢解发包是指建设单位将应当由一个承包单位完成的建设工程分解成若干部分发包给不同的承包单位的行为。在我国建设市场中,少数建设单位将按其性质和技术关联应当由一个承包单位整体承包的工程,肢解成若干部分,分别发包给几个承包单位。由于建设单位一般不具备工程管理的专业知识和经验,整个工程建设在管理和技术上缺乏应有的统筹协调,往往造成施工现场秩序混乱,责任不清,严重影响工程建设的质量,出了问题也很难找到责任方。

5. 工程未报建取得施工许可证

建设单位未向工程所在地县级以上住建部门根据《建设工程质量管理条例》及相关法律法规,提交申请,并附相关证明文件(已办理取得建设工程规划许可证、施工现场已基本具备施工条件并签订合法施工合同、施工图设计文件已通过审查、银行建设资金证明或保函),通过严格规范审批流程,取得施工许可证。具体实施细节可参考《建筑工程施工许可管理办法》。

根据《房屋建筑和市政基础设施工程施工图设计文件审查管理办法》的规定,建设单位应当将施工图报送有关审查机构进行审查。施工图审查的主要目的是确保公共利益和安全,核查施工图设计文件符合国家现行的工程建设强制性标准,包括结构安全、消防安全、节能环保等基本要求。审查的主要内容为:(1)建筑物的稳定性、安全性审查,包括地基基础和主体结构体系是否安全、可靠;(2)是否符合消防、节能与绿色建筑、抗震、卫生、人防等有关强制性标准规范;(3)施工图是否能达到规定的深度要求;(4)是否损害公众利益;(5)勘察设计合规性;(6)根据法律、法规或规章要求其他事项,如环境保护、无障碍设施等专项要求。凡应当进行审查而未经审查或者审查不合格的施工项目,建设行政主管部门不得发放施工许可证,施工图不得交付施工。施工图审查工作所需经费由建设单位支付。经过审查的项目,审查机构负相应的审查责任,不代替原设计单位应该承担的设计质量责任。进行严格规范的审查既是程序上的要求,也可以从制度上确保设计文件的准确性和合理性,有利于减少、杜绝后面施工过程中可能出现的工程质量隐患。

6. 建筑材料、构配件和设备采购不合规

建设单位采购的建筑材料、建筑构配件和设备不合格或给施工单位指定厂家,明示、暗示使用不合格的材料、构配件和设备。《建筑法》第 57 条规定:“建筑设计单位对设计文件选用的建筑材料、建筑构配件和设备,不得指定生产厂、供应商。”《建设工程质量管理条例》第 14 条规定:“按照合同约定,由建设单位采购建筑材料、建筑构配件和设备的,建设单位应当保证建筑材料、建筑构配件和设备符合设计文件和合同要求。建设单位不得明示或者暗示施工单位使用不合格的建筑材料、建筑构配件和设备。”

双方应当在合同中明确约定,建筑材料、建筑构配件和设备是由建设单位提供还是由施工单位自备和采购。建筑材料、建筑构配件和设备是施工中不可或缺的,没有它们施工将无从下手,其质量合格是最终工程质量合格的根本保证。如果建设单位采购的建筑材料、建筑构配件和设备不合格或给施工单位指定厂家,明示、暗示使用不合格的材料、构配件和设备,尽管建设单位可能暂时由此得到某些实惠或好处,但是难以想象最终工程质量会是合格的,进而由此产生纠纷,最终导致建设单位承担相应的责任。

(二)勘察、设计单位方面的原因

勘察、设计单位必须依法取得勘察、设计资质等级证书。勘察、设计是工程建设的先导。勘察、设计工作会直接影响最终的工程质量,勘察、设计单位必须依法取得资质等级证书。

从事建筑活动的建筑施工企业、勘察单位、设计单位和工程监理单位,按照其拥有的注册资本、专业技术人员、技术装备和已完成的建筑工程业绩等资质条件,划分为不同的资质等级,经资质审查合格,取得相应等级的资质证书后方可在其资质等级许可的范围内从事建筑活动。建筑工程的勘察、设计单位必须对其勘察、设计的质量负责。勘察、设计文件应当符合有关法律、行政法规的规定和建筑工程质量、安全标准,建筑工程勘察、设计技术规范以及合同的约定。设计文件选用的建筑材料、建筑构配件和设备,应当注明其规格、型号、性能等技术指标,其质量必须符合国家规定的标准。建筑设计单位对设计文件选用的建筑材料、建筑构配件和设备,不得指定生产厂、供应商。

勘察、设计单位必须严格执行质量管理要求。勘察、设计单位必须按照工程建设强制性标准进行勘察、设计,并对其勘察、设计的质量负责。注册建筑师、注册结构工程师等注册执业人员应当在设计文件上签字,对设计文件负责。

工程建设强制性标准是工程建设技术和经验的积累,是勘察、设计工作的技术依据,只有满足工程建设强制性标准才能保证质量,才能满足工程对安全、卫生、环保等多方面的质量要求,因此对其必须严格执行。强调“谁勘察、设计,谁负责”的理念,有助于强化勘察、设计单位和人员的质量意识和责任感,这也是符合国际工程惯例的做法。现实中,如果勘察、设计单位和人员没有责任意识,勘察、设计不合格,将导致一系列后果,只有把好勘察、设计关口,后面的施工质量才有保证,否则极易引发质量纠纷。

(三)施工单位或承包人方面的原因

施工单位是工程的建设者,其是否能严格遵照法律强制性规定和合同约定进行施工,对工程质量起到关键作用。

1. 施工单位脱离设计图纸、违反技术规范以及在施工过程中偷工减料

建筑施工企业对工程的施工质量负责。建筑施工企业必须按照工程设计图纸和施工技术标准施工,不得偷工减料。工程设计的修改由原设计单位负责,建筑施工企业不得擅自修改工程设计。施工单位必须按照工程设计图纸和施工技术标准施工,不得擅自修改工程设计,不得偷工减料。施工单位在施工过程中发现设计文件和图纸有差错的,应当及时提出意见和建议。工程设计图纸是设计单位根据工程的功能、质量等方面的要求,所做的设计工作的最终成果,其中的施工图是对建筑物、设备、管线等工程对象物的空间布置及具体尺寸要求,以及选用材料、构造、相互关系、施工及安装质量要求的详细图纸和说明,是指导施工的直接依据。进行建设工程的各项施工活动,包括土建工程的施工、给排水系统的施工、供热采暖系统的施工、电气照明系统的施工等,都必须按照相应的施工图纸的要求进行。

按工程设计图纸施工,是保证工程实现设计意图的前提,也是明确划分设计、施工单位质量责任的前提。施工过程中,如果施工单位不按图纸施工或者不经原设计单位同意擅自修改工程设计,其直接的后果往往是违反原设计的意图,影响工程质量,有的还可能给工程结构安全留下隐患。间接后果是在原设计有缺陷或出现工程质量事故的情况下,由于施工单位擅自修改了设计,从而混淆了设计、施工单位各自应负的质量责任。

建筑施工企业除必须严格按照工程设计图纸施工外,还必须按照建筑工程施工技术标准的要求进行施工。施工技术标准包括对各项施工的施工准备、施工操作工艺流程和应达到的质量要求的规定,是施工作业人员进行每一项施工操作的技术依据。施工企业的作业人员必须按照施工技术标准的规定进行施工。在实践中,施工企业所要遵循的技术标准主要是施工及验收规范。

偷工,是指不按施工技术标准规定的施工工艺流程进行施工作业,擅自减少工作量的行为。因偷工造成的水泥砂浆地面起沙、空鼓、裂纹等质量问题,应当由施工企业承担责任。减料,是指在工程施工中违反设计文件和施工技术标准的规定,擅自减少建筑用料的数量和降低用料质量的行为。例如,在钢筋混凝土施工中,减少钢筋使用的数量,或降低钢筋的强度,减少水泥用量,降低水泥标号等行为。从实际情况看,建设工程施工过程中的偷工、减料行为,是造成建筑工程质量低下、产生纠纷甚至发生重大质量事故的主要原因之一。

施工单位对在施工过程中发现的设计文件的差错,还负有应当及时向设计单位提出的义务,以避免造成不必要的损失和质量问题。

建筑施工企业对建筑工程的施工质量应当承担责任。若完全是勘察、设计方面的原因造成工程质量不合格,建筑施工企业不承担责任。建设工程施工单位对建设工程的施工质量负责,施工单位应当建立质量责任制,确定工程项目的项目经理、技术负责人和施工管理负责人。建设工程实行总承包的,总承包单位应当对全部建设工程质量

负责。建设工程勘察、设计、施工、设备采购的一项或者多项实行总承包的,总承包单位应当对其承包的建设工程或者采购的设备质量负责。施工单位应建立质量责任制,质量责任制是其质量保证体系的一个重要组成部分,也是项目质量目标得以实现的重要保证。建立质量责任制,主要包括制定质量目标计划,建立考核标准,并层层分解落实到具体的责任单位和责任人,赋予其相应的质量责任和权力落实责任制。这不仅是为了保证在出现质量问题时可以追究责任,更重要的是,通过层层落实质量责任制,做到事事有人管,人人有职责,保证工程的施工质量。在工程项目施工中,可以采用关键施工过程控制法,对关键施工过程和过程节点实施控制。在落实责任制时,责任人应具备相应的个人从业资格。如责任人不具备与其承担的责任相应的技术职称或岗位资格,质量责任制在落实的过程中就会落空。

2. 施工单位不具备相应资质进行施工或实施其他相关违法行为

施工单位应当依法取得相应等级的资质证书,并在其资质等级许可的范围内承揽工程。禁止施工单位超越本单位资质等级许可的业务范围或者以其他施工单位的名义承揽工程。禁止施工单位允许其他单位或者个人以本单位的名义承揽工程。施工单位不得转包或者违法分包工程。

从事建筑活动的施工单位应当具备的条件:有符合国家规定的注册资本,有与其从事的建筑活动相适应的具有法定执业资格的专业技术人员,有从事相关建筑活动所应有的技术装备,法律、行政法规规定的其他条件。按照上述条件和已完成的建筑工程业绩等,可将施工单位划分为不同的资质等级。施工单位经资质审查合格,取得相应等级的资质证书后,方可在其资质等级许可的范围内从事建筑活动。施工单位的资质等级反映了该施工单位从事某项施工工作的资格和能力,是国家对建筑市场准入管理的重要手段。禁止超越本单位资质等级许可的业务范围承揽工程。禁止以其他施工单位名义承揽工程和允许其他单位或个人以本单位的名义承揽工程。借用其他施工单位的资质证书,以其他施工单位的名义承揽工程等手段进行违法承包活动,既扰乱了市场秩序,又给工程建设留下了质量隐患,极易产生质量纠纷。

3. 施工单位未履行在施工前对产品进行检验的责任

建筑施工企业必须按照工程设计要求、施工技术标准和合同的约定,对建筑材料、建筑构配件和设备进行检验,不合格的不得使用。建筑材料、建筑构配件和设备不合格是造成建筑施工质量问题最直接的原因之一,使用劣质材料、构配件和设备生产出来的工程,其质量可想而知。《建设工程质量管理条例》将上述检验的标的扩及商品混凝土。

施工单位不履行在施工前对产品进行检验的义务,在施工中使用不合格的建筑材料、建筑构配件、设备和商品混凝土的,施工单位应依法承担法律责任。施工单位不能以建筑材料、建筑构配件、设备和商品混凝土的生产供应商生产、供应了不合格的产品为由,推卸其应当承担的责任。至于生产、供应不合格的建筑材料、建筑构配件、设备和商品混凝土的生产供应商,要依照《产品质量法》的规定追究其应负的法律责任。

4. 施工单位对于在质量保修期内出现的质量缺陷不履行质量保修责任

建筑物在合理使用寿命内，必须确保地基基础工程和主体结构的质量。建设工程竣工时，屋顶、墙面不得留有渗漏、开裂等质量缺陷，对已经发现的质量缺陷，建筑施工企业应当修复。建设工程的质量问题在屋顶渗漏和墙面开裂方面表现得较为严重，有些工程甚至在工程竣工时便出现这些问题。屋顶渗漏的主要原因是施工工序未按照技术规范进行，或者建筑材料不合格，墙面开裂也主要是施工方面的原因。

鉴于此，施工单位应当履行质量保修义务。质量保修制度是对于出现的质量缺陷进行救济的一项重要制度。《建筑法》《建设工程质量管理条例》对此都有明确规定。在正常使用条件下，建设工程的最低保修期限为：

(1)基础设施工程、房屋建筑的地基基础工程和主体结构工程，为设计文件规定的该工程的合理使用年限；

(2)屋面防水工程，有防水要求的卫生间、房间和外墙面的防渗漏保修期限为5年；

(3)供热与供冷系统保修期限为2个采暖期或供冷期；

(4)电气管线、给排水管道、设备安装和装修工程保修期限为2年；

(5)其他项目的保修期限由发包方与承包方约定。建设工程的保修期，从竣工验收合格之日起计算。

以上最低保修期限都是法律的强制性规定。双方当事人约定的质量保修期不能少于法律规定的期限。实践中，合同当事人约定的质量保修期常常不符合法律法规的强制性规定，同时工程若又出现质量问题，则极易出现质量纠纷。

(四)监理单位方面的原因

监理单位的职责之一，就是代理建设单位对工程质量进行控制，因此对于最终工程质量的优劣起到至关重要的作用。施工单位本身有按照技术规范、设计要求以及合同等要求进行施工的义务，监理的存在只是起到约束监督的作用。监理单位的监理责任并不能替代施工单位的责任。工程监理单位应当依照法律、法规以及有关技术标准、设计文件和建设工程承包合同，代表建设单位对施工质量实施监理，并对施工质量承担监理责任。监理工程师应当按照工程监理规范的要求，采取旁站、巡视和平行检验等形式，对建设工程实施监理。实践中，监理单位有时出于某种原因不能按照合同约定和法律规定进行严格的监理，在缺乏必要监督的情况下，施工单位的施工质量很容易出现问题，从而引发质量纠纷。

第三节　建设工程质量事故鉴定

建设工程质量事故鉴定是指司法机关在办理案件过程中，为了查明案情，指派或者聘请精通建筑专业知识的人员，运用建筑行业的专门知识和有关的法律、法规知识，对与案件有关的建设工程质量问题依法进行审查和判断。具体来说,就是对建设工程的设计、施工、安装过程是否符合国家规定的建筑行业标准,在具体建设过程中使用的材料的质量是否符合国家规定的产品质量标准进行判断。

一、建设工程质量事故鉴定

(一)鉴定机构类型

1. 国家、省、市级建筑科学研究院(所)下设鉴定中心或本身对外开展建设工程司法鉴定业务。

2. 经建设行政主管部门批准,同时经过司法行政机关备案的各类鉴定机构,面向社会开展建设工程司法鉴定业务。

(二)鉴定的委托、实施

建设工程司法鉴定委托时需出具或填写书面鉴定委托书,载明委托事项、建设工程的名称与地址等事项。鉴定方法包括现场检测、实验室内的数据检测与分析、模拟实验等。必要时可以邀请相关领域内的专家、学者一起会商鉴定。

二、建设工程灾损鉴定

(一)火灾损害鉴定

1. 根据委托鉴定的范围、要求,组织火灾现场初步调查。

2. 根据初步调查情况,制定灾损鉴定方案,按结构灾损鉴定需要,可分为初步鉴定和详细鉴定两阶段进行。

3. 初步鉴定一般应包括:结构构件布置复核或测绘、火作用调查、结构或非结构构件受火损伤情况详细调查记录、结构构件初步鉴定评级。

4. 根据火作用调查结果可将结构受火范围初步划分为严重过火区、中度过火区、轻度过火区、未过火区等。

5. 火灾后不同结构构件损伤调查的重点内容及初步鉴定评级方法可按相关标准进行。

6. 详细鉴定宜进行火作用详细调查与检测分析、结构构件专项检测分析、结构分析与构件承载力校核、构件详细鉴定评级。

7. 根据初步鉴定评级和详细鉴定评级结果,对火灾造成的结构构件和非结构构件的损伤进行综合鉴定,可提出灾后加固及修复处理意见。

8. 火灾后的灾损鉴定应在确保安全的前提下进行。当现场发现危险迹象时应立即停止鉴定工作并通知委托人及各方当事人立即采取措施。

(二)爆炸损害鉴定

1. 建设工程受到室内燃气爆炸或外界爆炸冲击作用出现局部损伤、严重破坏甚至倒塌,应重点调查影响范围及危险性。

2. 房屋受到外界爆炸冲击作用,应调查爆炸源与房屋的距离,爆炸物种类及爆炸能量的大小等,爆炸过程中发生火灾的,应按上述火灾损害鉴定进行司法鉴定。

（三）自然灾害损害鉴定

1. 这里所述的自然灾害损害鉴定，主要针对台风、雨雪等灾害引起的损害鉴定。

2. 自然灾害损害鉴定应调查房屋原抗风、抗雪设计资料，现场实际抗灾害措施与设计的符合性、灾害发生时的气象观测资料等。

3. 台风灾害引起的轻钢结构等破坏或倒塌，应重点检查建筑工程结构设计、施工是否满足相关规范要求。

4. 台风灾害引起的附属设施及外围护构件的破坏，应对其连接构造的合理性进行检测，以判断其是否满足相关规范要求。

5. 暴雨、暴雪灾害引起的钢屋盖、网架结构、简易房等破坏或局部倒塌，应重点检测屋盖结构体系及构造是否满足相关规范要求。

三、建设工程施工安全事故鉴定

建设工程施工中，过失责任造成工程安全事故常见的有基坑开挖坍塌造成工程损坏、人员伤亡事故，脚手架坍塌事故，高空坠落事故，机械设备毁坏事故等。造成施工安全事故的原因一般是多方面的，有气候环境恶劣造成的，也有技术原因造成的，但大部分事故的发生常与施工管理责任不落实相关。这里重点介绍建设工程施工设备质量事故司法鉴定。

（一）损坏鉴定范围

建设工程施工中工程设备遭到损坏，为查明设备受到损坏原因及其因果关系，需对工程设备使用及建筑设备安装工程质量进行鉴定，但不包括机械产品本身的质量鉴定。如果怀疑机械产品本身有质量问题，应根据产品质量鉴定程序要求进行鉴定。

（二）施工设备损坏鉴定要求

1. 鉴定机构受理委托后，应当提示委托人对受损鉴定对象做好保护工作。对于建设工程设备变形、开裂、断裂等失效部位应做好保护工作，避免失效部位受到二次损伤、锈蚀、污染等外界因素干扰而影响后续鉴定工作。

2. 需要采取破损取样检测的，鉴定人有风险告知义务。破损检测可能造成再次损伤的，应事先经委托人或设备权利人同意。当建设工程设备出现严重二次损伤，且已无法分析失效原因时，应书面告知委托人终止鉴定。

3. 取样过程中应注意金属构件机械切割的热影响，避免影响后续检测结果。取好的样品应做好编号并由当事人各方签字确认。

4. 鉴定需要模拟计算时，应考虑基础数据的收集可行性，确保数据可靠真实和准确等。

5. 建设工程施工设备失效原因分析鉴定，应考虑设备生产过程中的质量隐患、安装质量、使用中的操作规范性、使用环境等多方面因素，明确其失效性质、失效模式以及失效的影响因素等。

6. 当建设工程设备出现多项失效时，应结合设备系统特征、使用原理、失效分析技术等多方面判断先失效部位，并针对先失效部位展开检测鉴定工作。

(三)鉴定应依据标准

取样应执行设备采购合同签订时的国家标准、行业标准、规范、双方协议等。鉴定中需要使用标准参数时,应根据相关国家标准、规范、质保书及协议,或相关部门出具的实时数据确定。

四、建设工程重大安全事故等级评定

建设工程重大安全事故,是指在工程建设过程中,过失造成工程倒塌或报废、机械设备毁坏和安全设施失当造成人身伤亡或者重大经济损失的事故。重大事故发生后,事故发生单位必须以最快方式,将事故的情况向上级主管部门和事故发生地的相关部门报告,同时应当严格保护事故现场,采取有效措施抢救人员和财产,防止事故扩大。重大事故的调查由事故发生地的市、县级以上建设行政主管部门或国务院有关主管部门组织成立调查组负责进行。必要时,调查组可以聘请有关方面的专家协助进行技术鉴定、事故分析和财产损失的评估工作。通过对事故直接原因和间接原因的分析,掌握事故的全部原因,再分清主次,确定事故的性质。施工现场发生的伤亡事故的性质通常可分为责任事故、非责任事故和破坏性事故。在查清事故的发生原因、事故的损失后果、主要责任人的基础上按照有关的法律规定妥善处理善后事宜,包括保险事故的理赔,民事赔偿责任的确定、分担和行政责任、刑事责任的追究。根据国务院《生产安全事故报告和调查处理条例》,工程建设重大事故分为四个等级:

特别重大事故:造成30人以上死亡,或者100人以上重伤(包括急性工业中毒),或者1亿元以上直接经济损失的事故。

重大事故:造成10人以上30人以下死亡,或者50人以上100人以下重伤,或者5000万元以上1亿元以下直接经济损失的事故。

较大事故:造成3人以上10人以下死亡,或者10人以上50人以下重伤,或者1000万元以上5000万元以下直接经济损失的事故。

一般事故:造成3人以下死亡,或者10人以下重伤,或者1000万元以下直接经济损失的事故。

第四节 建设工程造价鉴定

大量的建设工程类经济案件与工程造价有关。有关工程造价纠纷的诉讼案件,需要由具备鉴定资质的专门机构,根据司法机关委托,对诉讼案件中需要解决的工程造价问题进行分析、鉴别。其鉴定意见为司法机关正确认识案件事实和作出处理决定提供重要依据,直接关系到当事人的合法权益和司法机关判案的准确性、公正性。

一、概念及相关法律规定

(一)工程造价的含义

工程建设预算,是指对工程的建设费用预先进行计算,又称为工程造价。按照计价的范围和内容不同,工程造价可分为广义的工程造价和狭义的工程造价两种。

广义的工程造价,是指完成一个建设项目所需费用的总和,包括工程建设所需的费用。另外,预算虽是预先计算,但也要求反映最终工程的实际费用。因此,在广义的工程造价中,除了考虑建筑工程,设备安装工程,设备、工器具及生产家具的购置,其他工程建设工作基本静态费用之外,还应考虑预备费、建设期贷款利息和固定资产投资方向调节税等费用(按国家有关规定,对自2000年1月起新发生的投资额,暂停征收)。

广义的工程造价的内容:(1)建筑安装工程费用:分部分项工程费、措施项目费、其他项目费、规费、税金。(2)设备及工器具购置费:设备购置费(设备原价、设备运杂费),工具、器具及生产家具购置费。(3)工程建设其他费用:土地使用费、与项目建设有关的其他费用、与未来生产经营有关的其他费用。(4)预备费:基本预备费、涨价预备费。(5)建设期贷款利息。(6)固定资产投资方向调节税。

狭义的工程造价,是指建筑市场上承发包建筑安装工程的价格。一般指单项工程的价格。

司法鉴定实践中,主要都是针对承发包建筑安装工程的价格发生争议,下面讨论的主要是狭义的建筑工程造价。

(二)工程造价的构成

建筑安装工程费的项目组成,根据考虑的角度不同,其费用组成略有差异。根据住房和城乡建设部、财政部关于印发《建筑安装工程费用项目组成》的通知(以下简称"44号文"),建筑安装工程费用(也称工程造价)项目按费用构成要素组成划分为人工费、材料费、施工机具使用费、企业管理费、利润、规费和税金。按工程造价形成顺序划分为分部分项工程费、措施项目费、其他项目费、规费和税金。

1. 建筑安装工程费用("44号文"工程造价组成)

(1)人工费:计时工资或计件工资、奖金、津贴补贴、加班加点工资、特殊情况下支付的工资。(2)材料费:材料原价、运杂费、运输损耗费、采购及保管费。(3)施工机具使用费:施工机械使用费包括折旧费、大修理费、经常修理费、安拆费及场外运费、人工费、材料动力费、税费;仪器仪表使用费。(4)企业管理费:管理人员工资、办公费、差旅交通费、固定资产使用费、工具用具使用费、劳动保险和职工福利费、劳动保护费、检验试验费、工会经费、职工教育经费、财产保险费、财务费、税金、其他。(5)利润。(6)规费:社会保险费(养老保险费、失业保险费、医疗保险费、生育保险费、工伤保险费)、住房公积金、工程排污费。(7)税金:营业税、城市维护建设税、教育费附加、地方教育附加。

2. 建设工程发承包及实施阶段的工程造价(工程量清单计价组成)

根据住房和城乡建设部与原国家质量监督检验检疫总局联合发布的国家标准《建设工程工程量清单计价规范》(GB 50500-2013),建设工程发承包及实施阶段的工程造价应由分部分项工程费、措施项目费、其他项目费、规费和税金组成:(1)分部分项工程费:房屋建筑与装饰工程(土石方工程、桩基工程……)、仿古建筑与装饰工程、通用安装工程、市政工程、园林绿化工程、构筑物工程、城市轨道交通工程、爆破工程、矿山工程……(2)措施项目费:安全文明施工费、夜间施工增加费、二次搬运费、冬雨季施工增加费、已完工程及设备保护费、工程定位复测费、特殊地区施工增加费、大型机械进出场及安拆费、脚手架工程费……(3)其他项目费:暂列金额、计日工、总承包服务费……(4)规费:社会保险(养老保险费、失业保险费、医疗保险费、生育保险费、工伤保险费)、住房公积金、工程排污费。(5)税金:增值税、城市维护建设税、教育费附加、地方教育附加。

从上述两个文件规定看,前者主要表述的是建筑安装工程费用项目的组成,后者的建设工程发承包及实施阶段的工程造价组成则要求满足建筑安装工程在工程交易和工程实施阶段工程造价的组价要求,包括索赔等,内容更全面、更具体。实际工作中,建筑安装工程费按后者执行。

(三)建设工程定额

我国定额管理的二重性决定了它在市场经济中仍具有重要的地位和作用。建设工程定额是建设工程计价的依据。在编制设计概算施工图预算、竣工决算时,无论是划分工程项目、计算工程量,还是计算人工、材料和施工机械台班的消耗量,都以建设工程定额作为标准依据。所以,定额既是建设工程计划、设计、施工、竣工验收等各项工作取得最佳经济效益的有效工具和杠杆,又是考核和评价上述各阶段工作的经济尺度。建设工程定额也是建设工程纠纷鉴定计价的重要依据之一。

1. 建设工程定额的特性

(1)真实性和科学性。

(2)系统性和统一性。

(3)稳定性和时效性。

2. 定额的类别

(1)全国统一定额。

(2)地区统一定额。

(3)行业统一定额。

(4)企业定额。

(5)补充定额。

3. 定额的专业分类(全国各地不同,这里主要介绍上海市行政区域)

(1)土建与装饰工程定额:适用于一定范围内一般工业与民用建筑的新建、扩建、改建工程及单独装饰工程。

(2)安装工程定额:适用于新建、扩建项目中的机械、电气、热力设备安装,炉窑砌筑工程,静置设备与工艺金属结构制作安装工程,工业管道工程,消防及安全防范设备安装工程,给排水工程,采暖工程,燃气工程,通风空调工程,自动化控制仪表安装工程,刷油、防腐蚀、绝热工程。

(3)房屋修缮工程定额:适用于各类自竣工并投入使用后的房屋和附属设备及房

屋修缮工程中的电气照明，给排水、卫生器具、采暖、通风空调等的拆除和安装，大、中型维修以及建筑面积在300m^2以内的翻建、搭接、增层工程。但不适用于新建、扩建工程及单独进行的抗震加固工程。

(4)市政工程定额：适用于城镇新建、扩建及大中型市政修缮工程。不适用于市政工程的小修保养。

(5)仿古建筑及园林工程定额：适用于新建、扩建、改建工程的仿古建筑及园林绿化工程，不适用于修缮和临时性工程。

二、建设工程造价鉴定的类型和特点

(一)案件类型

1. 经济纠纷类案件

工程建设方与工程施工方在工程造价结算上产生争议或发生经济纠纷，需要对工程造价鉴定的；建设工程总承包方与分包方在工程造价结算上产生争议或发生经济纠纷，需要对工程造价鉴定的；在确定中标人后，业主在签订合同时压级压价、压低劳保费用、压缩工期等，甚至强制要求中标人给予优惠而产生纠纷，需要对工程造价鉴定的。

经济纠纷类案件还包括各种无效合同纠纷、“阴阳合同”纠纷。前者如由分支机构或分公司经理来签订合同，或单位法人盖章签字不全而产生的无效合同。后者如在招标中，业主考虑自身利益要求投标单位在投标前私下按其要求进行承诺，承包方为了获得项目，往往委曲求全，事后造成合同纠纷。

2. 财产分割类案件

工程项目出资人之间在工程造价结算上产生争议或由此引起财产分割纠纷，需要对工程造价鉴定的；工程项目主建方与参建方之间在工程造价结算上产生争议或由此引起建筑面积分配纠纷，需要对工程造价鉴定的。

3. 财产赔偿类案件

当事人因建筑物财产受损提出赔偿要求，对受损财产修复造价需要作出鉴定的。

4. 财产罚没类案件

受罚人建成或在建的建筑物财产被执法人处置时，对罚没的建筑物财产需要作出造价鉴定的。

(二)工程造价司法鉴定特点

1. 中立性

工程造价司法鉴定的委托人是办案机关，委托人本身不是当事人，与工程造价没有直接的利害关系，具有中立性。

2. 复杂性

工程造价司法鉴定对象主要是经法院、检察机关立案后的工程，纠纷的争议问题不单是工程造价问题，当事人之间的对立情绪明显，施工年份距鉴定年份可能较远，情况复杂，有的施工现场已不存在，工程资料不全，部分资料还需鉴定人另行收集。涉及的专门性问题通常比较复杂。

3. 客观性

委托程序合法,鉴定主体具备相应的能力,鉴定的方法科学可靠,采用标准适当,其鉴定意见具有客观性,不需要当事人的同意。如果当事人存在异议,可以启动有关质证程序,必要时还可以进行重新鉴定。

三、建设工程造价鉴定原则

(一)鉴定目的要求的原则

同一工程鉴定目的要求不同,会产生不同的结果,鉴定目的要求与合同条款的效力及委托人对鉴定结论的需求紧密相关。鉴定人应根据合同的有效条款以及委托人判案的性质,作出能够帮助委托人正确判案的意见。由于委托人多为非工程造价专业人员,对工程造价有关知识了解较少,有不少委托人一般难以提出确切要求,对必要资料有效性也不一定进行认定,而这些资料的有效性认定权又属于委托人。因此要求鉴定人帮助委托方明确鉴定目的要求十分必要。

(二)鉴定资料完备、有效原则

鉴定资料是鉴定工作开展的不可缺少的依据,也是鉴定意见正确无误的重要保证。收取鉴定资料必须依法进行。涉案建设工程的当事人有权利也有义务提供有关的鉴定资料。鉴定资料的提供或者借用都应公开进行,并达到资料真实、完整和有效的要求。就工程造价司法鉴定的资料而言,除了应提供完善的造价结算资料外,还应包括与涉案建设工程造价有关的工程承包合同、图纸、工程量清单计算书、涉及建设工程造价的会议纪要、技术核定及工程签证等文件,从而完整真实地反映涉案工程造价的客观状况。以上资料应是在工程实施过程中建立,并按合同约定为涉案当事各方所确认的有关资料,方为有效。为鉴别鉴定资料的真实有效,提交或借用的鉴定资料均应为原件,并在移交过程中列出清单办理移交签收手续。鉴定人在收取资料后应有后续保全鉴定资料的责任及对不够完整、不符合要求的资料提出甄别意见及补充提交的权利。为了确保司法鉴定的法律严肃性,司法机关应向涉案各方当事人说明提供资料的真实性、完整性和有效性的要求及提供虚假资料应承担的法律责任。同样,司法人员和鉴定人有意更换、损毁鉴定资料的,也要承担相应的法律责任。

(三)鉴定过程遵循公开、公平、公正原则

由于涉案工程的历史资料需要验证和补充,鉴定人必须和各方当事人进行接触,也必须到现场调查核实有关数据,所有这些过程都必须要求在委托人的组织下进行,这样可以使委托人了解取得资料的过程,增强对鉴定人及鉴定意见的信心,同时也增强取证的严密性。对鉴定中有关资料的采用,鉴定人除遵循实事求是、公平合理的原则外,还应遵循实际可行的原则,在保证鉴定能够完成的情况下,尽最大可能反映和接近事实。各方当事人提供的鉴定资料应经法庭质证合法有效,鉴定过程应遵循公开、公平、公正的原则。

(四)亲历性原则

在涉案建设工程司法鉴定过程中,当事人及其诉讼代理人未能自行收集提交对鉴

定工作开展、鉴定意见取得有影响的资料时，鉴定人应通过现场调查、实地勘察及计算校核等多种科学手段来取证。以上鉴定人的取证活动所取得的资料，同样可作为有效资料，且对鉴定意见产生更为重要的影响。因此在取证过程中，应注意和做到以下要求：第一，取证活动应公开进行。对需要取证的项目列出清单，通知涉案各方当事人参加，公开进行取证。第二，取证资料有效性。取证项目，如测量数据、施工项目、材料品质、谈话记录等均应以文字、图像等形式记录，并取得参加各方确认的书面文件。第三，取证资料复核制度的执行。对工程造价鉴定过程中涉及的工程量、工程等级等环节的复核取证过程，一般是通过对涉案当事人提供的图纸、计算资料进行核算来取得，根据司法鉴定公正和科学的原则，鉴定人除了执行复核计算取证工作外，尚需在一定范围内公开其取证内容作为其鉴定结果取得的依据之一。

（五）时效与追溯的原则

建设工程合同的履行及造价的形成是一个过程，其工程造价直接受到市场条件、合同、法规和定额等多种因素的影响。若工程合同等假设条件发生变更，则工程造价也将随之发生变更。涉案建设工程造价司法鉴定的进行过程及鉴定意见的发生，均受相关时效条件的制约。在工程造价司法鉴定的过程中，受时效条件制约的因素是多种多样的。表现较多的方面及其控制界限，如合同总体生效及失效的日期，按合同条款约定内容控制；合同条款中关于费用的申报、确认、增减及支付的时效，按合同约定执行；索赔事件处理的合同约定时效；定额法规及政府主管部门对工程造价方面的规范性文件，按其发布的生效及失效的时间执行；另外还有涉及招标投标报价及各项承诺的时效约定等。因此，鉴定机构及鉴定人自受到委托、接受资料、取证复核，直到鉴定意见产生的全过程，都应按涉案工程时效的制约条件，判断各种资料的有效性，并以有效资料、证据为依据，对涉案对象作出鉴定意见，并应在鉴定意见中说明其证明力的时效条件。

四、建设工程造价司法鉴定方法与步骤

（一）鉴定中应重视非技术因素

鉴定中，鉴定人必须重视各种非技术因素。要了解各方当事人的利益所在，各方的平衡点所在及最关切的问题。同时鉴定人应和委托人协调一致，统一步调，争取委托人最大限度的理解和支持。对于民事案件，注重调解是案件审理的一个重要原则，在鉴定中也应灵活运用这一原则。在鉴定书的分析论证过程中，针对双方的焦点问题，进行严密、科学的分析、论证。

（二）鉴定人应在职责范围内工作

鉴定人应明了自身权限，对涉及合同或合同条款是否有效等需要委托人确认的问题，应要求委托人予以确认。同时应利用自身的专业知识和专业经验，就如何合理地解决当事人的纠纷，多提建设性的建议，加强与委托人的配合。一个高水平的鉴定人在进行鉴定时，应积极地创造性地开展工作，不应被动地开展工作，应注意树立鉴定机构的权威性和公正性。

(三)鉴定意见不需要当事人同意

鉴定人应充分听取当事人的意见,对当事人的质疑,鉴定人应从多角度认真思考,审视鉴定意见的公正性、正确性。但鉴定人不应受当事人对鉴定结果接受程度的影响,鉴定人只要事实认定清楚,采用的依据真实可靠,鉴定结果公正合理,就可以作出结论,而无须考虑当事人是否能够接受。

五、施工合同司法鉴定

(一)工程质量责任司法鉴定

发包人造成建设工程质量缺陷,对以下情形予以鉴定:(1)提供的设计是否有缺陷;(2)提供或者指定购买的建筑材料、建筑构配件、设备是否符合强制性标准;(3)是否直接指定分包人分包专业工程;(4)建设工程的合理使用寿命内,地基基础工程和主体结构质量;(5)赔偿修理、返工、改建的合理费用等损失。

(二)合同解除争议的司法鉴定

工程合同解除后,当事人就价款结算发生争议,若送鉴的证据满足鉴定要求,则按送鉴的证据进行鉴定;不能满足鉴定要求的,鉴定人应提请委托人组织现场勘验或核对,会同当事人采取以下措施进行鉴定:(1)清点已完工程部位、测量工程量;(2)清点施工现场人、材、机数量;(3)核对签证、索赔所涉及的有关资料;(4)将清点结果汇总造册,请当事人签认,当事人不签认的,及时报告委托人,但不影响鉴定工作的进行;(5)分别计算价款。

当事人对已完成工程数量不能达成一致意见,鉴定人现场核对也无法确认的,应提请委托人委托第三方专业机构进行现场勘验,鉴定人应按勘验结果进行鉴定。

委托人认定发包人违约导致合同解除的,应包括以下费用:(1)已完成永久工程的价款;(2)已付款的材料设备等物品的金额(付款后归发包人所有);(3)临时设施的摊销费用;(4)签证、索赔以及其他应支付的费用;(5)撤离现场及遣散人员的费用;(6)发包人违约给承包人造成的实际损失(其违约责任的分担按委托人的决定执行);(7)其他应由发包人承担的费用。

委托人认定承包人违约导致合同解除的,应包括以下费用:(1)已完成永久工程的价款;(2)已付款的材料设备等物品的金额(付款后归发包人所有);(3)临时设施的摊销费用;(4)签证、索赔以及其他应支付的费用;(5)承包人违约给发包人造成的实际损失(其违约责任的分担按委托人的决定执行);(6)其他应由承包人承担的费用。

委托人认定不可抗力导致合同解除的,鉴定人应按合同约定进行鉴定;合同没有约定或约定不明的,鉴定人应提请委托人认定不可抗力导致合同解除后适用的归责原则,可建议按现行国家标准计价规范的相关规定进行鉴定,由委托人判断,鉴定人按委托人的决定进行鉴定。

单价合同解除后的争议,按以下规定进行鉴定,供委托人判断使用:(1)合同中有约定的,按合同约定进行鉴定;(2)委托人认定承包人违约导致合同解除的,单价项目按已完工程量乘以约定的单价计算(其中单价措施项目应考虑工程的形象进度),总价措施项目按与单价项目的关联度比例计算;(3)委托人认定发包人违约导致合同解除的,单价项目按已完工程量乘以约定的单价计算,其中剩余工程量超过15%的单价项目可适当增加企业管理费计算。总价措施项目已全部实施的,全额计算;未全部实施的,按与单价项目的关联度比例计算。未完工程量根据约定的单价计算后按工程所在地统计部门发布的建筑企业统计年报的利润率计算利润。

总价合同解除后的争议,按以下规定进行鉴定,供委托人判断使用:(1)合同中有约定的,按合同约定进行鉴定;(2)委托人认定承包人违约导致合同解除的,鉴定人可参照工程所在地同时期适用的计价依据计算出未完工程价款,再用合同约定的总价款减去未完工程价款计算已完工程价款;(3)委托人认定发包人违约导致合同解除的,承包人请求按照工程所在地同时期适用的计价依据计算已完工程价款,鉴定人可采用这一方式鉴定,供委托人判断使用。

六、计量与计价争议司法鉴定

(一)计量争议的司法鉴定

当事人对工程量有争议的,按照施工过程中形成的签证等书面文件确认。承包人能够证明发包人同意其施工,但未能提供签证文件证明工程量发生的,可以按照当事人提供的其他证据确认实际发生的工程量。

1. 当鉴定项目图纸完备,当事人就计量依据发生争议时,鉴定人应以现行国家相关工程计量规范规定的工程量计算规则计量;无国家标准的,按行业标准或地方标准计量,但当事人在合同中约定了计量规则的除外。

2. 一方当事人对双方当事人已经签认的某一工程项目计量结果有异议的,鉴定人应按以下规定进行鉴定:(1)当事人一方仅提出异议未提供具体证据的,按原计量结果进行鉴定。(2)当事人一方既提出异议又提出具体证据的,应对原计量结果进行复核,必要时可到现场复核,按复核后的计量结果进行鉴定。(3)当事人就总价合同计量发生争议的,总价合同对工程计量标准有约定的,按约定进行鉴定;没有约定的,仅就工程变更部分进行鉴定。

(二)计价争议的司法鉴定

当事人对建设工程的计价标准或者计价方法有约定的,按照约定结算工程价款。因设计变更,建设工程的工程量或者质量标准发生变化,当事人对该部分工程价款不能协商一致的,可以参照签订建设施工合同时当地建设行政主管部门发布的计价方法或者计价标准结算工程价款。

鉴定项目合同计价依据、计价方法约定不明的,鉴定人应厘清合同履行的事实,如是按合同履行的,应向委托人提出按合同约定进行鉴定;如合同没有履行,鉴定人可向委托人提出“参照鉴定项目所在地同时期适用的计价依据、计价方法和签约时的市场价格信息进行鉴定”的建议,鉴定人应按照委托人的决定进行鉴定。

鉴定项目合同对计价依据、计价方法没有约定的,鉴定人可向委托人提出“参照鉴定项目所在地同时期适用的计价依据、计价方法和签约时的市场价格信息进行鉴定”

的建议,鉴定人应按照委托人的决定进行鉴定。

鉴定项目合同对计价依据、计价方法约定条款前后矛盾的,鉴定人应提请委托人决定适用条款,委托人未予以明确的,鉴定人应按不同的约定条款分别作出鉴定意见,供委托人判断使用。

当事人因材料价格发生争议的,鉴定人应提请委托人决定并按其决定进行鉴定。委托人未及时决定可按以下规定进行鉴定,供委托人判断使用:(1)材料价格在采购前经发包人或其代表签批认可的,应按签批的材料价格进行鉴定;(2)材料采购前未报发包人或其代表认质认价的,应按合同约定的价格进行鉴定;(3)发包人认为承包人采购的材料不符合质量要求,不予认价的,应按双方约定的价格进行鉴定,质量方面的争议应告知发包人另行申请质量鉴定。

当事人因物价波动,要求调整合同价款发生争议的,鉴定人应按以下规定进行鉴定:(1)合同中约定了计价风险范围和幅度的,按合同约定进行鉴定;合同中约定了物价波动可以调整,但没有约定风险范围和幅度的,应提请委托人决定,按现行国家标准计价规范的相关规定进行鉴定;但已经采用价格指数法进行调整的除外。(2)合同中约定物价波动不予调整的,仍应对实行政府定价或政府指导价的材料按《民法典》合同编的相关规定进行鉴定。

当事人因人工费调整文件,要求调整人工费发生争议的,鉴定人应按以下规定进行鉴定:(1)合同中约定不执行的,鉴定人应提请委托人决定并按其决定进行鉴定。(2)合同中没有约定或约定不明的,鉴定人应提请委托人决定并按其决定进行鉴定。委托人要求鉴定人提出意见的,鉴定人应分析鉴别:如人工费的形成是以鉴定项目所在地工程造价管理部门发布的人工费为基础在合同中约定的,可按工程所在地人工费调整文件作出鉴定意见;如不是,则应作出否定性意见,供委托人判断使用。

七、工期与费用索赔争议司法鉴定

(一)工期索赔争议的司法鉴定

1. 对建设工程开工日期有争议的,按照以下情形予以鉴定:(1)开工日期为发包人或者监理人发出的开工通知载明的开工日期;开工通知发出后,尚不具备开工条件的,以开工条件具备的时间为开工日期;承包人原因导致开工时间推迟的,以开工通知载明的时间为开工日期。(2)承包人经发包人同意已经实际进场施工的,以实际进场施工时间为开工日期。(3)发包人或者监理人未发出开工通知,亦无相关证据证明实际开工日期的,应当综合考虑开工报告、合同、施工许可证、竣工验收报告或者竣工验收备案表等载明的时间,并结合是否具备开工条件的事实,认定开工日期。

2. 当事人对鉴定项目开工时间有争议的,鉴定人应提请委托人决定,委托人要求鉴定人提出意见的,鉴定人按以下规定提出鉴定意见,供委托人判断使用。(1)合同中未约定开工时间,应采用发包人批准的开工时间;没有发包人批准的开工时间,可根据施工日志、验收记录等相关证据确定开工时间。(2)合同中约定了开工时间,因承包人原因不能按时开工,发包人接到承包人延期开工申请且同意承包人要求的,开工时间相应顺延;发包人不同意延期要求或承包人未在约定时间内提出延期开工要求的,开工时间不予顺延。(3)因非承包人原因不能按照合同中约定的开工时间开工,开工时间相应顺延。(4)证据材料中,均无发包人或承包人提前或推迟开工时间的证据,采用合同约定的开工时间。(5)因不可抗力原因不能按时开工的,开工时间相应顺延。

3. 当事人对鉴定项目工期有争议的,鉴定人应按以下规定进行鉴定:(1)合同中明确约定了工期的,以合同约定工期进行鉴定;(2)合同对工期约定不明或没有约定的,鉴定人应按工程所在地相关专业工程建设主管部门的规定或国家相关工程工期定额进行鉴定。

4. 对建设工程实际竣工日期有争议的,按照以下情形予以鉴定:(1)建设工程经竣工验收合格的,以竣工验收合格之日为竣工日期;(2)承包人已经提交竣工验收报告,发包人拖延验收的,以承包人提交验收报告之日为竣工日期;(3)建设工程未经竣工验收,发包人擅自使用的,以转移占有建设工程之日为竣工日期。

5. 对当事人约定顺延工期有争议的,按照以下情形予以鉴定:(1)当事人应当经发包人或者监理人签证等方式确认,承包人虽未取得工期顺延的确认,但能够证明在合同约定的期限内向发包人或者监理人申请过工期顺延且顺延事由符合合同约定,承包人以此为由主张工期顺延的,应予支持。(2)当事人约定承包人未在约定期限内提出工期顺延申请视为工期不顺延的,按照约定处理,但发包人在约定期限后同意工期顺延或者承包人提出合理抗辩的除外。(3)建设工程竣工前,当事人对工程质量发生争议,工程质量经鉴定合格的,鉴定期间为顺延工期期间。

6. 当事人对鉴定项目暂停施工、顺延工期有争议的,鉴定人应按以下规定进行鉴定:(1)因发包人原因暂停施工的,相应顺延工期;(2)因承包人原因暂停施工的,工期不予顺延;(3)工程竣工前,发包人与承包人对工程质量发生争议停工待鉴的,若工程质量鉴定合格,承包人并无过错,鉴定期间为工期顺延时间。

7. 当事人对鉴定项目因设计变更顺延工期有争议的,鉴定人应参考施工进度计划,判别是否因增加了关键线路和关键工作的工程量而引起工期变化,如增加了工期,应相应顺延工期;如未增加工期,工期不予顺延。

8. 当事人对鉴定项目因工期延误索赔有争议的,鉴定人应按《建设工程造价鉴定规范》第5.7.1~5.7.5条的规定先确定实际工期,再与合同工期对比,以此确定是否延误以及延误的具体时间。

对工期延误责任的归属,鉴定人可从专业鉴别、判断的角度提出建议,最终由委托人根据当事人的举证判断确定。

(二)费用索赔争议的司法鉴定

1. 当事人因提出索赔发生争议的,鉴定人应提请委托人就索赔事件的成因、损失等作出判断,委托人明确索赔成因、索赔损失、索赔时效均成立的,鉴定人应运用专业知识作出因果关系的判断,作出鉴定意见,供委托人判断使用。

2. 一方当事人提出索赔,对方当事人已经答复但未能达成一致,鉴定人可按以下规定进行鉴定:(1)对方当事人以不符合事实为由不同意索赔的,鉴定人应在厘清证据事实以及事件的因果关系的基础上作出鉴定;(2)对方当事人以该索赔事项存在,但认为不存在赔偿责任的,或认为索赔过高的,鉴定人应根据相关证据和专业判断作出鉴定。

3. 当事人对暂停施工索赔费用有争议的,鉴定人应按以下规定进行鉴定:(1)合同中对上述费用的承担有约定的,应按合同约定作出鉴定。(2)发包人原因引起的暂停施工,费用由发包人承担,包括对已完工程进行保护的费用、运至现场的材料和设备的保管费、施工机具租赁费、现场生产工人与管理人员工资、承包人为复工所需的准备费用等。(3)承包人原因引起的暂停施工,费用由承包人承担。

4. 因不利的物质条件或异常恶劣的气候条件的影响,承包人提出应增加费用和延误的工期的,鉴定人应按以下规定进行鉴定:(1)承包人及时通知发包人,发包人同意后及时发出指示同意的,采取合理措施而增加的费用和延误的工期由发包人承担;发承包双方就具体数额已经达成一致的,鉴定人应采纳这一数额鉴定;发承包双方未就具体数额达成一致的,鉴定人通过专业鉴别、判断作出鉴定。(2)承包人及时通知发包人后,发包人未及时回复的,鉴定人可从专业角度进行鉴别、判断作出鉴定。

5. 因发包人原因,发包人删减了合同中的某项工作或工程项目,承包人提出应由发包人给予合理的费用及预期利润,委托人认定该事实成立的,鉴定人进行鉴定时,其费用可按相关工程企业管理费的一定比例计算,预期利润可按相关工程项目报价中的利润的一定比例或工程所在地统计部门发布的建筑企业统计年报的利润率计算。

八、工程签证争议及证据欠缺司法鉴定

(一)工程签证争议的司法鉴定

1. 当事人因工程签证费用而发生争议,鉴定人应按以下规定进行鉴定:(1)签证明确了人工、材料、机械台班数量及其价格的,按签证的数量和价格计算;(2)签证只有用工数量,没有人工单价的,其人工单价按照工作技术要求比照鉴定项目相应工程人工单价适当上浮计算;(3)签证只有材料和机械台班用量没有价格的,其材料和台班价格按照鉴定项目相应工程材料和台班价格计算;(4)签证只有总价款而无明细表述的,按总价款计算;(5)签证中的零星工程数量与该工程应予实际完成的数量不一致时,应按实际完成的工程数量计算。

2. 当事人因工程签证存在瑕疵而发生争议的,鉴定人应按以下规定进行鉴定:(1)签证发包人只签字证明收到,但未表示同意,承包人有证据证明该签证已经完成,鉴定人可作出鉴定意见并单列,供委托人判断使用;(2)签证既无数量,又无价格,只有工作事项的,由当事人双方协商,协商不成的,鉴定人可根据工程合同约定的原则、方法对该事项进行专业分析,作出推断性意见,供委托人判断使用。

3. 承包人仅以发包人口头指令完成了某项零星工作或工程,要求费用支付,而发包人又不认可,且无物证的,鉴定人应以法律证据缺失为由,作出否定性鉴定。

(二)证据欠缺的司法鉴定

1. 鉴定项目施工图(或竣工图)缺失,鉴定人应按以下规定进行鉴定:(1)建筑标的

物存在的，鉴定人应提请委托人组织现场勘验计算工程量作出鉴定；(2)建筑标的物已经隐蔽的，鉴定人可根据工程性质、是否为其他工程的组成部分等作出专业分析进行鉴定；(3)建筑标的物已经灭失，鉴定人应提请委托人对不利后果的承担主体作出认定，再根据委托人的决定进行鉴定。

2. 在鉴定项目施工图或合同约定工程范围外，承包人以完成发包人通知的零星工程为由，要求结算价款，但未提供发包人的签证或书面认可文件，鉴定人应按以下规定作出专业分析进行鉴定：(1)发包人认可或承包人提供的其他证据可以证明的，鉴定人应作出肯定性鉴定，供委托人判断使用；(2)发包人不认可，但该工程可以进行现场勘验，鉴定人应提请委托人组织现场勘验，依据勘验结果进行鉴定。

九、建设工程结算的鉴定

1. 对建设工程结算有争议的证据首先应经法庭质证，才能提交鉴定机构作为鉴定依据。依据最高人民法院《关于审理建设工程施工合同纠纷案件适用法律问题的解释》(法释〔2020〕25 号)，鉴定机构按照以下情形予以鉴定：(1)当事人约定，发包人收到竣工结算文件后，在约定期限内不予答复，视为认可竣工结算文件的，按照约定处理。承包人请求按照竣工结算文件结算工程价款的，应予支持。(2)当事人签订的建设工程施工合同与招标文件、投标文件、中标通知书载明的工程范围、建设工期、工程质量、工程价款不一致，一方当事人请求将招标文件、投标文件、中标通知书作为结算工程价款依据的，应按中标合同鉴定。(3)发包人将依法不属于必须招标的建设工程进行招标后，与承包人另行订立的建设工程施工合同背离中标合同实质性内容，当事人请求以中标合同作为结算建设工程价款依据的，以中标合同作为计价依据。但发包人与承包人因客观情况发生了在招标投标时难以预见的变化而另行订立建设工程施工合同的除外。(4)当事人就同一建设工程订立的数份建设工程施工合同均无效，但建设工程质量合格，一方当事人请求参照实际履行的合同关于工程价款的约定折价补偿承包人的，应予支持，但具体实际履行的合同由法院认定。(5)实际履行的合同难以确定，当事人请求参照最后签订的合同关于工程价款的约定折价补偿承包人的，应予支持，最后签订的合同应由法院作出认定后鉴定。

2. 发包人以工程质量不合格为由，拒绝办理工程结算而发生争议的，鉴定人应按以下规定进行鉴定：(1)已竣工验收合格或已竣工未验收但发包人已投入使用的工程，工程结算按合同约定进行鉴定。(2)已竣工未验收且发包人未投入使用的工程，以及停工、停建工程，鉴定人应对无争议、有争议的项目分别按合同约定进行鉴定。工程质量争议应告知发包人申请工程质量鉴定，待委托人分清当事人的质量责任后，分别按照工程造价鉴定意见判断采用。

第五节 建设工程鉴定的评价

一、鉴定意见书审查主体

审查主体包括双方的有关当事人、代理人、法官等,他们中的许多人并非工程技术方面的专业人员,所以要求鉴定报告内容应易于理解,便于应用,应有利于法官确定经济责任和赔偿金额。一般性的工程鉴定是根据检测结果,评定工程质量是否达到规范要求,或根据规范评定建筑物的安全等级,然后提出相应的加固或处理措施建议。但在司法鉴定中,这样的鉴定结论作为区分经济责任和确定赔偿金额的依据是不够的,因为法院不仅仅需要提出加固或处理措施,还需要估算出加固费用。有观点认为估价工作可以由法院委托有资质的会计师事务所进行,但会计师事务所对鉴定结果不了解,并且也提不出专业的合理加固方案,所以对于这部分工作,法院主要还是委托有资质的不同专业鉴定单位来完成。通常情况下有资质的设计单位可以受委托进行质量检测鉴定、修复设计鉴定、修复费用估价鉴定;对于在建工程造价鉴定,应委托专业的造价咨询单位完成。鉴定意见为法院具体裁定经济责任和赔偿金额提供参考。

二、鉴定意见书审查的内容

鉴定意见书应当科学、专业,检测测试数据客观、完整,原因分析依据充分,鉴定意见明确,并由实施鉴定的鉴定人亲笔签名。

1. 工程的概况,包括所有与本次检测鉴定事项有关的重大事项,如工程结构类型、有关参数、建设单位、勘察单位、设计单位、监理单位、施工单位等;工程施工概况,包括施工日期、完工日期、施工中的有关重大情况;与工程检测有关的技术资料,如工程地质情况、构件截面、设计强度等;纠纷的概况、既往鉴定的情况、提起鉴定的原因等。

2. 检验过程,包括检验的方法、依据、标准、技术规范、仪器设备型号清单、环境条件、检测结果等。其中检测项目较多时,应分项目分别写明检测结果。必要时可用表格、示意图、照片等形式说明。有关标准有专门要求的,应遵循其要求按格式填写。

3. 分析说明与鉴定意见:分析说明应针对委托事项进行,其依据就是前述的检验所见,送检材料中的技术参数,国家和行业的法律、法规、技术规范和行业的操作常规以及鉴定人的技术经验等。分析说明部分的论证应逻辑严密,论述充分,观点明确。如果因鉴定条件原因,无法形成明确的鉴定意见,应在分析说明部分说明无法形成确定鉴定意见的原因,以及如何补充鉴定材料等。必要时可以依据现有检测结果,出具倾向性鉴定意见。

根据《上海市建设工程检测管理办法》第 22 条的规定,涉及建设工程结构质量安全的检测档案期限不得少于 10 年。

三、鉴定意见书技术要点及补正

建设工程司法鉴定意见书根据鉴定委托事项不同可以分为多种类型。根据《建设工程工程量清单计价规范》(GB 50500 - 2013),《建筑项目工程量清单计价规则》《建筑工程施工发包与承包计价管理办法》作出的规定,同时可参考司法部《关于印发司法鉴定文书格式的通知》要求。

(一)鉴定意见分类

1. 客观鉴定意见。出具的鉴定意见主要根据客观完整的检测数据、检测结果与设计图纸资料或鉴定所引用规范标准逐条对照判断其符合性。

2. 推定性鉴定意见。由于检测时物理性状可能已经缺失或者不完整,鉴定受到各种客观条件限制,但可根据相关资料数据互为印证,形成证据链,通过专业分析,判断其因果关系,确定事实的鉴定,可出具推定性鉴定意见。

(二)司法鉴定意见书补正

鉴定意见书出具后,发现有下列情形之一的,司法鉴定机构可以进行补正:图像、谱图、表格不清晰的;签名、盖章或者编号不符合制作要求的;文字表达有瑕疵或者错别字,但不影响司法鉴定意见的。补正应当在原司法鉴定意见书上进行,由至少一名司法鉴定人在补正处签名。必要时,可以出具补正书,但不得改变鉴定结论的原意。

思考习题

1. 简述建设工程质量鉴定的主要内容。
2. 简述建设工程质量鉴定程序及主要特点。
3. 简述建设工程造价鉴定的主要内容。
4. 简述建设工程重大安全事故的分级。
5. 简述如何审查工程质量、工程造价鉴定意见书。

拓展阅读书目

1. 孙咏梅主编:《建筑工程造价》,北京大学出版社 2013 年版。
2. 李钰编著:《建筑工程概论》,中国建筑工业出版社 2014 年版。
3. Randall K. Noon, Forensic Engineering Investigation, 2001 CRC Press LLC.

第二十六章　知识产权司法鉴定

本章概要　本章主要介绍了知识产权司法鉴定及与知识产权司法鉴定有关的概念、知识产权司法鉴定的基本性质与基本属性、基本原则，以及知识产权司法鉴定的任务与作用。

通过本章的学习，应当掌握知识产权司法鉴定的概念、基本理论问题，了解知识产权司法鉴定的任务与作用。

关键词　知识产权；知识产权司法鉴定；知识产权司法鉴定性质；知识产权司法鉴定原则

第一节　概　　述

一、术语和定义

知识产权司法鉴定（intellectual property appraisement），是指鉴定人就知识产权纠纷中涉及的专门性问题进行鉴别和判断，并提供鉴定意见的活动。知识产权司法鉴定通常包括专利鉴定、商标鉴定、商业秘密鉴定、集成电路布图设计鉴定、植物新品种鉴定、技术合同鉴定、著作权鉴定、地理标志鉴定等。

知识产权司法鉴定机构（intellectual property appraisal provider），是指组织鉴定人开展知识产权司法鉴定的机构。

委托材料（commissioned materials），是指由委托人提供给知识产权司法鉴定机构的与委托鉴定事项有关的资料及实物。包括对比专利、专利审查档案、生效的专利授权确权裁判文书、对比文件、鉴定对象或者与鉴定对象相关的材料等。

鉴定材料（appraisal materials），是指鉴定意见所依据的与委托鉴定事项相关的资料及实物。包括对比专利、专利审查档案、生效的专利授权确权裁判文书、对比文件、鉴定对象或者与鉴定对象相关的材料等。

鉴定专家组（appraisal expert group），是指受聘于知识产权鉴定机构，实施知识产权司法鉴定活动的人员集合。

二、知识产权司法鉴定的相关规范

随着人工智能、信息通信、生物医学等尖端、前沿技术的快速发展，知识产权疑难复杂案件不断增多。知识产权司法鉴定在知识产权纠纷，尤其是在疑难复杂案件中的专业技术事实认定中发挥的作用越来越重要。党中央、国务院高度重视知识产权司法鉴定工作。2021年中共中央、国务院印发的《知识产权强国建设纲要(2021—2035年)》和中共中央办公厅、国务院办公厅印发的《关于强化知识产权保护的意见》都对加强知识产权司法鉴定工作提出明确要求。知识产权司法鉴定作为由专业人员运用专门知识对知识产权侵权有关的专门性问题进行鉴别、判断的一种活动,是支撑知识产权保护工作的重要内容,对于客观公正处理知识产权纠纷,提高知识产权侵权判定能力和水平,满足社会对知识产权司法鉴定的需要,提高我国知识产权保护治理体系和治理能力现代化建设具有重要意义。《知识产权强国建设纲要(2021—2035年)》要求,建立完善知识产权侵权纠纷检验鉴定工作体系。2021年10月,国务院印发《"十四五"国家知识产权保护和运用规划》,明确提出建立完善知识产权侵权纠纷检验鉴定工作体系,加强知识产权鉴定机构专业化、规范化建设,推动建立知识产权鉴定技术标准。

为落实《知识产权强国建设纲要(2021—2035年)》关于建立完善知识产权侵权纠纷检验鉴定工作体系的工作要求,按照《"十四五"国家知识产权保护和运用规划》关于建立完善知识产权侵权纠纷检验鉴定工作体系,加强知识产权鉴定机构专业化、规范化建设的工作部署,充分发挥知识产权司法鉴定在知识产权司法审判、行政执法等活动中的技术支撑作用,满足知识产权鉴定由行政管理向行业管理转变的需求,国家知识产权局知识产权保护司组织编制知识产权司法鉴定规范系列团体标准,为知识产权司法鉴定机构日常的鉴定活动提供参照和指引。

第二节　知识产权鉴定的标准

按照最高人民法院《关于知识产权民事诉讼证据的若干规定》、司法部《司法鉴定程序通则》等相关法律法规的要求,目前有3个国家推荐性标准正在审查阶段。标准的技术内容主要以知识产权鉴定行业从业机构的使用为主,对于从业人员的要求,也通过对鉴定机构的经营管理者提出要求,进一步由鉴定机构去指导和约束鉴定从业人员开展知识产权规范化管理。标准为首次自主制定,不涉及国际标准采纳情况。标准正式发布后将由国家知识产权局牵头,联合相关部门推动标准的应用实施。地方也起草颁布了一些知识产权鉴定相关的规范性文件,如:浙江省起草形成《电子商务领域知识产权侵权咨询服务规范》,并积极推动其成为浙江省地方标准。重庆、江苏、天津等地制定形成《发明、实用新型专利鉴定实施规范》《技术信息非公知性鉴定实施规范》《技术信息同一性鉴定实施规范》等技术规范。2020年镇江市正式发布实施地方标准《专利侵权技术鉴定服务规范》(DB 3211/T 1016－2020),成为全国首个专利侵权技术鉴定服务地方标准。

与知识产权司法鉴定相关的标准包括国家推荐性标准、行业标准、地方标准和团体标准等。

一、国家推荐性标准

目前有3个知识产权司法鉴定国家推荐性标准正在审查阶段,分别是:《知识产权鉴定规范　第1部分:总则》(20221577－T－463)、《知识产权鉴定规范　第2部分:专利》(20221578－T－463)、《知识产权鉴定规范　第3部分:商标》(20221581－T－463)。其中《知识产权鉴定规范　第1部分:总则(征求意见稿)》包括:范围,规范性引用文件、术语和定义、基本原则、鉴定机构、人员要求、资源管理、鉴定程序。

二、行业标准

目前有2个知识产权司法鉴定行业标准,分别是司法部《全国司法鉴定管理信息系统技术规范》(SF/T 0025－2017)、《司法鉴定技术规范编写规则》(SF/T 0062－2020)。另有3个相关行业标准,分别是《司法鉴定/法庭科学能力验证实施指南　第7部分:电子数据鉴定》(RB/T 060.7－2023)、《司法鉴定方法验证规范》(SF/T 0181－2024)、《司法鉴定标准化工作指南》(SF/T 0110－2021)。

三、地方标准

目前主要有2个知识产权鉴定地方标准,分别是:深圳市市场监督管理局《知识产权侵权纠纷技术检验鉴定工作规范》(DB 4403/T 263－2022),适用于知识产权侵权纠纷技术检验鉴定工作;江苏汇智知识产权服务有限公司《专利侵权技术鉴定服务规范》(DB 3211/T 1016－2020),规定了专利侵权技术鉴定服务的术语和定义、鉴定原则、鉴定机构、鉴定方法、鉴定程序、服务评价与改进和档案管理。该标准适用于专利侵权技术鉴定服务活动。

四、团体标准

目前主要有4个知识产权鉴定团体标准,分别是中国知识产权研究会《知识产权鉴定管理规范》(T/CIPS 001－2022)、《专利鉴定规范》(T/CIPS 002－2022)、《商标鉴定规范》(T/CIPS 003－2022)以及中国联合国采购促进会《跨境电子商务　交易产品知识产权侵权鉴定管理规范》(T/UNP 22－2022)、《陶瓷知识产权鉴定评估规则》(T/JCECA 20701－2024)。

2021年,中国知识产权研究会知识产权鉴定专业委员会启动以上团体标准的制定工作,其中包含对知识产权鉴定机构的基本要求、鉴定程序以及专利、商标鉴定实施的具体规范等内容,其发布旨在深入贯彻落实《知识产权强国建设纲要(2021—2035年)》和《"十四五"国家知识产权保护和运用规划》关于建立完善知识产权侵权纠纷检验鉴定工作体系的工作要求,为知识产权鉴定机构和鉴定人开展鉴定活动提供依据和指引,对于推进知识产权鉴定行业的专业化、规范化发展具有重要意义,标志着我国知识产权鉴定相关团体标准制定工作取得重大进展。

第三节　知识产权鉴定基本内容

一、鉴定机构

(一)基本要求

1. 知识产权鉴定机构应具有独立的服务场所与设施。

2. 知识产权鉴定机构应具有独立的法人主体。

3. 知识产权鉴定机构应聘有 3 名以上开展知识产权鉴定的鉴定人。

4. 知识产权鉴定机构应定期对其机构的鉴定人和其他工作人员进行职业培训。

(二)人员要求

1. 鉴定人。知识产权鉴定机构应确保所聘用的鉴定人具备与所从事的知识产权鉴定服务相应的能力并满足下列要求,包括但不限于:(1)遵守知识产权鉴定职业道德和要求。(2)具有相关的高级专业技术职称;或者具有相关的行业执业资格或者高等院校相关专业本科以上学历,从事相关工作 5 年以上;或者具备相关专业工作 10 年以上经历和较强的专业技能。(3)经过知识产权鉴定培训,具备与专业技术领域相关的背景知识。(4)就同一鉴定事项未受聘于其他知识产权鉴定机构。(5)在出具的鉴定意见书中签字并对鉴定意见负责。

2. 工作人员。知识产权鉴定机构工作人员应具备以下条件和能力:(1)熟悉知识产权鉴定业务,具备参与知识产权鉴定的工作能力;(2)与委托人沟通的能力,能准确判断、把握委托人需求;(3)鉴定统筹规划能力和团队组织、沟通、协调能力;(4)鉴定进度管理及质量控制能力。

3. 技术顾问。技术顾问应具备以下条件和能力:(1)相应技术领域专业知识;(2)对相关技术问题的理解、分析、判断能力;(3)就相关技术问题交流沟通的能力。

4. 鉴定专家组。专家组应由至少 2 名鉴定人组成,可以加入技术顾问,并满足如下要求:(1)由具备专业技术领域及知识产权领域专业知识技能的专家组成,或由具备专业技术领域知识的专家和具备知识产权领域专业技能的专家共同组成。(2)专家组成员本人或者其近亲属与纠纷当事人、鉴定事项涉及的案件有利害关系,可能影响其独立、客观、公正进行鉴定的,应回避;专家组成员曾经参加过同一鉴定事项鉴定的,或者曾经作为专家提供过咨询意见的,或者曾参与过同一鉴定事项法庭质证的,应回避;专家组成员自行提出回避的,知识产权鉴定机构应对回避的理由进行审核,判断是否属于应回避的情形;委托人要求专家组成员回避的,应向知识产权鉴定机构提出,知识产权鉴定机构应对回避的理由进行审核,判断是否属于应回避的情形。

二、鉴定实施

(一)组成鉴定专家组

鉴定专家组应满足下列要求:(1)签订委托协议后,根据业务开展的需要,知识产权鉴定机构应选定2人以上(含2人)鉴定人组成鉴定专家组;(2)在鉴定过程中出现特别复杂、疑难、特殊技术问题时,可以引入其他符合条件的技术专家参与,但最终鉴定意见由本机构的鉴定人出具。

(二)确定实施方案

知识产权鉴定机构应与委托人充分沟通,归纳鉴定需求,确定鉴定实施目标,细化分解鉴定项目任务,制定执行计划,形成鉴定项目实施方案。

(三)实施过程

1. 鉴定依据。知识产权鉴定人应依照下列顺序遵守和采用该专业领域的技术标准、技术规范和技术方法:国家标准;行业标准和技术规范;该专业领域多数专家认可的技术方法。

2. 委托第三方检测。在鉴定实施过程中,为查明相关事实,必要时,知识产权鉴定机构可委托具有相应能力或资质的第三方机构进行检测。

3. 现场提取鉴定材料。鉴定材料需进行现场提取的,鉴定机构在与委托方协商约定后,应派出不少于2名工作人员前往现场提取,其中至少应包含一名本案的鉴定人,并做好现场提取鉴定材料的相关记录;提取记录可以采取笔记、录音、录像、拍照等方式;提取记录应载明主要的提取方法和过程,检查、检验、检测结果,以及仪器设备使用情况等;提取记录的内容应真实、客观、准确、完整、清晰,记录的文本资料、音像资料等应存入鉴定档案。

(四)终止鉴定

知识产权鉴定机构在鉴定过程中,如果出现下列情况,应终止鉴定:(1)发现鉴定材料不真实、不完整、不充分或者取得方式不合法;(2)鉴定用途不合法或者违背社会公德;(3)鉴定要求不符合知识产权鉴定执业规则或者相关鉴定技术规范;(4)鉴定要求超出本机构技术条件或者鉴定能力;(5)鉴定机构得知委托人就同一鉴定事项同时委托其他知识产权鉴定机构进行鉴定;(6)鉴定材料发生变质、耗损,并且委托人不能补充提供;(7)委托人主动撤销鉴定委托,或者委托人拒绝支付鉴定费用;(8)委托人拒不履行鉴定委托书规定的义务、拒不配合或者鉴定活动受到严重干扰,致使鉴定无法继续;(9)其他应当终止鉴定的情形。

如果终止鉴定,知识产权鉴定机构应书面通知委托人,说明理由并退还鉴定材料。

(五)形成鉴定意见

形成鉴定意见,应满足下列要求:

1. 鉴定机构根据鉴定事项组织鉴定专家组就鉴定材料、方法、过程等进行讨论,形成鉴定意见。

2. 如果鉴定事项涉及复杂、疑难、特殊技术问题或者鉴定过程需要较长时间,经本机构负责人批准,完成鉴定的时限可以延长,延长时限一般不应超过30个工作日。

3. 如果鉴定时限延长,应及时告知委托人。

4. 在鉴定过程中补充或者重新提取鉴定材料、委托第三方进行检索或检测所需时间,不计入鉴定时限。

第四节　知识产权鉴定的类型

一、专利鉴定

(一)发明和实用新型鉴定实施

按照GB/T ××××《知识产权鉴定规范　第1部分:总则》第8章鉴定程序部分相关要求制定发明和实用新型鉴定项目实施方案,用于指导发明和实用新型鉴定实施过程各环节。

1.技术特征分解

(1)输入。输入材料包括目标专利文本。

(2)过程控制。包括:①结合现有技术及鉴定材料梳理明确发明和实用新型技术方案的发明目的、整体构思、所要解决的技术问题、实际解决的技术问题以及取得的技术效果;②结合专利说明书及附图分析目标权利要求技术方案的语句构成;③分解目标权利要求的技术方案;④拆分出若干技术特征。

(3)输出。输出材料包括技术特征分解表。

2.现有技术相应技术特征提取

(1)输入。输入材料包括技术特征分解表、现有技术载体。

(2)过程控制。包括:①根据技术特征分解表中的每一项技术特征的技术内容、功能、效果在现有技术载体中寻找对应技术特征。②对应技术特征不明确时,由委托人补充材料或鉴定机构组织检验、检测、提取。③具有相应技术特征时,确认并标记相应技术特征;无相应技术特征时,明确记录"无";无法判断时,记录无法判断。

(3)输出。输出材料包括现有技术对应技术特征表。

3.鉴定对象相应技术特征提取

(1)输入。输入材料包括:技术特征分解表;鉴定对象的实物或者能反应实物特征的图样、说明书、检测检验报告等相关资料。

(2)过程控制。包括:①根据技术特征分解表中的每一项技术特征的技术内容、功能、效果,在鉴定对象中寻找对应技术特征。②对应技术特征不明确时,由委托人补充材料或进行检验、检测、勘验。③具有相应技术特征时,确认并标记相应技术特征;无相应技术特征时,明确记录"无";无法判断时,记录无法判断。

(3)输出。输出材料包括鉴定对象对应技术特征表。

4.技术特征比对

(1)输入。输入材料包括:技术特征分解表;现有技术对应技术特征表或鉴定对象对应技术特征表。

(2)过程控制。包括:①将技术特征分解表中的技术特征与鉴定对象对应技术特征表中的技术特征逐一对比;②分析相应技术特征是否相同、手段功能效果是否基本相同或无法判断;③将技术特征分解表中的技术特征与现有技术对应技术特征表中的技术特征逐一比对。

(3)输出。输出材料包括技术特征比对分析表。

(二)外观设计鉴定实施

按照GB/T ××××《知识产权鉴定规范　第1部分:总则》第8章鉴定程序形成外观设计专利鉴定项目实施方案,用于指导外观设计专利鉴定实施过程各环节。

1. 外观设计产品比对

(1)输入。输入材料包括:争议外观设计的产品(鉴定对象);外观设计专利授权公告载明的产品。

(2)过程控制。包括:①以外观设计产品的功能、用途、使用环境为依据判断争议外观设计产品与授权外观设计专利产品是否是相同或者相近种类产品;②综合考虑外观设计的简要说明、国际外观设计分类表、产品的功能以及产品销售、实际使用情况等因素确定产品的用途。

(3)输出。输出材料包括争议外观设计产品与授权外观设计专利产品比对结果。

2. 外观设计比对

(1)外观设计专利设计特征分解

①输入。输入材料包括外观设计专利授权公告中表示在图片或者照片中的产品的外观设计。

②过程控制。包括:综合考虑外观设计专利授权公告中表示该外观设计的图片或者照片所显示的形状、图案、色彩等全部设计要素所构成的完整的设计内容;考虑图片或者照片中每个视图所显示的所有设计特征。

③输出。输出材料包括外观设计专利产品设计特征分解表。

(2)争议外观设计特征提取

①输入。输入材料包括争议外观设计的产品及其图片或者照片。

②过程控制。包括:综合考虑争议外观设计产品中表示该外观设计的图片或者照片所显示的形状、图案、色彩等全部设计要素所构成的完整的设计内容;考虑争议外观设计产品或其图片或者照片中每个视图所显示的所有设计特征。

③输出。输出材料包括争议外观设计产品设计特征分解表。

(3)设计特征比对

①输入。输入材料包括:外观设计专利产品设计特征分解表;争议外观设计产品设计特征分解表。

②过程控制。包括:判断争议外观设计与授权外观设计是否相同或相近似时以全面观察设计特征、综合判断整体视觉效果为原则;对授权外观设计、争议外观设计可视部分的全部设计特征逐一进行比对,判断两者的异同点:

——判断各异同点对整体视觉效果造成影响的显著程度;

——通过整体观察,综合判断授权外观设计与争议外观设计是否相同或者相近似;
——将设计特征分解表中的技术特征与被鉴定物对应技术特征表逐一对比;
——分析相应技术特征是否相同、相近似或无法判断。

③输出。输出材料包括设计特征比对分析表。

二、商标鉴定

商标,是指任何能够将自然人、法人或非法人组织的商品或服务与他人的商品或服务区别开的标志,包括文字、图形、字母、数字、三维标志、颜色组合、声音以及上述要素的组合。

(一)商标的分类

1. 注册商标(registered trademark)

经国家商标注册和管理部门依法核准注册从而获得法律保护的商标。(来源:GB/T 21374－2008,第3.3.2条)

2. 商品商标(goods mark)

商品的生产者或经营者为了将其商品与其他经营者提供的商品加以区别而使用的标志。(来源:GB/T 21374－2008,第3.3.3条)

3. 服务商标(service mark)

提供服务的经营者为了将其提供的服务与他人提供的服务加以区别而使用的标志。(来源:GB/T 21374－2008,第3.3.4条)

4. 商品和/或服务类别(list of goods and/or services)

为了便于商标注册和管理,国家商标注册和管理部门依照《商标注册用商品和服务国际分类》(尼斯分类)为商标注册用商品和服务确定的类别。

(二)商标鉴定实施

1. 基本要求

商标鉴定的基本原则、鉴定机构、人员要求、资源管理以及鉴定程序见GB/T ××××《知识产权鉴定规范 第1部分:总则》。

按照GB/T ××××《知识产权鉴定规范 第1部分:总则》第8章实施准备形成商标鉴定项目实施方案,用于指导商标鉴定实施过程各环节。

商标鉴定分为商品/服务同一性比对和商标同一性比对。

2. 商品/服务同一性比对

(1)输入。输入材料包括:注册商标核定使用的商品/服务;争议商标的商品/服务。

(2)过程控制。包括:①对于同一种商品或同一种服务的比对。从相关公众的角度,判断争议商标使用的商品名称与注册商标核定使用的商品名称是否相同;在二者商品名称不同的情形下,判断二者在功能、用途、主要原料、生产部门、消费对象、销售渠道等方面是否相同。判断争议商标使用的服务名称与注册商标核定使用的服务名称是否相同,在二者服务名称不同的情形下,判断二者在服务的目的、内容、方式、提供者、对象、场所等方面是否相同。

②对于类似商品和/或类似服务的比对。从相关公众的角度,判断争议商标使用的商品名称与注册商标核定使用的商品名称在功能、用途、主要原料、生产部门、消费对象、销售渠道等方面是否具有较大的关联性;判断争议商标使用的服务名称与注册商标核定使用的服务名称在服务的目的、内容、方式、提供者、对象、场所等方面是否具有较大的关联性;判断争议商标使用的商品与注册商标核定使用服务,或者争议商标使用的服务与注册商标核定使用的商品之间是否具有特定联系,容易使相关公众认为商品和服务由同一市场主体提供。

在比对过程中,遵照现行《类似商品和服务区分表》。

(3)输出。输出材料包括商品/服务同一性比对意见。

3. 商标同一性比对

(1)输入。输入材料包括:当事人主张的注册商标;涉案争议商标。

(2)过程控制。以相关公众的一般注意力为标准,包括:①将商标的各个构成要素提取出来,分别从注册商标和争议商标中确定组成商标标志的文字、图形、字母、数字、三维标志、颜色组合、声音以及上述要素的组合。②确定商标构成要素的显著识别部分。③在比对对象隔离的状态下,对商标的各个构成要素分别进行比对。④在比对对象隔离的状态下,对商标的各个构成要素的结构进行整体比对。⑤在比对对象隔离的状态下,对商标构成要素的显著识别部分进行重点比对。⑥判断争议商标与注册商标是否相同或近似:判断争议商标与注册商标是否完全相同,以及虽有不同但视觉效果等基本无差别,使用在同一种或者类似商品或者服务上易使相关公众对商品或者服务的来源产生混淆;判断争议商标与注册商标相比较,文字商标的字形、读音、含义近似,或者图形商标的构图、着色、外形近似,或者文字图形组合商标的整体排列组合方式和外形近似,或者立体商标的三维标志的形状和外形近似,或者颜色组合商标的颜色或者组合近似等,使用在同一种或者类似商品或者服务上易使相关公众对商品或者服务的来源产生混淆。

(3)输出。输出材料包括商标同一性比对意见。

第五节　知识产权鉴定评价

国家知识产权局《关于加强知识产权鉴定工作的指导意见》要求开展行业评价,主要提出支持行业自律组织探索制定知识产权鉴定行业等级评价办法。鼓励行业自律组织加强行业诚信建设,依法依规对知识产权鉴定机构和鉴定人加强信用监管。为落实知识产权鉴定工作任务要求,国家知识产权局制定的《知识产权鉴定机构名录库管理办法》聚焦于“促进知识产权鉴定机构专业化、规范化发展”要求,完善知识产权鉴定机构管理,对知识产权鉴定机构专业化、规范化发展进行细化和统一;同时推动自律监管,推动严格知识产权鉴定从业标准,明确知识产权鉴定人或鉴定机构从事知识产权鉴定工作存在违法违规行为并经查证属实的,取消其知识产权鉴定机构名录库资格。

一是加强知识产权鉴定机构的遴选及管理。明确知识产权鉴定机构名录库遴选管理的定位。坚持政府指导与行业自律相结合。省、自治区、直辖市知识产权行政管理部门及全国性知识产权鉴定行业自律组织负责向国家知识产权局推荐符合基本条件的鉴定机构。根据知识产权鉴定工作需要,国家知识产权局依照《知识产权鉴定机构名录库管理办法》的有关要求,适时组织开展知识产权鉴定机构遴选工作。

二是明确知识产权鉴定机构名录库遴选标准。明确入库知识产权鉴定机构的推荐与确定。明确鉴定机构应当具备的基本条件及提交材料。将通过贯标的鉴定机构纳入名录库,供相关行政机关、司法机关、仲裁调解组织等选择使用。明确遴选工作相关工作流程。国家知识产权局组织被推荐机构的评审、公示以及入库机构的公布工作。

三是规范入库知识产权鉴定机构的监督管理。全国性知识产权鉴定行业自律组织加强对知识产权鉴定会员机构的自律管理,发现违法违规行为的,应当及时向国家知识产权局和相关部门报告。

思考习题

1. 如何理解知识产权鉴定的概念?
2. 知识产权鉴定的双重性表现在哪些方面?
3. 如何理解知识产权鉴定的基本性质与基本属性?
4. 如何理解知识产权鉴定的基本任务与具体任务?
5. 如何理解专利鉴定的重点和难点?
6. 如何理解商标鉴定的重点和难点?

拓展阅读书目

1. 曾德国主编:《知识产权司法鉴定》,知识产权出版社 2019 年版。
2. 刘玉琴:《软件知识产权司法鉴定技术与方法》(第 2 版),知识产权出版社 2018 年版。
3. 司法部公共法律服务管理局、司法鉴定科学研究院主编:《2020 司法鉴定能力验证鉴定文书评析》,知识产权出版社 2021 年版。

第二十七章　会计司法鉴定

本章概要　本章主要介绍了会计司法鉴定的概念和类别，会计司法鉴定内容和鉴定材料、财务会计资料检验，会计司法鉴定方法，以及会计司法鉴定意见审查。

通过本章的学习，应当了解会计司法鉴定的概念，熟悉原始凭证、记账凭证、会计账簿等财务会计资料的检验步骤，掌握会计司法鉴定方法，以及鉴定主体、鉴定事项、鉴定材料、分析论证和鉴定意见的审查要点。

关键词　会计司法鉴定方法；财务会计资料检验；会计司法鉴定意见审查

第一节　概　　述

一、会计司法鉴定的概念

随着数字经济新业态、新模式的发展和人工智能的运用，经济犯罪和经济纠纷呈现日趋复杂的态势。现代经济案件审理大多会涉及财务会计资料，而对相关事实的认定往往离不开专业会计的支持。会计司法鉴定是指在诉讼活动中，为了查明案情，由具有专门知识的人员，对案件中涉及的财务会计资料及相关材料进行检验，对需要解决的财务会计问题进行鉴别判断，并提供意见的一项活动。

与其他司法鉴定相比，会计司法鉴定具有以下特征：

1. 鉴定主体是有资质的会计鉴定人员。会计司法鉴定活动从属于诉讼活动，其鉴定得出的意见是具有法律效力的重要证据。会计司法鉴定的这一特征决定了会计司法鉴定工作必须由具有会计、财务等专门知识和技能，并获得相应会计司法鉴定资格的鉴定人员完成。

2. 以财务会计痕迹为技术检验对象。任何一类司法鉴定都需要通过技术检验来获取鉴别、判断专门性问题所需的信息，会计司法鉴定中进行技术检验的对象，是人们从事财务会计活动或与财务会计有关联的客观事件所遗留的各种印迹，即财务会计痕迹。

3. 鉴定对象是案件中的财务会计问题。会计司法鉴定是以财务会计问题为对象的一种科学技术实证活动，财务会计问题既包括财务方面的问题也包括会计业务处理方面的问题。从科学性上看，会计司法鉴定是鉴定人凭借自己拥有的财务、会计等专业知识和技能，运用科学方法，对财务会计问题进行鉴别、判断的活动，会计司法鉴定的结果是从科学角度对财务会计事实的推理和判断。

二、会计司法鉴定的事项

(一)确认会计资料的真实性

会计的主要功能是反映和监督,会计按照规定的制度、方法和程序,详细记录和反映特定经济活动中的资金运动,揭示单位的财务状况和经营成果。会计凭证、会计账簿和会计报表等会计资料详细地记录了会计主体的经济业务所引起的资金运动,经济犯罪或经济纠纷案件往往或多或少在会计资料中留下相应的记录或痕迹。会计司法鉴定首先应当确认会计资料是否真实,是否存在伪造和变造的情况,只有真实的会计资料才能作为鉴定的依据。

(二)确认特定经济事项的性质

在某些情况下,财务账面不仅反映了特定行为的客观方面,而且也是分析行为主观方面的重要依据。会计司法鉴定通过检验会计凭证尤其是原始凭证,审查经济业务发生的顺序和账务处理的程序等,可以协助确认特定经济事项的性质。如根据款项的支付时间、金额和方式,判断流入的资金应属于投资还是借款;根据所遵循的会计制度以及会计资料之间的内在关联,判断已开单开票但实际货物并未出仓的经济事项是否构成虚假销售等。

(三)确认涉案或损失金额

就经济案件而言,金额的大小多少直接关系到罪与非罪、刑事责任大小与民事赔偿的多少,因此,金额的认定往往成为案件的焦点。有些案件中金额的认定需要对特定行为的发生以及发生的时间、地点、方式等予以确认,如贪污、挪用公款案件中,就需要对占用公款的时间、数额以及窃取的手段等进行分析确定;有些案件中金额的认定则需要在经济事项明确的基础上借助特定的方法,如在合同纠纷案中,运用财产清查与评估的方法对直接损失金额进行分析确定,运用分析对比、毛利率法等对间接损失金额进行分析确定。

三、会计司法鉴定的类别

(一)按照所涉及会计要素不同的分类

会计司法鉴定按照所涉及会计要素的不同,可以分为财务状况鉴定和经营损益鉴定。

1. 财务状况鉴定。财务状况指涉案主体某一时刻经营资金的来源和分布状况,是经营活动的成果在资金方面的反映。财务状况鉴定主要是对案件涉及的资产、负债和所有者权益等核算的客观真实性,以及金额的正确性进行鉴定。根据最高人民检察院2015 年颁布的《人民检察院司法会计工作细则(试行)》规定,财务状况鉴定包括资产历史成本的确认、资产应结存额及结存差异的确认、财务往来账项的确认、会计处理方法及结果的确认等。

2. 经营损益鉴定。损益,即损失和收益,亦称财务成果,经营损益是指涉案主体一定期间的收入、费用和利润。经营损益鉴定主要审查检验涉案主体有无少计或多计收入,收入入账时间是否正确,有无少计或多计业务支出,成本费用各明细项目的记录、归集是否正确,经营收入与经营成本口径是否一致等。

(二)按照鉴定次数不同的分类

会计司法鉴定按照鉴定次数的不同,分为初次鉴定、补充鉴定和重新鉴定。

四、会计司法鉴定材料

会计司法鉴定材料,是指在会计司法鉴定中会计司法鉴定人进行检验、分析、鉴别,并据以作出鉴定意见的财务会计资料和相关证据材料。会计司法鉴定实质上是从财务会计资料等鉴定材料中提取相关信息,还原客观事实真相的过程,因此,鉴定材料的真实完整是会计司法鉴定得以顺利进行并得出正确结论的客观基础。会计司法鉴定材料包括以下几种。

(一)财务会计资料

财务会计资料,主要是指会计凭证、会计账簿、会计报表等会计核算专业资料,以及与会计司法鉴定相关的其他财务会计资料。其他财务会计资料主要包括:与会计活动有关的单位规章制度(内部管理制度);与会计主体经济活动相关的合同、协议等文件;各种权益凭证;资金往来和结算资料;反映交易进行或完成情况的记录资料;记载实物流转和结存的有关资料;各种与现金、财产实物有关的备查登记簿等。

(二)勘验、检查笔录

勘验、检查笔录指对现金、存货、固定资产等财物、账本的勘验、检查笔录。

(三)相关鉴定意见

相关鉴定意见指与会计司法鉴定事项有关的其他鉴定意见,如对笔迹、印章、商品等级、工程耗费等进行检验鉴定的检验报告或鉴定意见等。

(四)其他证据材料

其他证据材料指上述鉴定材料以外的与会计司法鉴定事项有关的经济统计数据、会议记录、市场行情等其他证据材料。

第二节　财务会计资料检验

财务会计资料是记录和反映单位发生的经济业务及资金增减变动情况的书面材料,包括会计凭证、会计账簿、会计报表及其他财务信息资料。财务会计资料是会计确认计量的基础和依据,也是会计确认计量的结果体现,对财务会计资料进行检验是会计司法鉴定实施中的重要环节。

一、原始凭证的检验

原始凭证亦称单据,是指在经济业务发生时填制或取得的,用以证明经济业务已经发生或完成情况的原始证据。一般而言,在会计核算过程中,凡是能够证明某项经济业务已经发生或完成情况的书面单据都可以作为原始凭证，如有关发票、收据、银行结算凭证、收料单、发料单等；凡是不能证明该项经济业务已经发生或完成情况的原始书面文件就不能作为原始凭证，如生产计划、购销合同、银行对账单等。

按取得来源的不同，原始凭证可以分为外来原始凭证和自制原始凭证。外来原始凭证是发生经济业务时从外单位取得的原始凭证，如购货时取得的发票，出差人员报账时提供的车票和住宿票，银行转来的各种结算凭证等；自制原始凭证是指由本单位内部经办业务的人员，在办理经济业务时自行填制的原始凭证，如商品、材料入库时填制的入库单，生产领料时填制的领料单等。

原始凭证是会计核算的原始资料，是编制记账凭证、登记账簿的重要依据。原始凭证的检验主要是确定其内容的完整性、真实性和合法合理性。

（一）完整性检验

从格式上看，原始凭证有统一制定和自行设计两种，但不论是统一制定还是自行设计的原始凭证，其基本内容都包括以下几个部分：凭证的名称；填制凭证的日期；填制凭证单位名称或者填制人姓名；经办人员的签名或者盖章；接受凭证单位名称；经济业务内容；数量、单价和金额。

完整性检验，是指对原始凭证的基本内容是否准确、完整、清晰进行检验。如原始凭证的手续是否完备，应填写的项目是否填写齐全，有关经办人员是否都已签章，是否经过主管人员审批同意等。其中，填制原始凭证的日期、经济业务内容（含数量、单价、金额等）和填制凭证的单位这三项，直接反映了涉案或与案件相关业务发生的时间、地点和内容，如有遗漏，应作进一步分析。

以下是分析原始凭证的填制日期、经济业务数量和单价以及填制凭证的单位等项目时常用的方法。

1. 原始凭证的填制日期。首先，注意收讫、付讫印章中有无日期记录。其次，根据原始凭证的编号，查找该凭证的存根，再根据与该凭证号码相连的前后凭证的填制日期，推断该凭证的大致时间。再次，通过核查其他相关票证进行推断，如外地购货取得的凭证，可以通过核查相关差旅费所属日期来确定其时间。最后，还可以通过检验其印刷、购买或领用空白原始凭证的有关记录进行分析推断。

2. 经济业务数量和单价。经济业务的数量、单价和金额三者之间具有一定的恒等关系。如果只是遗漏数量或单价，可以借助总金额来计算得出；如果数量和单价均遗漏，可以通过检验本单位或对方单位的出、入库资料进行查证，也可以核对购销合同，或核查相关的记账联、提货联或存根联等。

3. 出具凭证的单位。对于未加盖公章的发票、统一收据等，可以通过查阅税务或财政机关的票据领用记录进行分析，也可以根据其印制特点，通过印刷和销售单位的线索进行查找。如果是公章印迹不清，则可以通过痕迹技术鉴定确认。

（二）真实性检验

真实性检验是指对凭证日期、业务内容、数据等的真实性，有无弄虚作假情况等进行检验。真实性检验的主要方法是直接函证原始凭证的编制单位和编制人员。除此以外,对于工业性企业日常经营活动中的销售发票等原始凭证,也可以通过分析销售方供货的可能性或购货方的需求情况等进行验证。

1. 销售方供货的可能性。销售方供货的可能性可从销售方的生产经营范围、生产经营能力和供货时间等方面进行分析判断。首先,根据销售方的生产经营范围,分析凭证所记载的货物是否超出其生产经营范围。其次,分析销售方的生产经营能力和规模,推断其有无提供凭证所记载货物的可能性。最后,根据开票日期和销售方生产经营特点,分析其提供货物在时间上的可能性。

2. 购货方的需求情况。通过购货方的生产经营特点,分析购货方有无采购凭证所记载货物的必要性。对于材料采购,可与材料消耗定额进行对比,结合其他检验,推断凭证的真实性。

(三)合法合理性检验

合法合理是一切经济业务活动的基础。合法合理性检验首先应该检查原始凭证所记载的经济业务是否符合法律、政策和财经制度;其次要检查经济业务是否严格执行了规定的计划、预算和合同协议;最后要检查所记录的经济业务是否符合经济活动的需要,有无盲目使用资金、随意开支费用的情况等。

对于现金支付原始凭证,要注意检查有无违反法律规定的现金使用范围,有无超限额使用现金的情况;对于进货业务的原始凭证,检查是否经过批准与授权,有无超计划进货以及重复进货的情况,是否符合相关合同、协议的规定等;对于往来结算凭证,检查价格的合理性,分析同类进销货物前后各期价格的变化,以及同期对不同单位的进货或销货,比较价格有无明显的差异;对于工资等成本费用支出凭证,检查相关人事管理和考评记录,分析是否存在虚列人员名单的情形等。

二、记账凭证及其检验

(一)记账凭证的概念

记账凭证,是指由会计人员根据审核无误的原始凭证或原始凭证汇总表填制的,用以记载经济业务简要内容,明确会计分录,作为记账依据的会计凭证。

记账凭证按其适用的经济业务,可以分为通用记账凭证和专用记账凭证两类。通用记账凭证是指以一种格式记录全部经济业务的记账凭证;专用记账凭证是指专门用来记录某一类经济业务的记账凭证。专用记账凭证按其记录的经济业务内容不同,一般可以分为收款凭证、付款凭证和转账凭证。

收款凭证,是指用于记录现金和银行存款收款业务的记账凭证。收款凭证根据库存现金收入业务和银行存款收入业务的原始凭证填制,是登记现金日记账、银行存款日记账以及有关明细分类账和总分类账等账簿的依据。其格式如表 27 - 1 所示。

表 27－1　收款凭证格式

收款凭证

总号	
分号	

借方科目：　　年　　月　　日　　　　附件　　张

摘要	应贷科目		金额	过账
	一级科目	二级及明细科目		
合计				

财会主管：　　记账：　　出纳：　　复核：　　制单：

付款凭证，是指用于记录现金和银行存款付款业务的记账凭证。付款凭证根据库存现金和银行存款付出业务的原始凭证填制，是登记现金日记账、银行存款日记账以及有关明细分类账和总分类账等账簿的依据。其格式如表 27－2 所示。

表 27－2　付款凭证格式

付款凭证

总号	
分号	

贷方科目：　　年　　月　　日　　　　附件　　张

摘要	应借科目		金额	过账
	一级科目	二级及明细科目		
合计				

财会主管：　　记账：　　出纳：　　复核：　　制单：　　领款人签章：

在经济业务中，凡是不涉及现金和银行存款收付的业务，称为转账业务，如计提固定资产折旧、车间领用原材料、期末结转成本等。转账凭证是指用于记录转账业务的记账凭证。转账凭证是登记有关明细分类账和总分类账等账簿的依据。其格式如表 27－3 所示。

表 27－3　转账凭证格式

转账凭证

总号	
分号	

年　　月　　日　　　　　　　　　　　　附件　　张

摘要	一级科目	二级及明细科目	借方金额	贷方金额	过账
合计					

财会主管：　　　　复核：　　　　记账：　　　　制单：

如上所示,不论哪一类记账凭证,一般都必须具备以下内容:填制凭证的日期;凭证编号;经济业务摘要;会计科目;金额;所附原始凭证张数;填制凭证人员、稽核人员、记账人员、会计主管人员签名或者盖章。收款和付款记账凭证还应当由出纳人员、缴款人或领款人签名或者盖章。

(二)记账凭证的检验

记账凭证应该每月进行顺序的连续编号并定期登记到账簿,因此记账凭证的检验首先应检查是否存在无编号、重复编号、编号不连续的情况,以确保所检验记账凭证本身的完整性。

记账凭证的主要作用在于对原始凭证进行分类、整理,按照复式记账的要求,确认经济业务涉及的会计科目、记账金额及记账方向。记账凭证编制的依据是原始凭证,因此检验的重点是将其填制的内容与原始凭证进行核对,具体分为以下几种情形。

1. 附有原始凭证的记账凭证检验。对于附有原始凭证的记账凭证,重点应检验其会计分录是否与原始凭证所记载业务相符,如出现科目错误或记账方向、金额错误,应进一步分析评断。

(1)会计科目错误。记账凭证的会计科目错误往往表现为错列对应科目,如将收到的投资收益列为“其他应付款”,将正常商品销售收入列为“营业外收入”等。会计科目错误是会计确认错误的典型表现,其直接结果是导致相关资金的来源或去向不明确,需要进一步追查后果。

(2)记账金额错误。记账金额错误是指故意多列或少计金额,如多列支出银行存款,少计收到现金等。这种情况应在检验相关账户的发生额和余额的基础上进一步分析。

2. 未附原始凭证的记账凭证检验。首先,确认其内容是否为结账或更正错误。根据规定,除结账和更正错误的记账凭证可以不附原始凭证外,其他记账凭证必须附有原始凭证。更正错误的记账凭证的检验应查看其相关错误的记账凭证。其次,确认其是否为自制原始凭证代替记账凭证的情形。为了简化手续,提高工作效率,有些自制原始凭证如出差借款单、差旅费报销单等,加印了会计科目、记账日期和凭证编号等有关记账凭证的项目,可以直接当作记账凭证使用。最后,根据其他检验结果,确认未附原始凭证的记账凭证所记载内容是否为虚报虚列。

3. 原始凭证记载不清的记账凭证检验。对一些原始凭证记载不清的记账凭证,应结合其他资料、账户和检验结果进行分析。从记账凭证内容上,可核查账户的对应关系,以及数量金额和记账时间是否异常。如原材料增加,其对应科目一般为银行存款的减少或负债的增加;原材料减少,其对应科目一般为成本费用的增加等。

(三)会计账簿的检验

会计账簿,是指由一定格式账页组成,以经过审核的会计凭证为依据,全面、系统、连续地记录各项经济业务的簿籍。会计账簿的基本构成要素包括封面、扉页和账页。

会计账簿按用途不同分为序时账簿、分类账簿和备查账簿。序时账簿也称日记账,是指按照经济业务发生的时间顺序,逐日逐笔进行连续登记的账簿;分类账簿是对全部经济业务事项,按照会计要素的具体类别设置账户,进行登记的账簿;备查账簿简称备查簿,是对某些在序时账簿和分类账簿中都不予登记或登记不够详细的经济业务事项进行补充登记的账簿。

会计账簿的检验是通过对各种账簿记录与有关的会计凭证等进行核对,检验账户借贷方对应关系,以及账户发生额和余额的正确性和真实性。

1. 核对会计凭证。账簿记录与会计凭证核对的业务工作量大,实务中应结合案情确定具体的检验范围。一般的经济案件,主要是将案件所涉及的账户与会计凭证进行核对,但对于会计人员参与的重大复杂案件,或涉及利润与利润分配的案件,则应将检验期间的全部账簿与会计凭证进行核对。账簿记录与会计凭证核对时应关注账户的串记、漏记、重记以及反记等异常情况。

(1)串记。常见的串记情形有:同一个总账账户下的两个明细账串记,即将应记入某总账账户下某明细账中的一笔经济业务记入该总账账户下另一明细账中;两个总账账户下的明细账串记,即将应记入某总账户下某明细账中的一笔业务,记入另一总账账户下的某明细账中;总账账户之间串记,即将应记录到某总账账户上的内容串记到另一总账账户上。对于发生的串记,应结合案情分析其账务影响,判断是一般的记账错误还是另有原因。

(2)漏记或重记。漏记和重记都表现为两种情况:一是借贷双方同时漏记或重记,二是借贷双方只是一方漏记或重记。借贷双方同时漏记或重记不影响账户之间的平衡关系,应进一步核查漏记或重记的原因;借贷双方只是一方漏记或重记,会破坏账户之间的平衡关系,应通过试算平衡确定账户余额,核查是否存在其他错误或嫌疑记账。对于漏记的账户,应进一步追查是否存在“账外账”的情形。

(3)反记。反记是指账户方向记录相反,即登记账簿过程中将本应记入借方的数字记入了贷方,或将本应记入贷方的数字记入了借方。发现反记现象,应通过试算该发生额前后的账户余额,确认是否为一般的会计差错,是否存在嫌疑账项。

2. 检验账户余额。首先,检验同一账户上下期之间余额是否衔接,有无漏结转、多结转或少结转的现象。其次,通过试算平衡公式,检验同期各总账账户之间余额是否平衡。最后,通过平行登记原理,试算总账账户与所属明细账户余额是否平衡。

在检验账户余额平衡时,应注意已检验发现的错误账项对余额的影响,如果余额不平衡不是由于已发现的错误账项引起的,应进一步追查有关记录或计算,以判断是否存在其他的嫌疑账项。

(四)其他财务会计资料的检验

其他财务会计核算资料的检验包括财务会计报告的检验、纳税申报及税务相关资料的检验、资金往来收据的检验、电子会计数据检验、已使用完的各种票据存根的检验等。

财务会计报告又称财务报告,是指反映企业某一特定日期的财务状况和某一期间的经营成果、现金流量等会计信息的文件。财务会计报告包括会计报表及其附注,以及其他应当在财务会计报告中披露的相关信息的资料,其中会计报表是财务会计报告的主体。会计报表包括资产负债表、利润表、现金流量表和所有者权益(或股东权益)变动表等。

财务会计报告检验的重点是将会计报表数据与相关账户余额进行核对,检验报表数据来源的可靠性,核对表内各项目之间以及不同报表项目之间的勾稽关系,检验分析报表数据的客观性和真实性。某些特定案件如涉税案件,利润分配、资产分割、违规披露或不披露重要信息等案件的审理,需要对财务会计报告进行专项检验。

资金往来收据的检验主要是对往来单位、往来资金数量以及资金用途的真实性进行检验;电子会计数据检验则是指对存贮在磁性介质上的会计数据、程序文件及其他会计核算资料进行检验。

第三节 会计鉴定方法

一、会计司法鉴定基本方法

(一)比对鉴别法

比对鉴别法,是指以法律法规和财务会计技术标准所规定的财务会计处理方法及其处理结果为标准,将财务会计资料检验中所见财务会计处理方法及其处理结果进行比对、鉴别,从而判定其正确性或真实性的一种鉴定方法。

现代会计核算的基本程序是会计确认、会计计量、会计记录和会计报告,即任何涉案资金在会计信息系统中都需要经过确认、计量、记录和报告四个环节。其中,会计确认和会计计量是基础,决定了涉案资金在会计上的定性以及金额,而不同的会计处理方法又在很大程度上影响着会计确认和会计计量。

1. 会计确认比对。会计确认,是指将某一会计事项作为资产、负债、所有者权益、收入、费用或利润等会计要素正式加以记录和列入报表的过程。会计确认是会计核算的基础并贯穿整个会计工作过程。涉案资金或财物是否以及如何在会计凭证、会计账簿中予以记录,会计账簿中的信息又是如何转化为财务报告的,都必须经过会计确认。常见的会计确认问题包括遗漏确认和推迟确认,虚假确认和错误确认等。

遗漏确认,是指应该确认而没有确认,推迟确认是指没有及时确认。遗漏确认的直接结果是账面上对资金运动没有反映,也就是交易或事项没有纳入正常的核算程序,如收入不报账,未计提应交税费等。推迟确认往往导致收入费用不能正确地配比,使本期利润虚减或虚增,如推迟确认收入,推迟结转成本等。遗漏确认和推迟确认是贪污、逃税等犯罪常用的方式之一。

虚假确认,是指据以确认的交易或事项不真实、不合理或不合法。如将个人的开支作为公共开支予以报销,编造虚假的财务支出用途,通过开单开票但货物不出库伪造销售收入、虚假的坏账损失等。

错误确认,是指利用账户的对应关系将交易或事项确认为错误的会计要素并予以记录。如购买的电脑作为费用处理,将投资收益确认为其他应付款,将私自出售的固定资产确认为固定资产盘亏、毁损等。错误确认往往是私分财产、贪污、侵占等行为人为了平衡账目而采取的手段。

2. 会计计量比对。会计计量是在会计确认的基础上进行的,是对已确认对象数量化和价值化的一种会计行为。会计计量的基本构成要素包括计量单位和计量属性,会计计量单位主要是货币单位,会计计量属性反映的是会计要素金额的确定基础,会计计量的目的是解决经济业务事项用什么计量属性来计量。我国企业会计准则规定,会计计量属性主要包括历史成本、重置成本、可变现净值、现值和公允价值。

在各种会计要素计量属性中,历史成本通常反映的是资产或者负债过去的价值。历史成本要求资产和负债按其取得或交换时的实际交易价格入账,具有客观性、可靠性和可验证性。企业在对会计要素进行计量时,一般应当采用历史成本。采用重置成本、可变现净值、现值、公允价值计量的,应当保证所确定的会计要素金额能够取得并可靠计量。

会计计量比对重点应关注的内容包括:计量属性的选择是否符合相关规定,如采用公允价值计量,其公允价值是否能够取得并可靠计量;按实际成本计价的资产中,其实际成本的构成是否客观合理,是否有将不合理的费用计入成本的情况;资产账面是否及时地反映了实际价值的变动;是否按规定对资产进行期末计价,确认公允价值变动损益或资产减值损失;是否存在通过计提秘密准备来调节利润的情形;等等。

3. 会计处理方法比对。会计处理方法是指在会计核算中所采用的具体方法,通常包括存货计价方法,固定资产折旧方法,坏账损失的核算方法,收入确认方法等。

由于经济业务的复杂性和多样化,一些经济业务可以有多种会计处理方法,不同的会计处理方法会给企业的财务状况和经营结果带来不同的影响。如企业存货的计价方法包括先进先出法、加权平均法、个别计价法等。存货计价方法不同,会直接影响销货成本和期末存货价值,进而对利润及所得税造成很大的影响。备抵法下坏账准备的计提方法主要有余额百分比法、销货百分比法和账龄分析法等,由于计提坏账准备意味着确认资产损失,故不同的计提方法会影响资产的账面价值,同时影响企业的会计利润。

企业特定会计处理方法的选择往往需要满足一定的条件,我国会计法和会计制度规定,各单位采用的会计处理方法前后各期应当保持一致,不得随意变更,确有必要变更的,应当按照规定进行。因此,比对鉴别时需要关注具体会计处理方法的选用是否正确,是否符合相关条件,单位是否通过会计处理方法变更来调整损益等。

(二)平衡分析法

平衡分析法是指根据资金或数据之间的数量平衡关系,推导并确认某项资金或数据是否真实、正确的一种鉴定方法。平衡分析法以资金运动的规律性及其数量平衡关系为鉴定原理。

会计中的平衡关系包括:会计等式;账户的平行登记;账户四项金额之间的平衡;试算平衡;等等。

1. 会计等式。会计核算中的各会计要素之间具有内在关联,揭示会计要素之间互相关系的代数表达式称为会计等式,也称会计恒等式。在资产、负债、所有者权益、收入、费用和利润六个会计要素中,存在两个基本的恒等关系,即资产 = 负债 + 所有者权益,收入 - 费用 = 利润。前者是反映资产负债表要素之间的数量关系的等式,后者是反映利润表要素之间的数量关系的等式。

2. 账户的平行登记。经济业务发生后,一方面要在有关的总分类账户中进行总括登记,另一方面要在其所属明细分类账户中进行详细登记。账户的平行登记是指总分类账户与明细分类账户的平行登记。

总分类账户与明细分类账户平行登记的要点是:所依据会计凭证相同;借贷方向相同;所属会计期间相同;计入总分类账户的金额与计入其所属明细分类账户的合计金额相等,即总账账户的本期发生额等于所属明细账户本期发生额合计,总账账户的期末余额等于所属明细账户期末余额合计。

3. 账户四项金额之间的平衡。会计账户中记录的金额包括期初余额、期末余额、本期增加发生额和本期减少发生额等四项。这四项金额的基本关系是:期末余额 = 期初余额 + 本期增加发生额 - 本期减少发生额。

在借贷记账法下,资产、费用类账户的增加发生额登记在“借方”,减少发生额登记在“贷方”;负债、所有者权益、收入、利润类账户的增加发生额登记在“贷方”,减少发生额登记在“借方”。因此,资产、费用类账户四项金额之间的平衡关系为:期末余额 = 期初余额 + 本期借方发生额 - 本期贷方发生额;负债、所有者权益、收入、利润类账户四项金额之间的平衡关系为:期末余额 = 期初余额 + 本期贷方发生额 - 本期借方发生额。

4. 试算平衡。借贷记账法在处理每一笔经济业务时都遵循“有借必有贷,借贷必相等”的记账规则,一定时期内,全部经济业务都记入有关账户后,所有账户的发生额和余额保持平衡。试算平衡的基本公式是:全部账户的借方期初余额合计数等于全部账户的贷方期初余额合计数;全部账户的借方发生额合计等于全部账户的贷方发生额合计；全部账户的借方期末余额合计等于全部账户的贷方期末余额合计。

运用平衡分析法的基本步骤是：(1)明确需要推导或确定的账户或项目对象；(2)明确与该对象相关的平衡关系；(3)查找检验该平衡关系中对应的金额或数据；(4)根据平衡原理，计算推导账户或项目的正确数据，并据此分析有关财务会计结果及其相关记录的真实性。

二、会计司法鉴定辅助方法

(一)因素递增法

会计司法鉴定中有时会出现鉴定材料不全，或对鉴定材料的真实性、可靠性存在异议等情形。这些鉴定材料需要花费一定的时间进行调查和识别，如果等所有调查和识别工作都结束后再实施详细检验鉴定，往往会影响工作进度。

因素递增法是指在鉴定过程中逐步增加分析鉴别因素的一种鉴定方法。采用因素递增法进行检验鉴定时，应先将需要分析鉴别的各种因素，按其分析鉴别的难易程度由易到难进行排列，然后由易到难逐步将各个因素纳入分析鉴别的范围。因素递增法的操作步骤如下：

1. 按鉴别分析的难易程度划分鉴定材料，将所有鉴定材料划分为有争议材料和无争议材料两类。所谓有争议材料，包括当事人对凭证内容的真实性存在争议，鉴定人发现内容有虚假嫌疑，性质或类型尚无法确认等各种无法直接使用的材料。

2. 根据已明确的无争议材料的内容，计算和确定相关账户的累计发生额和应结存余额。

3. 采用各种方法对有争议材料进一步检验和识别，对经过鉴别分析仍不能明确的材料通知送检人核查。将已经识别清楚的各种材料，分别计入上述累计发生额，并调整计算对应的应结存余额。

4. 在鉴定结束前，根据送检人对有争议材料的核查结果，进一步调整应结存余额，形成鉴定意见。

鉴定结束前仍然存在有争议材料的情况下，鉴定人应当出具限定性结论，并将有争议材料内容对基本鉴定意见的影响作为附加判定条件。

(二)因素排除法

因素排除法，是指在涉及确认因果关系的会计鉴定中，通过检验、鉴别和分析，逐步排除与初步结论意见有关的其他可能因素，从而确认其中某一原因或结果的一种会计鉴定方法。

采用因素排除法进行会计司法鉴定时，首先应将能够导致某一后果的所有原因或某一现象能够导致的所有后果全部列示出来，其次通过检验、分析和鉴别财务会计资料及其相关证据，尽力排除其他原因的作用或导致其他后果的可能，从而最终确认真正原因或真正后果。

鉴定中需要注意以下两点：一是要将所有可能性全部客观地列示出来，既不能遗漏，也不能主观臆想、随意添加；二是要将所列示出来的所有可能性逐一进行科学分析，分别予以肯定或否定,如出现不能肯定其一或不能否定其他的情形,不得作出确定性意见。

例如,在甲乙双方的往来结算中,甲方有一笔支付款项,但乙方对该笔款项并没有相应的收款记录。从该案的案情看,该笔款项的去向有两种可能:其一,被甲方单位有关人员占有,其二,被乙方单位有关人员占有。在鉴定该笔款项是否已经真实支付给乙方时,可以采用因素排除法,通过分析支付方式得出结论。如果该笔款项已支付,其支付方式只能是以下五种之一:从当月的库存现金中支付;从银行存款中提现支付;通过银行转账支付;从当月收现中坐支;从以前形成的对乙方的债权中抵扣。如果检查分析发现这五种付款方式都被排除,就能反证该笔款项实际没有支付,而是被甲方单位有关人员占有。

(三)系统分析法

系统分析法,是指根据系统构造及运行原理,将会计司法鉴定材料的检验、分析、鉴别与判定置于案件事实系统、会计信息系统、企业管理系统以及经济、法律、文化系统等各种大大小小、相对独立又相互影响的系统中进行分析,以达到从整体中认识局部、由此及彼、由表及里的综合验证效果。

系统分析法要求鉴定人具有完善的知识结构和较强的分析推理能力。这种方法主要用于对鉴定方向和基本事实的确认,以强化鉴定的分析论证过程或寻找可能存在的漏洞。例如,在一项会计司法鉴定中,鉴定人发现被检验财务会计资料所属时期某采购员购买的甲材料价格基本未变,而同期市场上甲材料价格已大幅下降。根据经济运行规律,该企业采购的材料价格应当无法摆脱市场行情的影响,由此鉴定人推断可能存在欺诈。经进一步检验补充的采购资料及相关证据材料,鉴定人终于发现了该采购员收受回扣、损害公司利益的事实。

(四)其他方法

除上述方法外,会计司法鉴定的辅助方法还包括还原法、顺序验证法、逆序验证法等。

还原法,是指以原始凭证记载的经济业务的发生时间为准,对会计核算资料进行调整并重新计算各期的核算结果,以还原各期财务状况或财务成果真实情况的一种会计司法鉴定方法。除手工计算外,还原法还可以采用 Excel 工作表进行还原操作。鉴定人可将某账户记录的业务制成 Excel 电子表格,然后按照"实际发生时间"进行排序,即可得到还原后的各账户余额。

顺序验证法,是指会计鉴定人对所掌握的鉴定材料按照会计账务的处理顺序,依次对原始凭证、记账凭证、账簿和会计报表等相关内容进行检查、验证的方法。

逆序验证法,是指会计鉴定人对所掌握的鉴定材料按照会计账务处理的相反次序,依次对会计报表、账簿、记账凭证、原始凭证等相关内容进行检查、验证的方法。

第四节　会计鉴定审查评价

一、鉴定主体和鉴定事项审查

（一）鉴定主体审查

目前，我国对法医、物证、声像资料和环境损害等“四大类”以外的其他鉴定类别不实行许可准入登记管理，对会计司法鉴定机构，主要审查其营业执照的业务范围是否与会计审计有关，是否具有3名以上会计鉴定人员等；对会计司法鉴定人，主要审查其是否具有与会计司法鉴定业务相关的高级专业技术职称，是否具有与会计司法鉴定业务相关的专业执业资格，是否具有与会计司法鉴定业务相关的从业经历等。

会计司法鉴定主体资格，是指鉴定机构和鉴定人在具体案件中从事司法鉴定的法律许可或法定条件，审查的重点是看会计司法鉴定主体是否存在法定回避的情形，是否满足特定情形下如重新鉴定所规定的条件等。

（二）鉴定事项审查

会计鉴定事项是会计司法鉴定过程中所要查明的与案件待证事实有关的具体财务会计事实项目。会计鉴定事项审查的重点是鉴定事项的明确性、专业性和关联性。

鉴定事项的明确性审查是指审查委托人提出的鉴定事项是否具体明确，是否具体指明了涉及的期间和会计事项，只有具体的事项才能使鉴定工作具有明确的指向。

鉴定事项的专业性审查是审查委托人提出的鉴定事项是否为财务会计事实问题，该事实问题是否必须借助财务会计专门知识和技能才能认定。办案人员、律师或当事人等通过审阅作为诉讼证据的单据、账页等会计资料能直接判断其内容而无须专业推断的简单会计事实不构成会计鉴定事项；案件所涉及的贪污、挪用金额的认定等法律事实问题也不构成会计鉴定事项。

鉴定事项的关联性审查是审查会计鉴定的内容和结论与案件中所需要解决的争议问题是否有关联，以及鉴定金额的认定是否对最终判决结果有实质性影响等。

二、鉴定材料审查

鉴定材料是形成鉴定意见的依据，直接影响鉴定意见的客观性，决定鉴定意见的证明力。会计司法鉴定材料主要由财务会计资料和勘验、检查笔录等组成。其中财务会计资料依据载体不同，分为纸质版和电子版，纸质版归属于书证，电子版归属于电子数据。会计司法鉴定材料审查包括鉴定材料的合法性审查和鉴定材料的完整充分性审查。

鉴定材料的合法性审查主要包括：会计司法鉴定材料的调取是否符合规定的程序；是否将犯罪嫌疑人供述、被害人陈述、证人证言等非财务会计资料列作鉴定材料；当会计鉴定人因弥补案件承办人专业知识不足而参与取证时,该会计鉴定人是否取得合法授权;如果财务会计资料为复印件,该复印件的制作是否符合有关规定等。

鉴定材料的完整充分性审查主要包括:鉴定材料内容记录是否全面,经济业务是否连续;是否存在账证不齐、银行流水缺少交易对手信息、鉴定材料期间跨度不足等情形。

三、分析论证审查

会计司法鉴定分析论证审查主要包括以下几个方面:

1. 审查鉴定意见中的每一个具体的分析鉴别结论是否都有充分的依据,包括事实依据和鉴定标准等。会计司法鉴定意见是会计司法鉴定人进行分析鉴别后得出的专业意见,必须有充分的论据作为依据,否则不具有可靠性。

2. 审查据以推断鉴定意见的技术标准的出处和适用范围,从而判断这些技术标准是否存在以及运用是否恰当。

3. 审查鉴定人采用的鉴定方法是否符合规定,有无采用非会计司法鉴定方法如某些审计方法、抽样推断方法等进行鉴别和判断的情形。

4. 审查得出鉴定意见的论证推导过程是否科学,会计司法鉴定意见与会计证据是否保持逻辑上的一致性;逻辑推理是否严密,论证得出的结论是否唯一;是否存在概念混淆、自相矛盾、循环论证等错误。

四、鉴定意见审查

会计司法鉴定的鉴定意见审查主要包括:

1. 审查鉴定意见中回答的问题是否为委托鉴定事项中需要解决的问题。

2. 审查鉴定意见的表述是否准确清楚,用语是否规范;是否出现“可能”“不排除”“涉嫌”等含混不清的表述;是否超越会计职能,就法律适用问题作出判断等。

3. 审查鉴定意见文书格式是否符合规范要求,各部分的内容是否齐全;鉴定意见书是否按规定加盖鉴定机构的司法鉴定专用章红印,司法鉴定人是否签名或盖章等。

思考习题

1. 什么是会计司法鉴定? 简述会计司法鉴定的分类。
2. 简述会计司法鉴定的主要内容。
3. 会计司法鉴定的方法有哪些? 如何运用?
4. 什么是财务会计资料? 如何认识财务会计资料在会计司法鉴定中的作用。
5. 简述原始凭证、记账凭证和会计账簿的检验步骤。
6. 简述会计司法鉴定意见的审查内容及其要点。

拓展阅读书目

1. 于朝:《司法会计鉴定实务》,中国检察出版社 2014 年版。
2. 于友达、王业可:《司法会计鉴定实务问题研究》,浙江大学出版社 2015 年版。
3. 范伟红主编:《司法会计学》,高等教育出版社 2017 年版。

4. 齐兴利、王艳丽主编:《法务会计理论与实务》,中国时代经济出版社 2018 年版。
5. 张苏彤编著:《法务会计:理论·实务·案例·习题》(第 2 版),首都经济贸易大学出版社 2020 年版。
6. 章宣静:《司法会计鉴定意见审查实务》,法律出版社 2022 年版。
7. 蒙远鹰主编:《司法会计学教程》,武汉大学出版社 2022 年版。